中文社会科学引文索引(CSSCI)来源集刊

边疆考古研究

RESEARCH OF CHINA'S FRONTIER ARCHAEOLOGY

第20辑

教育部人文社会科学重点研究基地
吉林大学边疆考古研究中心
边疆考古与中国文化认同协同创新中心
编

科学出版社
北京

内 容 简 介

《边疆考古研究》是教育部人文社会科学重点研究基地吉林大学边疆考古研究中心编辑的学术集刊。本辑收录考古调查发掘报告、研究论文等26篇，内容涉及中国边疆及毗邻地区的古代人类、古代文化与环境。

本书可供文物考古研究机构及高校考古、历史专业学生参考阅读。

图书在版编目（CIP）数据

边疆考古研究. 第20辑 / 教育部人文社会科学重点研究基地吉林大学边疆考古研究中心边疆考古与中国文化认同协同创新中心编. —北京：科学出版社，2016.12

ISBN 978-7-03-051123-2

Ⅰ.①边… Ⅱ.①教… Ⅲ.①边疆考古–研究–中国–文集 Ⅳ.①K872-53

中国版本图书馆CIP数据核字（2016）第312727号

责任编辑：赵 越 / 责任校对：贾娜娜 贾伟娟

责任印制：肖 兴 / 封面设计：陈 敬

科学出版社 出版

北京东黄城根北街16号

邮政编码：100717

http://www.sciencep.com

中国科学院印刷厂 印刷

科学出版社发行 各地新华书店经销

*

2016年12月第 一 版 开本：787 × 1092 1/16

2016年12月第一次印刷 印张：28 插页：2

字数：660 000

定价：158.00元

（如有印装质量问题，我社负责调换）

《边疆考古研究》编辑委员会

目　录

考古新发现

研究与探索

考古与科技

学术动态

考古新发现

延边和龙大洞旧石器遗址（2007）试掘简报

李万博[1]　陈全家[1]　方　启[1]　赵海龙[2]

（1. 吉林大学边疆考古研究中心，长春，130012；2. 河北师范大学历史文化学院，石家庄，050000）

2007年8月25～28日，由吉林大学边疆考古研究中心、吉林省文物考古研究所与和龙市博物馆组成的石人沟联合考古队，在以寻找黑曜岩产源为目的的考古调查中，根据当地居民提供的线索发现了大洞遗址，并进行了试掘。本文即对试掘的成果进行介绍。

一、地理位置、地貌与地层

1. 地理位置

大洞遗址位于吉林省延边朝鲜族自治州和龙市崇善镇大洞村的东北部，坐落在红旗河与图们江汇合处的三级阶地上，地处长白山系南岗山脉的南端，西距长白山天池约75千米，东距崇善镇约4千米，西北距元峰村约1.5千米，东北距上天村约1千米，地理坐标为北纬42°08′36′，东经128°95′05′（图一）。

2. 地貌与地层

吉林省东部长白山脉的走向为东北—西南走向。图们江发源于长白山东南部，为中朝两国界河，谷深达百余米，河道坡度陡，水流湍急。红旗河为图们江左岸的第二大支流。遗址位于高出图们江河面5米处的三级阶地上，遗址地层堆积情况如下（图二）：

第1层，黑色腐殖土（耕土）。含大量植物根茎和现代遗物，厚20厘米。

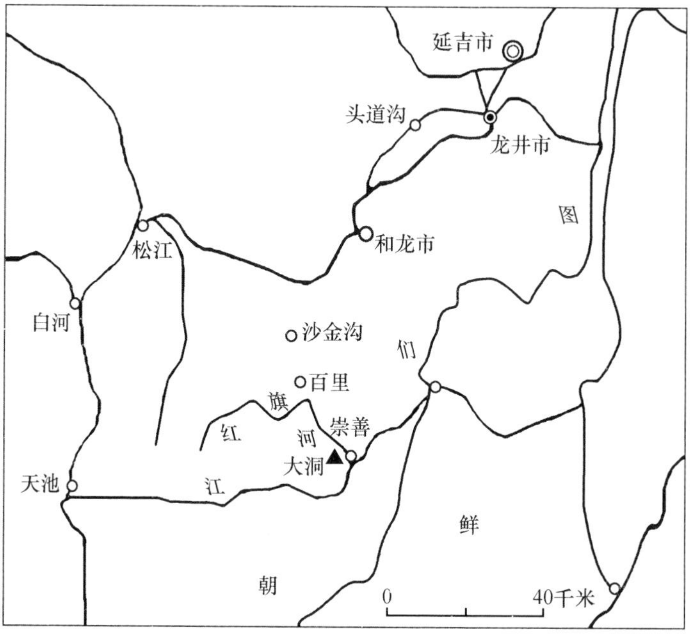

图一　大洞遗址地理位置

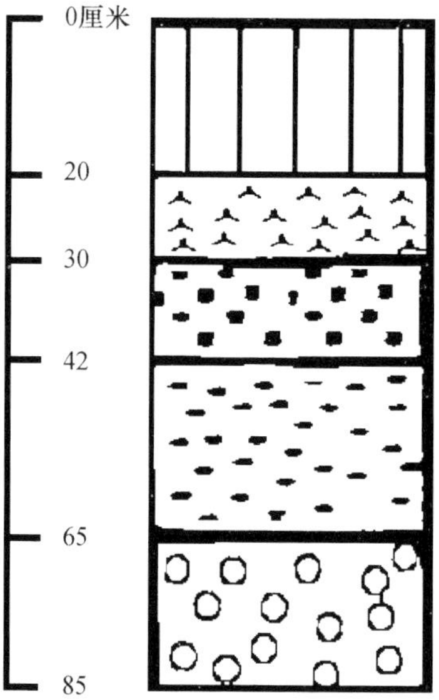

图二　大洞遗址地层堆积

第2层，浅黄色亚黏土。坚硬，含粗颗粒砂、石制品38件和玄武岩角砾，厚10厘米。

第3层，灰白色亚黏土。坚硬，含细颗粒砂、石制品32件和玄武岩角砾，厚12厘米。

第4层，黑色黏土层。致密，呈块状结构，含小砾石，未发现石制品，厚23厘米。

第5层，黄色黏土层。厚重，呈块状结构，仅发现1件石制品，未见底。

二、石器的分类与描述

此次试掘共发现石器71件。包括石片、工具和断块等。其中工具包括二、三类工具*。石器原料除一件为角岩外，其余均为黑曜岩。下面对石器进行分类描述。

（一）石　　片

共36件。根据石片的完整程度分为完整石片和断片（表一）。

表一　石片统计表

项目	数量（件）	百分比（%）
完整石片	5	13.9
近端断片	11	30.6
中段断片	13	36.1
远端断片	7	19.4
总计	36	100.0

1. 完整石片

5件。均为锤击剥片。长6.2～26.8毫米，平均长13.1毫米；宽4.5～13.8毫米，平均宽8.7毫米；厚1.2～4.6毫米，平均厚2.2毫米；石片角60°～113°，平均96°；重0.1～0.9克，平均重0.3克。台面均为人工台面，包括打制台面、有疤台面、点状台面和刃状台面。石片背面均为石片疤。背面石片疤数量最多的达11个。

标本07YD③：3，长26.8毫米，宽13.8毫米，厚4.6毫米，石片角60°，重0.9克。有疤台面，台面长2毫米，宽5.5毫米。劈裂面半椎体微凸，同心波显著，无放射线。边缘有折断。背面均为石片疤，共11个（图三，1）。

2. 断片

31件。根据石片的断裂方式，可以分为近端、中段和远端断片。

（1）近端　11件。长6.9～33.5毫米，平均长17毫米；宽5.6～38.9毫米，平均宽

---

* 本文选用陈全家先生的分类观点，将工具分为三类：一类，制作石器的工具（石锤、石砧）；二类，石片未经加工直接使用者（使用石片）；三类，直接将片状或块状毛坯经过加工修理者（修刃、修形和修理把手）[1]。

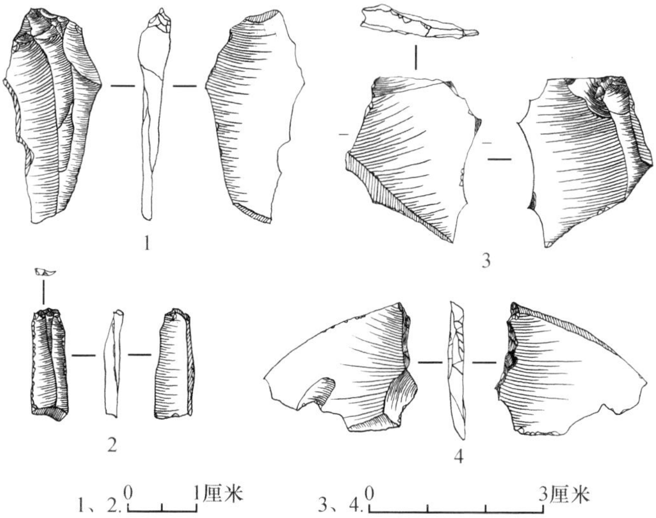

图三　大洞遗址试掘的石片
1. 完整石片（07YD③：3）　2. 近端断片（07YD③：9）　3. 中段断片（07YD③：15）　4. 远端断片（07YD③：24）

14.4毫米；厚1.4～7.4毫米，平均厚3.8毫米；重0.1～6.9克，平均重1.5克。台面均为人工台面，包括线状台面、有疤台面、有脊台面。台面角90°～135°，平均107.1°。剥片技术除一件为软锤外，其余均为硬锤打制。背面均为石片疤。

标本07YD③：9，长13.8毫米，宽5.6毫米，厚1.7毫米，重0.2克。点状台面，石片角100°。半椎体微凸，同心波显著，无放射线。两边平行，侧缘有折断。背面均为石片疤，共20个细密的小疤，推测为镶嵌痕迹（图三，2）。

（2）中段　13件。长5～31.3毫米，平均长12.8毫米；宽5.8～26.2毫米，平均宽13.6毫米；厚1.3～8.2毫米，平均厚3.6毫米；重0.1～2.8克，平均重0.7克。

标本07YD③：15，长31.3毫米，宽26.2毫米，厚4.8毫米，重2.8克。同心波显著，有放射线，两边接近平行，侧缘有折断。背面均为石片疤，共10个（图三，3）。

（3）远端　7件。长7.5～22.4毫米，平均长12.5毫米；宽8.2～27.8毫米，平均宽15.2毫米；厚1.3～9.2毫米，平均厚3毫米；重0.1～2.8克，平均重0.7克。

标本07YD③：24，长22.4毫米，宽27.8毫米，厚3.1毫米，重1.5克。同心波显著，有放射线，两边逐渐平行聚敛，侧缘有疤痕。背面均为石片疤，大小共3个（图三，4）。

（二）工　具

共29件。可分为二类和三类工具。

1. 二类工具

9件。均为刮削器。毛坯全部为片状。根据刃的数量分为单刃和双刃（表二）。

表二　第二类工具统计表

刮削器	刃形	数量（件）	百分比（%）
单刃	直刃	5	55.6
	尖刃	2	22.2
双刃	直-直	1	11.1
	直-凸	1	11.1
总计		9	100.0

（1）单刃　7件。根据刃的形状分为直刃和尖刃。

直刃　5件。长15.2～29.3毫米，平均长21.3毫米；宽3.4～19.5毫米，平均宽11.9毫米；厚1.6～6.7毫米，平均厚4.5毫米；重0.1～1.9克，平均重1.1克。刃缘长14.6～29.2毫米，平均长19.5毫米。刃角19°～42°，平均33.8°。

标本07YD③：26，长21.4毫米，宽19.5毫米，厚3.8毫米，重1.9克。毛坯为片状。背面均为石片疤。A处直刃为直接使用石片锋利的边缘，劈裂面有细微的、不连续的使用疤，在背面有不连续的鱼鳞状使用疤，使用时应是劈裂面接触加工物体。刃长21.3毫米，刃角27°（图四，2）。

尖刃　2件。长21.5～22.7毫米，平均长22.1毫米；宽17.6～18.5毫米，平均宽18.1毫米；厚4.6～5.9毫米，平均厚5.3毫米；重1～1.2克，平均重1.1克。毛坯均为片状。刃角45°和135°。

标本07YD②：21，长22.7毫米，宽17.6毫米，厚5.9毫米，重1.2克。片状毛坯。背面均为石片疤。A和B两边均为自然的直边，直接交于一点，形成尖刃（残缺）。两边夹一角，故为尖刃器。刃角45°（图四，5）。

（2）双刃　2件。根据刃的形态分为双直刃和直凸刃。

标本07YD②：24，双直刃刮削器。长34.1毫米，宽24.3毫米，厚11.5毫米，重7.6克。毛坯为片状。背面自然面比例约占50%，其余为石片疤。2个直刃均为直接使用石叶平行的侧缘，在背面和劈裂面均留有单层大小不一的、不连续的鱼鳞状使用疤。A刃长30毫米，刃角52°；B刃长19.5毫米，刃角70°。上下两边有折断的情况，推测为古人有意选择石叶的中段作为使用工具（图四，4）。

标本07YD②：23，直凸刃刮削器。长25.2毫米，宽18.6毫米，厚3.9毫米，重1.6克。毛坯为片状。A边为直刃，刃长17.3毫米，刃角25°；B边为凸刃，刃长29毫米，刃角15°。2个直刃均为直接使用石叶平行的侧缘，刃角很锐，极为锋利。在背面和劈裂面均留有单层大小不一的、不连续的鱼鳞状使用疤（图四，1）。

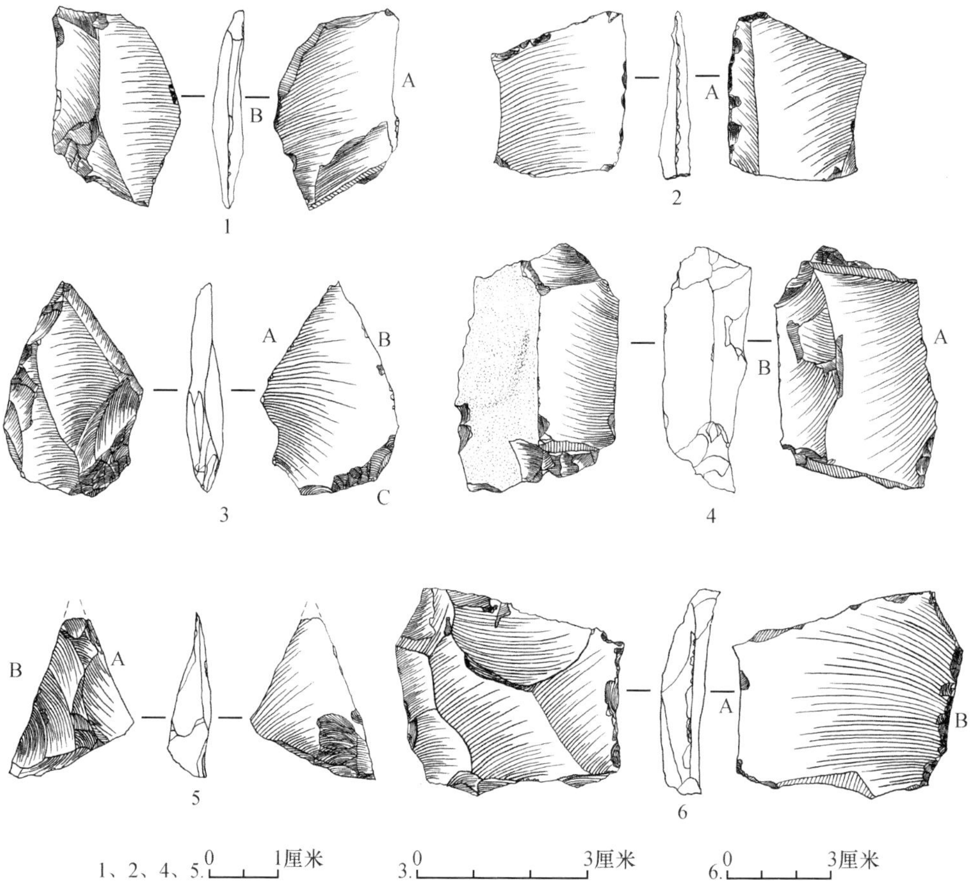

图四　大洞遗址试掘的二、三类工具

二类：1. 直凸刃刮削器（07YD②：23）　2. 单直刃刮削器（07YD③：26）　5. 尖刃刮削器（07YD②：21）　4. 双直刃刮削器（07YD②：24）

三类：3. 尖刃刮削器（07YD③：32）　6. 双直刃刮削器（07YD②：29）

2. 三类工具

20件。类型有刮削器、雕刻器和残器（表三）。

（1）刮削器　16件。分为单刃和双刃。

单刃　12件。根据刃的形状分为直、凸、凹和尖刃。

直刃　6件。长12.2～38.7毫米，平均长24.5毫米；宽7.8～57.6毫米，平均宽23.8毫米；厚1.5～14.5毫米，平均厚6.8毫米；重0.1～25.1克，平均重6.1克。毛坯均为片状。修刃的疤较浅，应为压制修理；修型与修理把手的为硬锤修理。正向与反向修理各3件。修疤多为鱼鳞状，平行状的修疤仅1件。刃缘长9.2～27.2毫米。刃角11°～51°。

标本07YD②：25，长24.8毫米，宽16.6毫米，厚4.7毫米，重1.7克。毛坯为片状。A处为正向加工，修出的直刃在背面形成平行的、连续的疤；B处和C处均为折断的边，推测为有意折断，目的为修型和把握之用（图五，2）。

表三　第三类工具统计表

项目	分类		数量（件）	百分比（%）	修理部位
刮削器	单刃	直刃	6	30.0	刃、型、把手
		凸刃	2	10.0	刃
		凹刃	1	5.0	型、把手
		尖刃	3	15.0	刃、型、把手
	双刃	凸-凹刃	1	5.0	刃
		直-直刃	1	5.0	型
		直-凹刃	2	10.0	刃
雕刻器	角雕刻器		2	10.0	刃、型
残器	/	/	2	10.0	/
总计			20	100.0	/

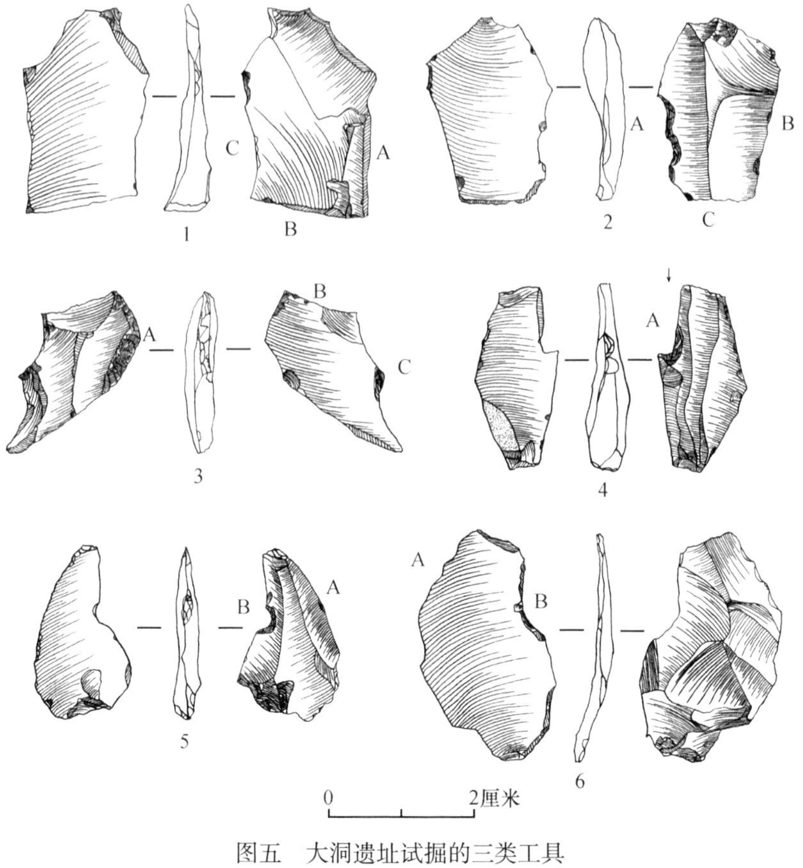

图五　大洞遗址试掘的三类工具

1. 单凹刃刮削器（07YD③：33）　2. 单直刃刮削器（07YD②：25）　3. 单凸刃刮削器（07YD③：28）　4. 雕刻器（07YD②：36）　5. 凸凹刃刮削器（07YD②：34）　6. 直凹刃刮削器（07YD②：35）

凸刃　2件。长9.9～26.8毫米，平均长18.4毫米；宽13.7～20.3毫米，平均宽17毫米；厚3.7～4.5毫米，平均厚4.1毫米；重0.6～0.9克，平均重0.8克。均为片状毛坯。均为正向压制修理。修疤形态均为多层鱼鳞状。刃缘长12.6～15毫米。刃角15°～45°。

标本07YD③：28，长26.8毫米，宽13.7毫米，厚3.7毫米，重0.9克。A处经过正面修理，在背面形成多层的、互相叠压的浅疤，为凸刃。刃长15毫米，刃角15°。B、C两处出现有人为打断的情况，推测为修型和修把手（图五，3）。

凹刃　1件。

标本07YD②：33，长26.7毫米，宽18.3毫米，厚4.6毫米，重2.2克。片状毛坯。A处为折断面，应为把手之用。B处亦为折断面，为修型去除毛坯多余的部分，规整器型，使工具大小合适。C处为自然的锋利的边缘，形成凹刃，在劈裂面和背面均有很微小的使用疤。刃长18.3毫米，刃角10°（图五，1）。

尖刃　3件。

标本07YD③：32，长39.3毫米，宽27.3毫米，厚7.1毫米，重6.3克。片状毛坯，背面石片疤呈鱼鳞状。C处经过反向修理，修去锋利的部分，减薄器身，并使工具底部和侧缘变得钝厚，便于把握。A处为折断面，形成直边。B处为有意打断的断面，形成直边。2个直边交于一角，形成尖刃，刃角49°（图四，3）。

双刃　4件。根据刃的形态分为凸凹刃1件、双直刃1件和直凹刃2件。

标本07YD②：34，凸凹刃刮削器。长13.9毫米，宽21.9毫米，厚3.4毫米，重0.8克。片状毛坯。底部为折断面，无法判定是人为截断或是在使用中造成的破损。A处未经修理，为毛坯的远端，在劈裂面留有不连续的、平行的细微使用疤，形成凸刃。刃长28毫米，刃角47°。B处经过正向修理，在背面留有叠压的修疤，形成凹刃。刃长17毫米，刃角30°（图五，5）。

标本07YD②：29，双直刃刮削器。长54.8毫米，宽66.2毫米，厚13.7毫米，重53克。片状毛坯。A处为锋利的边缘，形成直刃。在背面形成连续的、浅平的使用疤，刃长34毫米，刃角35°。B处亦为锋利的边缘，形成直刃。在背面形成连续的、浅平的、有叠压的使用疤。刃长41.2毫米，刃角47°。上缘和下缘有较为整齐的截断面，应为修型（图四，6）。

标本07YD②：35，直凹刃刮削器。长31.2毫米，宽18.1毫米，厚2.5毫米，重1.3克。原料为角岩。片状毛坯。A处为锋利的边缘，有连续的修理痕迹，形成直刃。刃长13.7毫米，刃角10°。B处同样有连续的修理疤，形成凹刃。刃长13.1毫米，刃角10°。整个器身很薄，使用时很轻便（图五，6）。

（2）雕刻器　2件。长24.5～28.9毫米，平均长26.7毫米；宽12～22.9毫米，平均宽17.5毫米；厚4.3～5.3毫米，平均厚4.8毫米；重1.2～2.4克，平均重1.8克。片状毛坯。刃长9.3～11.5毫米，刃角80°～85°。

标本07YD②：36：长24.5毫米，宽12毫米，厚5.3毫米，重1.2克。片状毛坯。在毛坯的背面留有两条近似平行的脊，为剥取细石叶所留。在A处由上至下打出凿子形刃口，刃长9.3毫米，刃角80°。劈裂面有少部分石皮残留（图五，4）。

（3）残器　2件。长22.2～23.1毫米，平均长22.7毫米；宽15.4～16.7毫米，平均宽16.1毫米；厚7.6～9.5毫米，平均厚8.6毫米；重均为1.9克。采用压制法修理，均为正向加工，器形不明。

（三）断　　块

5件。长10.1～26.7毫米，平均长16.4毫米，宽4.8～15.9毫米，平均宽10.2毫米，厚1.2～8.1毫米，平均厚4.3毫米，重0.1～2.6克，平均重0.8克。

（四）石　　料

1件。标本07YD③：30，长38.5毫米，宽28.2毫米，厚17.6毫米，重21.7克。风化较为严重。

三、结语与讨论

1. 石器工业特征

（1）石器的岩性除1件为角岩外，其余均为黑曜岩。其中，带白色斑点状的黑曜岩有3件。石器大部分有比较明显的同心波，也有清晰的放射线，这是黑曜岩的性质决定的。

（2）石器共发现71件，第二层32件、第三层38件、第五层仅1件。其中石片36件，占总数50.7%；工具29件，占总数40.9%；断块5件，占总数7%；石料1件，占总数1.4%（图六）。

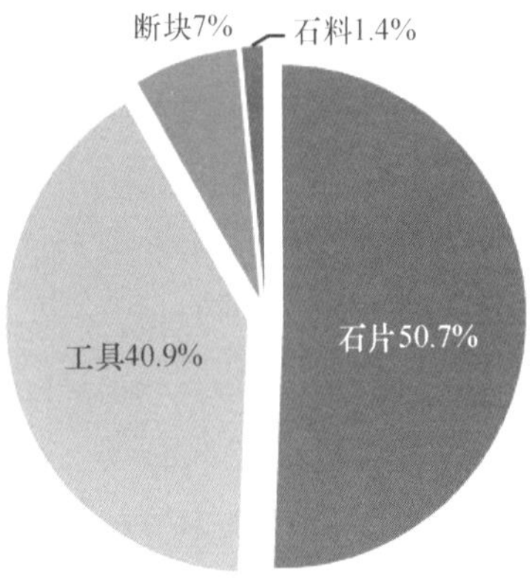

图六　石器比例图

（3）通过以上石器的统计与分析，可以看出，石器类型以石片为最多，工具次之，断块最少。石片又以断片居多，占石片总数的86.1%。二类工具全部为刮削器，共9件，刃缘形态多样。三类工具分刮削器、雕刻器及残器，其中刮削器占80%。

（4）三类工具的修理方法以压制为主，技术相当娴熟。加工方向包括正向、反向、错向及交互加工。修理的部位以修刃为主，其次为修理把手和修型。这说明古代人在有意地选择合适的坯材和部位进行修理，来达到适合人类使用的工具，进行生产生活。

2. 对比与讨论

近些年在吉林省东部长白山地区发现的以黑曜岩为主要原料的遗址有和龙石人沟[2]、珲春北山[3]、和龙柳洞[4]、抚松新屯子西山[5]、和龙青头[6]和安图沙金沟[7]等遗址。这些遗址为东北地区典型的细石叶工业类型，陈全家等人已经对这些遗址做了相对系统的梳理[8]，其主要的特征是：①剥片技术以锤击法为主，还出现了间接剥片技术；②工具修理上采用了压制法、指垫法及间接法；③发现了典型的细石叶石核，细石叶形制标准，多保留中段，推测用来作为符合工具的镶嵌刃部；④工具类型以刮削器为主，包括单刃、双刃等，其他工具相对较少；⑤整体上看，器形加工规整，三类工具修理部位和目的性很明确，大多数小而精致。

从大洞遗址试掘的情况看，符合东北地区的以细石叶工业为主的旧石器时代晚期的遗址特征。刘扬等人认为，吉林省东部地区细石器工艺的承源应该在华北地区，两个地区年代的相差性和接近性是细石器工艺传承的有力证据[9]。李霞进一步认为，从器形和加工特点来看，大洞遗址的细石叶工业技术与华北地区的下川遗址的技术存在继承关系，在某些方面技术还略显高超[10]。细石叶工业开始出现于旧石器时代晚期，可能是由小石器工业发展而来，但并没有取代原有传统，而是并行发展。综上，从与周围遗址对比情况来看，大洞遗址同周围遗址一样，为同一文化类型。2007年的发掘样品经北京大学加速器质谱（AMS）实验室测试，^{14}C测年为距今21350年±120年，应属于旧石器时代晚期。

注　释

［1］ 陈全家．吉林镇赉丹岱大坎子发现的旧石器［J］．北方文物，2001（2）：1-7.

［2］ 陈全家，王春雪，方启等．延边地区和龙石人沟发现的旧石器［J］．人类学学报，2006，25（2）：106-114.

［3］ 陈全家，张乐．吉林延边珲春北山发现的旧石器［J］．人类学学报，2004，23（2）：138-145.

［4］ 陈全家，王春雪，方启等．吉林和龙柳洞2004年发现的旧石器［J］．人类学学报，2006，25（3）：208-219.

［5］ 陈全家，赵海龙，王春雪．抚松新屯子西山旧石器遗址试掘报告［J］．人类学学报，2009，28（2）：147-153.

［6］ 陈全家，方启，李霞等．吉林和龙青头旧石器遗址的新发现及初步研究［J］．考古与文物，2008（2）：3-9.

［7］ 陈全家，赵海龙，方启等．安图沙金沟旧石器遗址发现的石器研究［J］．华夏考古，2008（4）：51-58.

［8］ 陈全家，王春雪．东北地区近几年旧石器考古的新发现和研究［A］．考古学研究（七）

［C］. 北京：科学出版社，2008：183–204.
［9］ 刘扬，陈全家，侯亚梅. 吉林东部含细石器遗存的初步研究［J］. 第四纪研究，2008，28（6）：1042–1049.
［10］ 李霞. 和龙崇善大洞旧石器遗址（2007年）发掘的石器研究［D］. 吉林大学硕士学位论文，2008.

A Preliminary Report on the Trail Excavation at Dadong Paleolithic Site, in Helong, Yanbian, Jilin Province, 2007

LI Wan-bo CHEN Quan-jia FANG Qi ZHAO Hai-long

Helong Dadong site, which is located in Changbai Mountain area in the east of Jilin Province, was excavated in August, 2007. The number of the stone artifacts, which the raw materials were mainly obsidian, unearthed from the site is 71 and they are almost flakes and tools. Most stone artifacts are middle and small size. Both second and third tools were founded, including scrapers, burins and so on. The methods of flaking and repairing are mainly hammer-percussion and pressure. Through the statistics and analysis on the characteristics of the stone artifacts at Dadong site, this is a typical microlithic industry site in east of Jilin Province. The age may belong to Upper Paleolithic Period.

鸭绿江中上游早期长城遗迹考古调查研究*

李树林

（通化师范学院高句丽与东北民族研究中心，通化，134002）

2014年秋，笔者沿鸭绿江中上游右岸进行燕秦汉辽东长城专项田野考古调查，首次发现沿江地带存有长城建筑遗迹，随即在两年内展开了三次实地踏查，收获颇丰。新发现、新确认了一批诸如墙体（含石墙和阶墙）、烽燧（含山燧和墙燧）、山障（小微型山城）、关隘（含山隘和谷隘）、关堡（小型平原城址）等军事类障塞设施和形制多为“崇方”的大中型行政类城址。同时亦发现在鸭绿江左岸的朝鲜沿江地带也存有大量的障塞、城址遗迹，与中国境内的相关遗址存有共性特征，当为同一时空维度内的统一体。构成了以鸭绿江防御为中心、以要塞区防御为重点、以“线条式”长垣结构和“点线式”障塞结构为主要布局特征的古代军事防御体系，且工程量浩大，有些遗址保存相对完整，极具典型性。这一重要考古发现，对于丰富中国早期长城分布、形制和地理走向，深化东北亚古代政权史、民族史、疆域史研究等诸多方面，提供了大量、宝贵的第一手资料，具有重大学术价值和现实意义。

一、长城遗迹调研对象、时空范围与方法

调查主要对象：燕秦汉长城田野调研，属于专门考古学科范畴，有着特定的调查主次对象。笔者经过20余年对史籍文献的系统研究并结合田野考古调查实践，确认“2+1”三大类型长城遗迹，即“主体性军事类障塞”（包括墙体、堑壕、烽燧、山障、关堡、关隘等障塞设施）、“中枢性行政类城址”（含都城、郡城、尉城、县城、贡城等大中型城址）和“附属性保障类遗址”（诸如古村落、古屯田、古墓葬、古道、古铜铁掘铸等遗址），其中前两类遗迹为主要调查对象；其障塞布局须符合“居延汉简”所载的“五里一燧、十里一障、三十里一堡、百里一城”基本规律和史籍所载的“塞垣”“列燧”“列障”“列堡”“列隘”“列城”等特殊规律；形制须具有“点线式”障塞结构、“线条式”长垣结构与“线段式”短垣结构为特点的中国早期长城[1]

---

* 基金项目：国家社会科学基金一般项目“燕秦汉辽东长城田野考古调查研究”阶段性成果（批准号13BKG020）。

（指战国、秦汉长城）历史遗迹。

调查地理范围：西起鸭绿江右岸的浑江口（辽宁、吉林两省交界处）上至临江市三道沟河口之间的中游江段；再上至鸭绿江源头处的长白县十九道沟河口之间的上游江段，总长约510千米。行政区划上涵盖吉林省通化市所辖的集安市（县级），白山市所辖的浑江区、临江市（县级）和长白朝鲜族自治县（简称长白县）沿江地带。

调查时限范围：上限自战国晚期燕将秦开东拓后修筑辽东长城起（约公元前265～前244年）[2]，下限至东汉建武六年（公元30年）光武帝撤罢乐浪郡沃沮都尉[3]止近300年间。

调查研究方法：中国境内采取实地踏查与利用卫星遥感技术（谷歌、奥维图像）相结合的调查方法；研究中采用障塞分类法、二重证据法、比较研究法、逻辑分析法等方法。

二、长城遗迹调查成果概述

经过初查，在鸭绿江中上游两岸新发现、新确认各类性质功用不同的障塞、城址总数80余处（段、墩、道、座），另有疑似地点数十处，遗迹几乎遍布鸭绿江两岸，绵延500余千米（图一）。为增强读者对遗址空间分布的感性认识，文中采取由中游至上游、先中国后朝鲜的地理顺序，对中国境内新发现的障塞、城址予以重点性介绍，并配以代表性遗址照片与卫星遥感图像，对新确认的相关遗址予以简介。对朝鲜一侧的相关遗址仅提供考古线索。

（一）鸭绿江右岸中国境内障塞遗迹

在鸭绿江中上游右岸中国地带，新发现、新确认3道长垣结构墙体、13座小微型城址（含关堡、山障）、8墩烽燧址、7道关隘址和4座大中型城址（郡县城址）。另确认有2处关隘址地点。

1. 新发现的遗址

所谓新发现的遗址，是指从未见到有关公开发表或出版的考古调查报告和有关信息，调查中首次发现的障塞、城址（含又有新发现的“旧遗址”）。在鸭绿江中上游右岸地带新发现1道长垣结构墙体、6座城址、5墩烽燧址和4道关隘址。

（1）头道边壕、二道边壕关隘址　位于集安市麻线乡红星村头道边壕屯西北头道边壕、二道边壕沟门口，东距集（安）—丹（东）沿江公路百余米。据当地老人讲，20世纪80年代还存有封锁于沟门的石筑墙体，因当地群众盖房取石和山洪冲刷现已不存。头道边壕南距朝鲜慈江道满浦郡高山里盆土下洞北山顶峰燧2.7千米。此两处关隘与榆

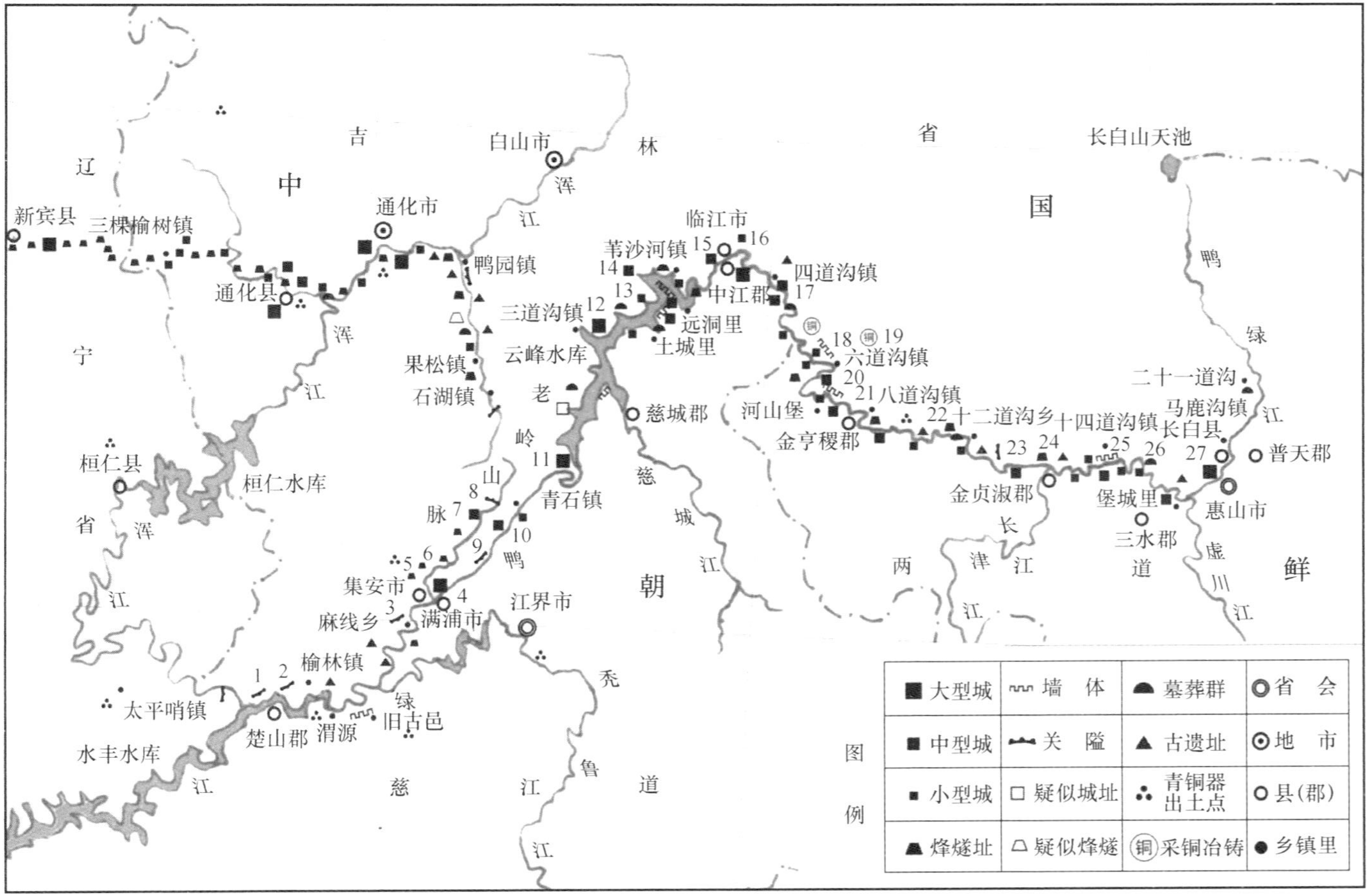

图一 鸭绿江中上游右岸中国地带长城遗迹地理分布示意图

1.“七个顶子”关隘 2.“老边墙”关隘 3. 头道边壕、二道边壕 4. 国内城下土城 5. 山城南烽燧 6. 后台子烽燧 7. 下双安城址、关隘 8. 黄柏关隘 9. 石门沟口关隘 10. 长川城址 11. 良民城址、墙体址 12. 三道沟双城址 13. 后白马浪沟河口城址 14. 错草沟河口城址群 15. 临江城址 16. 临城山城 17. 河南屯城址 18. 桦皮甸子城址 19. 临江铜矿采掘址、错草顶子冶铜址 20. 夹皮沟城址 21. 东马双城、墙体、列燧址 22. 八道沟烽燧 23. 十二道湾关隘、古道 24. 十三道湾烽燧 25. 十四道沟城址、墙体址 26. 十五道沟战国西汉墓葬群 27. 长白城址

图二　集安市上解放村石门沟关隘址地势示意图

林镇“老边墙”和凉水镇“七个顶子”关隘址同处于由集安国内城下土城通往丹东叆河尖汉城长城古道上，此道现已发现“列隘”多达15处。

（2）石门沟关隘址　位于集安市青石镇上解放村北石门沟口，南距鸭绿江约160米，地理坐标东经126°17′36″，北纬41°11′41″，海拔190米。为一道东西走向、横阻于沟门的石筑墙体。河西段残长23、宽8、高1.6米，河东段残长15、宽8、高0.5～2米，原长约150米，因受河水冲刷和人为破坏坍毁严重（图二、图三）。此隘东北距长川关堡址约7千米。

（3）三道沟C2城址　2006年5月2日，吉林省长白山文化研究会会长、文史专家张福有研究员和集安市博物馆孙仁杰、迟勇先生发现了三道沟镇汉城址。城址位于白山市浑江区三道沟镇东鸭绿江右岸台地上，东经126°32′280″，北纬41°37′067″，海拔280米，现被1米多厚的云峰水库淤泥覆盖，露出城垣周长760米[4]。笔者根据张福有先生提供的城址图片（图四），发现距城址（编号C1）西侧约百米处台地上另存有一座方形城址（编号C2），石筑墙垣，城垣东北角、西南角筑有圆形角台，南垣中部存一瓮门址，城内存有两组东西向的长方形房址。墙垣四周存有明显的护城壕（图五），目测城址周长250～300米。两城关系为“母子城”，C2城址当为C1城址的“候（卫）城”。理论推测C1城址东侧河口处当筑有南北走向的石筑墙体（塞垣）。

C1城址东南、东北距朝鲜慈城郡法洞慈城江口墙体址、延丰里芦洞河口城址均7.5千米左右。

图三　石门沟关隘址西段南侧墙体局部

图四　白山市三道沟镇三道沟C2城址（由北向南拍摄）（张福有摄于2006年5月）

图五　白山市三道沟镇三道沟C2城址（由北向南拍摄）（张福有摄于2006年5月）

（4）后白马浪沟河口城址　位于临江市苇沙河镇白马浪村后白马浪沟河口北岸台地，通过钻探获知台地地层关系为地表下深约0.8米为黑色淤泥层，其下约2.4米厚为黄色砂砾层，再下约1.3米厚为紫色风化砂岩层至基岩层。

城址：地理坐标为东经126°41′49″，北纬41°41′22″，海拔295米。平面呈长方形，石筑，东西垣边长各30、南北垣边长各20米，露出墙体坍宽3～4.5米不等，东、南垣正中各设一宽1.2米和0.8米的门址。西南角呈圆角向外伸展0.5米，余三角均存有规整的圆形角台，其中东北角台呈圆锥状，直径6、边长约18米；东南角台直径7.5、边长约18米，台顶内存一直径3.5、深0.5米的圆形凹坑；西北角台直径8.5、边长约20米，内存一直径约3、深0.5米的圆形凹坑，露高约1.5米，城址四垣边长加上角台周长约150米（图六、图七）。推测此城原高当在4.5米上下，形制与三道沟镇C2城址和C1城址内数座小城址完全一致。城址南距朝鲜慈城郡土城里石筑长城墙体北端（山冈断崖处）约1千米。

图六　临江市后白马浪沟河口城址地势（由南向北拍摄）

图七　后白马浪沟河口城址俯瞰（由北向南拍摄）

建筑台基址：位于城址西侧约90米处，石筑，平面呈长方形，东西向，周长约56米。剖面呈梯形，南北垣底部坍宽约28、顶部边长各约20米，东西垣底部坍宽约15、顶部边长各约8米，坍高约1.5米。南垣正中设一宽1.2米的门址，推测性质为房址。

积石墓葬群：位于城址、建筑址北侧沟谷平原上，内部结构不详，数量30余座。

（5）错草沟河口城址群　位于临江市苇沙河镇错草沟河口北岸平原上，地理坐标为东经126°41′04″，北纬41°44′35″，海拔290米。由3座城址（皆南北向）和城西墓葬群构成，已堙没于云峰水库淤泥中，地表凸露出明晰的石筑城垣轮廓。城址形制与三道沟镇C2城址和C1城址内数座小城址完全一致。另在城址西侧沟谷平原上，存有数十座积石墓葬群。

C1城址：平面呈长方形，北垣被修路碎石覆盖。东西垣边长各约50、南北垣边长各35、宽约4米，四角有圆形角台。城址周长（含角台边长）约210米。城内南、北侧和东南角存有方形建筑址，南垣中部存一宽约2米的门址（图八）。

C2城址：位于C1城址东南侧，平面呈方形，边长各34米，垣宽4米。四角有圆形角台。城址周长（含角台边长）约170米（图八）。北垣似有城门，城内南北两侧存有建筑台基。

图八　临江市错草河口C1城址（右下）、C2城址（左上）俯视（由北向南拍摄）

C3城址：平面呈长方“目”字形，南垣边长约110米，北垣被修路碎石覆盖。东西垣边长各约58、垣宽约4米，城内筑有3道隔墙。除四角筑有圆形角台外，在南垣中间隔墙上也存有数个圆墩。城址周长（含角台边长）约380米。各城内均存有建筑址（图九）。城址东距江对岸的朝鲜慈江道慈城郡远洞里仓坪石筑长城墙体约850米。

（6）东马遗址群　位于临江市六道沟镇东马鹿沟村南鸭绿江台地（古江岸线）上，由2座小型城址、1条总长约1.44千米的阶地墙体和4墩烽燧址，构成一个相对独立

图九　临江市错草河口C3城址俯视（由北向南拍摄）

的江防要塞体系。

C1城址：位于村东南方向约500米处，地理坐标为东经127°11′19″，北纬41°31′47″，海拔430米。平面略呈方形，周长约150米，方向180°，城垣土石混筑（图一〇），在土墙外侧筑有修琢整齐的石墙。南墙保存略好，残长约30米，基宽5、上宽3、高6米，正中有一豁口，为南门，门东侧有一高台。东墙（土筑）长约28、基宽4、高3米。西墙存长约15、基宽4、残高1.5米。城中有许多石堆残基痕迹，可能为当年的房址[5]。历年采集有铁镞、铁鱼镖等遗物，传城外坡下曾发现井址和台阶[6]。临江市文管所在该城址复查时采集有泥质灰褐陶细绳纹大口罐口沿和腹片、泥质黑皮细绳纹大口罐腹片、泥质陶盆（内壁拍印方格纹）腹片等遗物[7]。笔者在城内采集到1件疑是铁釜

图一〇　临江市东马C1城址形势（由北向南拍摄）

类口沿残片。推测城址年代上限为战国晚期至东汉初。C1城址东距朝鲜两江道金亨稷郡烟浦里河山堡城址约3千米。

C2城址：位于C1城址东南方向约430米处临江一级台地上（原江中孤岛），城内高出地表约1.5米，北垣北侧差高约4米，平面呈椭圆形，周长约100米，河卵石砌筑（图一一），因城内耕种遭到严重破坏，已失去原貌。有东北侧有大面积红烧土，城周围台地上散布较多夹砂陶和泥质灰陶残片。年代当在战国晚期至东汉初。

图一一　东马C2城址（由西向东拍摄）

墙体址：位于C1城址南侧老江岸台地边缘线，呈弧形东西走向，系利用自然台地断崖筑就阶墙，遗迹明显，可分为西段土石混筑墙体（编号Q1）和东段石块砌筑墙体（编号Q2）。Q1墙体坍高约7米，崖顶部再筑有土石混筑墙体（残高约1米），坡墙呈45°，墙下部尚存有高约3米的河卵石护坡墙（图一二），较为坚固，墙体西端终于S1烽燧处，东端延伸至车马小道，长约1.2千米；Q2坍高1.5～2米，破坏严重。东端Q2墙体延伸至江岸山根处，存长240余米（图一三）。

烽燧址：皆呈圆形孤堆，外石内土结构，因耕作破坏严重。编号S1址位于C1城址西约560米处墙体北侧，坍高约2米，西临鸭绿江谷（图一四）；S2址位于C1城址东南角台上，坍高约1米（图一五），东西、南与S1、S3、S4三燧遥相呼应；S3址位于C1城址东北方向约800米处石墙北侧15米，东望鸭绿江上游江谷，坍高近2米（图一六）；S4址位于C2城址西北约30米处。烽燧址地表均散布较多夹砂红、褐、黑陶罐、甑等碎片和石器，年代当在战国晚期。

（7）八道沟烽燧址　位于长白县八道沟镇八道沟村东砬头山顶，南临鸭绿江，临（江）—长（白）公路从山南根东西向通过（图一七），地理坐标为东经127°16′09″，北纬41°30′59″，海拔480米。呈圆形馒头状（图一八），顶部中心存一直径约1.5米、燃

图一二　东马C1城址（上）南侧Q1阶墙中东段（由西向东拍摄）

图一三　东马C1城址东侧Q2阶墙东段遗迹（由东向西拍摄）

图一四　东马S1烽燧址（由东向西拍摄）

图一五　东马S2烽燧址（由东南向西北拍摄）

图一六　东马S3烽燧址（由南向北拍摄）

燔报警的圆形凹坑。当地群众在烽燧下坡地开垦耕地时掘出磨制石斧、打制石镰，地表分布夹砂红褐陶片和黑曜石片，年代当为战国晚期至西汉早中期。1981年，在距烽燧南6千米处的葫芦套村北坡石堆曾出土赵“廿十年丞蔺相如”青铜戈（公元前279年造）[8]。经一同考察的王洪峰研究员现场调查确认所谓石堆实为破坏严重的战国积石墓群。

（8）十二道湾关隘址（含烽堠、古道）　位于长白县十二道沟乡十二道湾村东1.5千米处马鞍山岭上（图一九），山岭由北向东南延伸，一直到鸭绿江边，因江边砬子陡直行人无法通过，古人只好翻山冈行走，岗顶凹处的北、南端各有石砬子高高耸立，如同门阙，岗的东、西两面山坡骤陡上下都很困难，关隘就修筑在两个石砬子中间的低凹

图一七　长白县八道沟烽燧址位置示意图（中心点）

图一八　八道沟烽燧址地貌（由西向东拍摄）

图一九　长白县十二道湾关隘险峻地势（由西向东拍摄）

处，地势险要，居高临下，一夫当关，万夫莫开。关隘由墙、壕、墩组成。墙垣为土石混筑，全长30米，底宽约9、上宽5、坍高1～1.7米；中部偏南有宽6米的豁口，应是关卡门址（图二〇）。墙西有护城壕，壕底宽9、上宽4.5、深0.4米。东20米处有椭圆形土丘一座，长径18、短径11、高2.4米。年代为高句丽时期[9]。

图二〇　十二道湾关隘人行古道关卡址（由西向东拍摄）

笔者复查新发现，关隘址实由南侧陡坡人行古道隘口和北侧盘山车马古道隘口两部分构成，南北总长百余米，推测附近当筑有屯兵关城址，有待详查。

G1址：两山夹峙，一线中道，此道虽路窄难行，但路途较近，在接近山脊隘口路段，呈“V”字形，坡度加大，仅能容下单人攀行，隘口处即为关卡门址，门址东侧正对着椭圆形土丘（笔者认为属堠望、烽墩性质），地理坐标为东经127°38′45″，北纬41°25′56″，海拔880米。在关门南北两侧山脊上，挖筑有面向西坡平缓处的防御性堑壕（外墙内壕）。笔者在长白县文管所见到了在此隘土墙外侧出土的仍插着木梃的圆銎三翼青铜镞和采集的石镞、石刀、石斧等遗物。可以肯定，此隘始筑年代为战国晚期，非高句丽遗存，这里曾发生过中原军队与地方军队激烈争战。

G2址：位于C1址北侧约50米山岭处，海拔923米，地势陡峻，盘山车马古道由山下绕行必经此隘方能越岭东下，在古道（东西向）最狭窄处（宽仅2米余）路口两侧，仍存有人为放置的两组四块大石，两石间距不足1米，系用以阻挡车马通行的“关门石”（图二一），道南筑有护路石墙。古道隘口北侧为悬崖峭壁，道南缓坡上，发现一道沿山脊呈南北走向长约40、宽约4、高约2米的坍塌石筑隘墙（图二二），南端延伸G1址与土筑隘墙对接。

图二一　G2车马古道及“关门石”
（由西向东拍摄）

图二二　G2古道隘口南段墙体
（由北向南拍摄）

另发现在关隘址西坡树林中，存有多条废弃的车马古道，道宽2.5米左右。

（9）十三道湾烽燧址　位于长白县十三道沟乡十三道湾村东380米处二级台地边缘线上，南距江岸70余米。地理坐标为东经127°42′58″，北纬41°25′15″，海拔540米。内土外石结构，顶部为大块河卵石堆筑，椭圆形，东西长11、南北长7、坍高2.5米，因耕种破坏严重，地表采集夹砂红褐陶残片。推测年代当为战国晚期至西汉早中期。

2. 新确认的遗址

所谓新确认的遗址，是指前人调查发现的“高句丽”或“渤海”时期遗存，我们通过实地踏查发现这些遗址还普遍出土战国、两汉遗物，重新确认为是被后世沿用的早期长城障塞遗迹共19处：

集安市下双安城址（呈椭圆形，周长约558米，关堡）、关隘址，黄柏关隘址（长560米），土口岭后夹皮沟哨卡（山障）、后台子烽燧[10]、山城南山烽燧[11]，国内城下战国、西汉古城[12]（略呈方形，周长2686米，县治），榆林“老边墙”（石筑，长170米）和凉水“七个顶子”关隘址（碎石筑墙，长150米），长川城址[13]（周长约370米，关堡）、良民城址（呈长方形，周长约1300米，城东临江台地上存有一道呈南北走向、长550～600米的石筑墙体，根据地形推测原墙体长度应在3千米左右，郡县治城）[14]；白山市三道沟汉城址（露出水面城垣周长约760米，县治），临江市临江城址（发现墙垣，被城区覆盖）、临城城址（周长60米，山障）、桦皮甸子城址（周长180米，关堡）、夹皮沟城址[15]（周长380米，关堡）；长白县十四道沟城址（周长约120米，关堡）、墙体址（长500余米，土石混筑），长白城址（呈长方形，周长约1200米，渤海城址，推测城下叠压战国城址）[16]等。

（二）鸭绿江左岸朝鲜境内障塞遗迹线索

通过隔江目测，在鸭绿江左岸朝鲜境内共发现长垣结构的墙体址5道、33座小微型城址（含平原城、堡和山障）、烽燧址6墩和大中型城址5座（郡县城址）。查阅朝鲜文化遗迹调查发掘资料，不见相关报道。虽难以推测其年代，但可以断定长垣墙体、烽燧和部分城址的性质为长城设施。例如慈江道慈城郡土城里墙体，南北长约2.2千米（墙体上存有3处“长城门”），墙内发现6座中小型城址；慈城郡远洞里间洞墙体长约11.8千米（含支线0.5千米），墙体上存有3处“长城门”址，墙内发现5座中小型城址；慈城郡法洞慈城江口南岗墙体长约405米，墙体上存有一座周长约28、高约2米的方形“敌台”址。再如烽燧址中的“墙燧”址（QS）有慈城郡远洞里间洞墙体上编号QS1址，“山燧”址（SS）有慈江道满浦郡高山里盆土下洞北山峰燧、慈城郡远洞里仓坪东南山烽燧和中江郡湖下里“青年铜矿”北山峰燧等。城址的规模大小和形制往往直接反映出城址的不同功能性质和军政等级，发现大型山城（周长超过千米）1座，为慈江道中江郡中德里古非洞山城（周长约1395米，存有角台、瓮门、护城壕和内外城垣）；中型城址（周长500～1000米）4座［或为边县（尉）治城］：有慈江道慈城郡土城里C1城址，长方形，周长约534米，北垣东延伸出55米（似扩建未完工程），两江道金亨稷郡河山堡城址，长方形，周长约575米，四角存有角台。两江道三水郡堡城里城址，圆角长方形，周长约501米。又如小、微型城址是长城线上特有的屯兵戍守（部、曲、官、队建制）设施。小型城址（周长500～200米）8座，如慈江道中江郡中章洞城址，长方形，周长约237米。两江道金贞淑郡新上里C2城址，略呈方梯形，周长约335米，城四周挖有护城壕，四角筑有圆形角台，西垣中部设有1处瓮门等。微型城址（周长200米以下）24座，如慈江道满浦郡烟浦里加罗地城址，方形，土筑，周长约198米，挖有护城壕。慈江道慈城郡延丰里芦洞河口城址，方形，石筑，存有角台、瓮门，周长约190米。慈江道中江郡中德里古非洞山城候卫列障6座，均为圆形，周长85～100米。

三、“鸭绿江障塞长城”命名与相关问题探讨

考古学调查研究需要哲学思维。鸭绿江中上游两岸障塞遗迹数量众多，分布密集，性质各异，纷繁复杂，但诸多遗址具有共性文化特征，存在某种必然联系，当是同一时空维度的统一体。下面根据有限的调查信息和史籍文献资料，试对几个主要问题进行初步研究探讨。

1. 关于“鸭绿江障塞长城”命名问题

鸭绿江中上游跨江两岸新发现的大量障塞、城址遗迹，符合长城主要特征。它以“线条式长垣结构”墙体遗迹为代表，突出要塞区军事防御功用；在各要塞区之间以“点线式障塞结构”相连接，具有“五里一燧、十里一障、三十里一堡、百里一城”的汉塞布局规律，使鸭绿江中上游两岸构成一条路线绵长、点点相望、体系完备、攻防结合的军事防御有机整体，这些特点符合目前中国学界有关“长城”的理论定义基本要素。著名长城学家罗哲文先生提出：“我曾经给长城下过一个定义，就是它与一般城墙不同之处：一是其长度在数百里之上；二是它不封闭；三是由许多城堡、墩台、城墙等所组成的防御工程体系。”[17]中国长城学会副会长董耀会先生认为：“‘长城’应该是由关隘、城堡、墙体、烽燧等子系统相互联系，按特定结构方式组合而成的具有防御功能作用的有机整体。”[18]国家文物局、国家测绘局编制的《长城资源调查工作手册》中明确 “长城是一种很长的墙体防御建筑，或形式和墙体相近、防御性质和墙体一样的防御建筑”[19]等。因此，可命名为“鸭绿江障塞长城”，如此称谓也是为了区别于丹东虎山“鸭绿江明代长城”形制（中国晚期长垣结构长城）。

“鸭绿江障塞长城”命名，也符合朝鲜考古学界的称谓。早在1987年，朝鲜学者

孙永钟就在《关于大宁江长城的调查报告》中曾提到："从今天平安北道地区的地形条件来看，在大宁江一线的前面，以鸭绿江东岸高丽千里长城一线为主，有不少地方可以设置长城、堵截城（本文笔者注：中国学者称之为关隘或关堡）之类的防御设施。"[20]从中看来，朝鲜方面已经注意到或可能已发现鸭绿江左岸地带有长城分布，并且与"大宁江长城"相提并论。我们还注意到，迄今在朝鲜鸭绿江地带，仍保留有较多个诸如"长城门"（2处）"长城峰""土城里""古城里""旧古邑""河山堡""堡城里"等与古长城有关的古地名和郡（县）、邑、里、社等古代行政地名，应与燕秦汉时期在辽东地区推行郡县制，县下设乡、亭、里、社等基层行政组织有渊源关系。调查走访中还得知，当地中、朝边民亦将这些墙体、城址称为"万里长城"，当是中国早期长城文化的历史遗留。所以，无论是中国境内还是朝鲜一侧的长城调查，都有助于两国考古学文化研究与信息交流。

"鸭绿江障塞长城"命名，还具备遗存的量与质基本要素。目前在鸭绿江中上游地带发现的障塞、城址设施总数量80余处，规模已十分可观。当然，这些遗存不应是"鸭绿江障塞长城"遗迹的全部，有些疑似地点有待调查确认，有些遗迹因自然损毁或人为破坏已消失无存（中国一侧人为破坏比较严重），也会有一定数量的障塞、城址可能仍隐匿在山岭上、平原间或淹没于水线下，有待考古发现。诸多遗址保存相对完整，特别是要塞区墙体（存有"长城门"）内筑列城、外筑烽燧的统一模式具有典型性。这些遗存对于探索中国早期长城形制，丰富辽东地区考古学文化序列，深化东北亚古代政权史、民族史、疆域史研究等诸多方面，都具有重大学术价值和现实意义。

2. 关于"鸭绿江长城"制塞特点比较研究

"鸭绿江障塞长城"最大特点是"因险制塞"。从地理因素讲，鸭绿江中上游右岸，为中国的老岭山脉和长白山熔岩台地，左岸为朝鲜"屋脊"盖马高原。因受地势高差和江水切割影响，长白（惠山）—临江（中江）上游段水流湍急，江两岸多悬崖峭壁，少冲积平原；临江（中江）—集安（渭源）中游段则水势相对平缓，江两岸多高山深谷和开阔盆地。云峰水库以上河段水道异常曲折，逆水行船，寸步难行，顺水漂流，一日百里。因此，古人进入长白山谷地，首选陆路交通，但陆路交通艰险难行，不仅路途遥远，人迹罕至，还必须翻越崇山峻岭，经过无数道关卡；要想走出长白山谷地，理想路径是顺鸭绿江水道而下。因此，如何利用鸭绿江天险制塞，掌控水陆交通，建立安全稳固的中原中央政权地方统治机构，实现《史记·朝鲜列传》所载的燕"为置吏，筑障塞"、汉"为其远，难守，复修辽东故塞"根本目的，成为考验先人智慧的一道历史性难题。

调查发现，由于缺少可供筑城的平原，所以无论是鸭绿江右岸还是左岸，都难以在单独一侧构筑完整的防御体系，必须利用有限的空间地域，跨江两岸设障置塞。在江上游两岸，凡有平原台地的地方，往往都筑有中小型城址；在面积稍大的江岸台地边缘

（绝壁），或筑石墙或筑阶墙再在其顶上起筑墙体以加强防御，如中国一侧的长白县十四道沟城址、墙体址，临江市东马列城址、阶墙（顶筑墙体）、烽燧址等；而在地势开阔的中游两岸平原、盆地或山冈上，石筑墙体更加绵长［皆面向江道环卫列城而筑、并存有“长城门”（关津）、烽燧址等设施］，列城的分布密度也较大，形成了完全封闭、自成体系的军事防御要塞群，如朝鲜一侧的慈城郡远洞里间洞——仓坪要塞、土城里要塞和中国一侧的集安市良民要塞等，推测国内城南紧临鸭绿江边发现的一道残长30余米的石墙亦属早期“塞垣”性质。《资治通鉴·汉纪》载“天设山河，秦筑长城，汉起塞垣”。可以说，“鸭绿江障塞长城”堪称中国早期长城“因河为塞”的典范。

“鸭绿江障塞长城”的建筑模式和修筑方法，与“大宁江长城”有诸多共性特征。“大宁江长城”建筑结构：“……在博川郡的中南里、宁边郡的古城里、泰川郡的鹤塘里等平原开阔、石头稀少的地带，主要是用土或土石混合进行筑城。……像德化里和鹤塘里一带以及中南里的部分区间，江岸即是绝壁，城墙只是修到岸边，崖顶便不再构筑城墙。”其修筑方法：“尽可能沿着江岸宽阔的冲积地修筑，当江边有小沙丘或冲积地较窄时则砌筑在山脊、山麓和半山腰，在山区多用经过修整的石块砌筑，有些地段先用较大石块铺成石基，其上再用较小石块砌筑，有的地方则利用江岸绝壁，不再修筑城墙，在长城沿线分布一些城址、瞭望台和支线长城。”除有长垣墙体外，还同样存有烽燧、关堡、山障等障塞设施，如在“大宁江长城”线上的抚州城后山和泰州城北、城南均有烽墩遗址，“从其位置来看，应该说是与长城防御关系密切的烽燧。”“大宁江长城在临近邑城（即平原城堡）或直连邑城的每一重要场所都配置镇城（即山障）或邑城，从而形成一种体系。”并发掘了28个地点，邑城、津城共发掘了17个地点[21]。该文译者顾禹宁先生在译者按中谓：“确信它是当年燕国北长城的最东段。”中国学者普遍认为“大宁江长城”是燕长城[22]。

“鸭绿江障塞长城”制塞特点，还与“阜新障塞长城”极为相近。近年笔者在阜新进行燕秦汉长城田野调查时发现，无论是“北线长城”还是“南线长城”，其实都不完全是一些学者所想象的系一道连绵不绝的墙体，而是同样由“点线式”障塞结构、“线条式”长垣结构和“线段式”短垣结构构成。以“南线长城”为例，据笔者统计，在124千米长城线上已发现墙体址40余段、烽燧址54墩、山障址12座、关堡址2座、大型行政类城址1座。值得注意的是，阜新县境内的墙体址一种是单体结构，另一种则是屏护大中小城址而修筑的复体“塞垣”，如大五家子镇大家生村西营子城堡的西、北外侧就筑有土筑墙体；我们在阜新机场公路南侧山坡上发现上、中、下（长近2千米）三道土石混筑墙体（南为堑壕），环护着八家子山顶列燧和障城。在八家子山南平原上则为高林台大型战国汉代城址（余考为辽东郡西部都尉治无虑县），在城址东北数千米远的山坡上也发现了一道长约1千米的土筑长城墙体（南为堑壕）和列燧、山障址；在沙拉镇北五家子村二郎山西北半山腰也发现了上、中、下三道土筑墙体（内为堑壕），环卫着山顶障城、列燧，总长6千米以上，等等[23]。其布局实际上是与“鸭绿江障塞长城”要塞群异曲同工，只是江塞、平原塞、山寨的不同体现形式而已。

总之，辽东地区“鸭绿江障塞长城”与朝鲜“大宁江长城”、辽西“阜新古长城”制塞特点是一致的，都遵循“因地形用险制塞”总原则或“因边山险”或“因河为塞”或“因山为障”或“临谷为塞（隘）”；都存有大量的“塞垣”“列燧”“列障”“列堡”“列隘”及“列城”遗迹；也都存有“郡县组合”“城障（候）组合”“障亭组合”“关塞组合”“屯戍组合”等固有模式[24]；其布局符合《居延汉简》所载的汉“五里一燧、十里一障、三十里一堡、百里一城”[25]特定制塞规律。因此这三地早期长城都应归属“辽东障塞长城”体系之中。

3. 关于“鸭绿江障塞长城”始筑年代与沿用问题

“鸭绿江障塞长城”与内地长城走向相连接，并非作为一个孤立的长城实体而存在。此长城线中段由集安市区战国、西汉古城北入通沟河谷再北越老岭与通化市治安山城对接，再西与沈阳—新宾—通化障塞线相连；西南端由集安市区战国、汉代古城沿鸭绿江谷延伸至丹东地带，中间从宽甸县红石镇腰岭子村列隘南越鸭绿江与“大宁江长城”对接，西端延伸至丹东市叆河尖汉城址[26]，特征明显，走向清晰，障塞、城址之间文化共性与时代差异并存。

首先，我们可根据城址的形制来分析城址的时代特征。“鸭绿江障塞长城”大量“崇方”的平原城址[27]形制可分无角台城址（Ⅰ式）和有角台城址（Ⅱ式）两式。Ⅰ式城址为简单的方形布局，如中国临江市三道沟镇C1城址，朝鲜慈江道慈城郡土城里C1和C4城址、远洞里间洞C3城址、两江道三水郡堡城里城址等，虽有瓮门但尚未出现角台等防御设施。此种形制与内蒙古河套地区战国、秦代城址形制是一致的[28]；Ⅱ式城址，是在Ⅰ式城址基础上衍现2或4座角台、瓮城、护城壕、烽燧等设施，如中国临江市三道沟镇C2城址和C1城址内2座小微型内城、白马浪沟河口城址、错草沟河口列城址，以及江对岸的朝鲜慈城郡延丰里芦洞河口城址、土城里C2城址、远洞里间洞C1等城址，年代上要略晚于Ⅰ式城址，根据一些学者对秦汉长城沿线地带城邑形制形成原因的研究，这些新出现的防御设施其年代至迟不晚于西汉[29]，尤其三道沟镇C1城址出现2座小内城的布局，符合《汉书·晁错传》所载“复为一城其内，城间百五十步”的特点，说明Ⅱ式防御体系较Ⅰ式逐渐完善并成熟，但马面还未普及，土城里C3城址外墙始现类似马面的建筑[30]。此式形制与目前在鸭绿江流域经过考古发掘且没有争议的通化县赤柏松西汉城址是基本相同的[31]。

其次，在“鸭绿江障塞长城”线中国地带，以往曾出土了大量具有代表性的战国晚期至两汉时期中原文化遗物。如集安县高台村曾出土窖藏赵国“十年相邦阳安君”短剑[32]，集安市国内城下土城附近出土青铜人形车辖、铁梃铜镞，燕赵“匽刀币”“匋阳布”“平阴布”“匽化”“一化”圜钱、汉“半两”“五铢”等货币（1958年在一座积石墓中出土200千克燕币和两汉货币），汉代白玉耳杯、铁釜、铜鼎等炊具以及铁铧、凹形铁锸等生产工具，榆林镇地沟村江岸台地上出土了两汉时期中原形制的铜釜2件、铁铧1件、铁镰5件[33]；特别是1920年出土于国内城旧城基下的汉“军司马印”[34]，笔者据《后汉书》载“唯边郡往往置都尉”“边县有障塞尉”（县尉又称“司马”属中级军官），考为汉玄菟郡戍守上殷台县军尉印信；再如长白县八道沟镇积石墓出土赵国“廿十年丞蔺相如”青铜戈[35]，十二道湾关隘址出土战国圆銎三翼青铜镞；浑江口西侧宽甸县太平哨乡出土秦国“元年丞相斯造栎阳左工去疾工上□□”青铜戈[36]等。诸多障塞遗址普遍存有以夹砂红褐陶、泥质灰陶为代表的具有中原文化和辽东土著文化特点的战国晚期至东汉初期遗物，如临江市河南屯城址出土过战国青铜钺斧范、镞范及绳纹灰陶片[37]，桦皮甸子城址出土单孔石刀和夹砂陶、泥质绳纹灰瓦片[38]，夹皮沟城址出土过石矛、石斧、石镞、夹粗砂陶片、罐和泥质灰陶片、铁镞[39]，东马城址出土泥质灰褐陶细绳纹大口罐口沿和腹片、泥质黑皮细绳纹大口罐腹片、泥质陶盆（内壁拍印方格纹）腹片、铁器，长白县十四道沟城址出土石斧、石锛、石镞、石刀、夹砂陶片和泥质灰陶桥状耳等战国、两汉遗物[40]，部分遗址当在东汉初（公元30年后）为高句丽、渤海所沿用。此外，在临江铜矿（距夹心岗大型古冶铜址西北2千米）古矿洞中发现过青铜高柄浅盘灯等遗物[41]，说明早在2000多年前，辽东地区丰富的铜铁资源就已经得到大规模开发，亦是燕秦汉为何相继将长城修筑到鸭绿江上游的史因之一。

在“鸭绿江障塞长城”线朝鲜地带，以往也曾出土了大量战国晚期燕至秦汉时期的典型中原文化遗迹、遗物。如与中国集安相望的慈江道，渭原郡龙渊洞出土大约400枚明刀钱，同时还出土了铜镞、铁镟、铁刀、铁枪、铁斧、铁锹、铁镰、铁制半月刀等金属工具[42]；江界郡化京里吉多洞出土大约4000枚明刀钱[43]，前川邑长丰谷泥质灰陶罐中出有明刀钱，面仲岩洞出土大约250枚明刀钱和青铜器、铁器[44]；时中郡鲁南里南坡洞遗址上层，有房址、熔铁炉址、储藏窖，出土明刀钱币2枚，秦五铢钱1枚，以及铁器多件等[45]；慈城郡西海里窖藏泥质拍印纹陶罐中出燕明刀币2000余枚、一化钱650枚和秦半两钱3枚[46]；与中国临江对岸的中江郡土城里（长城内）遗址出土大量铁器、铜币和泥质灰陶罐、钵（盘）、器盖、器底（豆座）等遗物[47]；与长白县接壤的两江道甲山郡沙坪里、金华里遗址除出有石器外，还有泥质绳纹黑褐陶器[48]，与中国临江东马城址、桦皮甸子城址所出遗物完全相同。因此有权威学者断言：“在慈江道渭原郡龙渊洞等遗址发现了战国晚期后半的铁器遗存，朝鲜半岛北部其他一些出土铁器的遗存年代下限有的或可晚到秦代至西汉初年。”[49]

那么，“鸭绿江障塞长城”是否就是朝鲜学者所认为的“高丽千里长城”呢？据《旧唐书·高丽传》等文献记载：“（公元642年）建武惧伐其国，乃筑长城，东北自扶余城，西南至海，千有余里。”目前中国学界普遍认可的“高句丽千里长城”考古走向为东北自吉林省德惠县松花江乡老边岗屯起，西南行，经吉林省德惠、农安、怀德、梨树，辽宁省昌图、开原、铁岭、沈阳、辽中、辽阳、鞍山、海城、大石桥、营口等市县，最后终止于营口市郊老边区的前岗子[50]。而“鸭绿江障塞长城”大量“崇方”的平原城址所体现出的中原战国秦汉时代特征，与高句丽山城形制相差悬殊，文化面貌完全不同，况且崛起之后的高句丽重点军事防御方向在西部的辽沈地带即汉“辽东塞”，与“鸭绿江障塞长城”东向相悖，所以“鸭绿江障塞长城”不是“高丽千里长城”。

另外，鸭绿江地带见于文献记载的军事防御设施还有唐代“鸭绿栅”。从《旧唐书·列传》记载公元668年“勣顿军于鸭绿栅”字面来分析，此“鸭绿栅”属临时性简易单一的木栅墙体，与“鸭绿江障塞长城”石筑墙体、城址的建筑风格是完全不同的，但不排除唐军利用了前人长城设施的可能性。

4. 关于“鸭绿江障塞长城”为燕秦汉“辽东故塞”推论

据中国史籍文献记载，战国燕是最早在东北地区拓疆治边、修筑长城、设置郡县的中原国家。《史记·匈奴列传》载：“燕有贤将秦开，为质于胡，胡甚信之，归而袭破走东胡，东胡却千余里。燕亦筑长城，自造阳至襄平，置上谷、渔阳、右北平、辽西、辽东郡以拒胡。”《三国志·东夷传》裴注引《魏略》云：“燕乃遣将秦开攻其西方，取地二千里至满番汗为界，（箕子）朝鲜遂弱。”据笔者研究，秦开东拓时间当在公元前265年（燕武成王七年）至公元前252年（燕王喜二年）这13年间，设辽东郡约在公元前260年左右，修筑燕东北长城时间当在公元前262（燕孝王十年）至公元前244年（燕王喜十一年）约18年间，先筑张北、次筑辽西、再筑辽东障塞，后筑“幕北外城”（如吉林省梨树县二龙湖军事镇城）[51]。秦开率军一直打到鸭绿江源、清川江地区，为巩固地方统治，随后修筑辽东长城。此时燕国地域广大、人口众多、实力雄厚，为历史上全盛时期。《史记·朝鲜列传》载“自始全燕时，尝略属真番、朝鲜，为置吏，筑障塞”，从中可知燕辽东长城筑有由辽东郡治襄平城（今辽阳市区古城）通向“真番”和“朝鲜”的东、南两条主要障塞线，并且利用了浑河、浑江、鸭绿江、大宁江等江谷有利地势筑障置塞，形成了环绕辽东郡外围屏障，这同《盐铁论·险固》所言“燕塞碣石，绝邪谷，绕援辽”相符。

秦始皇统一六国之后，在中国北方连缀起了秦、赵、燕旧塞并加以修缮，修筑起了中国历史上第一道万里长城。《史记·匈奴列传》载秦长城“因边山险堑溪谷可缮者治之，起临洮至辽东万余里。”《史记·蒙恬列传》载“因地形，用险制塞，起临洮，至辽东，延袤万余里。”“始皇筑长城东至辽水，西南至海。”《魏略辑本·朝鲜》云“及秦并天下，使蒙恬筑长城到辽东。时朝鲜王否立，畏秦袭之，略服属秦，不肯朝会。”《史记·朝鲜列传》载“秦灭燕，属辽东外徼”等，言之凿凿。但秦万里长城究竟修到了辽东何地？笔者认为此“西南至海”的路线，系指“下障”线“大宁江长城”，而与西南方相对应的东北“上障”线当指“鸭绿江障塞长城”，两线即为秦之“辽东外徼”。

西汉初期国力贫弱，燕人卫满东走辽东，建“卫氏朝鲜”，掌控了燕秦“辽东故塞”，成为辽东郡守边外臣。《史记·太史公自序》云：“燕丹散乱辽间，满收其民亡，厥聚海东，以集真番，保塞为外臣。”《史记·朝鲜列传》：“汉兴，为远难守，复修辽东故塞，至浿水为界，属燕。燕王卢绾反，入匈奴，满亡命，聚党千余人，椎结蛮夷服而东走出塞，渡浿水，居秦故空地上下障，稍役属真番、朝鲜蛮夷蛮夷及故燕、齐亡在者王之，都王险。会孝惠、高后天下初定，辽东太守即约满为外臣，保塞外蛮夷，毋使盗边。元封二年，……天子募罪人击朝鲜。元封三年（公元前108年）夏，故遂定朝鲜为真番、临屯、乐浪、玄菟四郡。”《汉书·武帝纪》载：“元封三年夏……朝鲜王攻杀辽东都尉，乃募天下死罪击朝鲜……以其地为乐浪、临屯、真番、玄菟郡。”根据《汉书·地理志》所载“玄菟郡，武帝元封四年开。县三：高句骊，上殷台，西盖马。马訾水（今鸭绿江）西北入盐难水（今浑江），至西安平（丹东叆河尖汉城）入海，过郡二，行二千一百里。莽曰玄菟亭”这段话来分析，汉武帝 “复修辽东故塞”，应沿用了包括“鸭绿江障塞长城”和“大宁江长城”在内的辽东燕秦故塞诸段，在“鸭绿江障塞长城”线上设有真番（郡治霅县，考或今长白城址）、玄菟（首治沃沮城，考今良民城址）二郡，在“大宁江长城”至大同江、载宁江障塞线上设乐浪（郡治为朝鲜平壤土城里城址）、临屯（地望载宁江下游）二郡，构成《汉书·赵充国传》所载“自敦煌至辽东一万一千五百余里”汉长城的最东段和最南段。朝鲜中江郡中德里古非洞山城址附筑6座候卫性质的微型圆形山障址和1座江津小城（推测码头），这种布局不同于高句丽山城，当与公元前226年燕代“东保辽东”后代王嘉所设战时王城[52]或汉真番郡某属县有关。《后汉书·东夷列传》记载“自单单大岭已东，沃沮、濊貊悉属乐浪。后以境土广远，复分岭东七县，置乐浪东部都尉”之“单单大岭”当指今老岭，“岭东七县”很可能与“鸭绿江障塞长城”线上数座大中型城址相关。至公元30年光武帝罢乐浪东部都尉官（治不而城）后，东汉王朝完全丧失对“鸭绿江障塞长城”的有效管控。

还有一条重要的史料不能忽略。《三国志·魏志·东夷列传》所载的“夫余在长城之北，去玄菟北千里”之长城，笔者认为即指汉“玄菟亭”（笔者注：亭，又名烽燧，长城别称）这条障塞线。据笔者调查考证，在沈阳—抚顺—新宾—通化—集安—临江间的辽东长城障塞线上发现五组“郡县三城模式”，均为两汉玄菟郡“五迁六治”不断内迁时与“初四县”（公元前108年置）、“前三县”（公元前82年玄菟郡内迁后存三县）和“后三县”（公元107年由辽东郡划归三县）行政变迁治城所在[53]。此汉夫余国之地望，即为学界所公认的“西团山文化”分布区域，其都城在今松花江中游吉林市东团山、龙潭山一带，这在时空上与文献记载是完全吻合的。

另外，中国古代诗词中存有大量辽东出塞诗词，如宋代陆游《书事》有“鸭绿桑干尽汉天，传烽自合过祁连”，所指即“自敦煌至辽东”汉万里长城。此类例子实不胜枚举，可以诗证史。

上述推论权作一孔之窥。由于笔者专业学识、调查力量和手头资料均十分有限，加之考古部门尚未对中国沿江地带方城类城址进行专项发掘，故文中难免出现数据不准、辨识错误、主观臆断之处，敬请专家学者们予以谅解与批评指正。

附记：笔者在调研中，有幸得到了吉林省文物考古研究所、集安市文物局、白山市文物保护管理办公室和临江市文物管理所、长白朝鲜族自治县文物管理所大力支持；吉林大学《边疆考古研究》匿名审稿专家对本文给予了精心指导；吉林大学边疆考古研究中心魏存成教授、朱永刚教授和吉林省文物考古研究所王洪峰研究员、辽宁省博物馆王绵厚研究员均提出了宝贵意见和建议；吉林省文史馆馆员张福有先生还提供尚未发表的三道沟镇汉城址珍贵图片；并得到了长白朝鲜族自治县县委党校张道敏教授的热情帮助，在此一并表示衷心感谢！

注释

［1］ a．李树林，贾云章．燕秦汉辽东长城形制考古调查研究［A］．边疆考古研究（第16辑）［C］．北京：科学出版社，2014.

b．笔者根据长城形制结构特点，将中国历代长城理论划分为“原始长城”（如赤峰“夏家店下层文化”列堡带）、“早期长城”（如春秋战国秦汉障塞长城）、“中期长城”（如金堑壕）和“晚期长城”（如明长垣长城）四个阶段。耿雪．东北学者——燕秦汉辽东长城形制为“障塞”结构［N］．中国社会科学网，2014-6-30.

［2］ 李树林，李妍．秦开东拓与燕修筑辽东长城时间新考［J］．通化师院学报，2013（1）.

［3］ 据《后汉书·东夷·东沃沮传》载：“武帝灭朝鲜，以沃沮地为玄菟郡。后为夷貊所侵，徙郡于高句丽西北，更以沃沮为县，属乐浪东部都尉。至光武罢都尉官，后皆以封其渠帅为沃沮侯。”

［4］ 马扬．吉林省白山市一座汉代古城浮出水面［N］．新华社，2006-5-11（电）：三道沟镇城址“从已露出水面及淤泥的城垣看，古城址呈方形，圆角。现可见墙垣高1.5米，宽4米，系以石材垒砌墙面，内用土石混筑。墙垣外侧筑有护城水壕，水壕现可见宽4米，深1米。西墙露出水面长180米，南侧开有城门，城门宽6米。北墙露出水面长220米，未见城门。东墙被晚期房址所压，南墙被三道沟河水冲毁。城内有两组房址，尚不清楚房址与古城址的关系。在古城内及古城的北侧，有10余座积石墓。根据古城址内墓葬年代分析，当是筑城于前、葬墓于后。古城墙结构与砌筑风格，均有别于高句丽、渤海和辽金时期。因此，该古城应筑于汉代。”

［5］ a．国家文物局．中国文物地图集·吉林分册·浑江市［Z］．北京：中国地图出版社，1993：134.

b．孙仁杰，迟勇，张殿甲．鸭绿江上游右岸考古调查［J］．东北史地，2004（5）.

［6］ 吉林省文物志编委会．浑江市文物志［Z］．1984.
［7］ 临江市文管所．第三次文物普查东马城址标本登记表（内部资料）.
［8］ 长白县文管所．吉林长白县发现“蔺相如”青铜戈［J］．文物，1998（5）.
［9］ 吉林省文物志编委会．长白朝鲜族自治县文物志［Z］．1986.
［10］ 张福有，孙仁杰，迟勇．五年间高句丽遗迹调查与文献研究中的新收获［J］．东北史地，2009（2）.
［11］ 集安市文物局提供此信息。
［12］ a．吉林省文物志编委会．集安县文物志［Z］．1984．国内城为外石墙内包土垣，略呈方形，周长2686米，有6处瓮门址，四角筑有方台角楼，设有马面、排水涵洞、护城壕等，石墙为高句丽时期所筑，土垣早在战国晚期已存在，汉、高句丽、渤海等历代沿用。

b．李殿福．国内城始建于战国晚期燕国辽东郡塞外的一个据点上［J］．东北史地，2006（3）．“1977年 5月至1978年5月，县博物馆和文管所对此城四周城墙进行勘测和发掘。从不同地方的10条探沟所揭示出来的具体情况断定，国内城石筑城墙下都包含一个夯土墙。根据土垣中出土一批遗物（磨制石刀、石斧、环状石器和青铜器口沿、铜铃、铁锤等）判断，最初的夯土墙应为战国晚期始筑。”

c．王志刚，郭建刚，张哲．集安国内城东、南垣考古清理收获［A］．边疆考古研究（第11辑）［C］．北京：科学出版社，2012．2009、2011年吉林省文物考古研究所、集安市博物馆配合本体保护工程对国内城东、南垣进行了考古发掘。通过对城垣轮廓的清理和城墙的解剖，认为国内城石墙下发现的土筑部分，并非年代早于石墙的土筑城墙，而是石墙内部的土筑墙蕊。

d．李树林认为国内城西城垣外排水涵洞为早期遗迹，高句丽初期进行西墙内缩、东南墙外扩改造所致，且城址周边分布有北、西、东三条障塞线，支持国内城为战国晚期始筑的观点。
［13］ 吉林省文物志编委会．集安县文物志［Z］．1984（内部资料）.
［14］ 张福有，孙仁杰，迟勇．良民：高句丽的平壤城与国之东北大镇之新城［J］．东北史地，2004（4）.
［15］ 国家文物局．中国文物地图集·吉林分册·浑江市［Z］．北京：中国地图出版社，1993：134-135.
［16］ 国家文物局．中国文物地图集·吉林分册·长白县［Z］．北京：中国地图出版社，1993：141.
［17］ 罗哲文．访湘西凤凰明长城［N］．光明日报，2000-2-6.
［18］ 董耀会．长城学的概念、特征及分类［C］．瓦合集——长城研究论文［C］．北京：科学出版社，2004.
［19］ 国家文物局，国家测绘局．长城资源调查工作手册［Z］．2007（内部资料）.
［20］ 〔朝〕孙永钟（著），顾宇宁（译）．关于大宁江畔的古长城［J］．博物馆研究，1990

（1）.（原载朝鲜《历史科学》1987年第2号。）

[21] 〔朝〕孙永钟（著），南宇明（译）. 关于大宁江长城的调查报告［J］. 博物馆研究，1990（4）.（原载《朝鲜考古研究》1987年第2号。）

[22] a. 郑君雷. 大宁江长城的相关问题［J］. 史学集刊，1997（1）.

b. 李健才. 关于朝“大宁江长城”建筑年代问题的探讨［A］. 东北史地考略［M］. 长春：吉林文史出版社，2001.

[23] 李树林，贾云章. 燕秦汉辽东长城形制考古调查研究［A］. 边疆考古研究（第16辑）［C］. 北京：科学出版社，2014.

[24] 同［23］.

[25] 薛英群等注. 居延汉简释粹［M］. 兰州：兰州大学出版社，1988.

[26] a. 王文. 自费调查研究二十载——李树林提出辽东障塞长城新见解［N］. 中国文物报，2011-5-4（2）.

b. 李树林，李妍. 吉林省燕秦汉辽东长城障塞群考古调查简述［J］. 社会科学战线，2011（10）.

c. 李树林，李妍. 通化浑江流域燕秦汉辽东长城障塞调查［J］. 东北史地，2012（2）.

[27] 刘庆柱先生就汉代城市结构特点指出：“汉代城市在设计上有‘崇方’的观念，城市多由大、小（或内、外）两重城组成以及城中常见瓮城、马面等（辅助）防卫设施。”刘庆柱：汉代城址的考古发现与研究［A］. 远望集——陕西省考古研究所华诞四十周年纪念文集［C］. 西安：陕西人民出版社，1998.

[28] 王晓琨. 内蒙古河套地区秦汉时期城址的分布及类型［J］. 草原文物，2012（2）.

[29] a. 侯仁之，俞伟超. 乌兰布和沙漠的考古发现和地理环境的变迁［J］. 考古，1973（2）. “目前在中国北方地区考古发现并确认建筑年代最早的角台，存于秦汉长城沿线的障塞防御设施中，如内蒙古乌兰布和沙漠北部哈隆格乃山谷发现的汉代鸡鹿塞石城遗址，在城的四角，即筑有这种向外突出的‘角台’。”

b. 刘庆柱，白云翔.《中国考古学·秦汉卷》第六章第四节“北方长城沿线地带的城邑特点”［Z］. 北京：中国社会科学出版社，2010.

[30] 姜念思. 马面溯源［A］. 辽宁考古文集（二）［C］. 北京：科学出版社，2010. “马面这种防御设施在中国肇始于三千多年前的夏家店下层文化时期，且起源于长城地带，早期的马面多用在北方特别是边城上，南方很少使用马面。如公元初年的高句丽国内城（吉林集安）等。”

[31] a. 通化县赤柏松城址平面呈不规则的矩形，周长996米，城墙为夯筑，城的东南角、东北角和西南角筑有圆台角楼，在东墙外侧存有马面址6处，城门4处. 吉林省文物志编委会. 通化县文物志［Z］. 1987（内部资料）.

b. 近年来，吉林省文物考古研究所对此城进行了调查发掘。新测城址周长1051米，在城内清理出大型房址等遗迹，出土遗物有绳纹（内饰布纹）板瓦和筒瓦、陶甑、陶豆、铁农具等汉代遗物，判定其始建年代为西汉时期．赵海龙，王东飞，刘娟．通化县赤柏松山城遗址［A］．中国考古学年鉴（2009）［C］．北京：文物出版社，2010：169–170.
［32］ 集安县文管所．吉林集安发现赵国青铜短剑［J］．考古，1982（6）.
［33］ 吉林省文物志编委会．集安县文物志［Z］．1984（内部资料）.
［34］ 孙炜冉，李乐营．金毓黼撰写《东北通史》及考察高句丽遗址的过程与影响［J］．东北史地，2015（6）．《静晤室日记》第五卷记载：1935年10月21～26日对辑安文物遗迹进行考察记录云“民九之岁（1920年）……又余闻赵舆人（轸）拓示汉印一方，文曰‘军司马印’，系民七任辑安警察所长时在旧城基掘得”。
［35］ 长白县文管所．吉林长白县发现“蔺相如”青铜戈［J］．文物，1998（5）.
［36］ 许玉林，王连春．辽宁宽甸发现秦石邑戈［J］．考古与文物，1983（3）.
［37］ 吉林临江发现距今约2300年的战国武器模具［N］．新文化报，2005-07-11.
［38］ a．吉林省文物志编委会．浑江市文物志［Z］．1984（内部资料）.
b．王洪峰．临江电站库区古遗存调查综述［J］．博物馆研究，1988（3）.
［39］ 同［38］.
［40］ 吉林省文物志编委会．长白朝鲜族自治县文物志［Z］．1986.
［41］ 张殿甲．鸭绿江中上游高句丽、渤海遗址调查综述［J］．北方文物，2000（2）.
［42］ 金荣国．中国古代货币制度对朝鲜、日本古代货币制度的影响［J］．延边大学学报，2000（1）.
［43］ a．〔朝〕郑灿英．鸭绿江、长津江高句丽遗迹发掘报告［R］．平壤：科学・百科辞典出版社，1983（13）.
b．韩国文化财管理局，文化财研究所（编），包艳玲（译），刘玉成，王宇（校）．朝鲜文化遗迹发掘概报［M］．2011（内部资料）.
［44］ a．〔朝〕刘定俊．慈江道前川出土的明刀币［A］．文化遗产［C］．北京：社会科学院出版社，1957.
b．同［43］b.
［45］ 〔朝〕郑灿英．鸭绿江、秃鲁江流域的高句丽遗址发掘报告——鲁南里南波洞遗址发掘报告［R］．平壤：科学・百科事典出版社，1983：40–67，69–85.
［46］ 〔朝〕刘定俊．慈江道原始遗址及咸货币发现遗址［A］．文化遗产［C］．北京：社会科学院出版社，1957.
［47］ 〔朝〕李秉羡．中江郡土城里原始及古代遗址发掘阶段性报告［A］．文化遗产［C］．北京：社会科学院出版社，1961.
［48］ 〔朝〕金龙東，安永俊．咸镜南道、两江道一带新发现的青铜时代遗物研究［A］．朝鲜考古研究［C］．北京：社会科学出版社，1986.
［49］ 王巍．东亚地区古代铁器及冶铁术的传播与交流［M］．北京：中国社会科学出版社，1999.
［50］ a．李健才．唐代高丽长城和扶余城［J］．东北亚历史与文化，1991（2）.

b. 王健群. 高句丽千里长城［J］. 博物馆研究，1987（3）.
c. 冯永谦. 高句丽千里长城建置辩［J］. 社会科学战线，2002（1）.
d. 魏存成. 高句丽晚期长城［A］. 高句丽遗迹［M］，北京：文物出版社，2002.
e. 张福有，孙仁杰，迟勇. 高句丽千里长城［M］. 长春：吉林人民出版社，2007.
［51］ 李树林，李妍. 秦开东拓与燕修筑辽东长城时间新考［J］. 通化师院学报，2013（1）.
［52］ 李树林. 秦“还攻代，虏代王嘉”史地考——燕辽东长城“真番障塞”线赵国考古现象分析［J］. 通化师院学报，2015（7）.
［53］ a. 李树林，贾云章. 燕秦汉辽东长城形制考古调查研究［A］. 边疆考古研究（第16辑）［C］. 北京：科学出版社，2014.
b. 李树林. 汉辽东长城“郡县三城模式”与玄菟郡史治考析（待刊）.

An Archaeological Study on the Ruins of the Great Wall along the Upper and Middle Reaches of the Yalu River

LI Shu-lin

In recent years, special archaeological fieldwork research on the Great Wall in Liaodong of Yan, Qin and Han Dynasties has been made many times on the right bank of the upper and middle reaches of the Yalu River belonging to China, discovering and confirming a set of barrier structure ruins of the “borderland” (walls), mountain barriers, fortresses, town sites, beacon towers and gates (ancient paths) between the late of the Warring States and the Western Han Dynasty. At the same time, lots of barrier structure ruins have also been discovered on the opposite bank belonging to North Korea. Thus there are almost a hundred barrier structure ruins altogether. The method of historical data analysis, double evidence, comparative study, logical analysis and so on have been adopted in the research and the name of “ the Great Wall of barrier structure by the Yalu River” has been first clearly put forward. The research argues that its shapes and characteristics resemble those of “the Great Wall by the Daning River” and “the ancient Great Wall in Fuxin”, all taking advantage of the steepness of the terrain to build barrier structures. It concludes that it is “Zhenfan barrier structure” line of “the ancient fortresses in Liaodong” of Yan, Qin and Han Dynasties recorded in the historical data of China, like “records of the historian” and “history of the Han Dynasty”. This important archaeological discovery and research results can not only enrich the archaeological culture in Liaodong area, but also deepen the study on the ancient history of regime, nationalities, and territories and so on in Northeast Asia. They are of great academic value and practical significance.

山西大同县小坊城遗址的调查与试掘

张喜斌[1]　王银田[2]

（1. 山西省考古研究所，太原，030000；2. 暨南大学考古与文化遗产研究所，广州，510632）

小坊城遗址位于山西省北部大同县西坪镇小坊城村与康店村之间（图一），东距康店村200米，西距小坊城村500米。城址西南角地理坐标为北纬40°03′27.6″、东经113°32′50.6″、海拔高度828米，城址内外目前皆为农田。2010年10月至2011年9月，山西省考古研究所和暨南大学历史系考古专业联合对小坊城遗址进行了考古勘探和试掘，勘探面积约16万平方米，试掘面积180平方米。该城址的调查属于晋北古城址考古调查项目，是国家文物局于2006年批准的文物保护项目。经过对该城址进行大面积钻探和小范围试掘，已基本确认了城墙宽度、护城河（城壕）、马面和城门位置及规模、城内主要道路与主要建筑的布局。采集、出土有汉代绳纹瓦、砖等建筑材料和日用陶器残片。现将主要收获简报如下。

图一　小坊城遗址位置示意图

一、地层堆积

经钻探和试掘，小坊城遗址的地层较为简单，大部分区域在耕土层下即可见各类遗迹。现以T1西壁为例略作说明（图二）。T1为南北向探沟，位于1号夯土建筑基址北部。

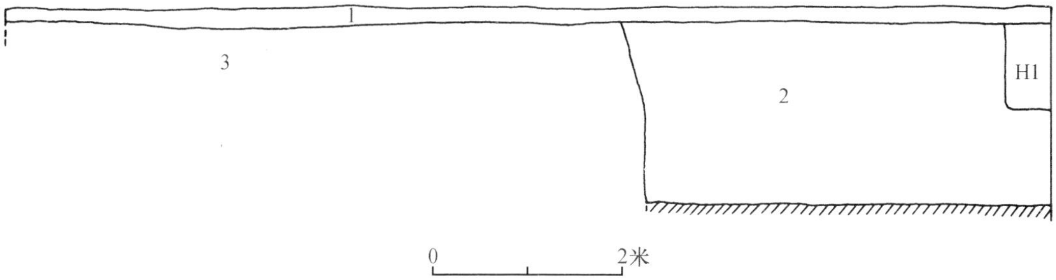

图二　T1西壁剖面图

第1层：耕土层。黄褐色土，土质松软。厚0.2～0.35米。分布于整个探沟。包含有少量砖、瓦等建筑材料残片。

第2层：垫土层。黄灰色土，大部分土质较软，局部土质较硬。厚1.7～1.8米。分布于探沟北部，叠压于夯土之上，距地表0.25米。包含有少量砖、瓦等建筑材料残片及陶器残片。

第3层：夯土层。浅黄色土，质地较硬，距地表0.2～0.35、厚1.8、夯层厚0.1～0.12米。其下为生土。

二、遗　　迹

经钻探，该城址共发现瓮城1座，马面5座，角台2座，东西向道路1条，夯土建筑5组，灰坑数十座，在北墙外发现有城壕遗迹（图三）。在钻探基础上，我们选取城址东北部F7进行了小范围试掘，发现南北向有序排列的柱洞54个和车辙1组。

1. 城壕（护城河）

仅在北墙外发现。城壕宽15～20、深1.2～1.7米。东墙、西墙外因季节河的冲刷而破坏严重，原是否有城壕不得而知，南墙外经钻探未发现城壕遗迹。

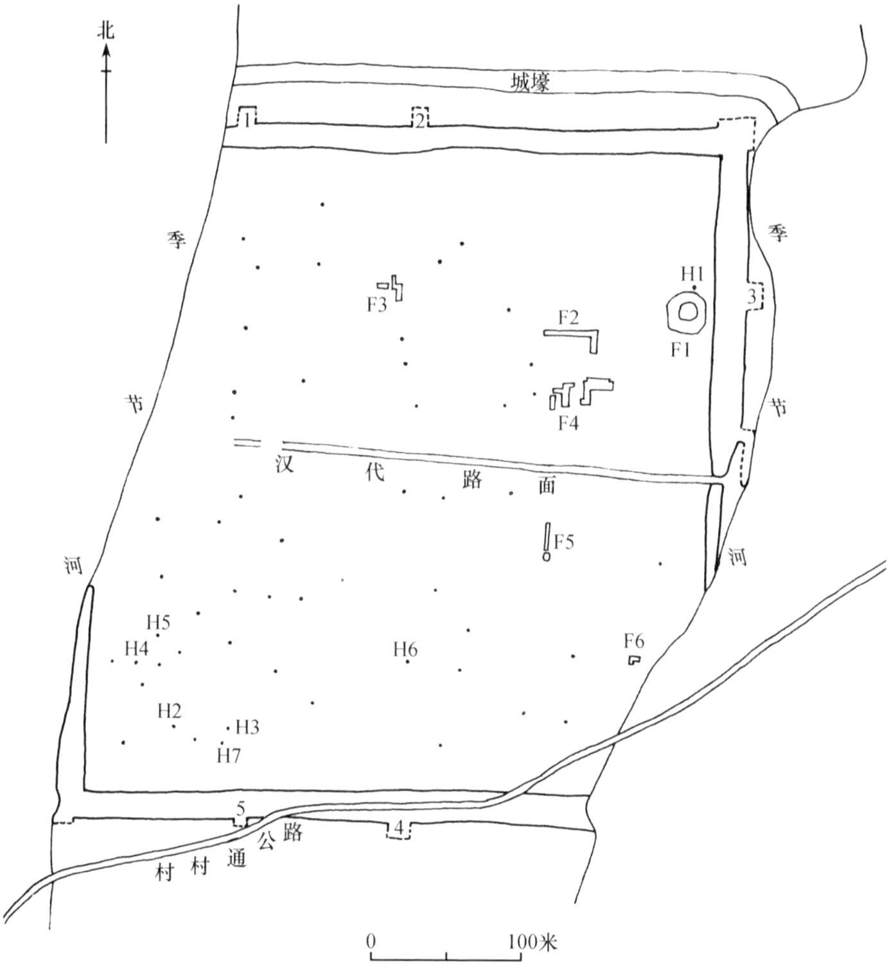

图三 小坊城遗址平面图

1～5. 马面

2. 城墙

该城址平面大致呈方形，城址东、西墙外各紧邻一条季节河，夏季洪水不断冲刷，西墙中北段已被彻底冲毁。东墙南部由于河水冲刷以及村民取土、修路也已不存。现存北墙残长315米，东墙残长260米，南墙残长331米，西墙残长131米（图四）。城址外围东西435米，南北437米，估计城址周长约1700米。

北墙西端墙基宽12米，残高4米（图五）。从北墙西端和南墙东端断面观测，其夯筑方法为先在原生白色胶泥土层上垫一层厚0.2～0.25米的土，土质较硬，可能也经过夯打，然后逐层夯筑，夯层厚0.06～0.1米。从断面较为规整的竖向裂痕判断，墙体应为分段版筑，每版宽0.8～1米。在坍塌的夯土块中发现有夯窝，直径0.06～0.07米。从夯窝

图四　小坊城西墙南段外侧

图五　北墙西端断面（西—东）

形状来看，应有平底和圜底两种夯具，直径大小相近，其中的平底夯具夯窝平整，边缘光滑清晰，估计夯具为金属夯（图六）。南墙东端墙基宽13.6米，残高5米，由16组宽0.8～1米的夯土版筑而成，夯层厚0.06～0.1米（图七）。

3. 瓮城

发现瓮城1座，位于东墙中部，与东西向道路相连。此瓮城东部墙体夯土暴露在外，因人为取土破坏较为严重，东西残存11米，南北残存27米，墙体残宽4～7米。在瓮城东墙外发现有较多数量的板瓦碎片。

图六　北墙西端夯土、平底夯窝（直径6.5厘米）

图七　南墙东端断面（东—西）

4. 马面

共发现马面5座。其中北墙2座，东墙1座，南墙2座，全部保存于城墙墙体外侧现地面以下。马面大小不一，可能是因后代不同程度的破坏而造成的。平面形状均呈不规则方形，将北墙西端马面编为1号，其余按顺时针方向分别编为2～5号，详见表一。

5. 角台

共发现2座。分别位于城址东北角和西南角。东北角台凸出北墙墙体4.7、长23.5米，凸出东墙3.5、长21米。西南角台凸出南墙3.5、长14.5米，其西端已遭破坏。

表一　马面统计表　　（单位：米）

编号	位置	东部宽	南部宽	西部宽	北部宽
1	北墙西端	10	11	10.8	9.4
2	北墙中部	10.7	9	11	9.5
3	东墙北段	13.4	10.6	13.4	11.2
4	南墙中部	10	15	9.2	14.7
5	南墙西段	5	8.6	4.2	8

6. 道路

发现东西向道路1条，基本位于城址东西向中轴线上，其东端与东墙中部豁口（估计为城门）相连，西端因河水冲刷已不存，残存路面2段，均发现于城内现地面以下。第一段，与东墙中部豁口相连，长274、宽3～4、距地表0.3～0.5、厚0.03～0.07米。第二段，东端距第一段路面西端20米，长25、宽3～4、距地表0.5～0.7、厚0.05～0.08米。

7. 建筑基址

共发现建筑基址6组，主要分布在城址东部。其中夯土建筑基址5组，砖石建筑基址2组，编号为F1～F6。

F1　位于城址东北部，距东墙10米，距北墙约100米。夯土大致呈不规则环形带状，外部东西长约22、南北长约24米，内部东西长约16.5、南北长约16米，宽3～5米。夯土厚1.8、夯层厚0.1～0.12、距现地表0.2～0.35米。

F2　位于城址东北部，距东墙约80米，距北墙约125米。夯土大致呈曲尺状，东西长33、南北长12、宽2.3～3米。夯土厚0.7、夯层厚约0.1、距现地表0.2～0.4米。

F3　位于城址中北部，距北墙约100米，由两组残砖堆积组成。其一为东西向长方形，长7、宽2.4米，距现地表0.4米。另一为南北向曲尺形，南北长14、东西长5、宽1～3米，距现地表0.3～0.8米。

F4　位于城址东部，距F2中部29米，由一块南北向长方形夯土、一块“T”字形夯土和一块曲尺形夯土三部分组成。长方形夯土南北长8.4、东西宽3米，夯土厚0.9、夯层厚0.09～0.11、距现地表0.4米。“T”字形夯土东西长12.5、南北长13.5、宽2～4.2米，夯土厚约0.7、夯层厚约0.1～0.12、距现地表0.4米。曲尺形夯土东西长20、南北长16.5、宽4～7米，夯土厚约0.7、夯层厚约0.1、距现地表0.35米。

F5　位于城址东南部，距东墙约100米，由一个南北向近长方形残砖堆积和一个不规则状乱石堆积组成。砖体遗迹南北长16.5、东西宽0.6～1.7，距现地表0.3米。乱石遗迹东西长4.5、南北长4.9、距现地表0.3～0.6米。

F6　位于城址东南部，距城址东部冲毁处12米。大致呈曲尺形，夯土质量较差，在夯土下有一层厚约0.15米的灰黑色土层，下为生土。夯土厚0.4、夯层厚0.1、距现地表0.3米。

F7　因F1平面形制特殊，原计划对其进行试掘，以了解此夯土的性质与年代，但在刚刚铲去耕土层后暴露出一组建筑基址，即F7。考虑到此建筑遗址对当地晚近历史研究的重要性，我们在发掘出此遗址后没有再向下发掘F1，之后即将遗址覆盖保护。F7是在F1夯土上部偏东处发现南北向有序排列的柱洞54个，构成一座建筑基址（图八、图九）。柱洞呈三列分布，由东向西第一列为12个，间距0.5～0.8米。第二列为22个，间距0.5～0.7米。第三列为20个，间距0.5～0.7米。第一列与第二列行距1.5～1.8米，第二列与第三列行距1.6～2米。南北总长17、东西宽4.4米。柱洞平面大多呈不规则圆形，直径0.15～0.35、深0.05～0.15米，少数为长方形，长0.2～0.3、宽0.15～0.2、深0.05～0.15米。柱洞是直接在汉代夯土上挖出的，柱洞内不见木柱及其痕迹，该文化层直接叠压在耕土层之下。

图八　F7柱洞分布

8. 车辙

在F7东侧第一列柱洞以东发现一组南北向车辙两条。车辙宽0.15～0.2、深0.03～0.05、间距1.2米。西侧车辙长14.2米，距离东侧第一列柱洞约0.2米。东侧车辙长11米。该车辙与相邻的柱洞处在同一层位。

9. 灰坑

发现灰坑数十座，分布零散。经钻探确认形状、大小的有7座（编号H1～H7），其余均因时间原因未作进一步钻探（图三中未编号的小圆圈）。平面形状有圆形、长方形

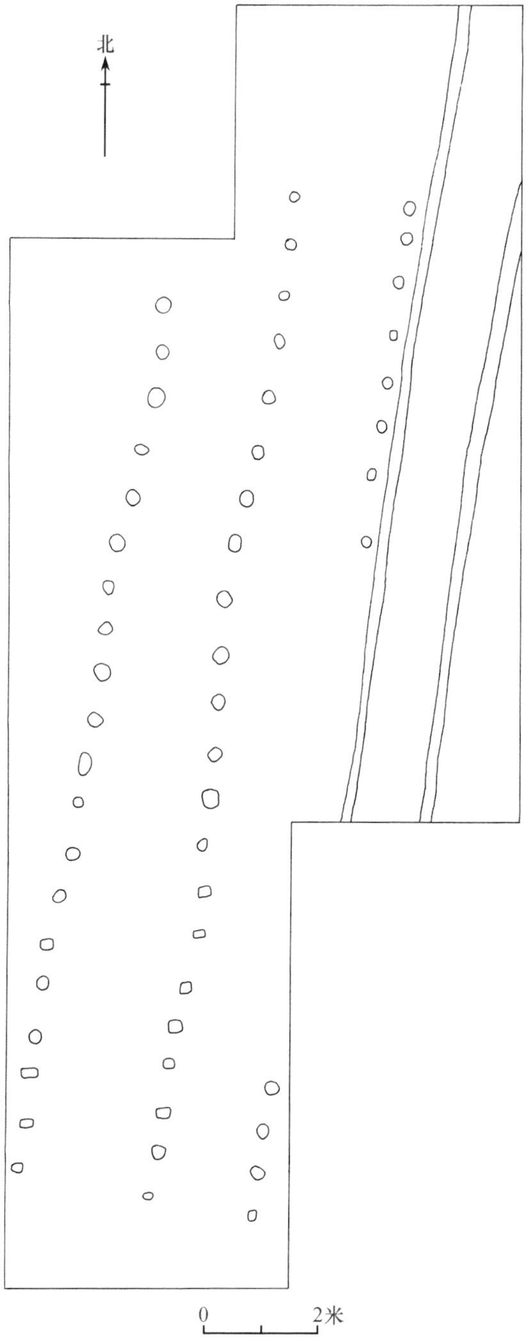

图九　柱洞、车辙分布图

和不规则状三种，其中不规则状灰坑最多。大小各有差异，最大者口径超过7米，最小者仅1米，距现地表0.3～1米，深0.5～2米。

H2　位于城址西南部，距西墙约60米，距南墙约47米，平面为长方形，长2.7、宽

1.4、坑口距现地表0.3、深2.3米。坑内填土为浅灰色，质地较软，包含有少量砖、瓦片等，在距地表约1.7米处发现有厚0.05～0.1米的烧土层。

另外，在H6～F6之间的区域内发现有较大面积的灰土层。

三、遗　　物

小坊城遗址内外均为耕地，地表采集遗物很少。因发掘面积较小，出土遗物也不多，主要为少量砖、瓦等建筑材料及日用陶瓷器残片。

（一）建筑材料

主要有砖、筒瓦、板瓦、瓦当等。大部分为泥质灰陶，极少数为泥质褐陶。

砖　1件（C：1）。泥质灰陶，胎内有少量气孔，为长方形条砖。一面饰斜绳纹，另一面因风蚀具体纹饰不明，其余侧面均为素面。长26.8、宽14、厚4.5厘米。

筒瓦　7件。均为残片，泥质灰陶。凸面饰粗细不等的竖向绳纹，凹面纹饰有布纹和菱形格纹两种。其中2件凹面饰方格纹，另5件凹面为布纹。

标本C：2，凸面饰绳纹，近瓦唇处抹成素面，凹面为布纹。圆唇，内切，切痕较浅，位于筒瓦下面两长边的内侧。胎内有少量气孔。残长12、宽12.2、厚0.8厘米。

标本C：3，仅残存前部（与瓦唇相反一端），凸面饰抹断绳纹，凹面为菱形格纹。外切，即切割痕迹位于筒瓦下面两长边的外侧。残长15、厚1.2厘米。

板瓦　4件。均为残片，泥质。凸面均为绳纹，凹面有布纹和菱形格纹两种。

标本C：4，凸面为斜绳纹，凹面为菱形格纹。内切。残长20、厚1.4厘米。

标本T1②：1，凸面为竖绳纹，凹面布纹。残长30.2、厚1.2厘米。

瓦当　1件（C：5）。残存较小。泥质。素面。当背边轮有逆时针方向的绳切痕迹。当面厚0.8、当背厚1.4厘米。

（二）日用陶器

大部分为泥质灰陶，极少数为夹砂灰陶。未见完整者，可辨器形有罐、盆、钵、豆、陶饼等。

罐　5件。仅残存口沿。

标本T1②：2，泥质灰陶。侈口，卷沿，束颈。肩部以下饰斜绳纹。口径约18.8厘米（图一〇，2）。

标本T1②：3，泥质灰陶。口微侈，圆唇，束颈。颈部以下饰斜绳纹。口径约23.3厘米（图一〇，5）。

标本H1：1，夹砂灰陶。敛口，平沿，圆弧腹。沿下饰竖向细绳纹。口径约16厘米

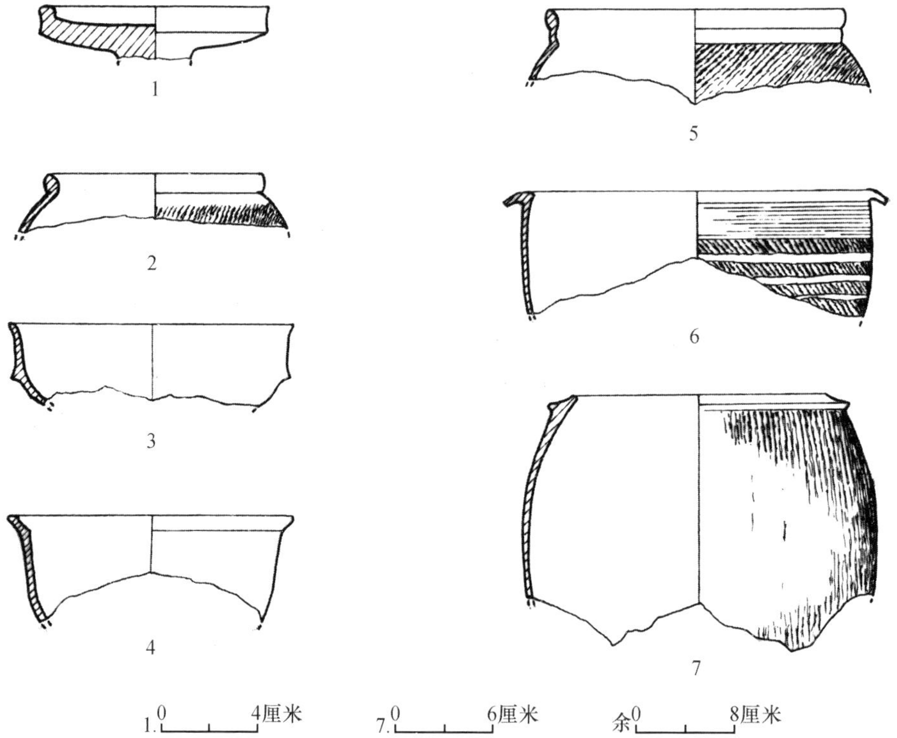

图一〇　部分陶器

1. 豆（C∶6）　2、5、7. 罐（T1②∶2、T1②∶3、H1∶1）　3. 钵（C∶7）　4、6. 盆（T1②∶4、C∶8）

（图一〇，7）。

盆　6件。均为泥质灰陶。

标本T1②∶4，侈口，平沿，圆唇，下腹斜收。素面。口径约25厘米（图一〇，4）。

标本C∶8，采集于北墙西端断面。敛口，平沿下弯，方唇，弧腹。沿下饰数周凸弦纹，腹部饰抹断斜绳纹。口径约32.5厘米（图一〇，6）。

钵　3件。均为泥质灰陶。标本C∶7，采集于北墙西端断面。侈口，圆唇，折腹。口径约23厘米（图一〇，3）。

豆　1件（C∶6）。泥质灰陶。仅残存豆盘。采集于北墙西端断面。浅盘。盘径9.8厘米（图一〇，1）。

陶饼　1件（T1①∶1）。泥质灰陶。圆饼形，由板瓦磨制而成，不规整。一面为绳纹，另一面纹饰模糊不清。直径7、厚1.4～1.8厘米。

四、结　　语

本次调查并未能从考古层位学角度解决城址的年代问题。本地学者一般认为小坊城遗址为汉代至北魏城址，近年出版的《中国文物地图集·山西分册》[1]也持此说。

鉴于我们过去多次实地考察以及本项目进行中在该城址工作期间采集到的陶片和残瓦基本上是汉代遗物，其他时代的遗物只是偶然零星见到，但北魏遗物却从未发现过。此外，从城墙断面观察，夯土纯净，夯层平整，夯层厚0.06～0.1米，不见明显的后代多次夯筑的叠压现象。所以我们认为该城址年代以定为汉代为宜。在发掘F7时，在探沟北端夯土中见到少量汉代陶片，夯土外侧叠压于夯土层上的地层遗物为汉代陶片和汉代残瓦片，所以F7下的夯土层为汉代遗存。

大同县位于山西省东北部大同盆地的中间地带，东接阳高县，南连浑源县和怀仁县，北邻新荣区，西依大同市区，属晋冀蒙三省区交汇地带。地形呈南北两端高，中间低走势，周边主要有采梁山和六棱山，东部为著名的第四纪大同火山群。小坊城遗址东西两侧各有一条季节河（西侧河流也称坊城河），夏季由城址北面采梁山南流的洪水对城址形成了明显的破坏，两条季节河在城址南面合并一处，今称坊城河，该河南流汇入桑干河。

秦灭六国后“分天下以为三十六郡”[2]，在山西设五郡二十一县。汉代在晋北地区设雁门郡、代郡，其所辖县城部分分布于治水（今桑干河）两岸。今桑干河中游一带有平城、班氏、平邑、狋氏、道人、剧阳等县分布，其中平城[3]、剧阳城[4]、平邑城[5]、高柳城[6]等汉代县城遗址已有学者考察并撰文指认。小坊城遗址坐落在桑干河一级支流坊城河的东岸，南距桑干河13千米。从采集及发掘遗物看，以汉代遗物居多，另有少量的战国遗物，由此推测城址所在地在战国时期已有人居住，其修筑与使用年代应为汉代，汉代以后可能被废弃。近年来有当地学者将大同县许堡乡东水地村汉代城址认定为秦汉平邑县故城，案《水经注》的记载[7]，小坊城和东水地古城址都符合平邑县相关方位、道里的记载，但目前都无确凿证据。

经钻探，城址西南部灰坑较多，部分灰坑内有大量的烧土，东南部在耕土层下发现有大面积的灰土，推测这些区域人类活动密集，可能为手工作坊区。而夯土等建筑基址则集中分布于城址的东北部，推测可能为官署一类的遗迹。南、北两城墙夯土均连续，没有断开，且现有墙体整体高度较为一致，没有低洼的地方，在城内也没有发现南北向的道路，说明南、北城墙没有城门。城址中部一条道路贯通东西，东侧连接至东门瓮城，推测城址原来设有东西二门，可惜西门处城墙因河流长期冲刷已不见踪影。F7为一座坐西朝东，进深二间，面阔二十一间的狭长型建筑基址，建筑直接利用汉代夯土作为地面，在此地面上发现的柱洞填土内发现有青花瓷残片，经热释光测试其年代属清代中期。小坊城遗址地处明清大同府城以东远郊，长期以来一直是晋北地区东西方向的交通干道，晋北东部各县赶往府城大同必经此地，F7柱网密集但柱间空间狭小，房侧有车辙，综合以上信息我们推测原建筑可能是清代中期以前一处供商旅、行人食宿的简易客栈或其附属建筑马厩。车辙和F7处于同一平面上，最近处相距0.2米，估计为同时期的遗存。

山西目前已经发现的两汉时期各类古城址共计70余座，约占全国已发现的汉代古城址的1/9[8]。此次对小坊城遗址的调查和试掘工作对于探讨和研究汉代地方城址的形制、规模具有重要意义。

附记：此次考古调查得到大同市文物局、大同市博物馆、大同市考古所和大同县文化局的大力支持，谨表谢意。

领队：王银田
执笔：张喜斌　王银田
发掘：张喜斌　黄伟业　黄渺淼　任　程　王银田
测绘：张喜斌　任　程　黄渺淼　黄伟业
摄影：张喜斌　王银田

注　释

［1］ 国家文物局．中国文物地图集·山西分册［M］．太原：中国地图出版社，2006.
［2］ 史记卷六秦始皇本纪［M］．北京：中华书局，1959.
［3］ 曹臣明，韩生存．汉代平城县遗址初步调查［A］．山西省考古学会论文集［C］．太原：山西古籍出版社，2000.
［4］ 支配勇．怀仁日中城即汉剧阳城代公新平城考［A］．黄河文化论坛（第九辑）［C］．北京：中国戏剧出版社，2003.
［5］ 张志忠．秦汉代郡平邑城址初探［J］．文物世界，2009（1）.
［6］ 方连宝．高柳城址初探［J］．文物世界，2005（5）.
［7］ 杨守敬．水经注疏卷十三灅水［M］．南京：江苏古籍出版社，1989.
［8］ 王银田．试论山西汉代城址［A］．有实其积——纪念山西省考古研究所六十华诞文集［C］．太原：山西人民出版社，2012.

The Investigation and Exploration of Xiaofang Ancient City in Datong County of Shanxi Province

ZHANG Xi-bin　WANG Yin-tian

During October, 2010 to September, 2011, The Archaeological Institute of Shanxi Province and Jinan University explored on Xiaofang ancient city in Datong County. The result of the exploration has fundamentally confirmed the ancient city's wall, the moat, Ma Mian, the location and scale of the castle gates as well as the layout of the roads and buildings in the city, which has been considered as the magnificent achievements of the subject of the ancient cities of Han Dynasty. Meanwhile, some artifacts have been dig out, including the tiles in rope ornamentation and potteries in pieces of Han Dynasty. The works is no doubt that does some meaning to the subject of the ancient cities of Han Dynasty.

吉林白城城四家子城址北门发掘简报

吉林省文物考古研究所　白城市文物保护管理所

城四家子城址位于吉林省白城市洮北区德顺蒙古族乡南4.5千米处，为一处辽金时期的州城遗址[1]（图一）。为配合城四家子城址的大遗址保护工作，并为保护规划的制定提供考古学依据，2013年，吉林省文物考古研究所对该城址北门进行了主动性考古发掘[2]。

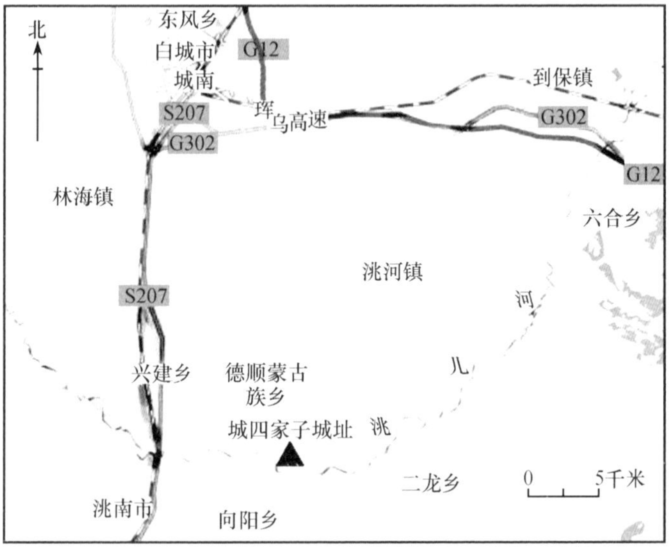

图一　遗址地理位置图

城四家子城址平面呈较为规整的长方形，北城门址位于城址北墙中部略偏东处，东距城址东北角514米，从位置及规模看，应为该城的主城门（图二）。发掘前此门址被当地村民封堵，将整条北城墙用作防洪堤坝。北门址的发掘始于5月末，8月初结束，于瓮城墙处布一条24米×3米解剖沟，编号T1，方向120°，于城门豁口处依遗迹方向布24米×24米探方，编号T2，方向20°，总发掘面积约800平方米（图三），清理出残存的门道、柱础、门墩、包砖、房址等遗迹，并通过解剖了解到城门处主墙体以及瓮城墙体的结构。现将此次考古发掘工作简报如下。

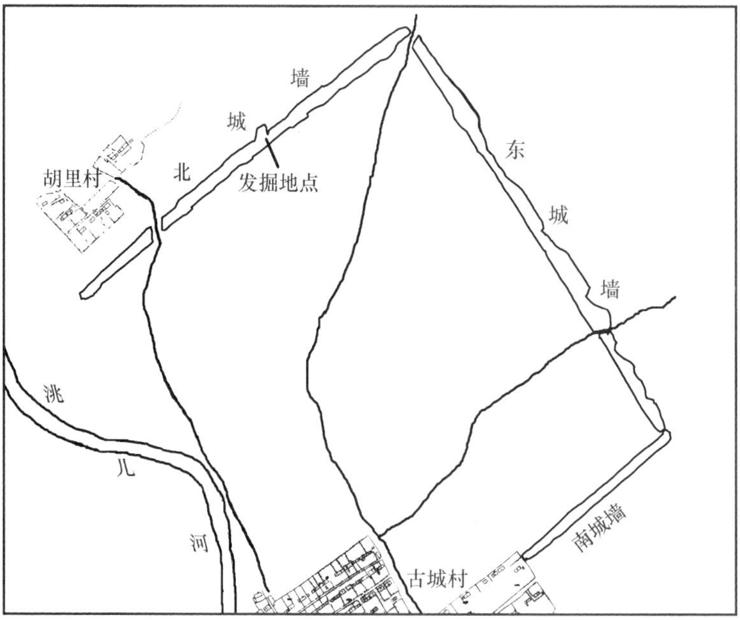

图二　发掘地点位置示意图

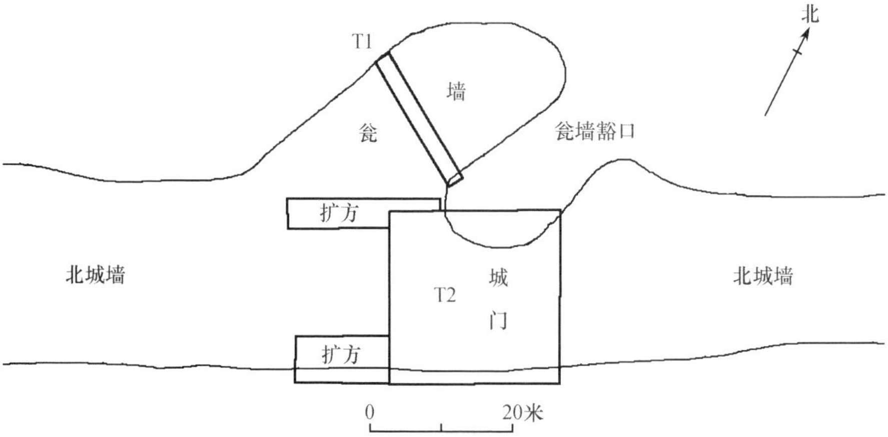

图三　北城门布方图

一、地层堆积

门址内堆积主要以风沙淤积土、墙体及建筑倒塌堆积等为主。以处于城址内侧的T2及其西扩方南壁为例，地层共分6层和若干亚层（图四）。

第1层：表土层，灰褐色细沙土，土质疏松，未见包含物。厚5～10厘米。

第2层：灰黄色细沙土，土质疏松，包含若干陶片及碎瓦片。厚10～30厘米。

第3层：浅灰色细沙土，土质较松软，包含较多灰色砖瓦砾。厚15～55厘米。

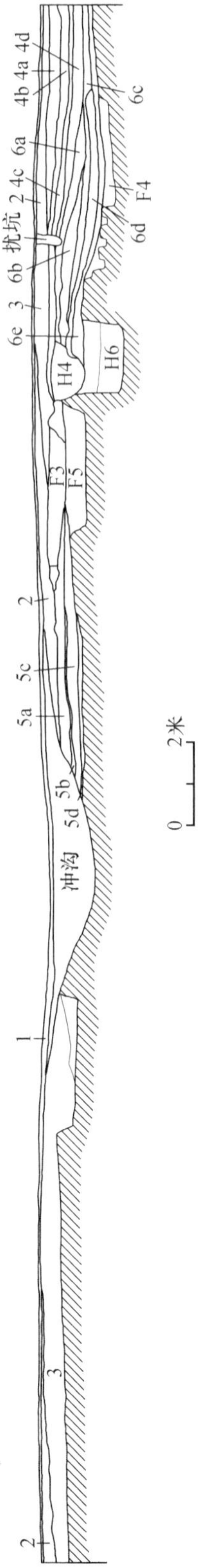

图四　T2南壁剖面图

第4层：分布于西扩方处，均为松软的细沙土，可分为4个亚层。第4a层为灰黄色，厚0～16厘米；第4b层为灰黄色亚黏土，厚0～23厘米；第4c层为黄褐色，厚0～15厘米；第4d层为浅灰色，厚0～23厘米。

第5层：分布于T2西侧和西扩方东部，为北墙内侧垫土层，均为结构紧实致密的亚黏土，纯净，无包含物，可分为4个亚层。第5a层为浅黄色，厚0～30厘米；第5b层为灰黄色，厚0～7厘米；第5c层为浅灰色，厚0～30厘米；第5d层为灰褐色，厚0～12厘米。

第6层：分布于T2西扩方处，均为较疏松的细沙土，包含物较少，可分为5个亚层。第6a层为灰黄色，含块状细沙，厚0～22厘米；第6b层为灰褐色，厚0～32厘米；第6c层为灰黑色，厚0～15厘米；第6d层为褐灰色，厚0～23厘米；第6e层为灰黑色，厚0～28厘米。

第6层下为黄色生土。

二、遗　迹

经发掘发现，北城门曾遭遇严重的自然灾害破坏，门道的中部及东半部分被第2层下由东北—西南向的一条宽约9米、深1米的冲沟打破，其间遗迹荡然无存，门址东侧仅存南端的门墩部分，西侧中北部保存相对较好，仅南端门墩处遭损毁（图五）。

1. 门道及相关遗迹

该门址门道宽9米，西侧迹象保存较好，东侧已被洪水冲毁，形制不明。

门址西侧中部位于门道边缘处有三块南北向等距分布的方形柱础石，间距4.2米，柱础石均采用花岗岩凿制而成，形制规整，边长多在0.6～0.7米，厚0.2米。础石间横置有1根木地栿，长8.8、宽0.2米，现存厚度2.4厘米，另有一根木柱在木地栿北端东侧横置，残长1.5、宽0.2米，现存厚度5厘米，用途不明。木地栿外侧，发现一排与之走势平行的立置的排叉柱，曾遭遇火烧，保存状况较差，残存7根，排布长度7.5米，间距在0.6～0.7米，木柱有方有圆，边长或直径多在0.2～0.3米，残存高度0.2～0.8米。在排叉柱与木地栿之间有一条宽2厘米的断续的炭灰痕迹，总长约7、残高0.27米，推测此处墙面曾经使用过木板。

排叉柱附近的倒塌堆积中夹杂碎砖瓦、红烧土块，木炭块等，可知此门址上建有用瓦的门楼之类的建筑，并曾遭遇毁灭性的火灾。

2. 门墩

门墩位于门道两侧与城墙墙体连接处，与城墙系一体合筑而成，为夯土包砖结构，夯层厚10～30厘米。西门墩北缘保存较好，南缘已被冲沟毁坏，东门墩北缘和西缘均毁，残存南缘。从残存迹象可知，门墩南北长约20米，北端与城墙墙体宽度平齐，南

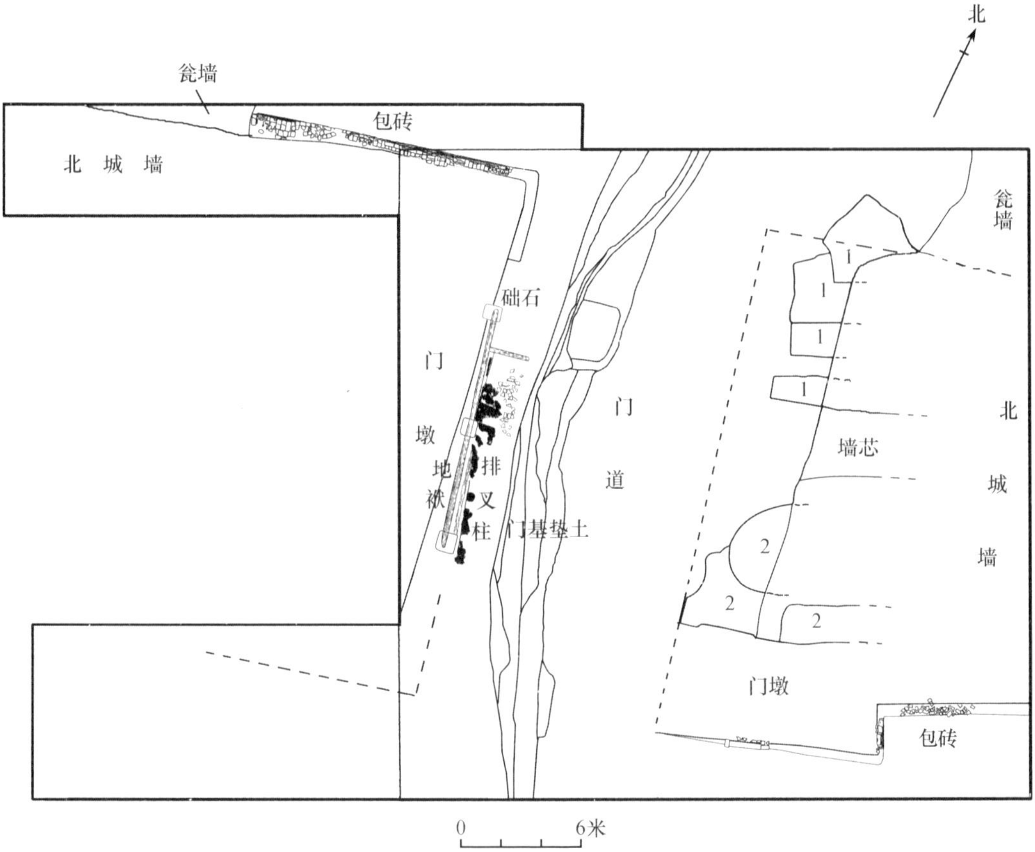

图五　T2平面图

1. 北城墙地下基槽（北侧）　2. 北城墙地下基槽（南侧）

端宽出城墙1.8米，东西宽约3.8米，门墩南、北两侧边及四角均有包砖，做法是紧贴夯土挖出宽0.5米的槽，在其内用青灰色长方砖垒砌。目前仅东门墩的南侧和西门墩的北侧保存较好，东门墩南侧包砖为单层，横向错缝平砌，每层略有收分，宽16厘米，西门墩北侧包砖为双层，顺丁相隔，多顺少丁，每层错缝内收，宽32厘米，保存最好处存留8层包砖，通高60厘米。

3. 门址两侧衔接墙体

门址东侧城墙墙体与门址连接部几乎已被冲沟全部冲毁，部分区域直接暴露出墙体基槽断面。通过发掘发现，此处城墙墙体底宽约18米，残高2.4米，由5部分夯土分块夯筑而成（图六）。墙芯部分为在生土之上直接夯筑，墙芯北侧的墙体为一整体夯筑而成，其下有4条基槽沟，墙芯南侧的墙体由3部分独立夯筑的墙体构成，其下有3条基槽沟。这些基槽沟间存在打破关系，可知现存城墙墙体非一次性形成，而是经历了多次修葺。门址西侧墙体由于保存较好，未做发掘。

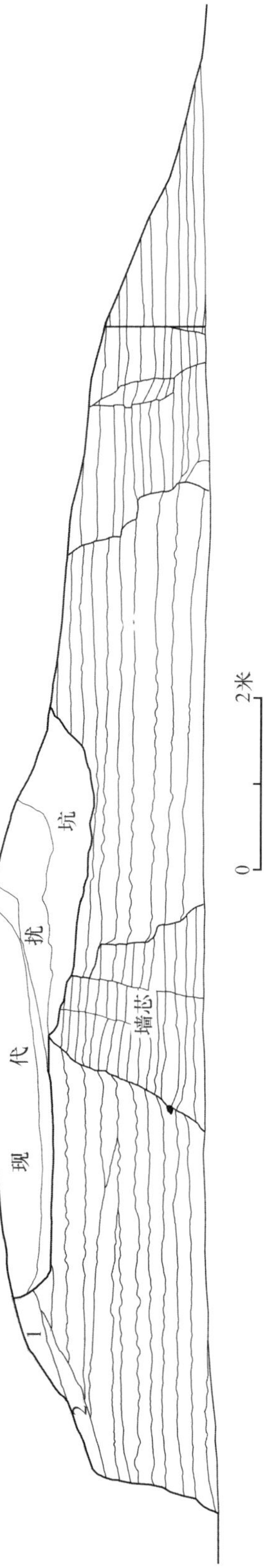

图六　北门东侧城墙剖面图

1. 表土层　2. 近代风积淤土层

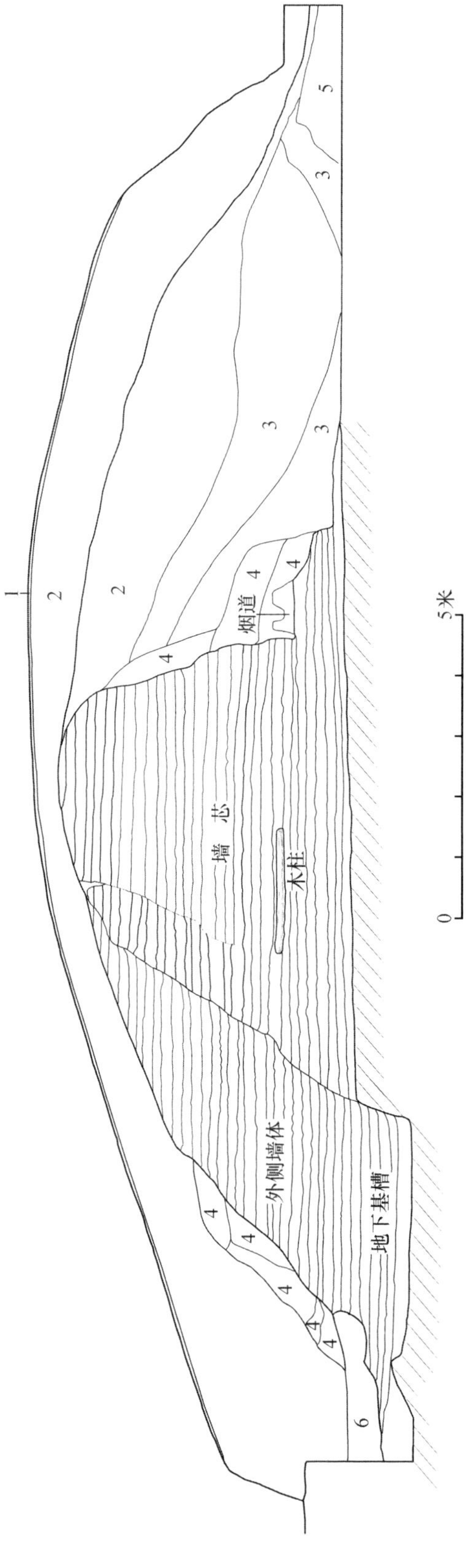

图七　瓮城墙体剖面图

1. 表土层　2. 近代风积土层　3. 洪水淤积层　4. 墙体倒塌堆积　5. 城内垫土层　6. 城外地面垫土层

4. 瓮城墙体

瓮城墙体平面呈半圆形，出入的瓮城豁口位于东北部，宽约13米，经钻探未发现门址迹象。以瓮城豁口为界，瓮墙分为东、西两段墙体，西段墙体长约28米，东侧墙体较短且保存状况较差，几与主城墙墙体连为一体，残存长度不足3米，残高1.5米。

通过T1的解剖式发掘发现，现存墙体横断面呈梯形，最宽处约23米，由3部分组成。其中，中部和外侧的夯土结构部分为城墙本体，顶宽约3、底宽16、最高处5米，夯层清晰，夯窝直径多在10～15厘米。墙芯无地下基槽，直接夯筑于生土面上，多使用黄色亚黏土，外侧墙体叠压于墙芯之外，以褐色亚黏土为主，有宽4米，深0.25～1米的地下基槽。内侧则是多层较为致密的沙土堆积，无夯筑迹象，应当为水积风积淤沙，而非墙体。目前的夯土墙体外壁坡度较缓，约45°，内壁已呈85°近垂直的陡坎，陡坎外侧下部发现烟道，为早年在墙根处建房留下的遗迹，内壁的陡直也应为建房时打破所致。其后经历洪水侵蚀，房址无存，城墙本体亦遭受自然灾害一定程度的破坏（图七）。

三、出土遗物

遗物均出土于门道边缘倒塌堆积和墙体基槽的夯土之中。以泥质灰陶质地的建筑瓦件为主，模制，火候较高，板瓦、筒瓦、压当条等凸面均素面，凹面印有布纹。另见少量陶器、铁器、北宋铜钱等遗物。

（一）建筑瓦件

1. 板瓦

瓦体平面多呈梯形，普通板瓦上宽下窄，檐头板瓦上窄下宽，檐头板瓦宽端有下垂的滴水面，面饰菱格纹或戳刺纹，底边缘呈波浪形，波谷处压印绳纹。

普通板瓦。T2jc②：7，宽端斜切呈尖唇，右角残缺，窄端圆唇。长33.5、下端宽20、胎厚2.4厘米（图八，1）。T2③：37，宽端右角残缺，瓦凹面粗布纹，居中斜向由上至下印有布缝合痕。长29.2、下端宽18.8、厚2厘米（图八，2）。

檐头板瓦。T2jc②：2，瓦体平面呈上窄下宽的梯形，残存右下角，滴水面压印一排单线菱格纹，菱格内饰椭圆形凸点。残长8.8、残宽14.4、胎厚2厘米（图八，3）。T2jc②：14，瓦体平面呈长方形，残存左下角，滴水面中部压印一排双线菱格纹，上下间隙处亦填充菱格。残长12、残宽9.4、胎厚2.1厘米（图八，4）。T2③：47，瓦体平面呈上窄下宽的等腰梯形，左上角及左下角残，滴水面中上部饰有一条横向凸棱，凸

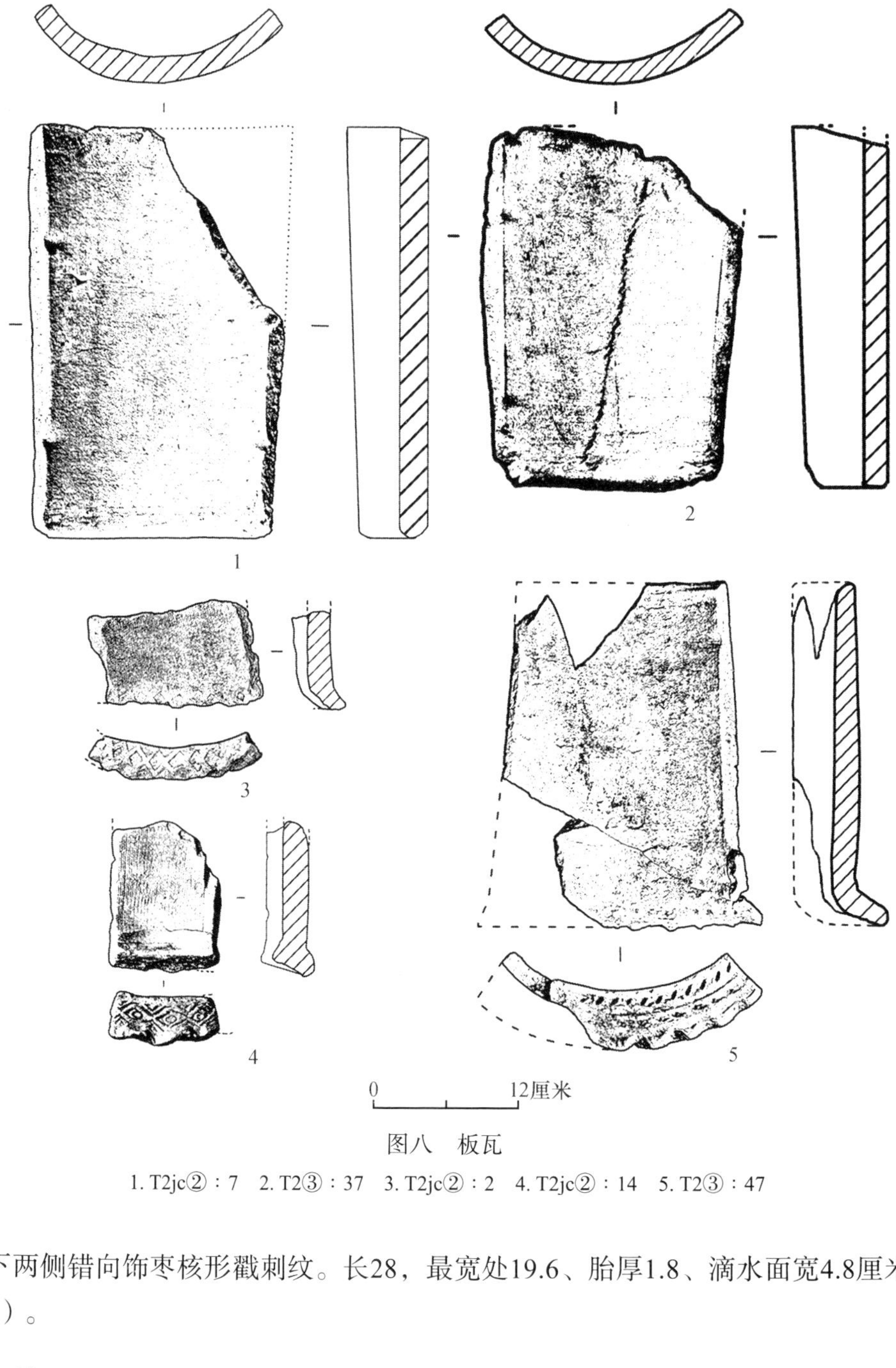

图八　板瓦

1. T2jc②：7　2. T2③：37　3. T2jc②：2　4. T2jc②：14　5. T2③：47

棱上下两侧错向饰枣核形戳刺纹。长28，最宽处19.6、胎厚1.8、滴水面宽4.8厘米（图八，5）。

2. 筒瓦

T2jc②：6，通长33.6、宽13.6、胎厚2、瓦舌长1.5厘米（图九，1）。T2jc②：3，无瓦舌。长30、宽13.8～14.5、胎厚2厘米（图九，2）。T2③：49，瓦体尾端内侧抹斜，内侧边缘有从外向内打制的二次加工痕迹。通长27、宽13、胎厚1.9、瓦舌长1.4厘米（图九，5）。

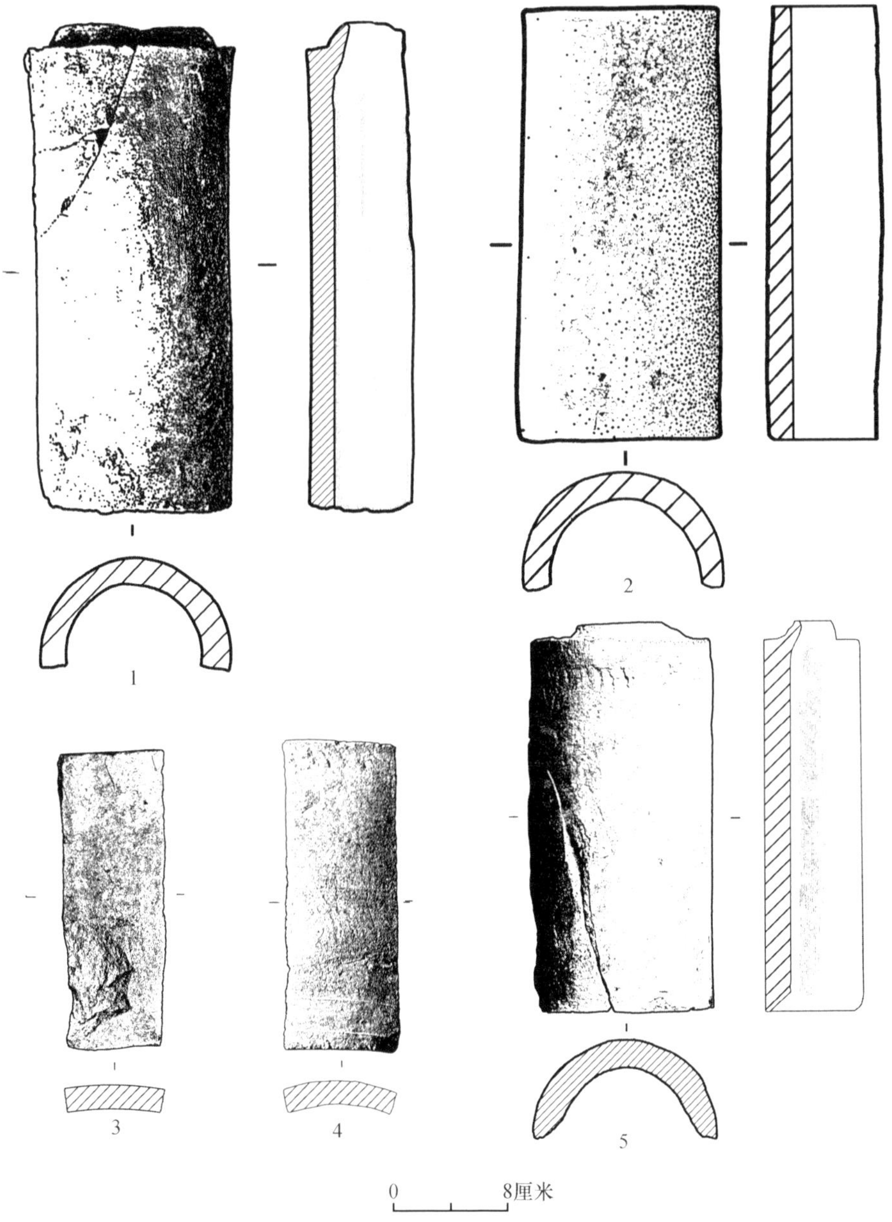

图九 筒瓦、压当条

1、2、5. 筒瓦（T2jc②：6、T2jc②：3、T2③：49） 3、4. 压当条（T2③：12、T2jc②：2）

3. 压当条

均为板瓦型压当条，平面呈长方形。T2③：12，长20.3、宽7、胎厚1.6厘米（图九，3）。T2jc②：2，长22、宽8、胎厚1.6厘米（图九，4）。

4. 瓦当

均为圆形兽面瓦当，模印纹饰，中部为兽面，外饰一周疏密不等的联珠纹。T2jc②：5，长直须兽面，额头处有一“王”字，椭圆形眼珠，三角形鼻，嘴呈长方形，瓦当背面较平。直径14、当心厚2.1、边缘厚1.4厘米（图一〇，1）。T2④d：52，短直须兽面，圆眼珠，圆形高鼻，嘴呈椭圆形，瓦当背面中部内凹。直径13.2、当心厚2.7、边缘厚1.1厘米（图一〇，2）。

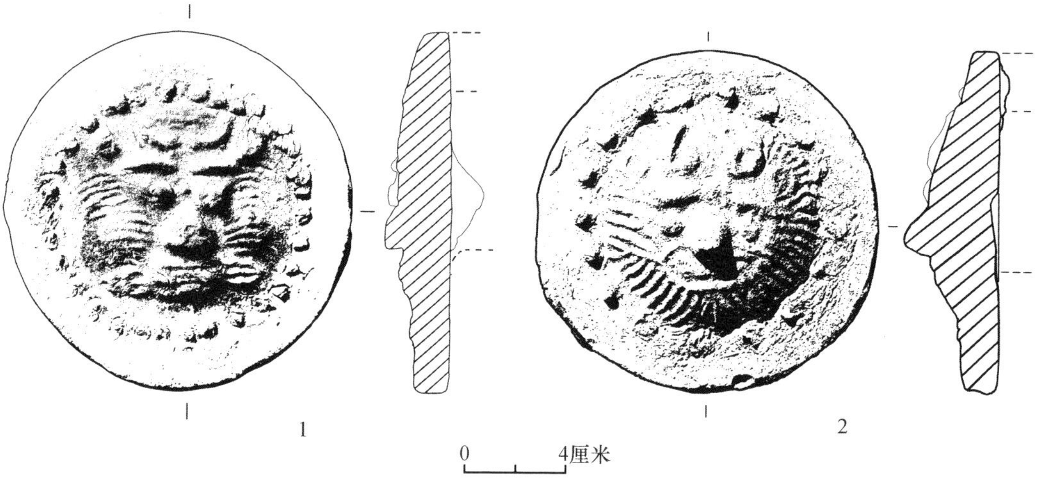

图一〇　瓦当

1. T2jc②：5　2. T2④d：52

5. 建筑饰件

均为泥质灰陶，手制。T2jc②：4，垂兽，青灰色，龙首形象，口部大张，卷舌、下颌残，额中与鼻梁之间有长方形穿钉孔，兽面两边与唇边用粗凹线条勾勒出兽鬃毛和皱褶。残高23.2、宽18.8、胎厚2.2厘米（图一一，2）。T2③：23，兽角，上下端均残，平面呈弧形，向上渐变窄，上表面略凸，饰鱼鳞纹，涂有白灰，背面平。残长19.6、宽4.2～5.3、厚2厘米（图一一，1）。T2③：19，兽角，平面呈弧形，上表面略凸，饰浅凹槽，涂有白灰，背面平。残长16、厚2厘米（图一一，3）。

（二）陶、瓷器

陶碗。T2③：40，泥质灰陶，圆唇，敞口，斜直腹，大平底，底部残。口径14.5、底径10.8、高4.2、胎厚1.2厘米（图一二，4）。

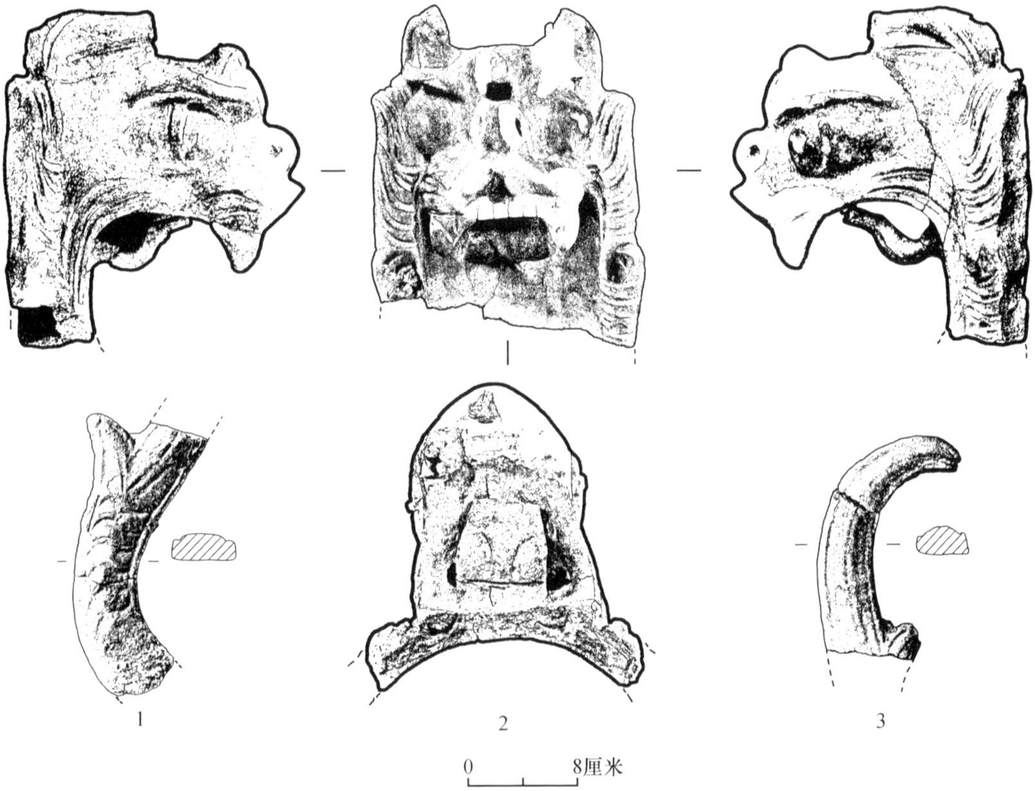

图一一 建筑饰件

1. T2③：23 2. T2jc②：4 3. T2③：19

陶高领罐。T2④d：53，泥质灰陶，圆唇，侈口，平折沿，溜肩，斜直深腹，平底。最大径以下器表留有若干条轮修磨痕。口径21.2、底径20、高53.2、胎厚0.5厘米（图一二，1）。

陶罐。T2jc②：8，泥质灰黑陶，圆唇，直口微敛，鼓腹，小平底，口沿外侧下部有一圈凹槽，其上下边饰凸弦纹，腹部及底部压印凸点纹饰。口径8、底径3.8、高5.9、胎厚0.6厘米（图一二，2）。

瓷鸡腿瓶。T2⑥e：55，通体施茶叶末绿釉，残存瓶底，施釉较厚，平底厚重，胎体为浅黄色颗粒粗胎。残高10.6、底径12、壁厚2、底厚4.8厘米（图一二，3）。

（三）铁　器

铁锹。T2③：34，锹面呈圆角长方形，刃平直，略残，斜肩，銎柄内卷。通高32、宽19.2、厚0.8、柄长8、直径5.2～5.6厘米（图一三，1）。

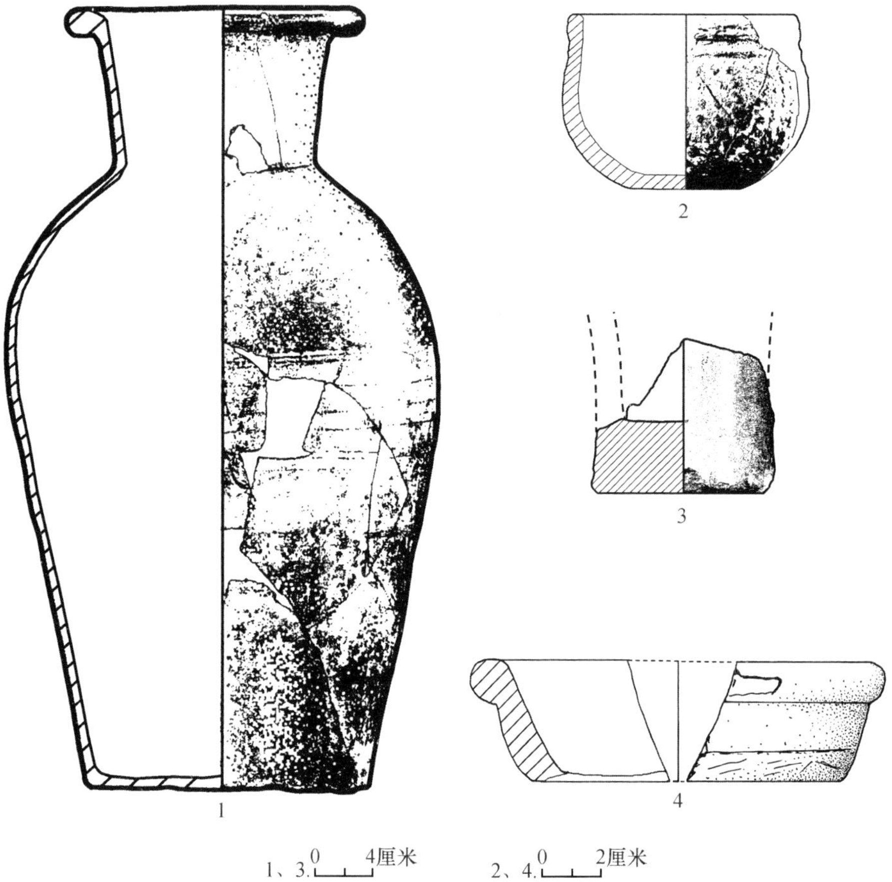

图一二　陶器、瓷器

1. 陶高领罐（T2④d：53）　2. 陶罐（T2jc②：8）　3. 瓷鸡腿瓶（T2⑥e：55）　4. 陶碗（T2③：40）

铁器柄。T2jc②d：11，柱状，平面弯折呈无底的等腰梯形，截面方形。最宽处18.7、高9、截面边长2.6厘米（图一三，2）。

铁钉。T2③：28，环形铁钉，钉上端呈环形，下端残，截面长方形。残高5.8厘米（图一三，3）。T2③：2，钉帽扁平，形制不规则，钉身弯折呈钩状，截面长方形。通长16、截面长0.8、宽0.6厘米（图一三，5）。

铁环。T2③：6，截面方形，环上套有一方锥形铁钉。环径11.8、截面边长1.4、残长7.6厘米（图一三，4）。

铁刀。T2③：18，直背，直刃，方锥形尖柄，刃端残。残长37.2、最宽处7.4、背厚0.4、柄长7.2厘米（图一三，6）。

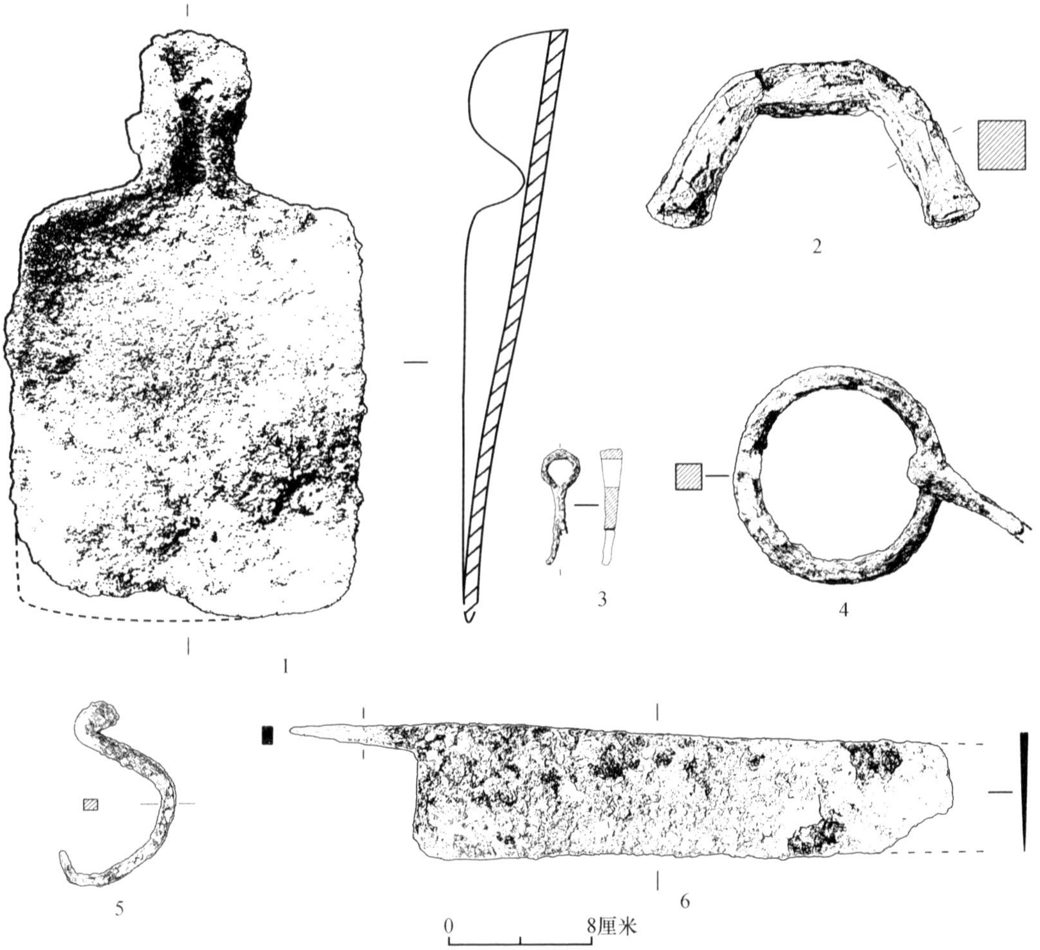

图一三 铁器

1. 铁锹（T2③：34） 2. 铁器柄（T2jc②d：11） 3、5. 铁钉（T2③：28、T2③：2） 4. 铁环（T2③：6）
6. 铁刀（T2③：18）

四、结　　语

通过此次发掘，我们了解到城四家子城址城门的具体形制及保存现状。根据地层堆积和出土遗物情况，得到如下认识。

1. 城门的形制

发掘前，北城门被人为封堵，并经历多年风沙淤积，从地表仅能辨识主城墙和瓮城墙的相对位置和大体形貌。此次发掘使我们得以了解城门及瓮城墙的形制特征。

城门为单门道式，方向与主城墙垂直。由于门址保存状况较差，具体形制已无从得知，但从门道侧边出土柱础石，地层中出土大量建筑瓦件可知，此城门曾建有一定规模的门楼式建筑。瓮墙平面呈半圆形，最北端墙体距城门约15米，豁口开于东北方向，与主城墙呈大约50°夹角。经考古钻探，并未在豁口处发现有门址的迹象，出现这种情况有两种可能：一是瓮门经洪水冲刷，与门址相关的迹象未能保存下来，一是此处可能从未曾修建瓮门，而只是作为一处进出城门的开放式通道。

2. 城门的时代

（1）营造时序。从遗迹的叠压关系可知，城门营建的相对时间应当晚于主城墙，即在修筑城墙时预留出城门的位置，在城墙修筑成形后，开始修建城门两侧门墩，以及城门主体部分。通过T2西北角的扩方发掘了解到，瓮城墙体叠压于主城墙墙体的外侧，可知其修建的相对时间晚于主城墙，为一处独立的遗迹单位。瓮墙墙体的夯筑方式与主城墙均为夯土结构，均是先于生土之上夯筑墙芯，再在墙芯两侧建筑夯层拓宽墙体，且墙芯部分皆无地下基槽，从土质和夯层厚度、夯窝大小来看，均没有明显区别。但两处墙体构成又略有不同：主城墙墙体在墙芯内外均有拓宽的墙体，拓宽的部分地下基槽较窄较深；瓮城墙体则仅在外侧加夯拓宽，且拓宽的部分地下基槽较宽较浅。由此推测，瓮城墙体与主城墙墙体可能存在时代早晚的差别，但从门墩北侧的包砖止于瓮墙处这一现象，反映出瓮墙的夯筑时间与门址修建时间不会相隔太久。

（2）营建及使用年代。从出土遗物来看，城四家子城址北门至少包含早晚两期遗存：早期遗存以主城墙地下基槽中出土的瓦件为代表，晚期遗存以T2地层第2层、第3层中出土的瓦件为代表。以最具时代指征性的瓦当为参照，地层第2层、第3层中出土的瓦当与城内建筑址晚期建筑倒塌堆积中的瓦当相同[3]，类似形制的瓦当、兽头等建筑饰件在白城金家遗址[4]、安图宝马城遗址[5]等均有发现，为典型的金代遗存，此层倒塌堆积之上未见更晚时期的瓦件，由此可知，北城门门址处用瓦的建筑最晚用至金代，金代之后此城门可能仍继续使用，但可能不再存在用瓦的门楼式建筑。而主城墙地下基槽中出土的“王”字瓦当，则与城内建筑址早期建筑废弃堆积中的“王”字瓦当风格如出一辙，城内建筑址的发掘中，与“王”字瓦当共出的文字瓦已将其时代明确为辽代晚期，由此可知北城墙（墙芯以外的部分，因墙芯处并无地下基槽）及城门的始建年代应不早于辽晚期。

此次发掘为我们初步了解城四家子城址的城门结构及时代有了重要的考古学材料，也将对日后该城址的进一步考古学研究工作的开展提供重要的基础。

附记：此次发掘项目领队宋玉彬，执行领队梁会丽，参加北城门发掘和资料整理的人员有延边朝鲜族自治州博物馆全仁学、姜铭，吉林大学考古系硕士研究生李扬。

执笔：梁会丽　全仁学　姜　铭
绘图及照相：全仁学

注　释

［1］吉林省文物志编委会．洮安县文物志［Z］．1986（内部刊物）．

［2］吉林省文物考古研究所．辽金城市考古的新发现：白城城四家子城址的发掘［N］．中国文物报，2013-12-20.

［3］吉林省文物考古研究所等．吉林白城城四家子城址建筑台基发掘简报［J］．文物，2016（9）．

［4］吉林省文物考古研究所．吉林省白城市金家金代遗址的发掘［A］．边疆考古研究（第12辑）［C］．北京：科学出版社，2012.

［5］吉林大学边疆考古研究中心．吉林省安图县宝马城遗址试掘简报［J］．北方文物，2014（4）．

Excavation on North-door of Chengsijiazi City Site in Baicheng City, Jilin Province

Chengsijiazi City Site located in Taobei District, Baicheng City, is a state city site in Liao-Jin period. In 2013, Archaeological Institute of Jilin Province excavated the door which in front of the north of the city site, unearthed many remains such as tile, potteries, iron artifacts. The excavation provided the basic information and reliable data for archaeological research and site protection.

乾安春捺钵遗址群后鸣字区遗址调查简报*

吉林大学边疆考古研究中心　乾安县文物管理所

吉林省乾安县春捺钵遗址群是2009年全国第三次文物普查（下称“三普”）时发现。三普时乾安县文物管理所王中军在花敖泡南岸土包台群发现的陶片，得到傅佳欣教授的高度重视，认为可能是辽代皇帝春捺钵遗址，遂在乾安境内湖泊沿岸地带开展细致调查，最终确认4处春捺钵遗址，命名为春捺钵遗址群，4处遗址为后鸣字区、腾字区、藏字区、地字区遗址。春捺钵遗址群在2012年被列入第七批国保单位。后鸣字区位于花敖泡东南，其余3区位于查干湖西南岸（图一）。花敖泡是正在修建的哈达山水利工程的主要蓄水湖之一，设计蓄水后水面将高出遗址大约8米，制定保护遗址规划迫在眉睫，为配合保护规划的编写，2013年6～7月初、10月初吉林大学边疆考古研究中心在乾

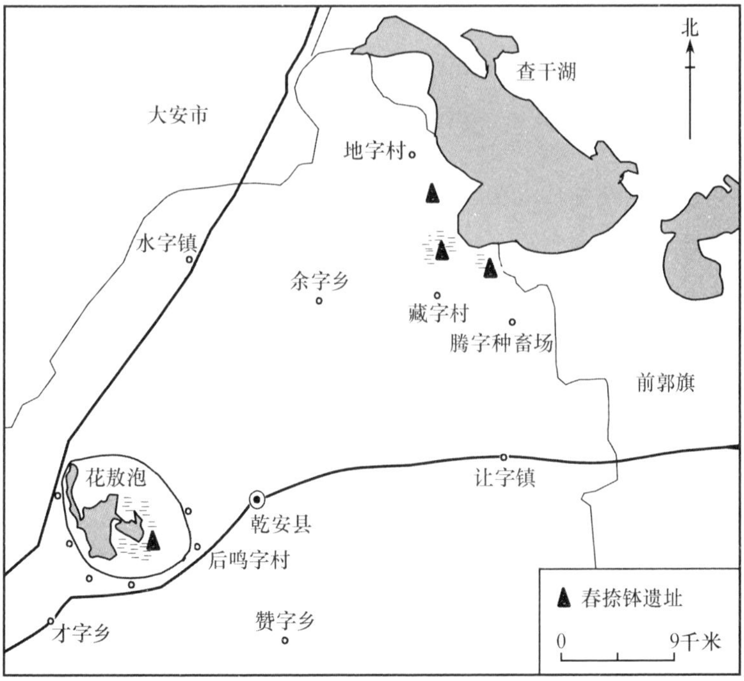

图一　乾安春捺钵遗址群位置图

*　本文系2014年度教育部人文社会科学重点研究基地重大项目资助成果（14JJD780002）。

安县文物管理所配合下对后鸣字区春捺钵遗址进行了重点考古调查，同时也对其他3个春捺钵遗址进行了初步调查。现将后鸣字区的调查资料和主要认识报告如下。

一、遗址的环境

后鸣字区遗址位于吉林省乾安县赞字乡后鸣字村西北花敖泡湖面东南岸，基点（B090-1）地理坐标为东经123°55′00.57″、北纬44°57′57.35″。花敖泡曾经是个很大的圆形古湖，古湖岸高出古湖底8～10米。现在湖泊水面仅分布在古湖底的西北部。古湖底由于地势低洼，是沼泽和盐碱地，不适宜旱作农田，仍然保持草原景观，没有树木和农田。后鸣字区春捺钵遗址位于古湖底南部近水面地段，北部为沼泽，东南高，西北低，遗址中有很多条水冲沟，夏季南半部湖底及相邻岸上高地的地表雨水从南、东南向北、西北流淌，汇集成大冲沟，最后排进湖里。夏季常积水，我们的调查在7月5日因为进入雨季而中断，10月初又进行调查。

二、土包台遗迹

后鸣字区春捺钵遗址大约有九百余座土包台子遗迹。土包台子分布范围：东西长约3千米，南北最大距离约3千米。密集区呈扇形分布，分布带东西绵延3千米，宽1.6千米。面积大约 4.7平方千米（图二）。

土台子分布规律性不强，乾安县文物管理所曾经在一百余个较大包台上树立了水泥标桩，上面印有三位数的标桩号。本次调查复查了大部分标桩上的标号与测绘图的编号对应关系，纠正一些误标。本次调查把有标桩的台子编为标桩号-1，位于其周围没有标桩的台子依次接续为标桩号-2、标桩号-3，以“B”表示鸣字区土包台，建立起土包台遗迹的编号系统。以位于遗址中心部位的B090-1顶部的水泥标桩为后鸣字区遗址的总坐标基点（图二，1）。根据台子的疏密程度，把遗址台子密集带分为东区、中区、西区三区（图二）。其西南角有一群台子，距离西区最近的台子也有300米间隔，台子地表面有陶片、瓷片、骨渣等遗物，也是人工形成的，单独列为南区。西北部也有一些土包，低矮，很稀疏，我们只踏查了最北的水边的4个土包，没有发现任何遗物，也没有发现文化层，不能确定是人工形成的土包，存疑，暂列为北区。

包台平面形状多样，以圆形、椭圆形、长条形为多。顶部有圆顶、平顶、鞍形顶等，高0.5～3米（图五）。最大土台是B045-1，位于中区南部（图四，9），近方形，顶部平坦，底边长70米、宽60米，现存顶部面积在3000平方米以上，顶上发现1件辽代绿釉划花瓷片。我们探查了百余座大大小小的包台，其中一半以上的包台的边缘能在地表看到碎裂的陶片或动物骨骼（图三）。土包台的边缘因为风蚀和雨水冲刷造成水土流失，土层中的陶片、骨骼沉积滞留于地表。风水侵蚀削掉植被层，形成略高于地表的泛

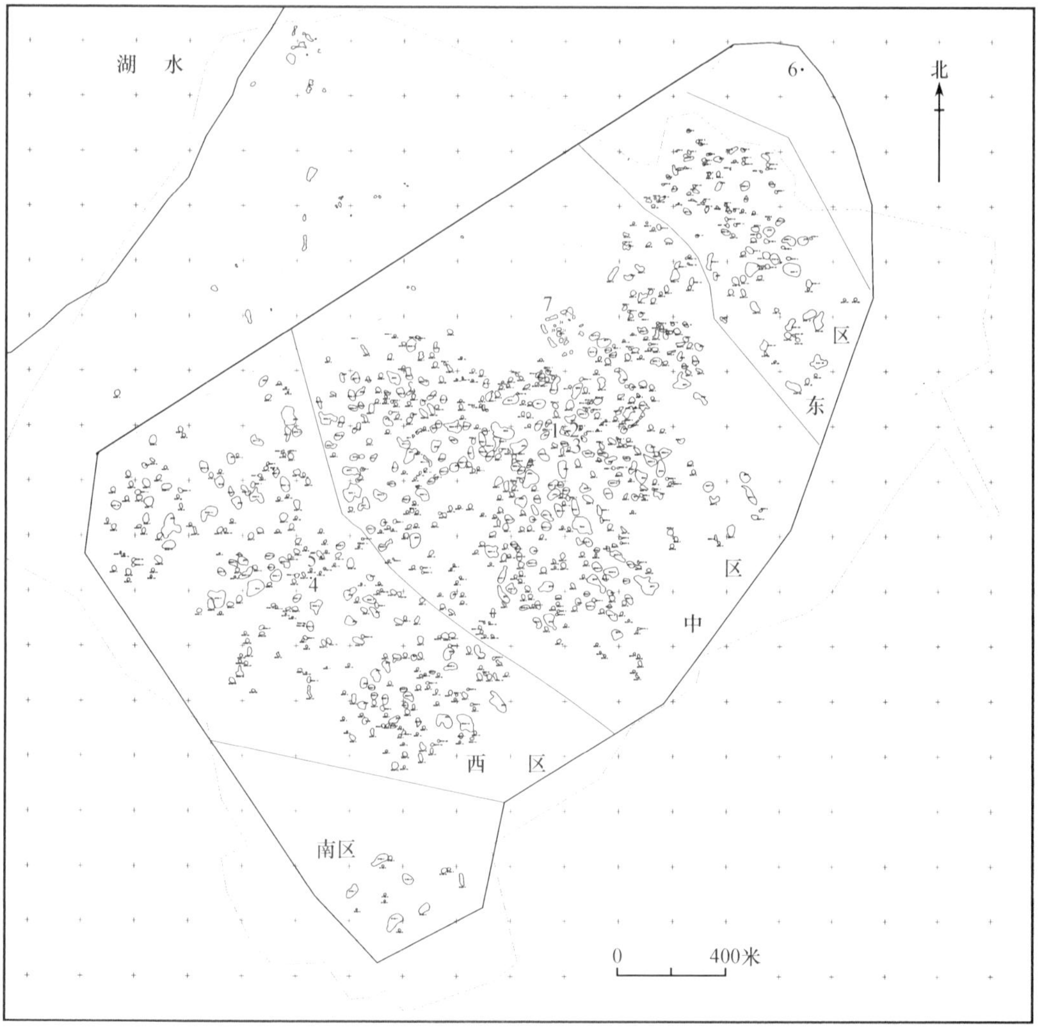

图二　后鸣字区遗址遗迹分布图

1. 基点　2. 灶1～3　3. 灶4　4. 灶5　5. 铁匠炉　6. 墓　7. 建筑址

白色的盐碱土面，台子的边缘还是能大致确定的。遗物多发现在包台的南坡面，有的很密集，如B090-6南坡面有一处2平方米的陶片密集区。

土包台的分布规律性不强，加之七八百年的水土流失，形状变化较大，一时很难找到分布的规则。经过实地调查和对遗址测绘图的对比分析，发现土台分布还是有一定规则的。中区的分布总的特点是外围稀疏，中心密集，中心没有明显的自然分区界限。中区中部的土台密集，是核心区，从核心区向外延伸。整体观察，中区是聚拢的向心式的布局。

中区的核心区有两个现象值得注意。

第一是环状包围：在东部的B089-1大台子，因为其高大，视野好，现在有一牧羊

图三　土包台（B057-9）

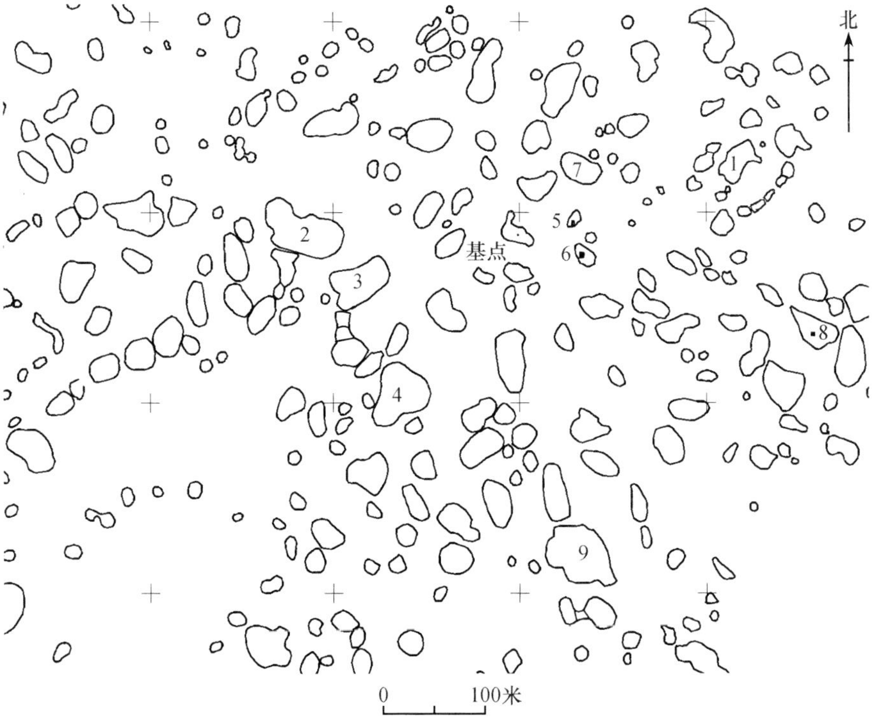

图四　中区核心部分包台分布

1. B089-1（“羊棚包”）　2. B055-1　3. B054-1　4. B056-1　5. B090-3（Z1-3）　6. B090-2（Z4）　7. B090-4　8. B083-2　9. B045-1

图五 中等的土包台（B090-4）

人的帐篷和羊圈安驻其上，所以被称为“羊棚包”。其南侧有一弧形排列低矮的小台子环绕，北和东西两侧也有小台子拱卫（图四，1）。

第二是燕尾状排列：在西部的B055-1、B054-1、B056-1三个大包台积聚（图四，2～4），我们称之为“三大台子”。“三大台子”的长度都在60米以上，高在2～3米，面积都在2000平方米以上，顶部的面积在1300平米以上。其中平面呈圆角三角形的B056-1（图四，4）顶部是很平整的平面。“三大台子”西南侧有较密集的中小台子附属，再往西是密集的大大小小的台子呈燕尾状排列，中间是平坦的开阔地，中间可以看做是一条从西南进入“三大台子”的直通大道（图二）。

为了探查土台的构成，我们选择两个中等台子做了试掘。

B090-2是中等台子，长约30.6米，宽约24米，高约2.4米（图四，6）。在B090-2台子的西部顶上布探方T3，坡面布探方T5、T6。南北向，5米×5米。T3挖掘深度约2.7米，地层分为5层：

第1层：该层为灰白色沙土，土质疏松，土中夹杂有大量植物根系、少量细小土块与极少的小炭粒等。由于地表地势高低不平，呈东北高、西南低，因此第1层厚25～40厘米。出灰陶卷沿口沿、红褐陶片、黑陶片、芒口白瓷口沿等。另清理出小块铁器2件，表面氧化锈迹严重。

第2层：该层为灰黑色沙土，土质疏松，颗粒较大，内含较多细小炭粒和红烧土块。厚度约1米。清理出少量灰色陶片、黑陶片、白瓷片、骨刀及兽骨等。

第3层：该层为灰褐色沙土，土质较第2层致密，带有大量淡黄白色土块，内含的细小炭粒和红烧土较第2层明显减少。厚约85厘米。清理出灰色卷沿陶片，带有附加堆纹的红褐陶片和黑陶片。另外还清理出兽骨、砖块、铁块。

第4层：淡黄白色黏土，土质致密，黏性很大。厚约20厘米，推测为次生土，土质纯净，未包含遗物。

第5层：灰黑色黏土层，土质致密，黏性很大，土质纯净，未包含遗物。只下掘10厘米，为生土层。

B090-2台高约2.4米，第1～3层为文化层，三层总厚度为2.4米，台子系平地堆土修建而成。

B083-2是中等台子，整体呈长方形，顶部平坦，四周呈缓坡形延伸，西坡因自然原因形成冲沟断崖。台子南北长约 41米，东西宽约21米，高度约2.5米。在顶部布探方T4（图四，8），试掘深度2.7米。T4地层自上而下共分为4层。

第1层：该层为灰白色沙土，土质疏松，含有大量草根，未见遗物。厚10～20厘米。

第2层：该层为灰黑色沙土，土质较第1层致密，出土较多破碎陶片、少量兽骨、烧土块以及铁器。厚60～80厘米。

第3层：该层为黑色沙土夹杂白色斑点，土质较致密。厚80～110厘米。出土少量陶片。

第4层：该层为生土层，白色沙土，黏性大，纯净，无包含遗物。

B083-2高度约2.5米，第1～3层为文化层，三层总厚度为2.5米，台子系平地堆土修建而成。

三、灶炉遗迹

1. 炊灶

在中区B090-3的坡面有3块红烧土暴露，在B090-2的坡面有1块红烧土暴露，清理后都是灶。在西区的水冲沟壁发现1个灶。总计5个灶。

B090-3属于小包台，顶部两个馒头形凸，是鞍形锥顶（图六）。在西南部的坡面有3处红烧土露头，为探明其性质，布探方T2，南北向，5米×5米。揭露后确认是3个灶（编号Z1、Z2、Z3），发掘即停止。

第1层：该层为灰白色沙土，土质疏松，含有大量草根及少量陶片、北宋钱。

第2层：该层为灰黑色沙土，较为松软，颗粒较粗，厚薄不均。

第3层：该层为黑色沙土夹杂白色斑点，土质较致密。

Z1位于T2中西部。开口于第2层下，打破第3层。灶址长2.7米，随土台坡势而建，南低北高，方向为北偏东40°，坡度为16°。从南至北依次为添柴坑、火塘、烟道、烟囱。灶坑为圆形，直径88厘米，深约22厘米，四壁破坏严重，东西保存略好，灶坑内有大量松软的红烧土。烟道长60厘米，宽30～44厘米，深6～12厘米，内有红烧土及黑灰痕迹。烟道北为烟囱，底径54厘米，深13厘米，底面略低于烟道北端，有黑色烧灰痕迹。灶坑南的浅坑有黑色炭灰断续分布，可能为灶坑添柴的地方，长约7厘米（图七，3）。在烟道内发现一个泥质灰陶卷沿罐的口沿。

Z2位于T2北隔梁东部，开口于第1层下，打破第2层。平面呈半圆形，东西长76厘

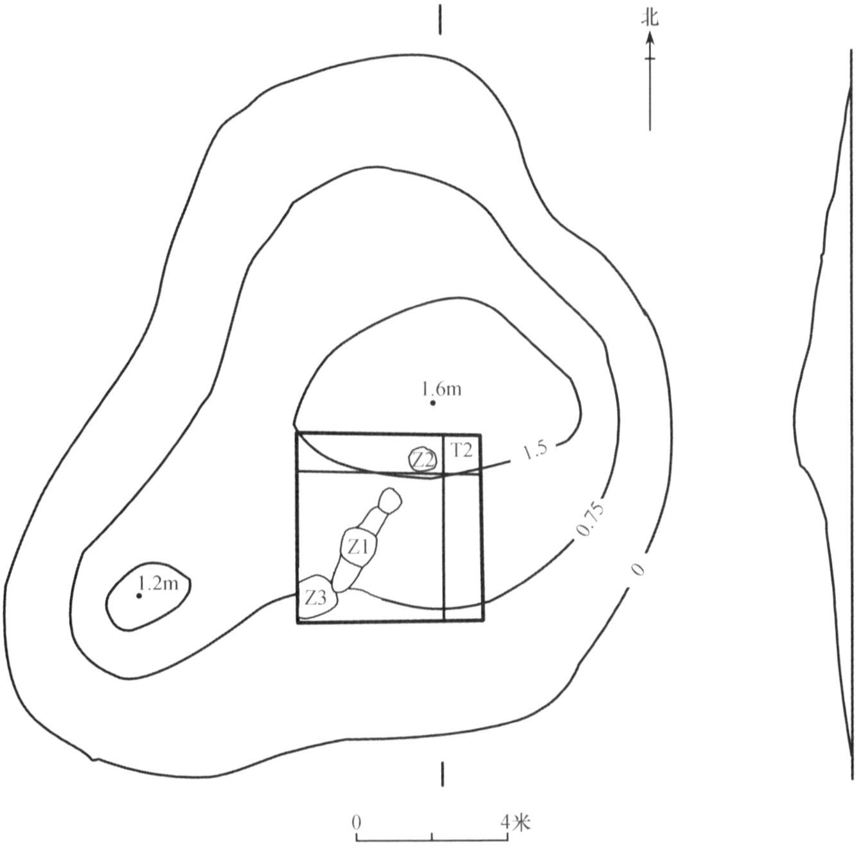

图六 Z1、Z2、Z3在B090-3的位置图

米，南北宽55厘米。遗迹只有一层红烧土，厚约2厘米。红烧土块很硬，为浅黄色。没有发现遗物。

Z3位于T2南部，开口于第3层下，北部被Z1打破。西部伸展到探方外，没有发掘。平面近椭圆形，锅底形灶，长145厘米，宽110厘米。Z3内发现大量红烧土块，红烧土层最厚约50厘米，底部为厚约5厘米的黑灰层（图七，2）。在其底部发现一块很大的动物肩胛骨。

Z4位于B90-2的西坡，在T5的东部，开口在第1层下，打破第2层，水土流失致使Z4内的红烧土部分裸露于坡面地表。瓢形灶，灶塘坑直径1.5米，依土包的坡面而建，灶坑边缘下方向外伸出20厘米，上方有烟道伸进东隔梁，未清理。灶坑只剩底部，圜底，沿坑壁有25厘米厚的红烧土。灶塘坑内堆积出有灰色陶片。

Z5位于西区B046-12和B103之间的平坦空地（图二，4），水冲沟的东壁上，其西半部已经被水冲掉。开口于第2层，瓢形灶。坑口瓢形，长160厘米，宽60厘米。坑底椭圆形，长150厘米，宽30厘米。灶深34厘米。灶内堆积大量的红烧土，底部有一层厚3厘米的黑色的灰烬层（图七，1）。灶坑内有少量的泥质灰陶陶片。

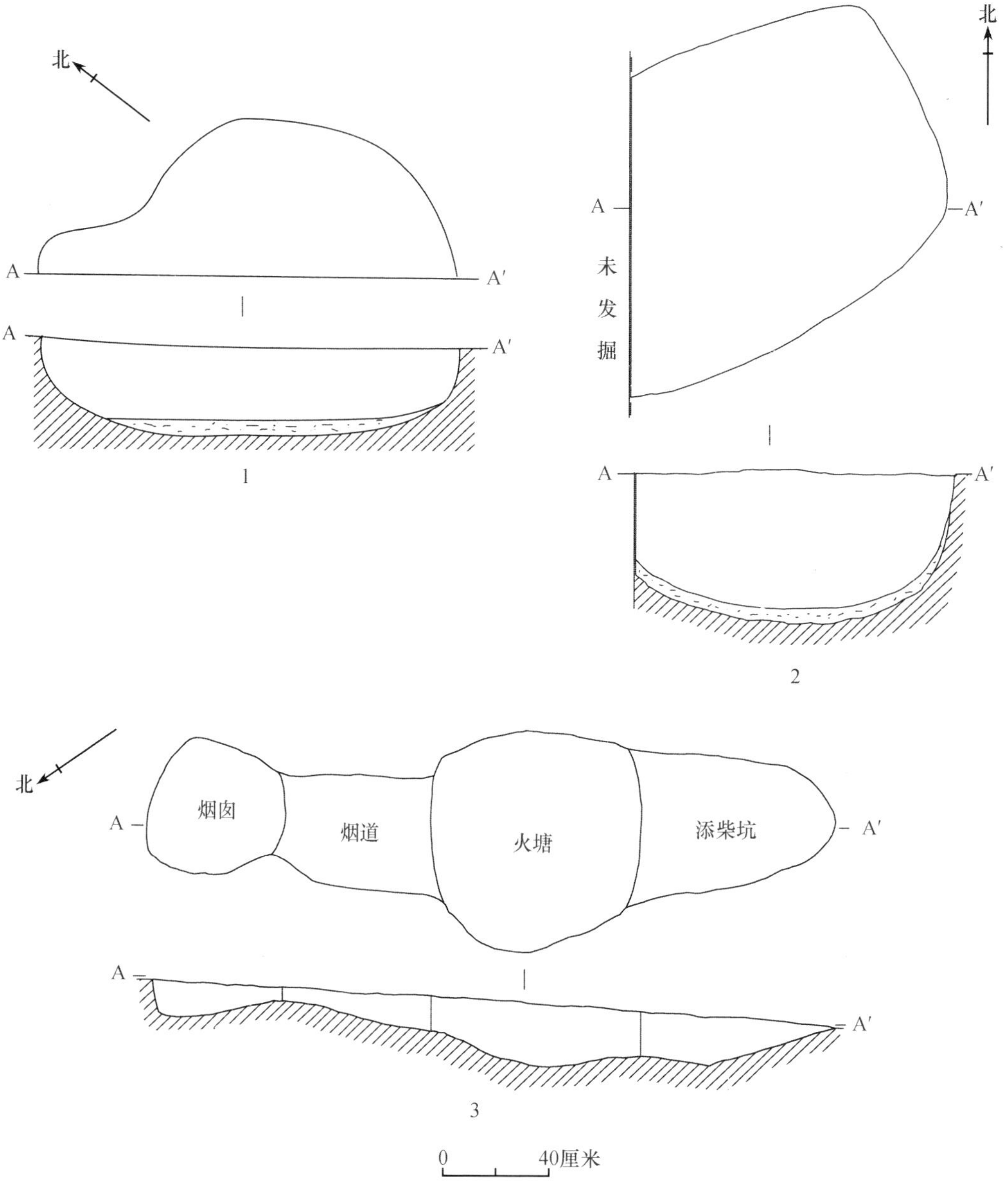

图七　灶

1. Z5　2. Z3　3. Z1

2. 炉

西区土包B103-7是高度只有1米的矮包，西南转角的坡面发现有铁渣和砖头，布探方T8，揭去表土发现一个砖砌烟道遗迹（编号J5；图二，5），向东延伸，又布探方T9。T8西南角坐标为北纬44°57′42.89″、东经123°54′18.27″。T8、T9的第1层为灰白色土，土质致密，含碱性，十分坚硬。厚10～15厘米。出土胎质较粗的红褐色陶片、黑色陶片、灰陶片、白瓷碗底、钧窑瓷片，推测为口沿部分；灰黑色陶片，不明兽骨若干。第2层为灰黑色沙土，土质较第1层疏松，厚20厘米。有铁块、陶片、鱼的脊椎骨、动物骨渣，未清理完毕。第3层是灰褐色土，未清理。

J5的砖墙是建在第3层上，砖墙穿过第2层。是双灶单烟道，烟道呈西北—东南走向，两端是灶，烟囱位于烟道中部。J5利用土包西南转角地势修建，烟囱位于高处，两侧灶位于低处。烟囱完全被破坏，烟道墙残留部分底部。烟道墙和灶台使用残砖或破碎砖头垒砌，烟道墙还夹杂小石块和红烧土块。西北段北墙是在平砖上斜置4块砖，西侧还有一些倒塌乱砖和少量红烧土碎块，南墙弯折，只存一小段。西北灶附近有一个圆坑，直径40厘米，深45厘米，坑内积满黑色炭灰，灰内有一个烧成黑色的羊距骨，坑壁和坑内不见红烧土。西北灶在烟道口处有1件铁器足，足尖上贴放1件铁镞形器（图八、图九），在灶的西侧有1件粗大铁钉。东南灶破坏更甚，南墙存一角。东侧有一些倒塌乱砖头，地面有少量黑色灰烬。

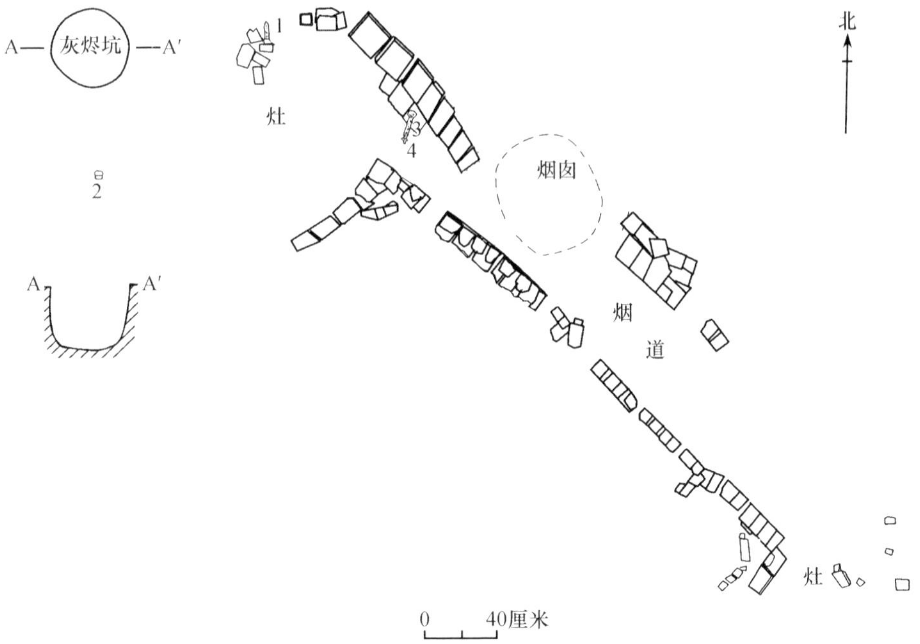

图八 炉残迹

1. 铁钉 2. 铜带扣 3. 铁器足 4. 铁镞形器

T8②层发现一块铁包铜块，6厘米×4厘米的铜片夹在两个铁片之间，铁片锈蚀严重，形成包围状（图一〇，1），挖出后则分解为三块，铜块周边都是断茬。乾安博物馆展品中有2件从花敖泡岸边发现的铜锅，一大一小。大锅，口沿平直微上扬。小平底。上腹部有一圈很窄的腰沿，宽约1厘米，厚约0.8厘米。腰沿上附有六扁耳。口沿到腰沿之间有4道凸弦纹。口径63、最大腹径68厘米，底径10.4厘米，通高35.9厘米。耳

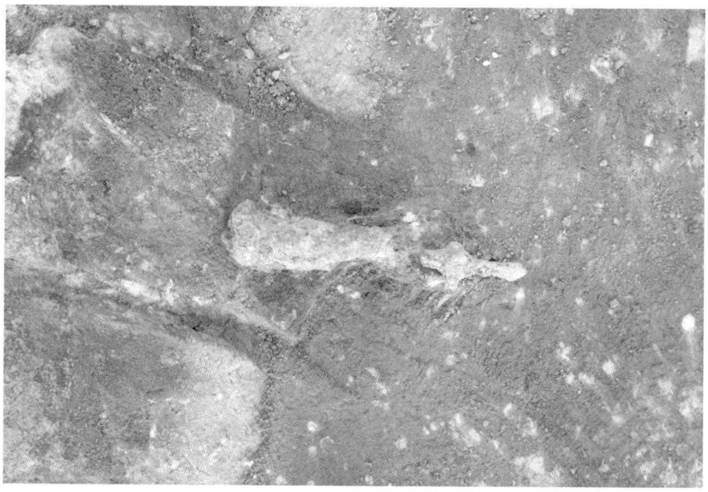

图九　铁足和镞形器出土状态

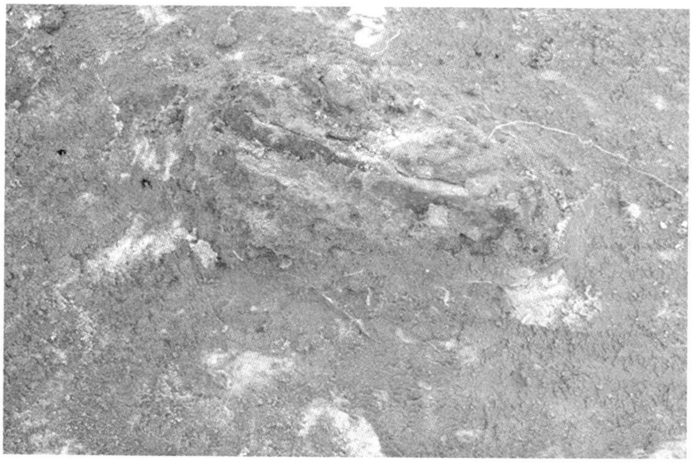

1

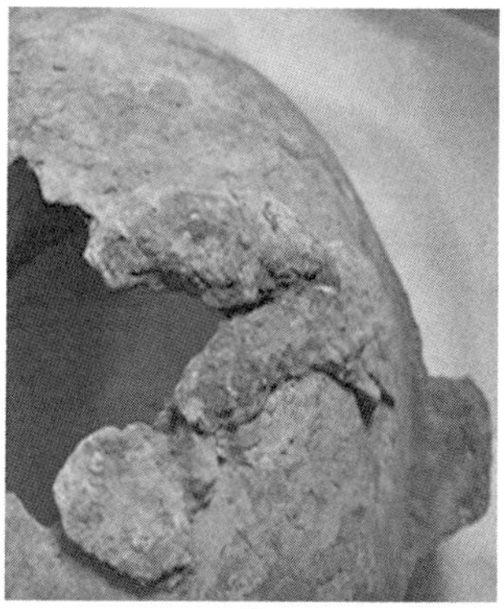

2

图一〇　铁匠炉遗迹发现的铁夹铜块和铜锅铁焊接对比

长8.4厘米，宽4.8厘米（图一三，7）。小锅与大锅形制相同，口径45.5厘米，通高27厘米，最大腹径50.5厘米，底径8.5厘米。耳长7厘米，宽4厘米（图一三，8）。这2件铜锅是典型的辽金六耳铜锅，其底和腹部都有裂缝，裂缝用铁片焊接（图一〇，2）。故判断此铁包铜块是铜锅修补时用铁块焊接掉下的残块。T8地表搜集到诸多大小不一、奇形怪状的铁熔块、铁熔渣。在T9发现较大铁熔渣块，是铁块烧熔变形所致。根据这些现象综合判断J5是铁匠炉。另在西区的B037-16地表也采集到一些铁熔块和渣。

四、建筑遗址

建筑遗址位于中区的东北部（图二，7），由围墙、4个建筑遗迹（编号为J1～J4）组成。围墙呈长方形，长120米，宽100米。墙体坍塌，呈断续的土垄，西围墙中部缺口为门，东部中部被现代沟渠破坏，是否有门不能确定。

J1、J2、J3位于西部，土包圆形，顶部都发现有瓦砾，均为建筑倒塌堆积。南北向排列，间距约6米。J1位中，直径20米；J2位南，直径15米；J3位北，直径12米；在J1东部布一条1米×2米的探沟（TG1），正东西方向。J1上散布有板瓦、筒瓦、瓦当、滴水、黑釉罐口沿等遗物，TG1下挖30厘米，停止发掘。有板瓦、筒瓦、滴水、兽面纹瓦当、铁钉等，探沟内局部有灰烬和红烧土颗粒。

J4为“圆圈”遗迹，位于围墙内的西北部。外圈直径约12米，内圈直径约9米（图一一）。在其东部布一条1米×3米的探沟（TG2），正东西方向。J4上采集到1件铜带牌饰，TG2中出土1件铁块、1件动物骨骼。TG2距离地表约5厘米开始露出夯土，未向下发掘。

图一一 圆圈遗迹（J4）与北城墙

五、墓

在土包台群东北400米处的水冲沟的西侧（图二，6）断壁上发现1件人的下颌骨悬挂壁上（编号M1）。在挖到下颌骨所处深度时发现了人骨二组。第一组是6节脊椎骨和4条肋骨，凌乱放置。第二组是2条折断的肋骨放在一个盆骨上，盆骨只是一小部分（图一二）。根据人骨判断属于未成年人，二次葬。反复刮面没有找到墓框。沟岸地表发现有陶片，地势略高。遂在离下颌骨2.3米处布探方T1，去表土后，在第2层内出土少量

图一二　人骨遗迹（M1）

陶片、动物碎骨及铁渣，其下为生土，这与冲沟含人骨的地层一致。陶片有泥质灰陶卷沿罐的口沿。在人下颌骨处布探沟一条。人骨所在地层的年代与探方第2层相同，属于辽金时期。

六、遗　　物

采集和发掘出土的遗物有骨器、铜器、铁器、陶器、瓷器、铁熔块与铁渣等。另有马、牛、羊、野兽等动物骨头。

1. 骨器

骨刀　1件。B090-2T3②：1，用管状骨制作而成，前部双面磨制成单刃，较为锋利，后部修理成短柄（图一三，1）。用右手食指和拇指拿捏较为舒适。长约3.3厘米，最宽处约1.4厘米，高约4厘米。

2. 铜器

铜钱　3枚，皆为北宋钱。

T8②：3，崇宁通宝，楷书，旋读。直径3.5厘米。

B103-7采：2（在T9地面采集），嘉祐通宝，篆书，直读。直径2.5厘米。

B103-7采：3（在T9地面采集），元祐通宝，篆书，旋读。直径2.5厘米。

铜带扣　1件。T8②：4，扣环椭圆形，舌针已失。通长3.5厘米，前宽3厘米，后宽2.6厘米（图一三，4）。

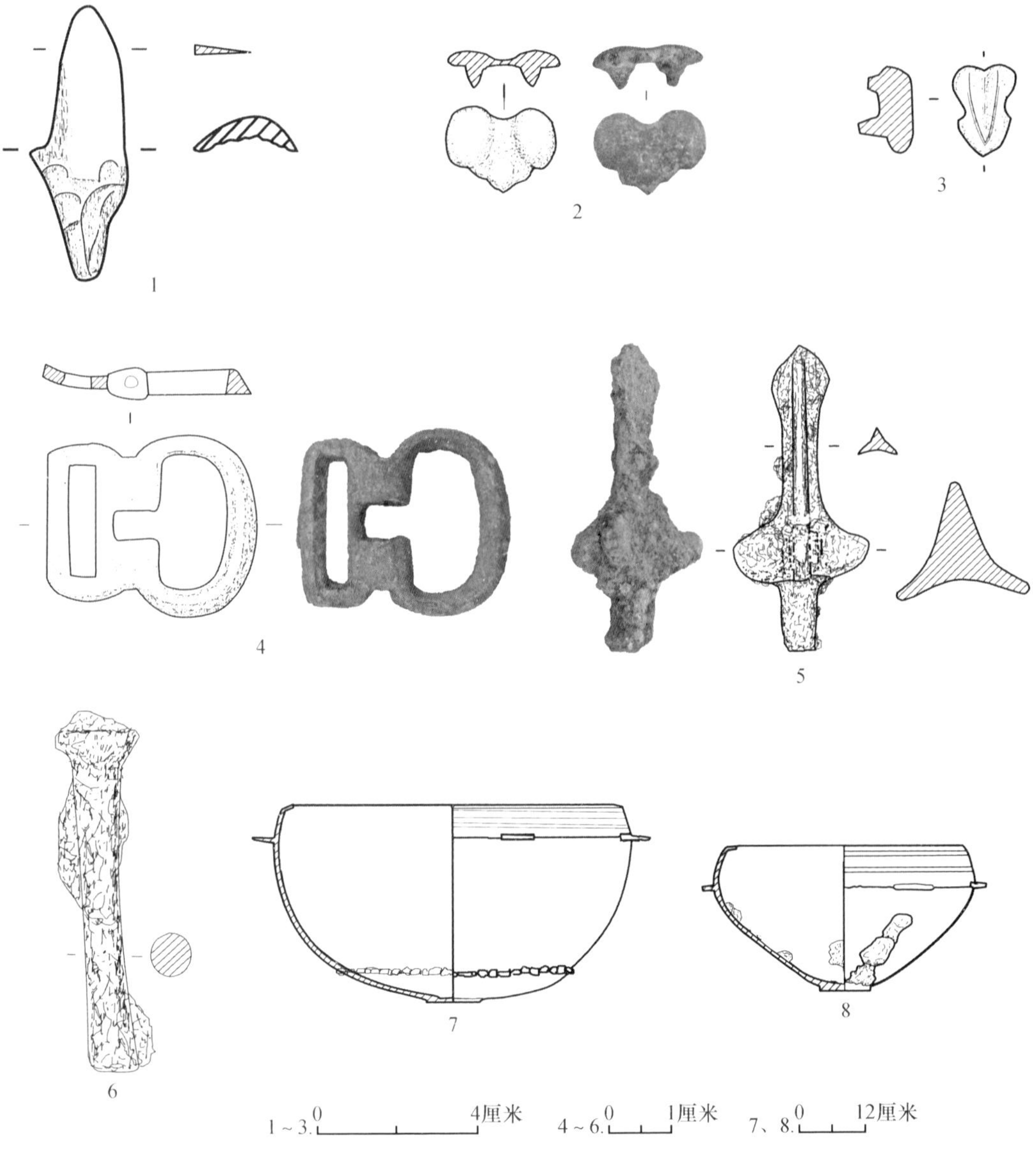

图一三 骨器与金属器

1. 骨刀（B090-2T3②：1） 2、3. 铜带牌饰（B103-7采：1、J4采：1） 4. 铜带扣（T8②：4）
5. 镞形器（J5：3） 6. 铁足（J5：2） 7、8. 铜锅

铜带牌饰 2件。

B103-7采：1（在T9地面采集）。双圆泡相连，中间连接处向下伸出一垂体，背面双立柱（图一三，2）。宽1.4厘米，高1厘米。

J4采：1（圆圈内TG2地面采集），亚腰倒心形，中轴突起，左右两侧倾斜，有"V"形凹线，背面双立柱。高1.3厘米，宽0.9厘米（图一三，3）。

铜条 1件。B090-2采：1（T6地面采集）。残，扁条状，头端窄，尾端宽，头端一面高出2毫米。长4.9厘米，宽0.3～0.7厘米，厚0.2～0.4厘米。

铜块　1件。T8②：2，残，长方形。长2.5厘米，宽1.3厘米，厚0.7厘米。

3. 铁器

镞形器　1件。J5：3，三翼带铤，通长8.1厘米，最大翼展3.7厘米，铤部为圆柱形，直径约0.8厘米，表面锈蚀严重（图一三，5）。

铁足　1件。J5：2，器柄整体呈哑铃状，两端粗大，中间细长，通长17.8厘米，两端分别宽4.3、3.5厘米，中间宽2厘米，锈蚀严重（图一三，6）。

铁钉　2件。

J5：1，通长13.8厘米，钉帽圆形直径3厘米，钉身根部直径1.5厘米，通体锈蚀严重。

T4②：4，钉帽面为方形，钉身残断，锈蚀较为严重。残长5.6厘米，帽宽1.7厘米，身宽1.6厘米，厚1.1厘米。

4. 陶器

陶器以泥质灰陶为主，少量泥质黑陶或黄褐陶，轮制，常见开裂成薄片。个别陶器夹细沙。素面为主，附加堆纹、篦点纹很少。采集的陶片以腹片为最多，少量口沿和器底。

卷沿罐　2件。

Z1：1，口沿，泥质灰陶，轮制，卷沿，圆唇。颈部有一钻孔，孔径0.6厘米。残长11厘米，残高2厘米（图一四，1）。

T4②：3，口沿，泥质灰陶，卷沿，残长6.4厘米，残高3.6厘米，厚0.4～0.8厘米（图一四，3）。

盘口罐　1件。T4②：2，口沿，泥质黑陶，盘口。残长4.2厘米，残高3.6厘米，厚0.8厘米（图一四，2）。

瓮　1件。B057采：2，泥质灰陶，轮制，胎薄，大卷沿，广肩，凹底，素面（图一四，4）。碎裂成二百余片，拼对起口部和底。口径28厘米，底径27厘米。

篦点纹陶片　B077-6采：1（B077-6土台南坡采集），泥质灰陶，轮制，胎薄。表面有稀疏的篦点纹（图一四，5）。残长7.3厘米。东南采：1（在土台群东南采集），泥质灰陶，厚胎。表面有细密的篦点纹（图一四，6）。残长11厘米。

5. 瓷器

绿釉瓷片　1件。B045采：2，黄褐色胎，浅绿色釉，划花。残长3.5厘米（图一四，7）。

白瓷盘　1件。T3②：2，口沿，灰黑胎，胎质致密坚硬，白釉有开片。侈口，浅腹（图一四，8）。长约6.7厘米，最宽处约2.5厘米，厚约0.4厘米。

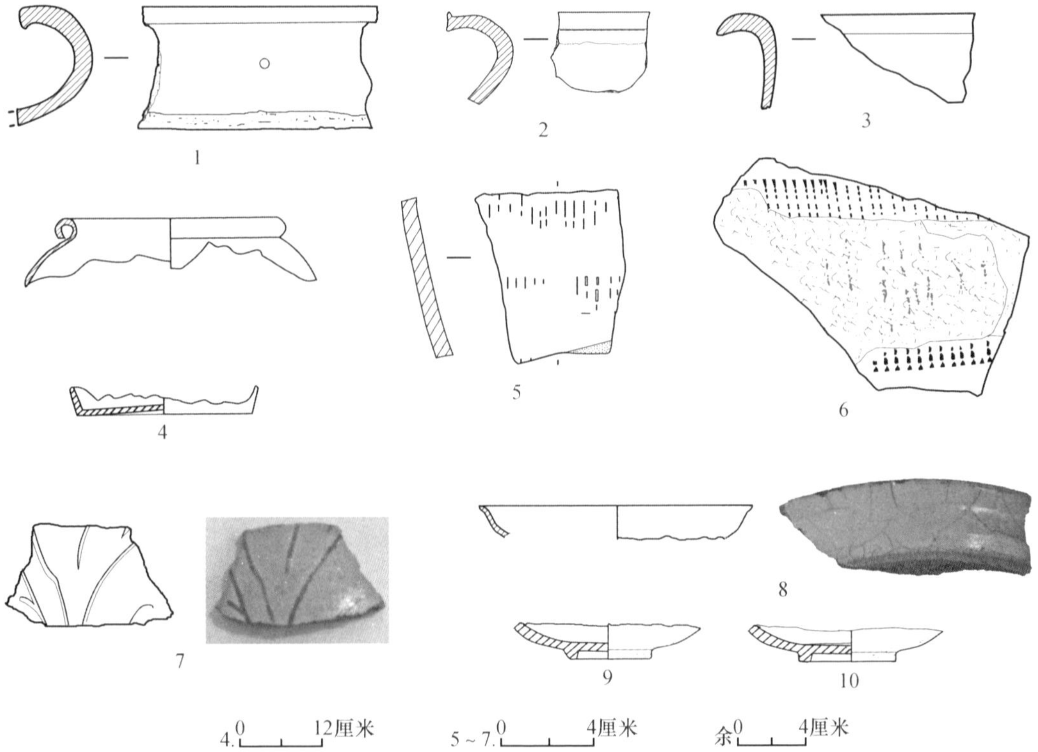

图一四　陶、瓷器

1～3. 陶罐（Z1：1、T4②：2、T4②：3）　4. 陶瓮（B057采：2）　5、6. 篦点纹陶片（B077-6采：1、东南采：1）　7. 绿釉瓷片（B045采：2）　8. 白瓷盘（T3②：2）　9、10. 白瓷碗（T3①：1、TG1①：3）

白瓷碗　3件。

T3①：1，底足，灰胎，白釉，平底，圈足。圈足直径5厘米，残高2厘米（图一四，9）。

T8①：1，底足，灰白胎，白釉。圈足直径6厘米。

TG1①：3，底足，灰白胎，白釉，平底，圈足。在内底有涩圈。圈足直径7厘米，残高2厘米（图一四，10）。

钧瓷片　1件。T9①：2，胎色发灰，胎质致密坚硬，施蓝釉，釉层较薄柔润，为口沿部分。长约4厘米，宽约2.3厘米，厚约0.5厘米。

6. 建筑构件

滴水　4件。

带状滴水　1件。J1采：2，泥质灰陶，火候较低，残块，滴水上接瓦身。滴水面呈窄条弧形带，上部斜压细沟，沟内有篦点；滴水下唇面斜压粗条坑，坑内有绳纹印痕（图一五，1）。滴水面残长6.2，宽2厘米，瓦身厚1.4厘米。

图一五　建筑构件

1. 带状滴水（J1采：2）　2～4. 弧边宽面滴水（TG1①：1、TG1②：1、TG1①：2）

弧边宽面滴水　3件。

TG1①：1，黄灰色，泥质，火候较高。滴水面宽阔，边呈连弧形，有花卉纹饰（图一五，2）。滴水面长11.3，宽6.7厘米，瓦身厚3厘米。

TG1②：1，灰陶，残块，下边缘花边形，当心花纹是浅浮雕兽面（图一五，3）。残长8厘米，厚2.9厘米。

TG1①：2，形制花纹同前，残块较大（图一五，4）。直径约10厘米，厚2.5厘米。

七、结　　语

我们根据调查与试掘资料，对该遗址得出基本认识如下。

（1）通过试掘，以及被冲毁的土包台断面观察，可以确认其非自然形成，而是人工堆砌和生活所致。根据T3、T4试掘可知，土包台基本是平地起建，多次修筑，累积而成。

（2）在土台子及周围采集和出土的遗物是辽金时期遗物，未见其他时代遗物。其中的细密篦点纹陶片是典型的辽代契丹篦纹陶罐（或壶）的下腹部分[1]，稀疏篦点纹陶片在城四家子古城（辽长春州城）2013年发掘的辽代建筑中也有发现，该建筑址有辽代的纪年文字瓦出土，时代可靠[2]。绿釉划花瓷片、盘口陶罐等也是辽代常见器物。可以确定遗址始于辽代，并与契丹人有关。钧窑瓷片和涩圈瓷碗都是金代的，宽面连弧形滴水与金代完颜希尹墓地的碑亭滴水风格一致[3]，故遗址在金代仍被使用。

（3）遗址所在的古湖底地势低平，为草原和沼泽环境，土壤盐碱性较大，不适合农业耕作。东北夏季是雨季，土台群的地面多处积水，变成沼泽，以前水冲沟没有现在多，夏季积水更加严重。这类遗迹只适合在无雨或少雨的冬春季节大规模居住，是一种季节性遗址。

（4）辽金时期东北的地面建筑已经十分普及，很小的居住址都有带火炕的地面式建筑，在庞大的土台群内却不见地面建筑。包台顶部无遗物或很少，边缘多见遗物，特别是炊灶位于台子的坡面，灶旁不见建筑痕迹，可以推测台子顶部居住以帐篷为主。

（5）后鸣字区土台数量有900多座，高度多在1.5～2.5米，大型土台子的面积在1000平方米以上，最大的超过3000平方米，修建土台子的工程量浩大，非特殊需要不能为之。

（6）后鸣字区春捺钵遗址绵延3600米，宽1600米，面积约在4.7平方千米。分布面积与辽上京城皇城和汉城的总和相当或略大（辽上京城由北部皇城和南部汉城组成，东西跨度1610米，南北总长2757米）。这个庞大的规模绝非是一个渔猎部落驻地，从近水沼泽的环境和出土物分析也排除是军事防御设施、州府治所、农业村落的可能。《辽史·营卫志》记载："春捺钵：曰鸭子河泺。皇帝正月上旬起牙帐，约六十日方至。天鹅未至，卓帐冰上，凿冰取鱼。冰泮，乃纵鹰鹘捕鹅雁。晨出暮归，从事弋猎。"据《辽史》所载，从辽圣宗统和元年（公元983年）起，经兴宗、道宗到天祚帝保大二年（公元1122年），在这139年时间里，有106年记有春捺钵，其活动地域在长春州，即洮儿河下游到查干湖一带，花敖泡处于春捺钵地区，所以笔者认为三普时傅佳欣先生把这些特殊的土包台群推定为辽金春捺钵（春水）遗址是可信的。

（7）包台的分布遵循一定的布局要求，但是分布规律性不强，带有随意性。宏观布局上，中区为主，东区和西区作为两翼拱卫。中区呈向心式（聚拢式）布局，核心区最密集，"羊棚包"和"三大台子"最重要，可能是最高级别者使用。从西区发现的铁匠炉残迹和多个土包上有铁熔块、铁渣分析，西区有一定的手工业服务功能，同时远离核心区，烟火和打铁的噪声不会影响核心区。微观布局上存在大、中、小台子的附属关系，一个大台子周围有中小台子分布。B090-3是鞍形锥顶小包，顶不能安置帐篷，有三个灶，属于三个时期。

（8）建筑址的规模小，有瓦和瓦当，等级高，"圆圈"建筑特殊；围墙低矮，不具备防御功能；没有高大台子，不具备观望风景条件；推测可能是祭祀区。《辽史·营卫志》记载春捺钵时"皇帝得头鹅，荐庙"，可知捺钵地有庙，建筑址或许是与捺钵庙有关的祭祀区。

春捺钵遗址群后鸣字区遗址是特殊的遗址类型，在研究辽金文化中具有独特的价值，本次考古工作有限，认识仍较肤浅，很多问题需要发掘后才能解决。

参加调查人：冯恩学　王中军　郝军军　曹　军　张　宇
邓鸿山　武　松　张红哲　庞立娜
执笔：冯恩学　郝军军

注　释

［1］　敖汉旗文管所．内蒙古敖汉旗沙子沟、大横沟辽墓［J］．考古，1987（10）．
［2］　吉林省文物考古研究所藏2013年城四家子古城发掘资料．
［3］　吉林省文物考古研究所藏完颜希尹墓地的碑亭发掘资料．

Brief Report on Chunnabo Site in Houmingzi District of Qian'an County

The site of Liao and Jin Dynasties was investigated and experimentally excavated on the south bank of Hua'aopao Lake in Qian'an County, Jilin Province in 2013. The site is identified as Chunnabo (i.e. the station for Emperor's fishing and hunting in the spring). There are more than 900 earthen platforms, stretching for 3 km. Platforms in the center are intensive and tall with the centripetal type layout. There are four buildings in a yard which might be for sacrifice ceremony.

吉林大安尹家窝堡遗址2015年发掘简报*

吉林大学边疆考古研究中心　吉林省文物考古研究所

尹家窝堡遗址位于吉林省大安市安广镇永丰村尹家窝堡屯西北约2.5千米处，新荒泡西南岸，遗址分布的范围现已辟为耕地，其北侧为水面，西侧为面积广阔的盐碱地，遗址位于耕地与盐碱地相接处的一处漫岗，地势稍高于周边区域的缓坡上。地理坐标为北纬45°38′41.07″，东经123°42′16.68″，海拔129米（图一）。

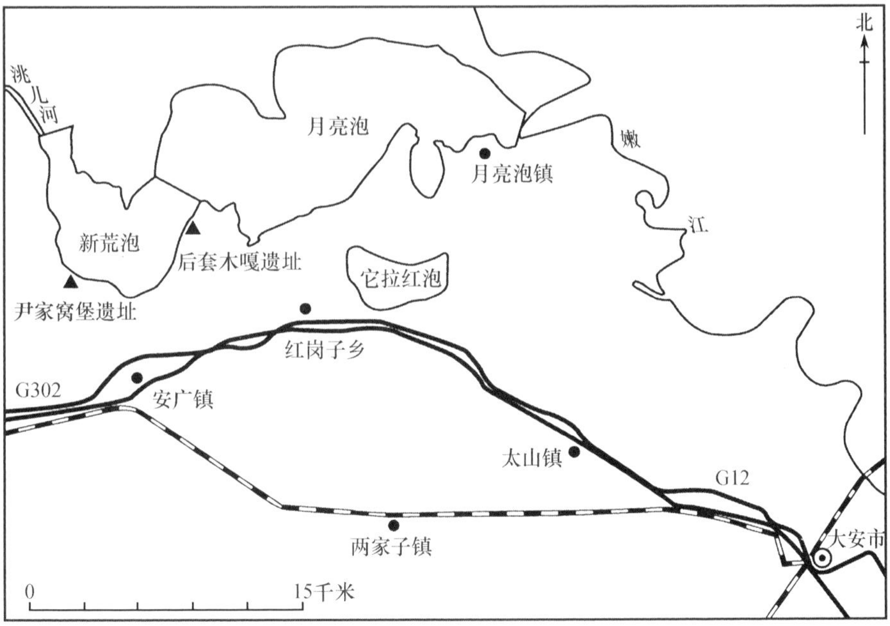

图一　尹家窝堡遗址位置示意图

尹家窝堡遗址系2007年全国第三次文物普查期间由大安市博物馆首次发现，2012年我们首次对新荒泡和月亮泡周边做区域性系统调查，调查时再次考察了该遗址[1]。2014年进行一次试掘，发现有淋卤坑5座，确定为辽金时期制作土盐的遗存[2]。在2014

* 本文为吉林省文物局委托项目“吉林大安后套木嘎遗址的发掘”成果（项目编号357121741444）；国家社科基金重大项目（项目编号15ZDB055）“吉林大安后套木嘎遗址的发掘与综合研究”研究成果；吉林大学“GIS支持下的吉林省古代聚落历时态考察”项目成果（项目编号450060522161）。

年发掘收获的基础上，为进一步了解尹家窝堡遗址性质，2015年7～10月，吉林大学边疆考古研究中心、吉林省文物考古研究所组成联合考古队对该遗址进行了第二次发掘。发掘区域选择2014年发掘区南侧靠近遗址中部的椭圆形高地（图二）。

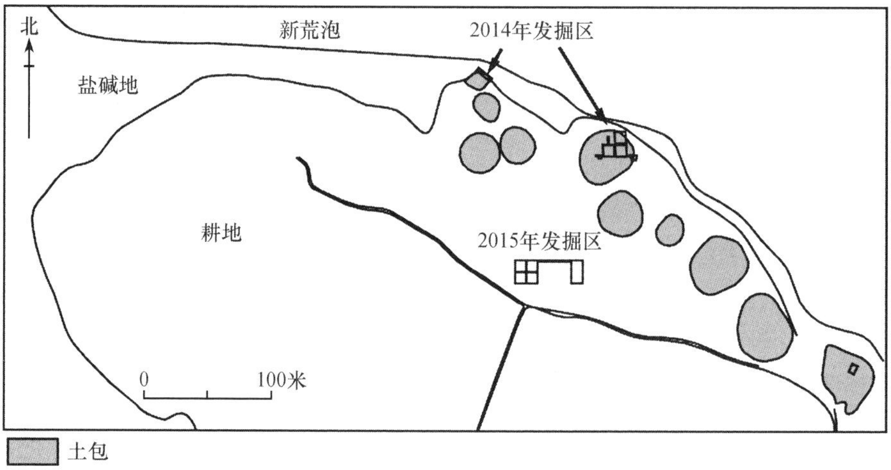

图二　2015发掘区位置

本年度分东、西两区进行发掘，其中西区布设10米×10米探方4个，东区布设10米×10米探方2个，两个发掘区通过1条1米×30米的探沟相连，含扩方部分实际发掘面积逾600平方米。发掘辽金时期各类遗迹100余个，有房址、灶址、灰坑、沟等（图四）。此次发掘出土大量辽金时期遗物，按质地分陶器、瓷器、铁器、铜器、石器、琉璃器、骨器、蚌器等，标本800余件。

因为发掘东区遗迹现象最多（图三），本文重点介绍这一区域内的地层堆积、遗迹与出土物。

一、地层堆积

东区地层堆积分3层。

第1层，现代耕土层，疏松的灰黄色细砂土，内含陶瓷片、烧土块、碎砖块、铁器、铜钱、动物骨骼和少量的现代遗物。厚10～18厘米。H27开口于此层下。

第2层，灰黑色黏砂土，包含有泥质灰陶片、白瓷片、青砖残块、铁器、铜钱、动物骨骼等遗物。厚10～20厘米。G1、H11、H13、H21、H22、H24、H26、H28、H34、H37、H38、H41、H43、H46、H47、H52～H55、H57、H58、H61、H63、H66、H77、H78、H80等单位开口于此层下。

第3层，较为致密的黑灰色亚黏土。内含泥质灰陶片、白瓷片、铁器、铜钱、陶纺轮和动物骨骼等。厚度10～35厘米。H67、H70、H71、H86、H87、H93均开口于此层

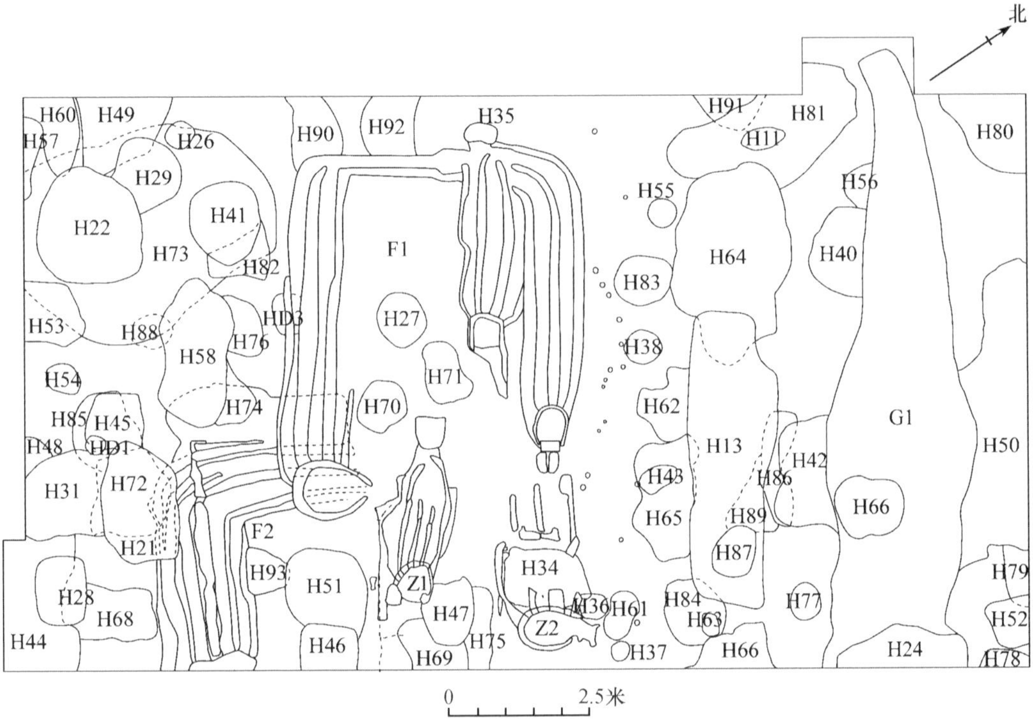

图三　发掘东区总平面图

下。F1、Z7、Z2等单位系起建于此层上。

第3层下即为生土。F2起建于生土上。

二、遗迹及遗物

（一）房　　址

2座。

1. F1及出土遗物

（1）房址形状与结构

F1位于东发掘区中部，起建于第3层上，系一座内设取暖设施火炕的地面式建筑。房址破坏较为严重，未发现有墙体，仅发现有火炕、灶址、烟囱和一块础石。现存部分呈东西宽，南北窄的长方形，东西约6.7、南北约5.4米，门道应朝向东南（图五）。

房址室内火坑呈“U”字形，围绕房址的东墙、北墙和西墙修筑。东、西炕经由转角后形成北炕，最后汇入同一个烟囱。

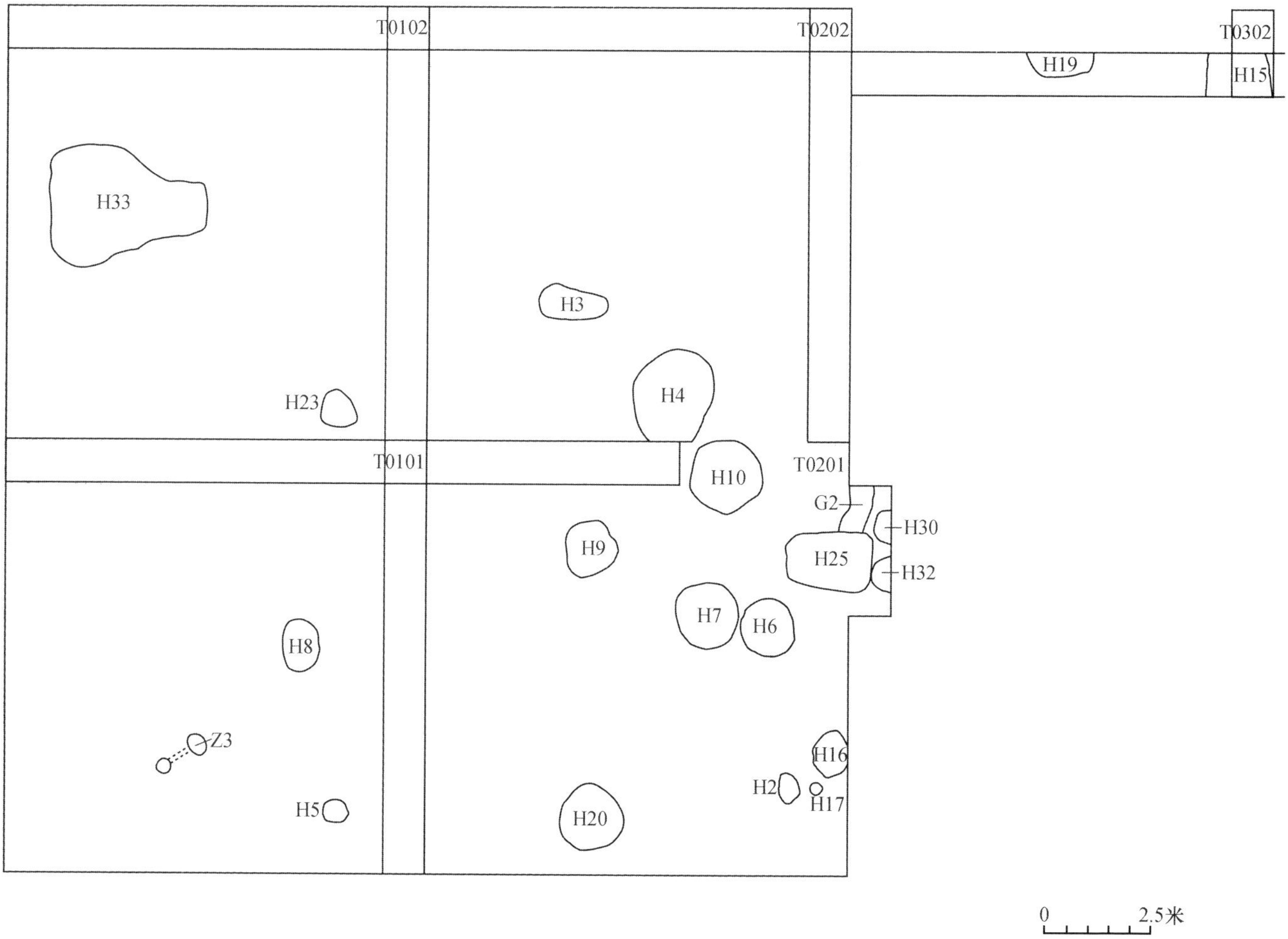
T0102
T0202
T0302
H19
H15
H33
H3
H4
H23
T0101
H10
T0201
G2
H30
H9
H25
H32
H7
H6
H8
Z3
H16
H2
H17
H5
H20
0
2.5米

图四　遗迹分布总平面图

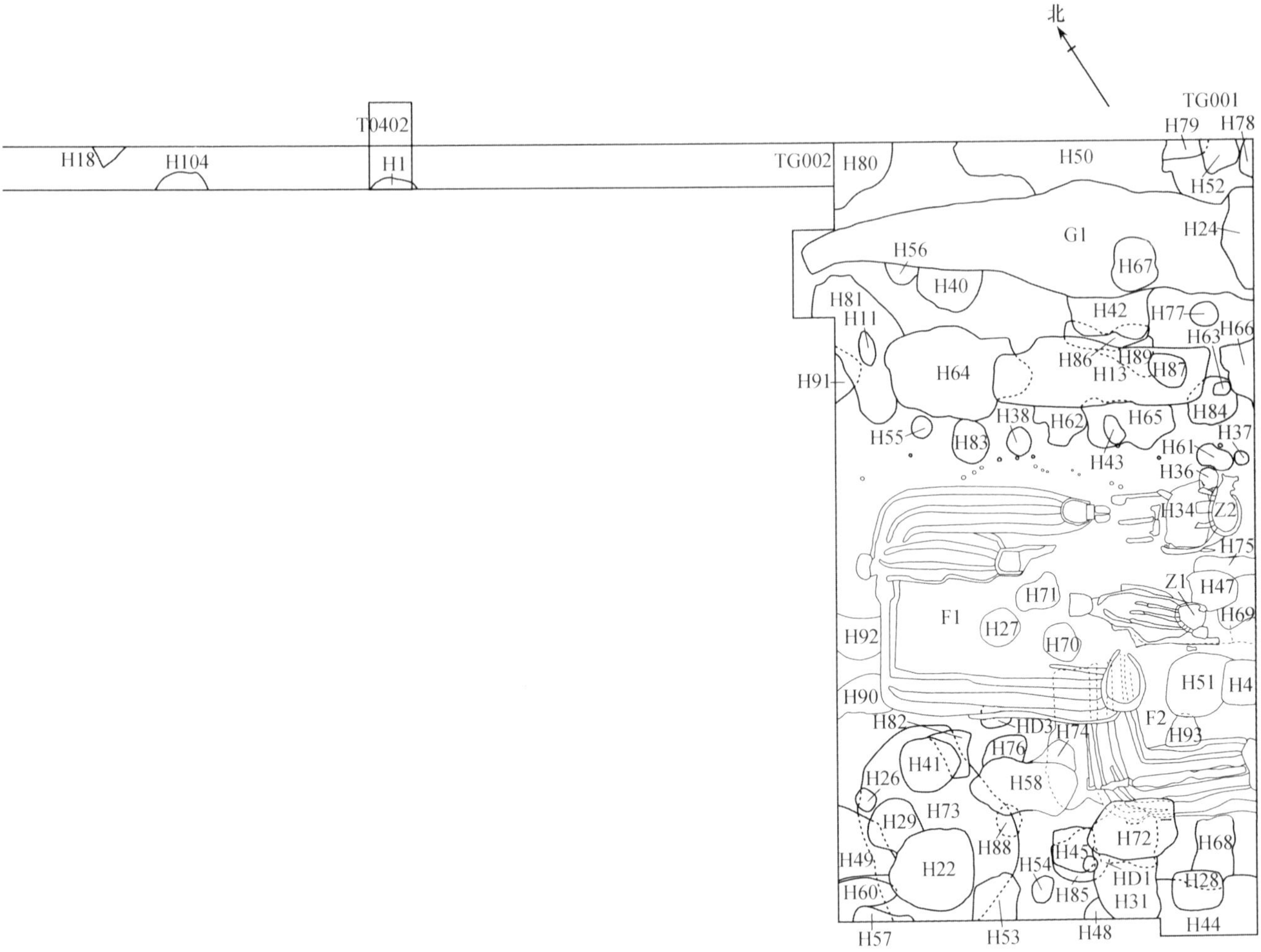
北
TG001
H79
H78
T0402
H18
H104
H1
TG002
H80
H50
H52
G1
H24
H56
H67
H40
H81
H42
H77
H11
H63
H66
H64
H86
H89
H91
H13
H87
H84
H38
H62
H65
H55
H83
H43
H37
H61
H36
H34
Z2
H75
Z1
H47
H71
F1
H27
H69
H92
H70
H51
H4
H90
F2
H82
HD3
H93
H74
H76
H41
H58
H26
H73
H29
H72
H88
H68
H45
H49
H22
H54
HD1
H28
H60
H85
H31
H44
H57
H53
H48

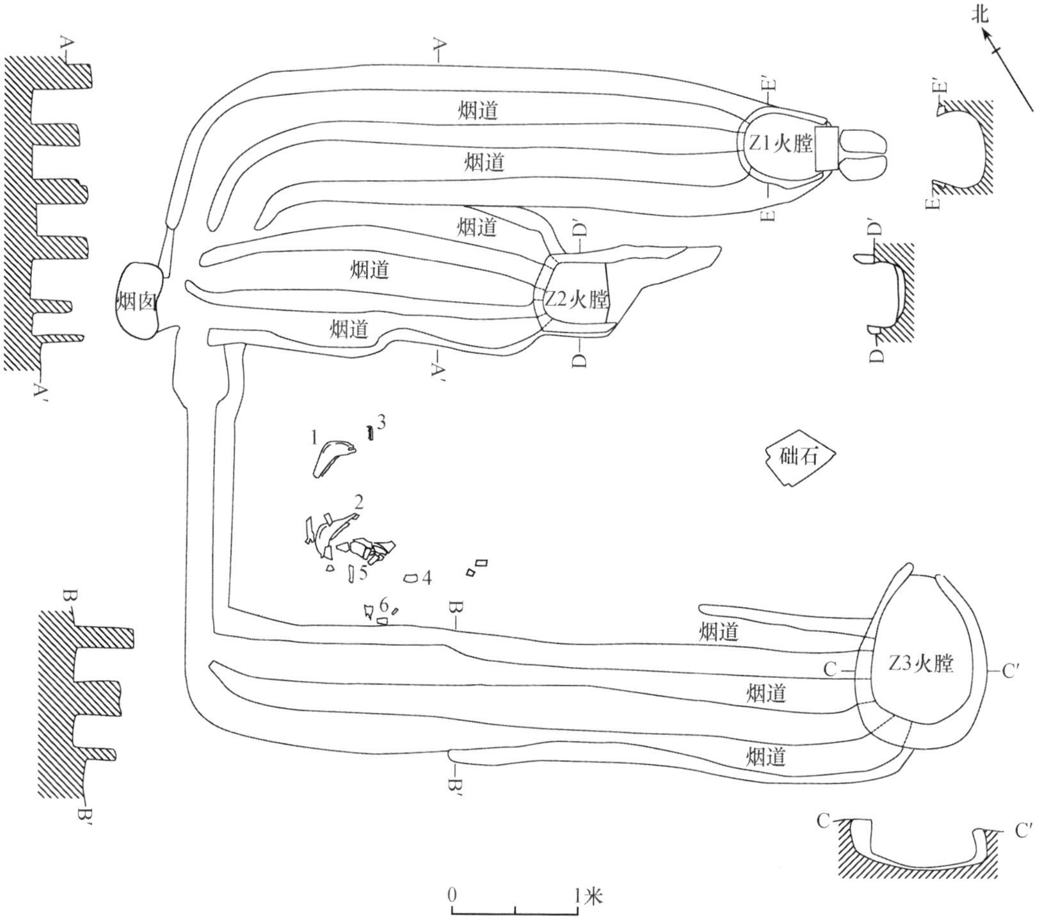

图五　F1平、剖面图
1、2. 马下颌骨　3. 狗下颌骨　4. 器底　5. 陶片　6. 陶片

东炕亦可分为东、西两部分，东侧部分较长，西侧部分较短。

东侧部分由两条烟道组成，与F1Z1相连，灶址保存较好，近椭圆形，灶坑壁为土坯砌筑，灶底由土坯铺设，灶口处横铺一块青砖，朝向东南；火膛填土为灰褐色沙质亚黏土，土质较疏松，包含有大量烧土、灰烬和少量的砖块、陶片和兽骨等。火膛长0.48、宽0.4、现存深度约0.4米；烟道由F1Z1出发，向西北延的部分长约4.2、宽约1、深0.33～0.46米，经房址东北角折而向西，延伸约0.7米后与西侧部分一起汇入烟囱。西侧部分由三条烟道组成，与F1Z2相连，灶址近椭圆形，坑壁和坑底为土坯修筑，灶口部分残，亦应朝向东南，长约0.52、宽约0.44、现存深度约0.36米，火膛填土为黑灰色沙质黏土，土质较疏松，包含大量烧土、砖块、灰、少量陶片；F1Z2直接与3条烟道相连，烟道长约2.7、宽约1、深约0.28米，向北直接汇入烟囱。东炕的东侧部分局部叠压西侧部分，显示这两部分在建筑和使用顺序上有先后之分，西侧部分应早于东侧部分。

西炕由三条烟道组成，与F1Z3相连，灶址呈椭圆形，直壁，平底，坑壁和坑底为土坯修筑，四壁烧结严重，红烧土厚5~15厘米，灶口朝向东北，长1.2、宽0.8、现存深度约0.18米。灶址直接与3条烟道相连，4道烟墙均由白色黏土修筑，宽0.1~0.3米，内侧烟道残，残长1.24米，外侧两条烟道向西延伸约5米，后折而向东，转折后部分长约2.1米，后与东炕烟道一同汇入烟囱。西炕残宽0.37~1.33、深0.35~0.46米，烟道内填土为黑灰色粗砂土，较致密，包含大量的烧土、灰烬和少量陶片。

东、西炕烟道内部的倒塌堆积中包含的青砖残块，可能为原有的炕面，两侧的烟道汇合成北炕后汇入同一个出烟口。烟囱近椭圆形，斜弧壁、圜底，灶内填充有大量烧土块和黑色灰烬，长0.52、宽0.36、深0.22米。

屋内的活动空间较为狭窄，活动面上发现有陶片、瓷片、铁片、铁块、铜钱和两块马的下颌骨等。活动面东侧，F1Z3西北部，F1Z1和F1Z3之间有1块础石，平面近梯形，最长48、最宽36、最厚约15厘米。

（2）F1出土器物

房址的废弃堆积内和居住面上均有遗物出土，我们将倒塌堆积编号为F1①，居住面编号为F1②。出土遗物有陶、瓷器残片、陶纺轮、手纹砖、铁器、铜钱、石器、兽骨、鱼骨等。

陶器　无可复原者，均为泥质灰陶。

口沿　3件。

F1①：13，卷沿圆唇。敞口12.7厘米，残高2.2厘米，厚0.7~0.8厘米（图六，14）。

F1Z1：14，敞口，卷沿圆唇，腹斜收。长13.5厘米，残高6.3厘米，厚0.6~1.1厘米（图六，4）。

F1Z1：3，敞口，卷沿圆唇，肩略凸。长10.5厘米，残高6厘米，厚0.5~0.9厘米（图六，15）。

器底　3件。

F1①：5，直径22厘米，平底，斜腹，底面有轮旋痕（图六，1）。

F1Z3：13，直径8.4厘米，底面有轮旋痕（图六，2）。

F1①：16，直径13厘米，底厚0.8~1厘米，壁厚0.7~1.5厘米（图六，5）。

纺轮　1件。

F1Z1：2，泥质黄陶，磨制。圆形，中部有孔。直径3.1厘米，孔径0.8~1厘米，厚2.1厘米（图六，8）。

瓷器　1件。

器底　F1①：11，内部有黄白色釉，胎色黄红。圈足，刻画一条短线。外壁满釉、内部有涩圈、底足削平。底径10厘米，残高4厘米，圈足高1.1厘米（图六，16）。

铁器　5件。

铁条　F1①：2，长条形，剖面椭圆形，残，下端为尖状。长8.5厘米，宽1.7厘

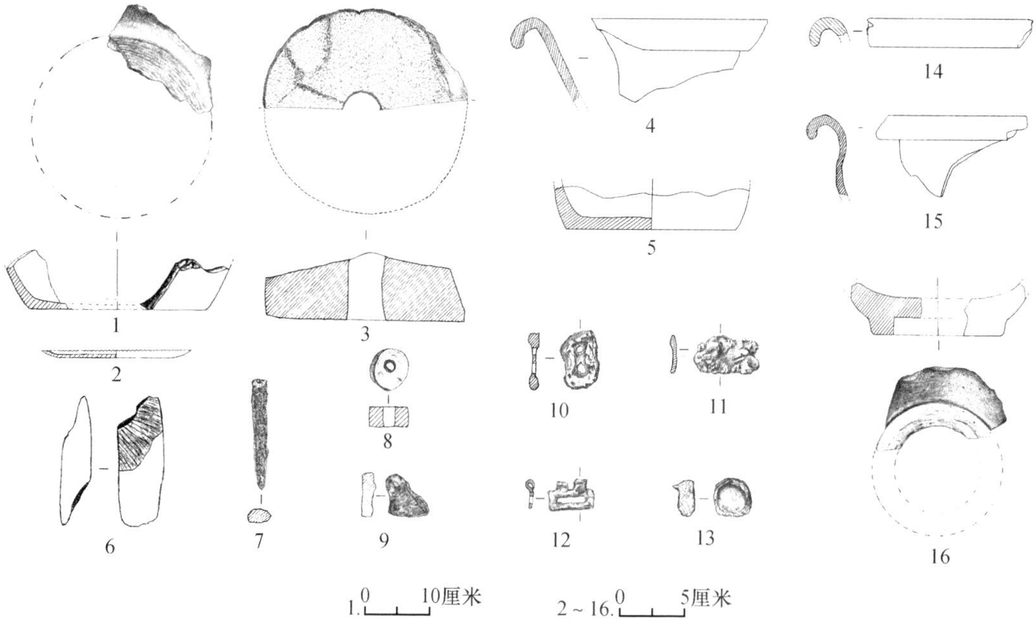

图六　F1出土遗物

1、2、5. 陶器底（F1①：5、F1Z3：13、F1①：16）　3. 磨制石器（F1Z3：16）　4、14、15. 陶器口沿（F1Z1：14、F1①：13、F1Z1：3）　6. 砺石（F1①：10）　7. 铁条（F1①：2）　8. 陶纺轮（F1Z1：2）　9、11. 铁片（F1①：14、F1Z1：5）　10. “8”字形铁器（F1Z1：17）　12. 带扣（F1Z1：3）　13. 铁器（F1Z3：2）　16. 瓷器底（F1①：11）

米，厚1.1厘米（图六，7）。

铁片　F1①：14，残，呈近三角形。长3.5厘米，宽3.2厘米，厚1厘米（图六，9）。

铁片　F1Z1：5，残，长方形。残长5.1厘米，宽3.8厘米，厚0.4厘米（图六，11）。

“8”字形铁器　F1Z1：17，长4.4厘米，宽3厘米，厚0.3～0.85厘米。锈蚀严重，可能为双环（图六，10）。

带扣　F1Z1：3，长方形扣环，长边带两个小管，无扣针。扣环长3.1厘米，通宽2.2厘米，小管直径0.6厘米（图六，12）。

铁器　F1Z3：2，残。近圆形，直径2.8～2.9厘米，高1.2厘米（图六，13）。

石器　1件。

穿孔磨制石器　F1Z3：16，灰黄色，残，圆形。直径15.5厘米，厚5厘米，中部孔径3厘米。可能为磨盘（图六，3）。

砺石　F1①：10，残，黑灰色，近长方形。长9.7厘米，宽3.4厘米，厚2.4厘米（图六，6）。

铜钱　4枚。

F1Z1：4，开元通宝；F1Z3：5，景德元宝；F1Z3：6，崇宁重宝；F1Z3：4，大观通宝（图二〇，1、10、27、28）。

2. F2及出土遗物

F2位于发掘东区东南部，是一座具有取暖设施火坑的地面式长方形建筑，起建于生土上，分别被F1、Z7、H51、H46、H93、H21、H72、H58、H74打破，房址东部位于发掘区外部分未做清理，房址的废弃堆积内含有大量土坯残块。根据灶址位置和烟道走向判断，门道应朝向东南。已清理部分东西残长约4米，南北残宽约3.7米（图七）。

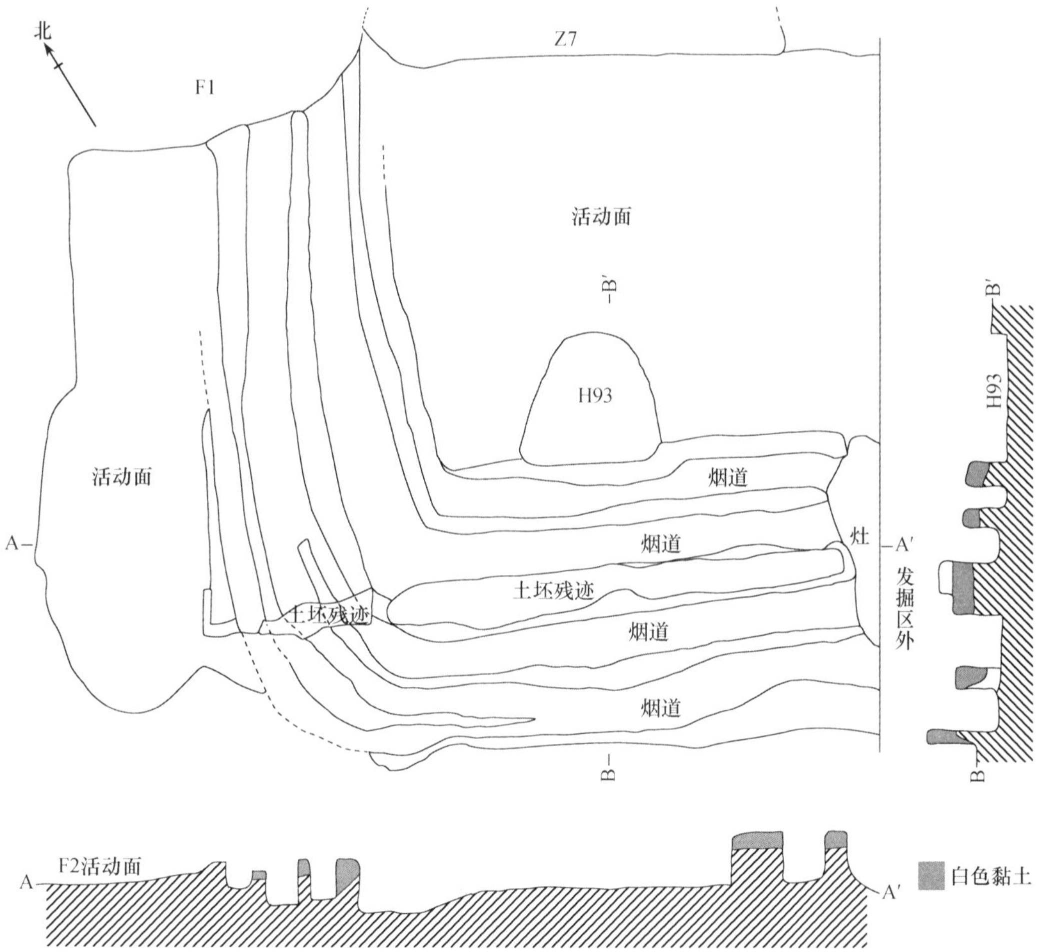

图七　F2平、剖面图

未发现墙体，仅发现残存的灶址、火炕和屋内活动面。

火坑呈折尺形，位于房址的西部和北部。由 5 条烟道构成，烟道内侧面烧结严重，南侧与灶址相连，由于灶址大部分位于发掘区外，未做清理。西侧炕体烟道由灶址出发向北延伸约3.5米，后折而向东，中部烟墙上还残存有土坯修筑炕面残迹，东折部分残长约2.1米，北侧烟道末端被F1打破，残宽1.3～1.76米，深0.24～0.28米。

在屋内和屋外西侧发现有人类活动形成的踩踏面，经长期踩踏形成平整坚硬的黑色黏土平面，厚2～3厘米。

出土少量泥质灰陶片、瓦片和动物骨骼等。

（二）灶　址

3座。编号为Z1～Z3，破坏均较为严重。

1. Z1及出土器物

Z1起建于第3层上，被F1打破。由火膛、烟道、烟囱三部分组成。通长3.2米，最宽1.5米（图八）。

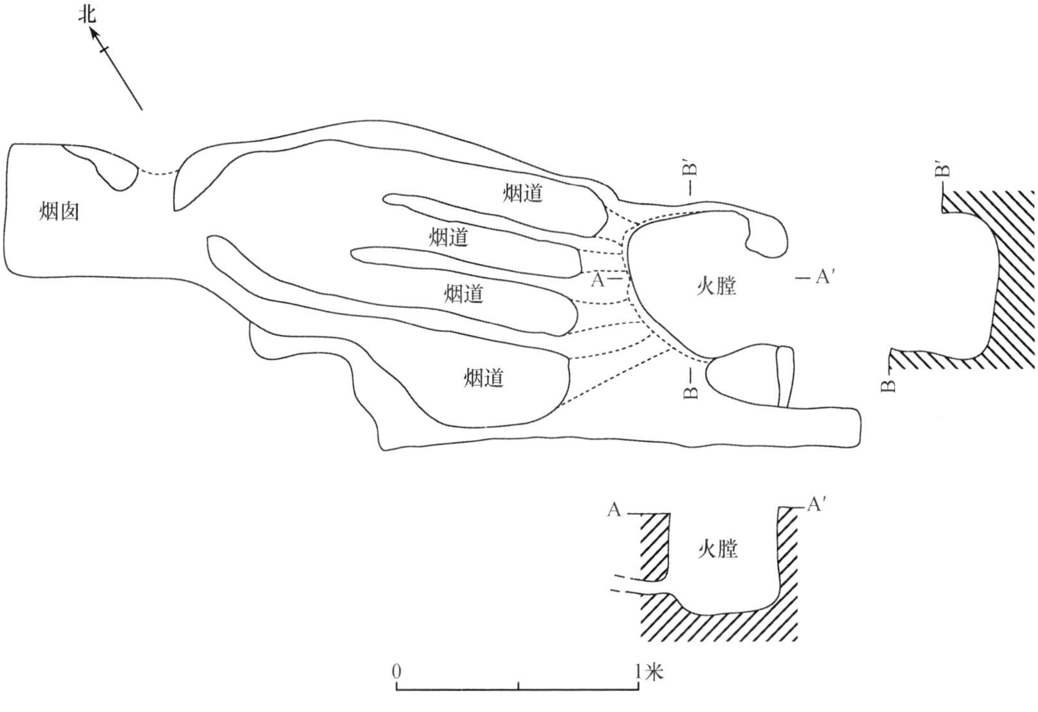

图八　Z1平、剖面图

火膛上部已经被破坏，仅存近椭圆形的坑，长0.7米，宽0.66米，深0.44米，坑壁为土坯砌筑，烧结严重，近直壁，平底。填土为黑灰色，较疏松，包含大量灰烬、红烧土，少量的木炭和泥质灰陶片。

火膛直接与烟道相连，共有4股烟道，5道烟墙均为白色黏土土坯砌筑，内部两道烟墙残，烟道通长约1.78米，宽0.13～0.37米，深约0.44米。烟道内填土为灰黑色，较疏松，包含大量烧土，少量的泥质灰陶片和动物骨骼。

4条烟道最后汇入同一出烟口——烟囱，烟囱亦被破坏，仅存一近圆角长方形的浅坑，长约0.7米，宽约0.54米，残深0.13米。其内填土为黑灰色较疏松粗砂土，包含大量烧灰。

出土有泥质灰陶片，少量瓷片和1件砺石。

器底　1件。Z1：1，平底略凹。直径34厘米，底厚0.85～1厘米，壁厚0.7～1厘米，残高3.2厘米。底面有旋转刮抹痕（图一○，5）。

砺石　1件。Z1：2，残，灰色，石料质地细密，略呈长方形，两面有磨制使用痕迹。长21.6厘米，宽10厘米，厚4.8厘米（图一○，4）。

2. Z2及出土遗物

Z2起建于第3层上，被F1和H34打破（图九）。

残存有火膛和部分烟道，灶口朝向东北。

火膛呈椭圆形，坑壁由土坯砌筑，烧结严重，近直壁，平底，上部已被破坏，现存部分长0.8米，宽0.44米，深0.1～0.14米。填土为黑灰色，较疏松，包含大量灰烬、烧土、木炭、泥质灰陶片和兽骨等。火膛内出土的陶片均为带附加堆纹陶瓮腹片（图一○，1～3）。

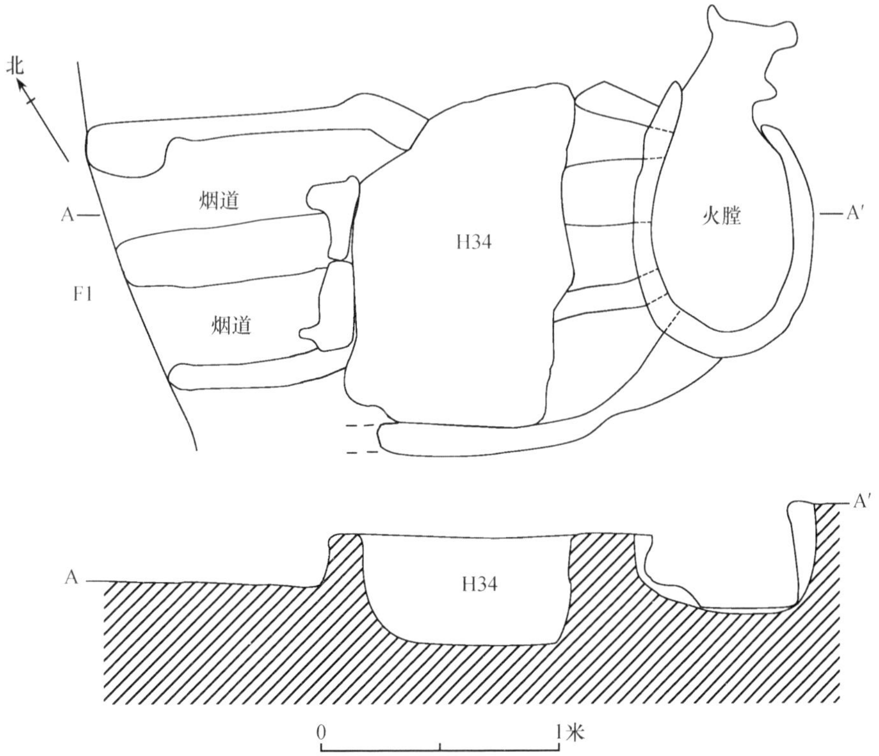

图九　Z2平、剖面图

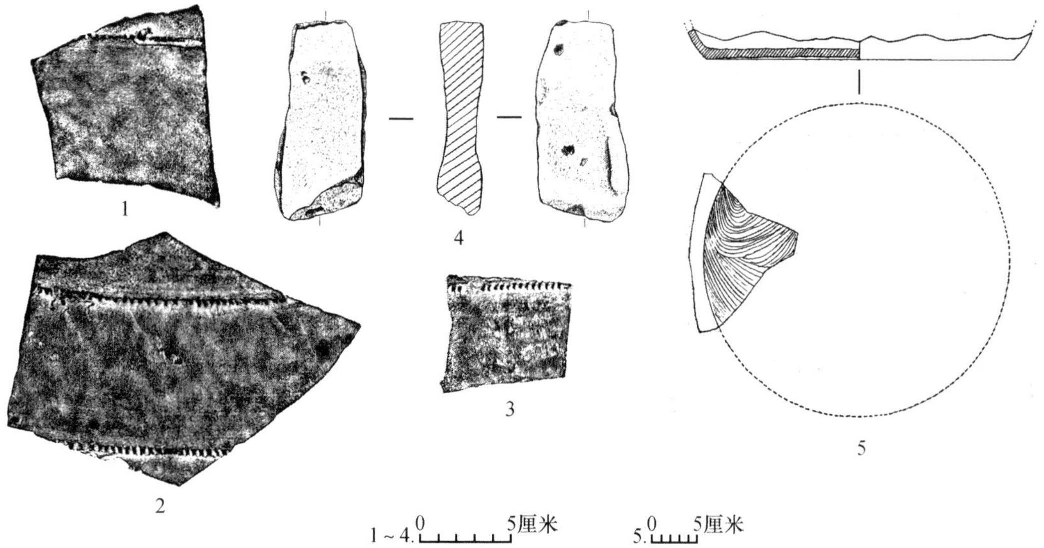

图一〇　Z1、Z2出土遗物

1～3. Z2纹饰陶片　4. 砺石（Z1：2）　5. 陶器器底（Z1：1）

火膛直接与3条烟道相连，烟道残长2.2米，宽1.4米，深0.2米。烟道内出土有6枚铜钱：开元通宝1（Z2：2）、至道元宝1（Z2：1c）、祥符元宝1（Z2：4）、元丰通宝2（Z2：1a、Z2：1b）、绍圣元宝1（Z2：3）（图二〇，2、9、11、23、24、26）。

（三）灰　沟

2条，编号为G1、G2，择G1作以介绍。

G1开口于第2层下，被H24打破。平面长条形，东西走向，斜弧壁，底部凹凸不平。其于发掘区外的部分未清理。已清理部分长11.1米，宽0.8～2.7米，深0.2～1.04米（图一一）。沟内堆积比较复杂，可划分为24层（见表一），最底层为流水淤积形成的细沙土层，推测G1废弃之前可能有排水功能，或许也有标志聚落边界的作用。

G1出土遗物主要集中于沟的中上部，包括泥质灰陶、红褐陶片，仿定窑白瓷片，铁器、铜钱、琉璃器、骨器、兽骨、蚌壳和鱼骨等。其中第13层出土较多鱼骨，第18层以铁器和骨料居多；并在这两层发现大量的红烧土块以及烧灰，部分的红烧土块有草伴泥痕迹。

陶器中容器类均为泥质灰陶，火候较高，质地坚硬，器形有瓮、盆、罐等。以素面为主，部分陶片上饰有附加堆纹和水波纹，亦有附加堆纹和水波纹组合纹饰，另有少量的弦纹（图一二，15～20）。容器类均为轮制。另发现有陶纺轮、陶球和网坠等。

瓮口沿　2件。

G1②：5，卷沿圆唇。口径45.6，残高4.6厘米（图一二，1）。

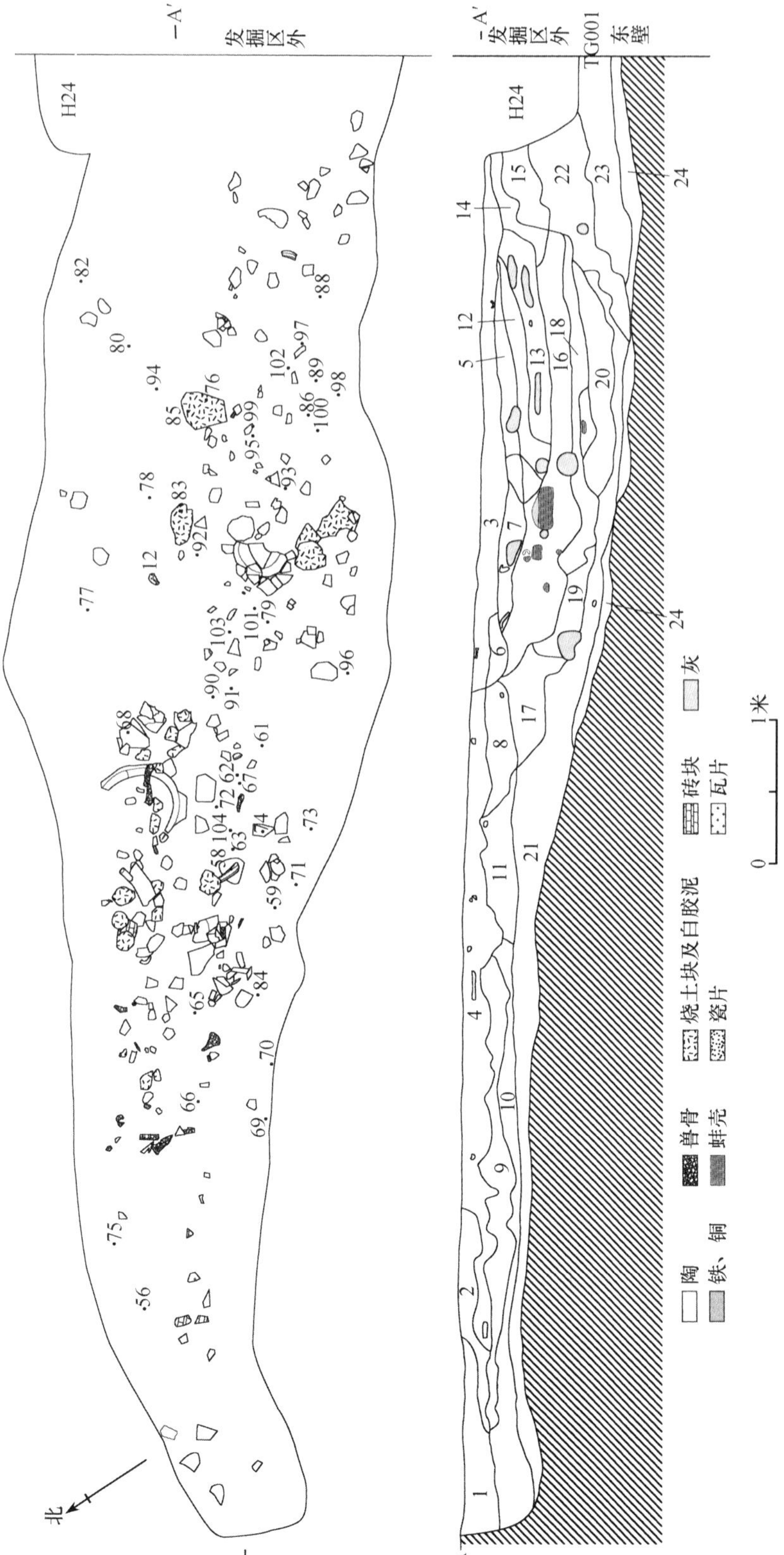

图一一 G1平、剖面图

表一　G1堆积单位描述

层位号	土质土色	包含物
1	灰黄色黏土，颜色较第2层浅	少量烧土块
2	灰黄色黏土，颜色较第1层深，部分颜色较深	少量烧土块以及少量烧灰
3	灰黄色黏土，局部为灰黑色，大部分颜色较第4层浅	较纯净，极少量的烧土块以及烧灰
4	灰黄色黏土，颜色较第2层浅，局部较深	较多的烧土块以及少量烧灰
5	灰黄色黏土，颜色较第3层浅	比较纯净，较多烧灰
6	灰黄色细沙土	较纯净，包含少量烧灰
7	灰黄色黏土，颜色较第3层浅	少量烧土块以及较多的烧灰
8	灰黄色黏土，局部颜色呈黑灰色，颜色较第4层浅	少量烧土和烧灰
9	灰黄色黏土	较多烧土块、烧灰、一些炭粒
10	灰黄色黏土	极少量烧土块和一些淤沙
11	灰黑色黏土	较多烧土块、烧灰
12	深黑色黏土	大量烧灰以及极少量烧土块
13	灰黄色黏土	大量烧灰和少量烧土
14	灰黄色黏土，颜色较纯净	少量烧灰
15	灰黄色黏土，部分地方有白色和黑色	灰白色以及黑色烧灰
16	灰黑色黏土，略显黑绿色，与第11、12层区分明显	较多烧灰及烧土块
17	灰黄色黏土，比第8层颜色浅，比较纯净	少量烧灰
18	灰黑色黏土，颜色较第13层浅	较多烧土块及烧灰
19	灰黄色黏土，颜色较第13层浅	较多烧土与烧灰
20	灰黄色黏土，颜色较第16层浅	少量烧土块以及较多烧灰
21	灰黄色黏土，颜色较第17层浅，比较纯净	烧灰以及一部分淤沙
22	灰黄色黏土，颜色比第12层深	较多烧灰，无烧土块
23	灰黄色黏土，颜色较第18层浅	少量烧灰以及部分淤沙
24	黄灰色余沙	纯净

G1④：42，卷沿圆唇，鼓腹。口径55.8厘米，残高17.5厘米（图一二，2）。

盆　1件。G1③：22，口部残，卷沿，斜直壁，凹底。口径约64.4厘米，底径34.4厘米，残高约25.2厘米（图一二，3）。

口沿　3件。

G1⑱：14，卷沿圆唇，残高2.1厘米（图一二，4）。

G1⑮：2，卷沿圆唇，残高2.2厘米（图一二，5）。

G1②：8，卷沿圆唇，残高2.5厘米（图一二，6）。

器底　7件。

G1⑳：6，平底，底径23厘米，残高2.6厘米（图一二，8）。

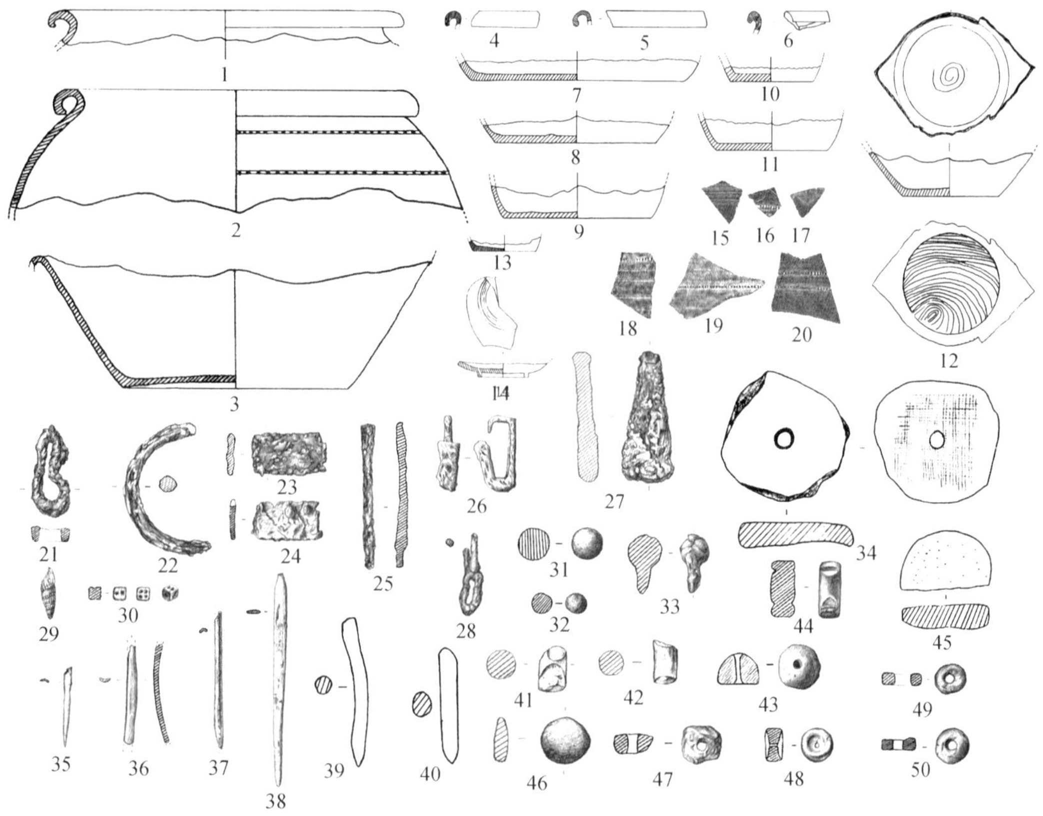

1～20. 0 5厘米　21～50. 0 10厘米

图一二　G1出土遗物

1、2. 陶瓮口沿（G1②：5、G1④：42）　3. 陶盆（G1③：22）　4～6. 陶器口沿（G1⑱：14、G1⑮：2、G1②：8）　7～13. 陶器底（G1③：18、G1⑳：6、G1⑯：7、G1④：52、G1④：47、G1④：43、G1⑱：17）　14. 瓷器器底（G1⑱：7）　15～20. 带纹饰陶片（G1①：5a、G1①：5b、G1①：5c、G1④：38、G1④：31、G1④：32）　21、22. 铁环（G1①：2、G1③：31）　23、24. 铁甲片（G1⑧：3、G1④：45）　25. 铁镞（G1⑬：11）　26. 铁钉（G1⑯：1）　27. 铁凿（G1⑯：3）　28. 铁器（G1⑱：5）　29. 蚌器（G1①：3）　30. 骨骰子（G1③：7）　31、32. 陶球（G1③：3、G1④：8）　33. 陶制品（G1④：28）　34、43、47～50. 陶纺轮（G1④：23、G1④：2、G1①：10、G1④：4、G1④：11、G1⑧：2）　35～38. 骨簪（G1⑯：8、G1⑯：9、G1⑱：1、G1⑬：1）　39～42. 琉璃器（G1⑬：13、G1⑯：4、G1④：13、G1④：14）　44. 陶网坠（G1④：41）　45. 陶饼（G1⑬：14）　46. 石棋子（G1④：12）

G1⑯：7，平底，底径20.8厘米，残高4.2厘米（图一二，9）。

G1④：52，平底，底径16厘米，残高4.4厘米（图一二，10）。

G1④：47，平底，底径12厘米，残高1.8厘米（图一二，11）。

G1④：43，平底，底径14.4厘米，残高6厘米（图一二，12）。

G1③：18，平底，底径30.4厘米，残高2.5厘米（图一二，7）。

G1⑱：17，平底，底径18厘米，残高1.5厘米（图一二，13）。

陶饼　1件。G1⑬：14，夹粗砂红陶，残，呈圆形，剖面圆角长方形。直径6.4厘米，厚1.5厘米（图一二，45）。

制品　1件。G1④：28，黄褐陶，手制，上端呈球状，下端呈柱状。通高4厘米（图一二，33）。

网坠　1件。G1④：41，泥质灰陶，整体呈圆柱形，两端有凹槽。长3.8厘米，截面直径约1.6厘米（图一二，44）。

陶球　2件。

G1③：3，夹细沙黄褐陶。直径为2.2厘米（图一二，31）。

G1④：8，夹细沙黄褐陶。直径1.5厘米（图一二，32）。

纺轮　6件。制作均较粗糙。

G1④：23，布纹瓦加工而成，平面近圆形，中部穿孔。直径约9厘米，厚1.8厘米，孔径1厘米（图一二，34）。

G1①：10，黄灰陶，制作粗糙，形状呈不甚规整的圆角方形，剖面略呈椭圆形。边长约2.8厘米，厚1.25厘米，孔径0.8厘米（图一二，47）。

G1④：2，黄红陶，圆形，剖面呈半圆形。直径3厘米，高2厘米，孔径0.35～0.8厘米（图一二，43）。

G1④：4，黑灰陶，近圆形，剖面圆角长方形。直径2.8厘米，厚0.8厘米，孔径1.1厘米（图一二，49）。

G1④：11，灰褐色陶，圆形，中内凹，有火烧痕迹。直径2.4厘米，厚1.1厘米，孔径0.2厘米（图一二，48）。

G1⑧：2，黄灰陶，圆形。直径2.4厘米，厚0.7～0.8厘米，孔径0.7厘米（图一二，50）。

瓷器底　G1⑱：7，瓷胎发黄褐色，内底有涩圈，外壁满釉，圈足不施釉。底径6厘米（图一二，14）。

铁器　8件。

铁环　2件。

G1①：2，锈蚀严重，挤压变形。厚0.8～1.2厘米，宽3.2厘米（图一二，21）。

G1③：31，残，仅存一半。直径约9厘米，铁条截面直径1.2～1.5厘米（图一二，22）。

铁甲片　2件。锈蚀严重，均残，原应为长方形。

G1⑧：3，尚存2个圆孔。残长5.3厘米，宽4.8厘米，厚0.5厘米（图一二，23）。

G1④：45，尚存2个圆孔。残长5.1厘米，宽2.8厘米，厚0.3～0.4厘米（图一二，24）。

铁镞　1件。G1⑬：11，锈红色，镞身前端扁宽，平直刃，铤部残。残长10厘米（图一二，25）。

铁钉　1件。G1⑯：1，锈蚀严重，弯曲，钉身顶部扁宽，呈四棱锥状，尖部稍残。残长5.3厘米（图一二，26）。

铁凿　1件。G1⑯：3，锈红色，上窄下宽。长9厘米，宽1.5～3.5厘米，厚1.15～1.5厘米（图一二，27）。

铁器　1件。G1⑱：5，锈红色，残，铁条弯折而成。通常5.7厘米，条直径0.5厘米（图一二，28）。

蚌器　1件。

穿孔螺饰　G1①：3，为纵肋织纹螺（*Nassarius variciferus*）。通长3.6厘米，孔径0.2厘米（图一二，29）。

骨器　5件。

骰子　1件。G1③：7，六面分别刻有1～6个小圆凹坑。边长0.9厘米（图一二，30）。

簪　4件。形制大体相同，由骨片磨制而成，通体细长，尖部稍窄。

G1⑯：8，剖面呈半月形。残长5.55厘米，宽约0.6厘米，厚0.2厘米（图一二，35）。

G1⑯：9，剖面呈半月形，整体弯形。残长6.8厘米，宽0.7厘米，厚0.2厘米（图一二，36）。

G1⑱：1，剖面呈半月形，残长9.5厘米，宽0.5厘米，厚0.17厘米（图一二，37）。

G1⑬：1，剖面略呈椭圆形，顶端残。残长14.8厘米，宽1厘米，厚0.3厘米（图一二，38）。

琉璃器　5件。

G1⑬：13，白色，不透明，锥状，上段残，下端尖。残长5.1厘米，截面直径0.5～0.6厘米（图一二，39）。

G1⑯：4，透明黄白色，锥状，上段残，下端尖。残长4厘米，截面直径0.6～0.7厘米（图一二，40）。

G1④：13，残条形，白色。残长1.6厘米，直径1厘米（图一二，41）。

G1④：14，残条形，白色，残长1.55厘米，直径0.9厘米（图一二，42）。

石器　1件。

棋子　G1④：12，深绿色坚硬石料，圆形，扁平。直径1.5厘米，厚0.2～0.3厘米（图一二，46）。

铜钱　G1③：9，天圣元宝（图二〇，13）。

（四）灰　　坑

93个。

1. H13及其出土遗物

H13开口于第2层下。近圆角长方形，斜直壁，底部凹凸不平。长4.95米，宽1.28～1.64米，深0.3～0.48米（图一三）。填土为黑色，较致密，包含灰色黏土和烧土块。出土遗物有泥质灰陶片、白瓷片、陶纺轮、陶球、黑釉多孔器、铜钱、铁器、骨器、兽骨和蚌壳等。

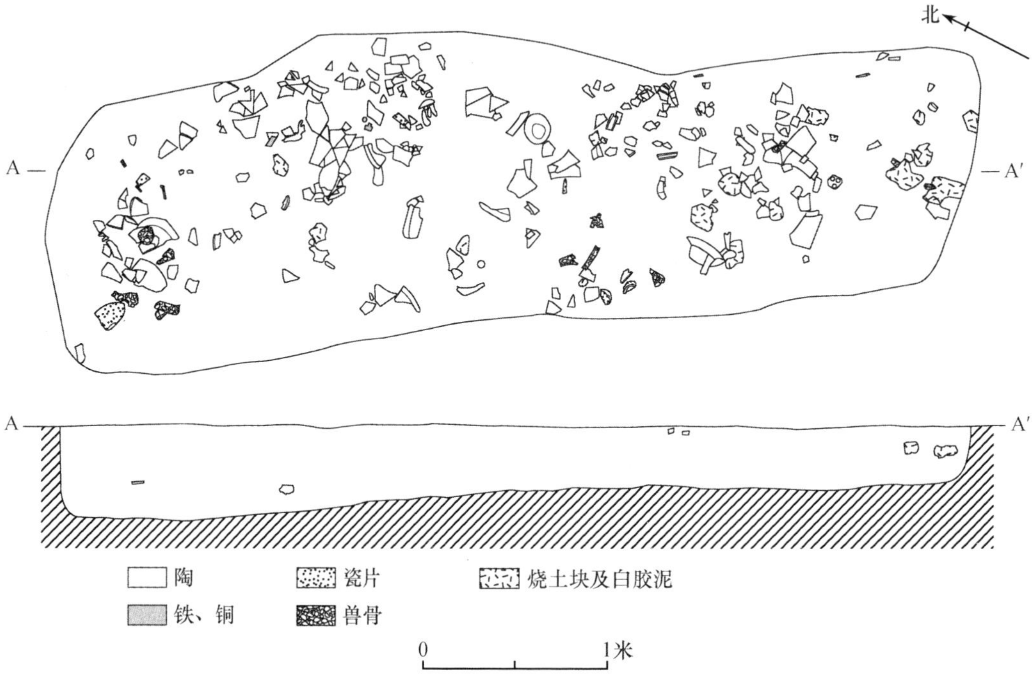

图一三　H13平、剖面图

H13出土遗物有陶器、瓷器、骨器和铜钱。

陶器以泥质灰陶为主，容器类器形有罐、盆、钵、壶等，多为素面，部分肩上有附加堆纹，均为轮制。另有纺轮和釉陶多孔器。

罐口沿　H13：8，卷沿圆唇，鼓腹，素面。口径20厘米，残高6.8厘米（图一四，4）。

盆口沿　4件。

H13：13，敞口，卷沿圆唇，斜弧腹，素面，器表磨光，内有轮制痕迹。口径56厘米，残高20.8厘米（图一四，9）。

H13：60，敞口，卷沿圆唇，斜直腹，素面。口径58.4厘米，残高13厘米（图一四，6）。

H13：12，敞口，卷沿圆唇，斜弧腹，素面。口径54厘米，残高15.4厘米（图一四，11）。

H13：35，敞口，卷沿圆唇，弧腹，素面。口径54厘米，残高16厘米（图一四，3）。

盆底　H13：56，斜直腹，平底，内有轮制痕迹，器表磨光有4条弦纹。残高17.5厘米，底径34厘米（图一四，7）。

钵　H13：6，火候不高，较脆，泥质灰黄陶，鼓腹，平底。残高8.5厘米，底径9厘米，底厚0.6～0.8厘米，壁厚0.5厘米（图一四，10）。

器底　5件。

H13：50，平底，底部可见轮制痕迹。底径30厘米，残高7厘米（图一四，18）。

H13：49，平底。底径40厘米，残高9.8厘米（图一四，12）。

H13：47，平底，底部可见轮制痕迹。底径40厘米，残高11.36厘米（图一四，13）。

H13：51，凹底，底部可见轮制痕迹，器底和器身可见有锯孔。底径34厘米，残高18厘米（图一四，16）。

H13：48，平底，底部可见轮制痕迹。底径37厘米，残高2.2厘米（图一四，8）。

纺轮　H13：17，残，泥质灰陶，火候不高，胎色发红，圆形，剖面圆角长方形。直径4厘米，厚0.7厘米，孔径0.4～0.6厘米（图一四，20）。

多孔器　H13：4，残，胎呈白黄色，大部分施黑釉，部分未施釉。器形近正方体，六面均有圆形穿孔。边长7.6厘米，孔径1.8～2.2厘米。未施釉部分刻有一个“十”字形符号（图一四，19）。

白瓷碗　H13：11，残，黄白色瓷胎，敞口圆唇，弧腹，圈足。外壁施釉不及底，可见有化妆土线，内底有涩圈。口径24厘米，底径8厘米，高8厘米，足高1厘米（图一四，1）。

瓷钵口沿　2件。

H13：57，瓷胎比较粗发红色，釉色灰白，敛口圆唇，弧腹。外壁半釉，有化妆土线，线下有深绿色釉滴。内壁满釉。口径23厘米，残高5.86厘米（图一四，2）。

H13：59，瓷胎灰黄色，釉色黄白，敛口圆唇，弧腹。外壁半釉，有化妆土线。内壁满釉。口径23厘米，残高10.5厘米（图一四，5）。

瓷器底　2件。

H13：14，瓷胎黄白色，圈足，内底有涩圈。外壁满釉，底足削平。底径8.4厘米（图一四，14）。

H13：19，圈足，内底有涩圈。外壁满釉，底足削平，有化妆土线，内壁满釉。底

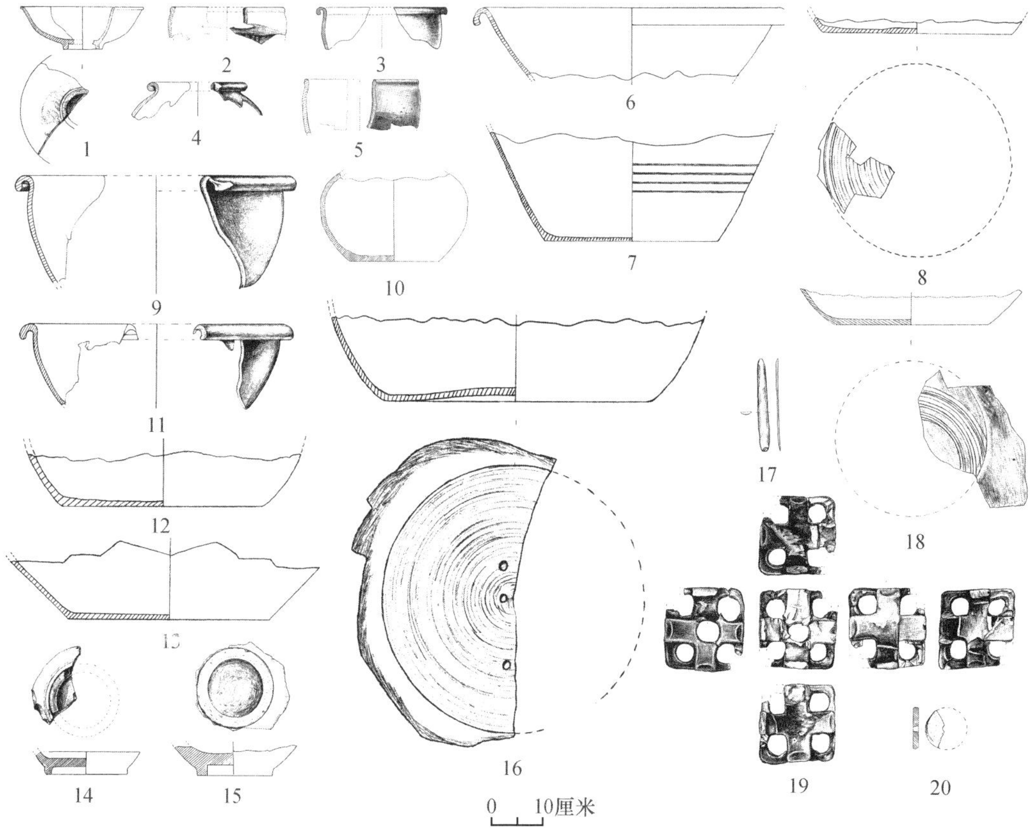

图一四　H13出土遗物

1. 白瓷碗（H13：11）　2、5. 瓷钵口沿（H13：57、H13：59）　3、6、9、11. 陶盆口沿（H13：35、H13：60、H13：13、H13：12）　4. 陶罐口沿（H13：8）　7. 陶盆底（H13：56）　8、12、13、16、18. 陶器底（H13：48、H13：49、H13：47、H13：51、H13：50）　10. 陶钵（H13：6）　14、15. 瓷器器底（H13：14、H13：19）　17. 骨簪（H13：5）　19. 多孔器（H13：4）　20. 陶纺轮（H13：17）

径7.6厘米（图一四，15）。

骨簪　H13：5，由骨片磨制而成，一面平整，一面弧圆。残长8厘米，宽约1厘米，厚0.2厘米（图一四，17）。

铜钱　H13①：14，治平元宝（图二〇，19）。

2. H21及出土遗物

H21开口于第2层下。不规则形，斜直壁，坡状底。长2.1厘米，宽1.36厘米，深0.28米。填土分2层，第1层为黑色较疏松粉沙土，内含大量烧土和少量木炭，厚6～12厘米；第2层为灰色较致密黏砂土，厚约16厘米，内含兽骨、烧土和砖块等。遗物均出在第1层，有泥质灰陶、黄红陶片，黑釉、白釉瓷片，以及砖块、多孔器、石器、铁甲片、铁环、铁钉、铜钱等（图一五）。

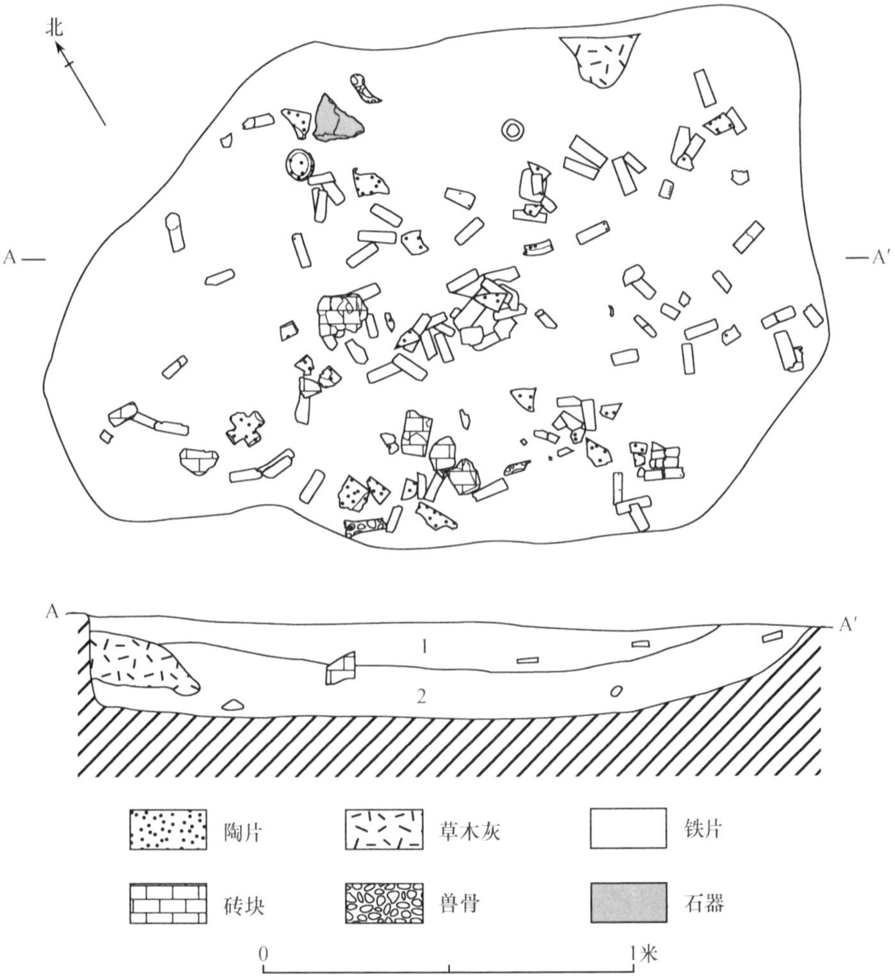

图一五 H21平、剖面图

H21出土遗物有陶器、瓷器、铁器、铜钱。

陶器均为泥质灰陶。

口沿 H21①：7，平折沿方唇，斜直壁。残高4.9厘米（图一六，6）。

罐口沿 H21①：10，卷沿，斜肩。残高5.1厘米（图一六，7）。

多孔器 H21①：5，残，泥质灰陶。近正方体，六面均有圆形穿孔。边长9.8～11厘米，孔径约2.1厘米（图一六，2）。

瓷器底 H21①：12，釉色黄白，圈足。外壁满釉，底足削平。底径7.6厘米，残高1.8厘米（图一六，3）。

铁甲片 共110余件，应属一副铠甲的部分，整体编号为H21①：14。锈蚀较为严重，部分甲片粘有植物纤维痕迹。平面均呈圆角长方形。长9厘米，宽3厘米，厚0.4厘米，孔的数量有别，孔径0.2～0.4厘米（图一六，1）。

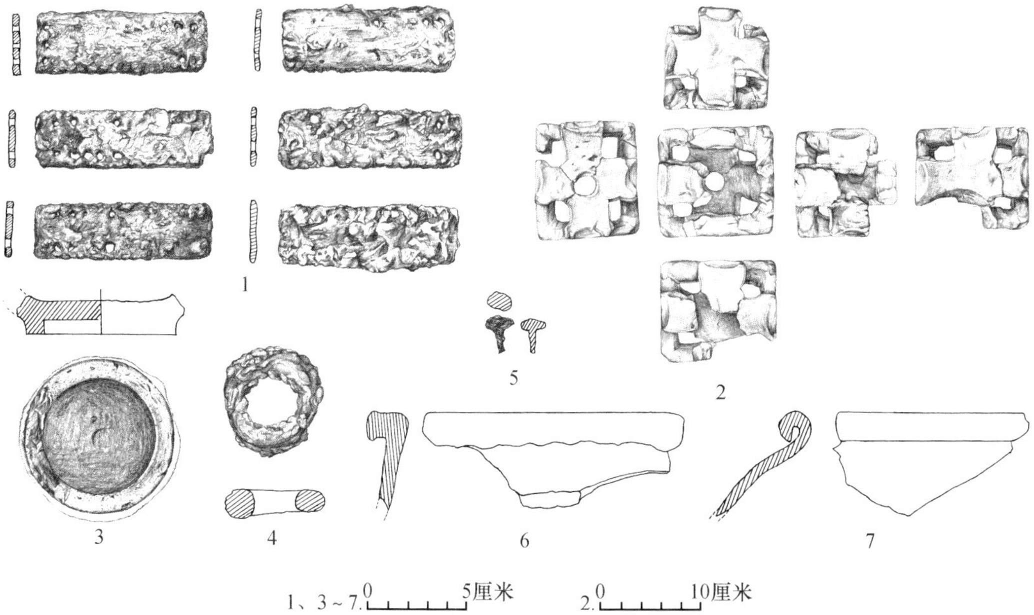

图一六　H21出土器物

1. 铁甲片（H21①：14）　2. 多孔器（H21①：5）　3. 瓷器器底（H21①：12）　4. 铁环（H21①：6）
5. 铁钉（H21①：2）　6、7. 陶器口沿（H21①：7、H21①：10）

铁环　H21①：6，圆形，截面呈圆形。环直径5厘米，截面直径1.2～1.4厘米（图一六，4）。

铁钉　H21①：2，锈红色，圆形钉帽，钉身残。顶帽直径1.3厘米，残高1.7厘米。（图一六，5）

铜钱　H21①：3，康定元宝（图二〇，18）。

3. H31及其出土遗物

H31开口于第2层下，被H21打破。现存部分近长方形，近直壁，平底，长1.4厘米，宽1.31厘米，深0.55米。填土分四层，均有遗物出土，第1层为灰褐色较疏松亚黏土，包含烧土、兽骨、砖块等，厚约0.16米；第2层为灰黑色黏土，内含少量烧土块，厚0.04～0.1米；第3层为灰黄色疏松亚黏土，内含烧土块、砖块，厚约0.1米。第4层为灰褐色较致密黏土，包含烧土块、石块、砖块等，厚约0.19米（图一七）。

H31出土遗物有陶器和铁器。

陶器均为泥质灰陶。

陶甑　H31④：1，泥质灰陶，敞口，卷沿圆唇，口沿磨光，斜弧腹，平底，底部有5个圆孔。口径53厘米，底径33厘米，高23厘米，底部中心圆孔孔径4.3厘米，外围4个圆孔孔径5.5厘米（图一八，1）。

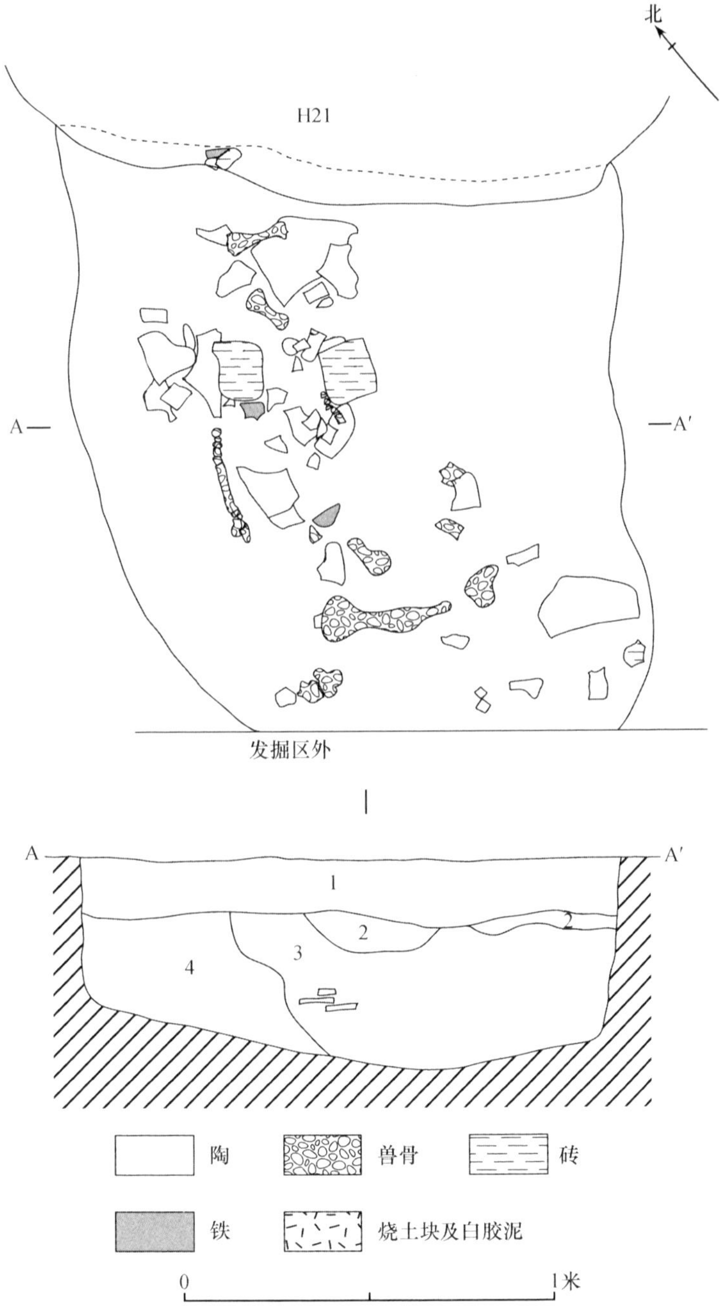

图一七　H31平、剖面图

口沿　H31①：2，泥质灰陶，卷沿圆唇，斜直腹。残高5.4厘米（图一八，5）。

器底　H31④：3，凹底，底部可见有轮制痕迹。底径36厘米（图一八，2）。

铁甲片　H31③：4，残，长方形，尚可见2个圆孔。残长7厘米，宽2.8厘米，厚0.3厘米，孔径0.3厘米（图一八，6）。

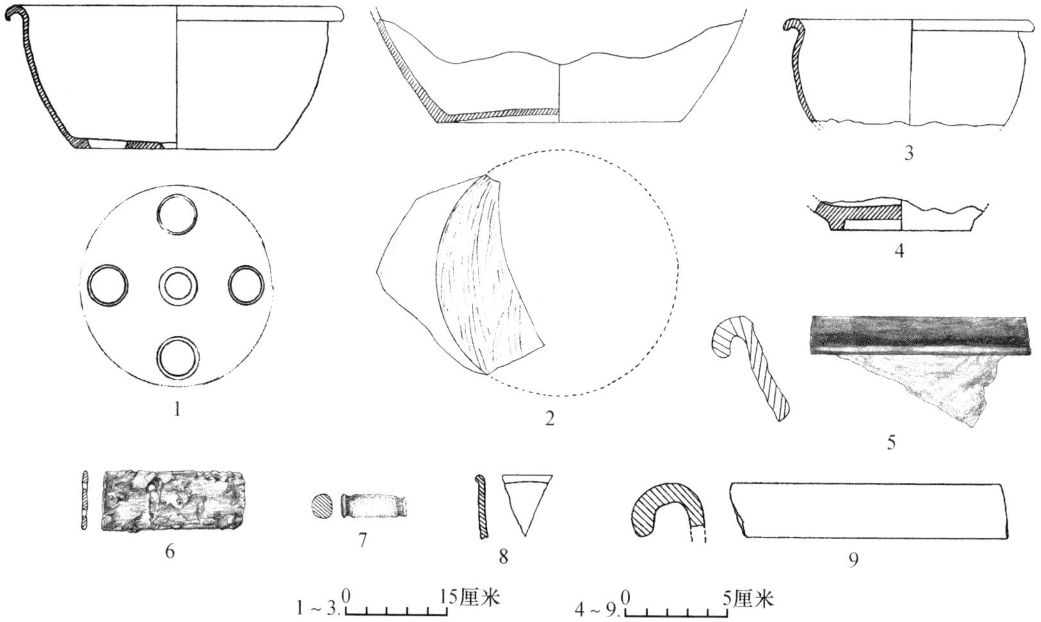

图一八　H31、H42出土器物

1. 陶甑（H31④：1）　2. 陶器底（H31④：3）　3. 陶盆（H42①：4）　4. 瓷器器底（H42②：6）　5、9. 陶器口沿（H31①：2、H42③：1）　6. 铁甲片（H31③：4）　7. 陶网坠（H42①：1）　8. 瓷器口沿（H42④：2）

4. H42及出土遗物

H42开口于第2层下，被G1打破。不规则形，斜直壁，近平底，东西1.88米，南北0.78～1米，深0.86米。填土分为四层，均含烧土块和草木灰，第1层为黄灰色较疏松细砂土，厚约0.15～0.45米；第2层为黑褐色较疏松粗砂土，厚约0.2～0.46米；第3层为黄灰色较疏松细砂土，厚约0.16米；第4层为浅褐色致密细砂土，厚约0.25米。四层均有遗物出土，有泥质灰陶片、陶盆、网坠、碎砖块，白瓷片、骨管、骨料、铁器、兽骨、蚌壳和鱼骨等（图一九）。

H42出土遗物有陶器和瓷器。

陶盆　H42①：4，泥质灰陶，底部残，卷沿圆唇，弧腹，器表磨光。口径32厘米，残高13.7厘米（图一八，3）。

陶器口沿　H42①：5，卷沿圆唇。残高2.7厘米（图一八，9）。

陶网坠　H42①：1，黄褐陶，圆柱形，两端磨出凹槽。长3.4厘米，截面直径约1厘米（图一八，7）。

瓷器器底　H42②：6，灰色瓷胎较粗糙，外壁釉色泛灰，内壁及底白釉，圈足，内有支钉痕，底足削平。底径7厘米，足高0.6厘米，底厚0.6～0.7厘米（图一八，4）。

瓷器口沿　H42④：2，灰色瓷胎，白釉，直口圆唇。残高3厘米（图一八，8）。

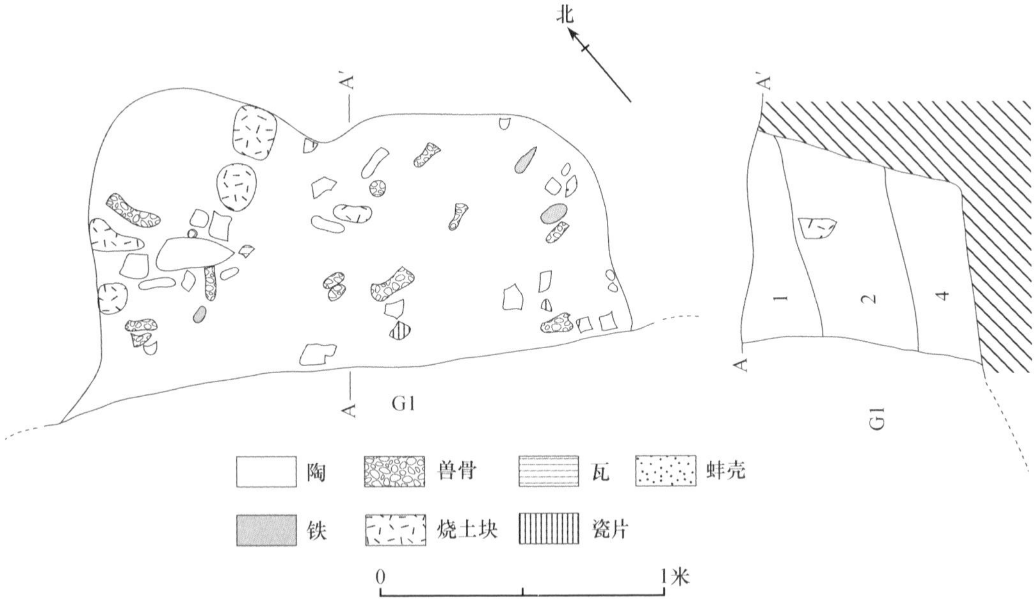

图一九　H42平、剖面图

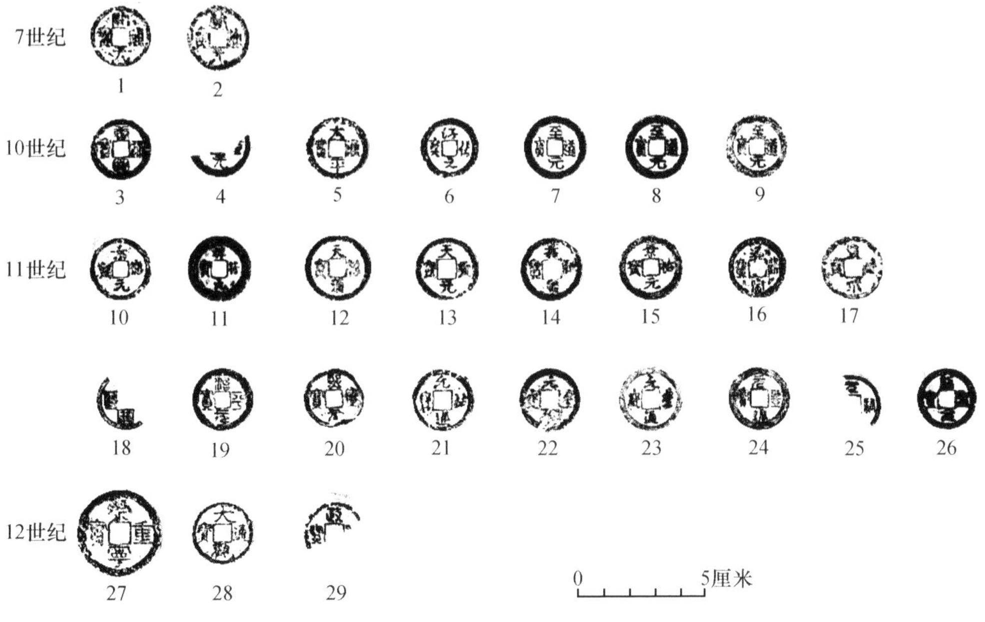

图二〇　遗址出土铜钱拓片

1、2. 开元通宝（F1Z1：4、Z2：2）　3. 唐国通宝（TG001T0601①：46）　4. 宋元通宝（TG001T0601①：25）　5. 太平通宝（TG001①：18）　6. 淳化元宝（TG001T0601②：6a）　7～9. 至道元宝（H22①：2、TG001T0601③：1a、Z2：1c）　10. 景德元宝（F1Z3：5）　11. 祥符元宝（Z2：4）　12. 天禧通宝（TG001T0601①：36）　13. 天圣元宝（G1③：9）　14～15. 景祐元宝（TG001T0601①：37、H73①：1）　16、17. 皇宋通宝（TG001T0601①：45、H60①：1）　18. 康定元宝（H21①：3）　19. 治平元宝（H13①：14）　20. 熙宁重宝（TG001T0601③：1b）　21～24. 元丰通宝（TG001T0601②：6b、TG001①：19、Z2：1a、Z2：1b）　25. 元祐通宝（TG001T0601②：2）　26. 绍圣元宝（Z2：3）　27. 崇宁重宝（F1Z3：6）　28. 大观通宝（F1Z3：4）　29. 政和通宝（H73①：7）

三、结　　语

尹家窝堡遗址各单位出土遗物形制、风格等有很强的一致性，因此统属于同一时期。

房址结构与以往在吉林省境内清理的金代房址基本相同，如德惠市李春江遗址[3]、敦化市永胜金代遗址[4]。其中尹家窝堡遗址F1与德惠市揽头窝堡遗址F6[5]结构最为相近，然而规模上较其小许多（揽头窝堡F6面积约175平方米，尹家窝堡F1面积约36平方米），这种现象应该是房址功能差异的反映。本年度发现的两座房址距离2014年发掘的5座淋卤坑距离仅80米，F1在36平方米范围内架设有3个灶，或许曾在此发生过煮盐之类的活动。另外F1南侧灰坑中有大量烧坏的铁器、铁块，地表调查时我们也发现过类似的器物，此种现象与四川煮盐厂情况类似[6]，地表调查时易与冶铁迹象混淆；另外，欧洲高卢时代煮盐遗址也大量出土陶土、草拌泥和烧坏的铁器等[7]，这是因为在盐和卤水的作用下，器物烧融温度降低，这也是煮盐活动遗留的一种现象。

陶片以泥质灰陶为主，与白城金家金代遗址[8]、德惠后城子古城[9]、德惠李春江遗址[10]、扶余西车家店遗址[11]所出土陶器相近。多孔器在金代遗址中亦比较常见，以往研究中有人认为其可能为制作绳索的生产工具[12]。瓷器均为化妆白瓷，窑口可能为辽阳江官屯。

值得注意的是，H21集中出土有110余件铁甲片，此种情况并不多见。甲片形制与黑龙江双城车家城子金代城址墓葬[13]、内蒙古霍林河矿区金代界壕边堡[14]、金家金代遗址[15]、吉林德惠李春江遗址[16]出土者基本相同。其他铁制工具在金代遗址中较为常见[17]。根据铁器和骨料的大量出土，可以推知手工业生产在该聚落中占有一定比重。

遗址中出土铜钱多为北宋钱，不见辽、金本国货币，该现象在东北地区金代遗址比较普遍[18]。东区不足200平方米的范围内发现35枚铜钱。通过出土钱文的观察（图二〇），结合层位关系进行分析，对于相对年代的认定有重要参考价值。第2层下开口的遗迹年代均不早于11世纪上半叶，部分遗迹的年代上限可到12世纪初，由第3层和第3层下遗迹的出土遗物来看，与第2层和第2层下遗迹出土遗物基本一致，可知年代相去不远，时代应主要集中在金代早、中期。

尹家窝堡遗址2015年东、西发掘区遗存的密度差异，或可以说明本年度的发掘位置恰好位于该聚落的西缘。2015年发掘区东区第2层下遗迹、遗物数量较多，比一般遗址更为密集、复杂，器物组合更像塔虎城[19]，应该是一个活动密度较高的小型聚落区域，而第3层下遗迹、遗物较少，二者年代又相去不远，或许可以反映出此一阶段聚落的迅速发展，而这种现象或许与盐业生产的刺激有关。

此外，我们对所有遗迹和堆积单位进行系统采样并浮选，样本鉴定分析目前未完成。同时对动物骨骼做了初步鉴定，家养动物为主，有黄牛、猪、马、绵羊、山羊、狗，野生动物有狍子、野兔、环颈雉、鼠，水生动物有中华圆田螺、背角无齿蚌、圆顶珠蚌等，除了蓄养家畜外，狩猎、采集活动也对经济生活进行一定的补充。

附记：项目领队为吉林大学王立新教授，执行领队为吉林大学边疆考古研究中心、法国国立科学研究院（CNRS）东亚文明研究所（CRCAO）Pauline Sebillaud（史宝琳）。参加发掘的人员有吉林大学李晓健、王建峰、李鹏辉、孙立斌、卢瑞宇、刘楠、祁冰、杨亚鹏、乾安博物馆孙殿彪。参加整理的有东北师范大学历史文化学院张礼艳、吉林大学梁琦瑶、王慧、杨琳、李宜峰、李钊、康禹潇、刘睿喆、王琳、李含笑、张婕妤、岳方海。吉林大学边疆考古研究中心彭善国教授对部分瓷器进行鉴定。在此一并致谢。

绘图：王新胜　王立娟　周晓华　李鹏辉
王　琳　贾婉婷　岳方海
修复：Pauline Sebillaud（史宝琳）
照相：Pauline Sebillaud（史宝琳）
王立娟　王慧　李宜峰
拓片：李含笑　张婕妤
动物遗存鉴定：梁琦瑶
执笔：Pauline Sebillaud（史宝琳）　张礼艳　刘晓溪

注　释

［1］刘晓溪，Pauline Sebillaud（史宝琳），王立新．吉林省大安市2012～2013年区域性系统调查简报［A］．边疆考古研究（第19辑）［C］．北京：科学出版社，2016.

［2］吉林大学边疆考古研究中心，吉林省文物考古研究所．吉林省大安市尹家窝堡遗址发掘简报（待刊）．

［3］吉林省文物考古研究所，德惠市文物管理所．吉林省德惠市李春江遗址发掘简报［J］．北方文物，2009（3）：47–61.

［4］吉林大学边疆考古研究中心，吉林省文物考古研究所．吉林敦化市永胜金代遗址一号建筑基址［J］．考古，2007（2）：39–47.

［5］吉林省揽头窝堡遗址考古队．吉林德惠市揽头窝堡遗址六号房址的发掘［J］．考古，2003（8）：67–78.

［6］Gouletquer, Pierre, and Olivier Weller. Techniques of salt making: from China (Yangtze River) to their world context［A］. *Archaeology of Salt. Approaching an invisible past*［C］. Leiden: Slidestone Press, 2015: 13–28.

［7］Daire, Marie-Yvane. *Le sel des Gaulois*［M］. Paris: Editions Errance, 2003.

［8］ 吉林省文物考古研究所．吉林省白城市金家金代遗址的发掘［A］．边疆考古研究（第12辑）［C］．北京：科学出版社，2012：63–86.

［9］ 吉林省文物考古研究所，长春市文物管理委员会办公室．吉林省德惠县后城子金代古城发掘［J］．考古，1993（8）：721–733.

［10］ 吉林省文物考古研究所，德惠市文物管理所．吉林省德惠市李春江遗址发掘报告［J］．北方文物，2009（3）：47–61.

［11］ 吉林省文物考古研究所，扶余县博物馆．吉林省扶余县西车家店金代遗址的发掘［J］．北方文物，2009（3）：15–24.

［12］ 赵里萌．多孔器研究（待刊）.

［13］ 黑龙江上文物考古研究所．黑龙江双城市车家城子金代城址发掘简报［J］．考古，2003（2）：42–50，见第47页图九-23.

［14］ 哲里木盟博物馆．内蒙古霍林河矿区金代界壕边堡发掘报告［J］．考古，1984（2）：157–174，见第168页图十九-8.

［15］ 吉林省文物考古研究所．吉林省白城市金家金代遗址的发掘［A］．边疆考古研究（第12辑）［C］．北京：科学出版社，2012：63–86，见第83页图十五-8.

［16］ 吉林省文物考古研究所，德惠市文物管理所．吉林省德惠市李春江遗址发掘简报［J］．北方文物，2009（3）：47–61，见第58页图十四-13，16.

［17］ 吴敬，邵海波．东北地区金代遗址出土铁器的类型学考察［A］．边疆考古研究（第13辑）［C］．北京：科学出版社，2013：263–274.

［18］ a．吉林省文物考古研究所．吉林省白城市金家金代遗址的发掘［A］．边疆考古研究（第12辑）［C］．北京：科学出版社，2012：63–86.

b．吉林省文物考古研究所，德惠市文物管理所．吉林省德惠市李春江遗址发掘简报［J］．北方文物，2009（3）：47–61.

c．黑龙江省文物考古研究所．黑龙江双城市车家城子金代城址发掘简报［J］．考古，2003（2）：42–50.

d．辽宁省文物考古研究所，岫岩满族博物馆．辽宁岫岩县长兴辽金遗址发掘简报［J］．考古，1999（6）：59–68.

［19］ 彭善国．吉林省前郭塔虎城的考古发现与研究［A］．东北亚古代社会与文化国际学术研讨会，2015：129–132.

Preliminary Report on the 2015 Excavation on the Yinjiawopu Site in Da'an City, Jilin Province

From July to October 2015, Jilin University Research Center for Chinese Frontier Archaeology and Jilin Provincial Cultural Relics and Archaeology Research Institute carried out the second excavation season at the Yinjiawopu Site in Da'an city. This excavation area is located south of the 2014 excavation, on a large higher ground, and was divided into a western zone and an eastern zone. The explored surface of 600 m^2 revealed a large quantity of Liao-Jin period remains. Over 100 features have been excavated, including 2 house-foundations, 4 hearths, 93 pits, and 2 ditches. Over 800 pieces of artifacts have been discovered, including ceramics, porcelains, iron, stone, glass, bronze, and bone implements. Compared to the western excavation zone which showed rare and quite simple features, the complexity and abundance of the features of the east excavation zone suggests that it corresponds to the western edge of an important Liao-Jin settlement.

黑龙江讷河市团结屯清代墓葬发掘简报

黑龙江省文物考古研究所

团结屯墓葬位于黑龙江省讷河市二克浅镇登科村团结屯东南1千米，嫩江中游左岸的二级阶地上（图一）。为配合尼尔基水利枢纽工程建设，2002年8～9月，黑龙江省文物考古研究所对团结屯清代墓葬进行了抢救性发掘，布10米×10米探方1个，编号为2002NTT01，后根据发掘需要扩方82平方米，实际发掘面积182平方米。共清理土坑墓2座，出土有瓷、铜、铁等各种质地的随葬品约20余件，墓周围有土堡墙附属建筑。现将发掘情况简报如下。

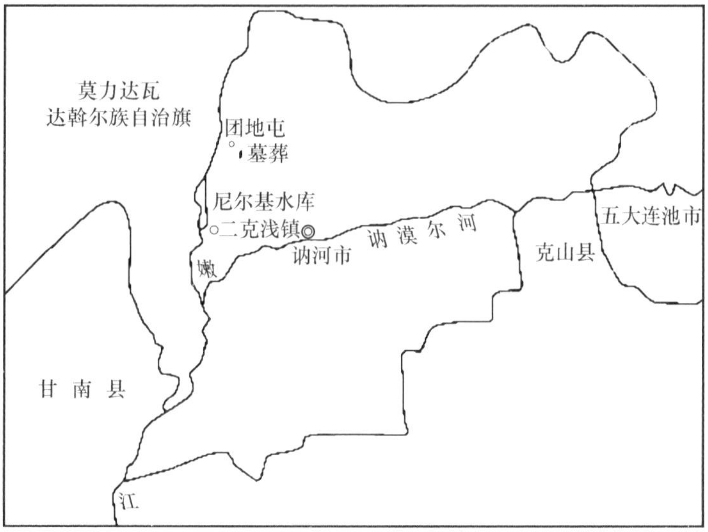

图一　团结屯清代墓葬地理位置示意图

一、地层堆积与墓葬分布

墓葬所在地是一处漫岗地，大致为南北走向。据村民介绍，墓葬所处地表曾有较高的土堡墙存在，现地表已被辟为耕地，隐约可见墓葬所在位置稍高于周围地表。

墓葬地表南高北低，地表遗物极少。表土层即耕土层，厚15～30厘米。耕土层下即发现有序排列的土堡墙。土堡墙内揭露出2座平行排列的土坑墓，打破生土，自东向西分别编号为M1、M2（图二）。

二、遗迹与遗物

（一）土　堡　墙

土堡墙位于漫岗北端，南高北低，系直接建于生土之上。整体由东、南、西、北四面墙组成，平面呈“口”形，由大量0.3米×0.2米×0.08米、呈长方体状的土堡块层层垒砌而成（图二）。其中东墙是由三排土堡块依次垒砌，中间一排竖排铺筑，两侧横排铺筑，墙长约11米，宽约0.9米；南墙也是由三排土堡块纵向依次垒砌，中间一排横排铺筑，两侧竖排铺筑，墙长约9.5米，宽约0.9米；西墙大致是由四排土堡块依次垒砌，其中间两列竖排铺筑，两边各一列横排铺筑，长约12米，宽约1米；北墙是由五排土堡块竖排依次铺筑垒砌而成，长约9.5米，宽约1.7米，该墙中部内侧只有两列土

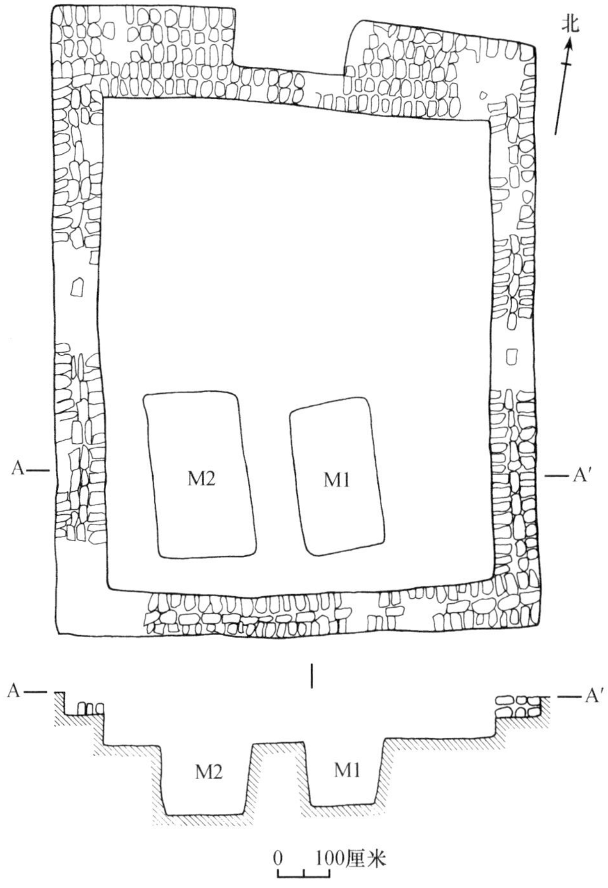

图二　团结屯清代墓葬分布图

垡块，其外侧中间留有2.3米的空缺，推测为门址，两列土垡块只存有一层，可能是门槛。围墙残高0.18米，残存的墙体似乎是被火烧过，多处部位夹有灰烬，呈黑褐色或黑灰色。个别地方的土垡块已坍塌，混成一片。

（二）M1

1. 形制结构

M1，土坑竖穴墓，依地表走势呈南高北低，平面呈长方形，口大底小，斜直壁。墓口长2.8米，宽1.5米；墓底长1.7米，宽0.8米；深1.1米（图三，1）。土坑内置一木棺，其质地为落叶松木，棺木外壁涂红色漆料，已腐烂。该墓已被盗扰，木棺最上部已

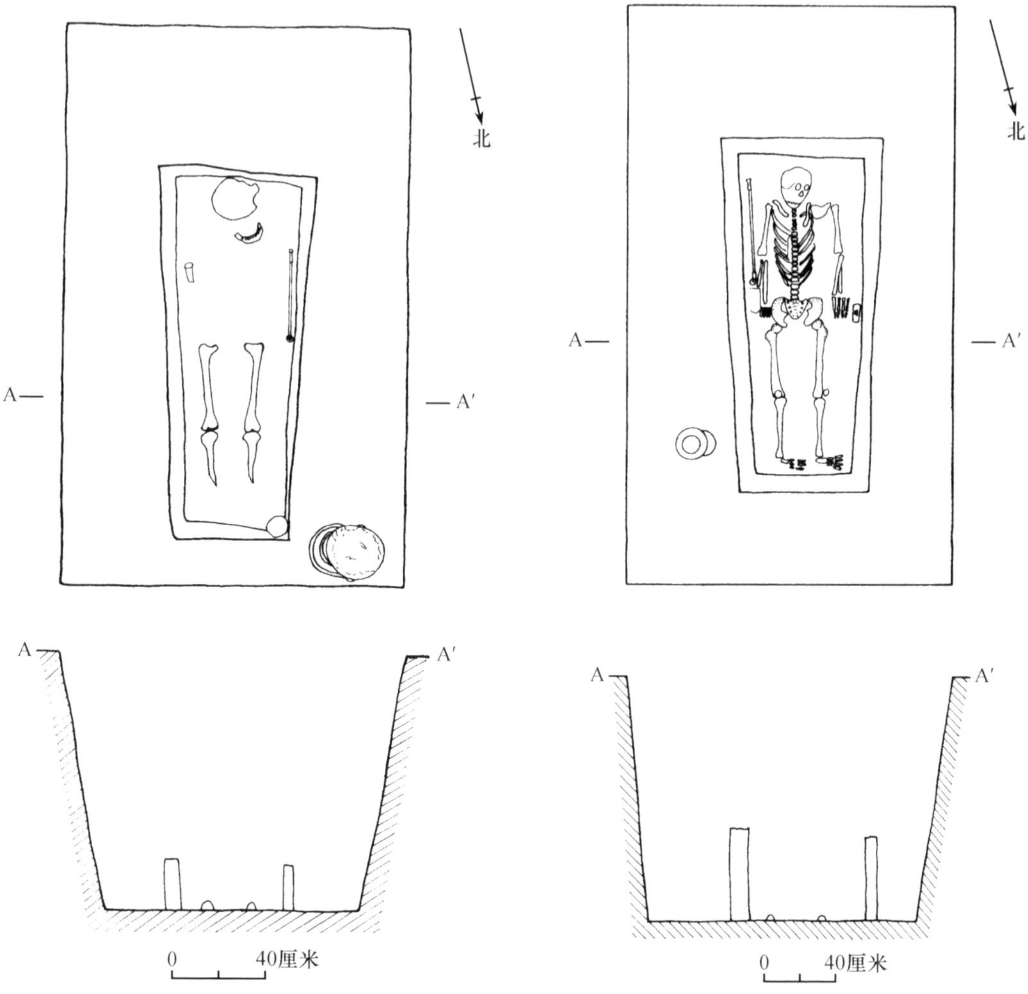

1　　2

图三　团结屯清代墓葬平、剖面图

1. M1　2. M2

不复存，但从残存部分可知，木棺长约1.6米，宽0.5～0.7米，残高0.2米，棺壁厚约0.1米。木棺的盖顶已无存。

棺内人骨呈头南脚北，头向195°，上肢骨已不复存，但从残存的下肢骨看，应为仰身直肢葬。颅骨已被扰动，面部朝下，下颌骨与之分离。下肢骨仅存股骨和胫骨残段。其中下颌骨牙齿有16枚保存完整，上颌骨牙齿残缺。颅骨呈黑灰色，被火烧过。身上穿有数件衣服，为棉麻制品，衣服均已腐烂，粘连在一起，多呈碎片。约在腰部位置，叠压一件衣服，亦已腐烂。通过对颅骨等人体骨骼鉴定，墓主人为一30岁左右的女性。

棺内人骨左侧竖放木烟袋锅1件；人骨右侧出土烟嘴1件；大约在胸部位置出土银牌饰1件；骨架上出土木牌饰、荷包各1件；棺内北壁处出土铜簪5件、耳饰2对、戒指3枚、铁环2件、玻璃盒1件；棺外西北角，出土铜锅、瓷碟、瓷杯、瓷碗、瓷盘各1件，自上而下叠摞在一起；填土中出土头饰、铜烟袋锅各1件，金耳环1枚。

2. 出土随葬品

青花瓷盘　2002NTM1∶1，1件，残。敞口，浅弧腹，矮圈足。胎白细腻，釉色白中泛青，足根无釉。盘中心绘旋涡纹，周围饰两圈莲瓣纹，其内饰以花草纹，盘外壁绘一周花草纹，底部有款识“”，其外有青花双圈。口径15.4厘米，底径9.8厘米，高2.65厘米（图四，7；图版一，3）。

粉彩瓷碗　2002NTM1∶2，1件，残。侈口，弧腹，圈足胎白细腻，釉色白中泛青，足根无釉。碗底绘一株桃树，外壁绘三组竹石纹，间以诗句，底部有款识“”。口径12.2厘米，底径5.4厘米，高5.3厘米（图四，6；图版一，1）。

青釉瓷杯　2002NTM1∶3，1件。侈口，深弧腹，挖足过肩。釉色匀净淡雅，足根处无釉露胎。口径9.4厘米，底径3.9厘米，高4.6厘米（图四，3；图版一，2）。

青花瓷碟　2002NTM1∶4，1件。敞口，浅弧腹，矮圈足。胎白，釉色白中泛青，足根无釉。碟中心青花双圈内绘缠枝莲花纹，口沿处饰一周缠枝草叶纹，碟外壁饰三组草叶纹，青花色彩浓重，底足内有款识“九□”。口径11.2厘米，底径6.1厘米，高1.8厘米（图四，1；图版一，4）。

铜锅　2002NTM1∶5，1件。卷沿，直口，直腹微弧，圜底。整体锈蚀严重，提梁已毁。口径16.5厘米，通高6.2厘米（图六，2）。

鱼形玉佩　2002NTM1∶6，1件。青色玉质。双面皆雕鲤鱼纹，呈摇头摆尾状，前部透雕条状鱼嘴，作为穿孔，系一中国结；鱼身下雕一莲叶，鲤鱼浮游其上。通体长7.8厘米，宽4.2厘米，厚0.4厘米（图六，3；图版一，6）。

银牌饰　2002NTM1∶7，1件。锈蚀严重，部分呈铜绿色。银牌部分近似动物造型，下坠5件挂饰，分别为耳挖、剑、镊子、刀、簪。通体做工讲究，牌饰部分系银胎掐丝珐琅工艺制作，纹饰精美，釉色莹澈。通长37.5厘米，重76.4克（图五，2；图版一，5）。

银头饰　2002NTM1∶8，1件。整体呈“U”形，簪头分饰四朵如意形云朵，其

图四 M1、M2出土器物

1、2. 瓷碟（2002NTM1：4、2002NTM2：5） 3、4. 瓷杯（2002NTM1：3、2002NTM2：3）
5、7. 瓷盘（2002NTM2：4、2002NTM1：1） 6、8. 瓷碗（2002NTM1：2、2002NTM2：2）

上有朵花，可能为镶嵌物基槽，镶嵌物无存，系掐丝珐琅工艺制作。通高22厘米，重34.18克（图五，1）。

银簪 2002NTM1：9，5件。依簪头形状不同分三型。

A型 花瓣形簪，3件。

2002NTM 1 ：9-1，簪头下有3个坠饰，残存2个，通长17.7厘米，重10.92克，簪头系掐丝珐琅工艺制作（图六，10）；2002NTM1：9-2，簪头下有一细小穿孔，应为挂坠饰所用，坠饰不存。通长16.3厘米，重5.41克，簪头亦掐丝珐琅工艺制作（图六，8）；2002NTM1：9-3，系鎏金银簪，花瓣形簪头中心有一环状穿孔，穿孔两侧点缀有扁圆形装饰物，簪头根部用细绳系一串珍珠吊坠，以一鎏金银珠相隔，两侧分别为5枚，吊坠最下

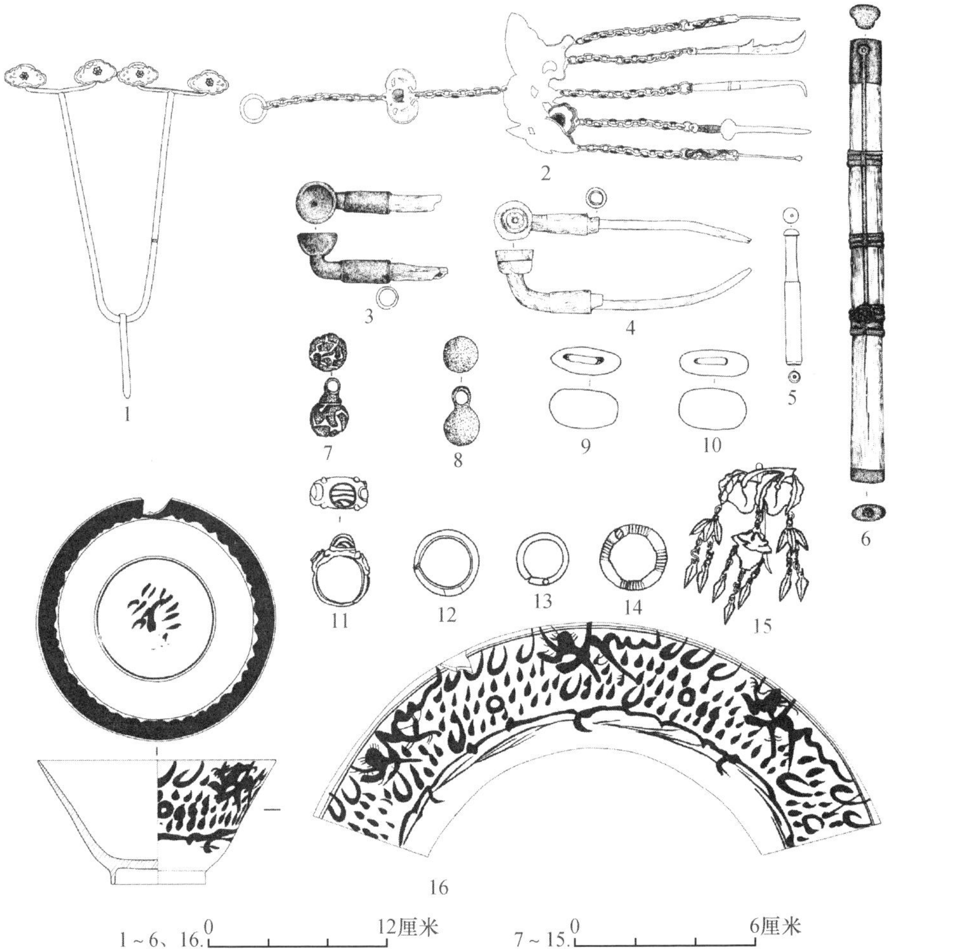

图五　M1、M2出土器物

1. 银头饰（2002NTM1：8）　2. 银牌饰（2002NTM1：7）　3、4. 烟袋锅（2002NTM2：7、2002NTM1：13）　5. 烟嘴（2002NTM1：13）　6. 铁刀（2002NTM2：6）　7、8. 铜纽扣（2002NTM2：10-1、2002NTM2：10-2）　9、10. 芙蓉石（2002NTM2：11-2、2002NTM2：11-1）　11、12. 戒指（2002NTM1：10-2、2002NTM1：10-1）　13～15. 耳饰（2002NTM1：18、2002NTM1：11-2、2002NTM1：11-1）　16. 瓷碗（2002NTM2：1）

端为一朵盛开的花瓣，其内镶嵌有一枚芙蓉石。通长14.5厘米，重6.03克（图六，7）。

B型　2002NTM1：9-4，如意形簪，1件。整体造型呈如意状，通长9.8厘米，重6.88克，簪头系掐丝珐琅工艺制作（图六，6）。

C型　2002NTM1：9-5，耳挖形簪，1件。簪头尾部为一耳挖状饰物，其下有三道弦纹，弦纹下方饰一荷花，系两侧合铸；其下有一可滑动的小猴造型，作抱树状，小猴头部下方有一吊坠，但仅存坠链；小猴下方饰有一株桃树，掐丝珐琅工艺制作，系两侧合铸。通长22.9厘米，重14.83克（图六，9）。

戒指　2002NTM1：10，3枚。残。依形状不同可分二型。

A型　2002NTM1：10-1，1枚，无戒托。锈蚀严重，呈青铜色，材质不明。外径

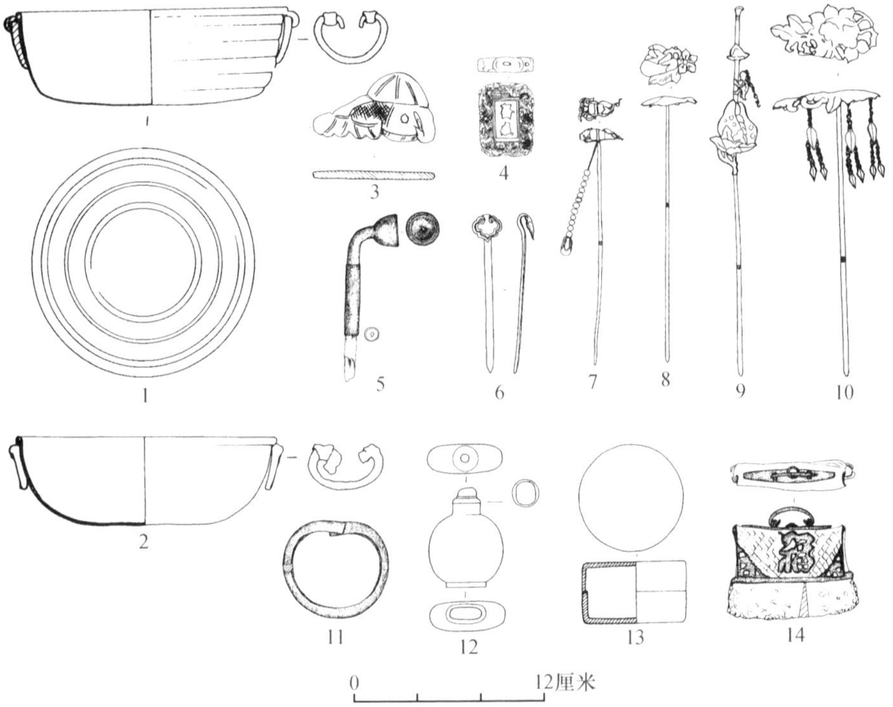

图六　M1、M2出土器物

1、2. 铜锅（2002NTM2：12、2002NTM1：5）　3. 玉佩（2002NTM1：6）　4. 木牌饰（2002NTM1：12）　5. 铜烟袋锅（2002NTM1：14）　6～10. 银簪（2002NTM1：9-4、2002NTM1：9-3、2002NTM1：9-2、2002NTM1：9-5、2002NTM1：9-1）　11. 铁环（2002NTM1：15）　12. 鼻烟壶（2002NTM2：8）　13. 玻璃盒（2002NTM1：17）　14. 火镰袋（2002NTM2：9）

2.1厘米，内径1.9厘米，重5.8克（图五，12）。

B型　2002NTM1：10-2，2枚，有戒托，其中一枚镶嵌有宝石，一枚已脱落，戒托两端有兽头状装饰。最大径2厘米，分别重4.8克、4.2克（图五，11）。

耳饰　2002NTM1：11，2对。依形制不同分二型。

A型　2002NTM1：11-1，金耳坠，残。分为前后两个部分，后部为弯钩，前方为金箔横压成的瓜果纹装饰，其下有三个吊坠，造型别致。长4.7厘米，宽2.9厘米，厚0.9厘米，重8.1克（图五，15）。

B型　2002NTM1：11-2，耳环。整体皆饰有螺旋纹。外径2.2厘米，内径1.9厘米。锈蚀严重，材质存疑（图五，14）。

木牌饰　2002NTM1：12，1件。整体呈圆角长方形，两面中心皆有长方形开光，开光内减地雕刻成几何形状，应为镶嵌物的基槽，镶嵌物脱落无存；环绕开光，双面透雕缠枝花叶；木牌中心有椭圆形穿孔。长4.5厘米，宽3.7厘米，厚0.9厘米（图六，4）。

木烟袋锅　2002NTM1：13，1件，残。烟锅为木制，底部有一带弯的木管与乌黑杆相连，乌黑杆的另一端与玛瑙烟嘴相连。烟锅内径1.3厘米，外径2.5厘米，残长7.1厘米，乌黑杆残长11.8厘米（图五，4）；玛瑙烟嘴长8.8厘米（图五，5）。

铜烟袋锅　2002NTM1：14，1件，残。直口，直腹微弧，烟锅内径1.4厘米，外径2厘米。残存有乌黑杆。通长10厘米（图六，5）。

铁环　2002NTM1：15，2件，形制相同，接口处皆交错上下而搭。最大径皆6.6厘米，厚0.8厘米（图六，11）。

丝织荷包　2002NTM1：16，1件，残。整体造型上小下大，中有收腰，形似葫芦。荷包已糟朽，所绣图案不甚清晰，荷包中上部分呈墨绿色，下方呈黄色。囊袋长16厘米，通长27.5厘米。

玻璃盒　2002NTM1：17，1件。圆形，子母口，无色透明。最大径6.7厘米，通高3.7厘米（图六，13）。

金耳环　2002NTM1：18，1枚。素面。外径1.66厘米，内径1.5厘米，重1.63克（图五，13）。

（三）M2

1. 形制结构

M2，与M1形制相同，墓口长3.1米，宽1.8米；墓底长1.9米，宽0.9米；深1.3米（图三，2）。土坑内置一木棺，质地为落叶松木，棺木外壁涂红色漆料，已腐烂。木棺长约1.9米，宽0.7～0.9米，高约0.5米，棺壁厚约0.1米。木棺上部未见盖板，约在距墓口0.4～0.5米处，横向依次搭盖有圆木或半圆木，北部即棺尾处的两根为圆木，长约1米，径宽约0.08米；中间存留的6根为半圆木，长约1.1米，径宽0.16～0.2米，厚约0.1米，并已向坑底塌陷，另有存留的3根断截半圆木头搭于木棺西壁上部，其他的圆木已无存。

棺内人骨呈头南脚北，头向195°，仰身直肢。骨架保存完整。通过对颅骨等人体骨骼鉴定，墓主人为一20～30岁男性。上肢骨右侧竖放乌黑杆、玛瑙烟嘴、烟袋锅各1件；左侧出土铁刀、鼻烟壶各1件；填土中发现2颗芙蓉石，应是鼻烟壶的盖口；棺外东北角，出土铜锅、瓷碟、瓷杯、瓷碗、大瓷碗、瓷盘各1件，依次叠摞在一起。

2. 出土随葬品

青花瓷碗　2002NTM2：1，1件，残。侈口，深弧腹，圈足。胎白细腻，釉色白中泛青，足根无釉。内底心青花双圈内绘抽象的游鱼，口沿边有漫漶的青花边饰，外壁饰三组疑似龙纹，底足青花双圈内有款识“”。整体装饰风格奔放写意。口径16厘米，底径6.8厘米，高8.2厘米（图五，16；图版二，1）。

青花瓷碗　2002NTM2：2，1件。侈口，弧腹，圈足。胎白细腻，釉色白中泛青，足根无釉。碗内心青花双圈内饰一“壽”字，器外壁绘四个“壽”字，其间杂以缠枝草叶纹。口径11.7厘米，底径4厘米，高6.3厘米（图四，8；图版二，2）。

青花瓷杯　2002NTM2：3，1件，口微残。侈口，斜弧腹，圈足。胎白细腻，釉色白中泛青。外壁饰三个囍字，其间杂以缠枝草叶纹，底足内有款识“”。口径9.2厘米，底径4.4厘米，高5.8厘米（图四，4；图版二，3）。

粉彩瓷盘　2002NTM2：4，1件，口微残。侈口，弧腹，圈足。胎白细腻，釉色白中泛青。盘中心绘缠枝桃纹，其外饰以荷花、菊花、梅花、牡丹，共四组。盘外壁绘三组简单的红彩云朵纹，底足内红彩款“”。口径13.9厘米，底径8厘米，高2.4厘米（图四，5；图版二，5）。

青花瓷碟　2002NTM2：5，1件，残。口沿微卷，斜弧腹，圈足。胎白细腻，釉色白中泛青。碟中心有一圈旋涡纹，其周边饰四组花草纹；腹壁上饰六组花草纹；外壁上饰三组花草纹，底足内有款识，但字迹漫漶。口径10.8厘米，底径5.9厘米，高2厘米（图四，2；图版二，4）。

铁刀　2002NTM2：6，1件。带木鞘，刀柄为木柄，内嵌铁刀，已锈蚀。鞘上有3个条状铜箍，铜箍上有鼻穿，其中一个上面尚存有一铜环，推测应为方便佩戴之用。在刀鞘、刀柄的末端均有青铜箍饰，应起美观与加固作用。通长29厘米，最宽处2.1厘米（图五，6）。

烟袋锅　2002NTM2：7，1件，残。烟袋锅，铜制，直口，直腹微弧。内径2.4厘米，外径2.7厘米。底部有一带弯的铜管与乌黑杆相连，乌黑杆已残。通长10厘米（图五，3）。

鼻烟壶　2002NTM2：8，1件。白色玉质，温润细腻。扁圆体，小圆口，短颈，斜弧肩，内膛较深，壶壁较薄；盖为绿松石座，上镶粉红色碧玺纽。素面无雕工。通高6厘米，宽4.6厘米，厚1.8厘米（图六，12；图版二，6）。

火镰袋　2002NTM2：9，1件，残。火镰袋上部为环状青铜纽，袋一侧中心镶有“福”字，左、右下角均有三角形边饰，另一侧为素面，最下端有一长方形铜箍。残长7.9厘米，宽3.7厘米（图六，14）。

铜纽扣　2002NTM2：10，16枚。依形制不同可分二型。

A型　2002NTM2：10-1，5枚，花朵状，鎏金铜扣。直径1.3厘米，鼻穿孔0.5厘米（图五，7）。

B型　2002NTM2：10-2，11枚，半球形，上下合铸。直径1.1厘米，鼻穿孔0.4厘米（图五，8）。

芙蓉石　2002NTM2：11，2枚。整体均呈扁椭圆形，素面无雕工，在芙蓉石的侧面均有一长方形穿孔。2002NTM2：11-1，长2.2厘米，最大宽1.2厘米，孔径1.1厘米，厚0.76厘米（图五，9）；2002NTM2：11-2，长2.2厘米，最大宽1.2厘米，孔径1厘米，厚0.79厘米（图五，10）。

铜锅　2002NTM2：12，1件，残。卷沿，直口，直腹微弧，圜底。整体锈蚀严重，提梁已毁。通高5.6厘米（图六，1）。

三、结　　语

本次发掘的团结屯墓葬，与全发屯墓葬*同在嫩江左岸，仅相隔约5千米之远。两处墓葬地点的地理环境相同。从墓葬的形制结构及随葬品等分析，两个地点的墓葬有着近乎一致的相似性。少量的差异在于团结屯墓葬的围墙，四面皆有墙体，只在北墙中间留有一缺口，为进出的门道，而全发屯发掘的两组墓葬的围墙，均为三面围墙，另一面无墙，为敞开式。其体现的只是围墙形式的细微差别，并非性质的区别。在团结屯墓葬中，亦发现随葬一组瓷器、铜锅的现象，但这组器物出土的具体位置，和全发屯墓葬中的M3、M4发现的位置稍有不同。在全发屯墓葬中的M3、M4发现的两组器物，均置于木棺内的棺尾一角处；而在团结屯墓葬的M1、M2发现的两组器物，却出土于木棺外侧的棺尾一角。其相同之处在于，每组器物的组合大致相同，有双耳铜吊锅、瓷盘、瓷碗、瓷杯，且叠摞在一起。从瓷器的款识及特征看，亦为民窑产品。从这组墓葬的排列看，亦为背靠高坡，面向开阔地，两座墓葬方向一致，同时两座墓内的墓主分别为一男一女，年龄也相仿，亦属于“同坟异穴”的夫妻合葬墓。墓葬周围有与全发屯清墓相同构造的土堡墙附属建筑，说明墓主人生前也是有一定的经济和社会地位的。从墓内的随葬品的种类和特征看，团结墓葬和全发墓葬亦无大的差异。因此，我们认为团结墓葬和全发墓葬的年代相仿，约为清代中晚期，是当地达斡尔族人的墓葬。

附记：本次工作领队赵永军，参加发掘的人员有王大为、许继生、宋晓东、李霄风、许勇刚等。绘图为王晓红、张晓霞，器物摄影为王世杰。墓葬人骨鉴定由吉林大学边疆考古研究中心硕士研究生孙志超、张群完成，特此致谢。

执笔：陈永婷　赵永军　王大为

A Brief Report on Excavation of the Tombs of Qing Dynasty in Tuanjietun of Nehe City in Heilongjiang Province

During the August of 2002, Heilongjiang Provincial Institute of Cultural Relics Archaeology excavated 2 tombs of Qing Dynasty in Tuanjietun, Nehe City. There were about 20 funeral objects were found in these tombs, included porcelain, bronze and metal artifacts.

* 见本辑《黑龙江讷河市全发屯清代墓葬发掘简报》。

黑龙江讷河市全发屯清代墓葬发掘简报

黑龙江省文物考古研究所

全发屯墓葬位于黑龙江省讷河市学田镇多福村全发屯东北约0.5千米，嫩江中游左岸的二级阶地上（图一）。为配合尼尔基水利枢纽工程的建设，2002年7～8月，黑龙江省文物考古研究所对全发屯清代墓葬进行了抢救性发掘，共布10米×10米探方2个，编号2002NQT01、2002NQT02，后根据发掘需要扩方，T01实际发掘面积169平方米，T02实际发掘面积235平方米。共清理土坑墓4座，出土有瓷、铜、铁等各种质地的随葬品30件，墓周围有土堡墙附属建筑。现将发掘情况简报如下。

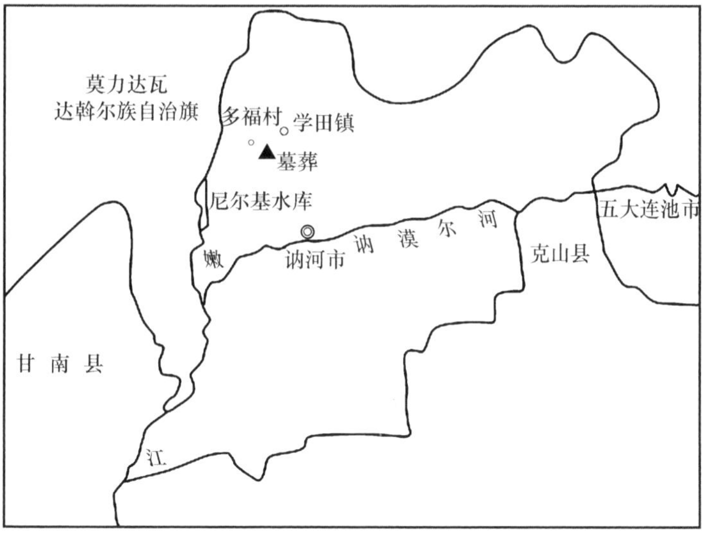

图一　全发屯清代墓葬地理位置示意图

一、地层堆积及墓葬分布

墓葬所在地是一处漫岗地，大致为南北走向。据村民介绍，墓葬所处地表曾有较高的土堡墙存在，现地表已被辟为耕地，隐约可见墓葬所在位置稍高于周围地表，一南一北，有两处略高于地表的土包。

墓葬地表西北高、东南低，地表遗物极少，采集有少量褐色玛瑙石料。表土层即耕土层，厚10～30厘米。耕土层下即发现墓葬及土筑围墙。T01内土堡墙，大致呈东西向，编号为一号土堡墙，墙内揭露出2座大致平行排列的土坑墓，自北向南分别编号为M1、M2（图二）；T02内土堡墙，大致呈西北—东南向，编号为二号土堡墙，墙内揭露出2座大致平行排列的土坑墓，自东北向西南分别编号为M3、M4（图三）。

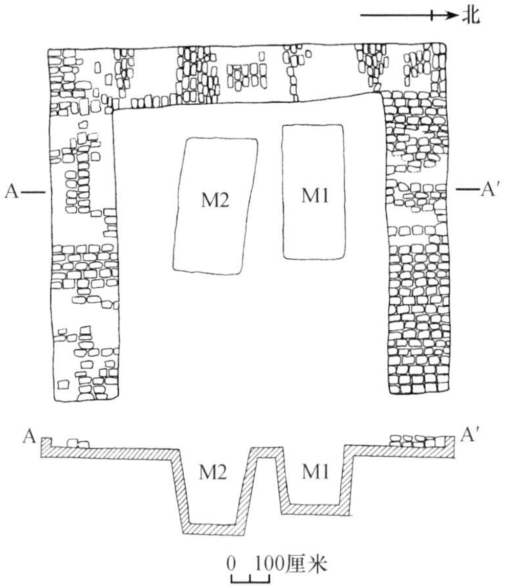

图二　全发屯清代墓葬M1、M2分布图

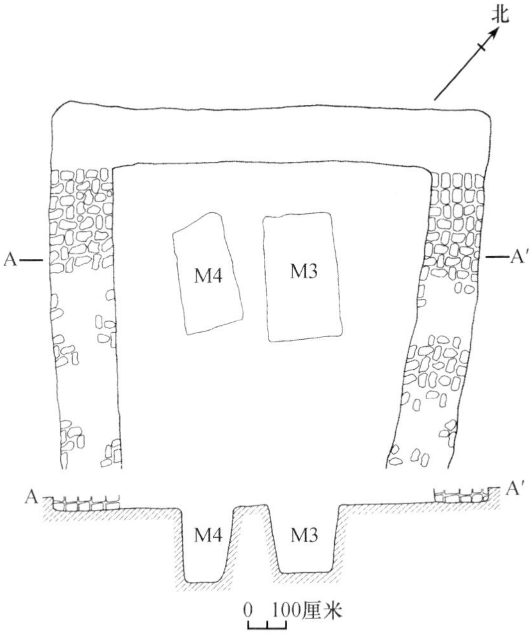

图三　全发屯清代墓葬M3、M4分布图

二、M1、M2及一号土堡墙

（一）一号土堡墙

一号土堡墙位于漫岗东坡，随地势走向，呈西北高、东南低。系直接建于生土之上，整体由南、西、北三面墙构成，平面呈“┌┐”形，是由若干0.3米×0.2米×0.15米、呈长方体状的土堡块层层垒砌而成，其中南墙和北墙的土堡块为横排铺筑，西墙的土堡块为竖排铺筑，每排均由5～6块土堡块依次垒砌。土堡块现仅存留两层，残高0.25～0.3米。南墙损坏严重，长约8.5米，宽约1.5米；西墙墙体残损严重，但轮廓依然清晰，长约10米，宽约1.5米；北墙墙体中间残损较多，长约8米，宽约1.5米。残存的土堡墙多处部位夹有灰烬，呈黑褐色或黑灰色，似是被火烧过。

（二）M1

1. 形制结构

M1，土坑竖穴墓，依地表走势呈西高东低，平面呈长方形，口大底小，斜直壁。墓口长3.2米、宽1.5米，墓底长1.98米、宽0.8米、深1.5米（图四，1）。在墓坑西壁距墓口0.6米处，有一宽约0.5米的二层台。土坑内置一木棺，其质地为落叶松木，棺木外壁涂红色漆料，已腐烂。该墓已被盗扰，木棺的盖顶已无存，但从残留部分可知，木棺长约1.5米、宽约0.4米、残高0.1米，棺壁厚约0.1米。

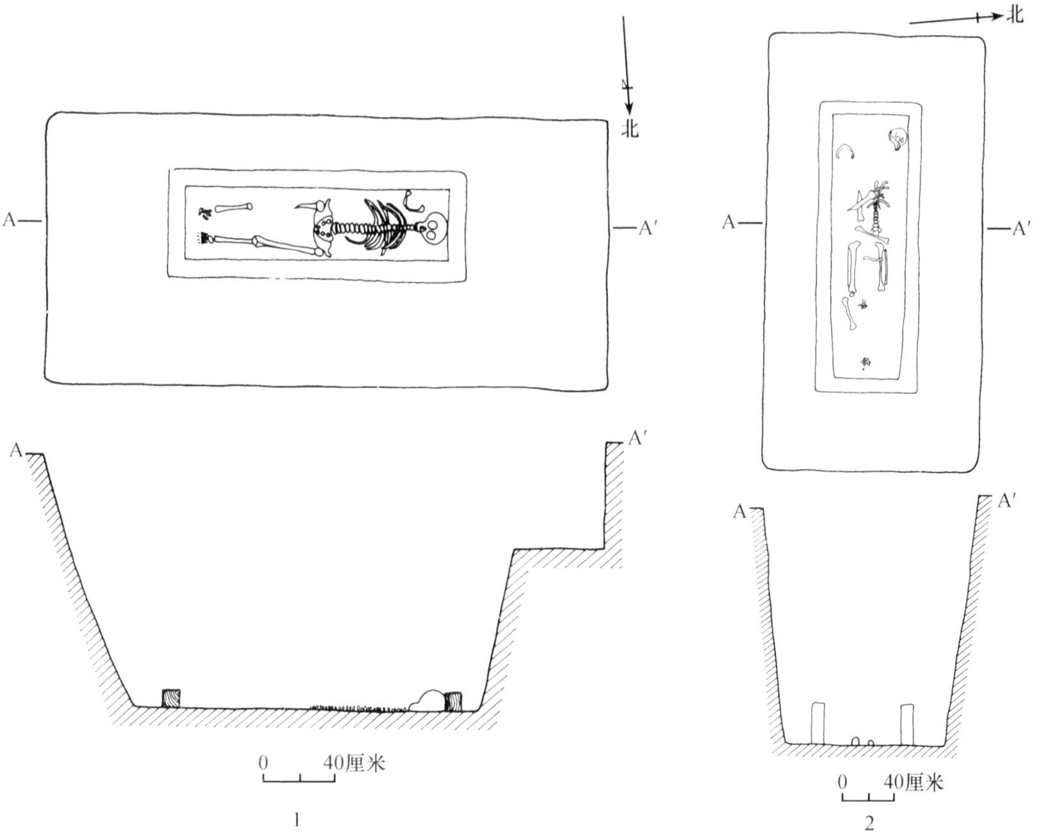

图四　全发屯清代墓葬平、剖面图
1. M1　2. M2

棺内人骨头向西北，275°。身上穿有数件衣服，最外层为嵌盘丝状铜扣抹襟大褂，为棉麻制品，有铜扣5枚，衣服均已腐烂，粘连在一起。从骨骼的颜色看，呈黑灰色，似被火烧过。在颅骨顶部正中有一圆形小孔。下颌骨扰动分离至颅骨的右侧，不见左、右肱骨、尺骨和桡骨，右股骨与右胫骨均残，右趾骨已扰动，上颌骨与下颌骨均不见门齿，只有数枚臼齿。通过对颅骨等人骨分析鉴定，墓主人为一45～50岁的女性。因该墓葬已被扰动，故所出少量随葬品均发现于接近人骨的填土中。在脚部位置的上部填土中，有一锈蚀严重的铜锅，倒置于填土中。此外其他位置还发现有铜簪1件，铜烟袋锅1件。

2. 出土随葬品

铜簪　2002NQM1：1，1件。如意形簪头，上部镂空；簪头顶端螺旋状弯曲，尾端呈耳匙状；簪首中部饰有葫芦纹、草叶纹，两侧饰回纹；簪尾呈细长锥状。通长17厘米（图六，4；图版三，2）。

铜锅　2002NQM1：2，1件，残。卷唇，直口，直腹微弧，圜底。口径15.4厘米，通高6.8厘米（图六，10）。

铜烟袋锅　2002NQM1：3，1件。烟锅腹部刻有一条游动的鲤鱼，生动形象。通长7厘米，烟锅内径1.8厘米，外径2.4厘米（图五，6；图版三，5）。

铜扣　2002NQM1：4，5枚，依其形状不同可分二型。

A型　2002NQM1：4-1，2枚，花朵状。直径1.3厘米，鼻穿孔径0.5厘米（图五，12）。

B型　2002NQM1：4-2，3枚，球形，上下合铸。直径0.8厘米，鼻穿孔径0.4厘米（图五，13）。

（三）M2

1. 形制结构

M2，土坑竖穴墓，平面呈长方形，口大底小，斜直壁。墓口长3.2米、宽1.7米，墓底长2.3米、宽1.25米、深1.9米（图四，2）。土坑内置一木棺，其质地亦为落叶松木，木棺长2米、宽0.6米、高约0.3米，棺壁厚约0.1米。棺木外壁涂红色漆料。东西两端棺首、棺尾外侧有黑色彩绘图案。棺首处嵌有镂空雕刻的饰件，棺首外贴有一层麻纸，墨彩绘有圆形图案，内添勾连的云纹，中间纵向墨书满文，但腐烂严重，均难以辨认完整。木棺上部没有盖板，为12根半圆状的落叶松木依次搭盖木棺之上，中间的10根完整长度约为1.3米、宽约0.25米、厚约0.08米，其中有9根已被折断，缺失一半。东、西两端的两根长约0.9米、宽约0.25米、厚约0.08米。

棺内人骨头向西北，285°。骨架被严重扰动，身上穿有数件衣服，最外层为嵌盘丝状铜扣抹襟大褂，为棉麻制品，衣服上存留及散落的铜扣共29枚，服饰已腐烂不完整。颅骨和肢骨分离，颅骨置于近棺首处左侧，上颌骨位于棺首处的右侧。保留的一些肢骨亦非常凌乱，仅剩部分肋骨及脊椎，两根肱骨，两根股骨和一根胫骨及一些趾骨。门齿

图五 M1、M2出土器物

1、2、9. 火镰袋（2002NQM4：8、2002NQM2：3、2002NQM3：6） 3. 瓷碟（2002NQM3：3） 4、10. 瓷盘（2002NQM3：1、2002NQM4：1） 5、11. 瓷碗（2002NQM3：2、2002NQM4：2） 6. 铜烟袋锅（2002NQM1：3） 7. 瓷杯（2002NQM4：3） 8. 铁刀（2002NQM3：9） 12～19. 铜扣（2002NQM1：4-1、2002NQM1：4-2、2002NQM2：4-1、2002NQM2：4-2、2002NQM3：11-1、2002NQM3：11-2、2002NQM4：7-1、2002NQM4：7-2） 20、21. 金耳杯（2002NQM3：5-2、2002NQM3：5-1）

不见，仅残存几枚臼齿。通过对人体骨骼的分析，墓主人为一成年男性。因该墓已被扰动，仅存的随葬品均在填土中出土。在上肢骨位置的上部填土中发现蓝色顶戴一件，附着有缨穗。中部填土中发现有铁刀1件，火镰袋1件，此外在人骨架的右侧下部位置，有叠放整齐的1件长衣大褂，已腐烂。

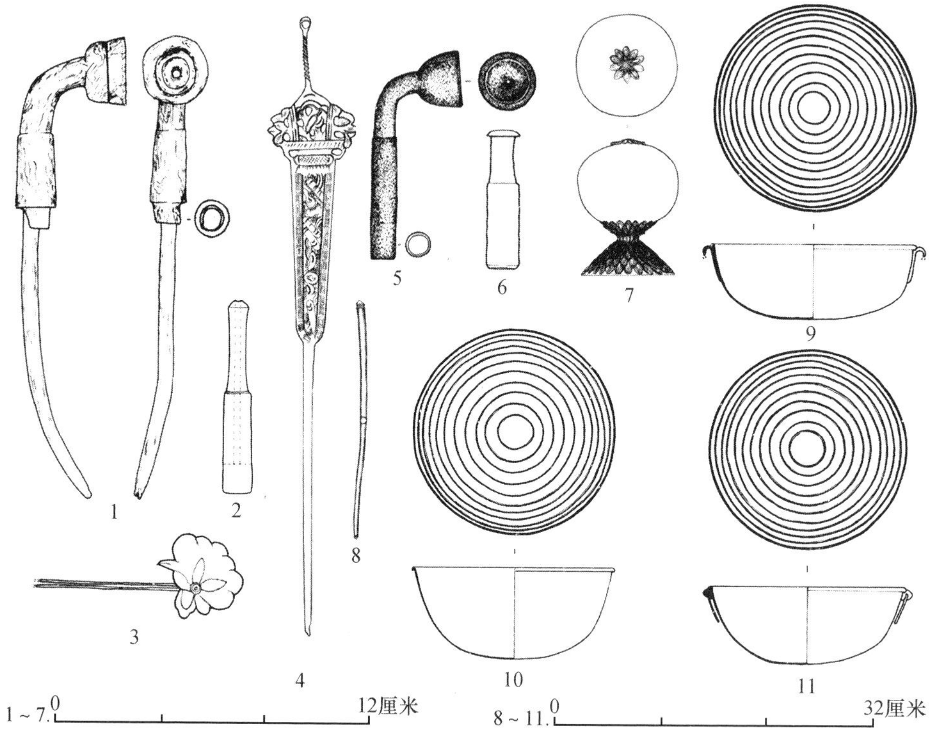

图六　全发屯清代墓葬出土器物

1、5. 烟袋锅（2002NQM3：7-1、2002NQM4：6-1）　2、6. 烟嘴（2002NQM3：7-2、2002NQM4：6-2）　3. 银簪（2002NQM3：8）　4. 铜簪（2002NQM1：1）　7. 顶戴（2002NQM2：2）　8. 骨筷（2002NQM3：10）　9～11. 铜锅（2002NQM4：4、2002NQM1：2、2002NQM3：4）

2. 出土随葬品

铁刀　2002NQM2：1，1件。整体残破严重。木鞘、木柄，皆已残断。残长22.4厘米，最宽处2.4厘米。

顶戴　2002NQM2：2，1件。系清代官员吉服冠顶。镂花铜座，鎏金，座高2.05厘米；中间为扁圆形蓝色玻璃饰珠，最大径3.9厘米，不透明；其上覆有镂花铜盖，亦鎏金。通高5.05厘米。顶戴下方附着有缨穗，已残破变黄，长约13.2厘米（图六，7；图版三，1）。

火镰袋　2002NQM2：3，1件，残。皮袋上部为三个铜环，整体呈云朵状，便于携带。一面已腐蚀，另一面正中为一同心结铜饰件，两端各有一个云朵状铜饰件。残长8.9厘米，宽3.3厘米（图五，2；图版三，3）。

铜扣　2002NQM2：4，29枚。依其形状不同可分二型。

A型　2002NQM2：4-1，8枚，桑葚状，部分鎏金。直径1.3厘米，鼻穿孔径0.5厘米（图五，14）。

B型　2002NQM2：4-2，21枚，花朵状。直径1.5厘米，鼻穿孔径0.4厘米（图五，15）。

三、M3、M4及二号土垡墙

（一）二号土垡墙

二号土垡墙，位于漫岗东坡，随地势走向，亦呈西北高、东南低。北距一号土垡墙约27米，系直接建于生土之上，呈西北—东南走向，由东北、西北、西南三面墙构成，平面呈“┏┓”形，是由大量不规则的土垡块层层垒砌而成。现仅存两层，残高0.25～0.35米。土垡块的形状已不完整，残损严重。残存的土垡墙多处呈黑褐色或黑灰色，上部堆积有大量的红烧土。东北墙长约10米，宽约1.5米；西南墙长约10米，宽约1.5米；西北墙体残损严重，但边缘轮廓依然清晰可辨，长约11米，宽约1.5米（图三）。

（二）M3

1. 形制结构

M3，平面呈长方形，口大底小，斜直壁。墓口长3.1米，宽1.9米；墓底长2.5米，宽1.35米，深1.7米（图七，1）。土坑内置一木棺，质地为落叶松木，木棺长2.1米，宽0.7米，残高0.3米，棺壁厚约0.1米。棺木外壁涂红色漆料，已腐烂。棺首外壁有墨彩图案。嵌有镂空雕刻的饰件，已残损。

M3木棺顶部无盖板，为18根呈半圆形的落叶松木依次搭盖木棺之上，每根长约1米，径宽约0.25米，厚约0.1米。中间9根已残断，中部有一椭圆形洞，应系盗扰所致。因该墓已被扰动，仅在棺首墓底处见一颅骨，面朝下，填土中发现两段下肢骨。通过对颅骨等人体骨骼鉴定，墓主人为一50～55岁的女性。在填土中出土有火镰袋、烟袋锅、玛瑙烟嘴、银簪、铁刀、锡酒壶各1件、金耳环2枚、骨质筷子3根、铜扣9枚。此外，棺尾内左侧一角出土有铜锅、瓷碟、瓷碗、瓷盘各1件，由上至下依次叠摞。

2. 出土随葬品

青瓷盘 2002NQM3：1，1件。敞口，腹部斜收，圈足。内外皆施青釉，圈足处露胎，素面，底部有款识“”。口径19厘米，底径11厘米，高3.2厘米（图五，4；图版四，5）。

青花瓷碗 2002NQM3：2，1件。侈口，斜弧腹，圈足。器体内外均施釉，圈足处露胎。外腹部以釉下青花绘有两周简单的花草纹，内腹部绘有两周弦纹，内底部为一花

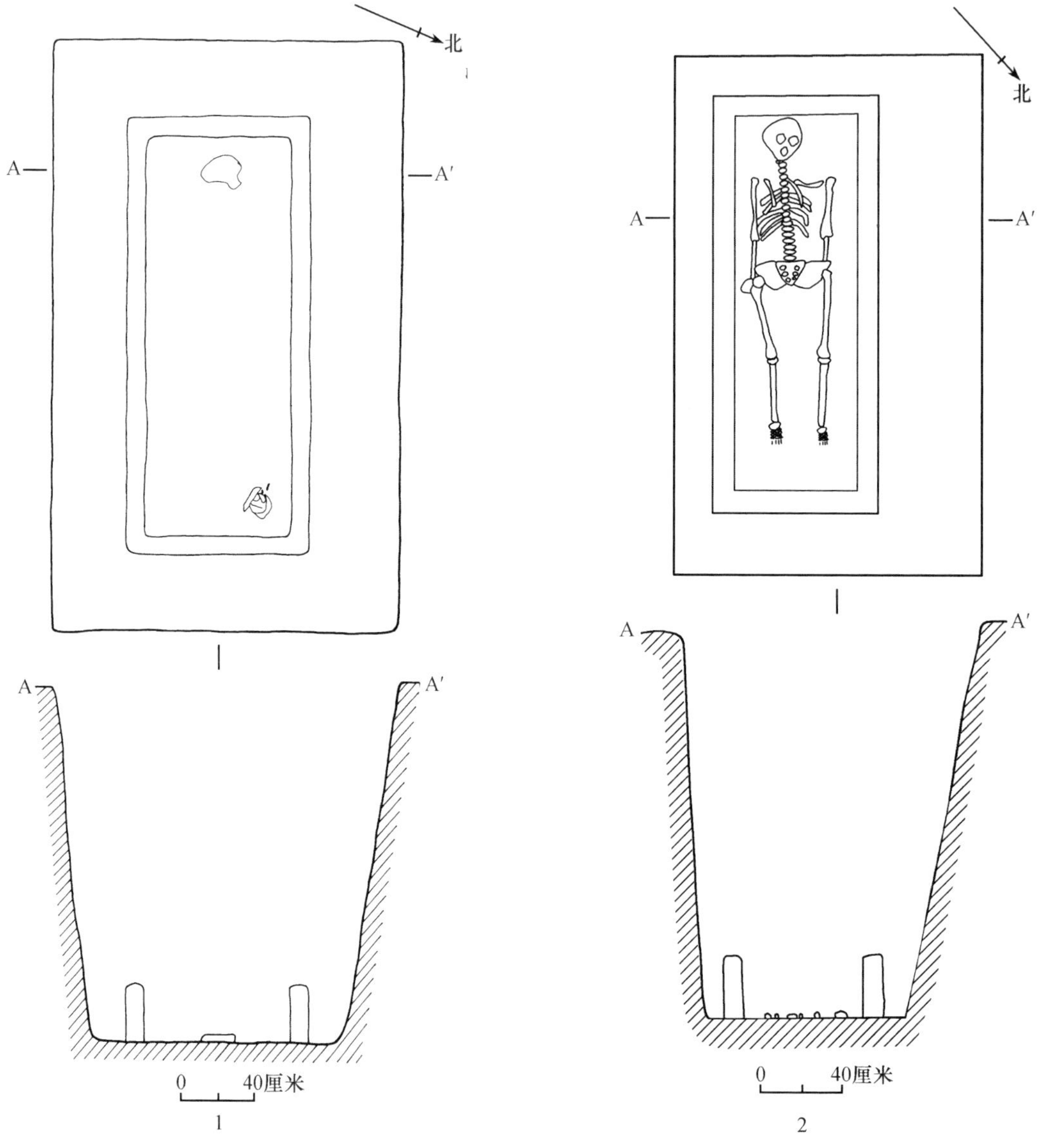

图七　全发屯清代墓葬M3、M4平、剖面图

1. M3　2. M4

草纹饰。外底部有款识“[illegible]”。口径11厘米，底径4.5厘米，高5.4厘米（图五，5；图版四，1）。

白瓷碟　2002NQM3：3，1件。敞口，弧腹，圈足。素面无纹饰。口径7.5厘米，底径5.5厘米，高1.6厘米（图五，3；图版四，3）。

铜锅　2002NQM3：4，1件，残。卷唇，直口，直腹微弧，圜底。变形严重。口径16.5厘米，通高6.5厘米（图六，11；图版三，6）。

金耳环　2002NQM3：5，2件。依形制不同可分二型。

A型　2002NQM3：5-1，有戒托，梅花纹样装饰。直径1.8厘米（图五，21）。

B型　2002NQM3：5-2，无戒托。直径0.2厘米（图五，20）。

火镰袋　2002NQM3：6，1件，残。火镰袋上部为环状青铜纽，皮袋一侧镶有青铜“文彬”二字，另一侧为素面。长8.2厘米，残宽2.8厘米（图五，9；图版三，4）。

烟袋锅　2002NQM3：7，1件，残。烟锅为木制，杆残长6.7厘米，烟锅内径0.9厘米，外径2.3厘米（图六，1）。保留有白色玛瑙烟嘴，长7厘米，底径1.1厘米，孔径0.2厘米（图六，2）。

银簪　2002NQM3：8，1件，残。簪头和簪尾断成两截，簪头呈花朵状，通长13.8厘米（图六，3）。

铁刀　2002NQM3：9，1件，残。带木鞘，刀柄为木柄，内嵌铁刀，已锈蚀。整体残破严重。残长18.2厘米，最宽处1.8厘米（图五，8）。

骨筷　2002NQM3：10，3根，残。三根骨筷残长分别为17.5、15.5、8.5厘米，截面均为0.4厘米（图六，8）。

铜扣　2002NQM3：11，9枚，残。依形制不同可分二型。

A型　2002NQM3：11-1，2枚，花朵状。分大小两种，较小的直径0.8厘米，鼻穿孔径0.2厘米；较大的直径1.1厘米，鼻穿孔径0.4厘米（图五，16）。

B型　2002NQM3：11-2，7枚，球形，空心，上下合铸。直径1.1厘米，鼻穿孔径0.4厘米（图五，17）。

锡酒壶　2002NQM3：12，1件。整体变形严重。分为两部分，上呈酒盅状，撇口，弧腹；下部为半圆形酒壶肚。口径6.8厘米，底径8.6厘米，残高6.2厘米。

（三）M4

1. 形制结构

M4，土坑竖穴墓，平面呈长方形，口大底小，斜直壁。墓口长2.5米，宽1.5米，墓底长1.9米，宽0.9米，深1.9米（图七，2）。土坑内置一木棺，质地为落叶松，木棺长1.8米，宽0.6米，残高0.3米，棺壁厚约0.1米。棺木外壁涂红色漆料，棺木已腐烂。

棺内人骨头朝西北脚朝东南，头向225°。骨架保存完整，穿有数层衣服，最外层为嵌盘丝状铜扣抹襟大褂，为棉麻制品，服饰已腐烂。通过对颅骨等人体骨骼鉴定，墓主人为一45～50岁的男性。左肱骨旁出土烟袋锅、玛瑙烟嘴各1件、右肱骨旁出土火镰袋1件。在填土中出土铁刀1件、荷包3件、铜扣5枚。棺尾内右侧一角出土瓷杯、瓷碗、铜锅、瓷盘各1件，由上至下依次叠摞。

2. 出土随葬品

青花瓷盘　2002NQM4：1，1件。撇口，斜腹，圈足。内施两周花草纹，底部正中为旋涡纹，器物外部同饰一周花草纹，圈足处露胎，外底中心绘有花草纹。口径17厘米，底径10厘米，通高3.2厘米（图五，10；图版四，6）。

青花瓷碗　2002NQM4：2，1件。圆唇，撇口，斜直腹，腹下部急收，圈足。内壁近底处绘青花双圈，外壁绘三朵向日葵，间以草叶纹、云朵纹，底部有款识近似“张”。口径15厘米，底径15.7厘米，通高6厘米（图五，11；图版四，2）。

青瓷杯　2002NQM4：3，1件。侈口，斜曲腹，圈足。通体施青釉，圈足处露胎，底部有款识“”。口径9.3厘米，底径4.1厘米，高5.7厘米（图五，7；图版四，4）。

铜锅　2002NQM4：4，1件，残。卷唇，直口，直腹微弧，圜底。提梁已毁。口径15.5厘米，通高5厘米（图六，9）。

铁刀　2002NQM4：5，1件，残。带木鞘，刀柄为木柄，内嵌铁芯，已锈蚀。鞘上有1个条状铜箍。整体残破严重。残长9.5厘米，最宽处1.8厘米。

烟袋锅　2002NQM4：6，1件，残。烟锅为铜制，直口，直腹微弧。杆长5.6厘米，烟锅内径1.8厘米，外径2.2厘米（图六，5）。保留有白色玛瑙烟嘴，长5.2厘米，底径1.4厘米，孔径1厘米（图六，6）。

铜扣　2002NQM4：7，5枚，依形制不同可分二型。

A型　2002NQM4：7-1，4枚，桑葚状。直径0.8厘米，鼻穿孔径0.4厘米（图五，18）。

B型　2002NQM4：7-2，1枚，球形，空心。直径1.2厘米，鼻穿孔径0.5厘米（图五，19）。

火镰袋　2002NQM4：8，1件，残。火镰袋上部为云朵状铜环，便于携带。一面已腐蚀，另一面正中为一月牙形铜饰件，两端各有三个圆点形铜饰件。残长8.4厘米，宽3.4厘米（图五，1）。

丝织荷包　2002NQM4：9，3件，残。均近似椭圆形，上小下大。其中一件保存较好，口部呈如意状，下绣花卉，通长18.5厘米；一件系两块拼接而成，口部已残，腰部内收，下绣花卉，通长17.5厘米；另一件朽蚀严重，下绣花卉，残长17.8厘米。

四、结　　语

承袭前朝，清朝在嫩江中游地区，始终有建制管辖。不同时期，行政建制有所裁设增置。文献记载，从17世纪中叶以来，达斡尔族人就逐渐从黑水之北，迁到嫩江、讷河、诺敏、格尼、阿荣、雅鲁等处，聚族而居。有清一代，这里就是各民族密集聚居的地区之一。

从考古发现情况看，在嫩江中游地区，存在着大量的清代墓葬。在这些墓葬中，还有着不同的形制、规格、等级的差别。本次发掘的两组墓葬，有着明显的自身特征。从每组墓葬的排列看，均背靠高坡，面向开阔地，方向一致，同时每组墓内的墓主均为一男一女，而且大部分年龄接近，应属于“同坟异穴”的夫妻合葬墓。两组墓葬的形制结构相同，而且周围均有相同构造的土堡墙附属建筑，说明墓主人生前有一定的经济基础和社会地位。从M2内发现的顶戴，可知墓主生前系四品官员。据《清史稿·舆服志》载，朝冠与吉服冠依品级不同而有严格限制，四品官员“朝冠，顶镂花金座，中饰蓝宝石一，上衔青金石。吉服冠顶亦用青金石”[1]。至雍正八年十月庚子，更定了官员帽顶。“庚子谕礼部：大小官员帽顶，从前定议。未曾分别详确。著该部再行妥议定制具奏……后经礼部议定……奉恩将军及四品官，俱用青金石或蓝色涅玻璃。朝帽，嵌小蓝宝石。”[2]依此分析，这类建有土堡墙附属建筑的墓葬，亦体现了一定的等级区别。这种土堡墙具有显著的地方特点，砌墙所用的“土堡块”，类似于一般的“土坯”，它是利用一种长锨工具，直接在嫩江边的沼泽湿地中切割提取后晾干而成，因此这种“土堡块”本身含有较多的草茎。从随葬品来看，有铁刀、筷子、烟袋锅、火镰袋、铜吊锅等，这些均系狩猎民族所用物品。依M2出土的顶戴来看，该墓葬的年代当不早于雍正八年。初步推断，这两组墓葬应是清朝中晚期达斡尔族人的墓葬，而且墓主人生前有一定的等级地位。此次发掘，为我们研究清代嫩江流域的社会历史、相关民族的生活习俗等提供了重要的实物资料。

附记：本次工作领队为赵永军，参加发掘的人员有王大为、许继生、宋晓东等。绘图为王晓红、张晓霞，器物摄影为王世杰。墓葬人骨鉴定由吉林大学边疆考古研究中心硕士研究生孙志超、张群完成，特此致谢。

执笔：陈永婷　赵永军　王大为

注　释

［1］　清史稿［M］卷一三〇舆服志二．北京：中华书局，1976：3056.

［2］　清实录［M］卷九九世宗实录二．北京：中华书局，1985：312.

A Brief Report on Excavation of the Tombs of Qing Dynasty in Quanfatun of Nehe City in Heilongjiang Province

During the July of 2002, Heilongjiang Provincial Institute of Cultural Relics Archaeology excavated 4 tombs of Qing Dynasty in Quanfatun, Nehe City. There were about 30 funeral objects were found in these tombs, included porcelain, bronze and metal artifacts.

研究与探索

宾福德与北京猿人遗址之争

战世佳[1] 董 哲[2] 陈胜前[3]

（1. 吉林大学边疆考古研究中心，长春，130012；2. 安徽省文物考古研究所，合肥，230061；3. 中国人民大学历史学院，北京，100872）

一、导 言

北京猿人遗址是国内最早发现发掘的重要旧石器与古人类遗址，在我国考古学研究史上具有举足轻重的地位，自20世纪20年代发掘以来便吸引了国内外诸多专家学者的关注，关于它的发掘与一些研究成果的争论仍在继续。20世纪80年代，美国著名考古学家路易斯·R·宾福德（Lewis R. Binford）也将目光聚焦到了北京猿人遗址上，在《当代人类学》（*Current Anthropology*）等杂志上撰文，从埋藏学、遗址形成过程等多个角度对北京猿人遗址进行全面的分析，提出了一系列发人深省的观点，引发了针对其观点的大讨论。

现拟从考古学学术史的角度对北京猿人遗址之争重新梳理和剖析，将当时人的观点置于整个学术发展的大环境中，以求不仅“知其然”，还要“知其所以然”。重新审视过去、梳理学术史的目的，是为了以史为鉴，理解当下，更好地把握未来、推动北京猿人遗址的综合研究。本文以宾福德对北京猿人遗址的观点和争论为出发点，回顾宾福德是如何应答中外学者针对其观点所提出的质疑，其观点的立足点又在何处，存在哪些局限，对未来的中国考古学研究有怎样的启示。

二、宾福德研究之前中外学者争论的六个焦点问题

北京猿人遗址（周口店第一地点）是周口店众多地点群中最早发现的北京猿人化

石出土地点，发现有北京猿人头盖骨及其他部位骨骼化石，并伴出出土了大量的哺乳动物化石、石器、骨器及灰烬层等重要遗迹遗物，为我们研究远古人类的演化史及复原其生活方式提供了丰富的物质文化资料。北京猿人遗址的地层、石器、骨器、用火及猿人适应方式等一直以来是学科领域内的研究焦点和前沿，中外学者所争论的问题大致归纳为以下六个方面。

1. 地层划分问题

有关北京猿人遗址地层划分最早报道于1927年[1]，此后，伴随着发掘的深入、发掘规模的扩大和发掘方法的改进，地层的划分和分期逐渐细化多样。中国猿人遗址的地质分层不断增加[2]，没有固定的划分体系，众说纷纭，且厚度、划分层数等各方面差异较大，但大体上的分期原则仍旧是按照地质时期的上更新统、中更新统、下更新统和全新统的大时段来划分，整体层位基本一致。地层划分不仅决定了时代的归属，更重要的是对遗物组合的聚类，石器、动物骨骼及猿人化石的出土是否在同一层位或在位移分布上有所规律，对还原北京猿人生活情境有着埋藏学上的参考意义。

2. 石制品的真伪与性质

北京猿人遗址发现的石器数量与种类非常丰富，可达十余万件[3]。安特生最早在1918年发现可能是人工制品的石英石块[4]；1931年步日耶确认该遗址存在有石英石器；1938年裴文中完成其博士论文《论史前石器和假石器》[5]，中国猿人石器的人工性质得到确认；新中国成立后，中国猿人文化的性质问题引发争论，分歧集中在猿人石器的“原始性[6]”还是“进步性[7]”，“中国猿人文化是不断发展渐变的过程”得到了广泛认同[8]。1984年，裴文中和张森水在石器分层研究的基础上，对中国猿人石器的特征进行了比较全面地描述和概括，提出了“中国猿人文化”的概念。对石制品的系统研究，证明了远古人类曾经在遗址周围活动过。

3. 骨器工业的有无

1939年步日耶在《周口店猿人产地之骨角器物》[9]中对遗址内出土的碎骨碎角进行了专门研究，提出有些骨骼不仅具有人工痕迹还有可能是工具。贾兰坡按照石器功能和形态分类的思路对可能有人工痕迹的骨角制品分类[10]，后又设想肿骨鹿鹿角可以做锤子用[11]、带尖的鹿角或肢骨可做发掘；在认定很多骨骼的破碎为人工所致的同时，也意识到了造成骨骼破裂可能存在更复杂的原因；猜测为了配合石器和骨器，北京猿人应该也使用了木器[12]。裴文中认为无法认定骨骼存在人工敲砸痕迹即为骨器，目前认为是骨器的骨化石大都缺乏二次加工和修理，功能也值得商榷，但北京猿人遗址当中肯定是有骨器存在的，这仍需要细致观察标本、综合研究、与模拟实验相结合[13]。

4. 遗址性质："北京猿人之家"？

在所有的研究者和公众的既有概念中，北京猿人遗址最直观和最易接受的描述是"北京人之家"[14]，早期人类在此长期且连续居住，洞内骨骼遗存大多是猿人食用的结果，洞内厚厚的灰烬层也完全为人类长期在此处烧火所致，猿人为了获得洞穴的长久居住权用火与鬣狗、狼、豹等食肉动物搏斗。1960年，黄万波先生在划分地层层位、分析洞穴堆积形成原因时，已经开始注意区分出猿人和鬣狗交替的活动阶段，在一段时间内鬣狗可能是该洞穴的主要占据者，甚至在地下水位较高时，水中（水边）动物也有可能成为洞穴的"主人"[15]。

5. 用火遗迹

北京猿人遗址发现了丰富的疑似用火遗迹，在第4～5层、QⅡ层、第8～9层和第10层底部均发现了相当集中的、厚达数米或几十厘米不等的灰烬层，数量很多的烧骨、烧石、烧过的朴树子和木炭等[16]，反映了北京猿人不止拥有用火和控制火的能力还能够保存火种，并将之用以自卫、熟食和御寒。北京猿人是否具有引火的能力，火种的来源是天火还是人工引燃尚未有定论。灰烬层有中断，说明北京猿人控制火和用火的能力不强，尚处于初级阶段。部分烧骨和灰烬曾经送往法国检测，确认含有游离碳，被火烧过[17]。

6. 同类相食

魏敦瑞于1943年在其《中国猿人头骨》[18]一书中系统地提出了北京猿人存在着以同类作为猎物的现象，人类骨骼的特定部位缺失和骨骼上的伤痕被作为此观点的论据。贾兰坡[19]和吴汝康[20]都从民族志材料上寻找到了支持该观点的证据，认为食用并保留猿人头部不仅可能是出于食物补充，也可能是一种宗教礼仪，狩猎者将其用作对自身能力的夸耀。

三、远观埋藏学：宾福德对周口店遗址的首次系统剖析

宾福德抱着了解世界各地旧石器时代早期人类活动方式是否存在微妙差异、变化和探究早期人类辐射范围、速率的目的，因这些变化可能具有地理上的意义、或是证实不同环境条件中人类依然具有同样的组织原理，计划了一项全球性研究，了解、考察世界上最重要的早期人类遗址，北京猿人遗址是其中之一[21]。1985年，宾福德发表论文《远观埋藏学：周口店是北京猿人之"家"吗？》[22]，从埋藏学的角度分析北京猿人遗址，讨论周口店北京猿人的行为模式，着重关注北京猿人遗址之于北京猿人是否能称之为"家"。宾福德开篇便提出他想要解决的问题：①北京猿人遗址洞穴内堆积的主要

形成原因和制造者？②洞穴内的哪些堆积反映了直立人的行为方式？③猿人行为方式的主要特点有哪些？

1. 食人之风与猿人遗存

早先研究者认为北京猿人不止是猎人，也是食人者，宾福德认为先前研究者之所以将颅后骨的断裂、上颚部位的缺失、面骨保存较少及骨骼上存有人工痕迹等作为同类相食的论据[23]，是因为当时人们对于埋藏学、创伤痕迹及动物解剖学部位破裂模式缺乏系统的知识，后期的研究证明：这些“奇怪的”、“非自然的”现象在类似的洞穴埋藏环境中经常出现，大部分是正常地质作用的后果。出土的被火烧过的猿人骨骼，由于其所在的较厚灰烬层可能为长期不见明火的焖烧所致，不太可能是西方学术界一直所猜测的“火塘”内烧烤，因此烧骨可能并非全部都是人工所为，更不可以作为支持同类相食的证据。

步日耶早在1959年也“对同类相食说”提出过异议，认为“颅骨崇拜”的假说更充分[24]。这些假说产生的原因是，先前的研究者认为遗址当中出土的所有遗存都与猿人活动有关。在同类相食的观点下：猿人长骨、下颌骨及头盖骨的断裂模式都被认为是非自然的和人为的；骨骼表面的痕迹则意味着工具的制造与使用；被火烧过的骨骼直接与人类用火相关联。在这种联想模式下，任何物品都是人类活动的结果，都代表着人类的行为：动物群等同于食谱，类似灰烬层的堆积意味着人们用火来保护“家园”和烹制食物，石器是人类在工具上的进步性适应，同时还将猿人头骨的保留附进猿人的自我意识及文化特征。

这是一种结构化罗织历史的方式。宾福德以论证同类相食这一假说为出发点，引出遗址内所有出土遗物并不一定皆受到人工作用，反而很大程度上受生物活动、地质作用和气候变化影响，着重评估哪些普通遗存中的相关事实是比较重要的且受到了人工介入，以更好地了解洞穴中的猿人是如何在他们的“家”中生活的。

2. 周口店的地层形成过程

周口店地层的划分一直在变化，宾福德也认为地层的划分是研究的基础，是了解遗存伴生组合和中国猿人文化时间变化的重要依据，故大体依照中更新世早中晚三期将周口店的地层划分成了三组（详见图一）。

宾福德认为北京猿人遗址的地层大多属于沉积期后现象[25]。宾福德在三组分期的基础上，逐个分析每一层地层的遗物及其埋藏情况，并将其定性，努力还原其形成原因，判断灰烬层、人类活动层、鬣狗占据层之间的关系，“古人和鬣狗的活动是共时还是历时的”，是否有早期遗物混入晚期地层。

（1）第三组指的是早期阶段，这一阶段没有明确的活动面也没有发现石器集中分布的表面，仅发现的一件位于第13层的石器也被认为是存疑的，没有明确的动物群及埋藏环境证据表明这一阶段曾经有猿人活动过。而根据宾福德对现代鬣狗和狼的习性及其啃咬过的骨骼形态痕迹的观察对比后可知，该遗址在这一阶段被鬣狗和狼所占据的可能性更大。

（2）第二组的堆积形成主要是早期的角砾岩洞穴，后来洞顶坍塌，堆积到了洞穴的东部。洞顶坍塌后可能形成了新的西南向的洞口，第二组地层早期的使用方式与第三组地层时段基本相似。第9层和第10层开始出现零星的石器、猿人骨骼、大动物头骨，这些都是在岩隙当中发现的，其埋藏特征均指向其曾经被动物（可能是鬣狗）或者水流搬运过。在第8～10层发现有“灰烬”区域[26]，也发现了成群分布的石制品，猿人骨

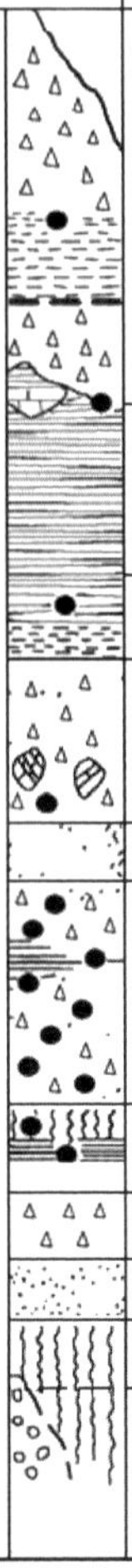

地质时期		剖面	贾兰坡（1983）[28]	宾福德&何传坤（1985）[29]		贾兰坡（1959）[30]	黄万波（1983）[31]	堆积轮回
中更新世	晚		第1层&第2层：角砾岩及灰土钟乳石混合层	第一组		上部	第6层	黄万波（1960）
			第3层：角砾岩。岩块上有成堆灰烬					3
	中		第4层：灰烬	A	第二组	中部	第5层	
			第5层：灰土钟乳石混合					
			第6层：硬角砾岩	B			第4层	
			第7层：细砂					
			第8层&第9层：角砾岩，夹灰烬层				第3层	2
			第10层：上部红泥土，下部灰烬				第2层	
			第11层：角砾岩	第三组		下部	第1层	1
	早		第12层：细砂					
			第13层：红色泥沙					
早更新世			底砾层：靠南壁见砾石，北边渐变为红色黏土，未见底					

● 直立人化石

图一　北京猿人遗址地层划分表[27]

骼也在这组堆积内有所发现，但出土位置相对孤立。灰烬层中没有发现猿人骨骼和石器，石器也没有在灰烬层中和出土猿人的角砾岩层中发现，这也就不能证明猿人行为与石器和灰烬层有着明确的因果关系，因而同类相食的观点亦不可能成立。依此推论，同时出土猿人骨骼、灰烬区域和石器的第8层上部是有可能为人类活动层。事实上，石器确实可以作为猿人使用此洞穴的证据，但是洞穴内同层出土的动物群不能直接视作人类的食谱。联系到第6～7层（包括新洞）可能被鸟类或者其他动物占据，猿人遗存多为牙齿等较小的骨骼；第4～5层的灰烬层中依旧没有石器或者人骨，都说明遗存受到了洞口附近生物活动的影响。

（3）第一组堆积是在洞顶坍塌后形成的，是一个喀斯特落水洞，是猿人活动的最后一个阶段。第2层发现有朴树子，传统观点将其与人类占领相联系，但朴树生长于岩隙当中，其果实掉落进落水洞是很常见的，不能肯定其属于猿人食谱上的一类。

3. 北京猿人的行为方式与能力

宾福德在对地层和遗物分布进行了埋藏学的梳理过后，得出了与先前学者完全不同的结论，许多之前认为是非自然的产物应该是自然的。所有发现的相关证据之前都被视为可以直接理解的和不言自明的指向猿人行为，认定北京猿人是“初级的”狩猎采集者、以洞穴为家。宾福德想要将遗物遗迹与猿人行为方式相关程度评估后组成猿人的成型习惯。

宾福德和何传坤最后得出的结论是：

> 对北京猿人的生活方式我们实际上知道的比我们先前想象的要少，工具与人骨鲜少同时出现，偶尔同时出现的时候也与工具的进步速度不同步；“灰烬层”有一部分可能根本不是灰烬，即使是也并非火塘；猿人的食谱值得商榷，动物群有多少是猿人食用，又有多少是狼或者鬣狗之类的食肉动物所致。

通过现代研究，在前人的资料积累之上，更好地恢复猿人行为，甚至通过合理的演绎可能会得出“周口店是北京猿人之家”的推论。但需要指出的是，随着全球范围内发现的增多和研究模型的成熟，早期人类已经被证实并不是捕食者，宾福德认为食腐可能是北京猿人更多应用的适应策略，狩猎则是比较晚期才出现的适应模式，中更新世时期的人类并未采用。

四、近看周口店：系统观察后对北京猿人行为的再构建

宾福德认为有必要到周口店实地考察，以更好从埋藏学的角度研究周口店的动物群，并且尽可能更多地了解中国旧石器时代考古学的研究现状，故在1985年的5、6月来华。宾福德受限于各方的行程安排，只有4天时间来观察周口店出土的动物群，

共观察1523件出土于周口店第一地点的动物骨骼，回国后整理并发表论文《近观周口店》[32]，以主要的四个种群进行了分门别类的统计，与已知的民族学狩猎材料和鬣狗活动堆积相对比，得出了猿人更可能是食腐者而非狩猎者的结论，穴居动物可能是洞穴内动物群组合的主要制造者，用火则可能发生在人类占据洞穴的较晚阶段，但无论从何种情况来看周口店的占据者都不是先前研究者所想象的现代猎人。

1. 动物群观察与统计

北京猿人遗址出土遗物由于不可抗拒的时代因素，无法满足系统比较研究的深度，加之早期发掘时对比较碎小的骨片没有收集，致使定义猿人的消费偏好不再可能，建立动物遗存与石制品关联的目的也因原始资料的缺乏无法达到。

为了找出洞穴内动物群的主要制造者，宾福德将观察统计所得的马科、鹿科、水牛属等动物骨骼，与其发掘、研究过的诸多史前洞穴遗址和调查所得的民族考古学材料相联系对比。用来与北京猿人遗址相对比的地点主要有三种类型：①早期人类活动遗址，包括理查德森（Richardson）的观察、克拉西斯河口（Klasies）、霍克森（Hoxne）、康贝·格里纳尔（Combel Grenal）、阿布里·瓦夫里（Abri Vaufrey）、伊兰斯方丹（Elandsfontein）等；②鬣狗洞穴，安图、卡拉哈里（Kalahari）、斯尤基马乌（Syokimau）、阿拉德（Arad）等；③现代狩猎活动地点，安纳图夫克（Anaktuvuk）狗窝、卡金亚（Kakinya）、狗熊遗址（Bear Site）等。文中对比了马科和水牛属两种在周口店占较高比例的动物骨骼，对比聚类了啃咬方式、解剖学部位出现的频率、人工痕迹等，发现北京猿人遗址所得的数据与鬣狗洞穴的数据相接近，从而推测那些一直被认为是猿人行为的痕迹大多数与猿人活动无关，更可能是鬣狗等穴居食肉动物聚集和啃咬的结果；少量的猿人活动也并非是一直认为的狩猎，而是拣拾动物尸首，敲骨吸髓。

判断早期人类食尸的重要标准即是在一个适合穴居动物生存和屠杀动物的地方，同时存在古人利用动物资源和食肉动物啃咬痕迹。马科动物的头骨出现了相对高比例的工具痕迹，发现了11件可能被燃烧过的标本，可以视作在上部堆积（第3～4层）中猿人曾烧烤马科动物头骨的证据。在下颌上发现的改造痕迹说明，为了获得舌头、其他肌肉组织和下颌本身而在动物尸体相对新鲜时处理下颌部，在肋骨上发现的痕迹可能来自移除肌肉组织的初步肢解行为，常被认为处理干燥骨骼以敲骨吸髓的长的条痕是不存在的。同样值得关注的是从工具痕迹中辨识出来的两种策略，也可能是两种类型：利用石片切割刃缘切开和利用更笨重的大型工具砍砸。与马科动物骨骼组合相比，水牛属骨骼组合呈现出更高的啃咬比例和更低的工具痕迹比例，较之于欧洲早期人类活动遗址，同样指向了这些骨骼是穴居动物搬运改造所致。

鹿科动物的骨骼材料是有限的，宾福德怀疑仅从鹿科动物的牙齿和骨骼组合上难以得出确定性的结论。在早期研究中，步日耶曾观察到葛式斑鹿标本鹿角一般与头骨相连，而肿骨大角鹿鹿角一般都与头骨相分离的现象，步氏将这种现象解释为这是周口店早期人类不同季节深思熟虑、借助工具屠宰两种鹿科动物的证据。宾福德根据肿骨大角鹿尺寸及体貌特征等分析，搬运成本较高，无论是早期人类还是鬣狗都偏向于肿骨大角鹿不带鹿角的部分。宾福德还详细检查了步日耶认为有工具改造痕迹的鹿角照片，发现它们的改变和破碎模式都与动物啃咬一致。宾福德认为，周口店存在两种类型的鬣狗：中国鬣狗和斑鬣狗，前者为典型食腐者，在它的巢穴中动物下颌占主导地位，而后者随环境条件的改变采用狩猎或食腐的不同策略，当处于狩猎阶段时，巢穴中仅大型动物下颌具有高出现率。这两种穴居食肉动物的活动是周口店鹿科动物骨骼积聚的主要动因；早期人类最初是食腐者而非狩猎者，他们捡拾动物尸体残余为食，形成了少量鹿科动物骨骼堆积。

能反映北京猿人行为信息的标本太少，很多之前被认为是北京猿人砸击的标本很可能是食肉动物啃咬形成的凹痕、刻痕甚至穿孔。根据凹痕尺寸大小推断动物牙齿的类型，进而推测此食肉动物可能就是鬣狗。宾福德认为北京猿人并不是有效的狩猎者，相反是捡拾动物尸体、敲骨吸髓的食腐者。存在一些人工切割痕迹的鹿科动物骨骼标本，痕迹多在头骨处，可能是北京猿人捡拾鹿科动物头骨、利用舌头等特殊部位所致，进一步论证了“北京猿人是食尸者”的论点。

2. 北京猿人行为的再构建

北京猿人在其晚期阶段确实已经具有了用火能力，最有力的证据就是存在新鲜时被烧烤的马头，但早期阶段堆积中出土的天然晾干后被灼烧的动物骨骼并不能直接的与人类行为相联系。之前被认为是灰烬的地层经过检验后大部分可能并不是灰烬，而是矿物质浸染，有些黑色“烧骨”可能也是因此而变色。

被动物啃咬过的动物有一部分是存在工具痕迹的，尤其是马的骨头上最多，这说明猿人对于马的食用频率可能高于其他物种，暗示着北京猿人的饮食“偏好”。没有比较有力的可用证据说明猿人进行过狩猎，这印证了之前猿人以食腐作为主要获取食物方式的设想。

同类相食是不合理的，大部分的骨骼痕迹和下颌部分的缺失可能是穴居动物活动所致。

关于洞穴是否是北京猿人之“家”或者大本营的问题，由于资料的损佚、用火遗迹性质不确定和动物群特征不明等原因，尚无法做具体研究。宾福德认为1985年新近发表的《北京猿人遗址的石器综合研究》[33]，为猿人适应模式的复原提供了比较细致和有用的资料，欲尝试将石器的特征与中国猿人文化建立合适的关联，宾福德当时仍有下一步的研究计划（最终似未实现）。

五、宾福德北京猿人研究的启示

宾福德《远观埋藏学：周口店是北京猿人之“家”？》[34]发表后，引发了国内外的学术界的诸多争论。国内的相关专家学者，尤其是在周口店工作过的老同志大多持强烈的反对观点，认为宾福德对遗址材料了解和研究不够深入，甚至是一种帝国主义的妄想和判断。国外的学者对其方法和模式给予了肯定，但并不完全信任其对材料的研究精度。

1. 中国学术界的反应

针对《远观埋藏学》，吕遵谔[35]认为当前北京猿人遗址确实有着诸多的相关问题没有解决，宾福德所提出的观点很新颖也具有参考性，同类相食的假说在我国国内也一直都是有所争议的；不同意宾福德提出的早期阶段猿人用火基本不可能是人工的观点；宾福德所推断的石器和猿人骨骼没有共生，是不符合北京猿人遗址的实际出土情况。同时对这篇文章做出评述的还有盖培，他直言宾福德的文章是不合逻辑的，在否定了一系列的人类活动证据之后又设想猿人经常利用洞穴、在此使用石器并带入火种，无异于将周口店视作北京猿人之“家”，前后矛盾。而对于《近观周口店》一文，尤玉柱受邀在文后做了评述，提出如果猿人没有狩猎行为并将动物骨骼大量带入洞内的话，则洞内的十余万件石器的来源是难以解释的；灰烬层已经做过了化学检测，烧石、烧骨和烧过的种子均并非宾福德所猜测的锰铁浸染；经过修理和边缘有使用痕迹的应该就算是骨器。

这两篇文章最早由《自然与人》杂志简要介绍给我国读者，继而引发了国内研究者的大讨论，张森水[36]、贾兰坡[37]、王吉[38]等加入其中，指出宾福德对材料了解过少、归纳不够、带有偏见、工作不够深入等，其所得出的结论更是混淆视听[39]和一种帝国主义式的蔑视。1989年，贾兰坡发文[40]以北京猿人遗址的具体出土材料为论据驳斥宾福德的观点。宾福德不应该凭主观猜测或个人好恶任意否定，周口店是中西方诸多著名学者共同作出的判断，并不会犯宾福德所提出的观察不清是否烧骨、是否灰烬、是否骨器等低端错误。

国外的学者也对此发表了各自的意见[41]，大多对宾福德所采用的理论进行肯定，质疑则集中在宾福德缺乏必要的论证，食腐行为在北京人生存策略中究竟占多大的比重尚不清楚，就武断的论证北京猿人的适应策略中食腐占主导地位而非狩猎是不合适的；同理，鬣狗并不是所有堆积的制造者，那么鬣狗的活动究竟占了多少的比重，又有多少是人类活动的结果，宾福德不仅缺乏必要的数据统计[42]，也对遗址的了解程度不够。

2. 宾福德的立论基础

这场持续数年的讨论之所以会存在且如此精彩，是因为双方所持的立论基础完全不同，虽然基于的都是同一材料，但要解决的问题、思路、阐释方式着实迥异。

美国新考古学当时已经处于大发展和相对成熟的阶段，在早期人类起源、动物埋藏学、石器形态学、民族考古学和遗址形成过程等各方面均取得了一定的成就和积累。宾福德运用了大量的的数据统计、类比分析在北京猿人遗址的研究中，这些数据来自于包括宾福德本人在内的西方考古学家的长期工作。宾福德在北美、非洲、澳洲等地参与了一批早期古人类遗址的发掘和研究，建立了有关早期人类行为的参考框架；在阿拉斯加地区对接近原始狩猎采集者的爱斯基摩人做过大量的民族考古学调查，有了对遗址形成过程的新认识；对亚洲和非洲鬣狗的相关研究，得出食肉动物对动物骨骼的作用，这些成果都对其讨论北京猿人活动方式提供了理论和数据参考。

相对来说，当时中国学者的关注点主要集中在出土遗物与遗迹本身上面，对于北京人生活方式的推论则是一种基于自身经验的推想，对于早期人类生计方式的了解较少，囿于自身的学术基础和马克思主义的研究思路，长期以石器形态学为主要研究方法，实验考古、民族考古和史前考古数据积累的缺失，且在很长一段时间内国际交流较少，因而坚持自身之前的判断是情有可原的。

宾福德运用了演绎的方法，而我国的学者在当时以材料积累为基础，采用归纳法、寻找共性、以自身生活经验和近代民族学材料为推测基础，因而在方法论有着本质不同的情况下，两者的观点并不存在对错高下之分。我们都已经无法亲眼见到北京猿人的生活情境，只能尽可能的接近之。

3. 宾福德的研究影响

这场轰轰烈烈的大讨论最终似乎双方都没有能够说服对方。可是，自20世纪90年代至今，“周口店是北京猿人之‘家’”的观点已经很少有人提及。当代学者虽然充分利用了各种新的科学技术手段复原遗址环境、精确遗址年代、细化动物群种类，但对早期人类适应策略的构建还是鲜少有明确的见地和模型。国外学者虽仍有人在论证宾福德的观点，但更多的则集中到了“周口店早期阶段是否存在人工用火”上面。美国学者魏纳等人在20世纪末再一次对北京猿人用火能力及证据[43]提出质疑，又一次将世人的焦点拉到了周口店，我国学者对该文很快做出了具体的评述和回应[44]，声明灰烬层、烧骨及其他用火证据的可信性。时至今日，我国学者继续在不懈努力以证明北京猿人用火是真实存在的[45]。

六、结　　语

至此，北京猿人遗址之争随着作为主要争论方的几位老先生相继离世而不得不画上句号。囿于宾福德对材料了解程度有限，提出的结论难免有失偏颇，但其研究的基本方法与理论值得我们借鉴和思考。

这场讨论留给当代中国考古学者最重要的启示并不是谁对谁错，而是宾福德所运用的方法，提示我们系统地、关联地、整体地看待所出土的考古材料，不能仅仅直接的将所见与猿人行为相联系。当前，与史前考古相关的其他学科领域研究在我国尚有缺失，即使有初步的关联，也是浅尝辄止的。相对来说，美国考古学在遗址形成过程、中程理论、实验考古等方面取得一定成绩之后，在20世纪80年代已经逐渐产生了过程考古，而今甚至发展到了对过程考古具有批判性的后过程考古学阶段。上述研究领域在我国部分是空白，部分则处于起步摸索阶段，我们理应是能够借鉴他们已有的研究基础与我国的具体情况相结合。

总之，宾福德的质疑客观上推动了北京猿人遗址研究向更广、更深层次发展；也提醒了我们，科学研究要有推理过程，不能直接“想当然”的将考古发现与某种重大结论相关联。

注　释

［1］ 李捷. 周口店之化石层［J］. 中国地质学会志，1927（6）：337–345.

［2］ 裴文中，张森水. 中国猿人石器研究［M］. 北京：科学技术文献出版社，1985.

［3］ 贾兰坡. 对中国猿人石器的新看法［J］. 考古通讯，1956（6）：1–8.

［4］ 同［2］.

［5］ 盖培（译）. 论史前石器和假石器［A］. 裴文中史前考古学论文集［C］. 北京：文物出版社，1987：1–40.

［6］ 裴文中. “曙石器”问题回顾——并论中国猿人文化的一些问题［J］. 新建设，1961（7）：12–22.

［7］ 贾兰坡. 对中国猿人石器的新看法［J］. 考古通讯，1956（6）：1–8.

［8］ 张森水. 对中国猿人石器性质的一些认识［J］. 古脊椎动物与古人类，1962，6（3）：270–279.

［9］ Breuil, H. Bone and antler industry of the Choukoutien *Sinanthropus* site［J］. *Palaeon. Sin.*, 1939, 117 (6).

［10］ 贾兰坡. 中国猿人（北京人）［M］. 上海：龙门联合分局，1953.

［11］ 贾兰坡. 从工具和用火看早期人类对物质的认识和利用［J］. 自然杂志，1978（1）：31–34.

［12］ 贾兰坡. 关于中国猿人的骨器问题［J］. 考古学报，1959（3）：1–5.

［13］ 裴文中. 关于中国猿人骨器问题的说明和意见［J］. 考古学报，1960（2）：1–9.

［14］ 贾兰坡. 周口店——“北京人”之家［M］. 北京：北京出版社，1975.

［15］ 黄万波. 中国猿人洞穴的堆积［J］. 古脊椎动物与古人类，1960，2（2）：83–95.

［16］ 同［2］.

［17］ 诺埃尔·博阿兹，乔昆（著），陈淳，陈虹，沈辛成（译）. 龙骨山——冰河时代的直立人传奇［M］. 上海：上海辞书出版社，2011.

［18］ Weidenreich, F. The skull of *Sinanthropus pekinensis*: a comparative study of a primitive hominid skull［J］. *Paleontol. Sin*., 1943, D (10): 1–298.

［19］ 贾兰坡. 远古的食人之风［J］. 化石，1979（1）：12–13.

［20］ 吴汝康. 也谈“食人之风”［J］. 化石，1979（3）：9–11.

［21］ 〔美〕路易斯·宾福德，〔英〕科林·伦福儒（著），陈胜前（译）. 路易斯·宾福德访谈［J］. 南方文物，2011（4）：15–27.

［22］ Binford, L. R., Chuan Kun Ho. Taphonomy at a Distance: Zhoukoudian, “The cave home of Beijing Man?”［J］. *Current Anthropology*, 1985, 25 (4): 413–442.

［23］ Weidenreich. The duration of life of fossil man in China and pathological lesions found in his skeleton［J］. *Chinese Medical Journal*, 1939 (55): 37–41.

［24］ Breuil, H. *The men of the Old Stone Age*［M］. New York: St. Martin’s Press, 1965.

［25］ 笔者注：沉积期后现象（postdepositional phenomena），指地层堆积在地质沉积形成后又受到了地震、流水、其他物种干扰等而形成的堆积，即指洞穴坍塌、动物踩踏、人类活动干预等对原始地层的改变。

［26］ 贾兰坡. 中国猿人化石产地1958年发掘报告［J］. 古脊椎动物与古人类，1959，1（1）：21–26.

［27］ 同［22］.

［28］ 贾兰坡. 人类的黎明［M］. 香港：上海科学技术出版社·三联书店香港分店，1983：117.

［29］ 同［22］.

［30］ 贾兰坡. 中国猿人化石产地1958年发掘报告［J］. 古脊椎动物与古人类，1959，1（1）：23–26.

［31］ 同［15］.

［32］ Binford, L. R., Nancy M. Stone. Zhoukoudian: A closer look［and comments and reply］［J］. *Current Anthropology*, 1986, 27 (5): 453–475.

［33］ 同［2］.

［34］ 同［22］.

［35］ 同［22］.

［36］ 路石（张森水笔名之一）. 周口店是“北京人”之家吗［J］. 化石，1987（4）：16–17.

［37］ 贾兰坡. 周口店无疑是北京人之家［J］. 科学，1988（1）：54–56.

［38］ 王吉. 北京猿人是生活在山洞里的吗［J］. 科学，1986（4）：297–298.

［39］ 贾兰坡. 关于周口店北京人遗址的若干问题——评宾福德等的新看法［J］. 考古，1988（1）：77–84.

［40］ Jia, Lanpo. Problems of the Beijing-Man site: A critique of new interpretations［J］. *Current Anthropology*, 1989, 30 (2): 200–205.

［41］ Binford, L. R., Stone, N. M. On Zhoukoudian: reply to comments［J］. *Current Anthropology*,

1987, 28 (1): 102–105.

［42］ Reynolds, T. E. G., L. R. Binford. On agents of bone accumulation at Zhoukoudian［J］. *Current Anthropology*, 1986, 27 (4): 368–369.

［43］ a. Weiner, Steve, Qinqi Xu, Paul Goldberg, Jinyi Liu, Ofer Bar Yosef. Evidence for the use of fire at Zhoukoudian China［J］. *Science*, 1998, 281 (5374): 251–253.

b. Bernice Wuethrich. Geological analysis damps ancient Chinese fires［J］. *Science*, 1998, 281 (5374): 165–166.

［44］ 徐钦琦，刘东生等. 对美国《科学》杂志关于周口店第一地点用火证据的文章的评论［J］. 人类学学报，1998，17（4）：318–329.

［45］ 高星. 北京猿人用火的新证据与研究进展［N］. 中国考古学中日论坛，2015-2-28.

Binford's Arguments on Zhoukoudian Loc.1

ZHAN Shi-jia　DONG Zhe　CHEN Sheng-qian

The Zhoukoudian Site is a well-known Paleolithic site with early hominids remains in China. Lewis R. Binford, a famous American archaeologist, had published two articles in *Current Anthropology*. He observed the remains from Zhoukoudian in the perspective of taphonomy and site formation processes. He therefore proposed some provocative arguments about the stratums existence of cannibalism and use of fire. He also paid attention to bone tools manufacture technique, marks observed on animal bones as well as Peking Men's adaptive strategies. These arguments arose a worldwide debate on the Zhoukoudian Site. Here we retrospect the history of the debate, reexamine the viewpoints of views of different researchers, and evaluate the advantages and disadvantages of their arguments. By the re-analysis of Binford's research on Zhoukoudian, we expect to provide a pathway for Chinese archaeologists which would be benefited for his ideas.

公元前三千纪叙利亚地区的丧葬习俗

——以阿和摩尔遗址墓葬为例

桑 栎

（洛阳师范学院河洛文化国际研究中心，洛阳，471000）

近东考古研究者一般将叙利亚地区视作美索不达米亚南部文明的次生地带。20世纪初，西方学者为了追寻《圣经》所记述的古老文明对幼发拉底河中游地区进行了考古调查和发掘。近年来，伴随着幼发拉底河大型水库的兴建，叙利亚考古工作进入黄金时代。有学者对这一地区公元前三千纪至公元前两千纪的考古学文化做过系统的研究[1]，使得我们对青铜时代的文化谱系、内涵及其所反映的早期国家的形成和发展过程有了初步的了解。

墓葬是考古发掘中常见的遗迹，是研究古代社会组织结构、阶层分化和古人丧葬习俗的重要依据。叙利亚地区青铜时代早期的墓葬遗存尤为丰富，特别是地面式大型石室墓极具特色。在格里–维瑞克（Gre-Virike）[2]、耶拉布鲁斯（Jerablus）[3]、阿和摩尔（Ahmar）和博纳特（Banat）[4]等遗址（图一）发现有100余座墓葬，青铜时代早期的墓葬研究成为叙利亚地区考古的重点和热点[5]。发掘者对墓葬类型和分布、形制与年代以及随葬品的组合进行了综述，但对于显示丧葬习俗的埋葬行为和墓葬特征，比如与人畜骨骼相关的随葬品位置，与埋葬过程相关的墓室结构，与石室大墓相关的地面附属建筑，与聚落内其他遗迹相关的墓地级别等问题尚缺乏系统的、专门的研究。

葬俗是宗教观念和社会习俗在埋葬中的体现。21世纪初，“后过程主义考古”在欧美地区成为主流学派，并衍生出“死亡考古学”这一属于“阐释考古学”的分支流派。该理论认为墓葬所涵括的遗迹和遗物往往是从死者的角度来体现生者，主张用“来世”（afterlife）这一原始观念去理解。该阐释理念为研究近东墓葬的丧葬观念提供了新的视角，提醒我们尽可能地对埋葬行为和仪式进行解释，阿和摩尔遗址埋葬行为的分析正是探讨两河南部以北地区族群埋葬习俗及丧葬观念的重要组成部分。

叙利亚地区的墓葬资料丰富翔实，但由于宗教、民族和语言等因素，中国学者对该地区考古学文化的面貌知之甚少。阿和摩尔遗址是该地区青铜时代早期最具代表性的遗址之一，对这个遗址墓葬材料的梳理和探讨，有助于我们详细了解两河流域社会复杂化背景下的丧葬观念和精神信仰的变迁。因此，笔者立足于一线考古材料，拟依据阿和

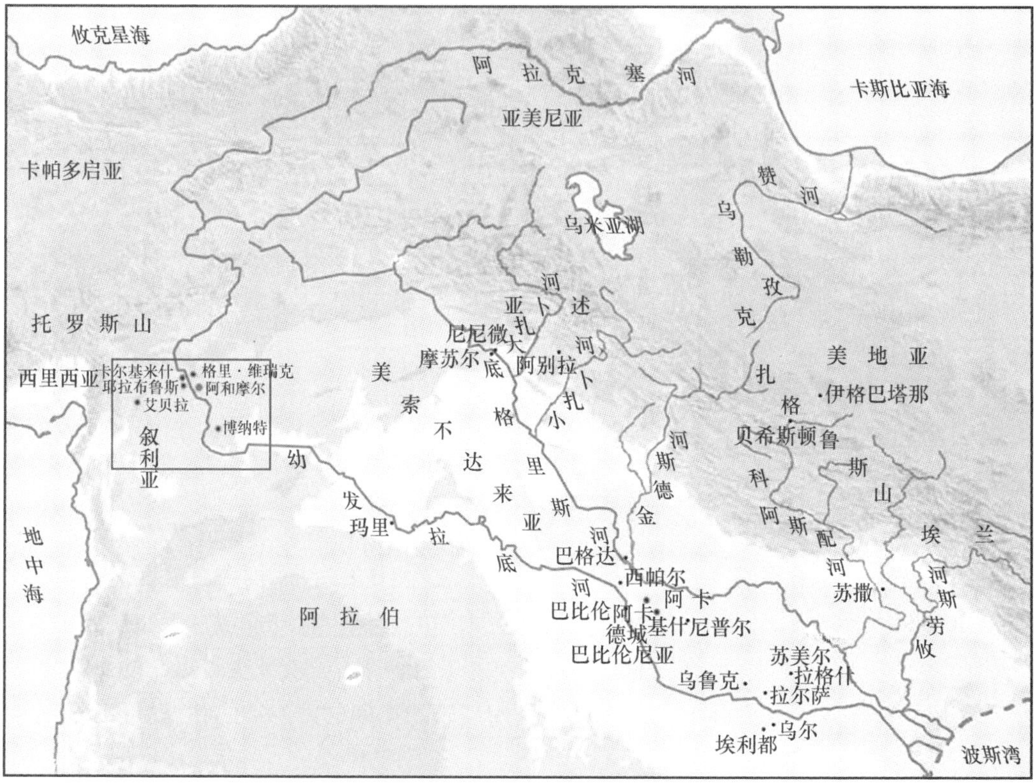

图一　近东地区青铜时代早期遗址位置图

摩尔遗址的墓葬遗存，结合其所属时代和地区其他遗址的情况，着重分析以石室大墓为代表的贵族阶层的埋葬行为，以期进一步揭示公元前三千纪叙利亚地区考古学文化变迁、社会阶层的分化和国家体系的完善等问题。

一、文化背景

幼发拉底河中游地区是叙利亚最早开始考古发掘的地区，20世纪之初既已开展考古工作[6]。20世纪80年代以来，河谷地区的考古发掘工作频繁开展，经正式发掘，属于青铜时代早期的遗址达20余处。这一地区从玛里（Mari）遗址开始，沿幼发拉底河向叙利亚地区扩展，在地理位置及文化面貌上与两河南部的苏美尔、阿卡德地区关系密切。研究表明，公元前四千纪，幼发拉底河中游地区已被纳入了乌鲁克文化的分布范围，并出现了早期的城市文明。公元前三千纪，该地区的土著文化受南部先进文化因素的影响，发展出兼有本地特色和外部因素的青铜文化，即青铜时代早期一至四段（EBA Ⅰ ~ Ⅳ）[7]，并由稳定的城市文明步入国家文明。

研究者根据幼发拉底河中游发现的陶器和碳十四测年数据，认为陶器组合和形态的变化过程（1A、1B、2A、2B）与青铜时代早期一至四段基本对应[8]。其中Ⅰ、

Ⅱ段为公元前三千纪的上半叶（公元前3000～前2600年），主要流行素面灰陶（plain simple ware）和施釉划纹陶（late reserved slip ware）。此外还有常见属于实用炊器的手制粗糙陶罐（cooking pot ware）。第Ⅲ段为公元前三千纪的中叶（公元前2600～前2450年），这一时期，素面灰陶的种类增加，出现了三足器和带流壶等器形，磨光陶、硬陶和原始瓷器也开始大量出现。其中磨光陶多发现在河谷地带的墓葬中，被称“幼发拉底磨光陶”。此类陶器制作精良，经过轮制加工，通体磨光，颈部和上腹部饰以红色弦纹。器形有高领折唇罐、“香槟杯”（champagne cups）及敞口碗等。第Ⅳ段可分为前（A，公元前2450年～前2300年）、后（B，公元前2300年～前2000年）两个时期。与之前相比，由于手工业专业化程度大幅度提高，开始出现了批量生产的“杯状”碗（caliciform）和“桶形”碗。到公元前2000年左右，灰陶质地的素面“杯状”碗仍大量使用，而“幼发拉底磨光陶”则彻底消失。

从聚落形态来看，公元前三千纪中叶开始，河谷地带遗址的面积普遍扩大，开始兴建城墙与护城壕沟等防御设施，聚落内的制陶作坊数量增多，宫殿区建立并使用。同时，墓葬形制也发生了变化，在第Ⅰ、Ⅱ段以土坑竖穴墓和瓮棺葬为主，到了第Ⅲ、Ⅳ段开始出现了突出地表的大型石室墓，其中博纳特遗址居住区外甚至修建起大型阶梯状（金字塔形）的封土墓[9]。青铜时代早期末段（ⅣB，公元前2300年以后），墓葬种类更多，出现了带墓道的土坑竖穴墓、泥砖墓和石板墓等类型的墓葬。

公元前三千纪对于美索不达米亚的南部也是一个非常关键的千年。约公元前2900年，苏美尔地区步入早王朝时期，从波斯湾至两河之间的地区内遍布三十几座城市，所组成的城邦国家具有高度发达的青铜文明，主要包括埃利都（Eridu）、乌尔（Ur）、乌鲁克、拉格什（Lagash）、尼普尔（Nippur）和基什（Kish）等重要遗址。苏美尔人建立的早王朝可分为三个阶段（EDⅠ～Ⅲ），其中前两个阶段相当于幼发拉底河中游青铜时代早期Ⅰ～Ⅱ段。早王朝第Ⅲ段前期（A）年代为公元前2600～前2450年，后期（B）为公元前2450年～前2350年，分别对应幼发拉底河中游第Ⅲ段与Ⅳ段A。此后，苏美尔城邦被阿卡德帝国所取代，后者以基什遗址以北的阿卡德城为中心，将其影响扩展到了美索不达米亚南部全境。伴随着阿卡德帝国的衰落，城邦纷纷独立，其中苏美尔人以乌尔为中心建立了乌尔第三王朝。从阿卡德帝国建立至乌尔王朝（Ⅲ）的统治结束，大体相当于叙利亚地区第ⅣB段，年代为公元前2350年～前2000年。

阿和摩尔遗址位于叙利亚境内幼发拉底河东岸的冲积平原上。历史上，这里是新亚述帝国时期古城提勒·巴尔西波（Til Barsib）所在地。1928年，法国学者对阿和摩尔遗址铁器时代的城市和宫殿建筑进行了发掘，同时还发现了青铜时代的居址和墓葬遗存[11]。1988年至2001年，比利时列日大学（University of Liège）的布纳什（Bunnens）带队对阿和摩尔遗址青铜时代早期的遗存进行了全面揭露（表一）[12]，发掘了12个区域（A～C、CJ、D～M）和1条探沟（S，图二）。

表一　阿和摩尔遗址的文化堆积

时代	时间（BCE）	文化遗存	位置
罗马帝国		石质宫殿	中心丘、C区
波斯与希腊		陶器、泥塑、灰坑	B区
新亚述帝国（铁器时代）	900～700	民居、城市、亚述宫殿、狮门、象牙、雕塑	C、D、E区
前亚述时代	1000	卢威语象形文字、阿姆人	C区、石质大墓之上
青铜时代晚期	2000～1000	泥砖墙、陶器、石质房基	探沟（S）
青铜时代中期Ⅱ		建筑、陶器、器物	探沟（S）
Ⅲ～Ⅳ青铜时代早期Ⅰ～Ⅱ	2600～2000	石质大墓、附属建筑、大型石质建筑	中心丘 探沟（S）
	2900～2600	聚落扩张、民居、陶器	A区

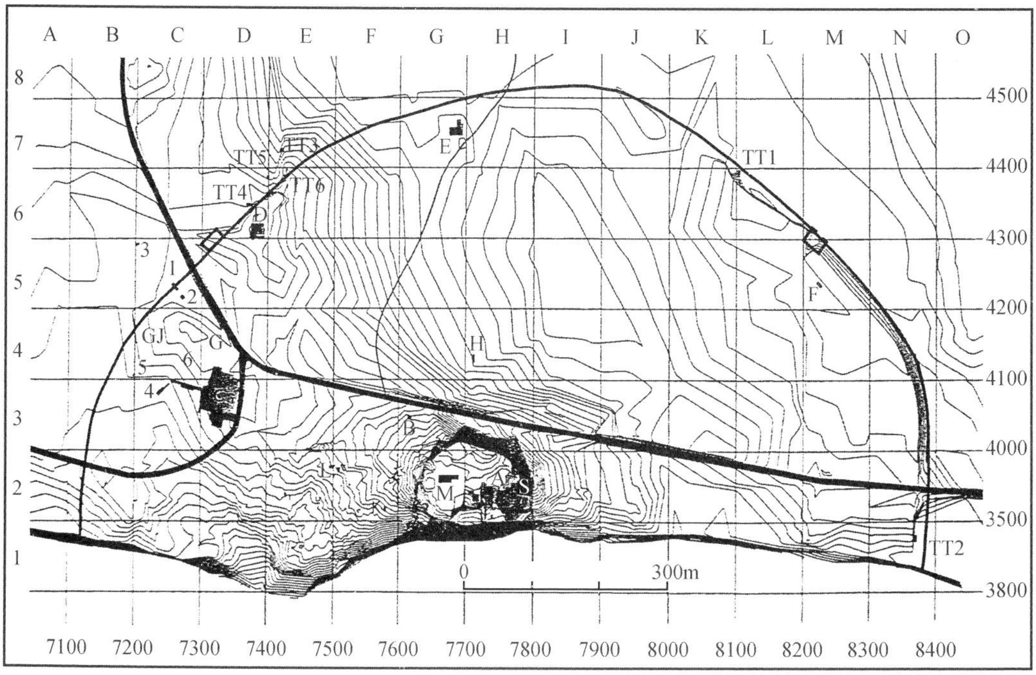

图二　阿和摩尔遗址平面图[10]

发掘结果表明，该遗址的使用时间较长，从铜石并用时代一直延续到罗马帝国时期。公元前四千纪，这里的小型农业村落开始向城市发展，即从欧贝德第Ⅳ期向乌鲁克时期转化。到了公元前三千纪，遗址的范围扩大，占地面积达2万平方米。聚落进入文化繁荣期，生活遗存丰富，发现有5个文化层。中心位置累积形成了一座长250、宽150、高25米的土丘（Acropolis），土丘西350米处为高15米的中城（Middle City），外围是直径约1200米的环状下城（Lower City）。青铜时代早期的Ⅲ～Ⅳ段，阿和摩尔遗址所属的文化内涵发生了转变，中心土丘处建立起一座涂有白灰面的大型宫殿建筑，建筑石墙厚达1.5米，土丘的最高处出现了以石室大墓为代表的高等级墓葬和附属遗存。

二、墓葬特征

石室大墓处于聚落中心的最高处，半地穴式，东西向。墓葬由规整的石块构筑，结构复杂，由竖穴墓坑、墓门、过道和主室等部分组成（图三）。石室结构稳固，历经数千年，未有损毁。

竖穴较狭小，位于西南部，通过墓门和东部的大型主室连通。墓门以石块封堵。主室长方形，顶部为5块巨大的石灰石板。墓壁几乎垂直于墓底，在墓顶下方约0.3米处的四壁上嵌有一周计17个陶“钉”，陶“钉”长约0.4米，间距0.6～0.8米。

主室内靠近南墙的狭长区域中，未发现任何遗物，宽度1米左右。可能是为搬运死者遗骸和随葬品所留的过道。

1. 人骨和动物遗存

大墓墓室东半部的宽阔范围内发现有两具完整的成人骸骨。并列安置，头西面南，侧卧屈肢，双臂弯曲，手向脸部（图三）。有学者认为这是一种放松的“睡眠”姿势，意味着重生，以便于到达祖先之灵的聚集地。

墓葬中除了人骨遗存以外，还有不少动物骨骸。经鉴定距离人骨最近的骨骼是山羊。有研究认为动物是作为贡牲，提供给死者往生以后肉食所用[15]。

2. 随葬品

阿和摩尔墓葬中的随葬品有两大类，包括铜器34件和完整陶器1045件。陶器多堆放于墓室西北角，铜器置于人骨头部和陶器之间。

（1）铜器

公元前三千纪中叶，叙利亚居民同南部的苏美尔人一样，能熟练地掌握青铜的冶炼和制造工艺，阿和摩尔遗址的铜器均为人工合金的锡青铜，除了少量的青铜别针、穿孔针、铜碗和手环（图五）外，多为武器和车马器。

青铜别针在近东地区公元前三千纪的墓葬内颇为常见，都发现于人骨周围，主要有圆环式针头和实心针头两类。部分别针钉头处弯曲，推测其功能是用来连接衣物，似乎有“纽扣”的作用。

阿和摩尔遗址发现的缰绳环不甚完整，造型为两匹对称的马或野驴。前腿高高抬起，后腿站立于双环之上，其使用方法一般为皮质缰绳从动物的鼻孔穿过经由固定在牲畜颈后车辕上的缰绳环持于御者手中。缰绳环的器形在大小、双环构造和动物造型等方

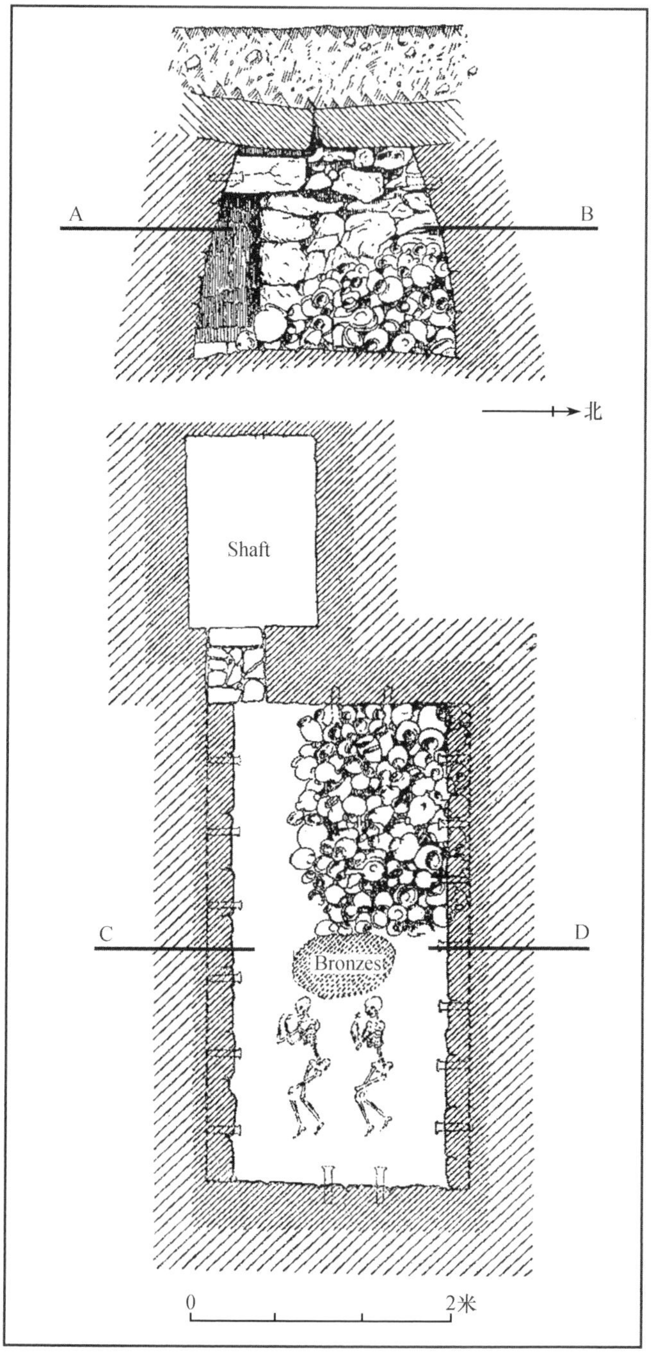

图三　阿和摩尔遗址大墓平、剖面图[13]

面与苏美尔早王朝时期乌尔、基什等遗址出土的器物类似，其功能应属于车马器[17]。

墓内的3个青铜碗集中放置，敞口，底部或平或圜。器身直径不足10厘米，高度不足4厘米。此类小型器物可能用以盛装稀有珍贵的液体（香水或橄榄油），供死者来生

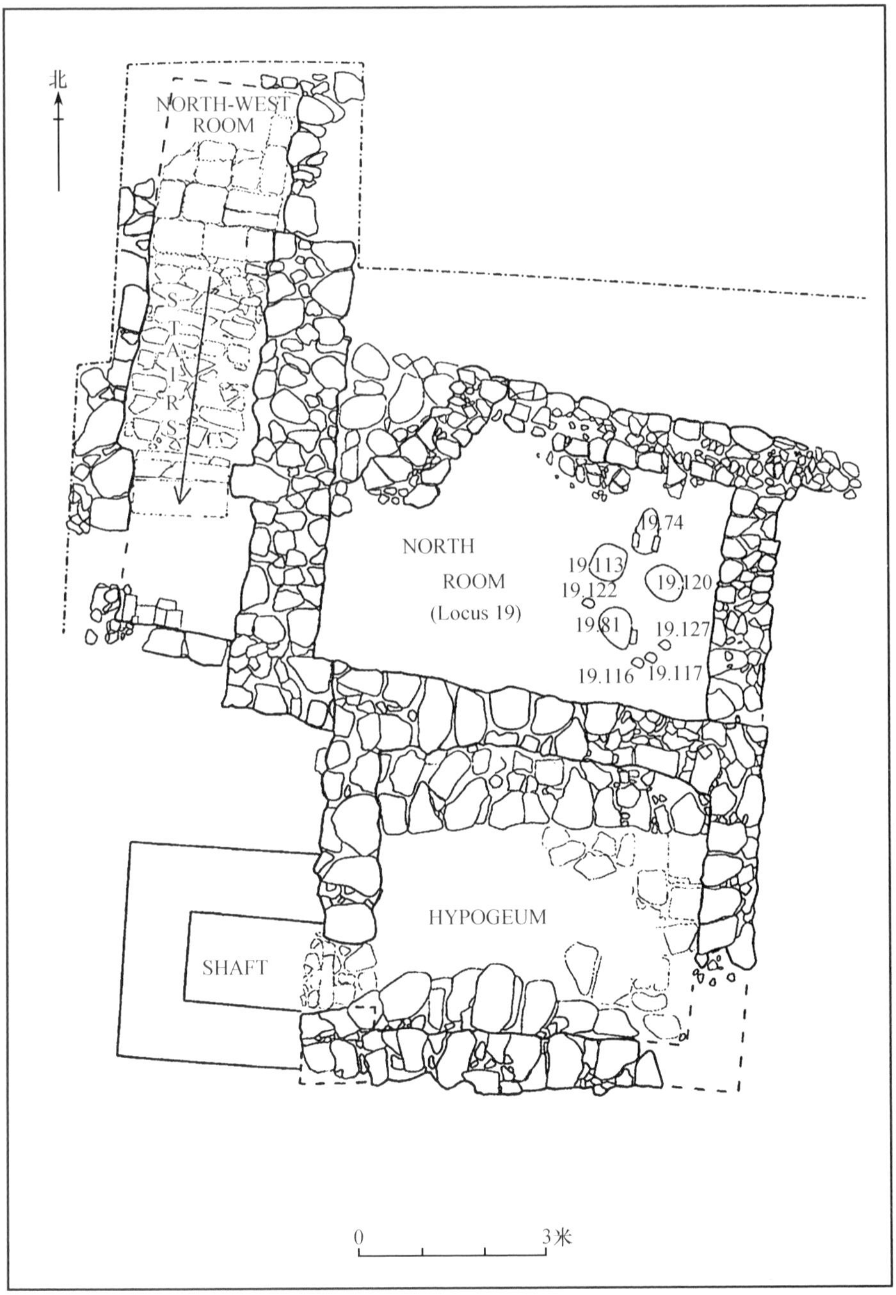

图四 阿和摩尔遗址大墓及附属遗存[14]

所用。

遗物中最重要的是类型丰富的24件青铜武器，包括铜矛6件、青铜短剑8件、平斧4件及管銎斧6件。武器的装柄方式有三类：长矛和短剑通过铤部安装，平斧类通过铆钉连接柄部，青铜斧通过管銎装柄。其中管銎斧不像平斧那样可用于砍伐木材等手工业生

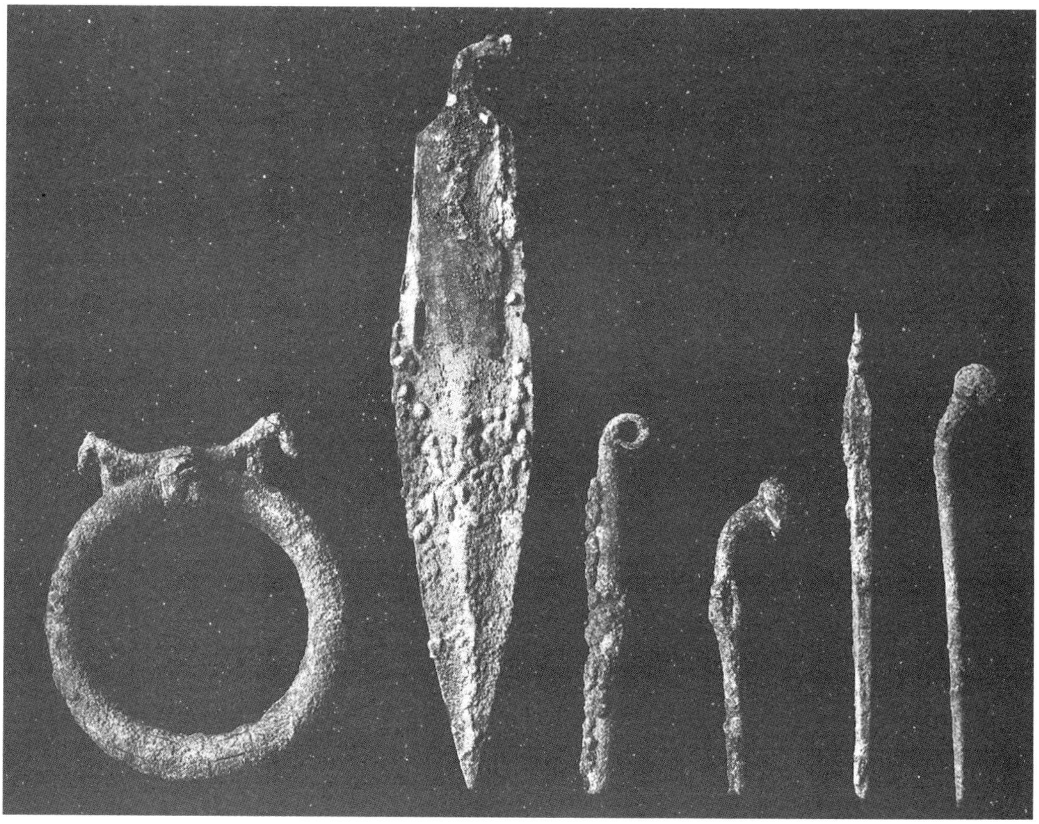

图五　青铜手环、短剑、别针及穿孔针[16]

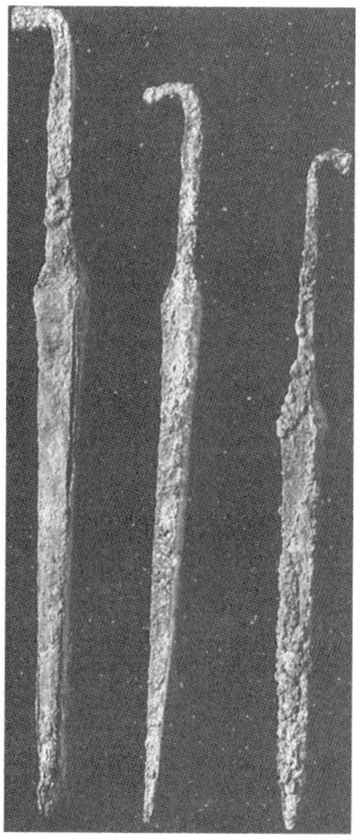

图六　青铜长矛

产，而是与长矛、短剑一样是专门用于近战格斗，因而被称之为“战斧”（battle axes），主要发现在洛雷斯坦地区，在美索不达米亚南部稍晚的阿卡德时期也有发现，是近东青铜时代早期最具杀伤力的武器之一。

矛的刃部均有棱，断面呈菱形，铤部细长，可与非金属的柄部结合，应是长矛一类的近战武器（图六）。

平斧有新月形、斧凿形和半圆形三类（图七），新月形的分布范围较广，主要发现在安纳托利亚高原、美索不达米亚平原以及洛雷斯坦地区，研究者认为它们普遍流行于苏美尔早王朝第Ⅲ段后期[18]。

管銎斧中有1件斧体呈锥状，具有锋利的尖部，可以轻易地刺穿坚硬的盔甲（图八）。

（2）陶瓷器

除了青铜器以外，在阿和摩尔遗址的贵族墓内还发现有大量的素面灰陶和细泥磨光陶，以及少量硬陶和原始瓷器，年代

图七　青铜平斧

图八　管銎式战斧

为青铜时代早期第ⅣA段（2B）。陶器数量众多，集中摆放于主室的西半部，摞成一个高耸的遗物堆，占满墓室内过道与人骨之间的全部空间。

素面灰陶器形丰富，涵括公元前三千纪幼发拉底河中游地区的全部器类，其中数量最多的是素面碗。主要有两种，即敞口平底碗和圈足折唇碗，共计279件。其次是体积较大的轮制桶形碗，有190余件。桶形碗是叙利亚地区青铜时代早期第ⅣA阶段的典型陶器类型，形制规整，由快轮加工而成，表面留有波纹痕迹，显示出该时期手工业专业化程度极高。此外，球腹罐的数量也很多，其中高领折唇罐就有187件。

陶器中大约1/10是“香槟杯”，上部呈碗状，中部为中空、细长的管状柄，与喇叭形的器足相连。“香槟杯”通常较高，一般为30厘米左右（图九）。此类陶器广泛分布于幼发拉底河谷公元前三千纪的各个中心聚落，Ⅰ～Ⅱ段为素面灰陶质地，Ⅲ～Ⅳ时期成为“幼发拉底磨光陶”的主要器类。有学者指出“香槟杯”既有丧葬用器的功能，同时在日常生活中也很常见。耶拉布鲁斯遗址大型石室墓（M302）内发现了500余件陶器，其中“香槟杯”的数量达到106件[19]。发掘者在探讨其使用功能时，曾指出这种陶器可能在丧葬仪式的宴请中用于饮酒，每次祭礼结束后随人骨遗存放置于墓葬内[20]。这种推测是基于玛里遗址发现的贝壳浮雕，该浮雕描绘了一位身着华服的女神手持香槟杯的情景[21]。“香槟杯”与我国史前和商周时期流行的高柄豆形态相近，但后者多解释为盛放食物的器皿而非“酒器”，青铜豆也作礼器之用。“香槟杯”作为幼发拉底河谷青铜时代早期最具特色的陶器之一，其适用场合尚需考古发现的检验，但此种陶器应在日常和丧葬仪式中具有特殊的意义。

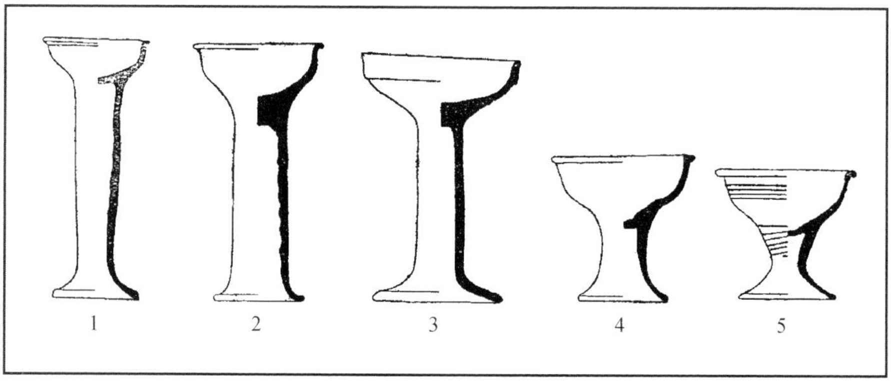

图九　阿和摩尔遗址的“香槟杯”[22]

素面灰陶中，部分装饰具有艺术风格。这类陶器的数量较少，形制特殊，器身和流口处多装饰有动物或人的形象。这类陶器或为带流器或为高领大口瓶，是用来储存和倾倒液体的容器，在丧葬仪式中可能充当“注酒器”，抑或有其他特殊的用途。

3. 附属遗存

在大墓北部，发现有一组石质地上建筑（图四）。建筑的西北角残存有13级石阶，北侧连接另一组房屋，南侧可能与贵族墓的竖穴墓坑相连。石质建筑与大墓共存，均位于遗址中心土丘的制高点，其内有多层文化堆积，建筑废弃前经过反复的修建。地层学证据以及建筑群内的遗物显示，北部石质建筑的始建时间与其南部半地穴石室大墓大体相同（ⅣA段），废弃年代为青铜时代早期ⅣB段。

阿和摩尔遗址发现的青铜时代早期其他人骨遗存包括6具婴儿骸骨，另有5座丛葬墓发现于石室大墓的两侧。

婴儿骸骨发现于石室大墓的附属建筑内，有的置入瓮棺内，有的放置于地面上，年代稍晚于贵族墓[23]。婴儿遗骨的周围发现有2个圆形尖底土坑，内壁涂抹有灰泥。其中1个圆坑内发现有灰烬的痕迹，另外1个坑内发现有若干块玄武岩卵石和破碎陶片。

丛葬墓中，4座墓葬的形制相同，均由竖立石板构筑成椁室，墓底以石砖铺就，墓口则以覆石密封；仅M3由泥砖建造。M1、M2位于大墓以西靠近墓口的地方，M3～M5位于东侧，依次排列。墓葬呈东西向，葬有1至2具一次葬人骨，全部为屈肢葬。随葬品靠近人骨，多为素面灰陶器，如碗、罐、杯等器型，仅M4内随葬有“香槟杯”。死者面向北，与贵族墓人骨面向相反，面向差别可能缘于墓主人身份差异，也可能与墓葬年代不同相关。丛葬墓的年代稍晚于石室大墓及其北部的附属建筑，大约在公元前三千纪的末期。

石室大墓周围的附属遗存因保存不够完整，考古发掘没有全部揭露，发掘者推测此遗迹群可能还包括其他地面多间石构房屋以及其他半地穴式的大墓。

4. 墓主人身份推测

与南部的苏美尔和阿卡德地区不同，叙利亚地区的金属器大多集中在较高等级的墓葬遗存中，如耶拉布鲁斯遗址M302、阿和摩尔遗址的石室大墓、博纳特遗址M1和M2以及维瑞克遗址砖石墓K9等。红铜、砷铜和青铜质地的器物仅为该地区贵族和富有阶层所拥有。

研究表明，阿和摩尔墓葬发现的青铜武器属于叙利亚地区青铜时代早期第ⅣA段，相当于苏美尔早王朝第三段后期。根据乌尔王陵的发现，青铜武器一般陪葬给特定的人群，如武士阶层。

据此推测，阿和摩尔遗址石室大墓内发现有长矛、短剑、铜斧、管銎战斧等几十件的近战武器组合，还发现有车马器，埋葬的两位死者应属于武士阶层。两河南部的早王朝时期尚无常备军的建制，这些沉重的武器可能原本为墓主人所有，处于向职业军阶的过渡阶段。但是武器上没有发现任何使用痕迹，也不见于遗址同时期的其他墓葬中，它们可能储存在宫廷或神庙的军械库中。墓葬中装备当时流行的各式武器是其身份、职业或权力的象征。

三、贵族墓的丧葬习俗解析

考古发现的墓葬遗存与研究所揭示的社会形态变迁相符。幼发拉底河谷地区中心聚落出现大型石室墓及地面附属建筑，与此前普遍流行土坑墓，晚期出现的各类小型墓葬形成了鲜明对比。石室大墓在占地面积、附属建筑规模、墓室数量和大小方面都反映出其修建过程中所耗费的人力、物力及时间与之前不同。大型石室墓的主人当属贵族阶层，是次级中心聚落的最高阶层。结合阿和摩尔遗址的情况，两位死者是聚落的统治者，城邦国家的较高阶层，也是武士阶层的代表，他们集管理、军事甚至宗教权力于一身的上层贵族。

1. 墓室装饰

阿和摩尔遗址大墓墓壁四周嵌有陶“钉”的现象，在叙利亚地区乃至整个幼发拉底河流域都十分罕见。学者分析其用途有两种可能：一是装饰墙壁，二是在丧葬仪式中作为祭祀中灌酒的陶“管”。据文献记载，在两河流域南部，有一种葬俗是将液体通过陶管注入地下，为死者提供饮品。在埃及、东南欧等美索不达米亚青铜文明的波及地区，也有类似的仪式，即用容器泼洒酒、橄榄油等液体，来祭祀祖先和鬼魂等神祇。显然，在青铜时代早期，幼发拉底河中游地区类似的祭酒仪式已出现，较高等级阶层开始在丧葬仪式中祭祀亡灵或祖先神。

2. 丧葬用器

根据阿和摩尔遗址的资料来看，青铜材质的个人装饰品与其他器物放置于一处，明显与人骨分离。考虑到该遗址的这座高等级墓葬未受盗扰，这几件个人物品原本就不是与人骨埋在一起，它们可能并没有被死者拥有或使用过。未伴随人骨放置的原因，可能如近东文献记载，是尸骨安葬过程中，亲友举办悼念死者的葬礼，期间悼念者会馈赠“礼物”，用以献给祖先神和冥界诸神。

帕克·皮尔森在《考古学：死亡与丧葬》指出，近东地区墓内陪葬的陶器可能盛装有食物和饮品，是死者在“来世”的必需之物[24]。但是阿和摩尔遗址贵族墓的陶器在发现之初已被证实容器内没有食物遗留。从陶器的摆放形式来看，不同形制、大小各异的陶器叠落在一起，显然是在大型宴会中配套使用。该中心聚落统治阶层的埋葬习俗应与平民有别，即陶器内不一定盛装食物下葬，陶器的数量和丰富的种类意味着墓主人生前享有富足的生活，是特权阶层的象征。从丧葬观念的角度来看，当死者的灵魂到达另外一个世界以后，陪葬的大量陶器可继续用于举办宴飨，以欢庆与祖先的灵魂会合。

有学者认为陶器的数量与埋葬的人数相关联，如耶拉布鲁斯M302中发现12具骨架，是不同时期分别下葬的，因此随葬陶器可积累到500余件。在阿和摩尔遗址，随葬给两位死者的陶器数量上千件，种类繁杂，究竟是一次集聚于此，还是后世的祭礼中逐渐累积而成？事实上，该墓葬内的陶器形制和组合一致，器形上难以分出早晚，均属于幼发拉底中游地区陶器群2B类。结合墓葬内的迹象，这些陶器与青铜器一样，并非后世逐年放置而是与死者一起埋入的。值得关注的是一次葬中如此多的陶器是如何收集起来的？有学者指出，这种现象与举办丧葬仪式相关，可能是在死者生前就开始积累，如放置于墓主人府邸的库房中，去世后，兴办盛大的下葬和悼念仪式，此前收集的陶器和青铜器随尸骨一起陪葬，用以彰显其家族的地位和财富状况[25]。

3. 墓前（内）祭祀

“死亡考古学”对墓葬内发现动物骨骼十分重视，认为墓穴内见到个人装饰品和陶器等为死者生前或死后所用，动物遗存的出现则有着特殊的象征意义。

幼发拉底河谷地青铜时代早期的墓葬中动物遗存时有发现，一类是与人骨同出的羊骨骼残骸。从史前时期至青铜时代，近东地区的畜养动物包括山羊、绵羊、驴、牛、猪和狗等。其中羊的主要作用是为人类提供肉食、羊奶和羊毛，故而，墓葬内的羊牲多解释为提供死者在“来世”享用的食物。幼发拉底河中游的耶拉布鲁斯遗址M302的填土内发现有大量羊骨碎块，骨头上还残存有人类牙齿啃食的痕迹（表二）。据此，发掘者推测居民们在葬礼上举行宴飨（Kispu），之后再把吃剩的残骸投入填土内[26]。对于陪葬的完整动物骨架，则有不同的说法。譬如，博纳特遗址最高等级的1座多间石室墓（M7）木棺附近发现有1具完整驴骨架，上面覆盖有陶碗及黑色鹅卵石。这种类似于人骨的处理方式显现出驴的重要作用，研究者认为它可能是载死者通往“来世”的交通工具[27]。

表二　幼发拉底河谷青铜时代墓葬内动物骨骼的发现

遗址名称	墓葬	家畜					野生动物		
		山羊绵羊	驴	牛	猪	狗	狐狸	野兔	鸟类
耶拉布鲁斯	M302	√	√	√	√	√	√	√	√
阿和摩尔	贵族大墓	√							
博纳特	M1、M2	√		√					
	M7		√						
	“金字塔”墓地（A）		√	√					
	“金字塔”墓地（B）	√							
格里·维瑞克	砖室墓（K9）	√							
	大墓附属建筑	√							

在阿和摩尔遗址其他的墓葬中未见动物殉葬的现象。显然，在该遗址仅有较高等级的阶层才拥有使用动物牺牲的权力。根据苏美尔城邦时期的文献记载，人、畜是供奉神祇常规性的献祭内容[28]。动物牺牲和人祭的鲜血可以滋养大地，以祈求掌握地下世界神祇的庇护。阿和摩尔遗址石室大墓内的人骨附近发现以整具山羊殉葬的现象，反映出山羊在丧葬仪式中的特殊作用。古代美索不达米亚的宗教观念认为，山羊是具有神性的动物，它作为牺牲，是人牲的“替代品”[29]。居民出于对死神和祖先神的敬畏，下葬时选用山羊来陪葬死者，以祈求死者在来世不受疾病和邪魔的侵扰。

4. 墓地结构

同时期贵族墓带有附属建筑的现象，还发现在阿和摩尔遗址以北、幼发拉底河东岸的维瑞克遗址。青铜时代早期Ⅲ ~ Ⅳ段，该遗址发现有3座多间石板墓，与其北部两排简易石头房屋相连接，均位于遗址中心区由石砖铺就的高台上[30]。

与阿和摩尔遗址的情况类似，12座附属房屋因延续时间较长而堆积了丰富的文化层。其中发现有大量灰泥土坑类遗迹。一类土坑带有火烧痕迹，其功能可能与灶相似；另一类土坑内有陶器碎片，应是故意将完整的陶罐打碎填入形成，系毁器行为所致。此类现象也称为碎物葬，是指人类故意打碎器物为死者陪葬或祭奠的行为。近东地区毁器现象与中国类似，只是多发现在与墓葬相关的附属遗存中，以破碎陶罐居多。结合维瑞克和阿和摩尔两遗址的情况可知，贵族墓落成后，人们在其附近修建地面建筑，专门用于进行丧葬活动，其中包括宴饮、毁器等祭祀行为，稍晚阶段还有用婴儿或儿童献祭的现象。

在河谷地带的其他遗址中，突出于地表的大墓修建之初，就与聚落内的其他重要遗迹直接相连。如耶拉布鲁斯遗址M302，与墓口连接的阶梯可直达城墙和城内的宫室建筑。博纳特遗址M7的墓顶石板，位于大型宫殿基址内，是庭院的一部分。此类贵族墓的修建与同时期周围的公共建筑融为一体，成为葬礼、集会、祭祀和庆典等活动的公共场所。

公元前2300年前后，幼发拉底河中游临河的聚落中，环绕大墓“丛葬”的现象十分常见，此类墓葬或许与贵族墓区内的祭祀行为有关。墓葬大多位于此前大墓的周围，墓葬类型以石板墓、石堆墓和泥砖墓为主。规模一般较小，长度多在1米左右，宽度多在0.5米以下，有一定数量的随葬品，多为日用陶器。此类墓内的死者与贵族墓死者，是陪葬的血缘家族亲属，是服侍亡灵的家内奴仆或官员，还是尊崇逝者为神祇而献祭的人牲，目前尚无法判定。丛葬墓中有不少瓮棺葬及儿童、婴儿的人骨遗存，尽管没有任何随葬品，但是死者肢体摆放比较严肃，非随意处理，可能与仪式活动有关，具有宗教方面的特殊含义。

综上所述，阿和摩尔遗址的石室大墓落成后，周围的附属建筑和公共设施成为举办各种丧葬仪式活动的场所。稍后时期，又形成了具有一定规模、呈拱卫之势的丛葬墓群。附属建筑内出土的陶器等遗物最晚至青铜时代早期ⅣB段，与丛葬墓群的年代相当。推测贵族墓地附近时有各种仪式举办，大约持续150年。从丧葬观念的角度看，贵族死者在聚落居民在不断的献祭活动后，升格为祖先神，以石室大墓为中心的墓地也成为凝聚宗族和社会精神的场所。

四、公元前三千纪叙利亚地区的丧葬观念

公元前三千纪，叙利亚地区形成了新的政治经济体系，由国王及贵族掌握权力和分配土地，与以神庙产业为中心的两河南部明显不同。公元前三千纪中叶，叙利亚地区考古学文化格局发生了巨大变化。以幼发拉底河中游地区为中心形成了都邑级别的两个遗址及其他中心城市，统一政治秩序下叙利亚城邦国家逐步确立。这一阶段兴建城墙与护城壕沟等设施的巨大工作量，昭示着浓重的政治性色彩，叙利亚地区的经济发展导致特权阶层与较低阶层之间存在竞争，同时城邦间的战争和抵御外族的因素，促使城市具有防备内患和抵御外侮两重职能[31]。

两河南部的遗址出土了大量文字材料，其中关于苏美尔人祭祀仪式的记载十分详细，这为我们解释考古发现的墓葬所反映的宗教观念提供了重要的依据。实际上，“来生”并不是一个富足的世界，缺少各种必需之物[32]。以此观念为指导，近东地区的随葬品都是供给死者“往生”后的“生活”所用，如常见的青铜饰品和陶容器。

当时的丧葬仪式包括生者（悼念者）、死者（尸骨）和灵魂（亡灵）三个要素。分为三个阶段[33]：第一阶段，为安葬阶段。死者亡故后，由其亲友进行清洗尸体、涂抹香料、穿着寿衣的程序，同时构筑墓穴，准备随葬品。殉葬动物是葬礼的一项重要程序，主要是用来陪葬死去的贵族和国王等高等级阶层。德莱海姆（Drehem）遗址出土的泥版文书记载，舒辛王（Šu-Suen，乌尔第三王朝的第四位国王，公元前2037～前2029年在位）的葬礼耗时3天，期间共152个动物在神庙中被宰杀，充当牺牲[34]。第二阶段，为“变生为死”阶段。在墓主人安葬后的一段时间内，其尸体逐渐腐烂，通过守灵和献祭仪式，死者的灵魂顺利释放。泥版文书记载，献祭是生命的交换，死者的灵魂会享用后世不间断的献祭，作为回报，善意的鬼魂继续保佑其亲友和社会的安定，未得献祭的亡灵将在世界游荡觅食，涂害生者。这一时期，通过祭祀，死者与其生活的城市保持一定的联系，当埋葬的尸体最终化为白骨时，死者的灵魂才能到达另外一个世界，切断与生者的一切联系；第三阶段，“死后”祭祀阶段。为确保亡灵寻找到祖先之灵的集聚地，能安然地存在于另外一个世界，仍需要举办纪念活动。有些逝者的灵魂被视为神祇，领受供奉。人们定期献上与常人无异的酒食，在两河南部，王室成员死后每半个月接受一次祭拜，普通死者的祭日每一个月一次[35]。供奉的祭物能滋养已逝的祖先，使他们更好地照顾活着的后代。

阿和摩尔遗址贵族大墓未经扰动的原生环境为我们再现埋葬行为提供了线索。在悼念死者的祭礼中，一只山羊会被宰杀，与贵族尸体一起入殓，羊牲的作用可能是协助亡灵到达另一个世界。陶器一般象征着墓主人在“来世”享用的饮食，其数量来代表着墓主人的财富状况。特殊形制的陶器，如“香槟杯”、幼发拉底磨光陶、硬陶和原始瓷器等，既是丧葬用器，也使用于特殊庆典中。个人装饰品中包含了亲友悼念死者的“礼

物”。贵重物品代表了墓主人的权力和地位，既有管銎式战斧为代表的近战格斗兵器，也有卫体短剑以表示其身份，青铜武器成为墓主人特殊阶层的象征。墓葬内除了人骨、动物和随葬品遗存以外，常设有搬运人骨和随葬品的通道，意味着第一阶段伴随人骨下葬的悼念仪式具有一定规模，并延续一定时间。

以阿和摩尔遗址代表的叙利亚地区贵族墓的丧葬习俗，体现了两河地区南（科威特、伊拉克）、北（叙利亚）两类国家形式的对立和共存，反映了两者在精神信仰和文化传统方面既有共性也有区别。一方面，叙利亚地区与南部苏美尔及阿卡德国家为代表的文明先进地区相比，保持着既有丧葬观念的联系和融合，即“来生”观念和通过不同阶段的丧葬仪式，对鬼魂的敬畏升格到对祖先神的崇拜。另一方面，叙利亚地区青铜时代早期的城邦国家里，王室和贵族拥有显赫的权威，特权阶层的扩张削弱了神权的力量，形成叙利亚社会政治和经济权力的核心，并崇尚军事控制的格局。该地区高等级墓葬大多为武士阶层，使用附属建筑和丛葬墓，有以动物和未成年人献祭的葬俗。其中，人畜血祭无论是滋养大地还是服侍逝者，都是最高等级的祭品，也是死者上层社会地位的显著标志。贵族墓的埋葬行为集中体现了对世俗权力的加强，而不是对神权的崇尚。

公元前三千纪的下半叶，由青铜时代早期第Ⅲ段至第Ⅳ段幼发拉底河中游地区的考古学文化经过两次更替，叙利亚地方性文化特征进一步加强，国家形态更趋明晰。这一时代背景下，新的统治方式建立，通过埋葬和祭祀行为，进一步扩大了祖先崇拜的深度。统治者在精神领域突破族群之间的隔阂，以便在国家内部传承原有的宗教意识，并整合不同区域间的宗教观念，最终在公元前三千纪晚期形成了有别于两河南部、别具一格的青铜文明。

五、余　论

公元前四千纪，全世界范围内大部分地区还处于狩猎和采集社会时，近东地区不但遍布着定居农业聚落，还出现了以巨大神庙建筑、圆筒印章和泥板文书为代表的乌鲁克文化，被誉为第一次“城市革命”，率先步入了文明社会[36]，长久以来也一直被西方世界视作其文明的源头。此后的一千年间，近东地区以乌鲁克文化为核心向外扩张，出现了具有独具特色的房屋、陶器、装饰品和祭祀遗存，并迎来了第二次“城市革命”[37]。

在遥远的东方，在公元前三千纪，中国境内的文明渐渐起步，中原地区兴盛一时的彩陶文化——仰韶文化进入庙底沟二期，龙山时代的大幕揭开，此后以良渚、石峁、陶寺、石家河、王城岗等城址为代表的城邦文明逐渐兴起，各文化集团在博弈和融合中为广域王权国家的诞生积蓄着力量。中国是东方文明的摇篮，近东是西方文明的发祥地，两个原生文明的发展道路尽管有异，但都是从公元前三千纪开始走向辉煌，并于这一千纪末期展开的交流和互动的。

1921年，安特生发掘仰韶遗址，中国近代考古学随之诞生。数十年来，随着考古发现的增多和研究的深入，中国学界对史前和三代考古中的重要问题重新审视和解读，形成了一系列文明起源和形成模式的学说。对近东地区该时期的物质和精神文化进行研究，为全球视野下中国文明起源研究的拓展提供了一个参照系。

与古代中国有异，近东地区的墓葬遗存与原始宗教和死亡观念相联系，相信祭仪是沟通俗世与神祇之间的中介，通过下葬、悼念、守灵和纪念等一系列的仪式活动，死者的身份才能得以转化，逝者才能被尊为神。我国的史前居民相信“万物有灵”，体现在对自然神祇的崇拜、对鬼魂的敬畏和对祖先的崇敬。近年来在传统考古学研究的基础上，中国学者们也开始关注精神文化领域的考古现象[38]，并试图从丧葬习俗的角度对先秦时期的墓葬遗存进行分析，进而对古代社会精神信仰和丧葬观念展开讨论，近东地区相关问题的探讨，也是中国精神文化考古可资参考的案例。

上文关于叙利亚地区贵族墓及相关遗存的探讨，是在高等级阶层丧葬习俗讨论的基础上，对该地区早期国家形成和社会复杂化过程中丧葬观念探讨的初步尝试，希望通过此案例为史前及三代时期墓葬遗存的探讨抛砖引玉，进而促进中国文明起源的深入研究。

注　释

[1] Akkermans, P. M. M. G., G. M. Schwartz. *The Archaeology of Syria: From Complex Hunter Gatherers to Early Urban Societies (ca. 16,000—300BC)* [M]. Cambridge: Cambridge University Press, 2003.

[2] Tuba Ökse, A. Early Bronze Age graves at Gre Virike (Period Ⅱ B): an extraordinary cemetery on the Middle Euphrates [J]. *Journal of Near Eastern Studies*, 2006 (65/1): 1–38.

[3] Peltenburg, E., et al. Jerablus-Tahtani, Syria, 1998-9: preliminary report [J]. *Levant*, 2000 (32): 53–75.

[4] Porter, A. Communities in conflict. Death and the contest for social order in the Euphrates River Valley [J]. *Near Eastern Archaeology*, 2002 (65/3): 156–173.

[5] Pfälzner, P. *(Re-) Constructing Funerary Rituals in the Ancient Near East* [M].Wiesbaden: Harrassowitz Verlag, Qatna Studien Supplementa, 2012 (1).

[6] 1911年至1914年大英博物馆对卡尔基米什遗址（Carchemish）进行发掘。Woolley, C. *Carchemish Ⅱ: The Town Defences* [M]. London: British Museum Press, 1921.

[7] EBA是Early Bronze Age的缩写，青铜时代近东地区的考古学文化一般以段作为分期序列，而不同于史前时期以两河南部典型遗址来命名考古学文化的原则。

[8] Jamieson, A. S. The Euphrates Valley and Early Bronze Age ceramic traditions [J]. *Abr-Nahrain*, 1993 (31): 36–92.

[9] McClellan, T., A. Porter. Survey of Excavations at Tell Banat: Funerary Practices [A]. *Archaeology of the Upper Syrian Euphrates: The Tishrin Dam Area (Tishrin Dam)* [C]. Aula

Orientalis-Supplementa, 1999 (15): 107–116.

［10］ Verardi, V. A Metallurgist Workshop at Tell Ahmar, Syria［J］. *Akkadica*, 2007 (128): Figure 1.

［11］ a. Thureau-Dangin, F. Tell Ahmar［J］. *Syria*, 1929 (10).

b.Thureau-Dangin, F., M. Dunand. *Til-Barsib*［M］. Paris: Librairie Orientaliste Paul Geuthner, 1936: 96–108.

［12］ a. Bunnens, G. Tell Ahmar on the Euphrates. A New Research Project of the University of Melbourne［J］. *Akkadica*, 1989 (63): 1–11.

b. Bunnens, G. Tell Ahmar-1988 Season［J］. *Abr-Nahrain*, Supplement Series, Leuven, 1990 (2).

c. Bunnens, G. Melbourne University excavation at Tell Ahmar on the Euphrates. Short report on the 1989–1992 Seasons［J］. *Akkadica*, 1992 (79/80): 1–13.

d. Roobaert, A., G. Bunnens, Excavations at Tell Ahmar-Til Barsib［A］. *Tishrin Dam*［C］. 1999: 163–178. 关于阿和摩尔遗址的材料均出自注11和注12的考古发掘报告及简报，下文不再加注。

［13］ 同［11］b，Figure 8.

［14］ Dugay, L. Early Bronze Age burials from Tell Ahmar［J］. *Subartu*, 2005 (XVI): Figure 1.

［15］ Sang, Li. *Burial Practices of the Third Millennium BCE in the Middle Euphrates Region: An Interpretation of Funerary Results*［M］.Oxford: BAR International Series, 2015 (2759): 45.

［16］ 图五～八见注［11b］，Plates ⅩⅩⅧ–ⅩⅩⅪ.

［17］ a. Mallowan, M. E. L. A Copper rein-ring from Southern Iraq［J］. *Iraq*, 1948 (10/1): Plate Ⅶ.

b. Zettler-Horne. *Treasures from the royal tombs of Ur*［M］. Philadelphia: University of Pennsylvania, 1998: Figures 51–52.

［18］ 新月形铜斧还发现于两河南部的基什遗址（Kish），伊朗地区的阿尔马什遗址（Almash）以及安纳托利亚地区的拜仁迪奎因遗址（Bayındırköy）。见［15］，Table 3.2.

［19］ Peltenburg, E. et al. Jerablus-Tahtani, Syria, 1996: Preliminary Report［J］. *Levant*, 1997 (29): 1–18.

［20］ Peltenburg, E. The living and the ancestors: Early Bronze Age mortuary practices at Jarablus Tahtani［A］. *Tishrin Dam*［C］. 1999: 427–442.

［21］ Peltenburg, E. New perspectives on the Carchemish sector of the Middle Euphrates River Valley in the 3rd millennium BC［A］. *Euphrates River Valley Settlement. The Carchemish Sector in the Third Millennium BC*［C］. Oxford: Oxbow Books, Levant Supplementary Series, 2007 (5): 3–24.

［22］ 见注［11b］，Figure 32.

［23］ 婴儿骨骸发现的地层为第8层，石室大墓地层为第10层，因此在相对年代上稍晚于后者。

［24］ Pearson, P. M. *Archaeology of Death and Burial*［M］. Stroud: Sutton Publishing, 1999: 13.

［25］ Laneri, N. An archaeology of funerary rituals［A］. *Performing Death: Social Analyses of Funerary Traditions in the Ancient Near East and Mediterranean*［C］. Chicago: Oriental Institute Seminars, 2007 (3): 1–13.

［26］ Peltenburg, E. Enclosing the ancestors and the growth of socio-political complexity in Early Bronze

Age Syria [J] . *Scienze dell'antichità, Storia Archeologia Antropologia*, 2008 (14/1): 215–247.

[27] Porter, A. The dynamics of death: ancestors, pastoralism, and the origins of a third-millennium city in Syria [J] . *BASOR*, 2002 (325): 1–36.

[28] Trigger, Bruce G. *Understanding Early Civilizations: A Comparative Study* [M] . Cambridge: Cambridge University Press, 2003: 335–351.

[29] Black, J., A. Green. Gods, *Demons and Symbols of Ancient Mesopotamia-An Illustrated Dictionary* [M] . London: British Museum Press, 1992.

[30] Ökse, A. T. A "High" Terrace at Gre Virike to the North of Carchemish: power of local rulers as founders? [A] . *Euphrates River Valley Settlement* [C] . 2007: 94–104.

[31] Crawford, H. *Sumer and the Sumerians* [M] . Cambridge: Cambridge University Press, 1991.

[32] Bell, C. Ritual [A] . *Perspectives and Dimensions* [C] . Oxford: Oxford University Press, 1997: 89.

[33] Van Gennep, A. *The Rite of Passage* [M] . Chicago: University of Chicago Press, 1960.

[34] Katz, D. Sumerian funerary rituals in context [A] . *Performing Death* [C] . Chicago: Oriental Institute Seminars, 2007 (3): 167–188.

[35] Hertz, R. *Death and the Right Hand* [M] . London: Cohen and West, 1960.

[36] 〔英〕格林·丹尼尔（著），黄其煦（译）. 考古学一百五十年 [M] . 北京：文物出版社，1987：76.

[37] 同 [1] ，233–287.

[38] 何努. 怎探古人何所思：精神文化考古理论与实践探索 [M] . 北京：科学出版社，2015.

Burial Practices of the 3rd Millennium BCE, Syria: Evidence from the Elite Tomb at Tell Ahmar

SANG Li

The third millennium BCE of the Early Bronze Age has witnessed a dramatic transformation of social, economic, and cultural values in the Ancient Orient. Syria has been characterized by the richness and complexity of burial practices on the basis of archaeological data during a time of emerging early state civilizations along the Middle Euphrates valley. The elite tombs uncovered at the Syrian urban centers have revealed considerably rich material of the tomb contents, and some distinctive elements of human/animal remains and artifacts allow for the interpretation on burial activities related to the thinking of mortuary rituals about the afterlife. Religious beliefs are expressed through the sequence of ritual process, such as acts of mourning, ceremonies and commemorative rites, intending to transfer a person from his status as living to that as dead. The burial data from Tell Ahmar can be taken as material manifestations of different ritual stages at/after the time of interments. The performance of public rituals of funerary occurred repeatedly and persisted a lengthy of time towards the end of the third millennium. Thus, the prominent persons buried in the elite tombs of sacred complexes were venerated as illustrious ancestors at the Syrian urban centers, useful for the reinforcement and legitimization of elite's status and authority in the Ancient Syria, as opposed to the Mesopotamia dominating its theocratic authority.

河姆渡文化分期研究

郭梦雨

（吉林大学边疆考古研究中心，长春，130012）

河姆渡文化得名于河姆渡遗址的发掘。1973年11月至1974年1月，浙江省文物管理委员会、浙江省博物馆对该遗址进行第一次考古发掘，将遗址耕土层、冲积层以下的堆积划分为1～4四个依次叠压的文化层。此时学界已认识到了遗址文化面貌的独特性，而将遗址的第3、4层命名为“河姆渡文化”[1]。

1977年10月至1978年1月，在第一期发掘区以北20米的区域进行了第二次发掘。发掘者认为“河姆渡遗址的四个文化层具有紧密地相互衔接的关系，四个文化层当是河姆渡的四期文化，它们是一脉相承的”[2]。这样，河姆渡文化的内涵扩大为遗址的第4～1层，并逐渐成为学界的主流观点[3]，但仍然有学者坚持认为河姆渡文化应仅包含河姆渡遗址的第4、3层[4]。

由于这一时期相关遗址发现的数量不多，河姆渡遗址两次发掘的简报成为研究的主要依据，并在此基础上对河姆渡文化进行了初步的分期，主要的观点有两期说[5]、四期说[6]、四期八段论[7]等。

2000年以来，河姆渡文化的相关材料不断丰富：《河姆渡——新石器时代遗址考古发掘报告》（以下简称《河姆渡》）[8]正式出版，为河姆渡文化的进一步研究提供了全面、翔实的资料。同时，鲞架山[9]、鲻山[10]、小东门[11]、田螺山[12]、童家岙[13]、傅家山[14]、塔山[15]等遗址的发掘成果也相继公布，极大地丰富了河姆渡文化的内涵。而这一时期对河姆渡遗址的性质仍然存在一些不同的看法，认为河姆渡文化应以河姆渡遗址第4、3、2层为代表[16]或仅包括第4、3层[17]，还有学者指出河姆渡遗址仅第4层属于河姆渡文化[18]。

笔者认为河姆渡遗址第4～1层始终是以绳纹圜底釜、平底钵、盆、罐、陶支脚等器物组合为代表的遗存，包含了河姆渡文化不同的发展阶段，虽然第2、1层中新出现鼎、喇叭形高圈足豆等文化因素，但各地层间文化的传承、演变关系更为明显，当是属于同一考古学文化的不同发展阶段。而本文将主要依据《河姆渡》，以第二次发掘划分的层位为基础，通过出土陶器的类型学研究，梳理典型器物的演变，对遗址单位进行重新分组，以此建立起河姆渡文化的分期标尺，并结合其他遗址的材料，将河姆渡文化划分为三期六段，同时进一步讨论文化的分布和内部差异问题。

一、河姆渡遗址的分段研究

河姆渡遗址位于姚江北岸的河谷平原，与四明山隔河相望，地处山前丘陵山地与平原的过渡地带。根据《河姆渡》介绍，遗址“先后两次发掘区域的地层堆积基本一致，所不同的是第二次发掘时因第②层、第③层和第④层自上而下土质土色略见不同，分别细分为②A、②B、③A、③B、③C和④A、④B层。”两次发掘共清理墓葬27座及疑似瓮棺葬2座，灰坑共发现28个，并于第2A层下发现水井一座。这些遗迹之间没有叠压、打破关系。《河姆渡》分别以第4～1层为主，结合各层下开口的遗迹单位，把遗址划分成四期。而本文根据遗址各单位的层位关系及陶器的演变序列，将遗址划分为以下六段（图一、图二）：

第一段：第4B层。河姆渡文化中的釜、罐、盆、钵等典型器物都已出现，其中以浅腹的带脊釜、带突脊的敛口盆、长颈的双耳壶为特色器物。釜腹施绳纹，还有少量波浪纹、篦纹等；器物的口沿、肩部多施以斜线纹、弦纹、贝齿纹等组成的复杂的几何形图案。

第二段：以第4A层及H27为代表。出现垂腹釜、翻唇釜，单耳釜带有突脊。敛口盆发达的突脊退化，双耳壶颈部变短，耳的位置下移，连接壶口与壶肩，器座出现双鋬手。纹饰方面，该层的几何形纹饰较之第4B层明显衰落，但新出现了猪、兽、五叶纹等不同于前期风格的一类纹饰造型。

第三段：以第3C、第3B层及H15、H21等单位为代表。带肩脊的敛口釜口沿内折近似盘口，单耳釜、沿面内凹的盘均已消失。豆的圈足粗矮，不见细柄豆，陶盉由侧装单耳演变为提梁囊袋式。陶器的装饰花纹进一步简化，纹饰的种类也并未超出前段。

第四段：主要包括第3A层。该段发表的陶器不多，口沿外饰一周突脊的陶釜不见于其他单位，为这一时期段的主要特征。

第五段：相当于报告中的第三期，即第2B、2A层及 H5、H6、H8、H17、J1等单位。陶系由夹炭陶为主转变为以夹砂陶为大宗，其次是夹砂红陶和泥质红陶。带脊釜少见，扁腹釜、垂腹釜成为主要釜型，釜腹仍多施绳纹，新出现多角形口沿釜，一类陶釜口沿内侧微凹，外部形成一圈弱脊，极具特色。陶鼎、外红里黑的高柄细圈足豆是这一期段新出现的器形。陶鼎器身以釜形为主，亦见有盆形鼎，鼎足以锥形为多。圈足器中新增圈足盆，陶支脚由以前的实体柱状发展为空心猪嘴形，顶部装环形纽的器盖消失，浅盘形纽的器盖延续下来。纹饰方面，动植物纹已经不见，几何纹进一步简化。

第六段：主要包括第1层及第1层下开口的M1～M6、M9、M10、M14、H3、H20等单位。需要指出的是，笔者认为河姆渡遗址第1层的内涵并不单纯。从出土的各式鼎足来看，已经包含了良渚文化性质的遗存，如T35①：1072、T213①：2046鼎足顶部刻划圆圈，内饰十字纹，在圆圈下装饰繁杂多变的刻划纹饰，这在慈湖上层[19]等遗址中能找到相似造型。T213①：2003“丁”字形鼎足、T213①：2002扁鼓腹壶也属良渚文化

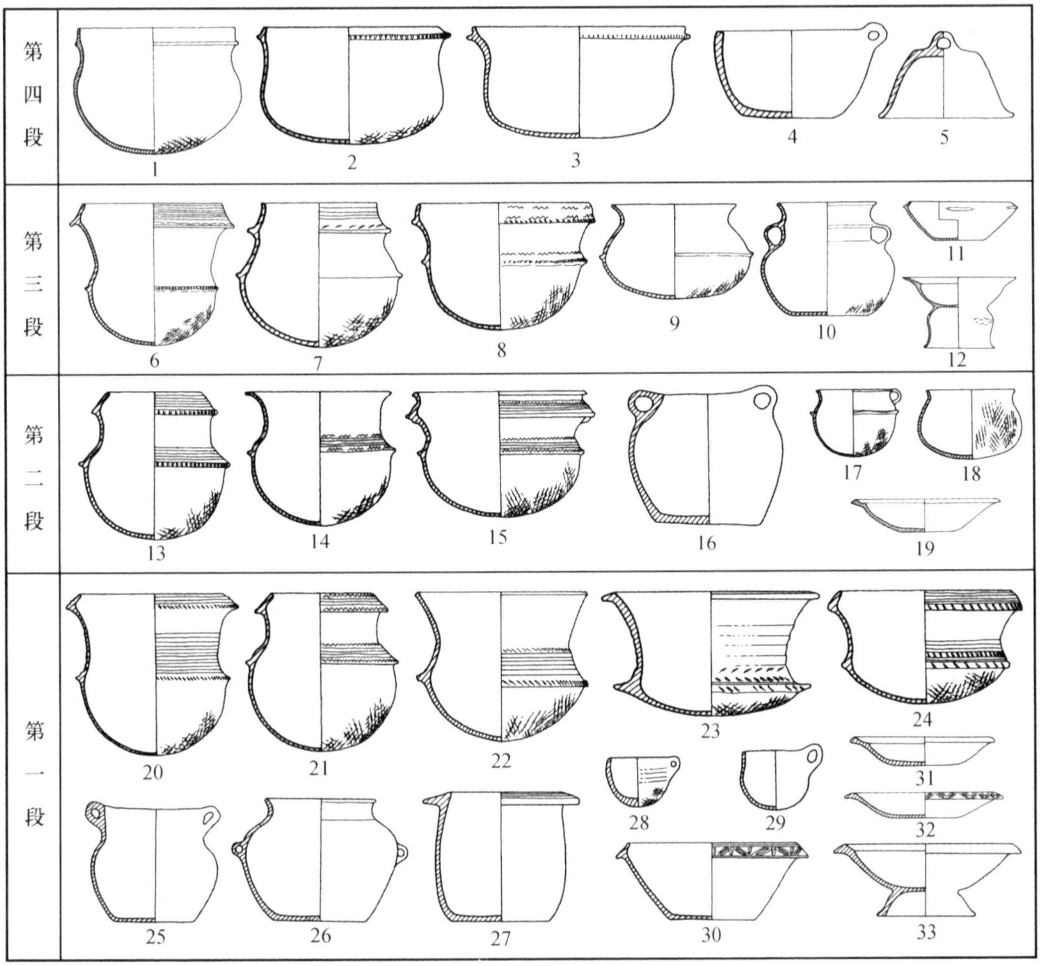

图一　河姆渡遗址出土陶器的分段（第一段～第四段）

1～3、6～9、13～15、17、18、20～24、28、29. 釜（T234③A：29、T226③A：184、T226③A：30、T231③B：47、T223③C：63、T213③B：131、T225③B：82、T212④A：104、T242④A：237、T235④A：101、T234④A：181、T215④A：97、T212④B：152、T234④B：315、T211④B：515、T242④B：392、T221④B：225、T232④B：117、T223④B：158）　4. 单耳杯（T233③A：89）　5. 器盖（T233③A：86）　10、16、25、26. 双耳罐（T216③B：48、T242④A：253、T213④B：133、T225④B：134）　11. 钵（T212③B：3）　12、33. 豆（T243③B：377、T235④B：145）　19、30. 盆（T226④A：127、T221④B：132）　27. 盂形器（T216④B：205）　31、32. 盘（T211④B：320、T215④B：87）

的范畴。因此本文所指的河姆渡遗址第1层并不含这类遗存。

该层陶器以夹砂红陶为主，陶釜与前期的承继关系较为明显，仍见口沿外带弱脊和多角形口沿的特点，束颈的垂腹釜、盘口釜为这一时期新出现的釜类器。完整的鼎不多见，有釜形鼎和钵形鼎，鼎足数量较多，除锥形足外，还有鱼鳍形、三棱形、凿形、柱形等多种形制，足面常有刻划纹。豆可分为粗柄豆与细柄豆两种，豆柄多施三角形、圆形、弧线三角形镂孔。本文中河姆渡遗址的分期与以往观点的具体比较可参见表一。

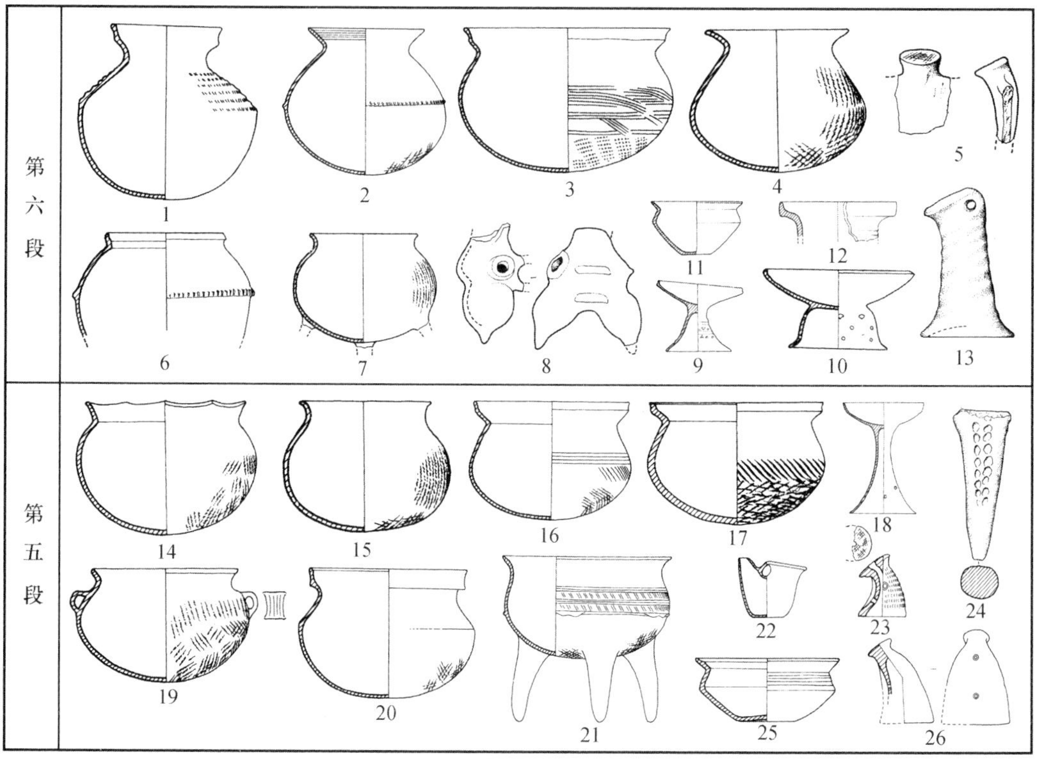

图二　河姆渡遗址出土陶器的分段（第五段、第六段）

1～4、14～17、19、20. 釜（M14：2、M2：4、T224①：8、M10：1、T231②B：327、T223②A：1、T226②B：19、H5：2、T234②B：15、T242②B：82）　5. 支丁（T224①：2005）　6. 罐（T234①：2017）　8. 异形鬶（T18①：8）　7、21. 鼎（T212①：1、H17：1）　9、10、18. 豆（M5：1、M10：3、T243②B：12）　11、25. 盆（T19①：90、T14②：3）　12. 釜口沿（T32①：1069）　13、23、26. 陶支脚（T32①：2、T242②B：11、T242②B：2）　22. 盉（T21②：23）　24. 鼎足（T34②：1079）

表一　河姆渡遗址的分期及与其他观点的比较

分期	分段	单位	二期说	四期说	四期八段论
晚期	第六段	第1层及M1～M6、M9、M10、M14、H3、H20	晚期	四期	四期后段
中期	第五段	第2B、2A层及H5、H6、H8、H17、J1		三期	三期后段
					三期前段
早期	第四段	第3A层	早期	二期	二期后段
	第三段	第3C、3B层及H15、H21			二期前段
	第二段	第4A层及H27		一期	一期后段
	第一段	第4B层			一期前段

二、其他遗址出土河姆渡文化遗存的分段研究

（一）鲻山遗址

鲻山遗址发现于20世纪70年代末，1996年进行了考古发掘[20]。简报将遗址地层划分为10层，其中第3～10层为河姆渡文化层，并认为第10、9层约相当于河姆渡遗址的第4A层，即本文所指的河姆渡二段；第8层与河姆渡遗址的第3C层相近，即河姆渡三段；第7、6层与河姆渡遗址的第3A层相当，即河姆渡四段；而第5～3层则与河姆渡遗址第2层相当，即河姆渡五段。

本文基本同意发掘者的分期观点，仅在其基础上对第9层的组别作如下调整：T4⑨：9、T13⑨：11两件陶釜（图三，1、2）口部均内折，形制近似盘口，保留有较明显的突棱，与河姆渡三段T231③B：47、T213③B：131釜（图一，6、8）的造型非常接近。同时，T10⑨：20钵（图三，37）的造型与河姆渡三段T212③B：3钵（图一，11）相仿，故鲻山遗址第9层应与河姆渡三段同时。

（二）鲞架山遗址

鲞架山遗址位于河姆渡遗址东北方向1.5千米处，遗址堆积遭受严重破坏，1994年进行抢救性发掘。发掘区分为北区（A）和南区（B）两大部分，两区堆积的具体构成有较大差异[21]。

北区第4层虽出土有与河姆渡三段特征相符的AT14④：3釜（图三，23），但也发现了AT15④：5类陶釜（图三，21），微敞口，束颈，口沿外饰一圈齿状突脊，与河姆渡四段的T226③A：30釜（图一，3）颇为相似，表明遗址北区第4层的年代可晚至河姆渡四段。

北区第3层发表有一件细高喇叭形豆柄AT15③：1（图四，21）和两件圆柱形鼎足AT15③：2、AT15③：3（图四，15、16），豆柄的器身上有圆形镂孔，形制特征与河姆渡五段相符，圆柱形鼎足也见于河姆渡五段。因此，笔者认为遗址北区第3层的年代应与河姆渡五段相近。

M1～5开口北区第2层下，M1：1、M2：2、M3：5陶釜（图五，2、4、5）与河姆渡六段M14：2陶釜（图二，1）均为盘口、束颈，扁圆形腹的形制；M3：1、M3：4陶釜（图五，7、8）侈口细颈，腹部弧折，形态与河姆渡六段M2：4、M10：1釜（图二，2、4）如出一模；M4：2（图五，9）与河姆渡六段T224①：8（图二，3）皆为折沿、扁腹釜，二者造型非常相似；M2：3、M5：4两件陶豆（图五，12、13）浅盘、细

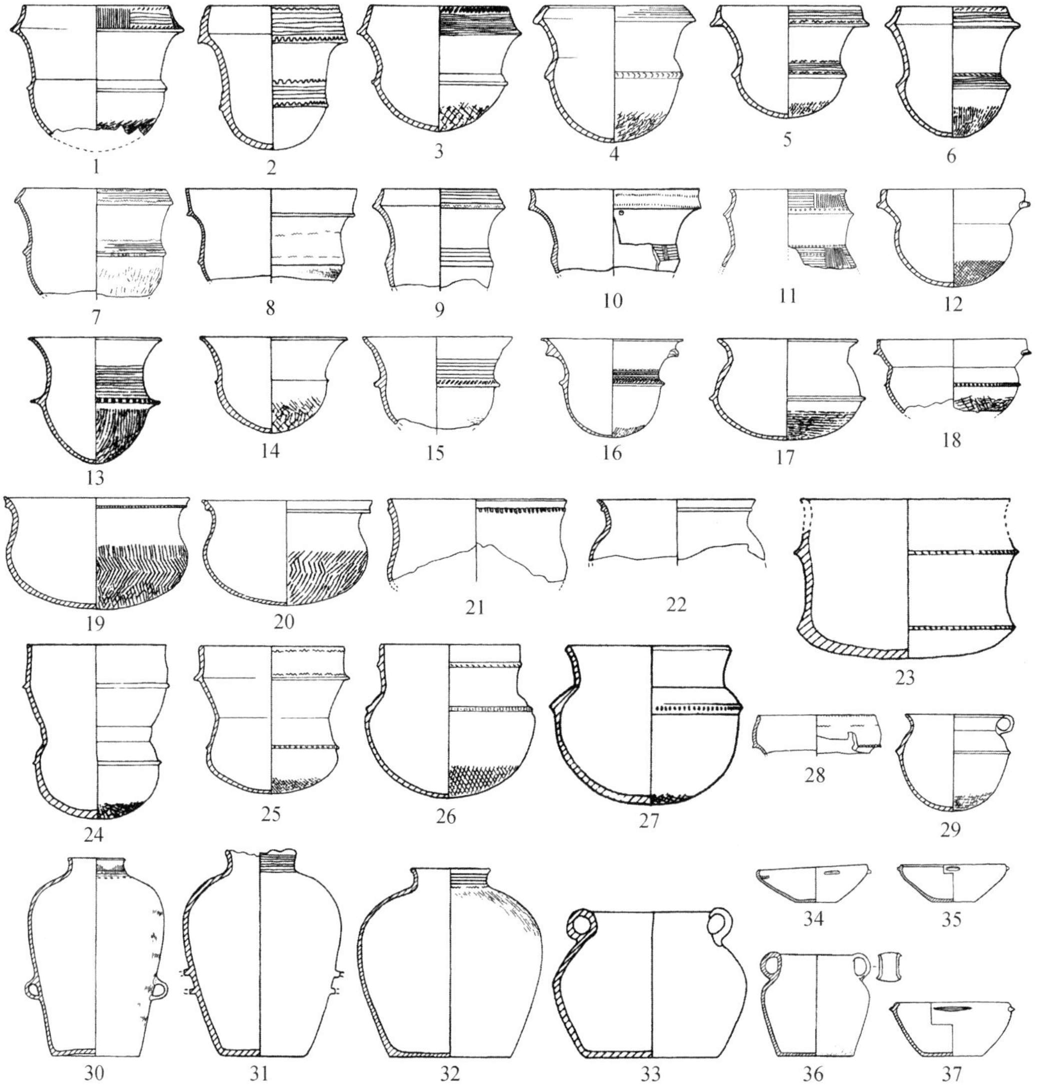

图三　其他遗址出土的河姆渡文化早期陶器

1～29. 釜（鲻T4⑨：9、T13⑨：11、T2⑧：14，傅T112⑧：14、T152⑧：19、T141⑧：11，童T2⑨：39、T3④：14、T2⑨：40、T3⑦：16，傅T154⑧：13、T143⑧：25，鲻T9⑨：25、T6⑧：8，童T2⑧：7，傅T144⑧：15、T134⑧：12，鲻T8⑨：32，鲞BT42④：19、BT42④：8、AT15④：5，童T1②B：6，鲞AT14④：3，鲻T8⑩：6，傅T134⑧：7、T122⑧：9，鲻T9⑨：27，童T3④：15，傅T163⑧：4）　30～32. 瓮（傅T111⑧：29，鲻T8⑨：10，童T2⑨：59）　33、36. 罐（鲻T8⑨：13，童T2⑨：54）　34、35、37. 钵（童T2⑨：6、T3⑥：2，鲻T10⑨：20）

（鲻山简称鲻，傅家山简称傅，童家岙简称童，鲞架山简称鲞，下同）

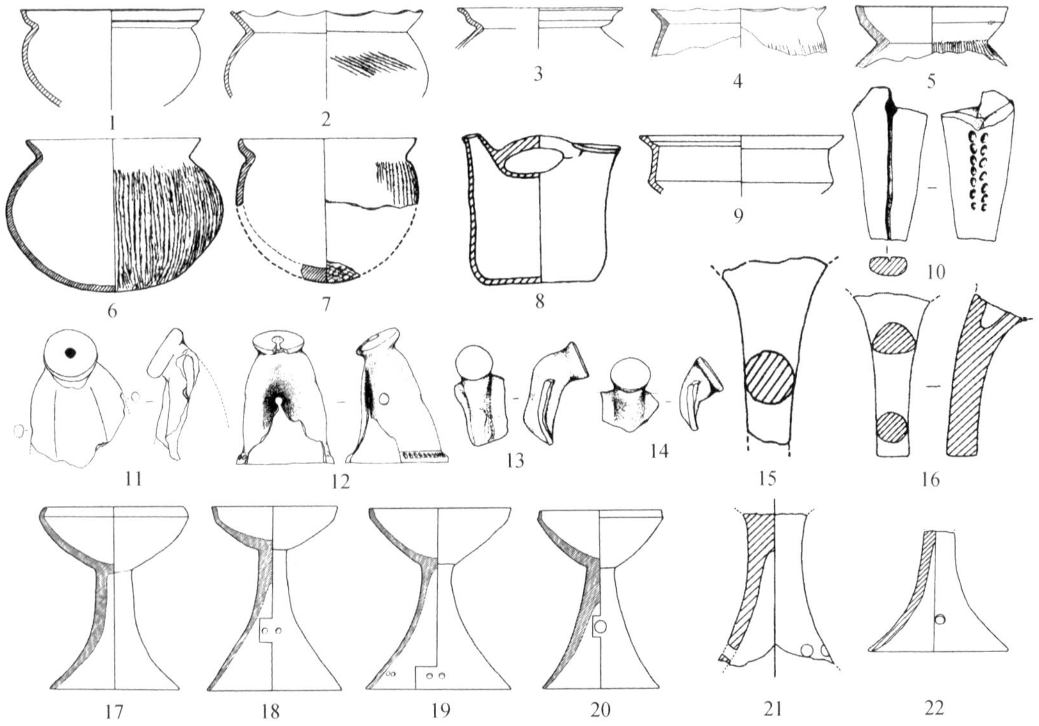

图四 其他遗址出土的河姆渡文化中期陶器

1～7. 釜（东T3⑧：2、T2⑦：8、T1⑧：4，塔T1011⑨：6、T0908⑨：3、M31：3、M26：1）
8. 盉（鲻H17：3） 9. 盆（东T4⑥：5） 10、15、16. 鼎足（东T4⑧：3，鲞AT15③：2、AT15③：3）
11～14. 陶支脚（塔T0810⑨：1，东T1⑧：2、T2⑦：7、T1⑥：4） 17～20. 豆（塔M39：1、M35：1、M32：1、M10：1） 21、22. 豆柄（鲞AT15③：1、东T2⑦：1）
（小东门简称东，塔山简称塔，下同）

柄，豆盘外饰一周细棱，形制特点与河姆渡六段相符。因此，M1～5的年代大体与河姆渡六段相当。

南区第4层BT42④：19、BT42④：8陶釜（图三，19、20）敞口、束颈，口外施一圈突脊，与河姆渡四段的T234③A：29、T226③A：30釜（图一，1、3）形制相仿，因此，二者的年代也应比较接近。第3层BT40③：10、BT42③：6（图五，14、15）豆柄，施圆形、三角形、弧线三角形镂孔和弦纹、突棱等装饰，以及BT43③：14凿形鼎足（图五，24）等均和河姆渡六段的文化面貌一致，可知它们的年代大体同时。

此外，H11的开口层位并不明确，但其出土的H11：13盘口釜（图五，10）是河姆渡六段的典型器物，H11：15罐（图五，17）的口部形态与河姆渡六段T234①：2017罐（图二，6）非常相似，因此，该单位的年代也应与河姆渡六段同时。不过，H11中还出有一件H11：16陶釜，口部造型接近于河姆渡较早阶段的特征，应为混入晚期单位的遗物。

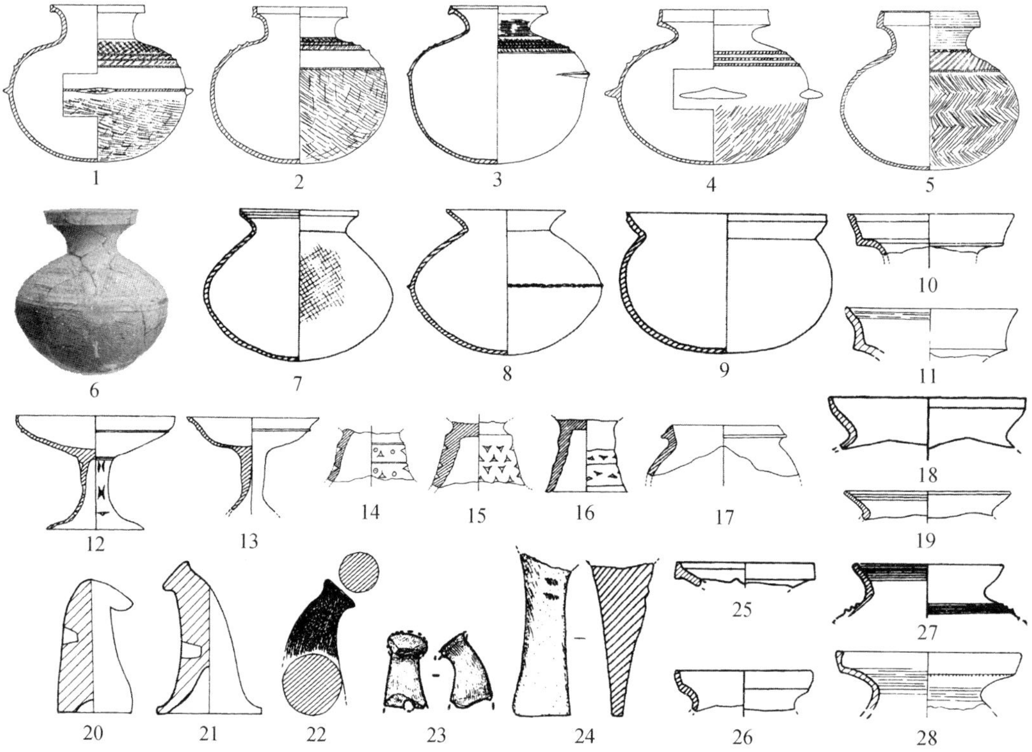

图五　其他遗址出土的河姆渡文化晚期陶器

1～9. 釜（鲞M1：2、M1：1，慈T402下：18，鲞M2：2、M3：5，田M3：3，鲞M3：1、M3：4、M4：2）
10、11、18、19、25～28. 釜口沿（鲞H11：13，慈T201下：81，童T2⑦：71、T2⑦：31、T2⑦：100、T3④：17，傅T112④：2，慈T404下：4）　12、13. 豆（鲞M2：3、M5：4）　14～16. 豆柄（鲞BT40③：10、BT42③：6，傅T112④：3）　17. 罐（鲞H11：15）　20～23. 陶支脚（慈T303下：20、T302下：10，傅T121④：1，童T3④：4）　24. 鼎足（鲞BT43③：14）
（慈湖简称慈，田螺山简称田）

（三）傅家山遗址

傅家山遗址位于宁波市慈城镇八字村，2004年进行了抢救性考古发掘[22]。发掘者将遗址除去耕土层的堆积自上而下划分为8层，并指出第3～8层为河姆渡文化层，其中以第8层出土的遗物最为丰富。

从第8层陶釜的形态来看，T112⑧：14釜（图三，4）与河姆渡一段T212④B：152釜（图一，20）形制相似；T163⑧：4釜（图三，29）单耳、肩部带突脊的特征，与河姆渡二段T234④A：181釜（图一，17）如出一模。T154⑧：13釜（图三，11）与河姆渡三段T223③C：63釜（图一，7）都在口、颈交界处施有突脊，二者造型相近；T152⑧：19、T141⑧：11釜（图三，5、6）的口部形态近似盘口，与河姆渡三段T231③B：47釜（图一，6）极为相似；T134⑧：12釜（图三，17）与河姆渡三段T225③B：82釜（图一，9）皆扁腹带脊，造型风格相同。此外，T143⑧：25、T144⑧：15、T134⑧：7、T122⑧：9釜（图三，12、16、25、26）分别与鲻山遗址T8⑨：32、T9⑨：25、T8⑩：6、T9⑨：27釜（图三，18、13、24、27）的形制相近；T111⑧：29双耳瓮（图三，30）与鲻山遗址T8⑨：10瓮（图三，31）的形态较为一致。由此可见，傅家山遗址第8层的年代跨度较大，大体相当于河姆渡第一至第三段。

傅家山遗址的第7、6层遗存的文化内涵并未超出第8层，但由于并未发现河姆渡四段T234③A：29类陶釜（图一，1），因此，第7、6层的年代应与河姆渡三段相近。

遗址第4层出土的三棱形、凿形鼎足以及弦纹分割、内置三角形镂孔装饰风格的陶豆（图五，16）都与河姆渡六段的文化面貌相似，二者年代也应大致相当。

（四）童家岙遗址

童家岙遗址位于慈溪市横河镇童家岙村，2009年底进行发掘，共布T1、T2、T3三个不相邻的探方，面积分别为3米×5米、9米×8米、3米×5米[23]。本文将对这三个探方逐一论述。

T3⑦：16釜（图三，10）的口部形态近似盘口，同于河姆渡三段T213③B：131釜（图一，8）；T3⑥：2敛口钵（图三，35）与河姆渡三段T212③B：3钵（图一，11）造型如出一模。因此，T3⑦、⑥的年代相当于河姆渡三段。从T3④发表的几件陶器来看，这一层的内涵并不单纯。T3④：14陶釜、T3④：15陶釜口沿（图三，8、28）形制同于T3第7层的陶釜，而T3④：17盘形釜口部、T3④：4陶支脚（图五，26、23）的形态则与河姆渡六段的同类器接近。可以看出，T3④的年代可以晚到河姆渡六段。

T2⑨：39、T2⑨：40两件陶釜（图三，7、9）口部特征与河姆渡三段一致；T2⑨：6敛口钵（图三，34）与河姆渡三段T212③B：3钵（图一，11）形态接近；T2⑨：59陶瓮（图三，32）与鲻山遗址T8⑨：10瓮（图三，31）相比，除没有双耳外，整体造型风格十分相似；T2⑧：7陶釜（图三，15）敞口，无明显束颈，形制特点与鲻山遗址T6⑧：8釜（图三，14）相同。由此，可断定T2⑨、⑧大致与河姆渡三段同时。

而T2⑦：71、T2⑦：31、T2⑦：100等陶釜口沿（图五，18、19、25）的形态分别与河姆渡六段T224①：8、M2：4釜（图二，3、2）、鲞架山M1：2釜（图五，1）相似；该层出土饰捺窝纹的凿形鼎足、施刻划纹的鱼鳍形鼎足等一些崧泽文化因素明显的器物也与河姆渡六段的同类陶器风格一致。而T2⑦：39陶釜是河姆渡三段的典型器物，其应是混入晚期的陶器。故笔者认为童家岙遗址T2⑦的年代相当于河姆渡六段。

T1⑤～③发表的器物极少，T1②B：6陶釜（图三，22）的形制特点同于鲞架山BT42④：8釜（图三，20），因此，可以判定T1②B的年代应与河姆渡四段相当。

（五）慈湖遗址

慈湖遗址位于宁波市江北区慈城镇，20世纪80年代对其进行了考古发掘[24]，1986、1988年两次试掘分别开探沟T1、T2。正式发掘共布5米×5米探方12个，实际发掘面积289平方米。遗址“各探方堆积不尽相同，而T202的堆积情况基本反映了遗址的堆积面貌和层位关系”，自耕土至生土分为7层，其中第6、7层堆积为下层文化遗存，属于河姆渡文化。

T201下：81、T404下：4陶釜的口沿（图五，11、28）与河姆渡六段M14：2类盘口釜（图二，1）形制相同；T402下：18罐（图五，3）细颈、浅盘口，造型与鲞架山M1：2（图五，1）釜相似，由此可见慈湖下层的年代可晚至河姆渡六段。

（六）塔山遗址

塔山遗址位于象山县丹城镇，1990、1993、2007年对遗址进行了三期发掘，发掘者认为前两期的“⑨层下墓葬、⑨层、⑧层及H13、H14、H27”、2007年发掘区第6～12层为新石器时代下层文化遗存，“内涵与河姆渡遗址二层基本一致”，即相当于河姆渡五段；前两期发掘区“⑦层下墓葬、⑦层及F1等遗迹单位”、2007年发掘的第5C层下墓葬为中层文化遗存，“这一阶段陶器的基本风格可与崧泽中层文化作比较……但绳纹陶釜作为主要炊具在本地区一如既往发展的事实表明，河姆渡文化的传统势力始终规定着钱塘江以南地区新石器时代文化的发展轨迹。”[25]笔者基本同意报告的划分。

（七）小东门遗址

小东门遗址位于宁波市江北区慈城镇东部，1992年进行发掘。共开5米×10米探方4个，实际发掘面积200平方米。地层自表土层至青灰色湖沼堆积共划分为9层，其中第5层下为河姆渡文化层[26]。

遗址T1⑧：2陶支脚（图四，12）拱背，支面近圆形，其中心有一圆孔自上而下镂穿，器形特征与河姆渡五段T242②B：11（图二，23）非常相似；T3⑧：2、T1⑧：4陶釜（图四，1、3）与河姆渡五段T226②B：19、H5：2（图二，16、17）的口沿外侧都带有一圈弱脊，形制相近，如出一辙；T4⑧：3鼎足（图四，10）纵施两列捺窝纹，造型与河姆渡五段T34②：1079（图二，24）相仿。第7层出土的T2⑦：1豆柄（图四，22）呈喇叭状，豆盘多外红里黑，与河姆渡五段的形制特征相似；T2⑦：8釜（图四，2）多角形口沿的形制也与河姆渡五段T231②B：327（图二，14）雷同。第6层出土的

T4⑥：5折腹盆（图四，9）器形特征与河姆渡五段J1：25（图七，10）相近。因此，小东门第8～6层的年代应大致相当于河姆渡五段。

（八）田螺山遗址

遗址位于余姚市三七镇，2004年进行了考古发掘[27]。从刊布的器物照片来看，M3：3盘口釜（图五，6）形制与河姆渡六段M14：2釜（图二，1）非常相似，表明其年代可晚至河姆渡六段。但由于简报发表器物数量不多，陶器组合关系还不清楚，尚不能明确田螺山遗址的年代上限，但根据遗址早期陶釜的器形特征来看，当可早至河姆渡三段或更早。

（九）八字桥遗址

遗址位于宁波慈城八字桥村，20世纪70年代进行了三次考古调查[28]。发表的喇叭形圈足豆柄、折腹盆等器形与河姆渡五段近似，饰弦纹、三角形、圆形镂孔的粗豆柄造型同于河姆渡六段。因此，八字桥的年代大致相当于河姆渡五、六段。

（一〇）白泉遗址

白泉遗址位于舟山市定海县，早年对其进行的调查发现有喇叭形细豆柄，圆面、拱背、圆孔镂穿的陶支脚[29]，这都与河姆渡五段的同类器形制相仿，故其年代也应大致相当。此外，还有一件带镂孔的陶支脚，其造型特征与河姆渡六段T32①：2（图二，13）相符，所以白泉遗址的年代下限可延伸至河姆渡六段。

三、河姆渡文化的阶段划分与相关问题

通过上文的分析，以河姆渡遗址的层位关系为基础，对其出土材料进行了分段研究，并综合其他遗址进行比较分析之后，可将河姆渡文化划分为六个发展阶段（表二）。

第一段：以河姆渡一段为代表，包括了傅家山第8层的部分遗存。

第二段：以河姆渡二段为代表，包括鲻山第10层，傅家山第8层部分遗存。

第三段：以河姆渡遗址第三段为代表，另包括鲻山第9、8层，傅家山第8层的部分遗存及第7、6层，童家岙T3⑦、⑥及T2⑨、⑧。

第四段：以河姆渡遗址第四段为代表，包括鲻山第7、6层，鲞架山北区第4层及南区第4层，童家岙T1②B。

表二　河姆渡文化其他遗址分期表

<table>
<tr><td colspan="2">遗址
期段</td><td>其他遗址</td><td>相对年代</td></tr>
<tr><td>晚期</td><td>第六段</td><td>蓥架山北区的M1～M5及南区第3层、H11，傅家山第4层，童家岙T3④及T2⑦，慈湖下层，八字桥和白泉遗址的部分遗存</td><td>崧泽文化</td></tr>
<tr><td>中期</td><td>第五段</td><td>鲻山第5～3层，蓥架山北区第3层，塔山下层遗存，小东门第8～6层，八字桥和白泉遗址的部分遗存</td><td rowspan="5">马家浜文化</td></tr>
<tr><td rowspan="4">早期</td><td>第四段</td><td>鲻山第7、6层，蓥架山北区第4层及南区第4层，童家岙T1②B</td></tr>
<tr><td>第三段</td><td>鲻山第9、8层，傅家山第8层的部分遗存及第7、6层，童家岙T3⑦、⑥及T2⑨、⑧</td></tr>
<tr><td>第二段</td><td>鲻山第10层，傅家山第8层部分遗存</td></tr>
<tr><td>第一段</td><td>傅家山第8层的部分遗存</td></tr>
</table>

第五段：以河姆渡遗址第五段为代表，另包括鲻山第5～3层，蓥架山北区第3层，塔山下层遗存，小东门第8～6层，八字桥和白泉遗址的部分遗存。

第六段：以河姆渡遗址第六段为代表，包括蓥架山北区的M1～M5及南区第3层、H11，傅家山第4层，童家岙T3④及T2⑦，慈湖下层，八字桥和白泉遗址的部分遗存。

其中，第一至第四段为河姆渡文化早期，第五段为河姆渡文化中期，第六段为河姆渡文化晚期。早期以带腰檐绳纹圜底釜为特色，文化面貌比较纯净，中期受到马家浜文化的强烈影响，出现鼎、喇叭形圈足豆等器物，宁绍地区与环太湖地区开始走向融合。因此，早期、中期的年代应大致相当于马家浜文化。河姆渡文化晚期仍然是以陶釜为主流，但可见明显的崧泽文化因素，因此二者应大体同时。

《河姆渡》中根据发表的27组测年数据推定，河姆渡遗址早期、中期的年代为公元前5000～前3600年，晚期的年代为公元前3600～前3300年。而马家浜文化的年代多被认为在公元前5000～前4000年的范围内[30]，故笔者认为河姆渡遗址的一些测年数据偏晚。河姆渡文化晚期受崧泽文化较大影响，再结合河姆渡遗址测年的下限，推定晚期的年代为公元前4000～前3300年。

河姆渡文化部分陶器的阶段性演变见于图六、图七，从图中可以看出，虽然河姆渡文化早期与中、晚期的文化面貌差别较大，但以A、B、C、E、F型釜及陶支脚、平底盆、钵、双耳罐等陶器构成的器物组合有着清晰的演进脉络，代表着一个考古学文化的不同发展阶段。

从本文进行比较研究的若干遗址的相对年代来看，河姆渡文化早期的遗址数量较少，结合地理区位不难发现，这一时期遗址多集中在姚江流域的宁波地区，而并非是通常习称的宁绍平原。这一点已为学界所认识[31]。河姆渡文化早期、中期之间文化面貌

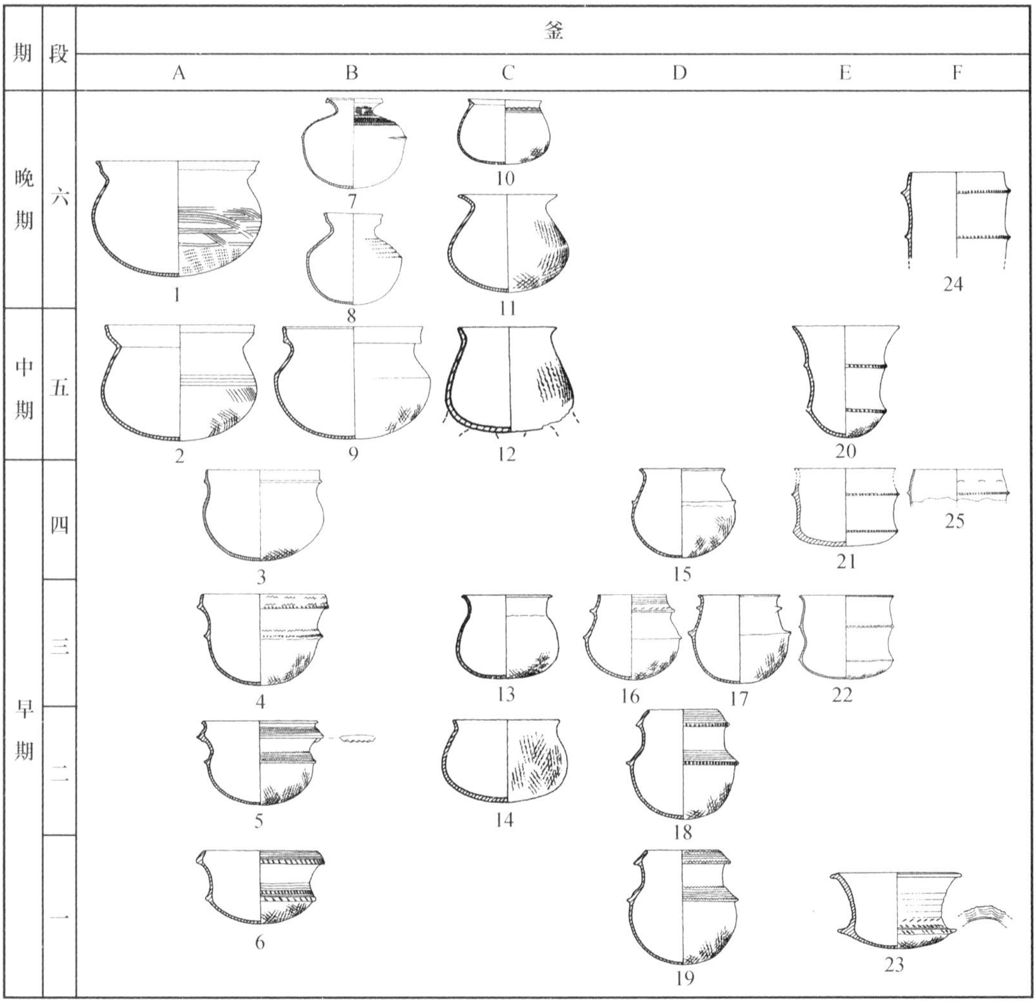

图六　河姆渡文化陶釜分期图

1～6、8～20、22～24. 河姆渡（T224①：8、T226②B：19、T234③A：29、T213③B：131、T235④A：101、T221④B：225、M14：2、T242②B：82、T221①：14、M10：1、T234②B：21、T233③B：58、T215④A：97、T222③A：245、T223③C：63、T231③B：298、T212④A：104、T234④B：315、T225②B：10、T243③B：373、T242④B：392、T211①：2019）　7. 慈（T402下：18）　21、25. 鲞（AT14④：3、BT43④：5）

的差异问题，以前多被认为是他们之间存在“缺环”[32]。但笔者认为，这应该是受到马家浜文化强烈影响的结果。与此同时，河姆渡文化的分布范围也明显扩张，除姚江两岸地区以外，还见于舟山、象山等地，但绍兴地区（曹娥江以西）迄今为止都没有发现明确的河姆渡文化遗址[33]。

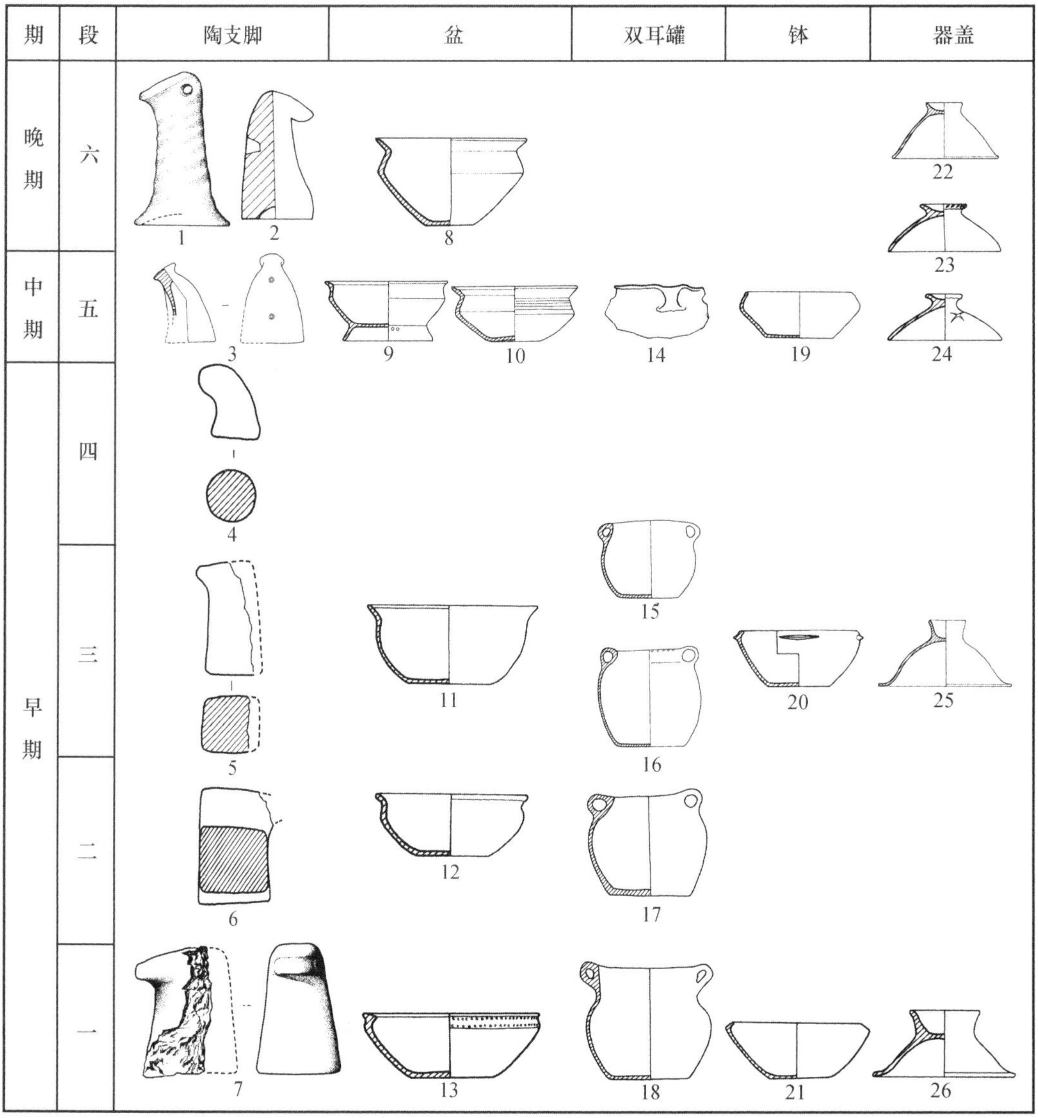

图七　河姆渡文化其他陶器分期图

1～7. 陶支脚（河姆渡T32①：2，慈T303下：20，河姆渡T242②B：2、T222③A：27、T232③B：2054、T234④A：203、T226④B：150）　8～13. 盆（T19①：90、T35②：55、J1：25、T242③B：398、T243④A：216、T232④B：119）　14～18. 双耳罐（T234②B：2063、T234③B：144、T211③C：101、T242④A：253、T213④B：133）　19～21. 钵（T243②B：43、T212③B：3、T214④B：109）　22～26. 器盖（T235①：10、T223②A：2、T244②B：2、T30③：25、T37④：47）

象山塔山遗址的发掘者将第9层下开口的墓葬划分为甲、乙、丙三组，又根据报告提供的层位关系M33→M35→M21可知，以M33为代表的乙组墓葬的年代应晚于以M35、M21为代表的甲组墓葬，如前文所述，甲组墓葬出土泥质红陶喇叭形圈足豆，形制同于河姆渡五段中的同类器，而乙组墓葬中出土的高领釜（图八，1、2）、细圈足折

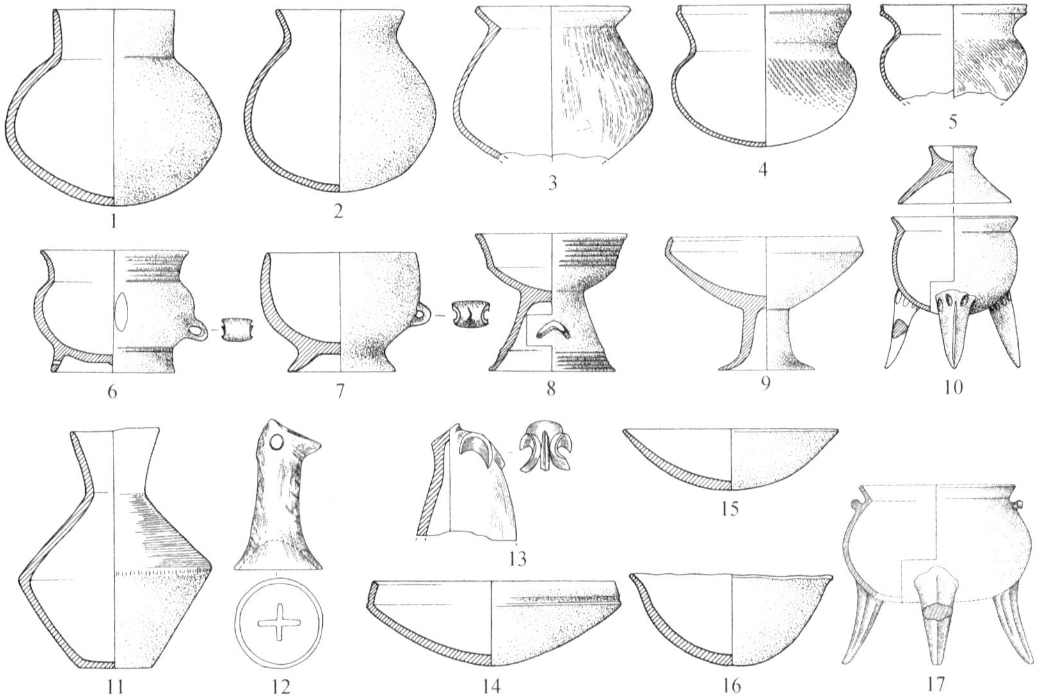

图八　塔山遗址部分陶器

1～5. 釜（M31：1、M22：2、T0707⑧：15、T15⑥B：1、H84：1）　6、7. 罐（M29：2、M16：1）　8、9. 豆（M29：1、M24：1）　10、17. 鼎（M29：5、T0911⑧：8）　11. 壶（M24：3）　12、13陶支脚（T1010⑧：2、T16⑪：3）　14～16. 钵（M31：2、M19：3、M22：3）

腹豆（图八，9）、斜直颈、折腹的陶壶（图八，11），丙组墓葬中的单耳、圈足的陶罐（图八，6、7）、折腹较深施弦纹的粗柄豆（图八，8）等极具地方特色。且墓葬中随葬品多以釜、钵为器物组合，不同于河姆渡遗址墓葬中常见的釜、豆组合。综合来看，笔者认为绳纹釜在塔山遗址中仍占有重要地位，但其陶器所反映的整体文化面貌和姚江流域的诸遗址有所差别，可能是河姆渡文化的一个的地方类型。

注　释

[1]　a. 本刊通讯员. 河姆渡遗址第一期发掘工作座谈会纪要［J］. 文物，1976（8）.

b. 夏鼐. 碳-14测定年代和中国史前考古学［J］. 考古，1977（4）.

c. 浙江省文物管理委员会，浙江省博物馆. 河姆渡遗址第一期发掘报告［J］. 考古学报，1978（1）.

[2]　河姆渡遗址考古队. 浙江河姆渡遗址第二期发掘的主要收获［J］. 文物，1980（5）.

［3］ 代表性的文章有：
a．牟永抗．试论河姆渡文化［A］．中国考古学会第一次年会论文集［C］．北京：文物出版社，1980.
b．姚仲源．二论马家浜文化［A］．中国考古学会第二次年会论文集［C］．北京：文物出版社，1982.
c．刘军．河姆渡文化的再认识［A］．中国考古学会第三次年会论文集［C］．北京：文物出版社，1984.

［4］ a．安志敏．河姆渡遗址浅析［A］．河姆渡文化研究［C］．杭州：杭州大学出版社，1998.
b．蒋乐平．塔山下层墓地与塔山文化［J］．东南文化，1999（6）.
c．蒋乐平．良渚文化与宁绍地区的史前考古学［A］．纪念良渚文化发现六十周年论文集［C］．北京：科学出版社，1999.

［5］ 同［3］a.

［6］ a．同［2］.
b．同［2］c.

［7］ 王海明．河姆渡遗址与河姆渡文化［J］．东南文化，2000（7）.

［8］ 浙江省文物考古研究所．河姆渡——新石器时代遗址考古发掘报告［R］．北京：文物出版社，2003.

［9］ 浙江省文物考古研究所，河姆渡遗址博物馆．余姚市鲞架山遗址发掘报告［A］．史前研究（2000）［C］．西安：三秦出版社，2000.

［10］ 浙江省文物考古研究所，厦门大学历史系．浙江余姚市鲻山遗址发掘简报［J］．考古，2001（10）.

［11］ 浙江省文物考古研究所．宁波慈城小东门遗址发掘简报［J］．东南文化，2002（9）.

［12］ 浙江省文物考古研究所，余姚市文物保护管理所，河姆渡遗址博物馆．浙江余姚田螺山新石器时代遗址2004年发掘简报［J］．文物，2007（11）.

［13］ 宁波市文物考古研究所，慈溪市博物馆．浙江省慈溪市童家岙遗址2009年试掘简报［J］．东南文化，2012（3）.

［14］ 宁波市文物考古研究所．傅家山——新石器时代遗址发掘报告［R］．北京：科学出版社，2013.

［15］ 浙江省文物考古研究所，象山县文物管理委员会．象山塔山［R］．北京：文物出版社，2014.

［16］ 中国社会科学院考古研究所．中国考古学·新石器时代卷［M］．北京：中国社会科学出版社，2010.

［17］ 同［15］.

［18］ 刘祥宇．河姆渡遗址再分析［A］．成都考古研究（二）［C］．北京：科学出版社，2013.

［19］ 浙江省文物考古研究所，宁波市文物考古研究所．宁波慈湖遗址发掘简报［A］．浙江省文物考古研究所学刊［建所十周年纪念（1980～1990）］［C］．北京：科学出版社，1993.

［20］ 同［10］.
［21］ 同［9］.
［22］ 同［14］.
［23］ 同［13］.
［24］ 同［19］.
［25］ 同［15］.
［26］ 同［11］.
［27］ 同［12］.
［28］ 林士民. 浙江宁波市八字桥发现新石器时代遗址［J］. 考古，1979（6）.
［29］ 王和平，陈金生. 舟山群岛发现新石器时代遗址［J］. 考古，1983（1）.
［30］ 中国社会科学院考古研究所. 中国考古学·新石器时代卷［M］. 北京：中国社会科学出版社，2010.
［31］ 河姆渡文化课题组. 二十年来河姆渡文化的认识与探索［A］. 纪念浙江省文物考古研究所建所二十周年论文集（1979～1999）［C］. 杭州：西泠印社，1999.
［32］ 牟永抗. 浙江新石器时代文化初步认识［A］. 中国考古学会第三次年会论文集［C］. 北京：文物出版社，1984.
［33］ a. 刘军. 河姆渡文化［M］. 北京：文物出版社，2006.
b. 王海明. 河姆渡文化的扩散与传播［J］. 南方文物，2005（3）.

A Study of the Periodization of Hemudu Culture

GUO Meng-yu

Two seasons of excavation of Hemudu site were carried out in 1970s. It has achieved consensus about the nature and the periodization issues of Hemudu site through 1980s. But the materials of other sites of Hemudu Culture have been published with continuous development of the archaeological work especially since the late 1990s; some scholars have put forward different views on the nature of Hemudu Culture. In addition, there is still a lack of the periodization study based on the various sites. This paper fully affirms the consistency of cultural connotation of Hemudu site, and combines with other major sites, divides the development course of Hemudu Culture into three phases and six stages from the beginning to the end. Phase Ⅰ and Phase Ⅱ was around 5000–4000 BC, coinsiding with Majiabang Culture; Phase Ⅲ was around 4000–3300 BC, coinsiding with Songze Culture.

哈民忙哈遗址陶器纹饰研究*

陈继玲[1, 2]　陈胜前[2]

（1. 中国人民大学艺术学院，北京，100872；2. 中国人民大学历史学院，北京，100872）

一、引　　言

陶器是新石器时代文化的重要标志物，负载着丰富的史前社会、人类行为和精神活动的信息。在陶器研究领域，国内考古学者侧重于通过陶器纹饰特征或制作工艺的分析，以确定其区系文化类型及相对的年代序列。西方考古学者从20世纪60年代以来逐渐发展出较为成熟及多元的研究方法。首先，传统的陶器纹饰分析方法日益成熟，在早期特定的母题、主题分析及风格辨析的基础上发展出图案结构分析[1]和模式分析法[2]；同时，一些新的科技手段，如光学显微（SEM）、X射线衍射（XRD）等方法也开始在陶器研究中得到广泛的应用，使考古学者更为准确地确定陶器的产地和制作技术；再者，陶器研究越来越体现出多学科的融合趋势，民族考古学[3]、统计学、符号学[4]等逐渐被引入到陶器的研究中，极大地丰富了陶器研究的手段，也拓展了陶器研究的内容与目的。借助于新的研究方法，越来越多的学者不再满足于传统意义上的时空关系的辨析，而是转向人类生活行为方式、史前社会运作机制及和精神生活等方面的阐释[5]。下文中，我们准备从哈民忙哈遗址出土陶器纹饰研究的角度，分析哈民忙哈史前社会陶器的生产方式，探讨当时是否可能存在专业化生产，并探究其专业化程度及其产生的原因与意义，以更好地理解哈民忙哈史前社会的生活状况。

二、陶器生产专业化的理论研究

从20世纪80年代开始，专业化生产逐渐成为陶器研究领域的重要方向。而光学显微、X射线衍射等新的科技手段及统计学的方法、民族考古学的成果则成为帮助考古学者理解史前社会的生产方式的重要工具[6]。通过上述方法，科斯廷（Costin）[7]、布伦菲尔与厄尔（Brumfiel and Earle）[8]、莱乌（Van der Leeuw）[9]、皮科克（Peacock）[10]、莱斯（Rice）[11]、哈格斯特鲁姆（Hagstrum）[12]、阿诺德

---

* 本文得到国家社科基金重大项目（批准号12&ZD191）资助。

（Arnold）[13]、布莱克曼（Blackman）[14]等学者都深入研究了史前社会陶器专业化的组织形式、专业化发生的原因，并发展出一套较为成熟的分析、证明考古遗址中陶器专业化生产的存在的方法。这些研究大大加深了我们对史前社会复杂性的认识，也引起了国内研究者的关注，一些学者的研究兴趣也开始转向这些领域[15]。

目前，在证明史前陶器专业化生产是否存在的方法中，以科斯廷提出的间接证据法最为流行[16]。科斯廷把标准化（陶土成分、器物形态及装饰的统一性）、效率（时间、精力、原材料等生产成本投入与产出比）、技术熟练度以及陶器在不同地区呈现出的一致性（陶土成分、制作技巧以及风格等）作为判断陶器专业化存在的4个重要依据。其中，由于效率和技术熟练度这两个因素极易受到主观因素的影响，具有某种不确定性，在研究中逐渐被边缘化。而标准化这一相对客观的定性特征越来越受到考古学者的青睐（科斯廷的第4个标准与标准化的指标其实是重合的，区别在于应用的方面）。标准化遂成为判定考古遗址中专业化生产存在的最重要的依据，在考古学中得到了越来越广泛的应用[17]。

此后，在讨论标准化的参考指标时，科斯廷与哈格斯特鲁姆又进一步细化出两个指标：一是陶器的目的性特征，即与经济、政治及社会密切相关的制作技术与风格特征等；二是陶器的机械性特征，包括原料选择与准备、色泽与质地等技术性特征，以及可测量的外形特征（如口径、高、腹径、底径）等[18]。由于陶器的机械性特征相对较为客观，更容易把握，绝大部分学者都将精力投入到对陶土的成分分析以及可测量的外形特征的研究中，而统计学中的标准差（SD）和变异系数（CV）的统计更是研究陶器标准化时最常用的方法[19]。

当然，除了当下流行的统计学方法外，确定陶器专业化生产的性质还有其他的手段。如莱斯认为，体现陶器生产专业化的最重要的指示特征是强化生产，如流水线作业，或者为节约人力成本（时间、精力等）而发明的某项技术等[20]。下文中，我们就准备从哈民忙哈的陶器纹饰特征入手，以实验还原当时的陶器制作技术，并通过对此项技术特征的分析，以判断哈民忙哈史前社会陶器生产的性质。

三、哈民忙哈遗址陶器的纹饰特征

哈民忙哈遗址是一处大型的新石器时代晚期考古聚落遗存，位于内蒙古科左中旗科尔沁沙地腹地。该遗址分布于一片沙岗地的南坡上，地势较高，其西北部为一条古河道所环绕，东南部地势平坦，间有沙坨、草甸和湖沼散布。该遗址面积经探明达10万余平方米。通过2010和2011年在遗址东北部的两次发掘，考古人员一共清理出房址43座、灰坑38个、墓葬6座、环壕1条，总面积约4000平方米，出土遗物近千件，主要是陶器、石器、玉器和骨、角、蚌制品。其陶器主要以筒形罐、壶为主，兼有少量钵、盆、斜口器等具有自身特色的组合，另还有个别模仿红山文化器物所制作的陶器；其玉器中的双联璧、环、钺等也与红山文化的同类器物特征也十分接近。有学者据此认为其年代应与红山文化晚期相当[21]，已有的测年材料也显示，哈民忙哈遗址更可能晚于红山文化或是相当于红山文化最后的阶段。

哈民忙哈遗址陶器的纹饰通常被称为“麻点纹”。该纹饰最早见于2003年兴安盟文物管理站在科右中旗嘎查营子遗址的调查中采集到的陶片中[22]。2008年以来，吉林大学边疆考古研究中心的王立新等在吉林省白城地区的通榆、洮南、洮北、内蒙古兴安盟的科右中旗、通辽市的多个旗县及科左中旗敖恩套布、西固仁茫哈的考古调查中，也曾多次发现饰有该种纹饰的陶片[23]。此外，在近期发掘的吉林白城双塔遗址的第二期遗存中，出土的陶杯中也发现了这种“麻点纹”[24]。辽西地区从早期的兴隆洼文化到晚期的红山文化、小河沿文化，陶器代表性的纹饰往往是“之”字形压印纹、指甲形或窝点状戳印纹、网格纹及几何纹等压划纹。而“麻点纹”纹饰的施纹方式较为独特，按照王立新等的描述，“所施麻点纹既有散乱型，又有较规整的网格状者”[25]；或是“这种纹表面极为粗糙，深浅不一，不规则的触点呈麻点状。看似用成束的植物根茎戳印所致。另有一种窝点纹……密而有序，触点窝不平整，疑似用钝头工具戳印而成”[26]。敖恩套布和西固仁茫哈两个地址的所发现的麻点纹陶片则发现“麻点隐约斜向排列”[27]。

从上述描述看，这种纹饰一般被分为散乱型和较为规整型两类。较为散乱的则呈不规则分布，造成类似窝点纹的效果；而较为规整者，则会形成网格状的分布，或者呈斜向排列，有时就被作者单独描述为“菱格纹”或是“方格纹”。但是，从通榆县敖包山陶片纹饰的拓片中来看，文中区分的“窝点纹”“麻点纹”及“菱格纹”极有可能为同一种类型的纹饰，因其质感及效果都极为近似[28]。而且，作者也指出，这三种纹饰的制作工艺相同，因为在器口沿处边缘都留有程度不等的回泥痕迹[29]。

哈民忙哈遗址中，类似的纹饰见于壶、筒形罐、深腹斜口罐及钵等典型器物上。相关的发掘简报中，这种纹饰往往被描述为“麻点纹”或“滚压窝纹”和“方格纹”两种纹饰。至于其施纹方式，作者推测“滚压窝纹”是用质地较粗糙的麻绳绑在棒状的工具上，经斜向反复滚压而形成，因而又称呼其为滚压窝纹；而“方格纹”则被认为是用陶拍斜向拍印而成[30]。由此可见，对于上述纹饰较为含糊的描述，主要原因是研究者不能确定其施纹方式。当研究者认为其是戳印而成时，这种纹饰就容易被描述为“麻点纹”或“窝点纹”；而当作者推断其为拍印方式时，这种纹饰往往就被描述为“方格纹”或“菱格纹”。

2014年夏天，笔者曾到内蒙古考古研究所宁城工作站，仔细研究了哈民忙哈遗址陶器的纹饰。从实物来看，我们认为，其纹饰可以分为三种类型：第一种为凹方格纹，其中还可细分为粗、细两种；第二种为凸方格纹，第三种纹饰不是很清晰，类似于窝点或麻点状，其中仅局部隐约可见方格纹（图一）。

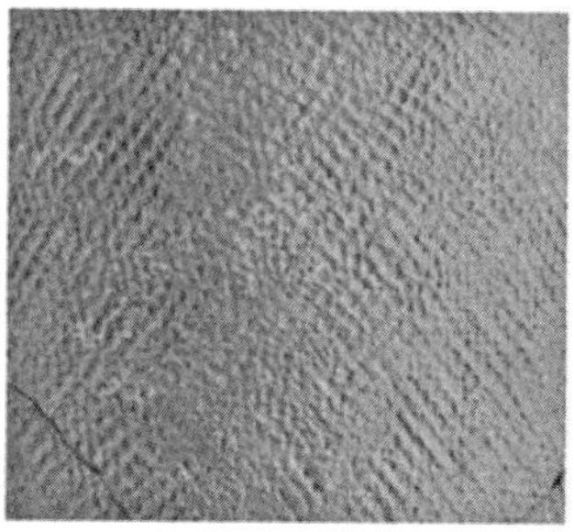
1

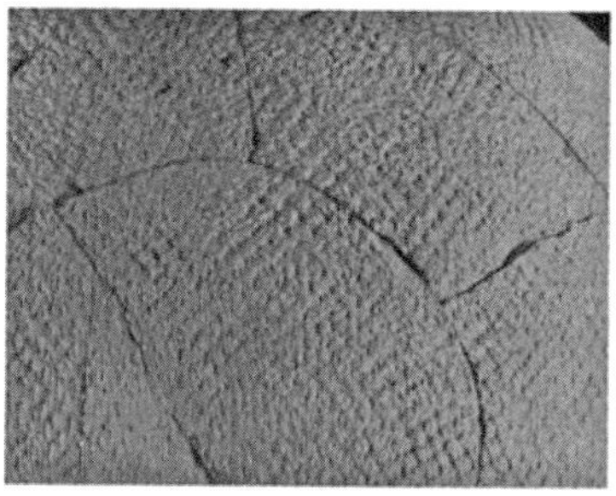
2

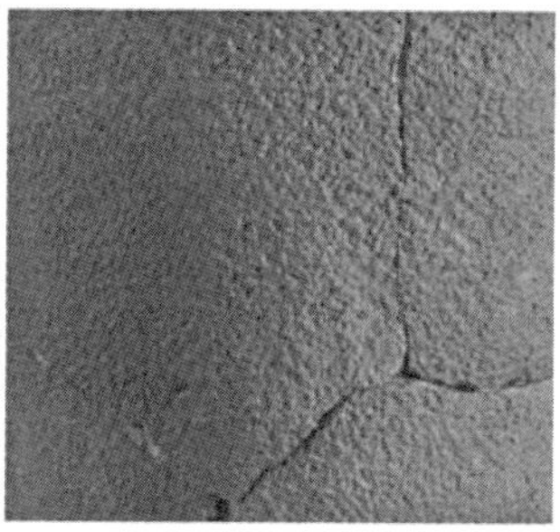
3

图一　哈民忙哈陶器纹饰类型
1. 凹方格纹（F23：17）　2. 凸方格纹［F36：12（2）］　3. 麻点纹［F15：19（3）］

前两种纹饰当为报告中提到的“方格纹”或“菱格纹”，第三种纹饰应当就是“麻点纹”或“滚压窝纹”。在我们已经见到的材料中，发现这三种类型的纹饰分布于不同的房址中。比如，凸方格纹见于F2、F12、F21、F25、F28、F32、F36、F37中，而凹方格纹则主要发现于F18、F23、F26、F27、F35中，在F13、F15、F19中主要为纹饰不太清晰的麻点纹，而F17、F20、F22则并存凹、凸方格纹这两种纹饰。下面我们将通过实验还原哈民忙哈陶器典型纹饰的成型过程。

四、哈民忙哈遗址陶器纹饰的复原实验

根据对哈民忙哈遗址出土陶器的观察以及以往文献中的描绘，我们发现，这类纹饰有下列较为鲜明的特征：当纹饰较为规整（如遗址中的凹、凸两种方格纹）、形成网格状分布时，并没有陶拍拍印时常见的散乱重叠形态[31]；而在一些器物表面较为散乱的麻点纹中，局部往往隐约可见方格纹（图一，3）。我们推测，哈民忙哈遗址的陶器纹饰可能是对某种织物施压后遗留的痕迹。

从出土器物破碎的特征来看，哈民忙哈遗址的陶器制作采用的是泥圈套接法，至于是否采用了陶模，尚不得而知。因此，在这次实验中，我们利用两种方法制作陶坯：一是直接用泥圈套接，不借助模具；另一种是在模具上套接泥圈，并对比两种方法的效果。由于条件限制，加之本次实验的主要目的是复原陶器的施纹方式，而非复原陶器，故对器形与选用的材料都未做严格限定。内模具我们选择了现代的塑料杯以替代古代的陶模；织物则选用了现代的塑料渔网，因其纹理与陶器上的编织物痕迹非常近似；陶泥，选取的是可塑性较强的雕塑泥；另外还有木质垫板、木质擀面杖和现代的铸铁慢轮。

1. 实验一：无模具的泥圈套接法

实验流程：先做器底，拍打成圆形泥饼；再制作泥圈，套接于器底；再顺次套接泥圈，最后将塑料渔网套于陶坯上，用木质陶拍拍打陶器，直至器物成形。

如此，发现实验效果并不理想。虽然陶器上留下的纹饰与遗址中的陶器纹饰较为接近，但是，其纹饰较浅，不如实物中的纹饰清晰；此外，在拍打过程中，陶器表面的纹饰分布不均匀，往往是上层的泥圈纹饰较为清晰，而下层则不清晰。重复三次后，情况并未改善。但是，在这次实验中，我们也发现，织物的随形性极好，当它被贴在陶器表面时，可以随器物的形态而产生相应的变形，其效果与哈民忙哈遗址陶器的表面斜向的纹理变化几乎一致。于是，在下面的实验中，我们调整了方法，但保留了塑料渔网这一施纹媒介。

哈民忙哈遗址出土陶器实物的纹饰非常清楚，纹理较深；其器壁厚薄较为均匀，泥圈的宽窄度也比较一致。这令我们将纹饰来源的思路调整到泥圈的成型阶段，而非器物的套接阶段。有没有可能在制作泥圈的阶段，纹饰就已经印上去了呢？而且，哈民忙哈遗址的陶器多为砂质陶，里面含有不少砂质及粉碎的蚌壳等羼和料，黏度不大，适合像擀面皮那样制作大小厚薄均匀一致的泥圈，同时防止泥圈断裂。

于是，我们把塑料渔网垫在陶泥下面，用擀面杖在上面像擀面皮一样来回擀制。结果非常理想。当陶泥的水分适宜时，擀制非常轻松，陶泥很快就形成厚薄均匀、表面平整的一块（图二，1）。最关键的是，以这种方法制作泥圈时，陶土脱离织物的过程变得非常轻松，轻轻一揭，陶土便可以很容易地与织物分离，而且其与织物接触面的纹饰也非常清晰整齐，与实物的纹饰几乎一致。接下来，再依照泥圈套接的程序，将泥圈一一套接，多余的切割掉，不够的再添补（图二，2）。最后，将织物再次包裹在陶坯上，以陶拍轻轻拍打，使其结合面平整（图二，3）。结果证明，以这种方法复原的纹饰效果更为理想，泥圈表面整齐的凸方格纹更为清晰。但是，缺点是泥圈衔接处的纹饰不清，而且器形不正（图二，4）。

2. 实验二：模具泥圈套接法

制作程序同上，不同之处在于套接阶段。将成形的泥圈套接于塑料模具上，再套上塑料渔网，用木质陶拍轻轻拍打，直至成形（图二，5、6）。由于有模具支撑，拍打的力度可以较大，编织物可以完全深入到泥圈中。把实验结果与哈民忙哈遗址中的陶器纹饰比较后发现，以模具泥圈套接法结合织物塑形的方法与实物纹饰最为接近（图三）。由于我们实验中的渔网的方格纹较粗，以致产生的印纹比实物纹饰粗大。但是，二者不仅纹理结构一致，而且纹饰均上下贯通，没有重叠模糊的部分。这表明哈民忙哈遗址的先民极有可能采用了类似的方法制作陶器。由于器物外表有编织物支撑，起到了加固的作用，脱模时器物不容易损坏，成器的速度也因此加快。由于条件的限制，这次实验我们仅仅实验了凸方格纹的成型原理，并未做其他两种纹饰成形的实验。但是，根据我们的推测，其他两种纹饰的施纹原理当是一致的，差别可能在于织物这一媒介的差异。其具体的成因尚需以后进一步的研究。

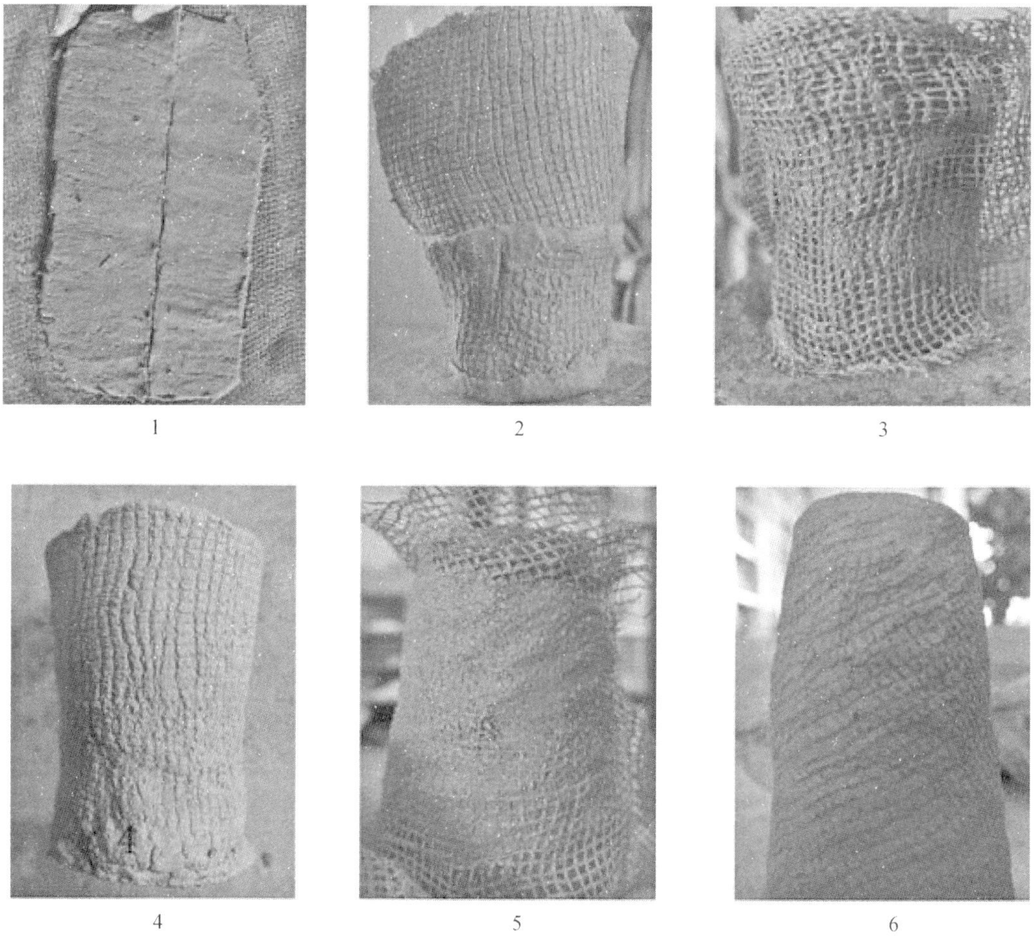

图二　复原实验图

1. 擀制成形的泥圈　2. 泥圈套接过程　3. 套编织物的修整过程　4. 成形的纹饰效果　5. 在模具上的修整过程　6. 利用模具的成形纹饰

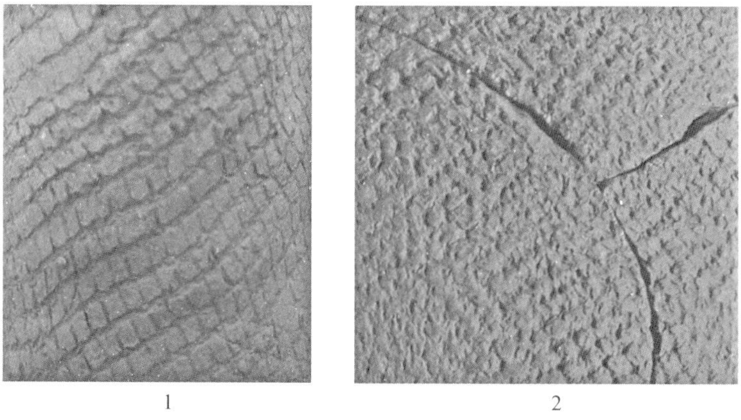

图三　复原实验纹饰与哈民忙哈实物纹饰比较图

1. 实验纹饰图　2. 哈民忙哈陶器纹饰图［F36：12（2）局部］

五、哈民忙哈遗址陶器纹饰所反映的陶器生产

通过陶器纹饰复原实验，我们认为，哈民忙哈遗址陶器表面的凹凸方格纹很可能是陶器制作过程的副产品，而非有意为之的装饰。这与在兴隆洼、白音长汗、赵宝沟等遗址流行的陶器纹饰有着根本的区别。在上述地区，陶器表面的弦纹、“之”字纹、网格纹、几何纹虽然也起到加固的作用，但其装饰意味明显，可以将其视为一道单独的工序。然而，哈民忙哈遗址与兴隆洼、白音长汗、赵宝沟等地区陶器制作工艺的差异，就在于其省略了这一纹饰加工的步骤。这一制作过程的省略并不影响陶器的使用，但是会带来一个明显的优点：节约时间，提高了单位时间陶器的生产量。

一般来说，在手工艺的发展过程中，当某个行业有强化生产、提高生产效率的要求时，则往往意味着一个社会已经存在一定程度的专业化分工。莱斯就认为，衡量专业化生产的一个重要指标即是生产的强化，甚至认为专业化仅是生产强化的一种特殊形式。强化生产的目的是为了提高生产效率，它可以体现在流水化的作业，以及为减少时间而采取的某些技术、某种设备等方面[32]。

哈民忙哈遗址陶器的制作流程显然具备强化生产的特点。一是去除了没有必要的工序。泥圈套接后，不再作不必要的加工（比如像白音长汗的先民在内外壁重新抹泥这一程序），而是直接修形；二是精简装饰。严格说来，哈民忙哈遗址陶器上的凹凸方格纹不是一种装饰纹饰，它只是陶器生产过程中的副产品，不具备白音长汗、查海等遗址中刻意装饰陶器的主观目的。比如，白音长汗遗址出土的陶器纹饰就比较繁复，往往分为三段，各段纹饰的施纹技巧和使用工具还有差异。这种方式当然更为费时费力，但往往可以保留较强的个性特征，增加视觉的美感。而哈民忙哈遗址陶器上的纹饰只表明了其加工的过程，缺乏个性特征及装饰目的。

这样，哈民忙哈遗址陶器的制作方式可以极大地减少人力成本（时间、精力）的投入，控制陶器的品质，减少次品的发生，并使陶器的生产趋向标准化，这显然是专业化生产出现的鲜明特征。特别值得注意的是，哈民忙哈遗址陶器的纹饰较为单一，三种类型纹饰的分布有较明显的空间差异；而且考古人员在遗址F37中发现的批量存在的陶泥；此外，哈民忙哈遗址中筒形罐、壶较为一致的口径、底径及高度[33]，表明当时可能已经出现了某些较为专业的陶器作坊，陶匠利用模具进行泥圈套接，并在外面敷设编织物，以便更快脱模，提高陶器的生产效率。

六、哈民忙哈遗址史前社会陶器专业化生产的文化适应意义

从目前的考古调查及发掘的考古材料看，发现此类凹凸方格纹的区域均位于科尔

沁沙地，这是否说明在某个特定阶段，此种纹饰在该地区广泛流行，这种纹饰的流行与当时的社会生活存在着某种联系？

前面的实验结果证明了凹凸方格纹可能是陶器专业化生产的结果。而从实验的过程看，这种纹饰制作的一个重要特征是有利于快速生产，但制作工艺比较草率。比如，在过分强调生产效率的情形下，哈民忙哈遗址的典型器——壶的制作就体现了这一特征。根据我们对实物的观察，哈民忙哈遗址的壶是由钵与筒形罐套接而成。然而，大部分壶形体不正，且壶身都残留有麻点的痕迹。排除技术原因外，过于追求效率也应是另一个重要因素。比如，壶身不见方格纹，显然经过磨光处理。然而，打磨过程并不精细，故而会残留大大小小的凹坑。这表明陶工并不愿意过多花费时间，而是希望以最短的时间快速完成陶器的制作。

一般来说，依附型（工匠依附统治者而生存）的专业化生产的产品质量应该更高，因为需求关系明确，生产者往往会不计成本和人力的投入；独立型的专业化生产的产品质量则受竞争环境的影响。在市场交易条件下，当缺乏竞争时，生产者一般不会花费太多精力，这通常会导致产品质量的下降；反之，生产者就会提高产品的质量[34]。然而，哈民忙哈史前社会还不是市场经济，而是一个相对独立的村落，产品质量更多受制于时间因素，包括居住的时间长度以及时间的紧迫性。因此，只求快速生产陶器的一个原因就很可能与其当时所处的特殊的生存环境有关。

从自然环境的角度来看，科尔沁沙地并非理想的农业定居地。这片区域是典型的生态交错地带，当气候温暖湿润，则林丰草茂，可耕可牧，可渔可猎；当气候转干冷，则土地沙化严重，农、林、牧生产都会遭受严重的问题。哈民忙哈遗址年代相当于红山文化晚期，也就是距今5000年前后，正处在一个相对冷干的阶段，其中不排除有小规模的气候波动，短时期内有一段相对较为温暖湿润、适宜人类居住的时期。但是，科尔沁沙地的气候具有生态交错带不稳定性的特征，并不适宜大规模的人群的长期定居[35]。

在目前已发掘的4000余平方米的面积里，已经发现死亡人口200余人。若以灾难性死亡如鼠疫通常30%左右的死亡率推算，其人口规模可能有近千人。在这样一个生态脆弱的环境中，要维持如此大的人口规模，哈民忙哈史前社会的文化系统必须要采取多元的生存策略。从遗址中发现的多样的食物加工工具以及大量细小的啮齿类动物骨骼即表明，当时的原住民花费了大量的时间用于狩猎、采集、挖掘以及抓捕小型啮齿动物，以保证其多样化的食物来源[36]。

因此，当时在科尔沁地区定居的居民很可能采取了一种半专业化的陶器生产形式。而从民族考古学的研究来看，环境压力也正是促进社会专业化生产发展的重要因素[37]。除了陶器生产外，陶工还同时从事其他农、林、牧产业，以满足生存所需。而陶器的生产有很强的季节性，往往是在夏、秋季（冬春寒冷，不利于处理陶土），正好与采集、挖掘食物等生产劳动的时间冲突。可以想象，为了有更多的时间获取生活资源，陶工不得不简化陶器的制作程序，用最快的速度生产出最多的能够使用的陶器，以便有更多的时间从事其他生产活动。而在白音长汗、查海等遗址，由于人口压力小（遗址中的房屋面积也要大得多），资源较为充足，而且当时的居民又采取了半定居的生活方式，故而生存压力，才有较为充分的时间制作纹饰繁缛、较为讲究的陶器。由此可见，环境、人口压力导致哈民忙哈遗址的史前社会出现专业化分工，而这一地区尤为严重的生存压力则促使当时的居民采用了一种半专业化的生产方式，这当是此类纹饰科尔沁沙地某个时段较为流行的一个重要原因。

七、结　论

结合实物观察与实验模拟，我们发现哈民忙哈遗址出土陶器上常见的纹饰并不是一种真正意义上的陶器装饰，而是制作工艺过程的副产品。哈民忙哈遗址史前居民生活在一个不稳定的生态交错带环境中，为了在有限时间内获取必要的生活资源，哈民忙哈遗址先民采用了半专业化陶器生产，在简化了陶器制作的工艺的同时，通过利用模具以及编织物围护人为地加速了陶器生产过程，从而提高陶器生产的效率，节约时间。研究中我们还注意到，分析考古材料的同时辅之以实验考古学的研究，并结合文化背景与自然环境的特定联系，有助于我们深入了解考古材料的人类行为意义。

注　释

［1］ Friedrich, M. H. Design structure and social interaction: archaeological implications of an ethnographic analysis［J］. *American Antiquity*, 1970, 35 (3): 332–343.

［2］ a. Shepard, A. O. *Ceramics for the archaeologist*［M］. Washington D. C.: Carnegie Institution of Washington, 1976: 268. 转引自Rice, P. M. *Pottery Analysis. A Sourcebook*［M］. Chicago and London: University of Chicago, 1987: 260–264.

b. Washburn, D. K. A symmetry classification of Pueblo ceramic design［A］. *Discovering Past Behavior: Experiments in the Archaeology of the American Southwest*［C］. New York: Gordon and Breach, 1978: 102–121.

［3］ 20世纪60年代以后，陶器的民族考古学研究开始迅速发展。陶器民族考古研究的代表人物有Margaret A. Hardin, Ian Hodder, William A. Longacre, D. E. Arnold 等，其中代表性的著作有：

a. William, A. L. *Ceramic Ethnoarchaeology*［C］. Tuscan: University of Arizona Press, 1991.

b. Arnold, D. E. *Ceramic Theory and Cultural Process*［M］. Cambridge: Cambridge University Press.

［4］ 将符号学的方法引人到考古中的代表人物是Ian Hodder。见：Hodder, I. The decoration of containers: an ethnographic and historical study［A］. *Ceramic Ethnoarchaeology*［C］. Tuscan: University of Arizona Press, 1991.

［5］ a. Montgomery, B. K. Ceramic analysis as a tool for discovering processes of Pueblo abandonment

[A]. *Abandonment of Settlements and Regions* [C]. Cambridge: Cambridge University Press, 2003: 157–164.

b. Bowser, B. J. From pottery to politics: an ethnoarchaeological study of political factionalism, ethnicity, and domestic pottery style in the ecuadorian Amazon [J]. *Journal of Archaeological Method and Theory*, 2000, 7 (3): 219–248.

c. Arnold Ⅲ, P. J. The organization of refuse disposal and ceramic production within contemporary Mexican houselots [J]. *American Anthropologist*, 1990, 92 (4): 915–932.

d. Donnan, C. B. Ancient Peruvian potters' marks and their interpretation through ethnographic analogy [J]. *American Antiquity*, 1971 (36): 332–343.

[6] a. Arthur, J. W. Ceramic use-alteration as an indicator of socioeconomic status: an ethnoarchaeological study of the Gamo Ethiopia [J]. *Journal of Archaeological Method and Theory*, 2002 (9): 331–355.

b. Silva, F. A. Ceramic technology of the "asurini do xingu, brazil": an ethnoarchaeological study of artifact variability [J]. *Journal of Archaeological Method and Theory*, 2008, 15 (3): 217–265.

[7] Costin, C. L. Craft specialization: issues in defining, documenting, and explaining the organization of production [J]. *Archaeological Method and Theory*, 1991 (3): 1–57.

[8] Brumfiel, E., T. Earle. Specialization, exchange, and complex societies: an introduction [A]. *Specialization, Exchange, and Complex Societies* [C]. Cambridge: Cambridge University Press, 1987: 1–9. 转引自Costin, C. L. Craft specialization: issues in defining, documenting, and explaining the organization of production [J]. *Archaeological Method and Theory*, 1991 (3): 48.

[9] Van der Leeuw, S. E. Towards a study of the economics of pottery making [A]. *Ex Horreo* [C]. Amsterdam: Albert Egges van Giffen Instituut voor Prae-en Protohistorie, University of Amsterdam, 1977 (4): 68–76. 转引自Cathy Lynne Costin, Craft Specialization, 1991: 6.

[10] Peacock, D. P. S. *Pottery in the Roman world: an ethnoarchaeological approach* [M]. London and New York: Longman, 1982. 转引自Costin, C. L. Craft Specialization, 1991: 5.

[11] Rice, P. M., etc. Evolution of Specialized Pottery Production: A Trial Model [and Comments and Reply] [J]. *William Current Anthropology*, 1981, 22 (3): 219–240.

[12] Costin, C. L., M. B. Hagstrum. Standardization, labor investment, skill, and the organization of ceramic production in Late Prehispanic Highland Peru [J]. *American Antiquity*, 1995, 60 (4): 619–639.

[13] Arnold, D. E. Does the standardization of ceramic pastes really mean specialization? [J]. *Journal of Archaeological Method and Theory*, 2000, 7 (4): 333–375.

[14] Blackman, M. J., G. J. Stein, P. B. Vandiver. The standardization hypothesis and ceramic mass production: technological, compositional, and metric indexes of craft specialization at Tell Leilan, Syria [J]. *American Antiquity*, 1993, 58 (1): 60–80.

［15］ a. 郭梦. 陶器标准化意味着什么？北侯村席怀军所制陶器的标准化程度研究［J］. 考古学研究，2013（10）：265–284.

b. 戴向明. 陶器生产、聚落形态与社会变迁：新石器至早期青铜时代的垣曲盆地［M］. 北京：文物出版社，2011.

［16］ a. Roux, V. Ceramic standardization and intensity of production: quantifying degrees of specialization［J］. *American Antiquity*, 2003, 68 (4): 768–782.

b. Kvamme, K. L., M. T. Stark, W. A. Longacre. Alternative procedures for assessing standardization in ceramic assemblages［J］. *American Antiquity,* 1996, 61 (1): 116–126.

［17］ 同［16］. 另［16］a的中文译本见：瓦伦丁·卢克斯（著），付永旭（译），陈星灿（校）. 陶器生产的标准化和强度：专业化程度的量化［J］. 南方文物，2011（3）：166–177.

［18］ 同［12］.

［19］ a. Eerkens J. W., R. L. Bettinger. Techniques for Assessing standardization in artifact assemblages: can we scale material variability?［J］. *American Antiquity*, 2001, 66 (3): 493–504.

b. 同［15］，［16］.

［20］ Rice, P. M. *Pottery Analysis, A Sourcebook*［M］. Chicago and London: University of Chicago, 1987: 190.

［21］ 朱永刚，吉平. 探索内蒙古科尔沁地区史前文明的重大考古新发现——哈民忙哈遗址发掘的主要收获与学术意义［J］. 吉林大学社会科学学报，2012，52（4）：85.

［22］ 王立新，金旭东，段天璟，汤卓炜. 吉林白城双塔遗址新石器时代遗存［J］. 考古学报，2013（4）：532.

［23］ a. 朱永刚，郑钧夫. 通榆县三处史前遗址调查与遗存分类［A］. 边疆考古研究（第7辑）［C］. 北京：科学出版社，2008：334–350.

b. 王立新，宋德辉，夏宏宇. 吉林洮南四海泡渔场家属区遗址的复查与初步认识［A］. 边疆考古研究（第8辑）［C］. 北京：科学出版社，2009：353–364.

c. 王立新，豆海锋. 吉林洮南四海泡子四处遗址的调查与初步认识［A］. 边疆考古研究（第9辑）［C］. 北京：科学出版社，2010：343–363.

d. 朱永刚，王立新. 敖恩套布和西固仁茫哈遗址复查与遗存辨析［A］. 边疆考古研究（第9辑）［C］. 北京：科学出版社，2010：325–342.

e. 金旭东，褚金刚，王立新. 吉林通榆县长坨子四处遗址的调查［J］. 北方文物，2011（3）：3–7.

［24］ 同［22］，532–533.

［25］ 同［22］及［23］b，354.

［26］ 同［23］a，338.

［27］ 同［23］d，337.

［28］ 同［23］a，339.

［29］　同［23］a，345.

［30］　内蒙古考古研究所，吉林大学边疆考古研究中心．内蒙古科左中旗哈民忙哈新石器时代遗址2011年的发掘［J］．考古，2012（7）：20.

［31］　王立新等人在对通榆县三处遗址的调查中，对发现的麻点纹陶片也有类似的看法．见［23］a，338.

［32］　同［20］.

［33］　作者曾测量过哈民忙哈遗址中部分陶器的底径、口径及高度，证明遗址中部分陶器高度、底径及口径大小几乎一致。

［34］　同［7］，37.

［35］　武弘麟，史培军．全新世科尔沁沙地的环境变迁［A］．中国北方干旱半干旱地区历史时期环境变迁研究文集［C］．北京：商务印书馆，2006：307-319.

［36］　陈胜前，杨宽，李彬森，朱永刚，吉平．哈民忙哈遗址石器工具研究［J］．人类学学报，2016，35（1）.

［37］　Stark, M. T. Ceramic production and community specialization: A Kalinga ethnoarchaeological study［J］. *World Archaeology*, 1991, 23 (1): 64–78.

The Analysis of Pottery Decoration of Haminmangha Site

CHEN Ji-ling　CHEN Sheng-qian

“Madian”, one kind of pottery decoration widely found in Khorchin sandy land in Neolithic Age, has also been found in Haminmangha site recently. Through the analysis of pottery decoration produced by Haminmangha original settlers and experiments, we have found that “Madian” was not aimed to be decoration, but a by-product during the process of making pottery. Further researches makes it clear that this decoration is the result of the strategy of time-saving through cutting pottery making procedures and applying new techniques. This is the evidence of the existence of half-specialized pottery production, and it is related to the adaptation of ecotone in Haminmangha site.

关于齐家文化的三个问题*

段天璟

（吉林大学边疆考古研究中心，长春，130012）

齐家文化由安特生发现于20世纪20年代。夏鼐先生根据类型学和地层学证据，证明了齐家文化晚于仰韶时期，并指出其绝对年代“不会比公元前2000年早许多，但是也许是比之晚过许多”[1]。

随着研究的不断深入，齐家文化晚于马厂文化的观点已成为共识。夏鼐先生提出的关于齐家文化年代下限问题，则比较复杂。20世纪80年代，张忠培先生在《齐家文化的研究》中认为，齐家文化三期已经进入到夏纪年，其年代均晚于客省庄文化[2]。

目前发现的齐家文化遗址主要有，武威磨咀子[3]、皇娘娘台[4]、海藏寺[5]、永靖张家咀[6]、大何庄[7]、秦魏家[8]、兰州土门墩上坪，牟家坪、西柳沟大坪[9]、青岗岔[10]、广河齐家坪[11]、临潭磨沟[12]、天水秦安寺咀坪[13]、宁夏西吉县兴隆镇[14]、固原海家湾[15]、青海西宁沈那[16]、互助总寨[17]、乐都柳湾[18]、民和喇家[19]、贵南尕马台[20]以及内蒙古阿拉善旗白音浩特鹿图山[21]等遗址；另外，在黄河上游盐锅峡与八盘峡[22]、刘家峡水库区、洮河和大夏河流域[23]及其下游的临夏、临洮[24]、临夏黄河寺沟峡水库[25]、渭河上游的渭源、陇西、武山[26]、天水、甘谷[27]、渭河支流南河、榜沙河、樟河[28]、嘉陵江支流的西汉水流域[29]、白龙江流域[30]、环青海湖[31]、青海大通[32]等地的考古调查中亦发现了齐家文化遗址。

进入21世纪以来，客省庄文化“西山坪期”类遗存被辨识了出来[33]。这一认识，使我们有必要重新审视齐家文化部分遗存的年代及其与客省庄文化之间的相对早晚关系，并为我们重新审视齐家文化夏时期遗存的年代与分期提供了重要前提。

一、青海柳湾墓地与齐家文化夏时期遗存的辨识问题

在讨论齐家文化的年代下限问题之前，我们先对齐家文化的分期进行简要的说明。

20世纪40～50年代，学界主要解决了齐家文化与半山、马厂等仰韶时期考古学文化之间的相对年代问题。当时，将齐家文化初步划分成了“以敛口深腹双耳罐为主体”

* 基金项目：本文得到吉林大学哲学社会科学青年学术领袖培育计划项目（2016FRLX10）资助。

与“以器形较大的小口双耳罐和盂类为主，鬲较多也有斝、盉等残片”的两群，并认为“这两群器物的地理分布是交错的，可能代表着早晚两期，而以前者较早”[34]。限于当时的认识水平，从该认识出发很可能将客省庄文化与齐家文化相混淆。

20世纪50～80年代，考古工作者对甘青地区一定数量的齐家文化遗址进行了科学发掘，为齐家文化的分期研究提供了有利条件。有学者将齐家文化划分为三个地方类型，即甘肃东部的天水七里墩类型、甘肃中部的永靖秦魏家类型、甘肃西部的武威皇娘娘台类型[35]；并把该文化分为四期：第一、二期分别以大何庄下、上层为代表，第三、四期分别以秦魏家下、上层为代表[36]。近年代来，有学者在齐家文化三类型划分的基础上将齐家文化进一步划分为东（甘肃东部）、中（甘肃中部）、西（甘肃西部和青海东部）三区，以及东区的师赵村、七里墩、中区的秦魏家、西区的皇娘娘台、柳湾等五个类型。东区分早、晚两期，分别以师赵村和七里墩类型为代表；中区秦魏家上、下层为代表亦分为早、晚两期；西区以柳湾遗址早、中、晚期遗存为代表分为三期[37]。

值得注意的是，学界对齐家文化地方类型的不同认识反映出对其内涵的理解不同。有意见把泾河上游流域的客省庄文化和宁夏南部常山下层文化遗存剔出了齐家文化的范畴，而将齐家文化分为以大何庄和秦魏家及皇娘娘台和柳湾为代表的两个类型[38]。

通过对永靖大何庄、秦魏家遗址的分析，并结合武威皇娘娘台、瓦家坪等遗址的情况，张忠培先生将齐家文化划分为三期8段[39]。我们将《齐家文化的研究》中提及的各遗址不同组之间的对应情况列成表一。

表一　《齐家文化的研究》的齐家文化分期表

<table>
<tr><th>期</th><th>段</th><th>代表遗存</th><th>皇娘娘台</th><th>大何庄</th><th>秦魏家</th><th>南区</th><th>北区</th><th>七里墩</th></tr>
<tr><td rowspan="4">三期</td><td>8</td><td>秦魏家四</td><td></td><td>二、四</td><td>四</td><td>六</td><td></td><td></td></tr>
<tr><td rowspan="2">7</td><td rowspan="2">秦魏家三</td><td></td><td></td><td>三乙</td><td>四</td><td>三</td><td rowspan="2">√</td></tr>
<tr><td></td><td></td><td>三甲</td><td></td><td>一</td></tr>
<tr><td>6</td><td>大何庄F7</td><td></td><td>一</td><td></td><td></td><td></td><td></td></tr>
<tr><td rowspan="3">二期</td><td>5</td><td>秦魏家三层墓葬</td><td></td><td></td><td>二</td><td>三</td><td></td><td></td></tr>
<tr><td rowspan="2">4</td><td rowspan="2">皇娘娘台墓葬</td><td>四</td><td></td><td>一</td><td>二</td><td></td><td></td></tr>
<tr><td>二</td><td></td><td></td><td></td><td></td><td></td></tr>
<tr><td rowspan="3">一期</td><td>3</td><td>皇娘娘台F8</td><td>一</td><td></td><td></td><td></td><td></td><td></td></tr>
<tr><td>2</td><td>柳湾M267</td><td></td><td></td><td></td><td></td><td></td><td></td></tr>
<tr><td>1</td><td>瓦家坪K2·5</td><td></td><td></td><td></td><td></td><td></td><td></td></tr>
</table>

我们在此基础上就《齐家文化的研究》中没有提及的个别遗址的情况进行补充说明。

青海柳湾遗址共发现了366座“齐家文化柳湾类型”墓葬，皆收录于《青海柳湾——乐都柳湾原始社会墓地》报告中。这些墓葬主要分布在柳湾墓地西区，其次在中区、少量在东区。原报告发表了11组层位关系，我们将具有分期意义的9组层位关系所涉及的17座墓葬列成表二。

表二 柳湾墓地齐家文化墓葬的层位关系与分组表

墓号	壶	彩陶壶	双耳罐	双大耳罐	高领双耳罐	粗陶双耳罐	双耳彩陶罐	粗陶瓮	敛口瓮	单耳罐	侈口罐	尊	盆	三耳罐	折腹罐	带嘴罐	鸮面罐	杯
M972	Ⅰ		Ⅰ、Ⅱ	Ⅰ2、Ⅰ3	Ⅰ、Ⅱ3	Ⅰ1			Ⅲ	Ⅰ2	Ⅰ3		Ⅰ2	Ⅲ	Ⅰ	Ⅰ、Ⅱ	Ⅰ	
M966										Ⅰ								Ⅶ
M856	Ⅰ			Ⅰ3	Ⅰ			Ⅱ2						Ⅰ				
M383				Ⅰ2								Ⅲ2						
M400	Ⅰ		Ⅰ	Ⅰ	Ⅰ	Ⅰ	Ⅱ		Ⅲ		Ⅱ							
M1127	Ⅰ			Ⅱ3	Ⅱ2			Ⅲ	Ⅱ									
M1008	Ⅰ、Ⅱ			Ⅰ2		Ⅱ3							Ⅳ					
M965	Ⅰ	Ⅱ	Ⅰ、Ⅱ				Ⅰ	Ⅰ	Ⅲ									
M992	Ⅰ、Ⅱ	Ⅲ		Ⅰ			Ⅱ、Ⅳ	Ⅰ	Ⅲ			Ⅰ						
M1128	Ⅰ	Ⅲ	Ⅰ		Ⅰ		Ⅰ	Ⅱ2		Ⅰ2			Ⅱ2					
M398	Ⅰ		Ⅰ		Ⅰ		Ⅰ	Ⅰ				Ⅱ1						
M412							Ⅱ		Ⅰ				Ⅰ		Ⅰ			
M857	Ⅰ、Ⅱ		Ⅰ		Ⅱ3		Ⅰ	Ⅱ1	Ⅰ				Ⅰ2					
M410		Ⅰ				Ⅰ	Ⅰ											
M399	Ⅰ	Ⅰ		Ⅰ				Ⅱ	Ⅰ	Ⅲ								
M978			Ⅱ			Ⅰ												
M975			Ⅰ															

M972→M965；M966→M965；M856→M857；M398→M410；M383→M399；M1127→M1128；M400→M412；M1008→M992；M978→M975

M856、M966中出土的陶器型式不出M972的范畴，故将M972、M856、M966归为M972组。同时M972、M966→M965，M856→M857两组层位关系说明，M965和M857均早于M972组。然而，M965中既出土M972组中特有的Ⅱ型双耳罐、Ⅲ型敛口瓮，又出土M857中独具的Ⅰ型双耳彩陶罐。所以，M965的年代介于M972组和M857之间。

M410出土Ⅰ型双耳彩陶罐，故将其与M857组成M857组，M398既出土Ⅰ型双二彩陶罐又出土Ⅰ型高领双耳罐、Ⅰ型粗陶瓮，其情形与M965相似，故M398的年代介于M857组与M972组之间。M398→M410说明M398晚于M857组，所以将其与M965组成M965组。

同样的情况亦出现在M1127→M1128这组层位关系中。M1128中既出M978组中的Ⅱ2式粗陶瓮、Ⅰ2式单耳罐又出M857组中的Ⅰ型双耳彩陶罐，故M1128应属于M965组，而晚于M1128的M1127应归入M972组。

表三　柳湾墓地齐家文化陶器分期表

段	彩陶壶	粗陶瓮	敛口瓮	双耳彩陶罐	单耳罐	双大耳罐	粗陶双耳罐	双耳罐	高领双耳罐	尊	盆	折腹罐	侈口罐	三耳罐	带嘴罐	鸮面罐	杯
晚		Ⅲ、Ⅱ2	Ⅲ、Ⅱ	Ⅱ	Ⅰ2	Ⅰ2、Ⅱ3、Ⅰ3	Ⅱ3、Ⅰ1	Ⅱ	Ⅰ、Ⅱ2	Ⅲ2	Ⅳ	Ⅰ	Ⅱ、Ⅰ3	Ⅰ、Ⅲ	Ⅰ、Ⅱ	Ⅰ	Ⅶ
中	Ⅱ、Ⅲ	Ⅰ、Ⅱ2	Ⅲ、Ⅰ	Ⅱ、Ⅳ Ⅰ	Ⅰ2	Ⅰ		Ⅱ	Ⅰ	Ⅰ、Ⅱ1	Ⅱ2	Ⅰ					
早	Ⅰ	Ⅱ1	Ⅰ	Ⅰ	Ⅲ	Ⅰ	Ⅰ										

M383→M399中，M399与M410共出Ⅰ型彩陶壶，M383与M972共出Ⅰ2式双大耳罐，所以将M399归入M857组，M383组归入M972组。

M412中既出Ⅰ型敛口瓮又出Ⅱ型双耳彩陶罐，这两类器物分别见于M857和M972组，因此我们将M412归入M965组，又有M400→M412，故把M400归入M972组。

M1008→M992中，M992出土Ⅲ型彩陶壶，M1008出Ⅰ2式双大耳罐，故属于M992、M1008分别属于M965组和M972组。

M978→M975，再次证明了双耳罐Ⅰ型早于Ⅱ型。M975属于M857组，M978的年代不早于M965组。

这样，我们将柳湾墓葬大致划分为早、中、晚三段，分别以M857组、M965组和M972组为代表，并去掉不具有分段意义的Ⅰ、Ⅱ型壶、Ⅰ型双耳罐、Ⅱ3式高领双耳罐、Ⅰ2式盆等陶器，列成表三，并把柳湾遗址具有一定演变规律的彩陶壶、高领双耳罐、彩陶罐、双耳罐等器物列成图一。

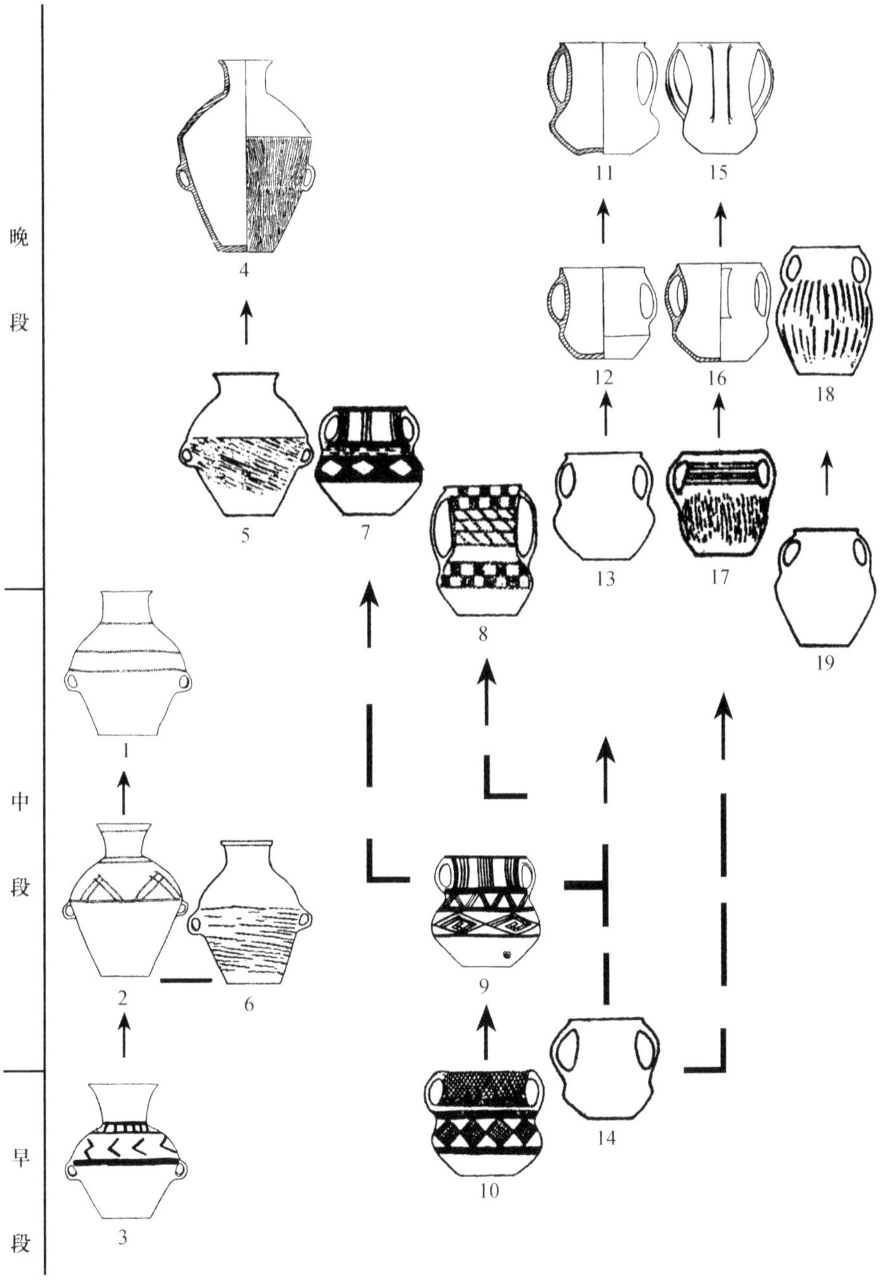

图一　柳湾墓地陶器演变示意图

1. M965：4　2. M992：6　3. M855：12　4. M1119：3　5. M972：5　6. M1128：13　7. M992：3　8. M992：15　9. M965：7　10. M857：4　11. M849：3　12. M292：1　13. M1008：6　14. M992：10　15. M972：19　16. M359：7　17. M972：9　18. M1008：3　19. M972：6

（“-->”表示传承；“—”表示同时）

我们可以看到，柳湾遗址典型陶器所呈现出来的演变规律仍然如《齐家文化的研究》所总结的，由矮胖向瘦高发展。依照这个规律，柳湾M267：4类双大耳罐[40]的形态在发展演变序列上早于M972：6类双大耳罐（图一，19）。而M267出土Ⅰ1式双大耳罐、Ⅰ型高领双耳罐、Ⅱ2式粗陶双耳罐、Ⅲ型双耳罐、Ⅰ型彩陶壶、Ⅰ2式型单耳罐，其年代应属于柳湾中段。柳湾中段M1128：13类高领双耳罐（图一，6）与齐家文化中期4段皇娘娘台二段AI式双耳折肩罐（M76：1）相似。柳湾晚段Ⅰ3型双大耳罐M972：8、Ⅲ型三耳罐M972：19（图二，1、2）大口、斜颈、折腹的形态分别介于齐家文化中期4段黄娘娘台M32：3与晚期秦魏家双耳罐M106：4之间，并更接近M106：4

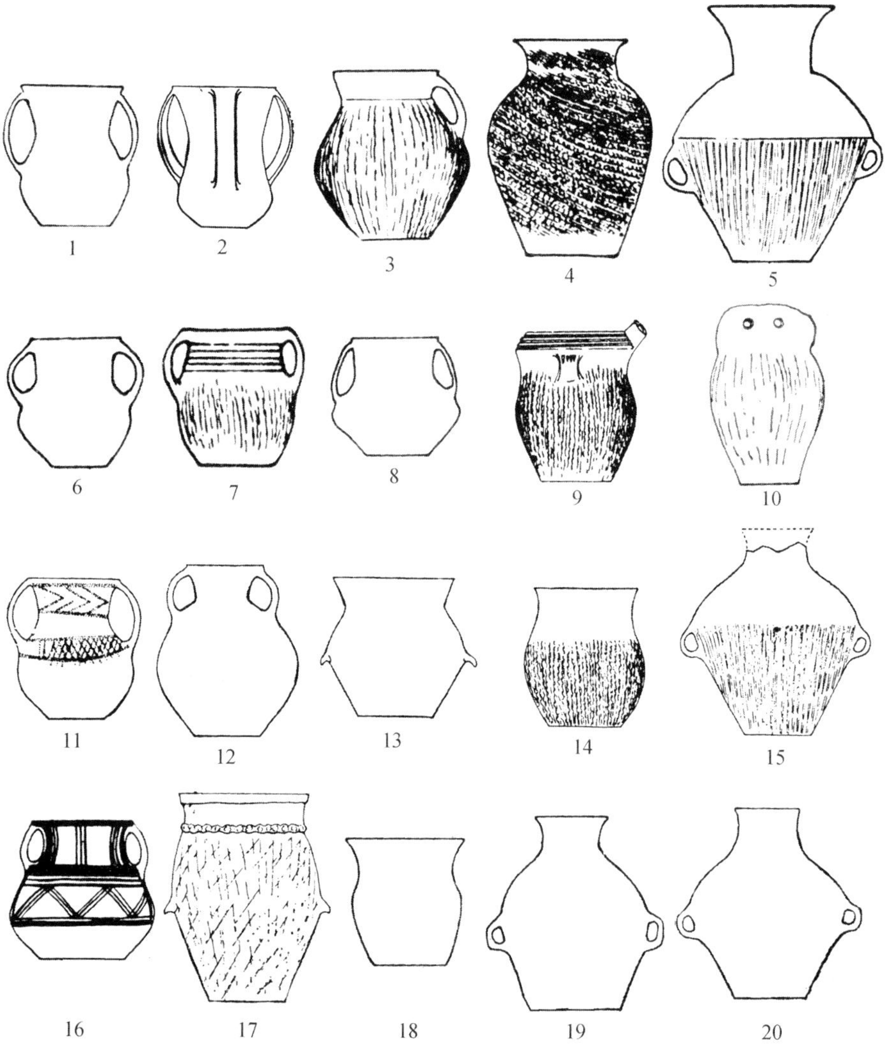

图二　柳湾墓地M972、M392、M397出土部分陶器

1. M972：8　2. M972：19　3. M972：15　4. M972：24　5. M972：16　6. M972：12　7. M972：9　8. M972：11　9. M972：22　10. M972：29　11. M392：1　12. M392：9　13. M392：4　14. M392：5　15. M392：7　16. M397：2　17. M397：6　18. M397：1　19. M397：3　20. M397：9

（图五，14）[41]，晚段Ⅱ3式粗陶双耳罐M972：9（图二，7）的形态似与秦魏家双耳罐M100：1（图五，17）接近，其形态似较秦魏家M100：1稍早。所以，柳湾遗址早段的年代应不晚于齐家文化第二期、柳湾遗址中段大体与齐家文化第二期相当，而柳湾晚段的年代大体可与齐家文化三期6段相当。

柳湾M392出土Ⅱ型双耳彩陶罐、Ⅰ型高领双耳罐（图二，11、15），其年代当属本文所述的柳湾遗址中或晚段。柳湾M392经数轮校正后的碳十四数据为公元前1915年+115年，进入了夏纪年，再次证明了《齐家文化研究》的论证结果。

此外，《青海柳湾》报告中还报道了一组层位关系M392→M397（图二，11～20），其中M397被归入“马厂类型”，而M397的碳十四数据为公元前2040年+100年。虽然，“马厂类型”不是本文讨论的重点，但应注意的是，柳湾遗址“齐家文化”遗存早、中、晚段皆存在一定数量的彩陶罐（图一），正如《青海柳湾》报告指出，“它既包含有齐家文化的基本因素，又保留有马厂类型的某些成分”[42]。这也提示我们，柳湾遗址M397类“马厂类型”遗存的年代下限也很可能进入了“夏纪年”（图二，16～20）。

此外，目前所知的七里墩遗址的材料仅见于《甘肃古文化遗存》和《渭河上游天水、甘谷两县考古调查简报》中，系1950年代的获得的一些调查材料，《青海民和喇家遗址2000年发掘简报》指出，喇家遗址发现的以Ⅱ区F3、F4为代表的遗存与甘肃天水发现的齐家文化“七里墩类型”相似。喇家遗址F3：28、F3：27、F4：16、F4：11分别与柳湾晚段Ⅱ2式高领双耳罐、Ⅱ3式粗陶双耳罐、Ⅲ型三耳罐、Ⅲ2式尊相似，其年代相当。

二、客省庄文化“西山坪期”与齐家文化夏时期遗存相对年代的问题

在渭河上游地区存在被误认为齐家文化的客省庄文化遗存，这类遗存以西山坪遗址“师赵村七期”遗存为代表，该类遗存被称为客省庄文化“西山坪期”[43]。笔者曾指出，位于渭河流域的“老牛坡类型远古文化”遗存墓葬出土陶器属于客省庄文化西山坪期的范畴，而该遗存灰坑中的部分陶器与二里头文化联系密切[44]。

《师赵村与西山坪》报告指出，师赵村遗址和西山坪遗址均发现了“师赵村第七期”文化遗存，这里不再赘述。需要说明的是，师赵村和西山坪遗址的“师赵村第七期”遗存之间亦存在早晚关系。

师赵村遗址“师赵村第七期”遗存T317②：10鬲（图三，17）属于客省庄文化较早阶段的典型器物，T317M4：1D型侈口罐、T380F26：1斝（图三，15、14）与永兴店文化二里半遗址ⅡF5：1小口罐、IH96：1斝相似（图三，20、19），T335②：7盆（图三，13）与三里桥遗址三里桥文化T234：06盆[45]（图三，18）相仿。可见，师赵村遗

址“师赵村第七期”遗存的年代应相当于龙山时代。

西山坪遗址“师赵村第七期”遗存少量采集陶器的年代属于龙山时代外，如西山坪采：05与客省庄H173：1斝[46]相类（图三，12、16），绝大部分陶器的年代晚于师赵村遗址同类遗存。

我们发现，西山坪T48H18：13罐（图三，11）与朱开沟遗址单把鬲群第二段M4012：6罐相类（图三，5），西山坪T49③：13鬲（图三，10）的足部特征与晋中Ⅵ期Ⅰ段峪道河H1：1相类（图三，3），其颈部特征介于朱开沟M4037：3与M1017：4类鬲（图三，6、4）之间，以上述陶器为代表遗存的年代应进入到了夏纪年而早于二里头文化时期。另外，西山坪T31H7：2甑（图三，9）与二里头文化早期同类器皂角树H163：4（图三，4）相似，不同的是该器为素面；西山坪T47③：10、T48③：17鬲（图三，7、8）颈部较长的特征与晋中地区二里头文化时期具有代表性的高领鬲酷似（图三，1），以上述陶器为代表遗存的年代应属二里头文化时期[47]。

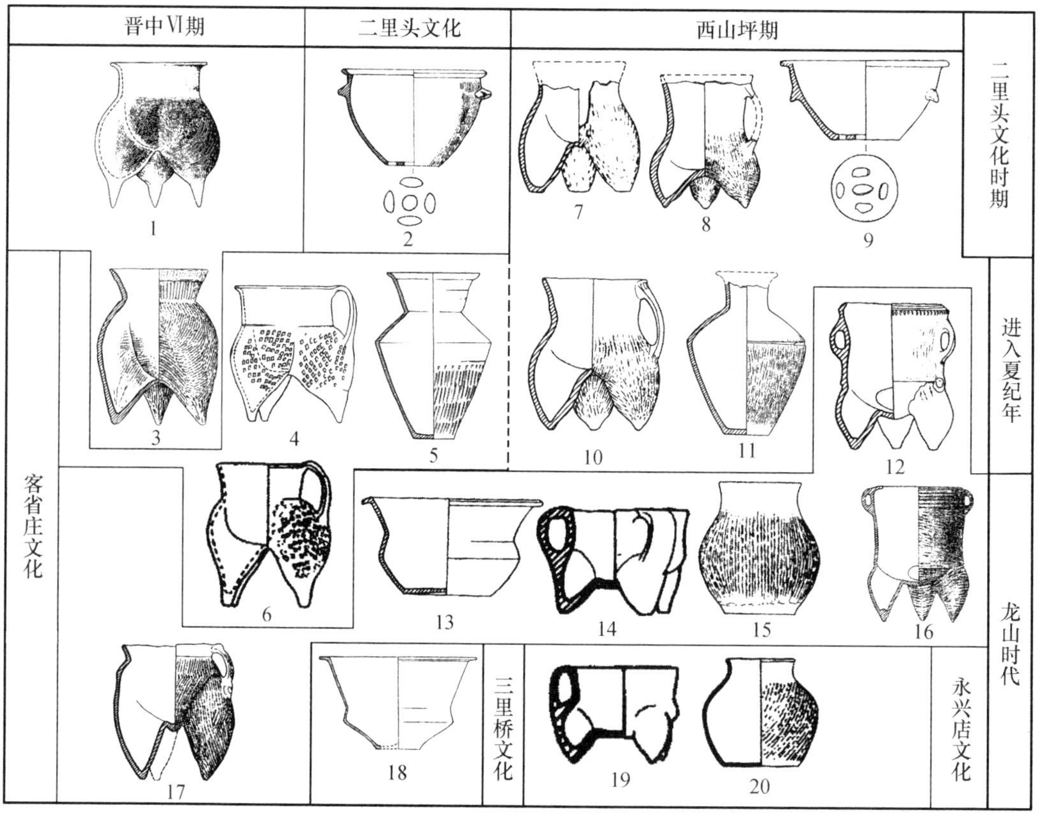

图三　“师赵村第七期遗存”对比图

1. H98：176　2. H163：4　3. H1：1　4. M1017：4　5. M4012：6　6. M4037：3　7. T47③：10　8. T48③：17　9. T31H7：2　10. T49③：13　11. T48H18：13　12. 采：05　13. T335②：7　14. T380F26：1　15. T317M4：1　16. H173：1　17. T317②：10　18. T234：06　19. ⅠH96：1　20. ⅡF5：1

（1. 太谷白燕；2. 洛阳皂角树；3. 汾阳峪道河；4～6. 朱开沟；7～12. 西山坪；13～15、17. 师赵村；16. 客省庄；18. 三里桥；19、20. 二里半）

这说明，“西山坪期”遗存可以进一步分为两组，第一组以T48H18、T31H7和Ⅱ区第3层部分遗存为代表（图四，8~15），第二组主要以Ⅱ区第3层绝大部分遗存为代表（图四，1~7）。

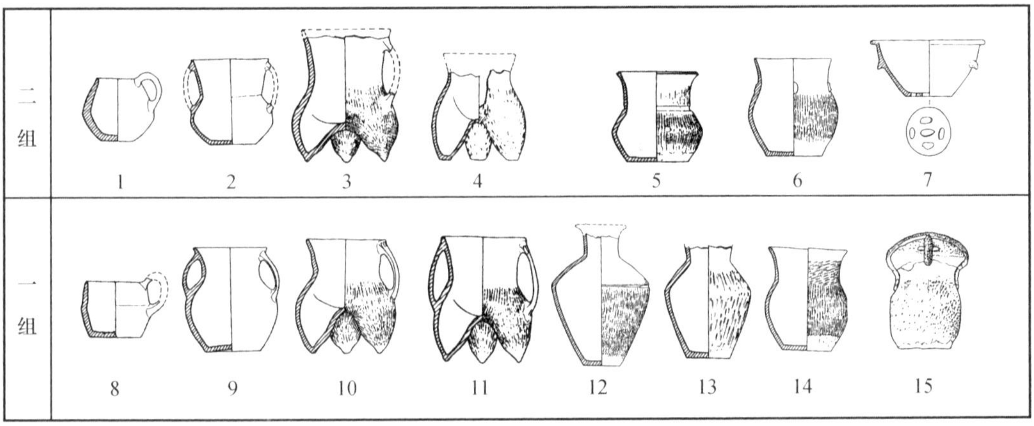

图四　客省庄文化“西山坪期”遗存分组图

1. T48③：6　2. T48③：11　3. T48③：17　4. T47③：10　5. T48③：12　6. T48③：13　7. T31H7：2　8. T49③：3　9. T49③：10　10. T49③：13　11. T48H18：18　12. T48H18：13　13. T48H18：4　14. T48H18：8　15. T48H18：6

（均出自西山坪遗址）

无独有偶，集中发现“西山坪期”遗存的西山坪遗址Ⅱ区还有：③→T48H18的层位关系，再次证明了“西山坪期”第一、二组间的相对早晚关系。

综合上文比较的结果，渭河上游地区的客省庄文化“西山坪期”的第一组的年代分别相当于“进入夏纪年而早于二里头时期”，第二组的年代大致相当于二里头文化时期。

通过讨论，我们已经认识到以西山坪遗址“师赵村第七期”遗存为代表的客省庄文化的年代下限进入了二里头文化时期。这就修正了以往将客省庄文化的下限定在“三里桥龙山文化”时期的认识[48]。由于客省庄文化与齐家文化具有密切关系，对“西山坪期”客省庄文化遗存的认识与分组结果，就成为了我们辨认夏时期的齐家文化遗存的重要参照。

可以看到，柳湾M392：5、M392：7罐（图二，14、15）与西山坪期一组T48H18：8、T48H18：4（图四，14、13）相类。柳湾M972：8双耳罐束颈、敞口、鼓腹、口部高于双耳的特征（图二，6）与西山坪T49③：10相似（图四，9）。柳湾M972：29鸮面尊（图二，10）与西山坪T48H18：6（图四，15）相似。还有，西山坪期第一组西山坪T48H18：4罐的肩、腹部特征与齐家文化6段大何庄F7：3相似（图四，13；图五，22）

综上，我们可以认为齐家文化第三期第6段的年代已进入夏纪年，第7、8段的年代大致相当于二里头文化时期，年代分别相当于客省庄文化“西山坪期”第一、二组。

三、从齐家文化夏时期遗存看西北地区相关文化的互动问题

齐家文化以西的河西走廊地区，东到武威、西抵疏勒河南岸、北达巴丹吉林沙漠西南缘、南靠祁连山麓北坡分布有四坝文化[49]。目前发现的四坝文化遗址除山丹四坝滩外还有，甘肃安西鹰窝树、酒泉干骨崖、玉门沙窝梁[50]、玉门火烧沟[51]、民乐东灰山、西灰山[52]等。这类以双耳罐为主的文化遗存[53]，“陶质粗糙不同于甘肃仰韶文化及齐家文化的彩陶：所使用的颜料较浓，使花纹呈凸起状”[54]。

《四坝文化研究》一文运用甘肃酒泉干骨崖、火烧沟遗址的第一手材料以及民乐东灰山、西灰山、玉门沙窝梁、安西鹰窝树以及山丹四坝滩等遗址的调查材料，将四坝文化划分为五期（表四）。

表四　四坝文化部分遗址的分期及其对应关系表

<table>
<tr><th rowspan="2">期</th><th colspan="6">遗　址</th></tr>
<tr><th>火烧沟墓地</th><th>干骨崖墓地</th><th>山丹四坝滩</th><th>玉门沙窝梁</th><th>安西鹰窝树</th><th>民乐东灰山</th></tr>
<tr><td>五</td><td rowspan="2"></td><td>晚</td><td rowspan="2">三</td><td rowspan="2"></td><td rowspan="2">三</td><td>6、7</td></tr>
<tr><td>四</td><td>中</td><td>5</td></tr>
<tr><td rowspan="2">三</td><td rowspan="2">4
3</td><td rowspan="2">早</td><td rowspan="2">二</td><td rowspan="2">二</td><td rowspan="2">二</td><td>4</td></tr>
<tr><td>3</td></tr>
<tr><td>二</td><td>2</td><td></td><td rowspan="2">一</td><td>一</td><td rowspan="2">一</td><td rowspan="2">2</td></tr>
<tr><td rowspan="2">一</td><td>1</td><td></td><td></td></tr>
<tr><td></td><td></td><td></td><td></td><td></td><td>1</td></tr>
</table>

1986、1987年，甘肃省文物考古研究所与吉林大学北方考古研究室联合对东灰山遗址进行了发掘，所获得的材料均收录于《民乐东灰山——四坝文化墓地的揭示与研究》（以下简称《东灰山》）中。《东灰山》报告将墓地划分为三期7组（段），其结果为我们进一步检视四坝文化的分期和年代问题提供了重要参考。

首先，我们在该报告的叁章五节《墓葬排序与分期》中发现了一些问题：

（1）表九应该包含了所有Ga型双耳小罐墓葬的器物组合，但漏掉了出土GaⅡ式双耳小罐M230代表的器物组合。但在表一五中，M230中出土的是CaⅡ式双耳小罐，疑《东灰山墓地墓葬随葬器物登记表》有误。

（2）表二一将出土AbⅠ式腹耳彩壶的M207落掉了，但是M207仅出土一件AbⅠ式腹耳彩壶并不影响其结果。

当然，这些问题并不影响东灰山墓地的分期结果。

其次，我们用东灰山墓地的分期结果与《四坝文化研究》一文中关于四坝文化有关遗址的分期相对比，可以发现：

第一，东灰山墓地第一期的年代可能早于火烧沟墓地第一段。东灰山第二期2段AbⅠ式双腹耳彩罐与火烧沟墓地第1段Ⅰ式（M206）壶相似。

第二，东灰山墓地第3、4段；5段及第6、7段分别与《四坝文化研究》所概括的四坝文化第三、四、五期相当。东灰山BⅡ、BⅢ、BIV式双耳彩陶罐的纹饰、器形等特征分别与火烧沟墓地AⅢ式（M259）、干骨崖墓地AⅡ、AⅢ式（M20：1、M84：1）彩陶双耳罐相仿。

参考上述情况，我们将东灰山遗址亦纳入到四坝文化的分期结论中（表四）。

《河湟青铜文化的谱系》引用《齐家文化的研究》对齐家文化的分期结果，通过对比齐家文化三期8段的大何庄M87、M36，秦魏家M40与辛店文化、卡约文化以及唐汪式陶器，证实了齐家文化早于辛店、卡约文化的命题，揭示了齐家文化的消亡过程。该文发现，齐家文化祁家坪墓地圜底彩陶罐和蛇纹罐与辛店文化第一期的山家头墓地“圜底·单彩系”类遗存具有十分密切的关系。鉴于齐家文化与辛店文化之间的早晚关系，该文提出，辛店文化山家头墓地圜底罐类遗存是由齐家文化祁家坪墓地圜底彩陶罐和蛇纹罐发展而来的观点[55]。

《东灰山》报告结语进一步扩大了齐家文化祁家坪墓地圜底彩陶罐和蛇纹罐类遗存的范畴，认为东灰山遗址细绳纹帮底一体的陶器与该类遗存属于同一谱系。笔者以为，《东灰山》报告提出的M132：1类圜底罐、M181：2、M9：1类帮底一体的蛇纹小罐，分别与辛店文化山家头墓地蛇纹圜底彩陶罐和蛇纹罐相类的观点[56]是可信的。这就为我们确定四坝文化的年代提供了线索。

东灰山遗址中发现一件细绳纹帮底一体的陶器（M132：1双耳圜底陶罐）与DaⅢ、GaⅢ式双耳小陶罐、EⅡ式双耳大陶罐等陶器在M132中共生。由《东灰山》报告表二三知，该单位属于东灰山遗址第5段，即四坝文化第四期。所以，四坝文化四期的年代晚于齐家文化。

最新碳十四数据表明，四坝文化的年代上限约在公元前1900年[57]。因此，四坝文化第一至三期的年代大约进入了夏纪年。

20世纪80年代初，张忠培先生通过揭示客省庄文化和齐家文化陶鬲的演变规律、比较了两文化间的诸文化因素，就已指出，“齐家文化在长期发展中，从客省庄文化方面接受着影响。”[58]21世纪初，张先生进一步总结出了客省庄文化单把鬲宽弧裆→宽平裆→尖角裆的演变规律，并通过辨识属夏时期的客省庄文化“西山坪期”遗存，指出由于齐家文化与客省庄文化间存在密切关系，很可能将二者混淆[59]。

二里头文化向渭河流域的扩张引发了“多米诺骨牌”效应，引起了客省庄文化西进和北上[60]，从而使齐家文化的分布地域发生了变动。但应该认识到，这两个文化自古以来形成的密切关系仍然基本保持稳定并继续向前发展。客省庄文化与齐家文化中发现的大量双耳罐明显地表现出二文化间的密切关系。例如，齐家文化的高颈双耳罐或高颈罐及绳纹双小耳罐在客省庄文化中均有发现（图五，16～22、24、25、30），二文化的双大耳罐保持了基本同步的演变规律（图五，10～15、26～28）。

地处齐家文化西边的四坝文化中亦发现了齐家文化因素[61]。例如，四坝文化火烧沟M212、M98类粗砂小双耳罐、东灰山M127：9、M108：5类豆以及火烧沟M98类双大耳罐（图五，3～7）的形态明显具有齐家文化典型器物秦魏家M40：3类豆、柳湾M100：1类双耳罐（图五，8、17）等的特征，显然受到了齐家文化的影响。

西北地区自东向西分布的客省庄文化、齐家文化之间的文化交流由来已久，二者在夏时期以前就已存在密切关系。二里头文化时期，二里头文化向渭河流域的扩张虽将客省庄文化的一部向西驱赶领占领原齐家文化的领地而进入“西山坪期”，但客省庄文化仍与齐家文化并行发展了一段时期[62]。约当公元前1900年前后，新生的四坝文化参与到了与齐家文化的交流和竞争中来。四坝文化的参与使西北地区的此三种文化在互动过程中一度形成了关系密切的“你中有我、我中有你”式的文化样态，直至客省庄文化和齐家文化相继消亡。

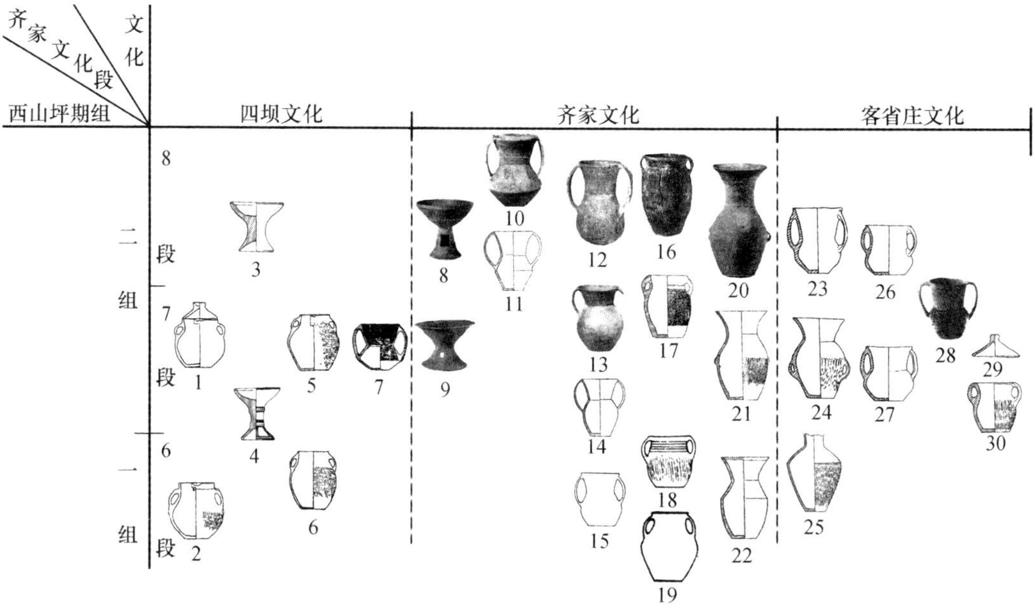

图五　齐家文化、四坝文化、客省庄文化夏时期的相关陶器对比图

1. M206　2. M93　3. M108：5　4. M127：9　5. M98　6. M212　7.M98　8. M40：3　9. M110：4　10. M33：2　11. M314：4　12. M40：1　13. M117：4　14. M106：4　15. M972：8　16.TA：17　17.M100：1　18.M972：9　19. M972：6　20. M40：2　21. M106：5　22. F7：3　23. T25③：11　24. T2③：7　25. T48H18：13　26. T388②：11　27. T9③：3　28. H76　29. T13③：10　30. T13③：12

（1、2、5～7. 火烧沟；3、4. 东灰山；8～14、17、20～21. 秦魏家；15、18、19. 柳湾；16、22. 大何庄；23～27、29、30. 西山坪；28. 客省庄）

注　释

[1] 夏鼐. 齐家期墓葬的新发现及其年代的改订［A］. 考古学论文集［C］. 石家庄：河北教育出版社，2000：3-16.

[2] 张忠培. 齐家文化的研究［A］. 中国北方考古文集［C］. 北京：文物出版社，1990：129.

[3] 甘肃省博物馆. 甘肃武威锅家庄磨咀子遗址调查记［J］. 考古，1959（11）：84.

[4] a. 甘肃省博物馆. 甘肃武威皇娘娘台遗址发掘报告［J］. 考古学报，1960（2）：53-70.

b. 甘肃省博物馆. 武威皇娘娘台遗址第四次发掘［J］. 考古学报，1978（4）.

[5] 梁晓英、刘茂德. 武威新石器时代晚期玉石器遗址［N］. 中国文物报，1993-5-30.

[6] a. 黄河水库考古队甘肃分队. 甘肃永靖张家咀遗址发掘简报［J］. 考古，1959（4）：181-184.

b. 中国社会科学院考古研究所甘肃工作队. 甘肃永靖张家咀与姬家川遗址的发掘［J］. 考古学报，1980（2）：187-203.

[7] 中国科学院考古研究所甘肃工作队. 甘肃永靖大何庄遗址发掘报告［J］. 考古学报，1974（2）：29-61.

[8] 中国科学院考古研究所甘肃工作队. 甘肃永靖秦魏家齐家文化墓地［J］. 考古学报，1975（2）57-91.

[9] 甘肃省文物管理委员会. 兰州市几处新石器时代遗址调查［J］. 考古，1959（7）：323-325.

[10] 甘肃省博物馆，北京大学历史系考古专业. 甘肃兰州青岗岔遗址试掘报告［J］. 考古，1972（3）：26-31.

[11] 甘肃省博物馆. 甘肃省文物考古工作三十年［A］. 文物考古工作三十年［C］. 北京：文物出版社，1979：141.

[12] a. 甘肃省文物考古研究所等. 甘肃临潭磨沟齐家文化墓地［J］. 考古，2009（7）.

b. 甘肃省文物考古研究所等. 甘肃临潭磨沟齐家文化墓地发掘简报［J］. 考古，2009（10）.

c. 甘肃省文物考古研究所等. 甘肃临潭磨沟齐家文化墓葬2009年发掘简报［J］. 文物，2014（6）.

[13] 任步云. 甘肃秦安县新石器时代居住遗址［J］. 考古通讯，1958（5）：6-11.

[14] 钟侃，张心智. 宁夏西吉县兴隆镇的齐家文化遗址［J］. 考古，1964（5）：232-233.

[15] 宁夏回族自治区博物馆. 宁夏固原海家湾齐家文化墓葬［J］. 考古，1973（5）：290-291.

[16] a. 王国道. 西宁市沈那齐家文化遗址［A］. 中国考古学年鉴（1993）［C］. 北京：文物出版社，1995：260-261.

b. 吴平. 西宁市沈那遗址［A］. 中国考古学年鉴（1994）［C］. 北京：文物出版社，1997：278-279.

[17] 青海省文物管理处考古队. 青海互助土族自治县总寨马厂、齐家、辛店文化墓葬［J］. 考

古，1986（4）：306–318.
［18］ a．青海省文物管理处考古队，北京大学历史系考古专业．青海乐都柳湾原始社会墓葬第一次发掘的初步收获［J］．文物，1976（1）：67–78.
b．青海省文物考古队，中国社会科学院考古研究所．青海柳湾——乐都柳湾原始社会墓地［R］．北京：文物出版社，1984.
［19］ a．王国道等．青海喇家村齐家文化遗址最新揭示：史前灾难现场摄人心魄，黄河慈母佑子情动天地［N］．中国文物报，2000-7-5（1）.
b．中国社会科学院考古研究所，青海省文物考古研究所．青海民和喇家史前遗址的发掘［J］．考古，2002（7）：3–5.
c．中国社会科学院考古研究所甘青工作队等．青海民和喇家遗址2000年发掘简报［J］．考古，2002（12）：12–28.
d．中国社会科学院考古研究所甘青工作队等．青海民和喇家遗址发现齐家文化祭坛和和干栏式建筑［J］．考古，2004（6）.
［20］ 我省考古工作的一项重大发现［N］．青海日报，1978-2-18.
［21］ 齐永贺．内蒙古白音浩特发现的齐家文化遗物［J］．考古，1962（1）：22.
［22］ 黄河水库考古队甘肃分队．黄河上游盐锅峡与八盘峡考古调查记［J］．考古，1965（7）：321–325.
［23］ 安志敏．甘肃远古文化及其有关的几个问题［J］．考古通讯，1956（6）：9–18.
［24］ 甘肃省文物管理委员会．甘肃临洮、临夏两县考古调查简报［J］．考古通讯，1958（9）：36–49.
［25］ 甘肃省博物馆．黄河寺沟峡水库新石器时代遗址调查简报［J］．考古，1960（3）：7–9.
［26］ 甘肃省文物管理委员会．甘肃渭河上游渭源、陇西、武山三县考古调查［J］．考古通讯，1958（7）：6–16.
［27］ 甘肃省文物管理委员会．渭河上游天水、甘谷两县考古调查简报［J］．考古通讯，1958（5）：1–5.
［28］ 甘肃省博物馆．甘肃渭河支流南河、榜沙河、樟河考古调查［J］．考古，1959（7）：326–328.
［29］ 甘肃省博物馆．甘肃西汉水流域考古调查简报［J］．考古，1959（3）：138–142.
［30］ 长江流域规划办公室考古队甘肃分队．白龙江流域考古调查简报［A］．文物资料丛刊（2）［C］．北京：中国社会科学出版社，1978：26–37.
［31］ 青海省文物考古队．环青海湖考古调查［J］．考古，1984（3）：197–202.
［32］ 青海省文物考古研究所等．青海大通县文物普查简报［J］．考古，1994（4）：320–326.
［33］ 张忠培，杨晶．客省庄与三里桥文化的单把鬲及其相关问题［A］．宿白先生八秩华诞纪念文集［C］．北京：文物出版社，2002：40.
［34］ 安志敏．甘肃远古文化及其有关的几个问题［J］．考古通讯，1956（6）：14.

［35］ a. 谢端琚. 试论齐家文化与陕西龙山文化的关系［J］. 文物，1979（10）：60-69.
b. 谢端琚. 试论齐家文化［J］. 考古与文物，1981（3）：76-83.
［36］ 谢端琚. 论大何庄与秦魏家齐家文化的分期［J］. 考古，1980（3）：248-254.
［37］ 中国社会科学院考古研究所. 中国考古学·夏商卷［M］. 北京：中国社会科学出版社，2003：540-546.
［38］ 胡谦盈. 试论齐家文化的不同类型及其源流［J］. 考古与文物，1980（3）：77-82.
［39］ 张忠培. 齐家文化的研究［A］. 中国北方考古文集［C］. 北京：文物出版社，1990：105-147.
［40］ 同［18］b，图版一八一，1.
［41］ 张忠培. 齐家文化的研究［A］. 中国北方考古文集［C］. 北京：文物出版社，1990：128，图三.
［42］ 同［18］b，255.
［43］ 同［33］.
［44］ 段天璟. 二里头文化时期渭河流域的文化变迁［J］. 中原文物，2006（6）：37.
［45］ 中国科学院考古研究所. 庙底沟与三里桥［M］. 北京：科学出版社，1959.
［46］ 中国科学院考古研究所. 沣西发掘报告——1955～1957年陕西长安县沣西乡考古发掘资料［R］. 北京：文物出版社，1963：60. 本文关于客省庄遗址出土器物的材料均出自此报告。
［47］ 本文所述的夏纪年而早于二里头文化时期、二里头文化时期的各单位详见段天璟. 二里头文化时期的中国［M］. 北京：社会科学文献出版社，2014.
［48］ 张忠培. 齐家文化的研究［A］. 中国北方考古文集［C］. 北京：文物出版社，1990：86.
［49］ 李水城. 四坝文化研究［A］. 考古学文化论集（第3辑）［C］. 北京：文物出版社，1993：104.
［50］ 李水城. 四坝文化研究［A］. 考古学文化论集（第3辑）［C］. 北京：文物出版社，1993：98-102.
［51］ 甘肃省博物馆. 甘肃文物工作三十年［A］. 文物考古工作三十年［C］. 北京：文物出版社，1979：142-143.
［52］ a. 宁笃学. 民乐县发现的两处四坝文化遗存［J］. 文物，1960（1）：74-75.
b. 甘肃省文物研究所，吉林大学考古学系. 民乐东灰山——四坝文化墓地的揭示与研究［M］. 北京：科学出版社，1998.
［53］ 安志敏. 甘肃远古文化及其有关的几个问题［J］. 考古通讯，1956（6）：17.
［54］ 安志敏. 甘肃山丹四坝滩新石器时代遗址［J］. 考古学报，1959（3）：13.
［55］ 许永杰. 河湟青铜文化的谱系［A］. 考古学文化论集（第3辑）［C］. 北京：文物出版社，1993：194-201.
［56］ 同［52］b，136-137.
［57］ 中国社会科学院考古研究所. 中国考古学中碳十四年代数据集（1965～1991）［M］. 北

京：文物出版社，1991：272.
［58］ 张忠培. 客省庄文化及其相关诸问题［A］. 中国北方考古文集［C］. 北京：文物出版社，1990：87.
［59］ 同［33］.
［60］ 段天璟. 二里头文化时期渭河流域的文化变迁［J］. 中原文物，2006（6）.
［61］ 李水城. 四坝文化研究［A］. 考古学文化论集（第3辑）［C］. 北京：科学出版社，1993：108.
［62］ 段天璟. 二里头文化时期的中国［M］. 北京：社会科学文献出版社，2014：364，表3-1-2.

Three Questions About the Qijia Culture

DUAN Tian-jing

This paper discussed three questions about the Qijia culture. Firstly, the Liuwan site proved that the Qijia culture's late age limit should be dated to the Xia Dynasty. Secondly, the 7th period of Xishanping site in Tianshui (Gansu Province) offered us time scale typologically, which could be identified as the Xianshanping period of Keshengzhuang culture. Thirdly, this paper debated the late age limit of the Siba culture and recognized the Siba culture's relics aged in the Xia Dynasty. Finally this paper discribed that in the Qijia culture and Keshengzhuang culture connected closely form the Longshan epoch to Xia Dynasty in northwestern China. From about 1900BC, the Siba culture joined the cultural connections and competitions among the Qijia culture and Keshengzhuang culture till these two cultures disappeared.

也谈卡约文化青铜器的分期问题*

张文立

（吉林大学边疆考古研究中心，长春，130012）

日本学者三宅俊彦先生在《卡约文化青铜器初步研究》一文中对卡约文化青铜器做过专门研究，并曾就卡约文化青铜器分期问题提出了一个方案[1]。受方法和材料所限，三宅俊彦先生提出的分期方案是缺乏说服力的。对此，笔者曾撰文做过剖析[2]。在本文中，笔者拟就卡约文化青铜器的分期问题再谈些个人看法。

一、材料与方法

材料与方法是研究青铜器分期问题的一个前提基础，直接影响着青铜器的分期方案。只有对材料有了全面的认识与把握，选定合适的研究方法，才有可能提出一个合理的分期方案。材料与方法之间又是密切相关的。材料的状况在很大程度上决定着分期研究中所运用的方法。材料状况不同，研究方法自当做相应的调整。因此，研究青铜器分期问题首先需要考虑材料与方法。卡约文化青铜器分期研究当做同样的考虑。

卡约文化青铜器材料发现甚早。20世纪20年代，瑞典人安特生就曾在当时西宁县下属的卡约及下西河的一些墓葬中，采获包括铜铃、铜泡和铜连珠饰等在内的多件卡约文化铜器[3]。自那时以后相当长的一段时间，有关卡约文化铜器材料仅有零星报道[4]。20世纪70年代以来的一系列田野发掘工作，让更多数量的卡约文化青铜器得以面世。从已发表的材料看，卡约文化青铜器材料呈现出以下特点：一是标本数量多。据刘宝山估计，卡约文化铜器数量当以千百计[5]。加之历年来征集的不少标本也属于该文化，卡约文化铜器实际数量可能更大。二是器物种类繁多，但多数器类标本无法排序。从用途上看，卡约文化铜器计有容器、武器、工具、生活用品、装饰品等，种类包括鬲、钺、斧、矛、剑、戈、镞、盔、刀、锥、凿、凿锤、镜、铃、簪、镯、臂饰、耳饰、泡饰、联珠饰、杖首、别针等。在这些器物当中，除个别器类（如斧、铃等）外，绝大多数器类标本无法排序。三是铜器标本绝大多数出自墓葬，一些标本共存关系清楚。从出土情

* 本文系教育部人文社会科学重点研究基地重大项目“青海地区青铜时代文化综合研究”（项目编号12JJD780008）的阶段性成果。

况看，卡约文化青铜器大体可区分为正式发掘所得、采集的墓葬出土物、出土单位不明的采集品等三种不同情况。其中已发表的绝大多数铜器属于第一种情形，且多出自墓葬。在经过正式发掘的湟水流域遗址的平安沙卡墓地[6]、大通上孙家寨墓地[7]、黄家寨墓地[8]、湟中潘家梁墓地[9]、湟源大华中庄墓地[10]、乱山与花鼻梁[11]、湟源莫布拉遗址[12]，黄河沿岸地区的循化阿哈特拉山墓地[13]、化隆上半主洼墓地[14]、下半主洼墓地[15]、循化苏呼撒墓地[16]、贵德山坪台墓地[17]以及环青海湖地区的刚察县刚察墓地[18]等，均发现有数量不等的铜器。在这些铜器中，多数铜器标本共存陶器不详，部分标本出土单位不详，仅有较少数标本有共存陶器发表，且个别共存陶器属于同类器物，有一定的可比性，为依据陶器分期成果推断它们的相对年代提供了条件。这些铜器材料因系科学发掘所得，应该是研究卡约文化青铜器分期的主要材料。四是铜器标本的形制，既有地域特色鲜明者，也有与其他地区相同或相似者。从器物形制观察，卡约文化青铜器可分为两种情况：一是与周边地区青铜文化中所见同类器物相同或相似的标本；一是目前尚不见于周边地区的标本。以前一种情况为多。这就为根据器物形制比对进行分期和断代提供了可能。此外，个别出土铜器的单位，有碳十四年代测定数据。这些数据为分期断代也提供了一定的参考。卡约文化青铜器材料的这种状况决定了，一方面，卡约文化青铜器分期研究是可能的，另一方面，则需要选择一种适合现有材料状况的研究方法。

通常情况下，对于考古发现的无铭铜器的分期研究，可以通过多种不同的方法来进行。比如，参考建立在陶器研究基础上的文化分期来研究铜器的分期与年代。前面提到的日本学者三宅俊彦的论文就采用了这种方法。在对铜器进行类型学研究的基础上，参照地层、共存遗物等，来研究它们的分期与年代。这是比较常用的一种方法。此外，也可以根据与年代明确的器物形制比对来推定拟研究铜器标本的大体年代，在此基础上形成分期方案，诸如此类。这些方法可单独使用，也可结合使用，在实际的分期研究中，以后者居多。研究方法的选定最终取决于材料具体状况。鉴于前述卡约文化青铜器材料的实际状况，笔者认为，卡约文化青铜器分期研究，主要应该通过共存关系和器物形制比对，并参照碳十四年代测年数据来进行，而不应简单地借助建立在陶器研究基础上的文化分期来进行，否则，即使提出一个分期方案，说服力也是有限的。

二、分期与年代

基于上述对卡约文化铜器材料及研究方法的认识，笔者主要依据共存关系和器物形制比对，参照碳十四年代测年数据，暂将卡约文化青铜器分为四组，并对年代做出推断。现将各组具体情况分述如下。

第一组，以阿哈特拉山墓地M12出土直内卷角铜钺（图一，1）[19]、上半主洼M2出土铜刀（图一，5）[20]、上孙家寨M13出土铜锥（图一，6）[21]等为代表。M12、

M2、M13三座墓葬均有随葬陶器（图一，7～14）[22]发表。其中，大口双耳罐、小口堆纹罐等形制相近，年代应相去不远。上半主洼M2出土铜刀形制与二里头遗址出土的铜刀（图二，1）[23]相似，年代应不晚于早商。据碳十四测定年代数据，阿哈特拉山M12的年代为距今3555年±130年（经树轮较对）[24]，不晚于商代早期。同时，考虑到铜器特征变化不及陶器敏感的特点，将该组年代断在商代早期应不会有太大问题。

此外，西宁鲍家寨出土铜鬲（图一，2）[25]、沈那遗址出土带钩长矛（图一，15）[26]、湟中潘家梁M 117出土铜钺（图一，4）[27]，化隆上半主洼90M16出土铜钺（图一，3）[28]，也可归入该组。鲍家寨出土铜鬲，侈口，平窄缘，束颈，鼓腹分裆，锥形足，口沿上有一对主耳，颈部饰三道凸弦纹，分裆处饰双线“人”字形纹。其形制与1954年郑州杨庄出土的一件商代前期铜鬲（图二，2）[29]接近，年代应大体相当，或可断在商代早期偏晚阶段[30]。至于沈那遗址出土带钩长矛[31]，笔者曾指出该矛当属卡约文化，年代可断在商代早期[32]。在此再略作说明。沈那遗址出土带钩长矛，矛体硕大，长61.5厘米，宽19厘米。据笔者对此矛的实际观察，铜矛筩部两侧铸线突出，显然系合范铸造，与齐家文化铜器相比，表现出明显的进步特征。而目前已发现的齐家文化铜器尽管有使用范铸的标本如尕马台铜镜等，但大多数器物系锤打或单范制成，且多小件铜器。在沈那遗址，除马家窑、齐家文化等遗存外，在遗址北端也有少量的卡约文化遗迹[33]。该矛属于卡约文化的可能性大。沈那矛体大而薄，制作风格上与阿哈特拉M12出土铜钺颇为一致，年代应与后者相近。另，沈那矛与属于塞伊玛文化的罗斯托夫卡墓地发现的带钩矛（图二，3）[34]形制相似，两者的钩与筩部的夹角均较小，且钩的顶端，均在矛叶外缘延长线的内侧。近来的研究表明，塞伊玛–图尔宾诺文化的年代应提早到前第二千纪前半叶[35]。故沈那矛的年代或可断在商代早期，而不大可能晚到三宅俊彦所说的卡约文化中期（即商代后期）以后。2008年在河南淅川下王岗遗址发现4件带钩矛（图二，4）。一般认为，其年代不晚于西周，不早于龙山[36]。与沈那矛相比，下王岗矛钩与筩部的夹角较大，且钩的顶端，均在矛叶外缘延长线的内侧，年代可能较前者晚。这或可作为上述年代推定的一个佐证。将潘家梁M117出土铜钺[37]归入本组的主要理由如下：一是此钺身扁宽，似阿哈特拉出土直内卷角铜钺，年代应与后者相近。二是在近东及西亚地区青铜时代早期曾流行一种“大眼钺”。从“大眼钺”的形制演变规律来看，钺身从早到晚呈现出由宽扁向窄长方向发展的特点[38]。潘家梁M117出土铜钺因钺身扁宽，年代可能偏早。此外，碳十四测定年代数据显示，卡约文化的年代上限或可早到夏末商初。而卡约文化青铜器中属于商代早期者，已有若干件，该钺年代早到商代早期的可能性是存在的。上半主洼90M16出土铜钺，形制与湖北楼子湾盘龙城出土铜钺（图二，5）[39]相近，年代应与后者相当，大体可推定在商代早期。

与上述标本共存的器物，暂可一并归入该组。

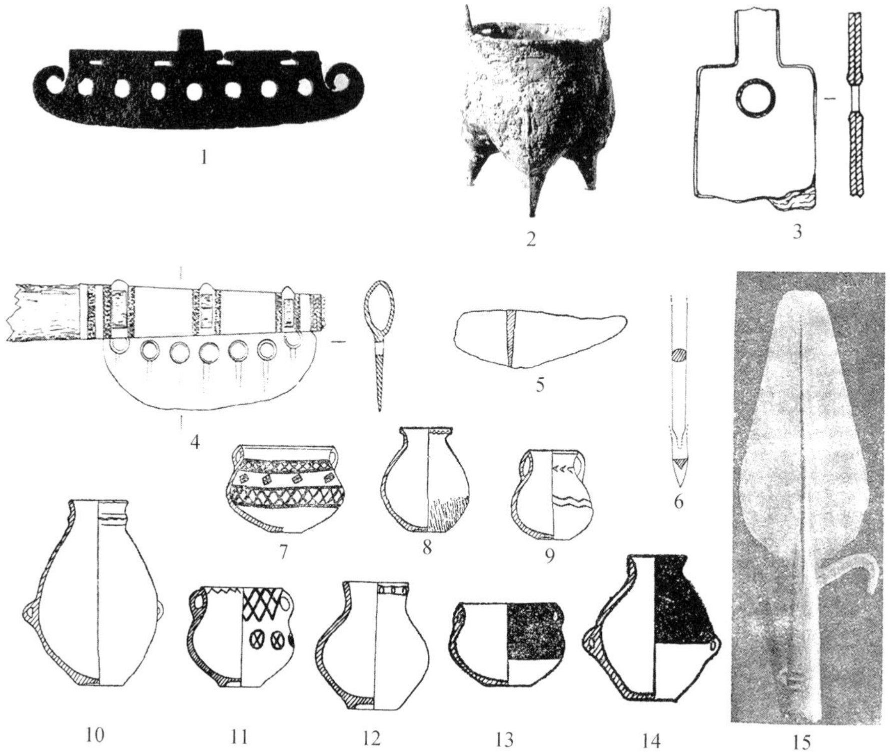

图一　第一组铜器及共存陶器

1. 直内卷角铜钺（阿哈特拉M12出土）　2. 铜鬲（鲍家寨出土）　3. 铜钺（上半主洼90M16：3）　4. 铜钺（潘家梁M117：41）　5. 铜刀（上半主洼88M2：6）　6. 铜锥（上孙家寨M13：8）　7、11、13. 大口双耳罐（阿哈特拉M12：13、上半主洼88M2：1、上孙家寨M13：2）　8、12. 小口堆纹罐（阿哈特拉M12：17、上半主洼88M2：3）　9. 小双耳罐（阿哈特拉M12：16）　10、14. 腹耳壶（阿哈特拉M12：10、上孙家寨M13：1）　15. 带钩铜矛（沈那遗址H74出土）

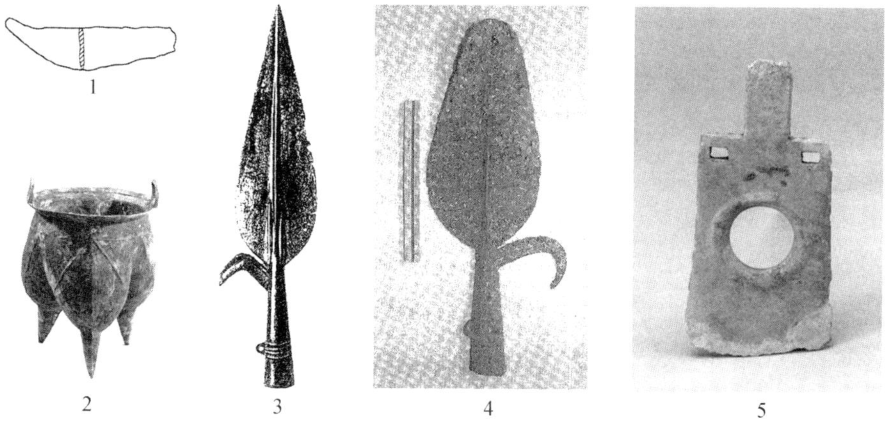

图二　与第一组铜器相关标本

1. 铜刀（二里头IXH13：2）　2. 铜鬲（杨庄出土）　3. 带钩矛（罗斯托夫卡墓地M8出土）　4. 带钩矛（下王岗出土）　5. 铜钺（盘龙城PLWM4：8）

第二组，以下治泉村采集的管銎斧、三角援管銎戈、凿锤（图三，1、3、5）[40]，上孙家寨出土三角援直内戈（图三，12）[41]、潘家梁M57出土镂孔铜铃、M210、M221出土铜刀（图三，25、22、18）[42]、湟中县征集铜矛（图三，7）[43]、大华中庄M4、M96出土铜矛（图三，8、9）[44]等为代表。其中，下治泉村采集的铜斧与北方长城地带商代晚期的管銎斧（图四，1）[45]形制接近，年代应大体相当。三角援管銎戈，从形制上看，也系商末周初我国北方地区比较流行的器物式样，年代大致不出商末周初。与上述两件铜器一并采集的凿锤，年代估计也应该大体相当。上孙家寨出土三角援直内戈的形制与殷墟西区M355出土铜戈（图四，4）[46]相近。据后者，其年代或可断在商代晚期。潘家梁M57出土镂孔铜铃，形制与山西灵石旌介商代晚期墓葬M2出土的一件铜铃（图四，3）[47]相同，年代可断在商代晚期。潘家梁M210、M221出土铜刀的基本形制，分别与安阳四盘磨SP25出土铜刀（图四，5）[48]、大司空村M303出土的一件环首刀（图四，6）[49]相近，年代或均可断在商代晚期。湟中县征集铜矛的基本形制与殷墟西区M729出土商代晚期铜矛（图四，9）[50]及张家坡M204出土铜矛（图四，10）[51]相近，所不同的是，前者銎部两侧无双系。参照后两者的年代，可将湟中矛的年代断在商末周初。大华中庄M4出土铜矛的基本形制，与甘肃灵台姚家河M1出土铜矛（图四，11）[52]几近相同，且前者骹体中部用于固柲的钉孔位置与后者用于固柲的侧环在同一位置，两者年代应大体相当。根据后者，可将前者的年代可大体推定在西周早期。大华中庄M96出土铜矛，形制与陕西宝鸡竹园沟M4出土铜矛（图四，12）[53]相近，两者的年代也应该大体相当，大体可断在西周早期。由此，该组的绝对年代大体可推定在商代晚期至西周早期。

此外，沙卡村M3出土铜泡、连珠饰、铜刀（图三，10、11、21）[54]，潘家梁M25出土铜刀（图三，20），M185出土铜簪、铜刀、铜泡（图三，14、17、26），M137出土铜管（图三，13）[55]，上半主洼M159出土铜凿锤、铜刀（图三，4、16）[56]，在东村砖瓦厂采集的凿锤[57]（图三，6）、大华中庄M42出土铃首刀（图三，19）[58]、前营村采集的铜斧[59]（图三，2）等标本，也可归入该组。沙卡村M3、潘家梁M25、M185分别随葬有粗陶双耳罐（图三，29～32），形制与潘家梁M57出土粗陶双耳罐（图三，33）相近，这些墓葬年代或与后者相当。潘家梁M137出土一件无耳罐（图三，27），形制与潘家梁M210出土同类器物（图三，28）[60]相近，年代应与后者相当。据此，沙卡村M3和潘家梁M25、M185、M137出土铜器的年代，或可断在商代晚期。潘家梁墓地M185及M221出土2件铜簪（图三，14、15）又分别与外贝加尔和克拉斯诺亚尔斯克地区所见锥具（图四，7、8）[61]形制接近，年代应与后者大体相当。同时，也可与上文对潘家梁墓地M185、M221相关铜器的年代推定相互印证。上半主洼出土铜凿锤、东村砖瓦厂采集凿锤形制与下治泉村采集的凿锤相近，年代应与后者大体相当。另，与上半主洼凿锤标本共存的一件铜刀，直刃、弧背，形制类似潘家梁M185出

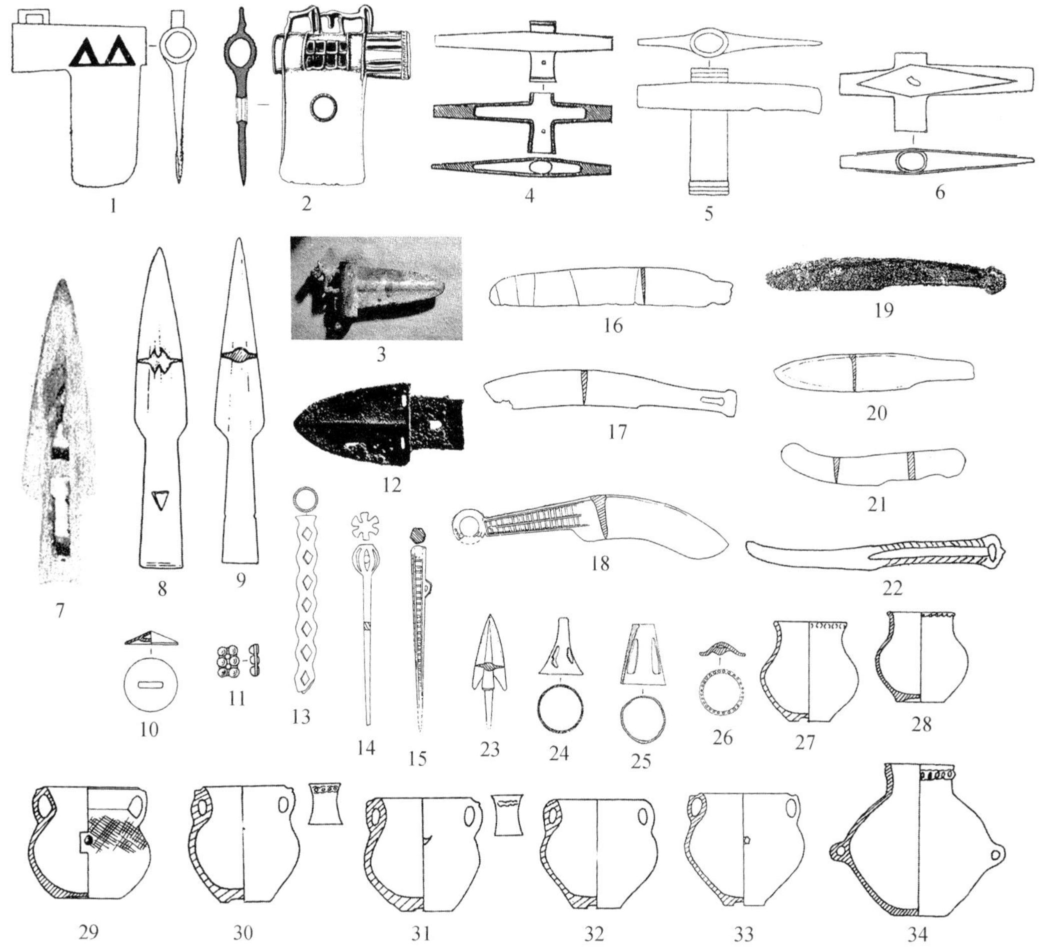

图三　第二组铜器及共存陶器

1、2. 铜斧（下治泉征集、前营村征集）　3、12. 铜戈（下治泉村征集、上孙家寨出土）　4～6. 凿锤（上半主洼88M159：1、下治泉村征集、东村砖瓦厂采集）　7～9. 铜戈（湟中县征集、大华中庄M4：1、大华中庄M96：13）　10、26. 铜泡（沙卡M3：7、潘家梁M185：21）　11. 铜联珠饰（沙卡M3：C3）　13. 铜管（潘家梁M137：5）　14、15. 铜簪（潘家梁M185：21、潘家梁M221：9）　16～22. 铜刀（上半主洼88M159：2、潘家梁M185：2、潘家梁M221：208、大华中庄M42：1、潘家梁M25：14、沙卡M3：4、潘家梁M210）　23. 铜镞（潘家梁M221：2）　24、25. 铜铃（潘家梁M221：25、潘家梁M57：9）　27、28. 无耳罐（潘家梁M137：3、潘家梁M210：21）　29～33. 双耳罐（沙卡M3：2、潘家梁M185：25、潘家梁M185：23、潘家梁M25：6、潘家梁M57：10）　34. 腹耳罐（潘家梁M210：1）

土铜刀，或可作为年代推定的又一个参照。大华中庄M42出土铃首铜刀，其铃首装饰多见于我国北方地区商末周初的刀剑之上，年代大致不出商末周初。前营村采集的铜斧形制及斧身上的孔周起缘装饰与传世的一件“铜戚”（图四，2）非常接近。根据李济先生的看法，后者的年代断在商代[62]，则前者的年代或可断在商代晚期。

与上述标本共存的器物，暂可一并归入该组。

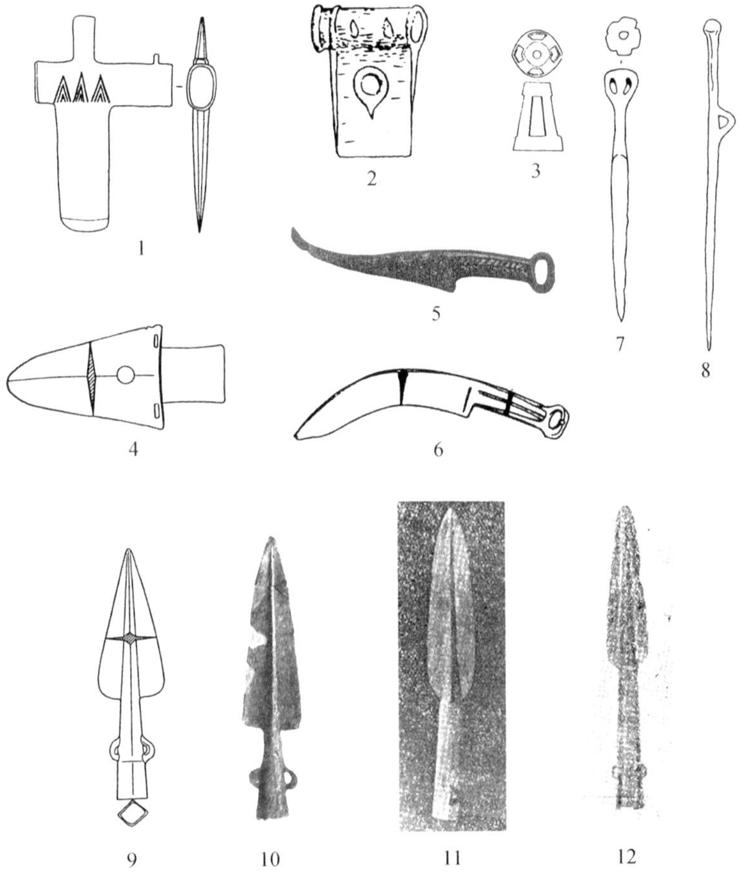

图四　与第二组铜器相关标本

1、2. 铜斧（鄂尔多斯采集、传世品）　3. 铜铃（旌介M2：1）　4.铜戈（殷墟西区M355：8）　5、6. 铜刀（四盘磨SP25、大司空村M303：4）　7、8. 铜锥具（克拉斯诺亚尔斯克地区契尔诺科沃、外贝加尔地区东部）　9～12. 铜矛（殷墟西区M729：6、张家坡M204：15、灵台姚家河M1、竹园沟M4：194）

第三组，以下半主洼M28出土铜斧（图五，1）[63]、民和塘尔源征集的铜盔（图五，2）[64]、上孙家寨M240[65]和M616[66]出土镂孔铜铃（图五，4、5）、大华中庄M90出土铜镜（图五，6）[67]、上孙家寨M937出土铜镞（图五，7）[68]、大华中庄出土的铜簪（图五，9）[69]、民和官亭征集的柳叶形剑（图五，10）[70]等为代表。其中，上半主洼M28出土铜斧，形制与昌平白浮M3出土铜斧（M3：26）（图六，1）[71]相近，年代应大体相同。民和塘尔源征集的铜盔，半球形，前后开有小半圆形口，前面开口有弧凸，两侧耳部下垂，顶中部一半环。其形制与昌平白浮M2出土铜盔（图六，2）[72]相近，年代应大体相同。白浮墓葬的年代，林沄先生认为可定在西周中期或更晚[73]。上孙家寨M240出土铜铃，形制与甘肃庄浪徐家碾寺洼文化墓地M71出土的一件铜铃（M71下：20；图六，3）[74]相似，后者的年代大体相当于西周中期偏早[75]，M240出土铜铃的年代应与之大体相当。上孙家寨M616出土铜铃，形制则与群巴克二

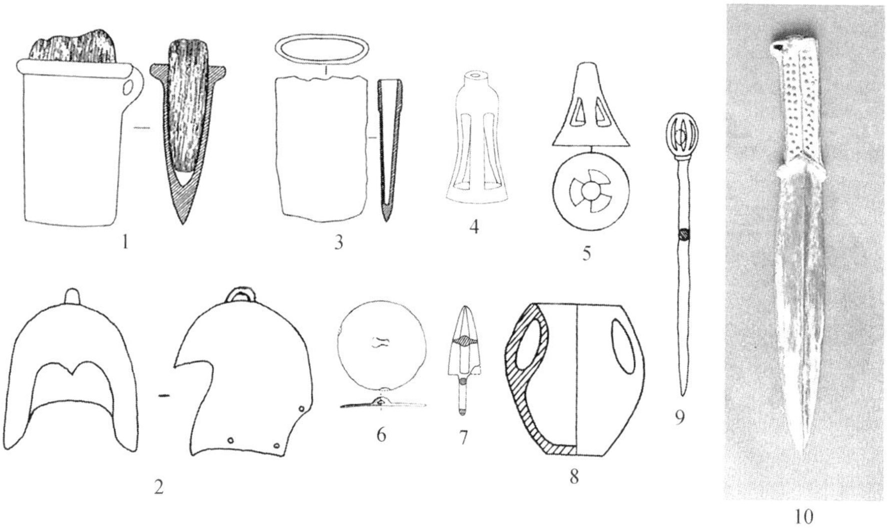

图五　第三组铜器及共存陶器

1、3. 铜斧（下半主洼M28出土、上孙家寨M937：6）　2. 铜盔（民和塘尔垣征集）　4、5. 铜铃（上孙家寨M240、M616：5）　6. 铜镜（大华中庄M90：1）　7. 铜镞（上孙家寨M937：7）　8. 双耳罐（大华中庄M90：4）　9. 铜簪（大华中庄出土）　10. 铜短剑（民和官亭征集）

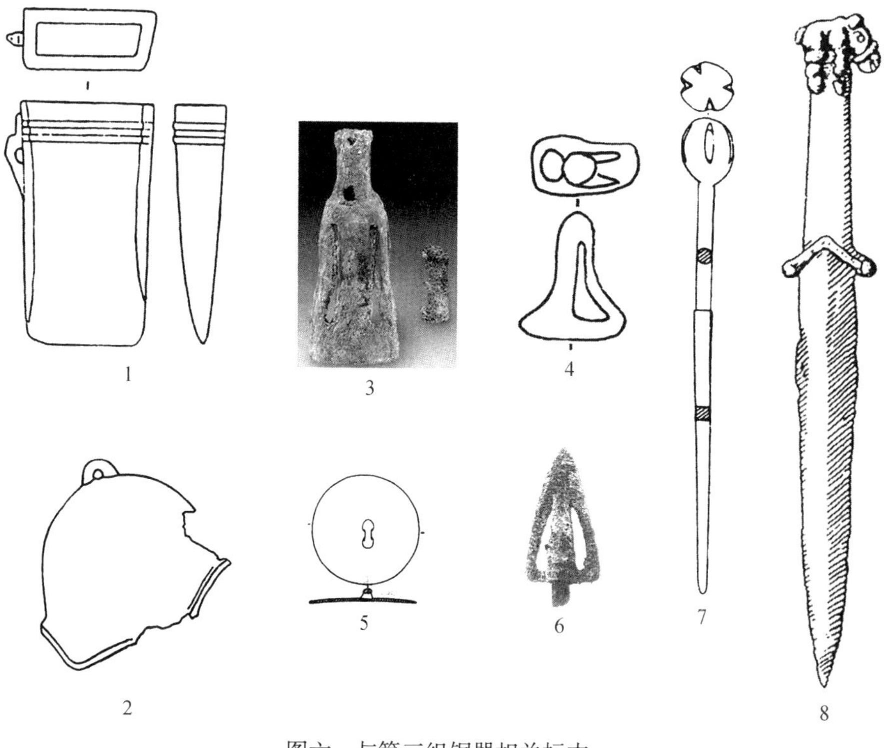

图六　与第三组铜器相关标本

1. 铜斧（白浮村M3：26）　2. 铜盔（白浮村M2）　3、4. 铜铃（徐家碾M71下：20、群巴克ⅡM4：14）　5. 铜镜（张家坡M170：061）　6. 铜镞（南山根M101：41）　7. 锥形饰（小黑石沟M8501出土）　8. 铜短剑（图瓦阿尔然M1）

号墓地出土的一件铜铃（图六，4）[76]相同，只是后者铃体因挤压而略有变形。根据碳十四测定年代数据，群巴克二号墓地的年代大约相当于公元前810～前610年[77]，由此，上孙家寨M616出土铜铃的年代或不晚于春秋中期。大华中庄M90出土铜镜与张家坡西周墓出土的铜镜（图六，5）[78]形制相近，根据后者，大体可将大华中庄M90出土铜镜年代定在西周中期。上孙家寨M937出土铜镞，形体甚小，镞身宽短，断面三角形，无外伸之翼，后锋短而不锐，略内收，其基本形制与南山根M101出土铜镞（图六，6）[79]相近。后者年代，朱凤瀚先生推定在春秋早期[80]。该铜镞的年代应相去不远。大华中庄出土铜簪的形制与小黑石沟M8501出土锥形饰（图六，7）[81]相近，年代应大体相当。关于小黑石沟M8501，林沄先生考证墓中所出土中原式青铜器包括了从商末周初至春秋早期的各时代之物[82]。由此，大华中庄出土铜簪年代或不晚于春秋早期。民和官亭征集的柳叶形剑，形制与俄罗斯图瓦阿尔然M1出土的短剑（图六，8）[83]相近，所不同的是后者剑首装饰以圆雕野兽。阿尔然古墓的年代一般认为在公元前8世纪[84]。官亭剑的年代当距此不远。由此，该组的绝对年代大体相当于西周中晚期，个别标本的年代或晚到春秋早期。

与上述标本共存的器物，暂可一并归入该组。

第四组，以大华中庄墓地M79出土镂孔铜铃（图七，1）[85]、黄家寨M5和M16出土的镂孔铜铃（图七，2、4、5）[86]、上半主洼M30出土镂孔铜铃（图七，13）[87]、大华中庄墓地M57出土的三棱矛（图七，11）[88]、同仁宗安寺两座墓葬出土的铜器（图七，8、10、17）[89]、山坪台M23出土铜刀（图七，7）[90]、上孙家寨M941出土的兽面饰（图七，6）[91]等为代表。其中，大华中庄墓地M79出土镂孔铜铃，铃体形制、镂孔等特征与内蒙古林西井沟子出土铃形饰（图八，1）[92]相似，年代应与之相当。参照后者的年代，该铜铃的年代大致不出春秋晚期至战国初期。黄家寨M5、M16出土的镂孔铜铃，形制大体相同，且与内蒙古毛庆沟M39出土镂孔铜铃（图八，2）[93]形制接近，两者的年代应相去不远。上半主洼M30出土铜铃的基本形制与内蒙古毛庆沟M62出土铜铃（图八，3）[94]形制相近，年代也应大体相当。毛庆沟墓地是毛庆沟文化的代表性遗址，包含了该文化各个时期墓葬。根据乌恩先生的研究，毛庆沟文化的年代相当于春秋中期至战国晚期[95]。参照这一成果，黄家寨M5、M16及上半主洼M30出土镂孔铜铃的年代当不出这一年代范围。大华中庄墓地M57出土的三棱矛与山西邯郸百家村出土铜矛（图八，9）[96]形制相近，年代可定在战国中期前后。同仁宗安寺两座墓葬所出铜器均系征集所得墓葬出土之物。其中，墓葬一出土的刀形剑、铜戈及1件双耳小陶罐（B；图七，21）。墓葬二出土铜刀、双耳小陶罐（A；图七，16）、腹耳罐（图七，22）各一件。从简报提供的陶罐线图观察，墓葬一的双耳小陶罐略显矮胖，墓葬二的双耳小陶罐则略显瘦高。据报道者称，2件双耳小陶罐形制、高矮相同，两座墓葬年代应该大体相当。另，墓葬一所出刀形剑，剑身部分与四川普格小兴场出土战国早期的一件铜刀（AM2∶1；图八，7）[97]非常接近，剑首部分形制与呼鲁斯太战

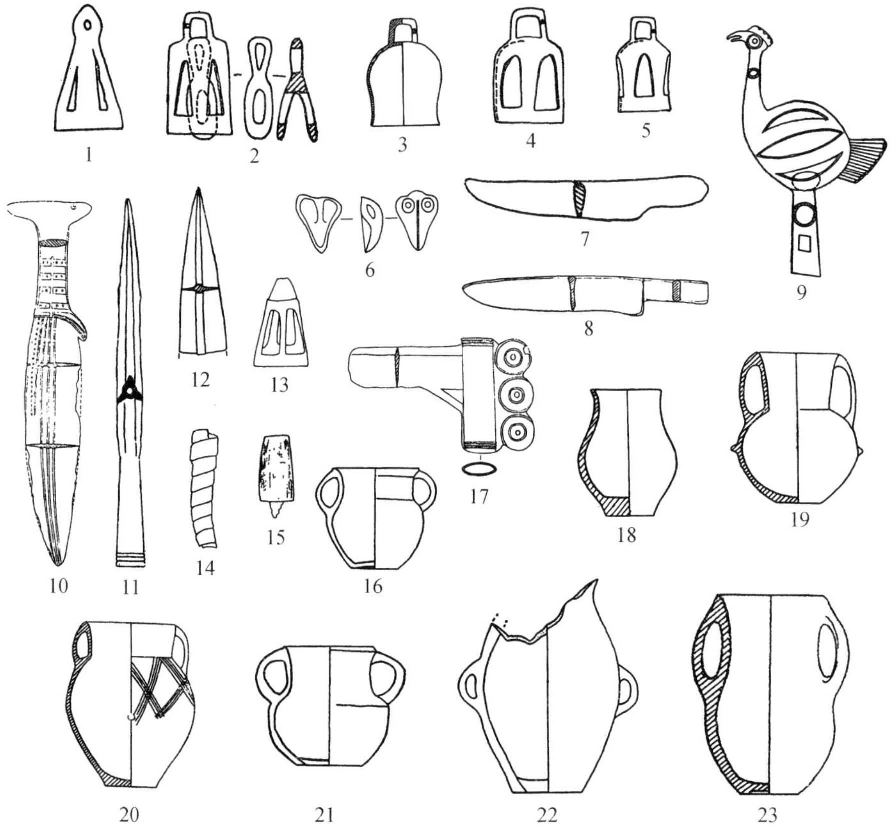

图七　第四组铜器及共存陶器

1～5、13. 铜铃（大华中庄M79：1、黄家寨M5：2、黄家寨M5：5、黄家寨M16：6、黄家寨M16：14、上半主洼M30：3）　6. 兽面饰（上孙家寨M941：2）　7、8. 铜刀（山坪台M23：2、宗安寺墓葬二出土）　9. 铜杖首（黄家寨M16：5）　10. 刀形剑（宗安寺墓葬一出土）　11、12. 铜矛（大华中庄M57：1、黄家寨M5：17）　14. 铜管（黄家寨M5：12）　15. 铜锥（黄家寨M5：10）　16. 双耳小陶罐A（宗安寺墓葬二出土）　17. 铜戈（宗安寺墓葬一出土）　18. 无耳罐（大华中庄M79：2）　19. 大双耳罐（黄家寨M16：18）　20. 双耳罐（黄家寨M16：19）　21. 双耳小陶罐B（宗安寺墓葬一出土）　22. 腹耳罐（宗安寺墓葬二出土）　23. 双耳罐（山坪台M23：1）

国早期墓中出土的一柄短剑（图八，8）[98]相似，据此，大体可将其年代断在战国早期前后。山坪台M23出土铜刀形制与察吾乎四号墓地出土铜刀（图八，6）[99]相近。关于察吾乎四号墓地的年代有四个碳十四测定年代数据[100]，树轮校正年代在公元前8世纪到公元前1世纪。此外，与山坪台M23铜刀共存有一件双耳陶罐（图七，23）。从形制看，陶罐应该属于卡约文化晚期阶段。卡约文化晚期已经进入东周时期[101]。结合上述材料，山坪台铜刀的年代可能大体在春秋中晚至战国时期或更晚些。上孙家寨M941出土的兽面饰，则是战国时期北方地区青铜器中常见的一种器物（图八，4、5）。由此，该组的年代大体可推定在春秋中晚期到战国时期。

与上述标本共存的器物，暂可一并归入该组。

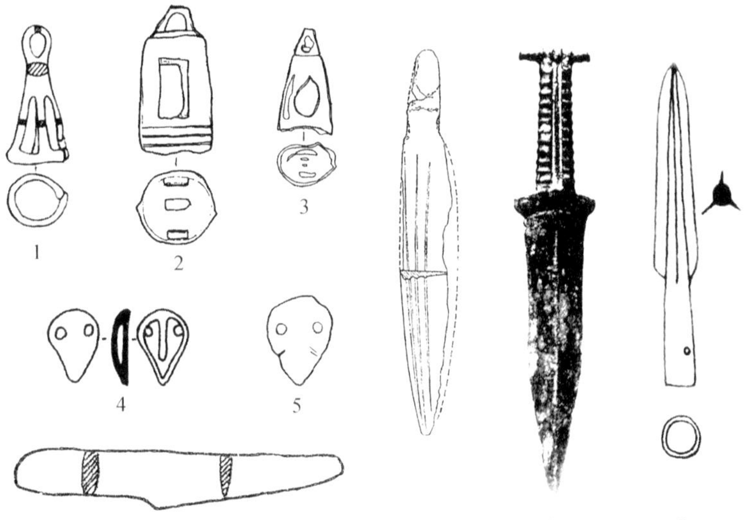

图八　与第四组铜器相关标本

1. 铃形饰（井沟子M3：46）　2、3. 铜铃（毛庆沟M39：6、M62：1）　4、5. 兽面饰（柴湾岗M63：1-1、桃红巴拉M6：9）　6、7. 铜刀（察吾乎沟四号墓地出土、小兴场AM2：1）　8. 短剑（呼鲁斯太M1：3）　9. 铜矛（百家村M57：36）

上述四组青铜器分别代表了卡约文化青铜器从早到晚四个不同时期，即商代早期、商末至西周早期、西周中晚期及春秋中晚期至战国时期。每一阶段的代表性器物、种类和形制等，均呈现出不同程度的变化，各具特点。第一阶段，以第一组铜器为代表，年代大体相当于商代早期。铜器种类与数量均较少。代表性器物包括有铜钺、铜刀、铜矛、铜镞、铜锥、铜鬲等。其中不乏形体硕大者，如阿哈特拉、沈那出土铜矛等，这些器物可能具有特殊的功能[102]。第二阶段，以第二组铜器为代表，年代大体相当于商末至西周早期。铜器数量相对较大，种类也明显增多，同类器物形制变化也比较丰富，如铜斧、铜戈、铜刀等。代表性器物包括铜钺、铜斧（包括直銎斧、管銎斧等）、铜戈（包括直内戈、管銎戈等）、铜刀（包括直柄刀、环首刀等）、铜矛、铜镞、铜簪等。这一阶段可能是卡约文化铜器较为发达的一个时期。第三阶段，以第三组铜器为代表，年代大体相当于西周中晚期或晚至春秋早期。属于这一时期的铜器标本数量相对较少。代表性器物包括有管銎斧、铜头盔、铜矛、铜短剑、铜镜、镂孔铜铃等。铜头盔、铜短剑等尤其引人注目。这一阶段铜器标本数量少，抑或是当时铜器不甚发达的一种反映，原因有待探讨。第四阶段，以第四组铜器为代表，年代大体相当于春秋中晚期至战国时期。铜器数量较多，种类丰富。代表性器物包括有铜矛、刀形剑、直短柄铜刀、铜削、镂孔铜铃、铜簪、铜杖首、铜管、兽面饰等。这一阶段可能也是青铜器较为发达的一个时期。从器物种类上看，这一时期已基本不见斧、钺之类的器物，镂孔铜铃、铜簪、铜杖首、铜管等装饰品的种类趋于多样，数量则明显增多。这一现象可能与卡约文化居民生活方式的变化有关。

以上对于卡约文化青铜器所做分期在陶器上也得到了印证。

上述四组铜器中，每一组均有标本有陶器与之共存。与第一阶段铜器共存的陶器，包括彩陶大口双耳罐、堆纹口罐、划纹罐、腹耳壶（图一，7～14）等。与第二阶段铜器共存的陶器，包括粗陶双耳罐、双大耳罐、无耳罐、腹耳罐（图三，27～34）等。与第三阶段铜器共存的陶器，包括双耳罐（图五，8）等。与第四阶段铜器共存的陶器，包括有双大耳罐、双耳小陶罐、腹耳罐、双耳罐（图七，16、18～23）等。从已有的卡约文化陶器分期研究成果看，与第一阶段、第二阶段铜器共存的陶器，在卡约文化陶器演变序列中位置靠前，年代偏早，而与第三阶段、第四阶段铜器共存陶器的位置，则明显靠后，年代偏晚。这一点在大口双耳罐和堆纹口罐/无耳罐中可以得到更为清晰地反映。根据铜器形制比所形成的铜器分期方案，与陶器研究的结论是相符合的。

注　释

［1］三宅俊彦. 卡约文化青铜器初步研究［J］. 考古，2005（5）.

［2］张文立. 对卡约文化青铜器一种分期意见的看法［A］. 边疆考古研究（第8辑）［C］. 北京：科学出版社，2009.

［3］Andersson, J. G. *Preliminary Report on Archaeological Research in Kansu*［M］. Peking, 1925: 18, Fig. 6.

［4］安志敏. 青海的古代文化［J］. 考古，1959（7）. 该文称，20世纪50年代，在朱家寨遗址曾发现一件卡约文化的彩陶大口双耳罐，与之共存的器物中，就有铜戈、铜泡等铜器。但有关这些器物的相关情况未做进一步介绍。

［5］刘宝山. 试论甘青地区的早期铜器［J］. 青海师范大学学报（社会科学版），1996（2）：116.

［6］青海省文物考古研究所. 青海平安县古城青铜时代和汉代墓葬［J］. 考古，2002（12）.

［7］许新国. 试论卡约文化的类型与分期［J］. 青海文物，1988（1）+1989（2）.

［8］青海省文物考古研究所等. 青海大通县黄家寨墓地发掘报告［J］. 考古，1994（4）.

［9］青海省文物考古研究所. 青海湟中下西河潘家梁卡约文化墓地［A］. 考古学集刊（8）［C］. 北京：科学出版社，1994.

［10］青海省湟源县博物馆等. 青海湟源县大华中庄卡约文化墓地发掘简报［J］. 考古与文物，1985（5）.

［11］青海省文物考古队等. 青海湟源县境内的卡约文化遗迹［J］. 考古，1986（10）.

［12］高东陆，许淑珍. 青海湟源莫布拉卡约文化遗址发掘简报［J］. 考古，1990（11）.

［13］同［7］.

［14］a. 青海省文物考古研究所等. 青海化隆县半主洼卡约文化墓葬发掘简报［J］. 考古，1996（8）.

b．青海省文物考古研究所．青海化隆县上半主洼卡约文化墓地第二次发掘［J］．考古，1998（1）．

［15］ 刘宝山，窦旭耀．青海化隆县下半主洼卡约文化墓地第二次发掘简报［J］．考古与文物，1998（4）．

［16］ 青海省考古研究所．青海循化苏呼撒墓地［J］．考古学报，1994（4）．

［17］ 青海省文物考古队等．青海贵德山坪台卡约文化墓地［J］．考古学报，1987（2）．

［18］ 王武．青海刚察县卡约文化墓地发掘简报［J］．青海文物，1990（4）．

［19］ 青海省文物处．青海文物［M］．北京：文物出版社，1994：图版56.

［20］ 青海省文物考古研究所等．青海化隆县半主洼卡约文化墓葬发掘简报［J］．考古，1996（8）：图二十一，8.

［21］ 刘宝山．青海出土的几种早期青铜器——锥、镞、钉、棒［J］．青海文物，1996（10）：图一，5.

［22］ a．许永杰．河湟青铜文化的谱系［A］．考古学文化论集（第3辑）［C］．北京：文物出版社，1993.

b．水涛．甘青地区青铜时代的文化结构和经济形态研究［A］．中国西北地区青铜时代考古论集［C］．北京：科学出版社，2001.

［23］ 中国社会科学院考古研究所二里头队．1982年秋偃师二里头遗址九区发掘简报［J］．考古，1985（12）：图七，3.

［24］ 俞伟超．关于“卡约文化”和“唐汪文化”的新认识［A］．先秦两汉考古学论集［C］．北京：文物出版社，1985.

［25］ 赵生琛．青海西宁发现卡约文化铜鬲［J］．考古，1985（7）：635，图一.

［26］ 资料来自青海省博物馆简介。另见：

a．汤惠生．条析与整合［J］．考古与文物，2005（1）．

b．王国道．青海早期铜器的讨论［J］．青海社会科学，1999（6）．

［27］ 青海省文物考古研究所．青海湟中下西河潘家梁卡约文化墓地［A］．考古学集刊（8）［C］．北京：科学出版社，1994.

［28］ 青海省文物考古研究所．青海化隆县上半主洼卡约文化墓地第二次发掘［J］．考古，1998（1）．

［29］ 河南出土商周青铜器编写组．河南出土商周青铜器［M］．北京：文物出版社，1981：图四三.

［30］ 关于西宁发现的这件铜鬲的年代，存在着不同的认识。报道者认为，该铜鬲与郑州白家庄出土商代铜鬲器形和花纹比较接近，年代应与后者相当（赵生琛．青海西宁发现卡约文化铜鬲［J］．考古，1985（7）：635，图一）。李学勤先生认为，此鬲与二里冈期鬲相似（李学勤．商青铜器对西土的影响［A］．李学勤集［C］．哈尔滨：黑龙江教育出版社，1989）。孙华先生根据铜鬲的足、耳已呈五点配列等特点，认为其年代较二里冈上层期略

晚，年代相当于殷墟早期（孙华．鲍家寨分裆铜鬲［A］．中国文物大典（1）［C］．北京：中国大百科全书出版社，2001：86）。

［31］ 关于沈那遗址出土带钩长矛的归属和年代，以往存在不同的认识。这些认识归纳起来大体可分为三种：一种看法认为其应归属于齐家文化。参见王国道．西宁沈那遗址［A］．中国考古年鉴（1993）［C］．北京：文物出版社，1995：261–260；汤惠生．条析与整合［J］．考古与文物，2005（1）：84，等。一种看法认为其属于齐家文化–卡约文化的遗物。参见高滨秀．前2千年紀前半の中央ユーラシアの銅器若干について［A］．シルクロード学研究丛书3［C］．シルクロード学研究センター，2000．一种看法则将其归入卡约文化，认为其年代应该属于卡约文化中期以后。参见三宅俊彦．卡约文化青铜器初步研究［J］．考古，2005（5）．

［32］ 张文立．青海地区青铜时代文化研究［D］．吉林大学博士学位论文，2003.

［33］ 青海省地志编纂委员会．青海省志・文物志［M］．西宁：青海人民出版社，2001：43.

［34］ Chernykh, E. N. *Ancient Metallurgy in the USSR*［M］. New York: Cambridge University Press, 1992: 228, Plate 22.

［35］ a．梅建军，高滨秀．塞伊玛–图尔宾诺现象和中国西北地区的早期青铜文化［J］．新疆文物，2003（1）.

b．高滨秀．前2千年紀前半の中央ユーラシアの銅器若干について［A］．シルクロード学研究丛书3［C］．シルクロード学研究センター，2000.

［36］ 高江涛．河南淅川下王岗遗址出土铜矛观摩座谈会纪要［N］．中国文物报，2009-3-6（7）.

［37］ 关于潘家梁M117出土铜钺的年代，过去有不同的认识。李学勤先生认为此钺属于卡约文化。卡约文化碳十四测定的年代可早到公元前16世纪，潘家梁出钺的墓属卡约文化早期，“推断相当商代，当无大误”。在此基础上，结合其他几件异形钺标本，估计它们的年代“都差不多，即相当商代晚期”（李学勤．“片云戚”的故事［A］．比较考古学随笔［C］．南宁：广西师范大学出版社，1997：139）。乌恩先生则认为，潘家梁M 117出土铜钺的年代“断在商前期不会有什么问题”。依据主要是出土铜钺的M117属于潘家梁墓地一期，而据碳十四测定年代数据显示，卡约文化的年代上限可上溯至公元前15世纪（乌恩岳斯图．北方草原考古学文化比较研究——青铜时代至早期匈奴时期［M］．北京：科学出版社，2008：48）。李海荣先生则根据此钺与我国北方地区以北京拣选的三孔管銎钺为代表的所谓的Ef型铜钺相似，同时又与淳化黑豆嘴CHXM2所出的一件铜钺“极为相似”，而将其年代断在晚商（李海荣．北方地区出土夏商周时期青铜器研究［M］．北京：文物出版社，2003：83）。上述第一种看法主要参考了卡约文化碳十四测定的年代以及出土铜钺的墓葬在卡约文化序列中位置靠前。这一看法对潘家梁M117出土铜钺的年代推定是在墓葬年代推定基础上的一种谨慎估计，并未给出更多将年代定在商代晚期的证据。第二种看法也主要参考了卡约文化碳十四测定的年代以及出土铜钺的墓葬在卡约文化序列中位置靠前。检索原报告，出土铜钺的潘家梁M117陶器并未发表，难以确指该墓在卡约文化序列中位置。断代所依据的碳十四数据并非出

自潘家梁M117。且通常情况下，碳十四数据对断代有一定的参考意义。所以，上述两种看法所持证据并不充分。至于第三种说法则是建立在器物形制比对基础之上。比较潘家梁铜钺与论者所提到的另外两件标本会发现，它们虽有诸多相似之处，但钺身的基本形制等方面差异明显。可能是正因为如此，李学勤先生曾分别将它们归入不同的类型（李学勤．"片云戚"的故事［A］．比较考古学随笔［C］．南宁：广西师范大学出版社，1997：139）。另，潘家梁铜钺与后两件标本可能存在年代上的差异，通过与后者比对推定前者的年代，并不合适。

［38］ Ben-tor, Amnon. *The Archaeology of Ancient Israel*［M］. New Haven: Yale University Press, 1991: Plate 18.

［39］ 湖北省文物考古研究所．盘龙城：一九六三年——一九九四年考古发掘报告（下）［R］．北京：文物出版社，2001：彩版四五，2.

［40］ 刘小强，陈荣．大通县出土的三件青铜器［J］．青海文物，1990（5）：图2.

［41］ 同［19］，图版62.

［42］ 同［27］.

［43］ 青海省文物志编辑委员会．湟中县湟源县文物志［M］．西宁：青海人民出版社，1991：图版九.

［44］ 青海省湟源县博物馆等．青海湟源县大华中庄卡约文化墓地发掘简报［J］．考古与文物，1985（5）.

［45］ a．田广金，郭素新．鄂尔多斯式青铜器［M］．北京：文物出版社，1986：图二十七，3.
b．朱永刚．中国北方的管銎斧［J］．中原文物，2003（2）.

［46］ 中国社会科学院考古研究所安阳工作队．1969～1977年殷墟西区墓葬发掘报告［J］．考古学报，1979（1）：图六四，4.

［47］ 山西省文物考古研究所等．山西灵石旌介村商墓［J］．文物，1986（1）：图四十三，4.

［48］ 郭宝钧．一九五〇年春殷墟发掘报告［J］．中国考古学报（第五册），1951：图版叁捌，2.

［49］ 中国社会科学院考古研究所等．殷墟的发现与研究［M］．北京：科学出版社，1994：图一六三，1.

［50］ 同［46］，图六七，8.

［51］ 中国科学院考古研究所．沣西发掘报告［R］．北京：文物出版社，1962：图版七十，11.

［52］ 甘肃博物馆文物队，灵台县文化馆．甘肃灵台县两周墓葬［J］．考古，1976（1）：图二，4.

［53］ 宝鸡市博物馆．宝鸡竹园沟西周墓地发掘简报［J］．文物，1983（2）：图二三.

［54］ 青海省文物考古研究所．青海平安县古城青铜时代和汉代墓葬［J］．考古，2002（12）.

［55］ 同［27］.

［56］ 同［20］，27–44.

［57］ 青海省文物考古研究所．青海平安、互助县考古调查简报［J］．考古，1990（9）：图一〇，1.

［58］ 青海省湟源县博物馆等．青海湟源县大华中庄卡约文化墓地发掘简报［J］．考古与文物，1985（5）.

［59］ 李汉才．青海湟中县发现古代双马铜钺和铜镜［J］．文物，1992（2）：图版八，1.

[60] 水涛. 甘青地区青铜时代的文化结构和经济形态研究［A］. 中国西北地区青铜时代考古论集［C］. 北京：科学出版社，2001：234.
[61] 转引自林沄. 商文化青铜器北方地区青铜器关系之再研究［A］. 林沄学术文集［C］. 北京：中国大百科全书出版社，1998.
[62] 李济. 殷墟铜器五种及其相关问题［A］. 李济考古学论文集［M］. 北京：文物出版社，1990：522-546，图六，3.
[63] 刘宝山. 青海的青铜斧和青铜钺［J］. 文物季刊，1997（3）.
[64] 同［19］，图版67.
[65] 国家文物局. 中国文物地图集（青海分册）［M］. 北京：中国地图出版社，1996.
[66] 刘宝山. 青海“史前”的铜铃［J］. 文物季刊，1995（2）：图一，4.
[67] 青海省湟源县博物馆等. 青海湟源县大华中庄卡约文化墓地发掘简报［J］. 考古与文物，1985（5）.
[68] 刘宝山. 青海出土的几种早期青铜器［J］. 青海文物，1996（10）.
[69] 同［19］，图版63.
[70] 同［19］，图版59.
[71] 北京市文物管理处. 北京地区的又一重要考古收获——昌平白浮西周木椁墓的新启示［J］. 考古，1976（4）.
[72] 同［71］.
[73] 林沄. 早期北方系青铜器的几个年代问题［A］. 林沄学术文集［C］. 北京：中国大百科全书出版社，1998：290.
[74] 中国社会科学院考古研究所. 徐家碾寺洼文化墓地——1980年甘肃庄浪徐家碾考古发掘报告［R］. 北京：科学出版社，2006.
[75] 张文立. 日本东京国立博物馆所藏“小铜铎”辨析［A］. 新果集——庆祝林沄先生七十华诞论文集［C］. 北京：科学出版社，2009.
[76] 中国社会科学院考古研究所新疆队等. 轮台县群巴克墓葬第二、三次发掘简报［A］. 新疆文物考古新收获（续）［C］. 乌鲁木齐：新疆美术摄影出版社，1997：281-302.
[77] 同［76］.
[78] 中国社会科学院考古研究所. 张家坡西周墓地［R］. 北京：中国大百科全书出版社，1999：232，图一七六，4.
[79] 辽宁省昭乌达盟文物工作站等. 宁城县南山根的石椁墓［J］. 考古学报，1973（2）：图版六，11.
[80] 朱凤瀚. 古代中国青铜器［M］. 天津：南开大学出版社，1995：1084.
[81] 项春松，李义. 宁城小黑石沟石椁墓调查清理报告［J］. 文物，1995（5）.
[82] 林沄. 东胡与山戎的考古探索［A］. 林沄学术文集［C］. 北京：中国大百科全书出版社，1998：393.

［83］ a. 乌恩岳斯图. 北方草原考古学文化研究——青铜时代至早期匈奴时期［M］. 北京：科学出版社，2007：65，图四三，3.
b. 乌恩. 欧亚大陆草原早期游牧文化的几点思考［J］. 考古学报，2002（4）：441.
［84］ 乌恩. 论夏家店上层文化在欧亚大陆草原古代文化中的重要地位［A］. 边疆考古研究（第1辑）［C］. 北京：科学出版社，2002.
［85］ 青海省湟源县博物馆等. 青海湟源县大华中庄卡约文化墓地发掘简报［J］. 考古与文物，1985（5）.
［86］ 青海省文物考古研究所等. 青海大通县黄家寨墓地发掘报告［J］. 考古，1994（3）.
［87］ 同［14］b，图二二，5.
［88］ 同［85］.
［89］ 高东陆. 同仁扎毛宗安寺出土的几件文物［J］. 青海考古学会会刊，1985（7）.
［90］ 青海省文物考古队等. 青海贵德山坪台卡约文化墓地［J］. 考古学报，1987（2）.
［91］ 刘宝山. 青海史前的铜泡饰、铜片饰和连珠饰［J］. 青海文物，1999（13）：图四，1.
［92］ 内蒙古自治区文物考古研究所，吉林大学边疆考古研究中心. 林西井沟子［R］. 北京：科学出版社，2010.
［93］ 同［45］，285，图四七，3.
［94］ 同［45］，285，图四七，1.
［95］ 同［83］a，303.
［96］ 河北省文化局文化工作队. 邯郸百家村战国墓［J］. 考古，1962（12）.
［97］ 凉山彝族自治州博物等. 四川普格县小兴场大石墓［J］. 考古与文物，1982（5）：34-38，图五，3.
［98］ 同［45］，图版二十八，3.
［99］ 新疆考古研究所等. 和静察吾乎沟四号墓地1987年度发掘简报［A］. 新疆文物考古新收获［C］. 乌鲁木齐：新疆人民出版社，1995：294，图十四.
［100］ 中国社会科学院考古研究所实验室. 放射性碳素测定年代报告（一九）［J］. 考古，1992（7）.
［101］ 张文立. 青海地区青铜时代文化研究［D］. 吉林大学博士学位论文，2003.
［102］ a. 同［35］a.
b. 张文立. 青海出土直内卷角铜钺的年代及其他［A］. 边疆考古研究（第9辑）［C］. 北京：科学出版社，2010.

Re-analysis on the Problem of the Periods of Bronzes in the Kayue Culture

ZHANG Wen-li

There are a few flaws in a Japanese scholar Mitaku Toshihiko's viewpoint of the periods of bronzes in the Kayue Culture. This paper first discusses the materials and methods of bronzes study. Then, on the basis of analysis the situation of the bronzes in the Kayue's bronzes, this paper puts forward the new method and a new plan of periods of them. Finally, the bronzes in the Kayue culture can be divided into four phases, and the characteristics of the bronzes in each period are briefly generalized.

巴蜀文化墓葬出土铜刀类型、分区与分期研究

——兼谈环首刀的来源问题

向明文

（吉林大学边疆考古研究中心，长春，130012）

曾有学者对中国北方地区先秦时期的青铜刀进行过系统研究，指出青铜刀“虽然多属小型青铜器，但是其类型极为丰富、特色非常鲜明，承载着浓郁的时代气息和鲜明的区域特征”[1]。巴蜀文化墓葬出土铜刀虽然在分布范围和类型的丰富程度方面不如北方地区，但其类型在时空分布上呈现的差异性，同样承载着浓郁的时代气息和鲜明的区域特征。因此，从类型、分区、分期等几个方面对巴蜀文化墓葬中出土铜刀进行较系统的个案研究，不仅有助于观察铜刀在四川盆地的发展情况，也有益于深入理解巴蜀文化与周边地区古代文化之关系。

一、类型划分

目前，从见诸报道的材料来看，出土铜刀的巴蜀文化墓葬共124座，主要发现地点有：重庆开县余家坝[2]，云阳李家坝[3]、营盘包[4]，万州曾家溪[5]、大坪[6]，涪陵镇安[7]、小田溪[8]，巴县冬笋坝[9]；四川成都市区百花潭中学[10]、无线电机械工业学校[11]、青羊宫[12]、光荣小区[13]、青羊小区[14]、白果林小区[15]、金沙巷[16]、金鱼村[17]、北郊汽车配件总厂[18]、石人小区[19]、商业街[20]、文庙西街[21]、凉水井街[22]、金沙遗址星河路西延线[23]、金沙遗址“黄河”地点[24]，龙泉驿区北干道[25]，新都马家[26]，新繁水观音[27]，绵竹清道[28]，什邡城关[29]，昭化宝轮院[30]，宣汉罗家坝[31]，蒲江鹤山镇盐井沟[32]、东北公社[33]，荥经同心村[34]、南罗坝[35]，犍为五联[36]、金井[37]，屏山沙坝[38]；陕西汉中石英沙厂[39]和云南水富张滩[40]。这些墓葬出土铜刀合计198件，其中，根据铜刀柄首形制可分类者166件，各类中可进一步划分型式者144件。详情如下：

甲类　环首刀，柄端与环腰相连。共83件，可分型者67件。据刀背与刀刃形制可分三型。

A型　凸背凹刃或凸背弧刃微凸。共53件。据刀柄和刀身形制又可分三亚型。

Aa型　宽短柄，柄长宽比值约为2，整体很短。共2件。标本：成都文庙西街M2∶6（图一，1），罗家坝1999M4∶4（图一，4）。

Ab型　细长柄，柄长宽比值大于或等于3，刀身前窄后宽，整体较长。共22件。标本：绵竹清道公社船棺M1∶43（图一，2），开县余家坝2000M10∶3（图一，5），万州曾家溪M12∶6（图一，6）。

Ac型　细长柄，柄长宽比值大于或等于3，刀身前后宽度较均匀，有的刀身较细长。共29件。标本：云阳李家坝1998M45∶14（图一，3），蒲江盐井沟M1∶61（图一，7），荥经同心村1985M17∶29（图一，8），巴县冬笋坝M52∶7（图一，9）。

B型　凹背直刃微弧，锋首微翘。共6件。标本：什邡城关M10∶8（图一，10），万州曾家溪M2∶7（图一，11）。

C型　直背直刃。共6件。标本：绵竹清道木板墓M2∶19（图一，12），巴县冬笋坝M59∶3（图一，13），涪陵镇安M62∶3（图一，14）。

D型　直背凸刃。共2件。据刃部形制分二亚型。

Da型　刀刃整体呈弧状凸起。仅1件，云阳李家坝1997M52∶2（图一，15）。

Db型　刀刃一部分为直刃，近锋部呈弧状凸起。仅1件，巴县冬笋坝M11∶6（图一，16）。

此外，另有16件甲类铜刀残缺比较严重或未给相应线图，无法辨清具体类型，补记如下：成都凉水井街M1有1件，什邡城关M1、M40、M58、M99各1件，犍为金井1984M5、1984M6各1件，犍为五联7件（五联M1有1件，M5有2件，M6有1件，M7有3件）。宣汉罗家坝1999M3有1件，涪陵镇安M77∶6有1件。根据报告相关文字描述和残存线图可知，上述不可具体分型者为甲类D型的可能性极小，更可能为甲类A、B、C型中的某型。

乙类 此类铜刀简报有称环首刀者，有称环首呈桃状者。据笔者观察，其穿有呈桃状者，也有呈圆形者，但总体特征为刀首整体偏于柄部末端下侧，可称偏环首刀。此类铜刀共22件，可分型者20件。据刀背与刀刃形制可分三型，有的型演变趋势较明显，又可进一步分式。

A型　凹背锋首上扬。共6件。

Ⅰ式：锋首上扬明显，器身较窄。共3件。标本：成都金沙巷M2∶13（图一，17）。

Ⅱ式：锋首略上扬，器身较窄。共2件。标本：云南水富张滩1989M4∶9（图一，22）。

Ⅲ式：锋首略上扬，器身较宽。共1件。蒲江盐井沟M1∶14（图一，23）。

B型　直背锋首平直或微扬。共13件。

Ba型　平直刃。共7件。

Ⅰ式：刃长而平直。共6件。标本：新都马家木椁墓出土（图一，20）。

Ⅱ式：柄较短，环首呈较规整的卵形穿。仅1件，巴县冬笋坝M42∶7（图一，26）。

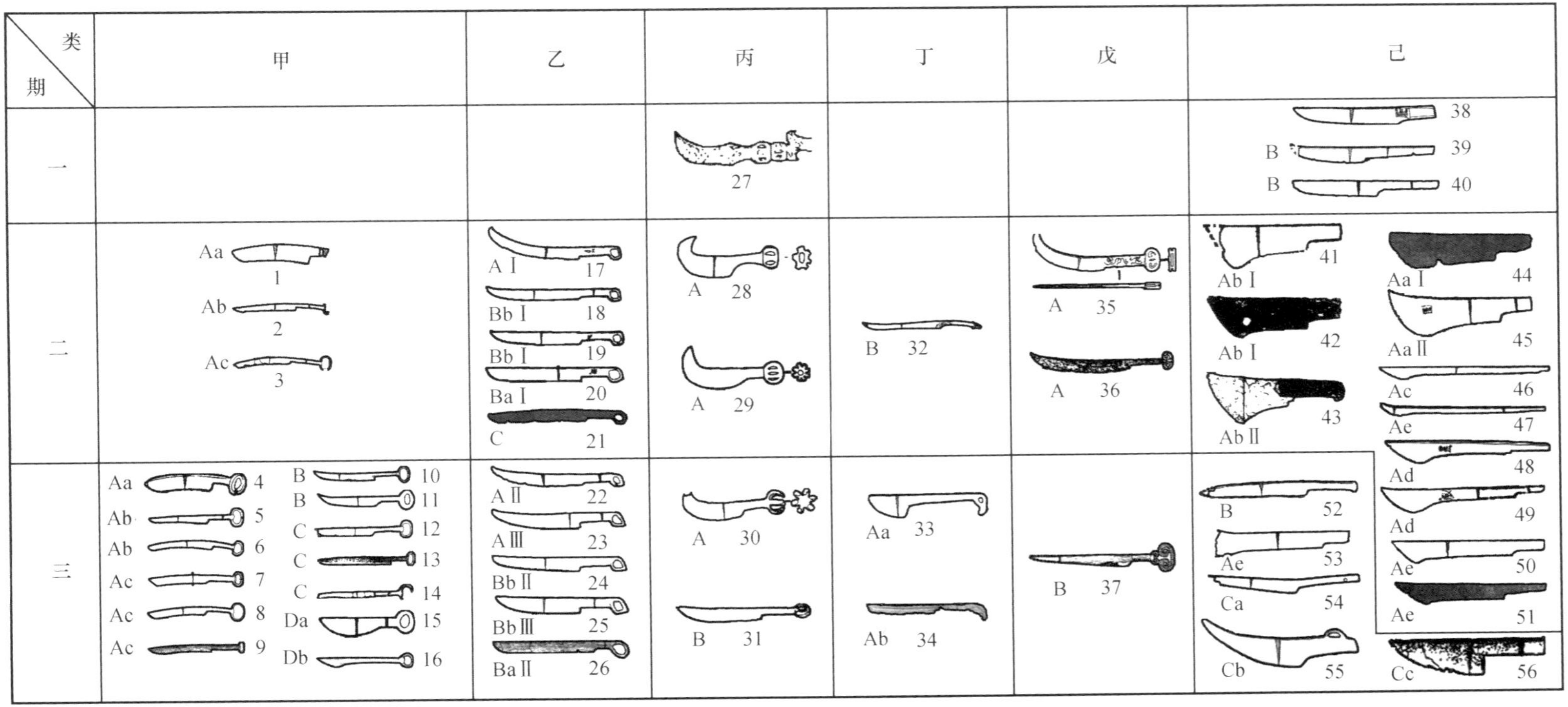

图一　巴蜀文化墓葬出土铜刀分期图

1. 文庙西街M2：6　2. 绵竹船棺M1：43　3. 李家坝1998M45：14　4. 罗家坝1999M4：4　5. 余家坝2000M10：3　6. 曾家溪M12：6　7. 盐井沟M1：61　8. 同心村1985M17：29　9. 冬笋坝M52：7　10. 什邡城关M10：8　11. 曾家溪M2：7　12. 绵竹清道1978M2：19　13. 冬笋坝M59：3　14. 镇安M62：3　15. 李家坝1997M52：2　16. 冬笋坝M11：6　17. 金沙巷M2：13　18. 石人小区M8：22　19. 绵竹船棺M1：39　20. 新都马家木椁墓出土　21. 无线电机械工业学校墓出土　22. 张滩1989M4：9　23. 盐井沟M1：14　24. 同心村1985M20：48　25. 营盘包M25：1　26. 冬笋坝M42：7　27. 三星堆神树挂件　28. 商业街1号棺：54　29. 大坪M136：6　30. 李家坝1998M7：5　31. 石英沙厂M1：9　32. 什邡城关M101：15　33. 冬笋坝M11：17　34. 小田溪M4：7　35. 西延线M2732：4　36. 百花潭中学M10出土　37. 冬笋坝M35：9　38. 三星堆K2②：314-5（玉）　39. 金沙遗址黄河地点M592：2　40. 同心村1987M2：14　41. 白果林M4：15　42. 石人小区M8：20　43. 绵竹船棺M1：49　44. 无线电机械工业学校墓出土　45. 新都马家木椁墓出土　46. 白果林M4：13　47. 石人小区M8：2　48. 商业街1号棺：52　49. 新都马家木椁墓出土　50. 白果林M4：12　51. 百花潭中学M10出土　52. 余家坝1994M4：7　53. 光荣小区M5：50　54. 同心村1985M23：28　55.宝轮院M14：8　56.冬笋坝M68：1

（为排版需要，图中器物比例不一）

Bb型　弧直刃。共6件。

Ⅰ式：刀身较窄，环首较小，呈短胖目形穿或不规则圆穿。共3件。标本：石人小区M8：22（图一，18），绵竹清道船棺墓M1：39（图一，19）。

Ⅱ式：刀身略宽，环首略大，呈桃形穿。共2件。标本：荥经同心村1985M20：48（图一，24）。

Ⅲ式：刀身较宽，环首较大，呈不规则菱形穿。仅1件，云阳营盘包M25：1（图一，25）。

C型　凸背锋首微垂。仅1件，出土于成都无线电机械工业学校巴蜀墓（图一，21）。

此外，什邡城关M90-1与宣汉罗家坝1999M3各出土1件，因残缺未计入上述各型，但从残存线图来看，两者应为乙类A、B型之一。

丙类　铃首刀。共5件，可分型者4件。据刀锋形制分二型。

A型　锋首上扬。共3件，成都商业街1号棺：54（图一，28），万州大坪M136：6（图一，29），云阳李家坝1998M7：5（图一，30）。

B型　锋首平直。仅1件，陕西汉中石英沙厂M1：9（图一，31）。

另外，据文字描述，可知成都龙泉驿区北干道M24亦出土1件，因锋部残缺难以分型。

丁类　鸟兽首刀。共4件，皆可分型。据刀首形制分二型。

A型　鸟首刀。共3件。据鸟首形制分二亚型。

Aa型　抽象鸟首。仅1件，巴县冬笋坝M11：17（图一，33）。

Ab型　鸮首刀。共2件。标本：涪陵小田溪M4：7（图一，34）。

B型　羊（？）首刀。仅1件，什邡城关M101：15（图一，32）。

戊类　镂空首刀。共3件，皆可分型。据刀首形制分二型。

A型　镂空较小。共2件。分别出土于金沙遗址星河路西延线M2732（图一，35）和百花潭中学M10（图一，36）。

B型　镂空较大。仅1件，巴县冬笋坝M35：9（图一，37）。

己类　无首刀。共49件，可分型者46件。据刀身前后宽度分二型，有的亚型具有较明显的演变趋势，可进一步划分式别。

A型　前宽后窄。共40件。又据刀身整体形制分五亚型。

Aa型　整体较宽短，刃前端圆鼓。共7件。

Ⅰ式：鼓出弧度较小。仅1件，成都无线电机械工业学校巴蜀墓出土（图一，44）。

Ⅱ式：鼓出弧度较大。共6件。标本：新都马家木椁墓出土（图一，45）。

Ab型　整体较宽短，刃前端锐鼓。共9件。

Ⅰ式：整体较宽，刃后端较长。共7件。标本：成都白果林小区M4：15（图一，41），成都石人小区M8：20（图一，42）。

Ⅱ式：整体宽大，刃后端较短。共2件，均出土于绵竹清道船棺墓（图一，43）。

Ac型　整体极细长。共10件。标本：成都白果林小区M4：13（图一，46），成都石人小区M8：2（图一，47）。

Ad型 整体较细长。共6件。分布出土于成都商业街1号棺（图一，48）和新都马家木椁墓（图一，49）。

Ae型 整体形制介于Aa型与Ad型之间。共8件。标本：成都白果林小区M4：12（图一，50），百花潭中学M10出土（图一，51），光荣小区M5：50（图一，53）。

B型 前后宽度较均匀。共3件，分别为成都金沙遗址黄河地点M592：2（图一，39），荥经同心村1987M2：14（图一，40），开县余家坝1994M4：7（图一，52）。

C型 前窄后宽。据刀形制分三亚型。共3件。

Ca型 刀柄与刀背成下凹夹角，柄后有一条形方穿。仅1件，荥经同心村1985M23：28（图一，54）。

Cb型 凹背，柄后端上缘有环状纽。仅1件，昭化宝轮院M14：8（图一，55）。

Cc型 直背，斜刃微外弧。仅1件，巴县冬笋坝M68：1（图一，56）。

另有3件未计入上述各型，即什邡城关M3：2、M81：4，荥经同心村M21-B：30。据文字描述和残存线图知，前2件应为己类Ae型或B型，且为Ae型的可能性更大，最后一件可能为Ca型。

除上述各类铜刀外，另有成都青羊宫墓，成都金鱼村M7，龙泉驿北干道M13，新繁水观音遗址M1、M2，什邡城关M36，绵竹清道木板墓M1，昭化宝轮院M6、M11，涪陵小田溪M17，巴县冬笋坝M1、M2、M3、M4、M6、M8、M9、M33、M37、M39、M41、M50、M51、M53、M56、M57、M60、M78、M85等墓各1件，再加上蒲江东北公社M2出土的3件，合计32件，因柄端残缺或无具体文字描述而未能判断具体类别，但仍有一些铜刀可以大致推测其所属类型。如青羊宫墓31号可能为己类Aa型或Ab型；新繁水观音2件可能为己类B型；什邡城关M36出土可能为甲类B型或C型；蒲江东北公社3件中可能有1件甲类A型、1件己类A型；昭化宝轮院和巴县冬笋坝两地所出21件在报告中均称“长身式削”，而有线图的8件“长身式削”中，有甲Ac型5件、Db型1件，乙类Ba型1件、戊类B型1件，根据比例换算，推测21件不可分类者大体上包括甲类Ac型13件、Db型3件，乙类Ba型3件，戊类B型2件。上述各类型铜刀出土情况详见附表。

二、区域划分

巴蜀文化墓葬出土铜刀虽都分布在四川盆地及其边缘地区，但地貌不尽相同，而且这一区域内又主要生活着巴、蜀等两大族群。它们创造的文化既有较大共性，也有一定区别。因此，为了解巴蜀地区出土铜刀的区域特征，本文根据铜刀发现地点的相对距离，并考虑到相关历史地理环境，同时结合铜刀类型的分布情况，将巴蜀文化铜刀的分布范围划分为四个大区（图二）。

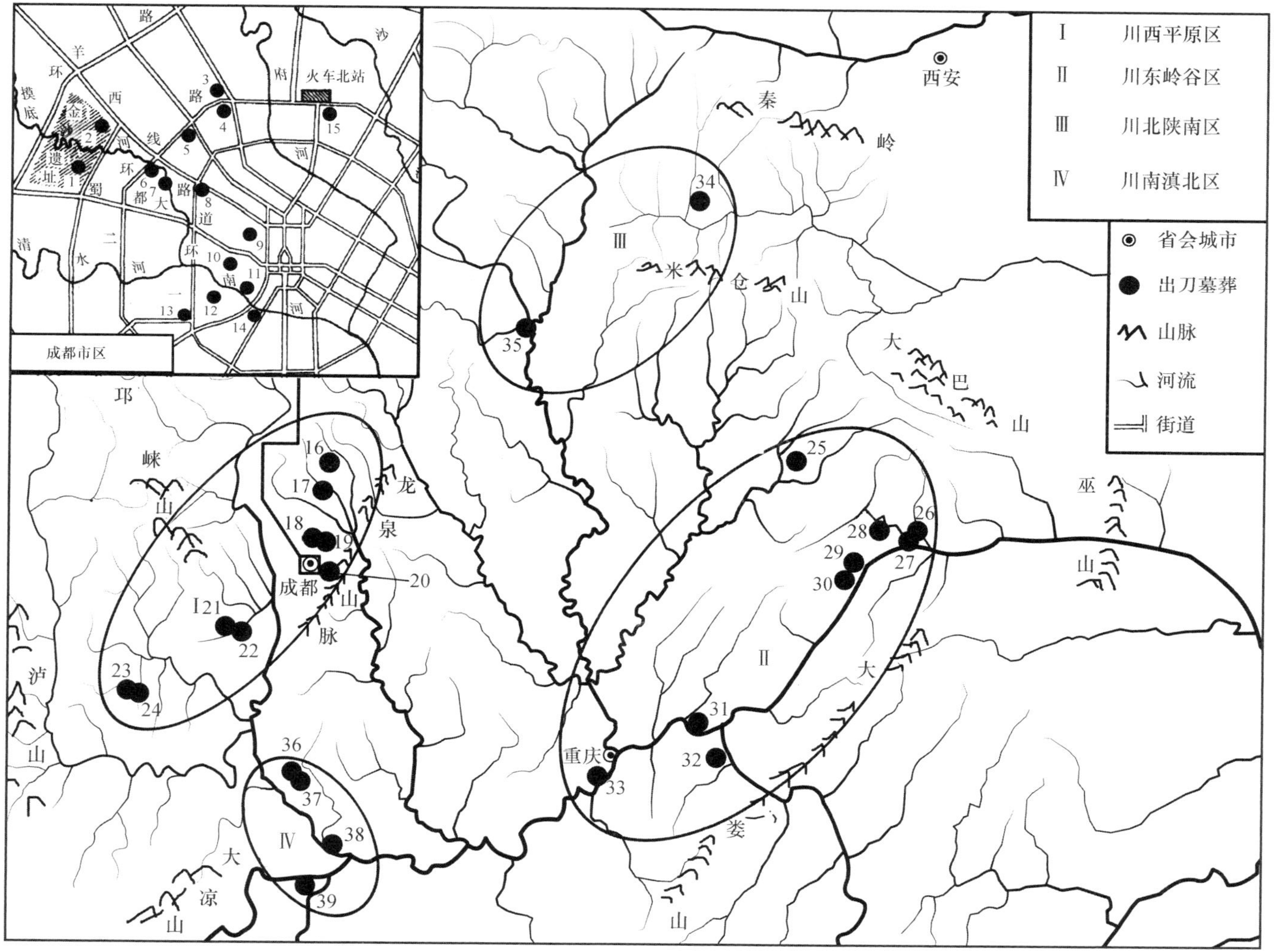

图二　巴蜀文化墓葬出土铜刀分区示意图

1. 金沙遗址“黄河”地点　2. 金沙遗址星河路西延线　3. 光荣小区　4. 金沙巷　5. 金鱼村　6. 石人小区　7. 白果林小区　8. 青羊小区　9. 商业街　10. 青羊宫　11. 文庙西街　12. 百花潭中学　13. 无线电机械工业学校　14. 凉水井街　15. 北郊汽车配件总厂　16. 绵竹清道　17. 什邡城关　18. 新繁水观音　19. 新都马家　20. 龙泉驿区北干道　21. 蒲江鹤山镇盐井沟　22. 蒲江东北公社　23. 荥经同心村　24. 荥经南罗坝　25. 宣汉罗家坝　26. 开县余家坝　27. 云阳李家坝　28. 云阳营盘包　29. 万州曾家溪　30. 万州大坪　31. 涪陵镇安　32. 涪陵小田溪　33. 巴县冬笋坝　34. 昭化宝轮院　35. 汉中石英沙厂　36. 犍为五联　37. 犍为金井　38. 屏山沙坝　39. 水富张滩

Ⅰ区，川西平原区。该区以龙泉山和龙门山为东西界，北起涪江冲积平原，南达青衣江、大渡河冲积平原，地理环境相对统一，为广义的川西平原，是先秦蜀国蜀人的主要活动范围。另外，荥经地区虽为山地，但位于川西平原边缘，亦并入Ⅰ区。该区共50座墓出土铜刀，合计111件，以己类铜刀为主，甲类次之。

Ⅱ区，川东岭谷区。该区以巫山和华蓥山为东西两界，北起大巴山南麓，南达云贵高原北侧，地理环境较Ⅰ区略复杂，主要为低山丘陵和长江峡谷地貌，属于地质学中的川东平行岭谷地貌单元，为先秦巴国巴人的主要活动范围。共60座墓出土铜刀，合计67件，绝大多数为甲类铜刀。

Ⅲ区，川北陕南区。该区地貌较复杂，北部为汉中盆地，南部为四川盆地北部低中山区，两地地形差异较大；根据文献记载，前者为巴人、蜀人的活动范围，秦人也曾活动于此，后者主要为蜀人的活动范围。从目前报道的资料来看，仅有昭化宝轮院和陕西汉中石英沙厂两个地点的5座墓出土铜刀，共计6件，似不足以成为一区。但因两点离前两区较远，并都处在川陕古代交通道路中，且作一区。该区铜刀有甲、丙、己三类，各类数量均极少。

Ⅳ区，川南滇北区。该区地跨两省，包括四川犍为及其以东的岷江下游和金沙江下游地区，地貌以中低山地和丘陵为主，属四川盆地川中丘陵南缘；根据文献记载，此地是先秦僰人的主要活动范围[41]，亦有巴蜀人南迁于此[42]。该区共9座墓葬出土铜刀合计14件，多为甲类铜刀，乙类次之。

三、年代与分期

巴蜀文化出土铜刀的墓葬年代范围大体相当于中原地区的商周时期至汉初，分布范围较广，墓葬间缺乏层位关系，且不同类型的铜刀较少有共存，这些都给判断铜刀的年代带来一定的困难。故而本文对于铜刀年代的判断基于其出土墓葬的年代。

需要说明的是，目前学界关于春秋及其以前历史分期绝对年代的认识大体相同，但对于战国时期早中晚各期绝对年代的界定还存在诸多分歧。本文沿用巴蜀文化研究传统观点，以公元前475年和公元前222年分别为战国起止年代，以公元前316年为战国晚期始年。以往巴蜀文化的相关研究并未将战国早中期的绝对年代范围给出较明确界定，而文献方面亦无重大事件可为分期提供参考，故暂将战国早中期的积年大约等分。因此，本文战国时期分期的参考年代分别为：战国早期（公元前475～前396年），战国中期（公元前395～前317年），战国晚期（公元前316～前222年）。

战国以前巴蜀文化墓葬发现较少，目前尚无比较系统的分期研究，但对于一些墓葬年代的认识基本一致，如金沙遗址万博地点墓葬为商末至西周早期[43]、“国际花园”地点墓葬为西周晚期至春秋[44]。关于战国时期巴蜀文化墓葬的分期与年代，宋治民[45]、霍巍[46]、罗开玉[47]、江章华[48]、洪梅[49]、李冬楠[50]、赵殿增[51]、黄尚明[52]、雷雨[53]、范晓佩[54]、朱萍[55]、陈云洪[56]等诸位先生均有论及。虽然还存在一些争议，但典型墓葬的年代大体达成共识，如战国早期以成都百花潭中学M10为代表，战国中期以新都马家木椁墓为代表，战国晚期至汉初以涪陵小田溪墓地、成都羊子山M172、绵竹清道木板墓为代表。

在前人墓葬分期研究的基础上[57]，大致可以判定出巴蜀文化墓葬中各类铜刀的存续年代（图三），并根据铜刀类型的消长、形制的演变和数量的变化等三方面的情况，将巴蜀文化墓葬出土铜刀划分成三个时期（图一）。

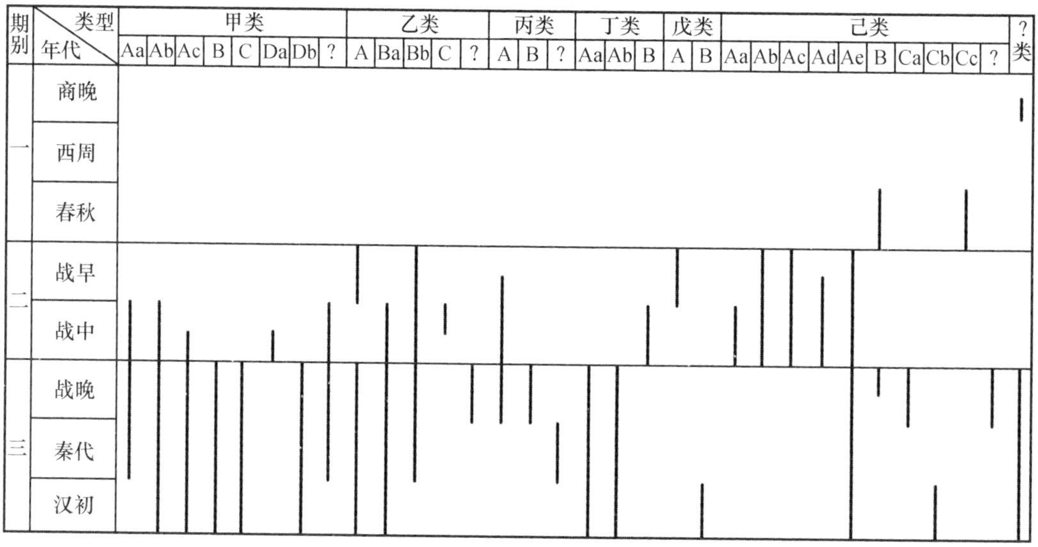

图三　巴蜀文化墓葬出土各类型铜刀年代存续示意图
（"？"表示不可分类或不可分型）

第一期为商代晚期至春秋，数量极少，共4件。可辨的类型有己类B型。

第二期为战国早中期，上限或到春战之际，下限可到战国中晚期之际，数量较多，共84件。可辨的类型有：甲类Aa型，Ab型，Ac型，Da型；乙类A型Ⅰ式，Ba型Ⅰ式，Bb型Ⅰ式，C型；丙类A型；丁类B型；戊类A型；己类Aa型Ⅰ、Ⅱ式，Ab型Ⅰ、Ⅱ式，Ac型，Ad型，Ae型。

第三期为战国晚期至汉初，数量较多，共104件。可辨的类型有甲类Aa型，Ab型，Ac型，B型，C型，Db型；乙类A型Ⅱ、Ⅲ式，Ba型Ⅱ式，Bb型Ⅱ、Ⅲ式；丙类A型，B型；丁类Aa型，Ab型；戊类B型；己类Ae型，B型，Ca型，Cb型，Cc型。

另有甲类Ab型2件、Ac型1件、不能划分类型者2件，因所在墓葬年代不易确定，未能归入上述分期。

四、发展阶段

为了更直观地观察到各类铜刀及其出土墓葬的时间变化情况，将既能纳入上文分期又可区分类别的188件铜刀[58]及其所在的116座墓葬分期进行数量统计（图四、图五；表一）。由此，可将巴蜀文化墓葬出土的铜刀划分成三个发展阶段，分别对应上文分期的一、二、三期。

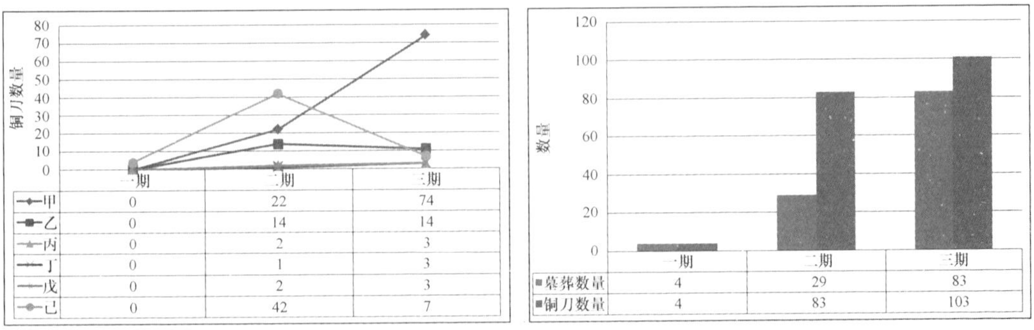

图四　巴蜀文化墓葬出土铜刀及出土铜刀墓葬总体分期统计

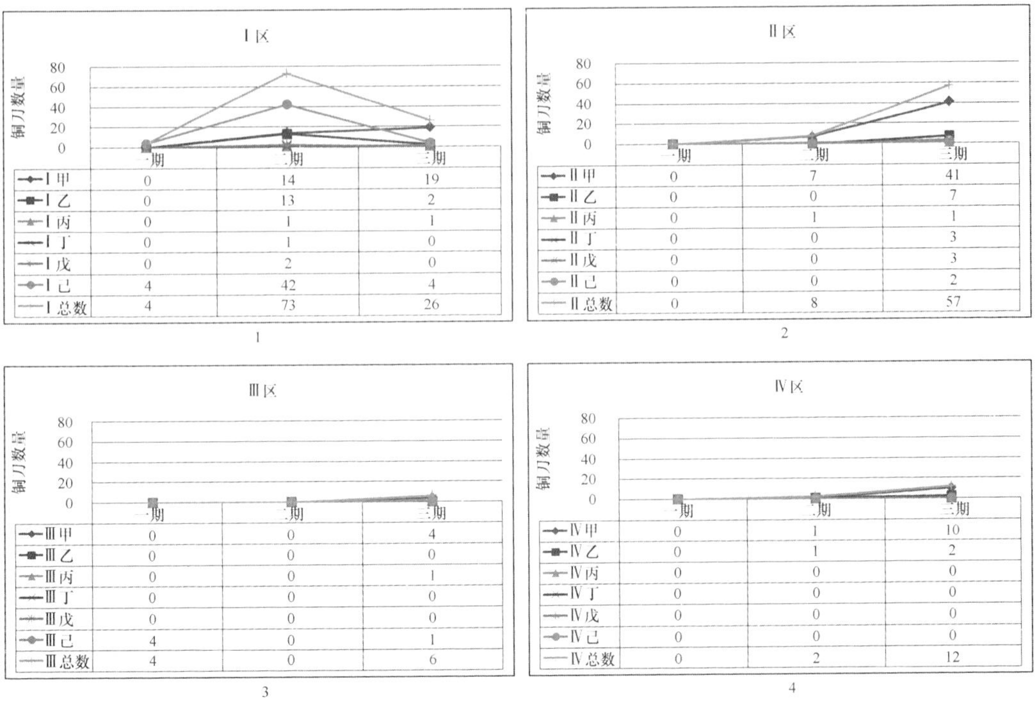

图五　巴蜀文化墓葬出土铜刀分区分类分期统计

表一　各区墓葬与铜刀数量分期统计　（单位：件）

	Ⅰ区			Ⅱ区			Ⅲ区			Ⅳ区		
	墓葬	铜刀	每墓平均	墓葬	铜刀	每墓平均	墓葬	铜刀	每墓平均	墓葬	铜刀	每墓平均
一期	4	4	1	0	0	—	0	0	—	0	0	—
二期	20	73	约4	8	8	1	0	0	—	1	2	2
三期	20	26	约1	50	57	约1	5	6	约	8	12	1.5

第一阶段为兴起阶段，年代为商代晚期至春秋。该阶段发现铜刀极少，类型单一，仅见己类B型，均出现于Ⅰ区，且每墓随葬铜刀仅1件。

第二阶段为发展阶段，年代为战国早中期。该阶段发现铜刀较多，类型丰富，有六类16型（含亚型）。整体来看，各类铜刀数量较多，以己类最多，甲、乙两类次之，每墓平均随葬铜刀约为3件。分区来看，铜刀大多分布在Ⅰ区，少数分布在Ⅱ区，Ⅳ区有个别发现，Ⅲ区暂无。其中，Ⅰ区铜刀数量占本阶段数量的绝对主导地位，类型有甲、乙、丙、丁、戊、己六类，以己类为主，甲类次之，且每墓平均随葬铜刀约4件；Ⅱ区铜刀数量较少，仅甲、乙两类，多为甲类，个别乙类，且每墓随葬铜刀仅1件，Ⅳ区两墓各出1件。

第三阶段为转折阶段，年代为战国晚期至汉初。整体来看，铜刀类型仍然较多，但甲类占绝对主导地位，乙、己两类次之，与上一阶段相比，甲、己两类铜刀形成此长彼消的趋势；每墓平均随葬铜刀约1件，较上一阶段有所减少。分区来看，在铜刀总数方面，Ⅰ区明显减少，Ⅱ区明显增加，Ⅲ、Ⅳ区略微增多，Ⅰ区与Ⅱ区铜刀总数呈现出明显的此消彼长趋势；在各类铜刀的区域分布上，甲类铜刀在Ⅰ区略微增多、Ⅱ区明显增多、Ⅲ区初步出现、Ⅳ区略有增加而数量较少，己类铜刀在Ⅰ区明显减少、Ⅱ区初步发现，其余各类铜刀基本持平；在每墓随葬铜刀平均数量上，Ⅰ区明显减少，约为1件，从而使得四区在铜刀平均随葬数量方面趋于一致。

表二　出土己类铜刀巴蜀文化墓葬铜刀随葬情况一览表

序号	地区及墓号	分区	分期	刀数	类型	盗扰情况
1	新翻水观音M1	Ⅰ	1	1	己B1	未盗
2	新翻水观音M2	Ⅰ	1	1	己B1	未盗
3	成都金沙遗址黄河地点M592	Ⅰ	1	1	己B1	未盗
4	荥经同心村87M2	Ⅰ	1	1	己B1	未盗
5	成都白果林小区船棺M4	Ⅰ	2	6	己AbⅠ1 己Ac2 己Ae3	基建破坏

续表

序号	地区及墓号	分区	分期	刀数	类型	盗扰情况
6	成都百花潭M10	Ⅰ	2	6	乙AⅠ1 戊A1 己Ac2 己Ae2	未盗
7	成都青羊宫修建医院墓	Ⅰ	2	3	己AaⅡ1 己Ae1 未分类1	未盗
8	成都商业街1号棺	Ⅰ	2	2	丙A1 己Ad1	盗扰
9	成都石人小区M8	Ⅰ	2	4	乙BbⅠ1 己AbⅠ2 己Ac1	未盗
10	成都石人小区M9	Ⅰ	2	3	乙AⅠ1 己AbⅠ2	未盗
11	成都无线电工业学校墓	Ⅰ	2	3	乙C1 己AaⅠ1 己Ae1	基建破坏
12	新都马家木椁墓	Ⅰ	2	20	乙BaⅠ5 己AaⅡ5 己Ac5 己Ad5	盗扰
13	绵竹清道公社船检察院M1	Ⅰ	2	14	甲Ab8 乙BbⅠ2 己AbⅠ2 己AbⅡ2	基建破坏
14	什邡城关M3	Ⅰ	2	1	己未分型1	基建破坏
15	荥经同心村85-86M21-B	Ⅰ	2	1	己未分型1	未盗
16	成都光荣小区M5	Ⅰ	3	3	甲Ab2 己Ae1	盗扰
17	什邡城关M81	Ⅰ	3	1	己未分型1	基建破坏
18	荥经同心村85-86M23	Ⅰ	3	1	己Ca1	未盗
19	巴县冬笋坝M68	Ⅱ	3	1	己CcⅡ1	未盗
20	开县余家坝1994M4	Ⅱ	3	1	己B1	未盗
21	昭化宝轮院M14	Ⅲ	3	1	己Cb1	未知

总之，从第二阶段至第三阶段，不论是从整体上还是区域变化上，巴蜀文化墓葬中的铜刀的变化均与甲、己两类铜刀的消长关系密切相关，尤其是第二阶段居于主导地位的己类铜刀到第三阶段明显减少而居于次要地位这一变化，与第二阶段到第三阶段每墓平均随葬铜刀数量明显减少相一致。从表二可知，第二阶段随葬己类铜刀墓葬数量较多，每墓出土铜刀的数量多在3～4件不等，且个别墓葬多达10～20件，而第三阶段不但随葬己类铜刀的墓葬数量少，而且随葬铜刀的数量多为1件，个别3件。由此可推测己类铜刀的减少是导致每墓随葬铜刀平均数量减少的主要因素。据研究，这些出土较多己类铜刀墓葬的墓主地位均在中等以上[59]，那么每墓平均随葬数量的减少，或与大多中等以上墓葬不再流行己类铜刀，而倾向于随葬1件或1件以上甲类铜刀的情况密切相关。另外，巴蜀文化墓葬中的铜刀以Ⅰ区最先发展，并呈现出从Ⅰ区向Ⅱ、Ⅲ、Ⅳ区扩散的趋势。换言之，铜刀的发展大致呈现出从蜀国向巴国扩散的趋势。这也从侧面印证了一个观点，即“巴蜀文化的形成是以先进的蜀国文化为主导的，而不是以巴国文化为中心发展的”[60]。

五、环首刀的来源及相关历史背景

由上述研究可知，巴蜀文化墓葬中铜刀的区域差异和阶段变化都主要与甲、己类两类铜刀的时空变化有关。而理清甲类环首刀的来源，不仅有益于理解这一变化，也有助于理解铜刀在第三阶段发生转折性变化的根本原因。

环首刀本是北方地区铜刀的典型代表，但在商代晚期之后成为中原地区铜刀的主体，并成了中原地区的传统因素[61]。直到战国时期，不仅中原地区仍普遍流行，南方楚地亦如是[62]。

有学者认为，环首刀在巴蜀地区是“从战国晚期才开始出现并流行，……应是蜀楚在战国晚期频繁的交往中由楚地传到蜀地的一种手工工具”[63]。由前文研究可知，在第二阶段战国早中期，环首刀开始出现于巴蜀地区，因此，关于环首刀来源的考察，也应从此时论起，并应着眼于战国早中期及其以后一段时间内巴蜀文化与周边地区文化之关系，尤其是与秦和楚的关系。

由考古发现与研究可知，这一阶段秦与巴蜀文化有一定的接触[64]，秦文化墓葬有较多环首铜刀发现[65]；楚文化与巴蜀文化也存在诸多交流[66]，且楚文化墓葬中亦有较多环首铜刀发现[67]，这都说明了第二阶段战国早中期巴蜀文化墓葬中的环首刀可能来自秦、楚两地。

据文献记载，战国早中期，巴蜀地区与秦、楚文化存在多种联系，如《史记·秦本纪》载秦厉公二年（公元前475年）“蜀人来赂”，秦惠公十三年（公元前463年）“伐蜀，取南郑”，秦惠文君前元年（公元前337年）“楚、韩、赵、蜀人来朝”；《史记·六国年表》载秦惠公十三年（公元前463年）“蜀取我（秦——笔者注）南郑”；《史记·楚世家》载楚肃王四年（公元前377年）“蜀伐楚、取兹方”；《华阳国志·蜀志》载蜀人朝秦的原因是“秦惠王数以美女进，蜀王感之”；《华阳国志·巴志》载“战国时（巴）尝与楚婚”。所以，战国早中期环首铜刀也许是通过与秦和楚的战争、通婚等方式传入巴蜀地区。

需要补充的是，这一阶段楚文化曾向三峡地区扩张，并于战国中期占领了巴国云阳、忠县等地[68]。但是，受楚文化影响最深的忠县及其以东的三峡地区仅有少量环首刀发现，说明了楚文化的扩张并未导致巴蜀地区环首刀的迅速增长。此外，巴蜀地区发现许多楚文化器物，而暂未发现秦文化器物，说明了此时楚对巴蜀的影响要强于秦对巴蜀的影响。

总之，这一阶段楚与巴蜀的交流要强于秦与巴蜀的交流，因而巴蜀地区环首刀的出现可能主要与楚有关，秦次之。

到了第三阶段战国晚期至汉初，巴地川东岭谷区小田溪墓地不但发现了环首铜刀，也发现了楚文化铜壶[69]，表明了楚文化对巴蜀文化仍有一定影响，也说明了楚地仍有可能是环首刀的来源之一。但秦灭巴蜀之后，尤其是楚秦争枳之后，楚文化势力已退出四川盆地[70]，其对巴蜀文化的影响程度远不如前，所以也不可能导致环首刀的显著增长。因此，本阶段环首刀虽然可能仍有一部分来自楚地，但绝不是主要来源。

实际上，这一阶段使用环首刀的地区除了楚之外，还有秦、齐、燕、赵、魏、韩等诸国，但与巴蜀文化关系最为密切者，非秦文化莫属。

从考古发现来看，一方面秦墓中有较多环首刀发现，特别是战国早中期较多环首铜刀的发现，及其在战国晚期至秦以铁质形式的流行[71]，均为本阶段环首刀由秦入蜀做好了基础准备；另一方面，战国晚期至汉初，折腹盆、瓮、茧形壶等秦文化因素普遍出现于巴蜀文化中小型墓葬中[72]，说明秦文化对巴蜀文化影响较深，尤其在出土较多环首刀的冬笋坝墓地发现了许多半两钱等秦文化器物，说明了巴蜀文化墓葬中环首刀的明显增长与秦文化的进入有关。

据《史记·秦本纪》载，秦惠文君后九年（公元前316年）“司马错伐蜀，灭之”，又据《华阳国志·蜀志》记载，灭蜀后不久，因“戎伯（指作为戎狄之长的蜀——笔者注）尚强，乃移秦民万家实之”，至“秦惠文、始皇克定六国，辄徙其豪侠于蜀”。从“移秦民”“六国”“豪侠”等关键词来看，在秦克定六国的过程中，秦、楚、齐、燕、赵、魏、韩等诸国之人皆有可能被迁入巴蜀地区，所以环首铜刀可能有多个来源地，既可能源自楚国，也可能来自秦与中原各国。除了移民之外，从“及秦惠王并巴中，以巴氏为蛮夷君长，世尚秦女”（《后汉书·南蛮西南夷列传》）等记载可知，秦与巴还存在通婚现象，这也为环首铜刀的传入增添了更多的可能性。此外，秦昭王二十二年（公元前285年）和昭王三十年（公元前277年），秦先后在蜀、巴两地置郡，将中原的制度推行于巴蜀地区[73]，那么，以秦为主，兼及与秦迁六国之民相关地区的环首刀在秦治巴蜀的过程中传入四川盆地，也就顺理成章了。

综上可知，战国晚期至汉初，环首刀虽有一部分可能由楚地传入，但主要是由秦地传入。而且，从第二阶段到第三阶段，巴蜀文化墓葬中铜刀因环首刀的明显增长而发生的转折性变化，也主要与秦灭巴蜀及其对巴蜀地区移民、通婚、置郡、战争等一系列经营措施有关。

六、结　语

通过上述五个方面的研究，本文主要取得如下收获。

（一）根据铜刀柄首形制，将巴蜀文化墓葬中的铜刀分为甲、乙、丙、丁、戊、己六类；同时，主要依据刀身形制对各类铜刀进行了较细致的型式划分，初步判定出各类型的大致年代，并将其分为商晚—春秋期、战国早中期、战国晚期至汉初等三个时期。这不仅对判定四川盆地相关铜刀采集品的大致年代范围具有一定的参考作用，也为文化因素分析等进一步的研究打下基础。

（二）根据铜刀的分布距离和相关历史环境等情况，将铜刀的分布范围划分成四个大区，即Ⅰ区川西平原区、Ⅱ区川东岭谷区、Ⅲ区川北陕南区、Ⅳ区川南滇北区。

（三）在分区与分期的基础上，将巴蜀文化墓葬出土铜刀划分为兴起、发展、转折三个阶段，以后两阶段的对比最明显，具体表现为：从第二阶段到第三阶段，整体上，甲、己两类铜刀数量此长彼消，每墓随葬铜刀平均数量明显减少；区域上，Ⅰ区与Ⅱ、Ⅲ、Ⅳ两区铜刀数量呈此消彼长趋势，且Ⅰ区每墓随葬铜刀数量明显减少而使四区平均随葬铜刀数量趋于一致。同时，指出了己类铜刀的减少与每墓平均随葬数量的减少相一致，或与中等以上地位墓葬不再流行使用己类铜刀，而倾向于随葬1件或1件以上甲类铜刀密切相关；铜刀的时空分布大致呈现出从蜀国向巴国扩散的趋势，侧面印证了巴蜀文化的发展是以蜀为主导而不是以巴为中心的观点。

（四）探讨了环首刀的来源和相关历史背景，提出环首刀的来源主要与秦和楚有关，战国早中期环首刀在巴蜀地区的出现主要由楚传入、秦次之，战国晚期至汉初环首刀的流行主要由秦传入、楚次之。而且，秦灭巴蜀及其一系列经营措施，才是战国晚期至汉初巴蜀地区环首刀流行和巴蜀文化墓葬中铜刀发生转折性变化的根本原因。

注　释

［1］　吕学明．中国北方地区出土的先秦时期铜刀研究［M］．北京：科学出版社，2010：1.

［2］　a．山东大学考古系．四川开县余家坝战国墓葬发掘简报［J］．考古，1999（1）：53-59.

b．山东大学考古学系等．重庆开县余家坝墓地2000年发掘简报［J］．华夏考古，2003（4）：10-21.

c．山东大学考古系等．开县余家坝墓地2001年发掘简报［A］．重庆库区考古报告集（2001卷）［C］．北京：科学出版社，2008：1429-1448.

[3] a. 四川大学历史文化学院考古系等. 重庆云阳李家坝东周墓地1997年发掘报告[J]. 考古学报，2002（1）：59–94.
b. 四川大学历史文化学院考古系等. 云阳李家坝巴人墓地发掘报告[A]. 重庆库区考古报告集（1998卷）[C]. 北京：科学出版社，2003：348–388.
c. 四川大学考古学系等. 重庆云阳李家坝巴文化墓地1999年发掘简报[A]. 南方民族考古研究（第7辑）[C]. 北京：科学出版社，2011：427–480.
[4] 福建省博物馆等：云阳营盘包墓群发掘报告[A]. 重庆库区考古报告集（2002卷）[C]. 北京：科学出版社，2010：467–512.
[5] 镇江博物馆等. 万州曾家溪墓地考古发掘报告[A]. 重庆库区考古报告集（2001卷）[C]. 北京：科学出版社，2008：979–1019.
[6] 重庆市文物局等. 万州大坪墓地[M]. 北京：科学出版社，2006：6–58，175–177.
[7] a. 北京市文物研究所三峡考古队等. 涪陵镇安遗址发掘报告[A]. 重庆库区考古报告集（1999卷）. 北京：科学出版社，2006：747–785.
b. 北京市文物研究所等. 2001、2003年度涪陵镇安遗址发掘报告[A]. 重庆库区考古报告集（2001卷）[C]. 北京：科学出版社，2008：1930–1980.
[8] a. 四川省文物管理委员会等. 四川涪陵小田溪四座战国墓[J]. 考古，1985（1）：4–32.
b. 四川省文物考古研究所等. 涪陵市小田溪9号墓发掘简报[A]. 四川考古报告集[C]. 北京：化学工业出版社，1998：186–196.
c. 重庆市文物考古研究所等. 涪陵小田溪墓群发掘简报[A]. 重庆库区考古报告集（2002卷）[C]. 北京：科学出版社，2010：1339–1376.
[9] 四川省博物馆. 四川船棺葬发掘报告[M]. 北京：文物出版社，1960：46–47，138–140.
[10] 四川省博物馆. 成都百花潭中学十号墓发掘记[J]. 文物，1976（3）：40–46.
[11] 四川省文物管理委员会. 成都战国土坑墓发掘简报[J]. 文物，1982（1）：28–30.
[12] 四川省博物馆. 成都西郊战国墓[J]. 考古，1983（7）：597，图版贰，图版叁.
[13] 成都市文物考古工作队. 成都市光荣小区土坑墓发掘简报[J]. 文物，1988（11）：21–28.
[14] 成都市文物管理处. 成都三洞桥青羊小区战国墓[J]. 文物，1989（5）：32–35.
[15] 罗开玉，周尔太. 成都白果林小区四号船棺[J]. 成都文物，1990（3）：22–28.
[16] 成都市文物考古工作队. 成都市金沙巷战国墓清理简报[J]. 文物，1997（3）：15–23.
[17] 成都市文物考古工作队. 成都金鱼村发现的战国土坑墓[J]. 文物，1997（3）：4–14.
[18] 成都市文物考古工作队. 四川成都市北郊战国东汉及宋代墓葬发掘简报[J]. 考古，2001（5）：27–39.
[19] 成都市文物考古研究所等. 成都西郊石人小区战国土坑墓发掘简报[J]. 文物，2002（4）：32–40.
[20] a. 成都市文物考古研究所. 成都市商业街船棺、独木棺墓葬发掘简报[J]. 文物，2002（11）：4–30.

b. 成都市文物考古研究所. 成都商业街船棺葬［M］. 北京：文物出版社，2009：46-47.
［21］ 成都市文物考古研究所. 成都市文庙西街战国墓葬发掘简报［A］. 成都考古发现（2003）［C］. 北京：科学出版社，2005：244-265.
［22］ 成都市文物考古研究所. 凉水井街战国墓葬出土的青铜器［A］. 成都考古发现（2004）［C］. 北京：科学出版社，2006：306-311.
［23］ 王林，周志清. 金沙遗址星河路西延线地点发掘简报［A］. 成都考古发现（2008）［C］. 北京：科学出版社，2010：75-140.
［24］ 成都市文物考古研究所. 成都市金沙遗址“黄河”地点墓葬发掘简报［A］. 成都考古发现（2012）［C］. 北京：科学出版社，2014：177-217.
［25］ 成都市文物考古研究所等. 成都龙泉驿区北干道木椁墓群发掘简报［J］. 文物，2000（8）：21-32.
［26］ 四川省博物馆等. 四川新都战国木椁墓［J］. 文物，1981（6）：1-16.
［27］ 四川省博物馆. 四川新繁县水观音遗址试掘简报［J］. 考古，1959（8）：404-410.
［28］ a. 四川省博物馆等. 四川绵竹县西汉木板墓发掘简报［J］. 考古，1983（4）：296-300.
b. 四川省博物馆. 四川绵竹县船棺墓［J］. 文物，1987（10）：22-33.
［29］ 四川省文物考古研究院等. 什邡城关战国秦汉墓地［M］. 北京：文物出版社，2006：19，20，28，72，80，84，118，134，174，185，246，附表一.
［30］ 同［9］.
［31］ 四川省文物考古研究院等. 四川宣汉罗家坝遗址1999年发掘简报［J］. 四川文物，2009（4）：3-14.
［32］ 成都市文物考古研究所. 蒲江县飞龙村盐井沟古墓葬［A］. 成都考古发现（2011）［C］. 北京：科学出版社，2013：338-372.
［33］ 四川省文物管理委员会等. 蒲江县战国土坑墓［J］. 文物，1985（5）：17-22.
［34］ a. 荥经严道古城遗址博物馆. 四川荥经县同心村巴蜀墓的清理［J］. 考古，1996（7）：41-45.
b. 四川省文物考古研究所等. 荥经县同心村巴蜀船棺葬发掘报告［A］. 四川考古报告集［C］. 北京：文物出版社，1998：212-280.
［35］ 荥经严道古城遗址博物馆. 荥经南罗坝村战国墓［J］. 考古学报，1994（3）：381-396.
［36］ 四川省博物馆. 四川犍为县巴蜀土坑墓［J］. 考古，1983（9）：779-785.
［37］ a. 四川省文物管理委员会. 四川犍为县巴蜀墓发掘简报［J］. 考古与文物，1984（3）：18-21.
b. 四川省文物管理委员会. 四川犍为金井乡巴蜀土坑墓清理简报［J］. 文物，1990（5）：66-75.
［38］ 刘志岩. 四川屏山沙坝墓地［J］. 中国文化遗产，2011（增刊）：540-542.
［39］ 何新成. 汉中石英沙厂清理三座战国墓［J］. 文博，1987（6）：33-36，图版壹，图版贰.
［40］ 云南省昭通市文物管理所等. 云南省昭通市水富县张滩土坑墓地试掘简报［J］. 四川文物，2010（3）：3-8.

［41］ a．翁家烈．僰人考［J］．贵州民族研究，1986（2）：139–143.

b．李正清．僰人考［A］．大理民族文化研究论丛（第二辑）［C］．北京：民族出版社，2006：28–44.

［42］ a．孙华．蜀人南迁考［J］．成都大学学报（社科版），1991（1）：42–48.

b．丁长芬．从昭通巴蜀土坑墓看巴人南迁［J］．四川文物，1996（3）：15–16.

［43］ 成都市文物考古研究所．成都金沙遗址万博地点考古勘探与发掘收获［A］．成都考古发现（2002）［C］．北京：科学出版社，2004：62–95.

［44］ 成都市文物考古研究所．金沙遗址“国际花园”地点发掘简报［A］．成都考古发现（2004）［C］．北京：科学出版社，2006：118–175.

［45］ 宋治民．略论四川战国秦墓的分期［A］．中国考古学会第一次年会论文集［C］．北京：文物出版社，1979：265–277.

［46］ 霍巍，黄伟．蜀人的墓葬分期［A］．巴蜀历史·民族·考古·文化［C］．成都：巴蜀书社，1991：224–238.

［47］ 罗开玉．晚期巴蜀文化墓葬初步研究［J］．成都文物，1991（3/4）.

［48］ 江章华，张擎．巴蜀墓葬的分区与分期初论［J］．四川文物，1999（3）：23–35.

［49］ 洪梅．战国秦汉巴蜀墓葬及相关问题研究［D］．吉林大学硕士学位论文，2001.

［50］ 李冬楠．晚期巴蜀文化出土兵器研究［D］．吉林大学硕士学位论文，2004.

［51］ 赵殿增．三星堆文化与巴蜀文明［M］．南京：江苏教育出版社，2005：538–564.

［52］ 黄尚明．蜀文化研究［M］．武汉：华中师范大学出版社，2007：1–127.

［53］ 同［29］，266–270.

［54］ 范晓佩．晚期巴蜀文化墓葬中兵器随葬制度的研究［D］．吉林大学硕士学位论文，2009.

［55］ 朱萍．楚文化的西渐——楚国经营西部的考古学观察［M］．成都：巴蜀书社，2010：13–133.

［56］ 陈云洪．四川地区船棺葬的考古学观察［A］．边疆考古研究（第17辑）［C］．北京：科学出版社，2015：241–268.

［57］ 本文墓葬年代的判断主要依据黄尚明、雷雨、朱萍等三位先生的研究成果，少量墓葬略作调整，限于篇幅，笔者将另文论述。另，商代巴蜀文化墓未见铜刀线图，本文图一的27和38可供参考。

［58］ 188件铜刀中有161件为可明确分类者，其余27件为根据相关线图和文字描述推测而得的类别。

［59］ a．江章华．战国时期古蜀社会的变迁——从墓葬分析入手［J］．四川文物，2008（2）：53–59.

b．洪梅．试析战国时期巴蜀文化的墓葬形制［J］．华夏考古，2009（1）：114–124.

c．袁艳玲．东周时期巴蜀青铜器使用礼制研究［J］．江汉考古，2013（3）：105–112.

［60］ 金秉骏（著），段渝（校译）．巴蜀文化的地域差异及秦的郡县控制［J］．中华文化论坛，1998（1）：117–122.

［61］ 同［1］，93，215，251.

［62］ 陈振中. 先秦青铜生产工具［M］. 厦门：厦门大学出版社，2004：36-77，178-203，209-219.

［63］ 黄晓枫. 试论四川盆地战国墓中的青铜工具［J］. 华夏考古，2002（4）：72-81，110.

［64］ 滕铭予. 秦文化：从封国到帝国的考古学观察［M］. 北京：学苑出版社，2002：89，96.

［65］ 雍城考古队. 陕西凤翔高庄秦墓地发掘简报［J］. 考古与文物，1981（1）：12-38.

［66］ a. 刘彬徽. 楚系青铜器研究［M］. 武汉：湖北教育出版社，1995：562-573.

b. 高至喜. 湖南楚墓与楚文化［M］. 长沙：岳麓书社，350-357.

［67］ a. 如江陵雨台山约出10件，参见湖北省荆州地区博物馆. 江陵雨台山楚墓［M］. 北京：文物出版社，1984：89，附表四～六.

b. 当阳赵家湖4件，参见湖北省宜昌地区博物馆等. 当阳赵家湖楚墓［M］. 北京：文物出版社，1992：145.

［68］ 余静. 从近年来三峡考古新发现看楚文化的西渐［J］. 江汉考古，2005（1）：73-84.

［69］ 重庆市文物考古研究所等. 涪陵小田溪墓群发掘简报［A］. 重庆库区考古报告集（2002卷）［C］. 北京：科学出版社，2010：1339-1376.

［70］ 朱萍. 楚文化的西渐——楚国向西扩张的考古学观察［A］. 重庆·2001三峡文物保护学术研讨会论文集［C］. 北京：科学出版社，2003：175-188.

［71］ a. 笔者据2001年前后相关秦墓研究附表进行不完全统计，春秋晚期之前出土铜刀秦墓7座，战国早中期出土铜刀秦墓14座，战国晚期至汉初出土铜刀秦墓2座、出土铁刀秦墓27座，这些墓葬布主要分布在宝鸡凤翔地区和西安咸阳地区，参见［64］，附表一～六.

b. 宝鸡凤翔地区以高庄为例，战国早中期出土铜刀18件，其中环首铜刀14件，战国晚期至汉初出土铁削8件，参见雍城考古队. 陕西凤翔高庄秦墓地发掘简报［J］. 考古与文物，1981（1）：12-38.

c. 西安咸阳地区以塔儿坡为例，该墓地共出土2件环首铜刀、铁刀40件，绝大多数为环首刀，出土单位年代为战国晚期至秦，参见咸阳市文物考古研究所. 塔儿坡秦墓［M］. 西安：三秦出版社，1998：155，166，226.

上述均可说明战国时期中原式环首刀在秦地已流行。

［72］ 同［49］.

［73］ 孙华. 巴蜀为郡考［J］. 社会科学研究，1985（2）：65-68.

附表　巴蜀文化墓葬出土铜刀一览表

序号	出土地点及编号	区	期	类型	数量（件）	年代	备注
1	成都文庙西街M2：6	Ⅰ	2	甲Aa	1	战国中期早段	
2	宣汉罗家坝1999M4：4	Ⅱ	3	甲Aa	1	战国晚期	
3	成都光荣小区M5：49	Ⅰ	3	甲Ab	1	战国晚期至汉初	
4	成都光荣小区M5未知号	Ⅰ	3	甲Ab	1	战国晚期至汉初	
5	成都青羊小区M3未知号	Ⅰ	?	甲Ab	1	战国时期	不入分期统计
6	什邡城关M14：9	Ⅰ	3	甲Ab	1	战国晚期	
7	什邡城关M54：19	Ⅰ	3	甲Ab	1	战国晚期	
8	绵竹清道船棺M1：23	Ⅰ	2	甲Ab	1	战国中晚期之际	
9	绵竹清道船棺M1：43	Ⅰ	2	甲Ab	1	战国中晚期之际	
10	绵竹清道船棺M1：41	Ⅰ	2	甲Ab	1	战国中晚期之际	
11	绵竹清道船棺M1未知号	Ⅰ	2	甲Ab	5	战国中晚期之际	
12	荥经南罗坝M1：37	Ⅰ	2	甲Ab	1	战国中期	
13	荥经南罗坝M4未知号	Ⅰ	?	甲Ab	1	战国中晚期	不入分期统计
14	荥经南罗坝M9：22	Ⅰ	3	甲Ab	1	战国晚期至汉初	
15	荥经南罗坝M9：23	Ⅰ	3	甲Ab	1	战国晚期至汉初	
16	开县余家坝2000M10：1	Ⅱ	3	甲Ab	1	战国晚期	
17	云阳李家坝1998M25：8	Ⅱ	3	甲Ab	1	战国晚期	
18	万州曾家溪M12：6	Ⅱ	3	甲Ab	1	战国晚期	
19	涪陵小田溪M10：4	Ⅱ	3	甲Ab	1	战国晚期	
20	涪陵小田溪M20：3	Ⅱ	3	甲Ab	1	战国晚期	
21	昭化宝轮院M11：16	Ⅲ	3	甲Ac	1	战国晚期至汉初	
22	昭化宝轮院M13：11	Ⅲ	3	甲Ac	1	战国晚期至汉初	
23	什邡城关M1：8	Ⅰ	2	甲Ac	1	战国中期	
24	什邡城关M10：3	Ⅰ	3	甲Ac	1	战国晚期	
25	什邡城关M91：16	Ⅰ	2	甲Ac	1	战国中期	
26	蒲江盐井沟M1：61	Ⅰ	3	甲Ac	1	战国晚期至秦	
27	荥经同心村1985M17：29	Ⅰ	3	甲Ac	1	战国晚期至秦	
28	犍为金井万年大队1980M1：6	Ⅳ	3	甲Ac	1	战国晚期至秦	
29	宜宾屏山沙坝2010M5未知号	Ⅳ	3	甲Ac	1	战国晚期至汉初	
30	宣汉罗家坝1999M2：3	Ⅱ	2	甲Ac	1	战国中期晚段	
31	宣汉罗家坝1999M3：2	Ⅱ	3	甲Ac	1	战国晚期	
32	宣汉罗家坝1999M5：15	Ⅱ	2	甲Ac	1	战国中期晚段	
33	开县余家坝2000M13：5	Ⅱ	3	甲Ac	1	战国晚期	

续表

序号	出土地点及编号	区	期	类型	数量（件）	年代	备注
34	开县余家坝2000M15：2	Ⅱ	3	甲Ac	1	战国晚期	
35	开县余家坝2001M60①：5	Ⅱ	3	甲Ac	1	战国晚期	
36	开县余家坝2001M60②：1	Ⅱ	3	甲Ac	1	战国晚期	
37	云阳李家坝1998M19：1	Ⅱ	2	甲Ac	1	战国中期晚段	
38	云阳李家坝1998M45：14	Ⅱ	2	甲Ac	1	战国中期晚段	
39	云阳李家坝1999M11：10	Ⅱ	2	甲Ac	1	战国中期晚段	
40	万州曾家溪M17：4	Ⅱ	?	甲Ac	1	战国中晚期	不入分期统计
41	万州大坪M126：3	Ⅱ	2	甲Ac	1	战国中期	
42	涪陵小田溪M9：47	Ⅱ	3	甲Ac	1	战国晚期至秦	
43	涪陵小田溪M9：48	Ⅱ	3	甲Ac	1	战国晚期至秦	
44	涪陵小田溪M9：6	Ⅱ	3	甲Ac	1	战国晚期至秦	
45	涪陵小田溪M15：22&36	Ⅱ	3	甲Ac	1	战国晚期至秦	
46	涪陵镇安2000M18：12	Ⅱ	3	甲Ac	1	战国晚期	
47	巴县冬笋坝M49：17	Ⅱ	3	甲Ac	1	战国晚期至汉初	
48	巴县冬笋坝M50：36	Ⅱ	3	甲Ac	1	战国晚期至汉初	
49	巴县冬笋坝M52：7	Ⅱ	3	甲Ac	1	战国晚期至汉初	
50	龙泉驿北干道M34：5	Ⅰ	3	甲B	1	秦代	
51	什邡城关M10：8	Ⅰ	3	甲B	1	战国晚期	
52	什邡城关M93：7	Ⅰ	3	甲B	1	战国晚期至秦	
53	蒲江盐井沟M2：1	Ⅰ	3	甲B	1	战国晚期至秦	
54	开县余家坝2000M8：7	Ⅱ	3	甲B	1	战国晚期	
55	万州曾家溪M2：7	Ⅱ	3	甲B	1	秦汉之际或汉初	
56	成都北郊汽车配件总厂M4：16	Ⅰ	3	甲C	1	战国晚期	
57	什邡城关M95：10	Ⅰ	3	甲C	1	战国末期	
58	绵竹清道木板M2：19	Ⅰ	3	甲C	1	西汉早期	
59	巴县冬笋坝M59：3	Ⅱ	3	甲C	1	战国晚期至汉初	
60	巴县冬笋坝M67：1	Ⅱ	3	甲C	1	战国晚期至汉初	
61	涪陵镇安M62：3	Ⅱ	3	甲C	1	西汉早期	
62	云阳李家坝1997M52：2	Ⅱ	2	甲Da	1	战国中期后段	
63	巴县冬笋坝M11：6	Ⅱ	3	甲Db	1	战国晚期至汉初	

续表

序号	出土地点及编号	区	期	类型	数量（件）	年代	备注
64	成都凉水井街M1：18	Ⅰ	2	64至76号为甲A\B\C*	1	战国中期	
65	什邡城关M1：17	Ⅰ	2		1	战国中期	
66	什邡城关M40未知号	Ⅰ	?		1	战国时期	不入分期统计
67	什邡城关M58未知号	Ⅰ	?		1	战国时期	不入分期统计
68	什邡城关M99：7	Ⅰ	3		1	战国晚期至秦	
69	犍为金井1984M6：43	Ⅳ	3		1	战国晚期	
70	犍为金井1984M5：4	Ⅳ	2		1	战国中期晚段	
71	犍为五联M1未知号	Ⅳ	3		1	战国晚期至汉初	
72	犍为五联M5未知号	Ⅳ	3		2	战国晚期至汉初	
73	犍为五联M6未知号	Ⅳ	3		1	战国晚期至汉初	
74	犍为五联M7未知号	Ⅳ	3		3	战国晚期至汉初	
75	宣汉罗家坝1999M3：5	Ⅱ	3		1	战国晚期	
76	涪陵镇安M77：6	Ⅱ	3		1	战中末至秦前后	
77	成都百花潭M10未知号	Ⅰ	2	乙AⅠ	1	战国早期	
78	成都金沙巷M2：13	Ⅰ	2	乙AⅠ	1	战国早期	
79	成都石人小区M9：6	Ⅰ	2	乙AⅠ	1	战国早期	
80	犍为金井万年大队1980M1：10	Ⅳ	3	乙AⅡ	1	战国晚期至秦	
81	云南水富张滩1989M4：9	Ⅳ	3	乙AⅡ	1	战国晚期至汉初	
82	蒲江盐井沟M1：14	Ⅰ	3	乙AⅢ	1	战国晚期至秦	
83	新都马家木椁墓未知号	Ⅰ	2	乙BaⅠ	5	战国中期晚段	
84	犍为金井1984M5：31	Ⅳ	2	乙BaⅠ	1	战国中期晚段	
85	巴县冬笋坝M42：7	Ⅱ	3	乙BaⅡ	1	战国晚期至汉初	
86	成都石人小区M8：22	Ⅰ	2	乙BbⅠ	1	战国早期	
87	绵竹清道船棺M1：39	Ⅰ	2	乙BbⅠ	1	战国中晚期之际	
88	绵竹清道船棺未知号	Ⅰ	2	乙BbⅠ	1	战国中晚期之际	
89	荥经同心村1985M20：48	Ⅰ	3	乙BbⅡ	1	战国晚期至秦	
90	涪陵小田溪M7：2	Ⅱ	3	乙BbⅡ	1	战国晚期至秦	
91	云阳营盘包M25：1	Ⅱ	3	乙BbⅢ	1	战国晚期	
92	成都无机校墓未知号	Ⅰ	2	乙C	1	战国中期早段	
93	什邡城关M90-1：18	Ⅰ	2	乙A\B*	1	战国中期	

续表

序号	出土地点及编号	区	期	类型	数量（件）	年代	备注
94	宣汉罗家坝1999M3：6	Ⅱ	3	乙A\B*	1	战国晚期	
95	成都商业街1号棺：54	Ⅰ	2	丙A	1	战国早期晚段	
96	万州大坪M136：6	Ⅱ	2	丙A	1	战国中期	
97	云阳李家坝1998M7：5	Ⅱ	3	丙A	1	战国晚期	
98	陕西汉中石英沙厂M1：9	Ⅲ	3	丙B	1	战国晚期	
99	龙泉驿北干道M24：5	Ⅰ	3	丙?	1	秦代	
100	巴县冬笋坝M11：17	Ⅱ	3	丁Aa	1	战国晚期至汉初	
101	涪陵小田溪M4：7	Ⅱ	3	丁Ab	1	战国晚期至汉初	
102	涪陵小田溪M5：6	Ⅱ	3	丁Ab	1	战国晚期	
103	什邡城关M101：15	Ⅰ	2	丁B	1	战国中期	
104	成都星河路西延线M2732：4	Ⅰ	2	戊A	1	战国早期	
105	成都百花潭M10未知号	Ⅰ	2	戊A	1	战国早期	
106	巴县冬笋坝M35：9	Ⅱ	3	戊B	1	西汉早期	
107	成都无机校墓未知号	Ⅰ	2	己AaⅠ	1	战国中期早段	
108	成都西郊青羊宫墓32号	Ⅰ	2	己AaⅡ	1	战国中期	
109	新都马家木椁墓未知号（大号）	Ⅰ	2	己AaⅡ	5	战国中期晚段	
110	成都白果林小区BM4：15	Ⅰ	2	己AbⅠ	1	战国早期	
111	成都石人小区M8：20	Ⅰ	2	己AbⅠ	1	战国早期	
112	成都石人小区M8：8	Ⅰ	2	己AbⅠ	1	战国早期	
113	成都石人小区M9：7	Ⅰ	2	己AbⅠ	1	战国早期	
114	成都石人小区M9：9	Ⅰ	2	己AbⅠ	1	战国早期	
115	绵竹清道船棺M1：51	Ⅰ	2	己AbⅠ	1	战国中晚期之际	
116	绵竹清道船棺M1未知号	Ⅰ	2	己AbⅠ	1	战国中晚期之际	
117	绵竹清道船棺M1：49	Ⅰ	2	己AbⅡ	1	战国中晚期之际	
118	绵竹船棺清道M1未知号	Ⅰ	2	己AbⅡ	1	战国中晚期之际	
119	成都白果林小区BM4：11	Ⅰ	2	己Ac	1	战国早期	
120	成都白果林小区BM4：13	Ⅰ	2	己Ac	1	战国早期	
121	成都百花潭M10未知号	Ⅰ	2	己Ac	2	战国早期	
122	成都石人小区M8：2	Ⅰ	2	己Ac	1	战国早期	
123	新都马家木椁墓未知号（小号）	Ⅰ	2	己Ac	5	战国中期晚段	
124	成都商业街1号棺：52	Ⅰ	2	己Ad	1	战国早期晚段	

续表

序号	出土地点及编号	区	期	类型	数量（件）	年代	备注
125	新都马家木椁墓未知号（中号）	Ⅰ	2	己Ad	5	战国中期晚段	
126	成都白果林小区BM4：10	Ⅰ	2	己Ae	1	战国早期	
127	成都白果林小区BM4：12	Ⅰ	2	己Ae	1	战国早期	
128	成都白果林小区BM4：14	Ⅰ	2	己Ae	1	战国早期	
129	成都百花潭M10未知号	Ⅰ	2	己Ae	2	战国早期	
130	成都无机校墓未知号	Ⅰ	2	己Ae	1	战国中期早段	
131	成都西郊青羊宫墓29号	Ⅰ	2	己Ae	1	战国中期	
132	成都光荣小区M5：50	Ⅰ	3	己Ae	1	战国晚期至汉初	
133	成都金沙遗址黄河地点M592：2	Ⅰ	1	己B	1	春秋中晚期	
134	荥经同心村1987M2：14	Ⅰ	1	己B	1	春秋时期	
135	开县余家坝1994M4：7	Ⅱ	3	己B	1	战国晚期早段	
136	荥经同心村1985M23：28	Ⅰ	3	己Ca	1	战国晚期	
137	昭化宝轮院M14：8	Ⅲ	3	己Cb	1	西汉早期	
138	巴县冬笋坝M68：1	Ⅱ	3	己Cc	1	战国晚期至汉初	
139	什邡城关M3：2	Ⅰ	2	己Ae*	1	战国中期	
140	什邡城关M81：4	Ⅰ	3	己Ae*	1	战国晚期	
141	荥经同心村1985M21-B：30	Ⅰ	2	己Ca*	1	战国中期晚段	
142	成都西郊青羊宫墓31号	Ⅰ	2	己A*	1	战国中期	
143	成都金鱼村M7：5	Ⅰ	3	?	1	战国晚期	不入分期统计
144	龙泉驿区北干道M13：5	Ⅰ	3	?	1	西汉早期	不入分期统计
145	什邡城关M36：8	Ⅰ	3	甲B\C*	1	战国晚期至汉初	
146	昭化宝轮院M6未知号	Ⅲ	3	甲A\B*	1	战国晚期至汉初	
147	昭化宝轮院M11未知号	Ⅲ	3	甲A\B*	1	战国晚期至汉初	
148	新繁水观音M1：8	Ⅰ	1	己B*	1	殷墟三四期之际	
149	新繁水观音M2未知号	Ⅰ	1	己B*	1	殷墟三四期之际	
150	绵竹清道木板墓M1：4	Ⅰ	3	?	1	西汉早期	不入分期统计
151	蒲江东北公社M2：15	Ⅰ	3	甲A*	1	战国晚期	
152	蒲江东北公社M2：35	Ⅰ	3	?	1	战国晚期	不入分期统计
153	蒲江东北公社M2：44	Ⅰ	3	己A*	1	战国晚期	
154	涪陵小田溪M17未知号	Ⅱ	3	?	1	战国晚期	不入分期统计

续表

序号	出土地点及编号	区	期	类型	数量（件）	年代	备注
155	巴县冬笋坝M1：7	Ⅱ	3	155至173号共有甲Ac型11、Db型3，乙Ba型3，戊B型2 *	1	战国晚期至汉初	
156	巴县冬笋坝M2：10	Ⅱ	3		1	战国晚期至汉初	
157	巴县冬笋坝M3：13	Ⅱ	3		1	战国晚期至汉初	
158	巴县冬笋坝M4：2	Ⅱ	3		1	战国晚期至汉初	
159	巴县冬笋坝M6未知号	Ⅱ	3		1	战国晚期至汉初	
160	巴县冬笋坝M8：7	Ⅱ	3		1	战国晚期至汉初	
161	巴县冬笋坝M9：22	Ⅱ	3		1	战国晚期至汉初	
162	巴县冬笋坝M33：7	Ⅱ	3		1	战国晚期至汉初	
163	巴县冬笋坝M37：21	Ⅱ	3		1	战国晚期至汉初	
164	巴县冬笋坝M39：23	Ⅱ	3		1	战国晚期至汉初	
165	巴县冬笋坝M41：4	Ⅱ	3		1	战国晚期至汉初	
166	巴县冬笋坝M50：37	Ⅱ	3		1	战国晚期至汉初	
167	巴县冬笋坝M51：5	Ⅱ	3		1	战国晚期至汉初	
168	巴县冬笋坝M53：13	Ⅱ	3		1	战国晚期至汉初	
169	巴县冬笋坝M56：10	Ⅱ	3		1	战国晚期	
170	巴县冬笋坝M57：8	Ⅱ	3		1	战国晚期至汉初	
171	巴县冬笋坝M60：3	Ⅱ	3		1	战国晚期至汉初	
172	巴县冬笋坝M78：2	Ⅱ	3		1	战国晚期至汉初	
173	巴县冬笋坝M85未知号	Ⅱ	3		1	战国晚期至汉初	

注：“？”表示类型不清或期别不清；“*”为推测的类型。

A Research on the Typology, Regional and Periodical Division of the Bronze Knives Excavated from Ba-shu Culture Burials: Also on the Source of the Bronze Knives with Ring Pommel

XIANG Ming-wen

The bronze knives excavated from Ba-shu Culture burials can be differentiated into various types and distribution areas. On the one hand, the rate of change in their shapes with respect to time indicates that there are three phases of the changing process. The first phase is the age from Late Shang Dynasty to Spring and Autumn Period, the second phase is the early-middle age of Warring States Period, and the last one is the age from late Warring States Period to early Western Han Dynasty. On the other hand, the regions of the Bronze knives can be divided into four areas according to the distance between their locations. The four dominating distribution areas are Western Sichuan Plain Area, Eastern Sichuan Parallel Ridge-and-Valley Area, Northern Sichuan and Southern Shaanxi Area, and Southern Sichuan and Northern Yunnan Area. Based on the temporal and spatial change in the types and quantities of bronze knives, we conclude that the development of the bronze knives can be divided to emergence stage, growth stage and transformation stage. The process assumes an interesting trend that the bronze knives appeared in the Shu State at first and then spread to Ba State. The route indirectly supports that the development of Ba-shu Culture is strongly driven by Shu State not Ba State. In addition, we analyze the source of the bronze knives with the ring pommel and think that it gets something to do with the influence of Qin Culture or Chu Culture. The appearance of this type is much more affected by Chu Culture in the early-middle Warring State. However, the popular of this type is intensively influenced by Qin Culture in the late Warring States Period to early Western Han Dynasty. In fact, we could go further and say that the bronze knives with ring pommel spread around the whole Ba-Shu State at the third stage because of the aggression from Qin State and series of the management measures taken by Qin State after the destruction of Ba State and Shu State.

泡子沿类型文化渊源初探*

刘　翀
（中国人民大学考古文博系，北京，100872）

一

“泡子沿类型”是西流松花江流域一种重要的考古学文化类型，这一文化类型最早由张忠培先生于1963年在《吉林市郊古代遗址的文化类型》一文中提出，张先生经过对吉林地区的田野调查，将这一地区的文化类型分为“文化一”“文化二”和“文化三”，其中“文化三”是西团山文化之后出现的一种不同于西团山文化的新类型[1]。1982年6月，吉林市博物馆的工作人员对泡子沿前山的一批古代居住址和墓葬进行了清理发掘。1985年，董学增在发掘简报中提出泡子沿前山遗址的出土遗物应该是张忠培先生提出的“文化三”的一部分，且这种遗物在吉林地区许多西团山文化遗址地面都有发现，特别是东团山遗址，最为丰富[2]。1986年，泡子沿前山遗址考古资料整理工作的参与者张明立在《吉林泡子沿遗址及其相关问题》一文中对该文化类型与西团山文化之间的关系展开了进一步讨论，建议将其称为“泡子沿类型”[3]。1993年，乔梁先生在《吉长地区西团山文化之后的几种文化遗存》一文中指出，在战国晚期，吉长地区考古学表现出一种复杂、多元的考古学文化格局，此前占主导地位的西团山文化在这一时期逐渐衰落并被其他文化所替代[4]。

此后，由于榆树老河深中层墓地为夫余遗存的观点逐渐被学术界认同[5]，与榆树老河深中层文化面貌相近的“泡子沿类型”更多是在“夫余文化研究”的语境下被提出，针对泡子沿类型的考古学研究则很少出现，直到2014年，朱永刚发表《东北燕秦汉长城与早期铁器时代考古学文化研究的若干问题》一文，认为泡子沿类型和榆树老河深中层墓地属于同一考古学文化前后发展的两个阶段，或称之为泡子沿文化[6]。

一个文化的形成、发展直到消亡是一个动态的过程，促使这种文化形成的渊源因素更可能最大限度地表现在文化形成初期的面貌中，而在文化发展壮大的过程中受到某些其他文化因素的影响，表现出的新的文化面貌就不再是“文化渊源”的讨论范畴。因此，本文针对泡子沿类型文化渊源的探讨，只涉及以“泡子沿前山遗址”为代表的泡子

* 本文受2016年度中国人民大学科学研究基金项目（研究生）资助，项目名称“泡子沿类型考古学文化的渊源文化与形成过程”（项目编号16XNH065）。

沿类型早期文化内涵，并不包含与之相似且时代较晚的以“榆树老河深中层墓地”为代表的泡子沿类型发展时期文化内涵。另外，由于目前已发表的泡子沿类型早期的资料并不丰富，本文只做初探，待有更多资料发表之后，这一问题还值得进一步研究。

二

针对这一文化渊源的探讨所涉及的考古学文化主要包括分布在松花江、嫩江流域的西团山文化、白金宝文化和汉书二期文化。由于多处泡子沿类型遗存与西团山文化遗存之间存在地层叠压关系，西团山文化作为泡子沿类型的重要来源之一是被学界充分认可的。但对于白金宝文化、汉书二期文化与泡子沿类型的关系，学术界仍存在较多争议，而这三者的与泡子沿类型之间的关系是本文以下讨论的重点。

西团山文化1964年定名[7]，是东北地区备受学术界关注的一支早期考古学文化。该文化分布在松花江、第二松花江流域，即以吉林市、长春市为中心的周边区域，主要遗址包括吉林长蛇山遗址[8]、永吉杨屯大海猛遗址[9]、泡子沿前山遗址[10]、吉林西团山墓地[11]和猴石山墓地等[12]。文化可以分为早、中、晚三期，早期的年代属于西周时期，中期为春秋时期，晚期为战国时期[13]。该文化房屋多建在山冈的平坦处或缓坡处，长方形半地穴式或浅地穴式[14]，墓葬为“石棺（或石椁）墓”[15]。出土大量陶器，以双耳壶、双耳罐、鼎、钵、碗为常见器物组合。值得注意的是，西团山文化遗址出土的陶器中有大量鼎，而墓葬出土的陶器则以陶壶为主，极少出现鼎或其他三足器（图一）。

白金宝文化和汉书二期文化是嫩江流域前后相继的两种考古学文化，在20世纪60年代，张忠培先生对吉林白城地区进行考古调查后，提出“东山头遗存”和“长岗子遗存”两种考古学遗存[16]，70年代黑龙江省考古所发掘白金宝遗址，发现了属于“东山头遗存”的堆积，定名为白金宝文化[17]。同时，吉林大安汉书遗址发掘发现了“东山头遗存”和“长岗子遗存”两种类型文化的叠压关系，即汉书一期、汉书二期文化[18]，因此，汉书一期文化即白金宝文化，汉书二期文化是晚于白金宝文化的一种考古学文化类型。这两种文化的分布地域在嫩江流域以齐齐哈尔市和大庆市为中心的周边地区。

白金宝文化的遗址主要包括黑龙江肇源白金宝遗址第三期[19]、汉书遗址第一期[20]、二克浅墓葬[21]，小登科墓葬[22]等。文化分为早、中、晚三期，早期年代为西周早期，中期为西周中期，晚期为西周晚期到春秋晚期[23]。该文化的房屋为圆角方形，半地穴式，墓葬为单人土坑竖穴墓。出土陶器以夹砂黄褐陶为主，素面者多经打磨。器形以直腹鬲、直腹罐、鼓腹罐、壶、盆、钵、碗、馒头状支座为常见器物组合。陶鬲多饰有粗、细绳纹，其他器形纹饰比较复杂多样，用专门工具压印而成，以动物纹和几何纹为主。壶、盆、钵、碗等器类表面常饰有色彩鲜明的红色陶衣。汉书二期文化除大安汉书遗址二期外[24]，同类遗存主要包括黑龙江肇源白金宝遗址第四期[25]、小

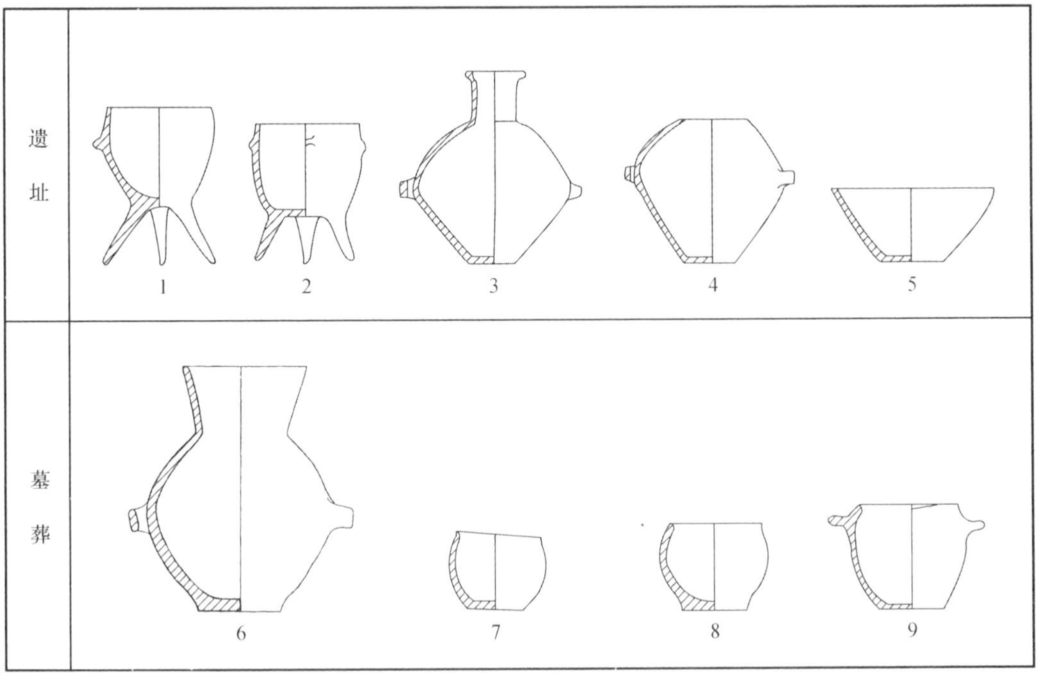

图一 西团山文化典型陶器

1. 圜底鼎（长蛇山57F6：20） 2. 平底鼎（长蛇山63T19⑧：48） 3、6. 双耳壶（长蛇山62F3③：56、西团山MⅣ：8） 4. 双耳罐（长蛇山57F2：189） 5. 碗（长蛇山62F3：2） 7～9. 钵（西团山MⅣ：11、MⅣ：10、MⅡ：1）

拉哈遗址第三期[26]、平洋墓地[27]等，该文化年代分为早、中、晚三期，早期为战国早期，中期为战国晚期，晚期为西汉时期[28]。该类遗存中，房屋多为方形半地穴式，墓葬多为圆角长方形竖穴土坑墓，晚期出现“凸”字形竖穴土坑墓。出土陶器分属泥质红褐陶和彩绘泥质红褐陶，只有少量夹砂陶。器形以鬲、壶、罐、钵（碗）、杯或带把杯、支座为主，船形器颇具特点。陶器多饰纹饰，主要纹饰有绳纹、按压纹、彩绘等。与西团山文化相同，白宝金文化和汉书二期文化的陶器同样存在着遗址中多三足器而墓葬中很少见三足器的现象（图二）。

泡子沿类型的陶器可分为素面灰褐色砂质陶、素面红褐色粗砂陶、灰色或褐色泥质陶三种，器形有壶、罐、碗、豆等。器物组合上缺少西团山文化的三足器，器形整体比西团山文化陶器更显瘦高（图三）。尽管存在一定差异，但泡子沿前山遗址的四座房址内都分为上下两层，下层出土遗物为西团山文化遗物，上层出土遗物为泡子沿类型[29]。这种与西团山文化相接续的考古学文化的年代上限当为西团山文化晚期，即战国晚期到西汉初年。

从上述文化的陶器造型和组合特征不难看出，白金宝文化、汉书二期文化、西团山文化和泡子沿类型之间确实存在相互影响的渊源关系（图四）。陶鬲和杯口陶壶[30]是白金宝-汉书二期文化中都比较常见的器形，西团山文化的三足器是陶鼎，不同于白

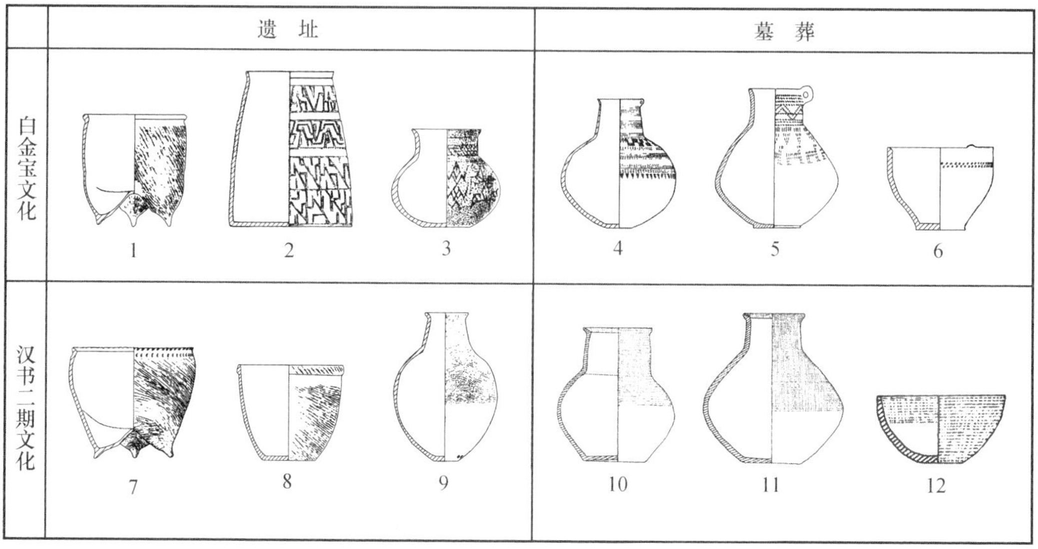

图二　白金宝文化、汉书二期文化典型陶器

1、7. 鬲（白金宝86F3021：1、小拉哈F0001：17）　2. 筒形罐（白金宝86H3342：5）　3～5、9～11. 壶（白金宝74H1：15、二克浅01M63：8、白金宝86H3138：1、平洋M107：90、平洋M159：1）　6、12. 钵（二克浅01M37：2、平洋M104：8）　8. 大口罐（白金宝86F3005：3）

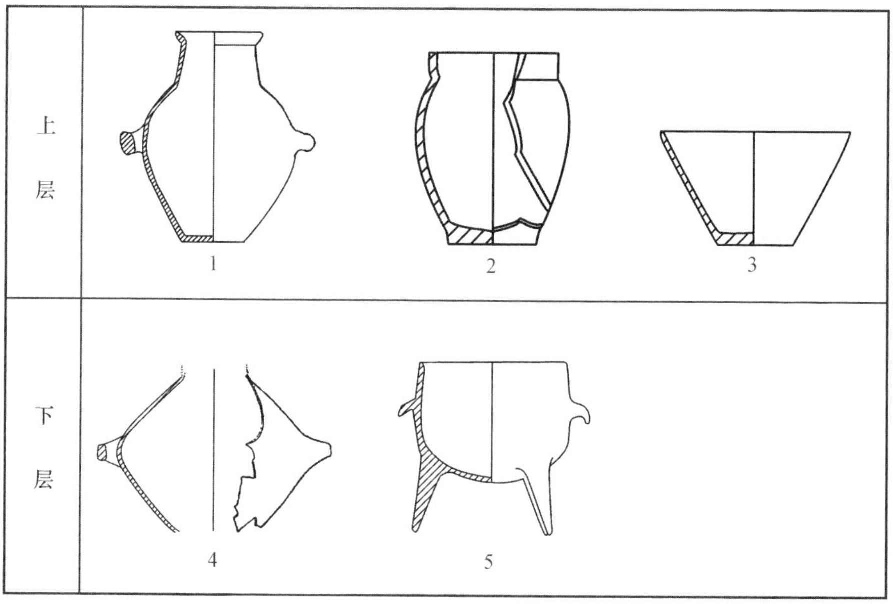

图三　泡子沿前山遗址上层、下层典型陶器

1、4. 双耳陶壶（前山H3①：1、前山F1②：3）　2. 陶罐（前山F4①：7）　3. 陶碗（前山F3①：16）　5. 陶鼎（前山F3②：3）

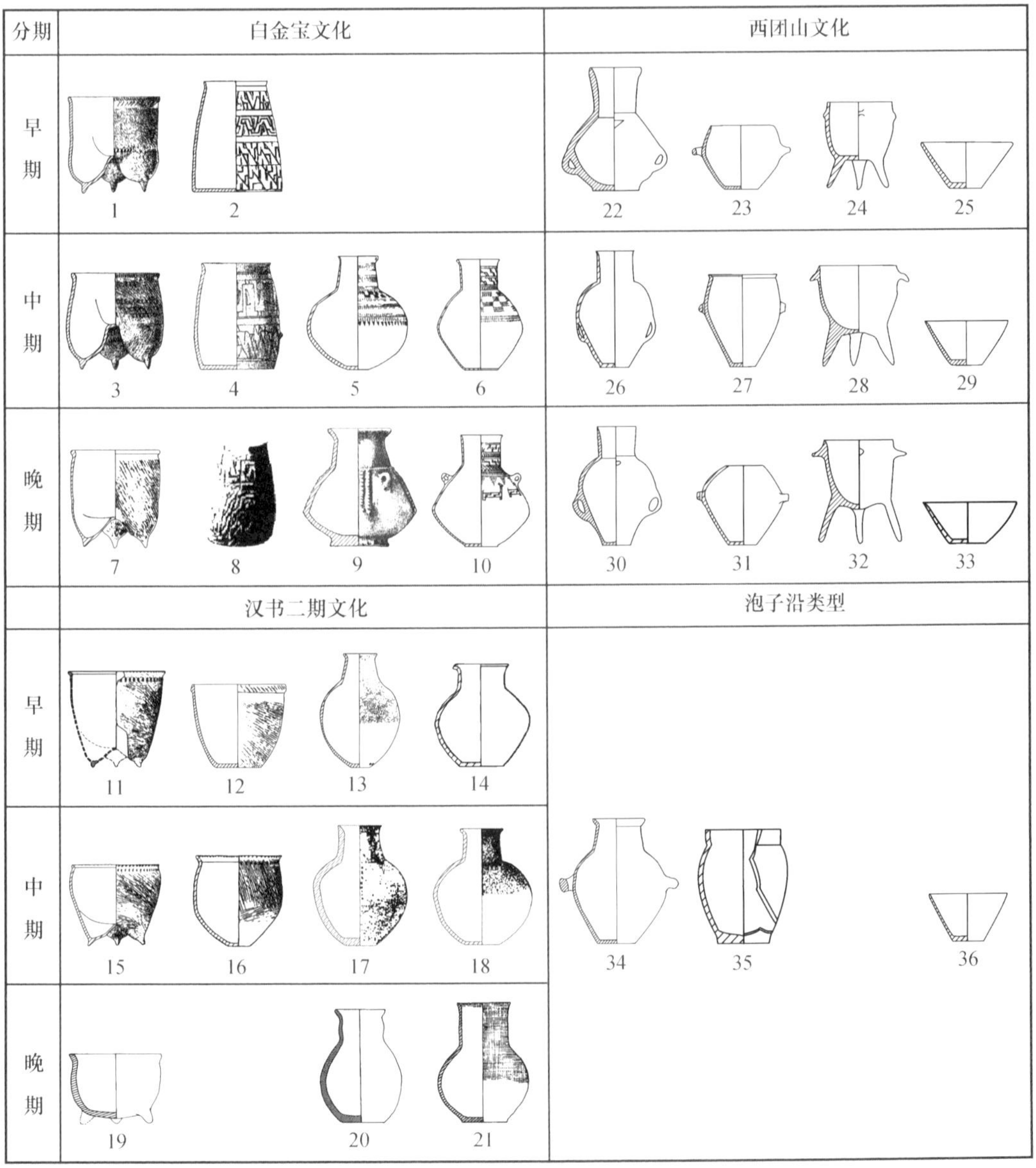

图四　西团山文化、白金宝文化、汉书二期文化与泡子沿类型陶器比较分析图

1、3、7、11、15. 鬲（白金宝74F1：1、74H1：63、86F3021：1；小拉哈T121②：19、F0001：17） 2、4、8. 直腹罐（白金宝86H3342：5、74H1：18、74T3②：2） 12、16. 敞口罐（白金宝86F3005：3、小拉哈H3028：1） 5、6、9、10、13、14、17、18、20、21. 壶（二克浅01M63：8、01M63：12；小登科M1；二克浅01M35：1；白金宝H3138：1；小拉哈H3056：1、坦途北岗子采集、大安汉书H125：1、平洋M214：7、M133：14） 22、26、30、34. 双耳壶（大海猛80F2：19；珠山F2：1、大海猛80H5：4、前山F3①：1） 23、27、31. 双耳罐（大海猛80F2：21、T7④：8、长蛇山57F2：189） 19、24、28、32.鼎（平洋M204：9、长蛇山63T19⑧：48、前山F2②：2、大海猛80T3③：12） 25、29、33. 陶碗（长蛇山63T19⑦：41、星星哨78CM22：3、长蛇山62F3：2、前山F3①：16） 35. 小陶罐（前山F4①：7） 36. 陶碗（前山F3①：16）

金宝–汉书二期文化，且就目前资料看来，这种三足器的传统到泡子沿类型就消失了。西团山文化的双耳壶、双耳罐和敞口陶钵在泡子沿类型中得到了很好的继承。而泡子沿类型中出现的杯口双耳壶，杯口造型是西团山文化所没有的，这种文化因素应该来自白金宝–汉书二期文化体系中。汉书二期文化中的陶鬲和陶罐从白金宝文化的直腹造型或口小底大造型变成了敞口造型，也应该是受到一定的外来文化因素影响，有可能是受到西团山–泡子沿类型文化系统影响。

三

那么，白金宝–汉书二期文化系统和西团山–泡子沿类型文化系统之间是怎样相互影响？文化因素传播的方向如何？以下从地域和时间两个方面进行分析。

1. 地域相邻

白金宝–汉书二期文化系统和西团山–泡子沿类型文化系统分属于松花江、嫩江流域和第二松花江流域，是东北地区南北相邻的两大水系。人类早期择河谷高地而居，因此大水系往往可以孕育比较发达的早期文明。同时，在白金宝–汉书二期文化系统和西团山–泡子沿类型文化系统之间，大水系构成了天然的文化隔离，即前者以鬲、罐、壶为器物组合，偶见单耳杯或单耳壶，而后者以鼎、罐、壶为器物组合，且大多器物带有或横或竖的双耳或鋬耳。两种文化在较长的时间里，尽管只是一衣带水，却很难从陶器组合和造型上看到相似的迹象。随着时间推移，河道变迁和人类生存技术的改善给交流提供了可能性，因此到了春秋战国之际，在白金宝文化晚期偶然出现了双耳器物，在汉书二期文化中器物从直腹造型或口小底大造型开始向敞口造型转变，泡子沿类型也出现了白金宝–书文化系统中常见的杯口造型（图五）。

2. 时间相继（表一）

无论是前文论述中提出的地层叠压关系，还是表一中给出的^{14}C测年数据，都可以证明白金宝文化与汉书二期文化，西团山文化和泡子沿类型之间年代接续十分接近。因此汉书二期文化中存在白金宝文化因素，泡子沿类型中存在西团山文化因素则属于后来文化对前期文化的继承和吸收。白金宝文化与泡子沿类型之间没有共存时间，因此泡子沿类型中存在的白金宝–汉书二期文化因素应该是受到汉书二期文化的影响产生的，也就是说汉书二期文化将杯口造型的文化因素从白金宝文化中继承得来之后传播到西团山文化的地域内，形成一种既有杯口，又有双耳的陶壶造型，即泡子沿类型陶壶造型。

同时期相邻文化的影响是相互的，“西团山–泡子沿类型”文化系统对“白金宝–汉书二期”文化系统的文化面貌也存在一定影响。首先，在白金宝文化晚期出现了双耳陶壶（图四，9、10），因在目前出土的资料中是仅有的两件，由于目前公布的材料比较有限，因此尚不能定论这种文化交流是偶然性的或是文化因素的普遍性传播，具体则

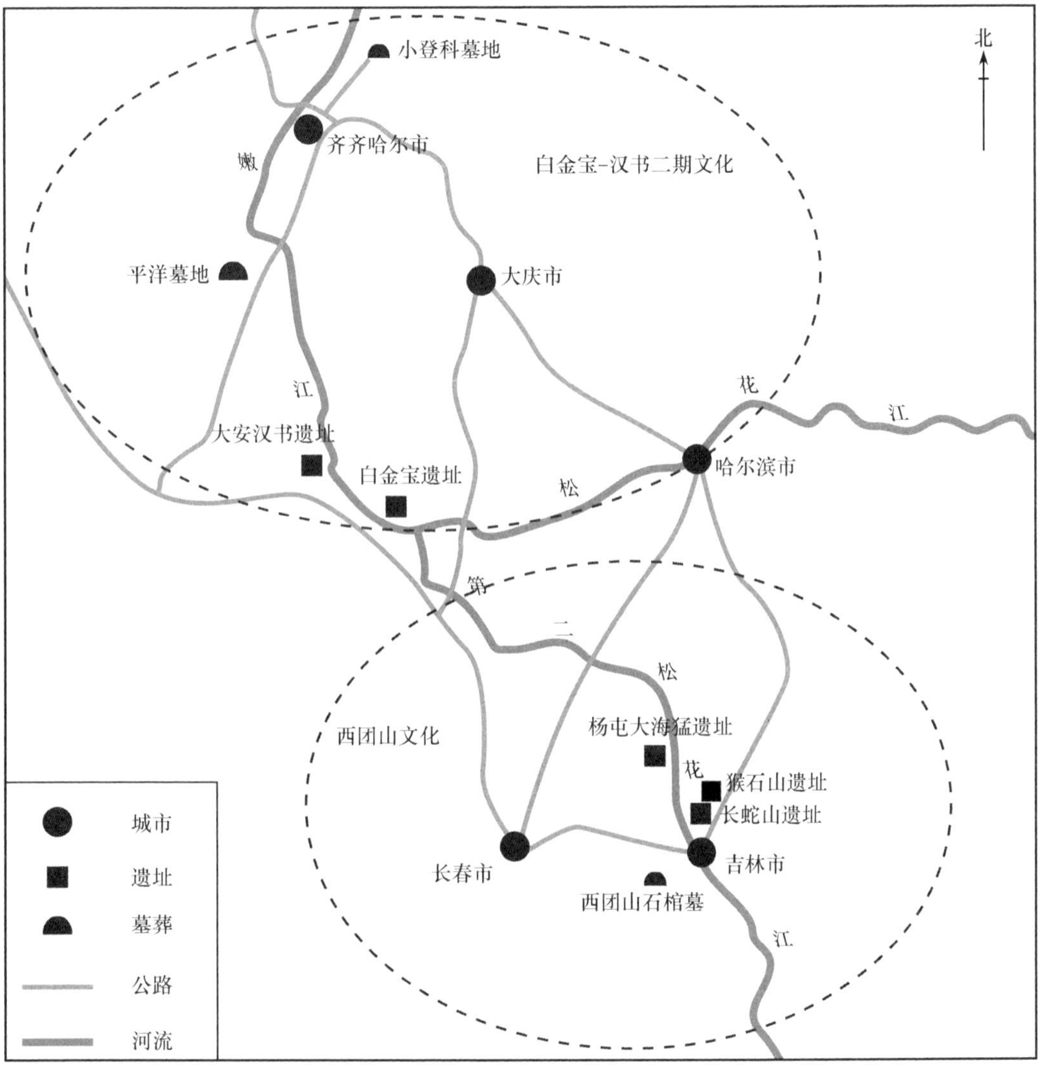

图五 “白金宝-汉书二期”和“西团山-泡子沿类型”重要遗址分布示意图
（据简报描述，参考百度地图定位绘制）

需要对更多材料进行制作工艺上的观察研究才能得到更进一步的结论。其次，汉书二期与西团山文化晚期仍然存在一段共存时间，并且西团山文化并没有任何衰落的迹象，泡子沿类型的产生是强势文化植入所致，因此这一时期的西团山文化因素仍然具有横向传播的能力，汉书二期放弃白金宝文化口小底大的直腹罐造型，出现口大底小的敞口罐，很有可能是受到西团山文化的直接影响。

可见，白金宝文化、汉书二期文化、西团山文化和泡子沿类型之间的渊源关系是可以厘清的。因此，能够对泡子沿类型的产生起到直接作用的文化类型是汉书二期文化和西团山文化，白金宝文化的文化因素仅仅是通过汉书二期的继承得以在泡子沿类型中呈现，并非直接影响。

表一　西团山文化、白金宝文化、汉书二期文化与泡子沿类型^{14}C测年表[31]

嫩江、松花江	历史时期		商代晚期—西周早期	西周中期	西周晚期—春秋时期	战国早期	战国晚期	西汉时期
	考古学文化		白金宝文化			汉书二期文化		
	^{14}C数据	实验室编号	ZK-2157	ZK-0324	不明[32]	ZK-1350	BK78001	平洋墓地M107组[33]
		出土单位	白金宝F3004居住面	白金宝74年H1	小拉哈H1003	平洋M41	F5倒塌堆积	
		测年数据（年）	2850±55	2710±65	2520±60	2410±70	2310±100	
		树轮校正（年）	BC1097～928	BC918～810	BC500	BC761～339	BC481～213	
第二松花江	考古学文化		西团山文化				泡子沿类型	
	^{14}C数据	实验室编号	BK-79061	ZK-1195	ZK-1198	WB81-04	泡子沿前山F2、F4上层[34]	ZK2054
		出土单位	猴石山ⅡT2（3）F6	永吉杨屯大海猛F1	泡子沿前山F2	猴石山ⅡT1F1下层		帽儿山M3
		测年数据（年）	2940±120	2660±75	2600±75	2360±75		2060±70
		树轮校正（年）	BC1382～990	BC898～794	BC829～662	BC736～398		BC196～AD18

注　释

[1] 张忠培. 吉林市郊古代遗址的文化类型［J］. 吉林大学社会科学学报，1963（1）：69–79.

[2] 吉林市博物馆. 吉林市泡子沿前山遗址和墓葬［J］. 考古，1985（6）：497–507.

[3] 张明立. 吉林泡子沿遗址及其相关问题［J］. 北方文物，1986（2）：21–23+76.

[4] 乔梁. 吉长地区西团山文化之后的几种文化遗存［J］. 辽海文物学刊，1993（2）：64–70.

[5] 吉林省文物考古研究所. 榆树老河深［R］. 北京：文物出版社，1987. 吉林省吉林市榆树县老河深遗址的发掘工作分两期进行，第一期于1980年8月中至9月底，发掘面积1200平方米；第二期于1981年5月初至7月中，发掘面积3980平方米。《文物》1985年第2期发表了吉林榆树县老河深鲜卑墓群部分墓葬发掘简报。1985年，李殿福发表《汉代夫余文化刍议》（《北方文物》1985年第3期），提出老河深二期墓地应该是夫余遗存。1986年，刘景文发表《吉林榆树老河深墓葬群族属探讨》（《北方文物》1986年第1期），进一步论证了“夫余说”的观点。1987年，田耘发表《两汉夫余研究》（《辽海文物学刊》1987年第2期），继承了榆树老河深中层墓葬为夫余遗存这一观点，以榆树老河深中层墓葬作为东汉时期夫余遗存的典型代表，对夫余文化渊源、经济、社会制度等进行了一定梳理，并指出西团山文化与历史上的夫余国地域基本相符、时间前后相继，遗物特征相似，二者之间存在重大关联。但是同年发表的发掘报告仍然坚持了“鲜卑说”的观点，并且在此后影响了很多学术界对于鲜卑物质文化的影响。1991年，马德谦发表《夫余文化的几个问题》（《北方文物》1991年第2期），进一步从考古学的角度分析了西团山文化与夫余文化之间的渊源关系，提出了榆树老河深墓地的埋葬形式符合夫余墓葬“有椁无棺”葬俗的观点。1992年11月，林沄先生发表《西岔沟铜柄铁剑与老河深、彩岚墓地的族属》一文，从“铜柄铁剑”入手，全面深入分析了西岔沟墓地、老河深二层墓地、彩岚墓地之间的族属关系，并针对老河深二层墓地族属“夫余说”进行了总结和进一步的补充三条论证：第一，指出老河深墓地随葬陶豆与三国志记载夫余“食饮皆用俎豆”相符；第二，解释了墓葬中出土大量铁剑与文献中并未提及夫余人用剑之间的矛盾；第三，点明出土的葬具为“椁”，纠正了发掘者认为是“棺”的判断。至此，榆树老河深中层墓地为夫余遗存的论断基本成为定论，范恩实（《夫余兴亡史》社会科学文献出版社，2013年）、李钟洙（《夫余文化研究》，吉林大学考古学博士学位论文，2004年）、孙颢（《夫余陶器的特征及其文化因素分析》，《北方文物》2011年第3期）等后继的以考古学方法进行研究的夫余文化研究者皆以榆树老河深中层墓地作为最重要研究的对象。

[6] 朱永刚. 东北燕秦汉长城与早期铁器时代考古学文化研究的若干问题［J］. 社会科学战线，2014（4）：122–130.

[7] 东北考古发掘团. 吉林西团山石棺墓发掘报告［J］. 考古学报，1964（1）：29–49. 定名以前，西团山文化最早公布的发掘资料是杨公骥先生于1949年2月11日发表在《东北日报》

上的《西团山史前文化遗址初步发掘报告》一文。之后由东北发掘团组织发掘工作，由贾兰坡先生在《科学通报》1950年（第1卷）第8期发表报告《吉林西团山古墓之发掘》。1964年的这篇报告第一次建议将与西团山遗址内涵相同的文化遗存命名为“西团山文化”。

［8］ 吉林文物工作队．吉林长蛇山遗址的发掘［J］．考古，1980（2）：123-134.

［9］ a．刘振华．永吉杨屯遗址试掘简报［J］．文物，1973（8）：63-68+40.

b．吉林市博物馆．吉林永吉杨屯大海猛遗址［A］．考古学集刊（第5辑）［C］．北京：中国社会科学出版社，1987：120-151.

c．吉林省文物工作队，吉林市博物馆，永吉县文化局．吉林永吉杨屯遗址第三次发掘［A］．考古学集刊（第7辑）［C］．北京：中国社会科学出版社，1991：23-50.

［10］ 吉林市博物馆．吉林市泡子沿前山遗址和墓葬［J］．考古，1985（6）：497-507.

［11］ 东北考古发掘团．吉林西团山石棺墓发掘报告［J］．考古学报，1964（1）：29-49.

［12］ a．吉林地区考古短训班．吉林猴石山遗址发掘简报［J］．考古，1980（2）：135-140.

b．董学增．试论吉林地区西团山文化［J］．考古学报，1983（4）：407-426.

［13］ a．赵宾福．西团山文化分期研究［J］．考古学报，2009（4）：469-496.

b．赵宾福．中国东北地区夏至战国时期的考古学文化研究［M］．北京：科学出版社，2009：248.

［14］ 吉林文物工作队．吉林长蛇山遗址的发掘［J］．考古，1980（2）：123-134.

［15］ 同［11］.

［16］ 张忠培．白城地区考古调查述要［J］．吉林大学社会科学学报，1964（1）：80-82.

［17］ 黑龙江省文物考古工作队．黑龙江肇源白金宝遗址第一次发掘［J］．考古，1980（4）：311-324.

［18］ 吉林大学历史系考古专业等．大安汉书遗址发掘的主要收获［A］．东北考古与历史（第一辑）［C］．北京：文物出版社，1982：136-140+88.

［19］ 黑龙江省文物考古研究所，吉林大学历史系考古专业．黑龙江肇源白金宝遗址1986年发掘简报［J］．北方文物，1997（4）：10-22.

［20］ 同［18］.

［21］ 黑龙江省文物考古研究所．黑龙江讷河市二克浅青铜时代至早期铁器时代墓葬［J］．考古，2003（2）：11-23.

［22］ 黑龙江省文物考古研究所．黑龙江小登科墓葬及相关问题［J］．北方文物，1986（2）：16-20.

［23］ a．赵宾福．白金宝文化的分期与年代［A］．边疆考古研究（第7辑）［C］．北京：科学出版社，2008：119-135.

b．同［13］b，45.

［24］ 同［18］.

［25］ 同［19］.

［26］ 黑龙江省文物考古研究所等．黑龙江肇源县小拉哈遗址发掘报告［J］．考古学报，1998

（1）：61-101.

［27］ 黑龙江省文物考古研究所. 平洋墓地［R］，北京：文物出版社，2001.

［28］ a. 赵宾福. 汉书二期文化研究——遗址材料和墓葬材料的分析与整合［A］. 边疆考古研究（第8辑）［C］. 北京：科学出版社，2009：98-116.

b. 同［13］b，65.

［29］ 吉林市博物馆. 吉林市泡子沿前山遗址和墓葬［J］. 考古，1985（6）：497-507.

［30］ “杯口”是对“白金宝-汉书二期”文化中出土陶壶的器形描述，即指颈部上小下大，口部小折沿的口颈造型，看起来像倒置的杯子。本文仅为行文方便，称其为“杯口陶壶”，没有任何功能或者严格的造型定义上的涵义。如图二中的4、9、10，都是典型器物。事实上，这种口、颈的结构就是缩小了的白金宝文化桶形罐造型，由此也可看出，这种上小下大、带小折沿的造型方式是白金宝文化中的一种工艺特点，这一特点与西团山文化中的上大下小、直口造型的做法是完全不同的。

［31］ 中国社会科学院考古研究所. 中国考古学中碳十四年代数据集（1965～1991）［G］. 北京：文物出版社，1991：80-91.

［32］ 同［13］b，45.

［33］ 同［13］b，55.

［34］ a. 吉林市博物馆. 吉林市泡子沿前山遗址和墓葬［J］. 考古，1985（6）：497-507.

b. 张明立. 吉林泡子沿遗址及其相关问题［J］. 北方文物，1986（2）：21-23+76.

这两处房址发掘中都存在差异明显的上下两层遗存，下层是西团山文化，上层被称为“泡子沿类型”。

Preliminary Analysis of the Culture Source of Paoziyan Style

LIU Chong

Paoziyan Style is an archaeological culture which located in the area of the west-going part of Songhua River. It includes Baijinbao culture, the second period of Hanshu culture and Xituanshan culture when do reach on the source of Paoziyan Style culture. This article analyses the culture factors which are shown by early period of Paoziyan Style culture and makes sure the relationship among the related cultures. The conclusion is that Xituanshan culture and the second period of Hanshu culture have direct influence on the formation of Paoziyan Style, however, the culture factors of Baijinbao, whose appearance in Paoziyan Style is due to the inheritance of the second period of Hanshu culture, doesn’t make any direct effect.

魏晋至隋唐时期中原地区都城规划布局的发展变化及其对高句丽渤海的影响*

魏存成

（吉林大学边疆考古研究中心，高句丽渤海研究中心，长春，130012）

魏晋至隋唐时期，中原地区历朝都城规划布局的发展变化，在中国古代都城的发展进程中占有非常重要的位置，它在前朝的基础上勇于变革，逐步形成了自己新的规划布局和制度。此新的规划布局和制度，不仅在后代都城中有的还继续沿用，同时对当时周边及东北亚地区不同政权的都城，也产生了重要的影响。本文拟就都城的整体规划布局和宫城内主要宫殿的规划布局两方面对高句丽、渤海都城所产生的影响，加以介绍和分析。

一、都城的整体规划布局

1. 中原地区都城的整体规划布局

据多年考古发现，几千年前的新石器时期，在黄河、长江流域的多处古文化中心，先后出现了数座小型城址。进入商周，随着中央王朝及后来列国政权的建立与发展，作为其统治中心的都城，其规模也逐渐扩大，而且多划分出宫城和郭城。由于当时社会形势发展的需要和各座城址营造过程的不同，而使郭城有大有小，宫城与郭城的位置关系也不统一[1]。

秦汉全国大统一，其中建设完备、遗迹比较清晰，代表此大统一形势下的都城，则是西汉长安城和东汉洛阳城。长安城周长25000多米，内有长乐宫、未央宫、北宫、桂宫和明光宫五座宫城，占据了整座城址的大部分面积。其中长乐宫是由秦离宫兴乐宫改建，是刘邦进驻长安时的临时宫城；未央宫乃高祖时萧何特意建造，之后西汉皇帝均以此作为朝政活动的正式宫城。

东汉洛阳城始自西周，东周、秦两次扩建，西汉沿用，东汉之后曹魏、西晋和北

* 基金项目：国家社会科学基金重大招标项目（10&ZD085），国家社会科学基金特别委托项目（15@ZH007）。

魏又沿用，北魏大规模扩建，该城址统称为汉魏洛阳城。东汉洛阳城呈南北长方形，文献记南北九里，东西六里，俗称“九六城”，后南墙被洛河冲毁，今勘测城址周长达13000米。城内修有北宫和南宫两座宫城，有学者考证两宫城始建于秦。两宫城占据了城址北部和南部的中心部分，面积之和将超过全城面积的1/3[2]。

东汉末年，汉室衰微，曹操势盛，兴建邺北城以为王都，城市规划出现了新的格局。该城呈东西横长方形，南北1700米，东西2400米，西墙南段外凸，东西最宽处2620米。城内中间东西大道将全城划分为南北两半。北半西部为皇家园林铜爵园，历史上有名的铜爵、金虎、冰井三台正是筑在铜爵园西侧的城墙之上。北半中部稍偏东为王室所在，近年有考古学者参照文献记载，将其复原为由东西并列的外朝和内朝组成。外朝前面南北大街乃全城的中轴线。北半东部是贵族居住区戚里。南半为居民区里坊。邺北城布局规整，又比较对称，改变了汉代宫殿区分散的局面，居民区并有所扩大。这种布局，开启了中国都城建设的新阶段[3]（图一）。

东汉洛阳城在东汉末年受到严重毁坏，公元220年曹魏政权迁回洛阳，公元265年西晋代魏，继续以洛阳为都。两王朝先后对洛阳予以修建，但是西晋末洛阳城再次惨遭

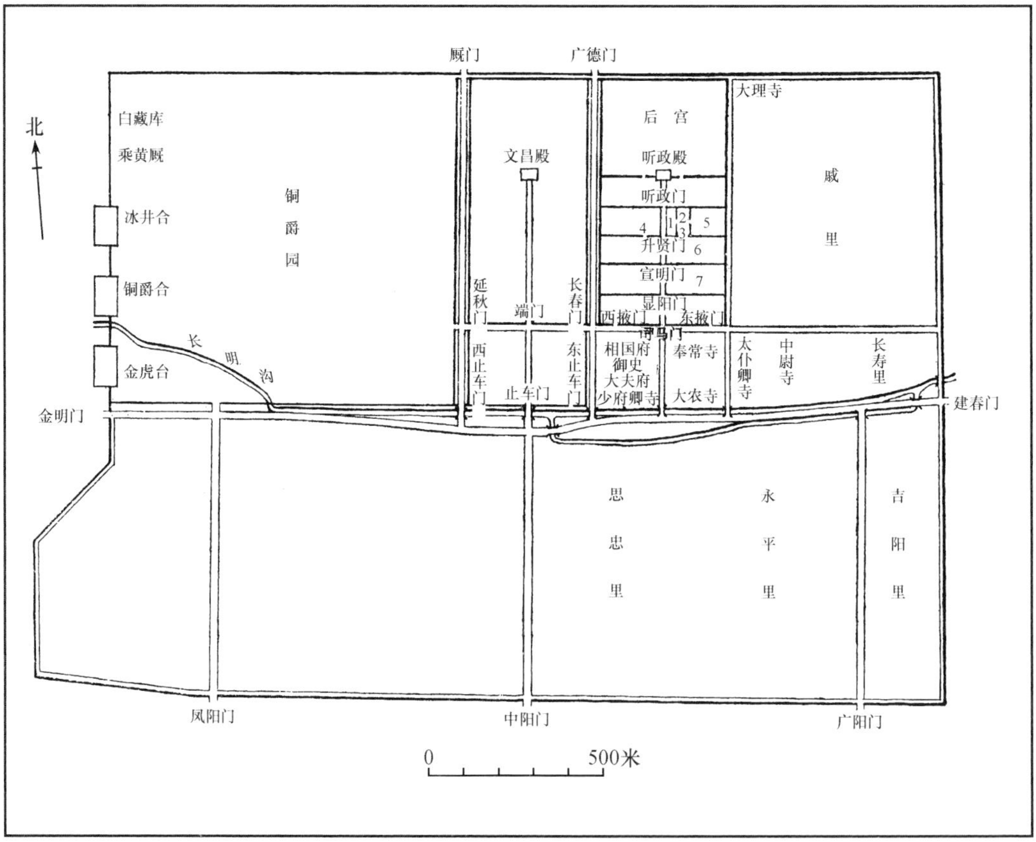

图一　曹魏邺城平面复原示意图

（引自《曹魏邺城的平面复原研究》）

破坏。5世纪末北魏迁洛后，对该城进行了大规模增修。经多年发掘调查，魏晋北魏洛阳城的总体布局，已逐步清楚。首先，曹魏在东汉洛阳北宫的基础上建立了新的单一宫城。该宫城位于城内北部中间偏西处，呈南北长方形。宫城前有东西向横街和南北中轴大街。历经魏晋，到北魏晚期，横街之北的北半城，几乎全部被王室占有，宫城前面中轴大街两侧，也遍布衙署、寺院和高官宅第。该布局为以后隋大兴城的宫城和皇城开创了先导。其次是在原东汉洛阳城的西北角修建了金墉城三座小城。据近年发掘得知，位于城内的南侧丙城为曹魏时期修建，丙城北边之乙城和甲城的修建时间不早于北魏，晚或许到隋末，有可能是北魏迁洛后修建的[4]。金墉城的位置和作用，很明显是参照了邺北城的三台，占据制高点，加强防御。再次就是北魏外郭城的修建。为了扩大居民区里坊，北魏时期在东汉洛阳城之外，新修了“东西二十里，南北十五里”之规模巨大的外郭城[5]。里坊的规划，《洛阳伽蓝记》记“方三百步为一里，里开四门”，说明其内部是十字街道。北魏洛阳城的复原研究工作多年来持续不断，郭城外墙遗迹也陆续被考古调查发掘所证实[6]（图二）。

北魏洛阳城的规划布局，至隋唐长安城得以完善化和制度化。历经300多年的南北大分裂，到隋唐又走向新的大统一。公元582年，隋王朝虽然还没有出兵渡江灭陈，但是大统一的形势已成必然。为了适应该形势发展的需要，于是便放弃已使用几百年的旧都汉长安城，而在其东南侧兴建新的都城大兴城。唐代继续以大兴城为都，改名长安，后世则统称曰隋唐长安城。长安城在唐代虽然又修了新的宫城大明宫和兴庆宫，但是城址的总体布局并没有改变。隋唐长安城规划布局的主要特征有以下几点：一是外形规整，规模巨大，东西略大于南北，周长达36千米多；二是皇室与中央衙署所在的宫城和皇城各自为城，前后相邻，共位于郭城北部正中；三是郭城内由数条南北向和东西向的街道划分为若干封闭的居民区里坊和东西两个市场，这些里坊和市场又以皇城前的朱雀大街为中轴，左右均匀对称；四是在宫城、皇城、中轴大街两侧和郭城四角等处，先后修建了100多座佛寺和道观（图三）。

2. 高句丽都城的整体规划布局

高句丽民族是我国东北地区的古老民族，高句丽政权自公元前37年至公元668年在历史上存续了700年之久。其都城所在从大的地区而言是三治两迁，初治桓仁，公元3年一迁集安，公元427年再迁平壤，迄今在这三个地区发现了几座与都城有关的城址。关于高句丽都城的规划布局，学术界经常引用的是《周书·异域传》中的一段话，其曰：“（高句丽）治平壤城，其城，东西六里，南临浿水。城内唯积仓储器备，寇贼至日，方入固守，王则别为宅于其侧，不常居之。”[7]此时，高句丽已迁都平壤。而在此之前不久，《魏书·高句丽传》记世祖太武皇帝时曾遣员外散骑侍郎李敖对长寿王进行册封，“敖至其所居平壤城”，《三国史记·高句丽本纪》记此事是在长寿王二十三年（公元435年），说明中原人士对于当时高句丽都城已有所了解。从这段话可以看出，

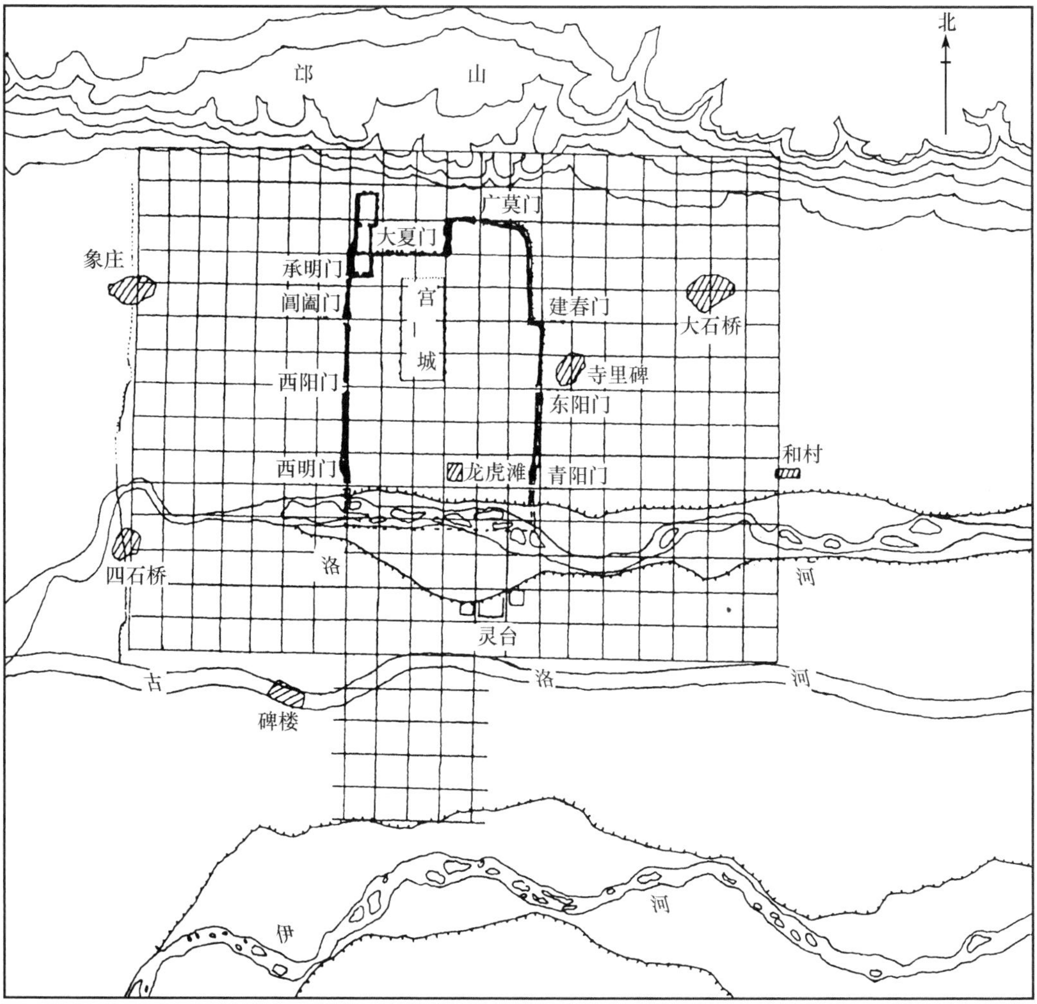

图二　北魏洛阳城平面复原示意图

（转引自《略论曹魏邺城、北魏洛阳城、东魏北齐邺南城平面布局的几个特点》）

当时高句丽的都城平壤城是由两部分组成的，一部分是“城”，一部分是“宅”。“城内唯积仓储器备，寇贼至日，方入固守”，指的是“城”；“宅”位于“城”之侧，“不常居之”的不是“宅”，而是“城”，“宅”则是“常居之”。这也就是学术界结合考古发现所总结的山城与平地城相结合的布局，“城”是山城，“宅”则是平地城。

在此，首先解释一个问题，高句丽在都城中为什么如此突出山城的地位和作用，其实这与高句丽城址的总体状况、特点及高句丽所处的地理环境、历史背景有直接关系。经多年调查知道，高句丽的城址中绝大部分是大小不等的山城，其中分布在中国境内的已超过百座，在朝鲜境内的也有几十座。之所以如此，一是因为高句丽所在“多大山深谷”，二是因为高句丽常年攻防战争连续不断，二者结合，便形成了高句丽城址和都城的如此状况及特点。

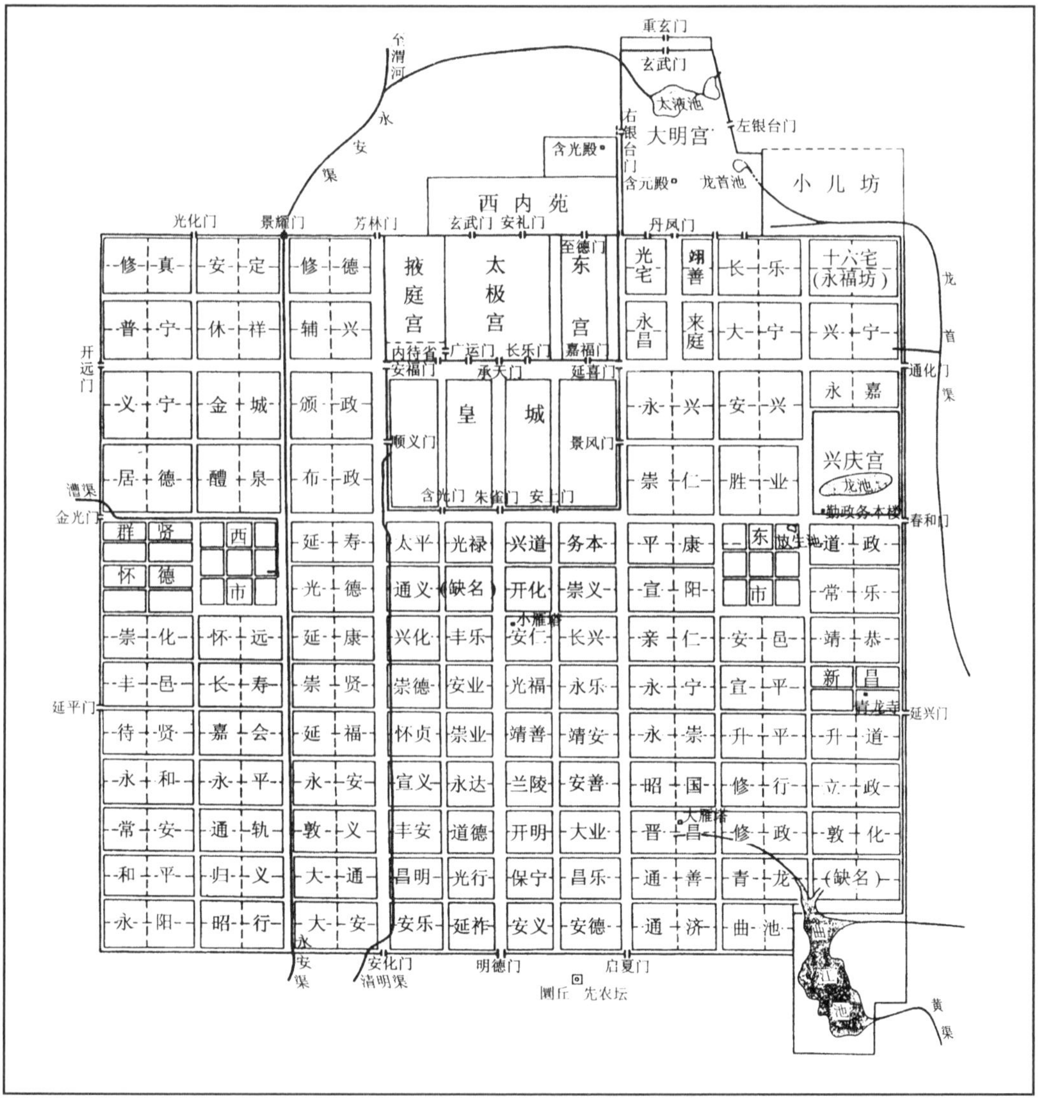

图三 唐长安城平面复原图

以下，具体分析平壤地区的高句丽都城。迄今在平壤地区共发现了4座与都城有关的城址，即大城山城、清岩里土城、安鹤宫和平壤市区内古城。其中，大城山城即上述文献记载中的山城，平壤市区内古城即公元552年始建、公元586年迁入的长安城，已基本为学术界所认可。认识不同的则是清岩里土城和安鹤宫。有的学者认为安鹤宫是与大城山城相结合的平地城，有的学者认为清岩里土城是与大城山城相结合的平地城。综合多年来的发现和研究，现在学术界多倾向于后一种看法（图四）。

大城山城位于今平壤市东北6～7千米处的大同江北侧的大城山上。城墙沿山脊走向以石砌筑，周长7076米，有的山谷处筑双重或三重城墙。城墙所经过的山峰高处，一

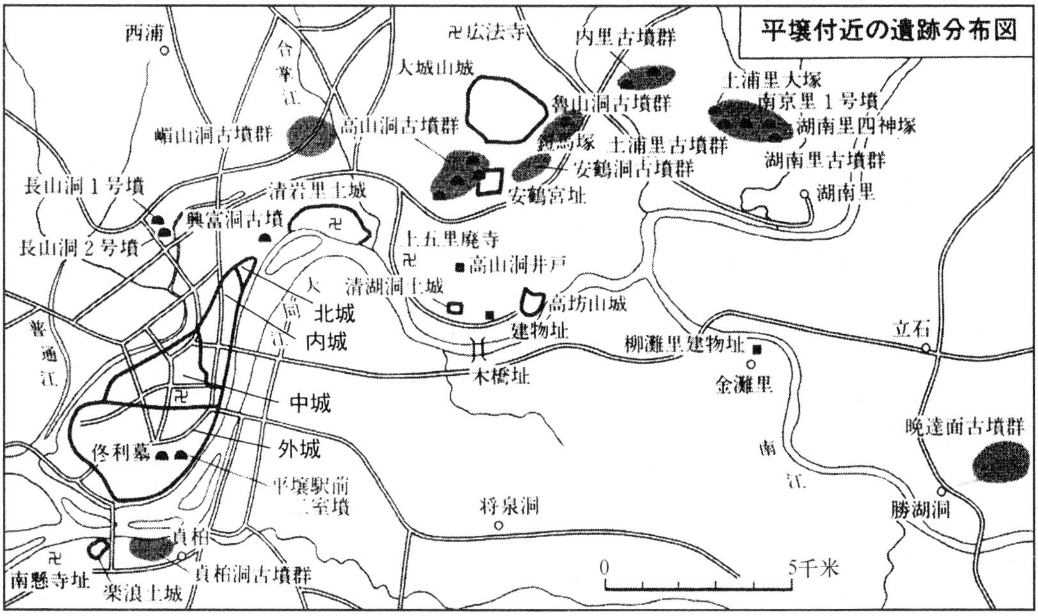

图四　平壤高句丽都城城址与墓葬分布图

（引自《高句丽的历史与遗迹》）

般修有角楼之类的建筑或将台。山城地势呈簸箕状，主要城门南门开于西南边的峡谷。城内发现多处大小不一的房址和水池，房址分布与水池相互靠近。其中20座左右房址上散布瓦片，瓦片的颜色大多为赤红色，瓦当的纹饰为各种莲花。散布瓦片的房址中有的发现被烧过的粮食颗粒，说明此房址可能是仓库遗址。关于大城山城的修筑年代，原报告认为在4世纪末至5世纪初，这与文献记载基本相符[8]。

清岩里土城位于今平壤市区东北、大同江北岸的小山坡上，城址南侧是江岸绝壁，不筑墙，其他三面多土筑城墙，部分石筑，周长5千米。20世纪20年代日本人关野贞曾在城内发现与将军坟所出相同的莲花瓦当，后来又在城内发现被推测为公元498年创立的金刚寺址的多处房址。金刚寺址的布局是前塔后殿，以塔为中心，体现了早期佛寺的特点。清岩里土城东北方向为大城山城，两城相距4千米，并有城门直对，可以看出两城的关系是很密切的。

其实，类似大城山城与清岩里土城这种山城与平地城相结合的布局，在高句丽以集安为都的时期已经具备，在以桓仁为都的时期似乎也有迹可寻。

集安的高句丽都城，一座是今集安市区所在的平地城，即文献记载中的国内城，另一座是位于市区西北2.5千米处的山城子山城，在文献记载中先后被称为尉那岩城和丸都城（图五）。

山城子山城地势同样呈簸箕状，沿山脊走向石筑城墙，周长6947米。主要城门开于面对市区平地城方向的南侧低洼处。城内山谷纵深，也有平缓的山坡，先后发现石筑

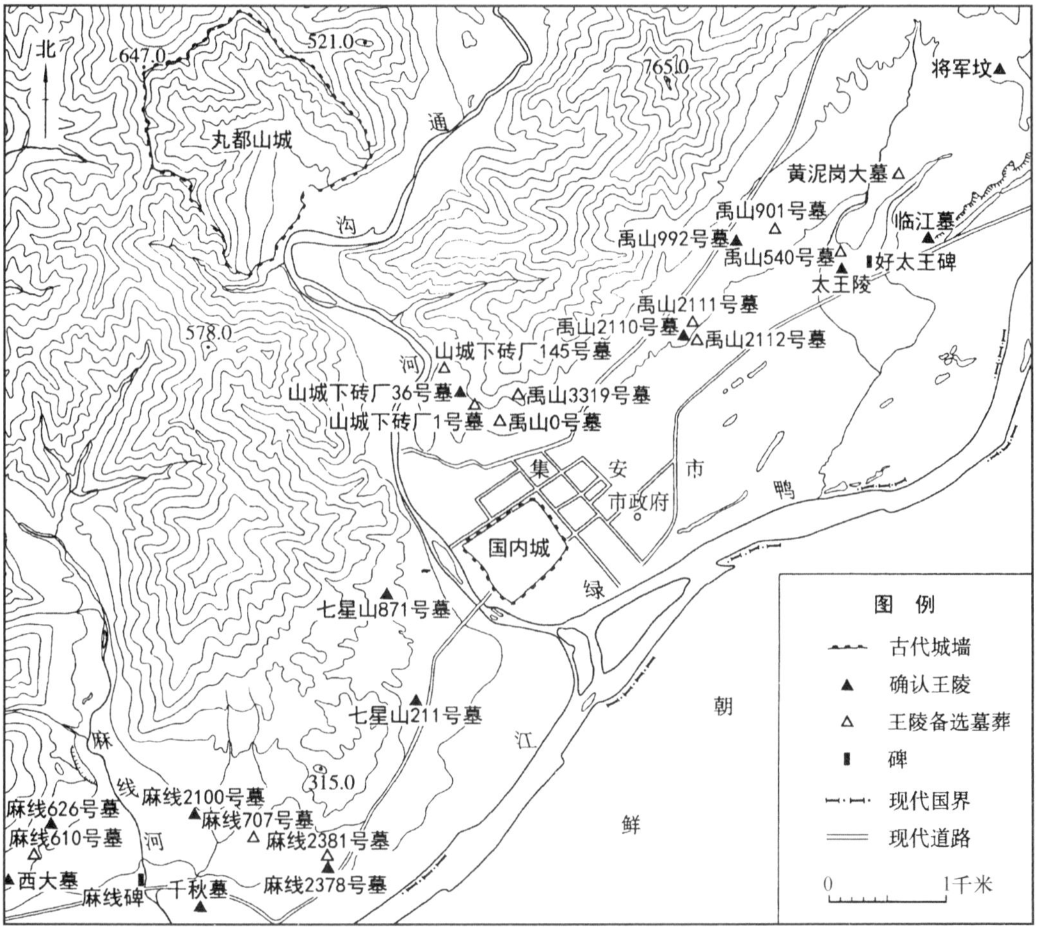

图五　集安高句丽都城城址与王陵分布图
（参照《集安高句丽王凌》绘制）

瞭望高台、蓄水池和大型宫殿等遗址。文献记载3世纪中叶魏将毌丘俭和4世纪中叶鲜卑慕容皝先后两次出兵高句丽，该山城是主要进攻目标并皆被攻陷。

国内城平面略呈方形，石筑城墙，周长2700米左右。城墙外侧残存数个马面基址。城内已广建房屋，在中部偏北处曾连续发现高句丽时期的古代墙基、大型八角形或覆盆形础石和大量的高句丽红瓦片，近年又发掘出部分大型建筑址，说明这里是高句丽王的宫室所在。关于国内城石筑城墙的年代，明确的记载见于公元342年[9]。在此之前，是否有城存在，看法不一。20世纪70年代初次试掘，曾在几处石城墙的底下发现一道剖面呈弓形的坚硬土垄，被认定为土城，而近年发掘的墙段，却没有发现有土城存在，该问题还有待继续发现与研究，但是这并不影响国内城与丸都山城的组合布局。

桓仁县城附近五女山城为高句丽初期的都城，已被学术界普遍认可。五女山城平面呈不规则长方形，南北长约1540米，东西宽350～550米，周长4754米。其中位于城内西南部主峰上的山上部分，南北长600米，东西宽110～200米，地势高亢平坦，有供瞭望用的天然平台和蓄水池，并发掘出高句丽初期与中期的多处建筑址和大量陶器、铁器等遗物。

从五女山城顺浑江而下10千米处，同在江的右侧还有一座平地土城，名下古城子古城。经试掘，地层叠压和出土遗物证明该城在高句丽初期已存在。这就为探讨高句丽初期都城是否已考虑到山城与平地城的关系，提供了进一步工作和研究的对象。

一座山城，一座平地城，同处一地，相互照应，战时上山，平时则居山下，这就是高句丽本民族的都城布局和特点。而这种布局和特点，到平壤后期修筑平壤市区内古城长安城时则发生了变化。

平壤市区内古城，北端是锦绣山的牡丹峰，东、西、南三面由大同江和普通江围绕，并据北高南低之地势，依次筑墙分隔为北城、内城、中城、外城。城址周长16千米，城墙总延长23千米[10]。城墙以石砌为主，有的混以少许黏土。文献记载该城于公元552年始筑、公元586年迁入。在几处城墙曾先后发现刻有高句丽官吏"小兄"和干支纪年铭文的刻石。城内布局，内城置王室，中城置衙署，外城置居民；其中在外城又规划、修建了整齐的内有十字街道的里坊；北城占据山峰，以保卫内城。经比较可知，该城是在原山城和平地城互相结合的传统基础上，又吸收北魏洛阳城的规划之后形成的新布局，只是由于地理环境的限制，不能像北魏洛阳城那样规整。它既保留了原山城利于防御的优势，同时又改变了原山城和平地城分据两处的不便，将山城和平地城合为一体，使战时防御和平时居住达到了合理统一。据文献记载，在北魏迁都洛阳前后的几十年中，高句丽朝魏使臣连年不断，有时一年之内多达几次。在这种频繁的交往之中，中原都城的制度和规划布局影响到高句丽，是不足为奇的。

3. 渤海都城的整体规划布局

渤海是公元698～926年由靺鞨族为主体在以我国东北地区为主、包括朝鲜半岛东北部和俄罗斯滨海边疆区在内的广大区域里建立的民族地方政权。根据文献记载与考古发现，渤海政权在其存在的229年当中，其都城四迁四治。初都敦化，史称"旧国"，天宝（公元742～756年）中以中京西古城（吉林省和龙）为都，天宝末迁到上京（黑龙江省宁安），公元785年自上京迁往东京八连城（吉林省珲春），公元794年又迁回上京，之后一直到公元926年灭于辽。上京城两次为都，时间最长，规模最大，布局和建筑也最为完备，在都城布局和建筑方面集中代表了"海东盛国"的文化面貌。

推断渤海初期的都城在敦化，敦化六顶山渤海早期墓地以及贞惠公主墓的发现，是重要的因素之一。敦化的渤海都城城址，以往学界推断，一是城山子山城，即大祚荣"据东牟山，筑城以居之"[11]的东牟山，今城内仍分布有众多的半地穴居住址，说明仍保留着靺鞨族"筑城穴居"[12]的传统；与城山子山城相对应的有两处，一是敖东城，一是永胜遗址，但是据近年部分发掘调查，两处时代都晚于渤海，永胜遗址又没有发现城墙。最近，又有学者关注到敦化境内另一处山城和平地城。总之，敦化地区的考古工作仍有继续进行的必要。以往所说此处渤海初期的都城还保留着高句丽都城山城与平地城相结合的特点，此种说法还需要验证。

渤海中京和龙西古城和东京珲春八连城城址，先后经过多次调查和试掘，近年又进行了较大规模的发掘，并分别出版了大部头的发掘报告。中京、东京为都时间都不长，经调查发掘和对比研究得知，西古城、八连城只相当于上京城的宫城部分，因此要想了解渤海都城规划布局的完整布局，则需对上京城城址进行具体考察和分析。

渤海上京龙泉府城址位于黑龙江省宁安县境内，牡丹江（忽汗河）南经敦化流来，先注入镜泊湖，然后自镜泊湖泄流而下，从城址的西边和北边环绕而过，则又往北滚滚而去。城址所在符合《新唐书·渤海传》中“天宝末，钦茂徙上京，直旧国三百里忽汗河址之东”的记载。多年来经先后多次调查和发掘，上京城址的规划布局已经明了清楚；其规划布局的模本乃隋唐长安城，也成为国内外学术界的共识。不同的是，由于渤海是唐王朝的一个羁縻府州，因此都城规模和相关建筑则相应缩减（图六）。

第一，上京城城址呈东西横长方形，东墙长3358.5米，西墙长3398米，南墙长4586米，北墙中部外凸，长4946米，周长16288.5米。土石混筑城墙，城墙底下有夯土墙

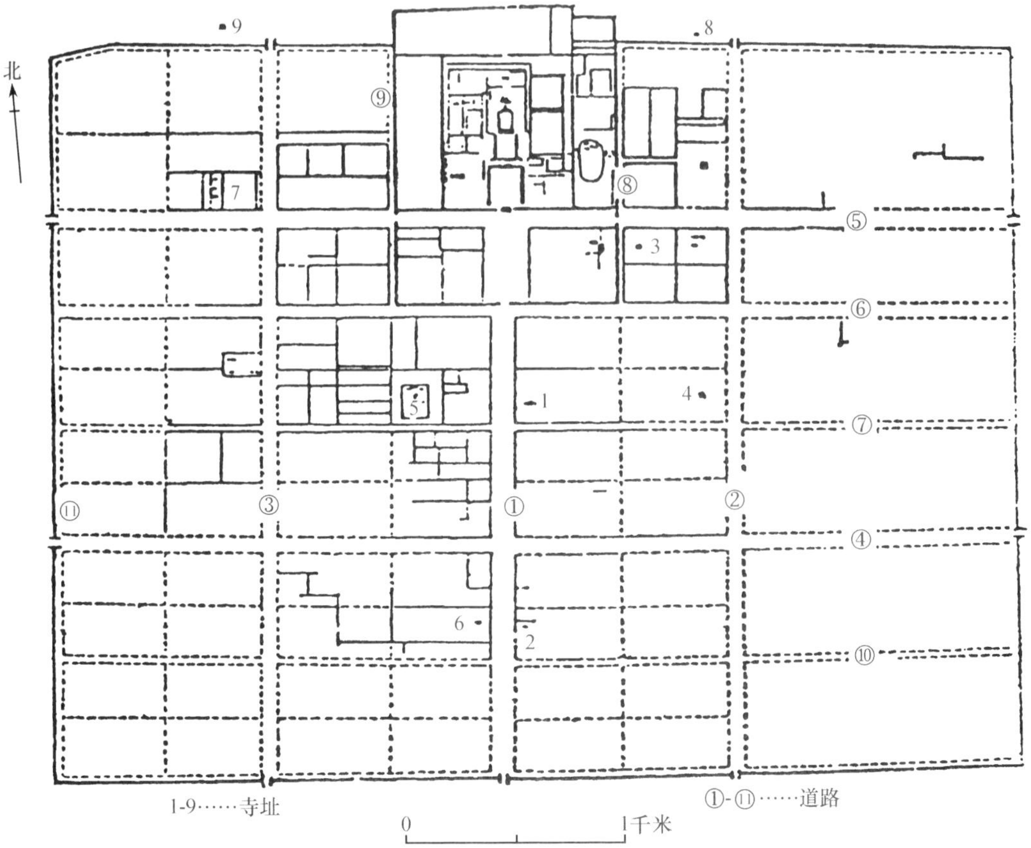

图六　渤海上京城址平面复原图

基，城外有城壕。和长安城相比，面积相当于长安城的1/5，另外东西向略长一些。

第二，宫城、皇城位于城内北部中间稍偏西处，皇城在前，宫城在后，宫城左右和北侧各有一个附属区。和长安城相比，此宫城相当于长安城宫城的宫殿区太极宫，此宫城东侧附属区相当于长安城宫城的东宫，西侧附属区相当于长安城宫城的掖庭宫，北侧附属区相当于长安城宫城北侧的西内苑和大明宫北部玄武门与重玄门之间的区域。

第三，郭城内由数条南北向和东西向的街道划分为若干封闭的居民区里坊，这些里坊又以皇城前的南北大街为中轴，左右基本均匀对称。和长安城相比，街道和里坊的数目有所减少，另外市场的位置还没有调查清楚。

第四，上京城发现佛寺十余座，明显少于长安城，但就上京城址而言，也是很突出的，其中两座分别位于北墙之东、西门外，可见对这两座城门的重视，其余则位于城内宫城、皇城和中轴大街两侧，左右对称，与长安城相同。

第五，据中京西古城、东京八连城与上京城的对比研究，以及上京城的调查发掘得知，上京城最先建的是宫城，宫城附属区、皇城和郭城皆晚于宫城，此营建时序与隋筑大兴城"先筑宫城，次筑皇城，次筑外郭城"[13]的过程是基本同步的。

二、宫城内主要宫殿的规划布局

1. 中原地区都城宫城内主要宫殿的规划布局

我国自先秦时期开始，在高等级建筑和王宫内，就开始出现"前堂后室""前朝后寝"的布局和制度。"前堂""前朝"和"后室""后寝"内部同样又有各自的布局和变化。

据考古发现，湖北盘龙城商代宫殿和陕西岐山凤雏村西周建筑基址，则是典型的"前堂后室"建筑布局[14]。汉长安未央宫，高台基前殿位于宫城中部，以椒房殿和其他后宫建筑群组成的皇后之宫在宫城北部，中间有一横道相隔，是明确的"前朝后寝"布局；而前殿之南北三座宫殿，也有著作将其划分为"朝"和"寝"[15]。此前殿之"朝"和"寝"，相当于后来都城宫城中"前朝"的外朝和内朝。

魏晋面北朝时期的都城中，在"前朝后寝"的"前朝"流行的是"前朝"两殿制。两殿的位置，同样多为南北排列，只有曹魏王都邺北城与此有别。据文献记载复原，邺北城外朝与内朝是东西并列，外朝在西，以文昌殿为正殿，内朝在东，以听政殿为正殿，皆属于"前朝"，魏王的住所寝宫在听政殿之后。该布局的形成，可能与邺北城南北较窄也有关系。

曹魏洛阳宫城以东汉洛阳之北宫所建，大规模营造是在明帝时期。西晋、北魏基本沿用了曹魏宫城。据调查发掘得知，该宫城位于全城北部稍偏西，呈南北长方形，在东墙和西墙中部各开一城门，两城门之间的东西道路将宫城分为南北两区域，南区为

“前朝”，北区为“后寝”之寝宫，或称后宫、北宫[16]。

“前朝”区域，南门阊阖门，规模宏大，前出左右双阙。阊阖门之内南北中轴线上，自南向北，建两座大型宫殿。南边一座，是在原汉崇德殿旧基上重建的“前朝”正殿太极殿，太极殿两侧设东堂和西堂；北边一座名昭阳殿[17]。其中以“太极殿”命名宫内主要宫殿，据文献记载和专家考证，自曹魏开始，到唐代前后有六处都城予以使用[18]。而关于东堂和西堂，按照晋代制度，帝王举行大型朝会在太极殿，小会则在东堂[19]。傅熹年先生曾考证：“太极殿的东西侧与之并列建有东堂和西堂，太极殿是魏帝举行大朝会等重要礼仪活动的主殿，平日极少使用。东堂是皇帝日常听政、召见方镇大臣、与臣下宴会、讲学之所。西堂是皇帝日常起居之所。自曹魏设东西堂以后，迄于南北朝末年北齐的邺南城，太极殿与东西堂并列成为皇宫主殿的通式。”[20]魏晋昭阳殿，晋避文帝讳，改曰明阳殿[21]。

傅熹年先生还特别指出，当时“每一座宫殿实际都是以它为中心，前有殿门，周以廊庑，围成大小规模不同的宫院。各宫院按性质、等级和使用要求排列成数条轴线，用巷道分区，形成一个互相联系的整体”[22]。这种布局形式，一直被后代的宫城所沿用。

北魏时，文献记载宫城“前朝”区域内除太极殿外，其他为显阳、式乾等殿，其中显阳殿同样可以处理一些政务，傅熹年先生考证显阳殿左右也各有其他宫殿，布局与太极殿及东西堂相仿，所以显阳殿的地位相当于原昭阳殿，或者就是同一处宫殿。傅熹年先生和考古学者的复原示意图都仍将此殿放在太极殿之后的重要位置。而关于式乾殿，文献记载皇帝曾在此进行佛事活动，还有一位皇帝崩于此殿，相比之下，其地位和作用低于显阳殿，傅熹年先生复原将此殿放在太极殿和显阳殿之间，考古复原没有标出此殿的位置所在[23]。据发掘者最近介绍，“前朝”区域内发现的主殿基址，的确是前后两座。显阳殿后是“永巷”，即上述宫城中部之东西道路，“永巷”之北乃“后寝”之帝后寝宫区域，内建多处殿观台阁和池水景观（图七）。

东魏北齐邺南城宫城位于全城北部中间，同样为南北长方形（加上宫城北邻之“后园”），并划分为“前朝”和“后寝”南北两个区域。宫城南门名止车门，其内中轴线上依次设端门和阊阖门。阊阖门乃宫室正门，同样规模宏大，前出左右双阙。阊阖门内的两座宫殿仍名太极殿和昭阳殿。太极殿左右设东堂和西堂。“后寝”区域内建有大小多处宫殿，“后园”则是帝王禁苑[24]（图八）。

关于“前朝”区域内太极殿和昭阳殿之功能和性质，因为太极殿是“会见外国使者宾客和举行重要典礼”之处，昭阳殿是“朝会、日常群臣奏议和接见臣下等活动”之处，多数学者称太极殿为“前朝”之“外朝”，昭阳殿为“前朝”之“内朝”[25]。正如傅熹年先生所考证，昭阳殿从曹魏时期开始，经北魏至此，地位逐步提升，与太极殿前后并重，都是进行公务活动的殿宇，而东西堂的作用进一步减弱[26]。还有的学者根据文献所记，帝王在邺南城阊阖门上清都观举行“讲武、观兵及大赦”活动，提出邺南

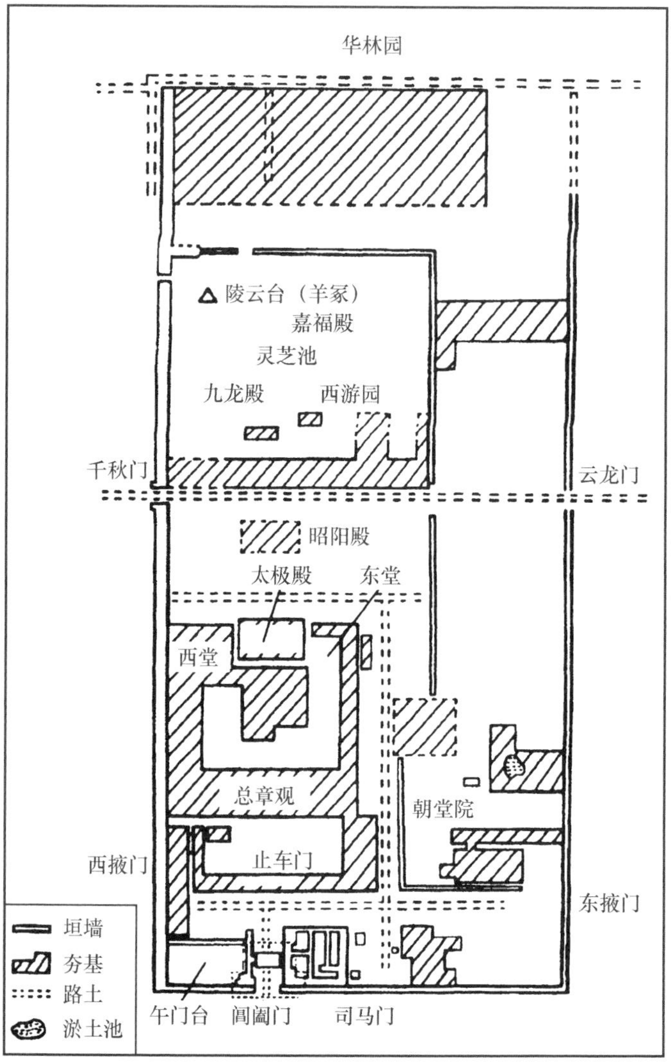

图七-1　魏晋、北魏洛阳宫城平面布局勘探复原示意图
（引自《汉魏洛阳故城沿革与形制演变初探》）

城的布局已有“三朝之意”或直接称为“三朝”，即外朝为阊阖门，中朝为太极殿，内朝为昭阳殿[27]。

“前朝”两殿制，在隋大兴城宫城大兴宫和唐长安城宫城太极宫继续实行，而“三朝”之名称则明确见于文献。长安城是由大兴城改名而来，太极宫是由大兴宫改名而来。据《唐六典》记载，宫城正门开于南墙正中，其名自隋至唐先后称广阳门、昭阳门和顺天门、承天门，“若元正、冬正大陈设，燕会、赦过宥罪、除旧布新、受万国之朝贡、四夷之宾客，则御承天门以听政（盖古之外朝也）”。承天门内中轴线上的两座主要宫殿，第一座隋曰大兴殿，唐曰太极殿，“朔、望则坐而视朝也（盖古之中朝也）”，大兴殿左右不再设东堂和西堂。第二座隋曰中华殿，唐曰两仪殿，“长日听朝

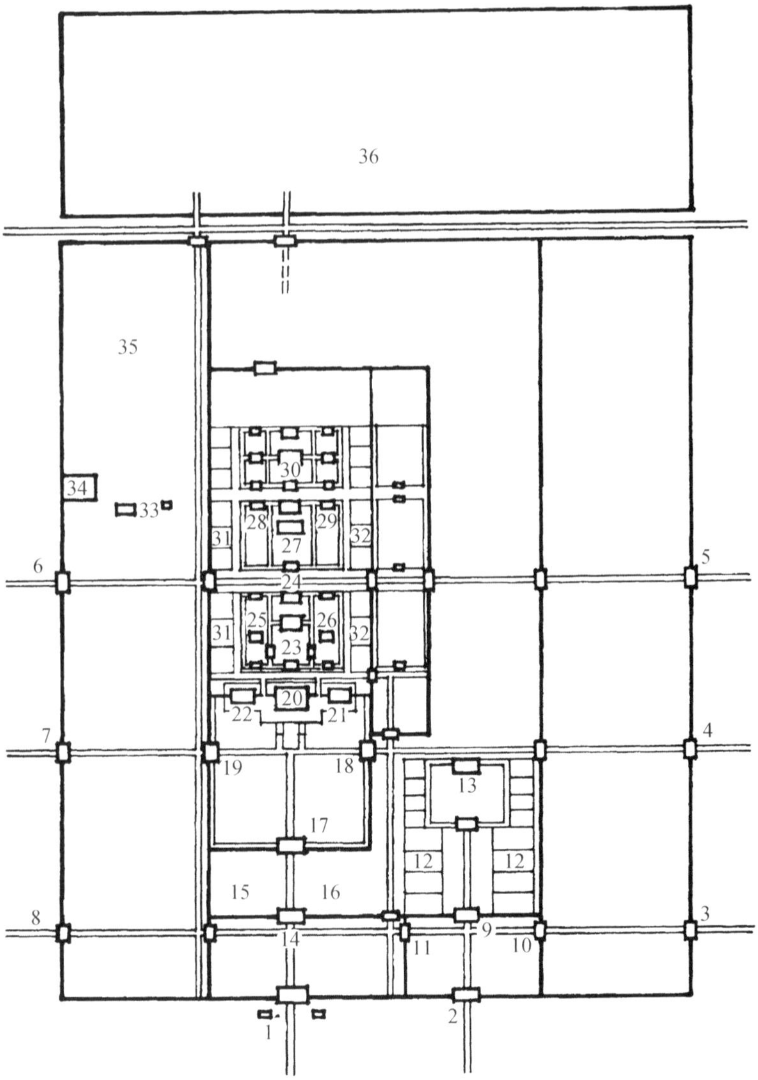

图七-2　北魏洛阳宫城平面复原示意图

1. 阊阖门　2. 大司马门　3. 东掖门　4. 云龙门　5. 万岁门　6. 千秋门　7. 神虎门　8. 西掖门　9. 尚书省门　10. 省东门　11. 省西门　12. 尚书省　13. 朝堂　14. 南止车门　15. 门下省（？）　16. 中书省　17. 端门　18. 朱华门　19. 乾明门　20. 太极殿　21. 太极东堂　22. 太极西堂　23. 式乾殿　24. 显阳殿　25. 徽音殿　26. 含章殿　27. 宣光殿　28. 明光殿　29. 晖章殿　30. 嘉福殿　31. 西省　32. 东省　33. 九龙殿　34. 凌云台　35. 西林园　36. 华林园

（引自《中国古代建筑史》第二卷）

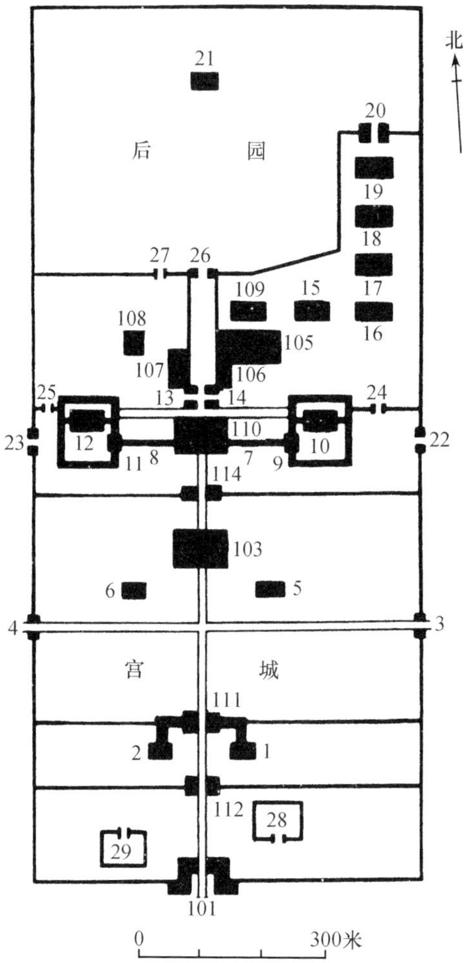

图八-1　东魏、北齐邺南城宫城平面复原示意图

1、2. 阙　3. 云龙门　4. 神虎门　5. 太极东堂　6. 太极东堂　7、8. 长廊　9.东阁　10. 含光殿　11. 西阁　12. 凉风殿　13. 永巷　14. 五楼门　15. 宝殿　16. 瑇瑁殿　17. 修文殿　18. 偃武殿　19. 圣寿殿　20. 玳瑁殿　21. 万寿堂　22～27. 门　28. 大司马府　29. 御史台　101. 止车门　103. 太极殿　105. 显阳殿　106. 配殿　107. 椒殿　108. 宣光殿　109. 镜殿　110. 昭阳殿　111. 阊阖门　112. 端门　114. 朱华门

（1～29. 是推测出的建筑编号；余为夯土基址的原编号）

（引自《东魏、北齐邺南城平面布局的复原研究》）

而视事焉（盖古之内朝也）”[28]。两仪殿之北有甘露殿，《长安图志》记：“甘露门内曰甘露殿，在两仪殿之北，殿门外有东西永巷，东出横门，又东有日华门，西出横门，又西有月华门。”[29]《唐两京城坊考》在“永巷”下注曰“东西横街”[30]，再次说明“永巷”是一条界线，“永巷”之北，包括甘露殿在内，属于“后寝”区域（图九）。

这种“前朝”两殿制的布局和制度，到长安城大明宫时发生了大的改变。大明宫位于太极宫东北之郭城北城墙外侧，是唐高宗时期开始使用的宫城，又称东内。大明宫前面是郭城内翊善、永昌二坊，大明宫正门丹凤门前新建南北向丹凤门街，于是将翊

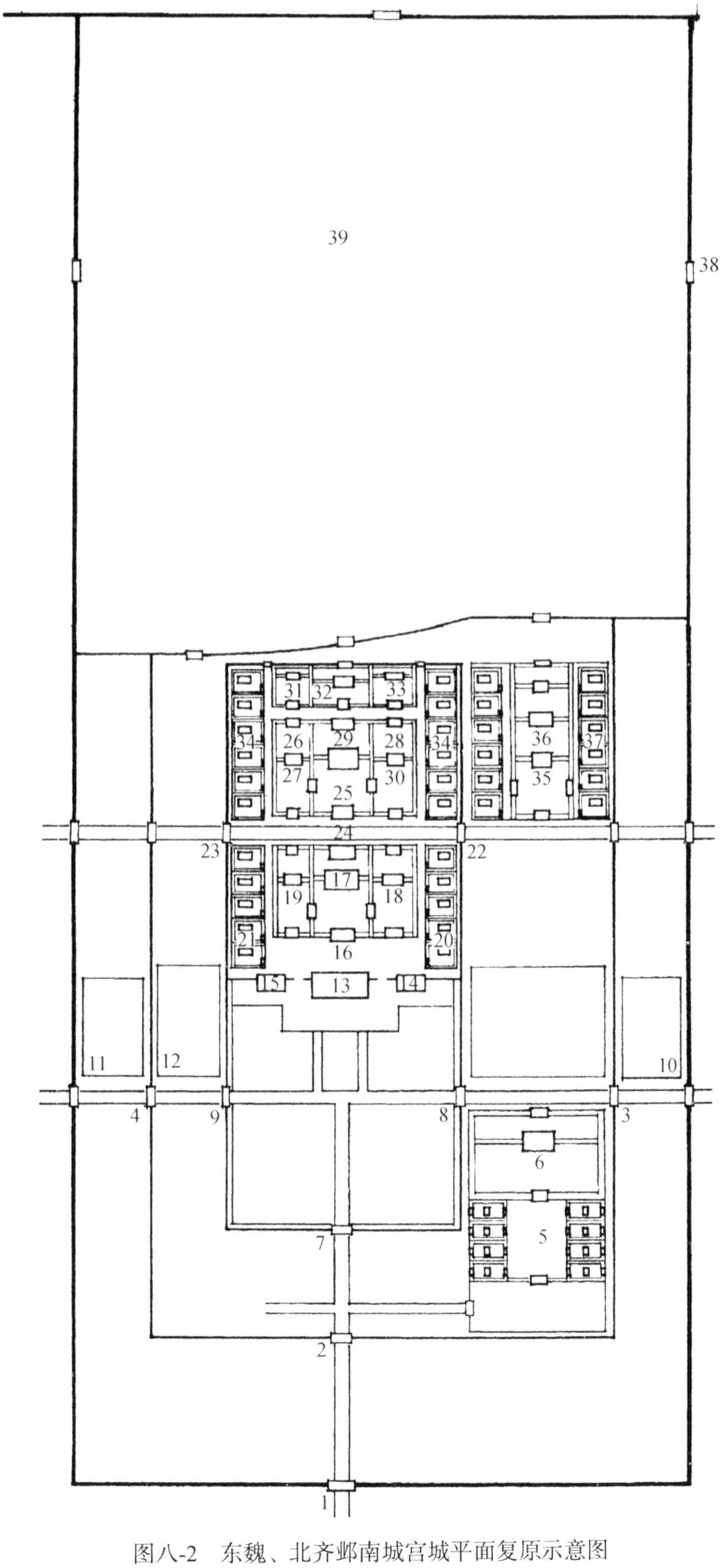

图八-2　东魏、北齐邺南城宫城平面复原示意图

1. 阊阖门　2. 南止车门　3. 东止车门　4. 西止车门　5. 尚书台　6. 朝堂　7. 端门　8. 云龙门　9. 神虎门　10. 左领军府　11. 右领军府　12. 中书省（？）　13. 太极殿　14. 太极东堂　15. 太极西堂　16. 朱华门　17. 昭阳殿　18. 含光殿　19. 凉风殿　20. 东省　21. 西省　22. 万岁门　23. 千秋门　24. 永巷　25. 五楼门　26. 瑶华殿　27. 宣告光殿　28. 嘉福殿　29. 仁寿殿　30. 显阳殿　31. 玳瑁殿　32. 镜殿　33. 宝殿　34. 嫔妃殿　35. 偃武殿　36. 修文殿　37. 诸坊　38. 华林东门　39. 华林园

（引自《中国古代建筑史》第二卷）

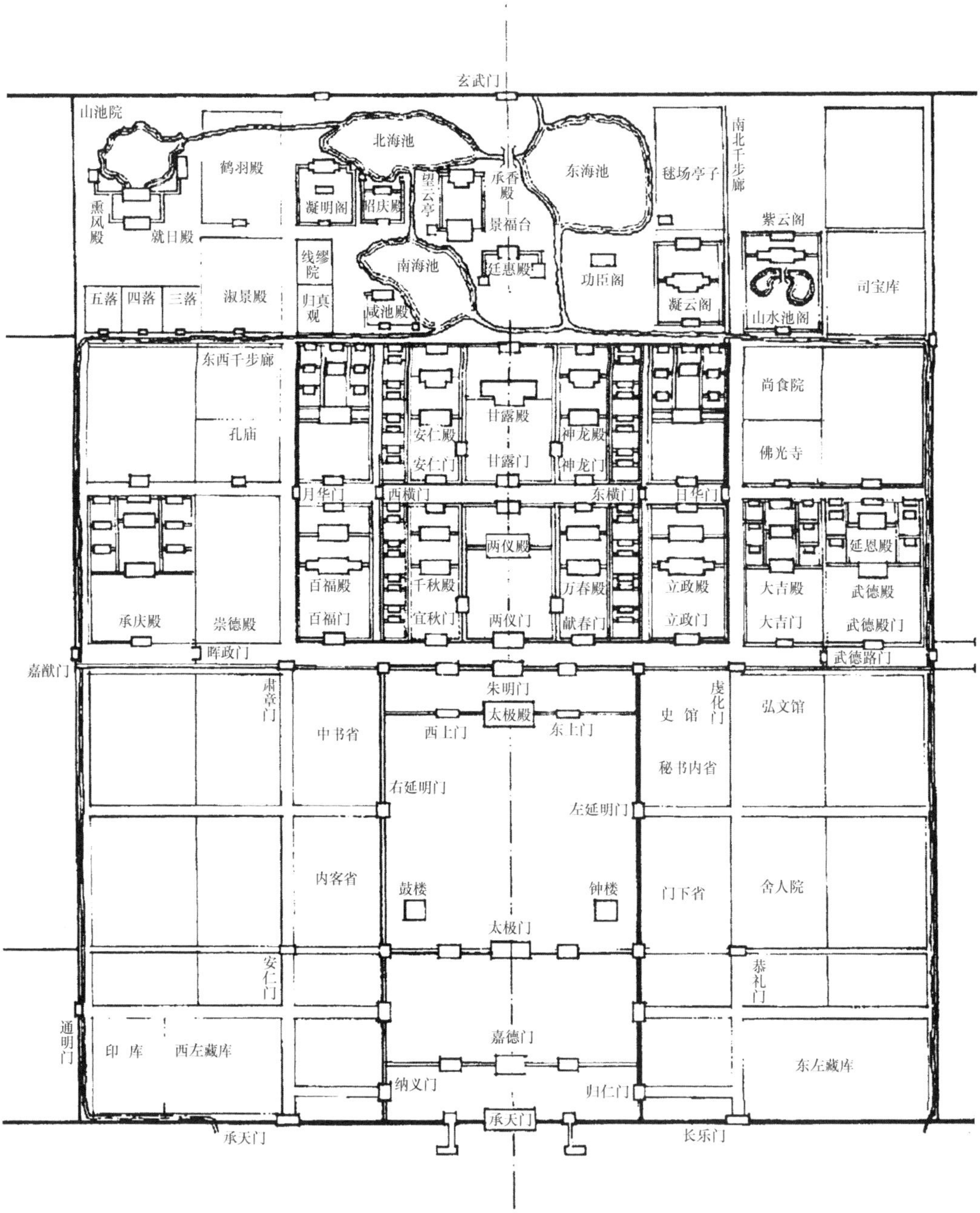

图九　唐长安太极宫平面复原示意图

（引自《中国古代建筑史》第二卷）

善、永昌二坊辟成四坊。丹凤门内自南向北，依次为含元殿、宣政殿和紫宸殿，《唐六典》记："丹凤门内正殿曰含元殿（……今元正、冬至于此听朝也），夹殿两阁，左曰翔鸾阁，右曰栖凤阁（……阁下即朝堂，肺石、登闻鼓，如承天之制）。其北曰宣政门，……内曰宣政殿。……宣政北曰紫宸门，其内曰紫宸殿（即内朝正殿也）。"[31]《唐两京城坊考》记："丹凤门内正牙曰含元殿，大朝会御之殿。……含元殿后曰宣政殿，天子常朝所也。……宣政殿后为紫宸殿，……天子便殿也，不御宣政而御便殿曰入阁。"[32]这里所言，紫宸殿为"内朝"，含元殿"如承天之制"，当然可视为"外朝"，宣政殿在两殿中间，"天子常朝"之所，自然是"中朝"了。"外朝"的主要功能从承天门移到含元殿，当然与丹凤、承天两宫门外的布局不同有直接关系。而"前朝"由三座主要宫殿构成，从此以后在历代都城宫城中形成一项重要的制度，应该说是从大明宫正式开始的。正如北京大学宿白教授在讲课中所总结的那样，大明宫"南面的正门为丹凤门，门内正衙含元殿，是大朝之所；其后是宣政殿，为常朝之所；再后为紫宸殿，是皇帝的便殿。这是现知比较明确的最早的三殿制度，此制一直延续到明清"[33]（图一〇）。

2. 高句丽都城宫城内主要宫殿的规划布局

关于高句丽都城内的宫殿布局，在桓仁五女山城之年代相当于两汉之际的第三期曾发现大型建筑址一处，平面呈长方形，长13.8米，宽6～7.2米，后侧边缘是凿出的土坎，高0.25米，前部并列7块础石（含缺 1 块在内）。该建筑址是否高句丽以此为都时期的宫殿，还无法确定，而且只此一座建筑，也构不成布局。

集安丸都山城内的确发现一处大型宫殿建筑，宫殿址坐东朝西，方向234°。宫殿址四周石筑宫墙，东墙长91米，西墙长96米，南墙长70米，北墙长75米，周长332米，呈不规则四边形。宫墙内依东高西低之地势，自西向东筑四层台基，台基西、南、北三面以块石垒砌护坡阶墙。在四座台基之上，分布着数量不等、大小不同的个体建筑，少的一座，多的四座，多为横长方形或方形，还有两座八角形，可以看出其性质、功能是有区别的。因地层较浅，受多年雨水冲刷和人工耕作之影响，遗迹保存并不大好，整体布局比较杂乱，正如发掘报告所总结的，未经周密的规划。

集安市区内平地城国内城，多年来已被房屋所覆盖。过去曾在城内中部偏北处发现古代墙基、大型覆盆形和八角形础石，以及大量高句丽红色瓦片。本世纪初在此处发掘出四座规模较大的建筑址，但还不是中心建筑。总之，国内城的宫殿建筑在这一区域是没有问题的，只是因为目前发掘不够，具体布局还不清楚。

平壤地区高句丽都城的宫殿建筑，大城山城未见明确报道。清岩里土城内中东部发掘出的被确定为5世纪末修建的高句丽金刚寺，宫殿址还没有发现。平壤市区内古城划分为几部分，宫殿区应在王室所在的内城，同样是由于现代建筑影响等原因而未发掘，所以宫殿的布局情况不清楚。

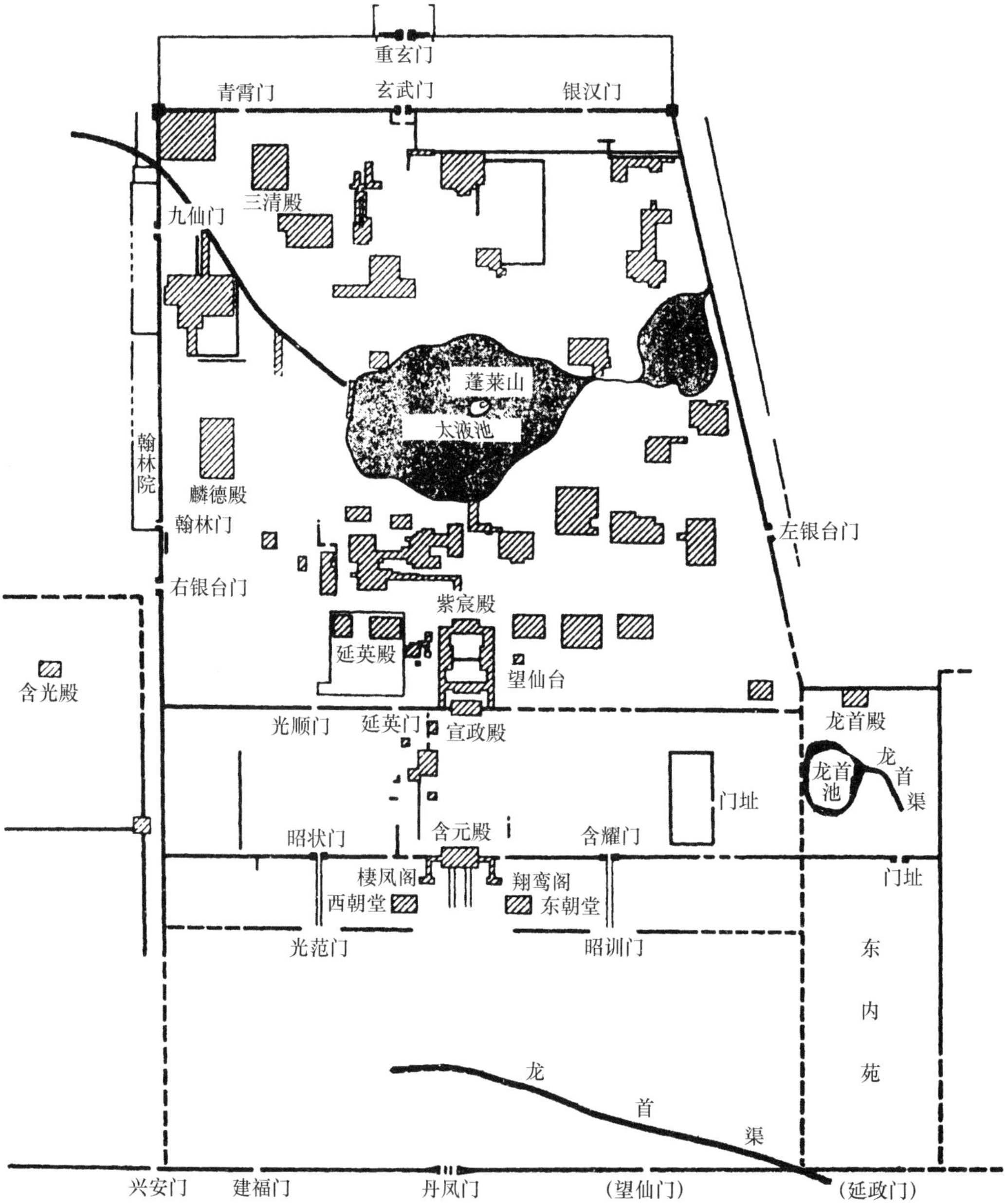

图一〇-1　唐长安大明宫遗址平面示意图

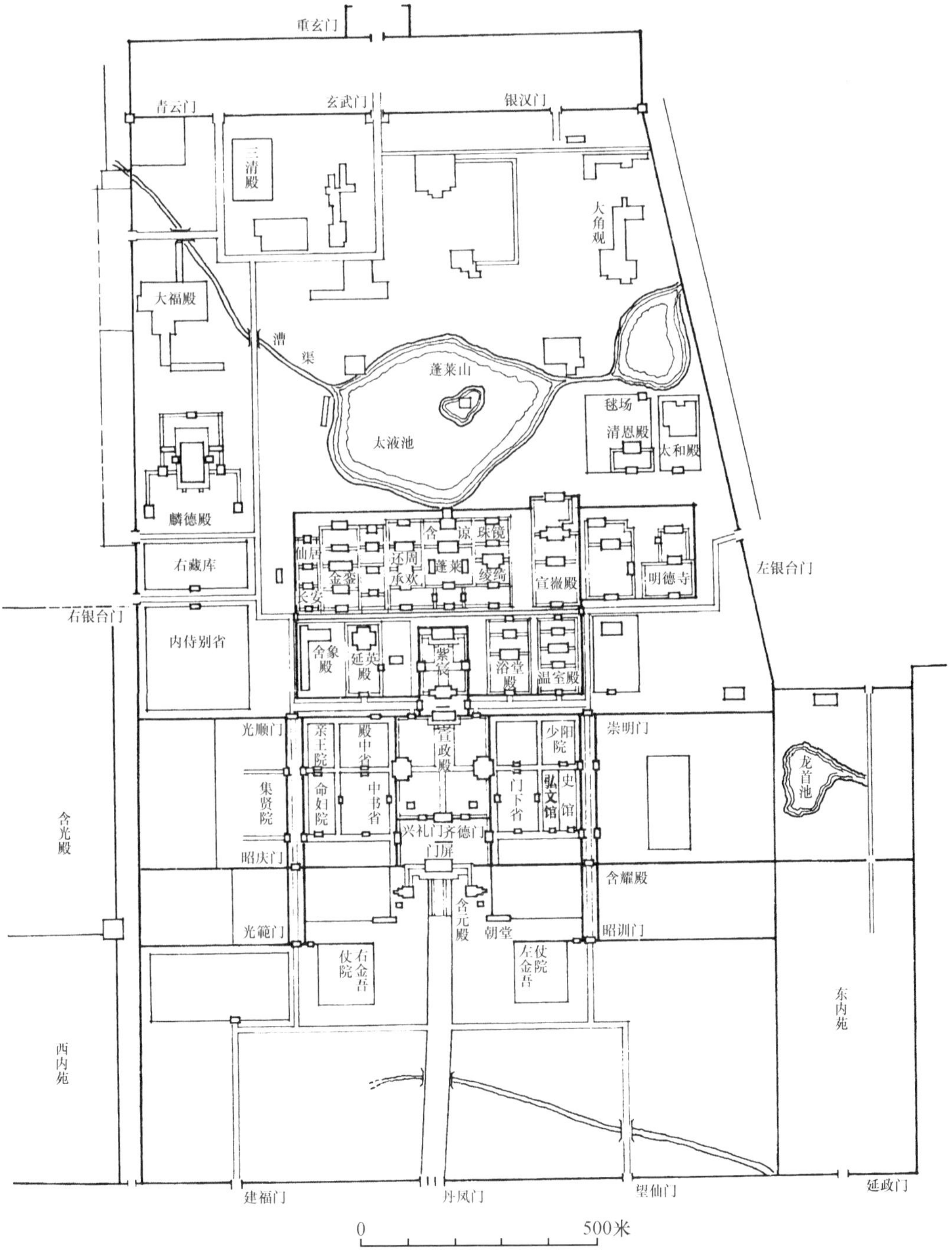

图一〇-2 唐长安大明宫平面复原图

（引自《中国古代建筑史》第二卷）

历经全面揭露、建筑布局清楚的是安鹤宫，但是其建筑年代却存在较大的分歧。

安鹤宫位于大城山南侧山麓，距大城山城700多米。安鹤宫略呈方形，北高南低，边长620米，周长2480米（图一一）。城墙土石混筑，基宽9米，内外两侧以石垒筑，并逐层稍向内收，成阶梯状，中间以黏土夯筑，现存高度4米。东、西、北三面各开城门一个，南面开三个，其中南墙中门为正门，规模较大，原是一座面阔七间、进深两间的

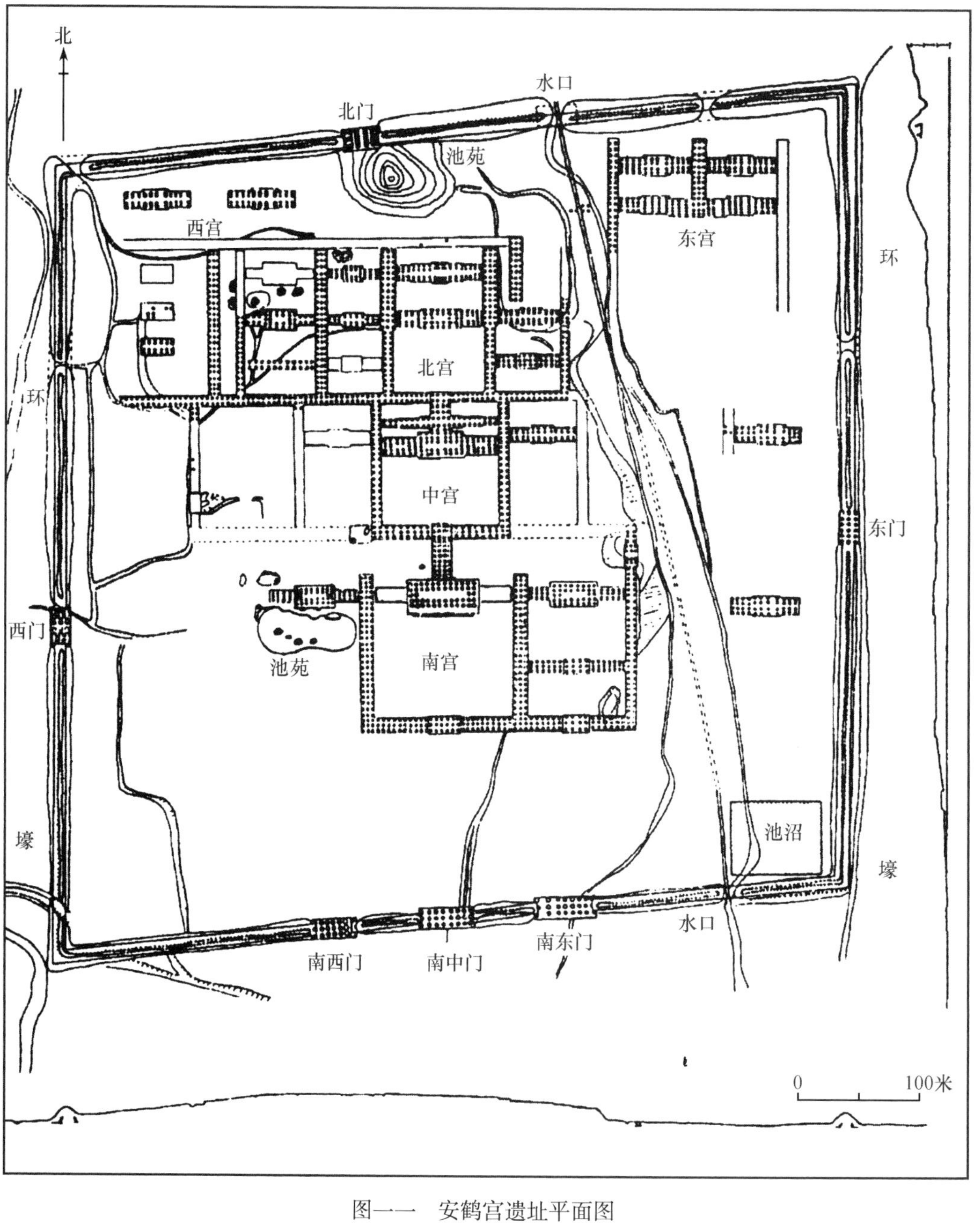

图一一　安鹤宫遗址平面图
（引自《安鹤宫年代考》）

木构建筑。城门不设瓮城。城外没挖护城河，但在东、西两墙之外有两条水渠被借用，另外还有一条自北墙东段入城，从南墙东段出城的水渠，因此形成了两个水门。城内有宽2米的环城街。城内建筑址已被揭露，主体建筑位于南墙正门之内的中轴线上，发掘报告将其分为南宫、中宫、北宫三个院落，皆有廊庑相通。南宫主殿面阔十一间，进深四间，规模最大。在该殿及其他几座殿址中，出现了减柱造的结构。南宫院落东侧，还有两个小的院落和殿址。南宫院落西侧小的院落和殿址保存不完整，但却发现了庭园遗址。中宫院落两侧也发现小的院落和殿址，但保存不好。北宫及其两侧，院落繁多，联系紧密，保存比较完整。另外在宫城的东北角还发现了一组被称为东宫的大型建筑。在宫城西北角和东门内南北两侧还发现一些零星小型建筑。在宫城东南角发现了水池遗迹，在北门之内也发现了庭园遗址[34]。

总的看来，安鹤宫绝非一般平民所居，而是高句丽王平时居住、议政的地方，而且据水岛晖臣慎所引蔡熙国之《遗迹发掘报告第九集——关于大城山一带高句丽遗迹的研究》，安鹤宫和大城山一样，皆始建于4世纪末到5世纪初。如果是这样的话，将安鹤宫作为《周书》所记“王则别为宅于其侧”的“宅”，倒是很合适的。但是，早在20世纪20年代，关野贞就指出安鹤宫发现的高句丽时代的瓦，在形式上是最晚的；田村晃一根据安鹤宫与大城山城、定陵寺出土瓦当的比较分析，同样认为安鹤宫的时代最晚，因而对把长寿王迁都时的都城定为安鹤宫的见解，提出了怀疑[35]。另据报道，在安鹤宫址的下面曾发现高句丽的石室墓。石室墓的年代，有的认为是3世纪前半，有的认为是5世纪后半到6世纪前半，有的文章明确指出是封土石室墓，因此3世纪前半的断代显然是偏早了[36]。其中一座墓葬出土盘口壶等3件陶器，先后几位学者研究，陶器的断代都不早于5世纪，因此墓葬时间也不能早于此时[37]。笔者在1994年出版的《高句丽考古》和2002年出版的《高句丽遗迹》中都写道：“总之，由于原始资料的限制，对此我们不好最后断言，但是否可以推测：如果安鹤宫与大城山城相配合，始建于长寿王时期或再早一些，而今天发现的宫城建筑，并不见得都是开始时建造的，有的部分、或者相当大的部分是后来改建的。这也就是说，安鹤宫从开始修建，一直到后来，包括高句丽王迁到今平壤市区内古城长安城为都时，仍在使用。《新唐书·高丽传》记：‘（高丽）其君居平壤城，汉乐浪郡也，去京师五千里而赢，随山屈缭为郛，南涯浿水，王筑宫其左。’安鹤宫位于今平壤市东北，基本符合此记载。”现在看来，安鹤宫还是后来筑的可能性大一些，即不会早于平壤市区内古城的修建年代，其性质和功能，就是此《新唐书·高丽传》记载“王筑宫其左”的“宫”，但是它不是正式的宫城，而是属于别宫性质的宫城。

和中原都城宫城布局相比，安鹤宫与北魏洛阳、东魏北齐邺南城，以及隋大兴–唐长安城宫城内的布局是相似的。安鹤宫内南宫主殿，相当于北魏洛阳、东魏北齐邺南城宫城中的太极殿，以及隋大兴–唐长安城宫城中的大兴殿–太极殿；安鹤宫内中宫主殿，相当于北魏洛阳、东魏北齐邺南城宫城中的昭阳殿，以及隋大兴-唐长安城宫城中的中华殿-两仪殿；安鹤宫内中宫后边的东西向廊庑，相当于北魏洛阳、东魏北齐邺南城宫城中昭阳殿之后，以及唐长安城宫城两仪殿之后的永巷；安鹤宫内此东西廊庑之北的北宫及其左右区域，则是高句丽王“后寝”之寝宫、后宫；此东西廊庑之南的区域则是高句丽王的“前朝”，而且实行的是两殿制，其中南宫主殿相当于“前朝”的“外朝”，中宫主殿相当于“前朝”的“内朝”。

安鹤宫是一座别宫性质的独立宫城，不仅其内部皆被王室官衙所占据，不会允许一般居民入住，而且宫城前和左右两侧也不会安排居民居住。安鹤宫的南门址和宫内南宫的南门址，与北魏洛阳、东魏北齐邺南城宫城阊阖门，以及隋大兴-唐长安城宫城正门相比，在规模、构造、交通和防御诸方面，都有区别和差距。因此，类似中原都城宫城正门上的大型礼仪活动，可能还要在当时高句丽正式都城、即平壤市区内古城之内城正门前进行，或者有的内移到安鹤宫内南宫主殿进行。

3. 渤海都城宫城内主要宫殿的规划布局

渤海都城内的宫殿布局，同样是由于几次迁都而有所不同。敦化旧国时期的渤海都城，至今仍未确定，所以其宫殿布局也无从谈起。可喜的是，和龙中京西古城、珲春东京八连城和宁安上京城经多次调查发掘，其主要宫殿建筑已基本清楚，而且多位学者进行过分析研究（图一二）。

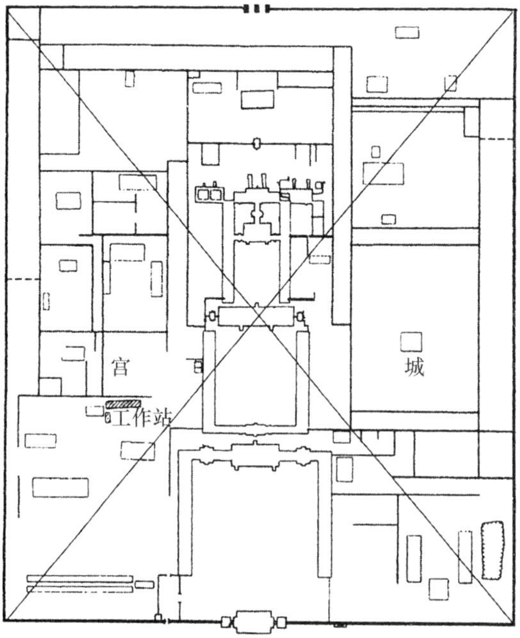

图一二-1　渤海上京宫城遗址平面示意图

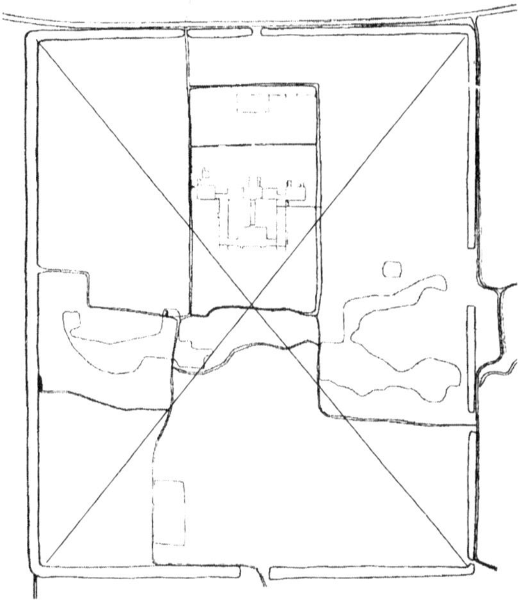

图一二-2　渤海中京和龙西古城遗址平面示意图

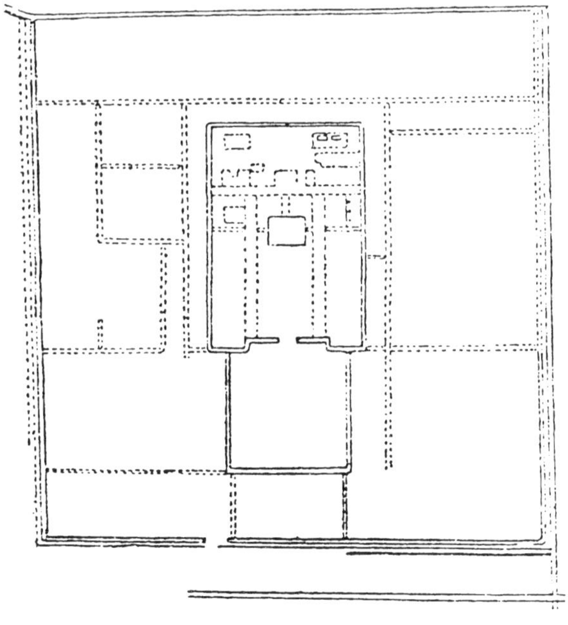

图一二-3　渤海东京珲春八连城遗址平面示意图

经比较研究，中京西古城、东京八连城相当于上京城的宫城，城址外形和大小很接近，城内总体布局也相似。中京西古城、东京八连城的主要宫殿一、二殿，相当于上京城宫城的三、四殿。它们之间明显的不同是在上京城宫城的三、四殿前，又增加了规模更大的一殿和二殿。为何会出现这种情况，此与三座都城修建的时间和过程有密切关系。

文献记载，渤海政权建立后，天宝中以中京为都，为时不久，天宝末徙上京，30年后，公元785年迁东京，不到10年，公元794年又迁回上京。中京、东京为都时间都不长，上京城两次为都，第一次正好在中京、东京为都时期的中间。上京城前后两次为都，其全城布局和宫城内的宫殿建设最为完备。其第一次为都时是否已有此完整齐备的规划，两种可能都存在，我们不好确定，而可以确定的是，第一次为都时期的建筑和布局，应该与中京、东京基本一致，也就是说，凡是与中京、东京明显不同而增加的部分，应该是第二次为都后修建的，包括一、二殿在内。

具体分析三座都城宫殿的布局和功能，中京、东京一、二殿和上京宫城三、四殿，前后排列，中间和两侧都有廊庑相通。前面的一座规模较大，台基较高，殿内宽敞；后面的一座，其台基中间向北突出，后殿位于台基中部，殿内由中间的南北向门道划分为左右两个隔间，隔间内修有类似火炕的取暖设备，后殿两侧为对称的配殿。在后殿台基的东西两侧，又都修有同样具备取暖设备的宫殿。可见，前殿是渤海王的上朝正殿，后殿及左右两侧宫殿是渤海王的寝宫所在，前殿与后殿合属“前朝后寝”的布局与功能。上京城在第二次为都后，由于在三殿之前又修了规模更大的一、二殿，于是三殿的地位和作用就削弱了，而整体布局也就齐备了[38]。

和同时期中原都城相比，渤海上京城宫城正门和门内主要宫殿的建筑及功能，同时受到了长安城原宫城太极宫和大明宫的影响。具体而言，上京宫城正门之位置，门外之街道、皇城等布局皆如承天门，一殿之位置、建筑又如含元殿，所以上京宫城正门与主要宫殿的性质、功能，也会有两种可能。

一种可能是宫城正门如同太极宫承天门，属“外朝”；一殿如同太极殿，属“中朝”；二殿如同两仪殿，属“内朝”。而二殿之后的三殿，则完全与“前朝”政务无关了。这就是说，此时渤海实行的仍然是“前朝”两殿制。

另一种可能是宫城正门和一殿如同大明宫丹凤门和含元殿，同属“外朝”；二殿规模宏大，如同宣政殿，是渤海王“常朝之所”，属“中朝”；三殿则如紫宸殿，属“内朝”[39]。此分析看法，则不再是“前朝”两殿制，而是三殿制了。相比之下，这种可能性更大一些。因为三殿原来是上朝正殿，已有传统，此时继续作为“前朝”之“内朝”使用，应该是很习惯自然的。另外，太极宫在唐代作为宫城的时间并不长，高宗时迁到大明宫，之后除玄宗时曾以兴庆宫为宫城外，其余时间唐朝皇帝皆是以大明宫为宫城。渤海政权以长安城为楷模规划上京，第一次迁都上京时，正是安史之乱开始之时，之后唐玄宗则很快退位，渤海长时期与唐交往，朝见的是大明宫，因此大明宫的建筑必然会对上京城的宫城布局产生影响。

在探讨上京城的宫城布局时，有不少学者联系到高句丽安鹤宫。应该说它们之间有联系，又有区别。这种联系和区别是如何形成的呢？还是要从上京城宫城的修建过程说起。

前边谈到，上京城宫城先建造的是与中京、东京一、二殿相同的三、四殿，属于“前朝后寝”的布局。后来又修了规模更大的一、二殿。中京、东京的一、二殿，是另筑内城的。上京宫城的三、四殿，原来是否有内城，现在不清楚，但是从其周围墙垣范围来看，是和中京、东京的内城相同的；上京宫城后来修建的二殿，正是中京、东京内城的南门所在。可见，上京宫城原来三、四殿所在的区域，在修建二殿时被突破了。此修建过程及其遗迹表现，在安鹤宫中是找不到的。

安鹤宫和上京城宫城的重要宫殿，多以殿为中心，以廊庑围成大小不等的院落。前边已述，这是中原的传统。因为中原都城宫城全面揭露的很少，安鹤宫和上京城宫城揭露得比较清楚，尤其是上京城宫城中轴线上的二殿、一殿及其廊庑院落，与安鹤宫中宫、南宫很相似，说明上京城宫城在规划二殿、一殿的布局时，可能吸收了安鹤宫的影响。

但是，由于上京城宫城和安鹤宫的地位与功能不同，一个是正式宫城，一个是别宫，于是在相互联系中就又出现了区别。上京城作为正式宫城，则不仅前有皇城，左、右、后三面各有附属区，再外还有大的郭城，那么宫城的先后修建就必须考虑到与它们之间的相互照应。比如上京城宫城一殿直接面对宫城南门，南门前就是宫城前的东西横街和皇城通往郭城的中轴大街，殿、门结合紧密；前边谈过上京宫城一殿和南门同属“前朝”的“外朝”，那么这种布局与结合对于渤海王颁布政令是非常方便和必要的。安鹤宫则不同，它不仅不具备上京宫城的周围大环境，而且在南宫院落与宫城南门之间又出现了一个比较大的空白区，殿和门相互脱节，这对于高句丽王颁布政令是不方便的，这也说明安鹤宫的地位和功能和上京城宫城相比，是有明显差别的。还有，上京宫城用于议政的一、二、三殿和作为“寝宫”的四殿及其左右宫殿，在宫殿的平面布局和殿内设施方面，是有明显区别的，这种情况在安鹤宫内没有看到，观察安鹤宫的遗址平面图，宫殿的布局形式比较单一。此现象也是以后具体研究要注意的。

三、结　　语

通过以上介绍和梳理，可以得出以下三点认识。

第一，魏晋至隋唐时期，中原地区都城的发展变化，无论是整体规划布局，还是宫城内主要宫殿的规划布局，在中国古代都城发展史中的确形成了鲜明的阶段性特征，这种鲜明的阶段性特征，实际上也是一种具体的规则和制度。

第二，高句丽的都城，由于地理环境和历史背景的原因，长时期保留着本民族的特点，到其后期接受了中原都城的影响。渤海初期的都城情况不明，之后则很快全面接受了中原都城的规划布局，这与当时中原文化的繁荣昌盛以及渤海与唐王朝友好关系的快速发展，是有直接关系的。有共同也有不同，有专家研究，高句丽、百济、新罗之上朝正殿都未曾称过当时中原都城上朝正殿常用的太极殿的名称，原因与它们的地位有关[40]。渤海政权同样如此。

第三，高句丽的都城对渤海有影响，作为先后在人口组成和地区分布诸方面相互有关的两个政权来说，这是正常的，但是此影响与唐王朝对渤海的影响相比，显然是处于次要的地位。

注 释

[1] 曲英杰．古代城市［M］．北京：文物出版社，2003：11–115.

[2] a．傅熹年．中国科学技术史·建筑卷［M］．北京：科学出版社，2008：117–118.
b．中国社会科学院考古研究所．中国考古学·秦汉卷［M］．北京：中国社会科学出版社，2010：228–237.

[3] 徐光冀．曹魏邺城的平面复原研究［A］．邺城考古发现与研究［C］．北京：文物出版社，2013.

[4] 中国社会科学院考古研究所洛阳汉魏故城队．汉魏洛阳故城金墉城址发掘简报［A］．汉魏洛阳城遗址研究［C］．北京：科学出版社，2007：666–685.

[5] 文献记载，北魏王朝迁都洛阳之前，以大同平城为都时即分筑了宫城、外城和外郭城。

[6] 钱国祥．汉魏洛阳故城沿革与形制演变初探［A］．汉魏洛阳城遗址研究［C］．北京：科学出版社，2007：396–411.

[7] 该段记载，中华书局标点本标点为："（高句丽）治平壤城。其城，东西六里，南临浿水。城内唯积仓储器备，寇贼至日，方入固守。王则别为宅于其侧，不常居之。"其中在"方入固守"之后标点为句号，则使该句不易解释，即高句丽王在"寇贼至日"，方入城固守；城之侧有"宅"，高句丽王又"不常居之"，那么高句丽王平时住在哪里呢？这里出现了问题。所以本段引文将此句号改成了逗点，这样上下就解释通了。

[8] a．东潮，田中俊明．高句丽的历史与遗迹［M］．东京：中央公论社，1995：207–214.
b．朴灿奎．平壤地区高句丽都城遗迹［M］．香港：香港亚洲出版社，2015：45–66.

[9] 《三国史记·高句丽本纪》第六："（故国原王）十二年（公元342年）春二月，修葺丸都城，又筑国内城。""国内城"的全名在《三国史记·高句丽本纪》中这是第一次正式出现.

[10] 朴灿奎．平壤地区高句丽都城遗迹［M］．香港：香港亚洲出版社，2015：4.

[11] 旧唐书［M］渤海靺鞨传.

[12] 魏书［M］勿吉传.

[13] 徐松．唐两京城坊考［M］．唐代的长安与洛阳（资料）［C］．上海：上海古籍出版社，1989：2.

[14] a．中国社会科学院．中国考古学·夏商卷［M］．北京：中国社会科学出版社，2003：231–235.
b．中国社会科学院．中国考古学·两周卷［M］．北京：中国社会科学出版社，2004：56–58.

［15］ a. 中国社会科学院. 中国考古学·秦汉卷［M］. 北京：中国社会科学出版社，2010：183-190，226.

b. 杨鸿勋. 宫殿考古通论［M］. 北京：紫禁城出版社，2001：232-237.

［16］ 钱国祥. 汉魏洛阳故城沿革与形制演变初探［A］，由阊阖门谈汉魏洛阳城宫城形制［A］. 汉魏洛阳城遗址研究［C］. 北京：科学出版社，2007.

［17］ 以“太极殿”命名宫内主要宫殿，始于曹魏明帝公元235年于洛阳所建之朝政大殿。其位置，裴松之注《三国志魏志·文帝纪》曰：“至明帝时，始于汉南宫崇德殿处起太极、昭阳诸殿。”钱国祥考证：“曹魏初期营建洛阳时所谓‘北宫’、‘南宫’，应确实存在，但不是指汉代的南北二宫，而应与北魏的宫城一样，是分指宫城内位置与功能不同的南北两部分，即宫城北半部的后宫与南半部的正衙所在。”文献记载的原汉洛阳南宫崇德殿，钱国祥考证在东汉洛阳北宫。王仲殊先生也认为，“崇德殿亦可能建在东汉洛阳的北部”，“主张曹魏太极殿的位置在东汉北宫范围内的见解亦是值得重视的”。参见：

a. 钱国祥. 汉魏洛阳故城沿革与形制演变初探［A］. 汉魏洛阳城遗址研究［C］. 北京：中国社会科学出版社，2007：402-403.

b. 王仲殊. 中国古代宫内正殿太极殿的建置及其与东亚诸国的关系［J］. 考古，2003（11）.

［18］ 同［17］b.

［19］ 玉海［M］卷一六一“晋太极东堂”条：“晋制，大会于太极殿，小会于东堂。”转引自钱国祥. 由阊阖门谈汉魏洛阳城宫城形制［A］. 汉魏洛阳城遗址研究［C］. 北京：科学出版社，2007：425，注68.

［20］ 傅熹年. 中国古代建筑史·第二卷［M］. 北京：中国建筑工业出版社，2001：24.

［21］ 河南志［M］晋城阙古迹：“明阳殿，本昭阳殿，避文帝讳改。”转引自钱国祥. 由阊阖门谈汉魏洛阳城宫城形制［A］. 汉魏洛阳城遗址研究［C］. 北京：科学出版社，2007：425.

［22］ 同［20］. 关于古代都城宫城内的布局，傅熹年先生在1991年由中国建筑工业出版社出版的《中国古代城市规划建筑布局与建筑设计方法研究》（上册）第18页中还有一段系统的论述，也抄录于此：“就具体的布置而言，春秋战国至西汉近七百年间，宫室主体虽多为高大的台榭，但从已发现的遗址来看，台榭四周仍有建筑或墙围城宫院，而各台榭、宫院之间也多保持一定的轴线或呼应关系。东汉以后，宫殿采取院落式布局已基本定型，其后虽形式、规模都不断发生变化，却一直沿续到明清。各朝宫殿的外朝、内廷两大区都由大量规模大小不等的院落群组成，院落可视为宫殿的基本组成单位。每个院落都是封闭式的，沿周边建廊庑或配房，用左右对称的布置形成一条中轴线，以突显出建在中轴线甚或院落几何中心处的主体建筑；若干院落依一定规律组织起来，构成院落群，共同拱卫或突显出其中的主院落；若干院落群又以一定方式组织起来，布置在最重要建筑群的周围，形成全宫的主轴和中心，以突显出全宫的主建筑群和其中的主体建筑。古代宫殿面积巨大，建筑多不胜数，正是采用院落和院落群的组合形式，才能把千门万户的大量建筑物组织起来，形成井然有序、一气呵成、重点突出、充分显示国家政权和家族皇权威势的完整的宫殿建筑群。”据近年考古工

作，重要宫殿前由左右基本对称的廊庑围成独立的院落，在河南偃师商城宫城内即已出现，见谷飞等. 河南偃师商城宫城第三号宫殿建筑基址发掘简报［J］. 考古，2015（12）.

［23］ a. 傅熹年. 中国古代建筑史·第二卷［M］. 北京：中国建筑工业出版社，2001：110–111. 其中111页将“显阳殿”写为“显（昭）阳殿”.

b. 钱国祥. 汉魏洛阳故城沿革与形制演变初探［A］. 汉魏洛阳城遗址研究［C］. 北京：科学出版社，2007：404.

［24］ 徐光冀. 东魏、北齐邺南城平面布局的复原研究［A］. 邺城考古发现与研究［C］. 北京：文物出版社，2014.

［25］ a. 同［24］，351.

b. 郭济桥. 邺南城昭阳殿考略［A］. 邺城考古发现与研究［C］. 北京：文物出版社，2014：339.

c. 张金龙. 东魏北齐邺南城建置杂考——以历史文献记载为中心［A］. 邺城考古发现与研究［C］. 北京：文物出版社，2014：418–420.

［26］ 同［20］，115–116.

［27］ a. 郭湖生. 论邺城制度［A］. 邺城考古发现与研究［C］. 北京：文物出版社，2014：333.

b. 杨鸿勋. 宫殿考古通论［M］. 北京：紫禁城出版社，2001：348.

［28］ （唐）李林甫等（撰），陈仲夫（点校）. 唐六典［M］. 北京：中华书局，1992：217. 另，《唐两京城坊考》记太极殿殿门太极门之两庑东西阁门时曾注曰：“通鉴注引阁本太极宫图，太极殿有东上阁门、西上阁门。按阁门可转北上两仪殿，太宗时以此为入阁，若东内，则以入紫宸为入阁。”见平冈武夫. 唐代的长安与洛阳（资料）［M］. 上海：上海古籍出版社，1989：4.

［29］ 平冈武夫. 唐代的长安与洛阳（资料）［M］. 上海：上海古籍出版社，1989：93.

［30］ 同［29］，5.

［31］ （唐）李林甫等（撰），陈仲夫（点校）. 唐六典［M］. 北京：中华书局，1992：218.

［32］ 同［29］，10–11.

［33］ 宿白. 汉唐宋元考古——中国考古学（下）［M］. 北京：文物出版社，2010：111.

［34］ a. 朝鲜社科院考古研究所（编），吕南喆，金洪圭（译）. 高勾麗の文化［M］. 东京：同朋舍，昭和57年.

b. 朝鲜社科院考古研究所（编），李云铎（译）. 朝鲜考古学概要［M］. 哈尔滨：黑龙江省文物出版编辑室（内部发行），1983.

［35］ a. 关野贞. 高勾麗の平壤及び長安城に就いて［A］. 朝鲜の建築と芸術［M］. 东京：岩波书店，昭和16年.

b. 田村晃一（著），李云铎（译）. 有关高句丽寺院遗址的若干考察［J］. 东北亚历史与考古信息，1985（8）.

[36] a. 东潮，田中俊明. 高句丽的历史和遗迹[M]. 东京：中央公论社，1995.
b. 李淳镇（著），赵本科（译）. 关于平壤一带新发掘的皇大城[J]. 东北亚历史与考古信息，1997（27）.

[37] 王飞峰. 安鹤宫年代考[A]. 庆祝魏存成先生七十岁论文集[C]. 北京：科学出版社，2015.

[38] 经对照得知，中京、东京一殿的东西宽度相近，分别是41米和42.4米，上京城三殿的东西宽度是32.75米，明显缩短；中京、东京二殿和上京四殿的东西宽度分别是27～27.5米、30.6米和28米，都相接近；中京、东京二殿和上京四殿左右配殿的东西宽度，前两者接近（22米＋22.5米，20.8米+20.5米），后者明显缩短（14.8米+14.6米）。与此变化有关，上京三、四殿两侧的南北廊庑之间的间隔，与中京、东京一、二殿两侧的南北廊庑之间的间隔相比，也缩短不少。出现这种现象，其原因，一种可能是在上京开始修建三、四殿时就有在前边修建一、二殿的计划，所以三殿修的小一些，再一种可能是今天看到的三殿，是一、二殿修建后的什么时候重修的，因为它不再是朝政主殿，所以修的小一些。由于三殿的缩小，其他相应部分也发生了改变。

[39] 关于大明宫紫宸殿，自20世纪50年代开始长期主持隋唐长安城考古勘察和发掘的马得志先生曾著《唐代长安宫廷史话》（新华出版社，1994年），在145页“紫宸殿记事”中写道：“大明宫的三个正殿中，紫宸殿因属寝殿且连接许多妃嫔的后宫别殿，所以政事活动较少，皇帝在紫宸殿的前殿坐朝问政，后殿退朝休息，能够被宣召入紫宸殿的官员是很荣耀的。”这句话好像是说紫宸殿有前殿和后殿，所以笔者原来把渤海上京的三殿和四殿比作紫宸殿的前殿和后殿，同属“内朝”。后来再查相关文献，没有查到紫宸殿有前后殿的记载，紫宸殿发掘至今没有进行，所以问题仍不清晰。就渤海上京而言，四殿原来就属“后寝”，所以将三殿作为“前朝”之“内朝”，是合适的。近年发掘，在三殿之东发现一道东西向隔墙，使四殿东侧的寝殿区域到此与南边的区域断开，也说明“前朝”和“后寝”的分界线就在这里。关于此上京“前朝”三朝之看法，傅熹年先生与赵虹光同志先后做过同样的阐述，参见：
a. 傅熹年. 中国古代城市规划建筑布局与建筑设计方法研究（上册）[M]. 北京：中国建筑工业出版社，1991：21–23.
b. 赵虹光. 渤海上京城考古[M]. 北京：科学出版社，2012.

[40] 同[17]b.

The Development of the Layout of Capital Cities in Ancient Central China and the Effects on Koguryo and Bohai During Wei, Jin, Sui and Tang Dynasties

WEI Cun-cheng

During Wei, Jin, Sui and Tang Dynasties, the capital city in ancient central China stepped into a new and important development era. In the aspect of the overall layout, the city site was in a regular shape and with a large scale, kings' palaces and offices were all located in the middle of the northern part of the city, and the broad residential areas were under the strict management. The capital city of Koguryo was a combination of mountain city and ground city, and was affected by the style of the city of ancient central China later. All capital cities of Bohai State followed the plan and system of Chang'an. In ancient central China, traditional layout system was still carried on, and a better system came into being on Daming Palace in Chang'an. The layout of Koguryo palaces was still unknown except Anhe Palace. Two capital cities of Bohai State, Zhongjing and Dongjing, the layout was still old and simple, however, the other one, Shangjing city, had been developed very well.

渤海物质文化研究札记*

彭善国

（吉林大学边疆考古研究中心，长春，130012）

一、马　　具

在靺鞨渤海的社会生活中，马扮演着重要的角色。《新唐书》卷二一九《渤海传》记渤海："俗所贵者……率宾之马。"[1]渤海的马，是向唐廷献贡的重要方物。《册府元龟》卷九一《朝贡四》记"（开元十八年）二月，渤海靺鞨大首领遣使知蒙来朝，且献方物、马三十匹"；又记同年五月，"渤海靺鞨遣使乌那达初来朝，献……马三十匹。"[2]渤海灭亡后，在其故地所建的东丹国仍将马匹岁贡契丹。《契丹国志》卷一四《东丹王传》记："先是，突欲镇东丹时，乃渤海国亦有宫殿，被十二旒冕，服皆画龙像，称制行令。凡渤海左右平章事、大内相已下百官，皆其国自除授，岁贡契丹国细布五万匹、粗布十万匹、马一千匹。"[3]渤海的名马，不仅作为贡品，同时也是与唐内地交易的货品。《旧唐书》卷一二四《李正己传》："……朝廷因授（李正己）平卢淄青节度观察使、海运押新罗渤海两蕃使……初有淄、青、齐、海、登、莱、沂、蜜、德、棣等州之地……大历中，正己复得曹、濮、徐、兖、郓，共十有五州，内视同列，货市渤海名马，岁岁不绝。"[4]直至渤海亡国前后，黑水靺鞨的马匹仍在青州、登州交易。《册府元龟》卷九九九《互市》："［后唐庄宗同光三年（925年）八月］青州市到黑水蕃马三十匹。""［后唐明宗长兴二年（931年）五月］青州奏黑水瓦儿部至登州卖马。"契丹人辖底，因卷入政治斗争逃奔渤海，"后因球马之会，与二子夺良马奔归国。"[5]黑龙江海林河口遗址五期（渤海时期）遗存的两个灰坑内，出土了马的下颌骨和马牙[6]。俄罗斯滨海地区发掘的渤海村落址中，马骨均占相当比例[7]。靺鞨旧俗，为死者杀马设祭。《旧唐书》卷二一二《靺鞨传》记"靺鞨……死者穿地埋之，以身衬土，无棺敛之具，杀所乘马于尸前设祭。"敦化六顶山1959年发掘的ⅠM5，发现了马骨多具[8]，或为此种葬俗的实际表现。宁安虹鳟鱼场墓地全部323座墓葬，填土中随葬马牙者有27座，占出土动物骨骼的87%[9]。海林二道河子M4也随葬有马牙[10]。永吉查里巴墓地M15墓葬中见有殉葬马头的现象[11]。这似乎是杀马为

---

*　本文系国家社科基金项目资助成果（项目编号16@ZH012）。

祭的各种简化形式。渤海人还以陶土、青铜塑像，作为对马的形象的艺术表达。黑龙江东宁小地营渤海村落址一地就出土了陶马形塑像10件[12]；骑手驾驭马的青铜像，在吉林永吉杨屯大海猛遗址T8[13]、黑龙江林口莲花乡江西村[14]、东宁团结遗址灰坑[15]以及黑龙江左岸俄罗斯境内的萨卡奇阿梁1号居住址[16]均有出土。

不过，目前出土的渤海文物中，明确的马具仅有几例，在数量及类型上均无法望高句丽马具、契丹马具之项背（带具中的带卡，应有一些是马具，但是目前还无法将其与腰带的带卡区分开来）。这几例马具均为铁质，马镫共发现6件（表一）。

表一　渤海遗址出土马镫

序号	出土单位	尺寸（厘米）	型式	插图	出处
1	安图东清M1：16	宽18.5、高16	Aa型	图一，1	[17]
2	安图东清M1：17	宽18.5、高16	Aa型	图一，2	
3	安图东清M1：15	宽11、高12	Ab型	图一，3	
4	永吉查里巴M7（2件）	高17.5	Ab型	图一，4	[18]
5	永吉杨屯大海猛遗址采集	高13.6	B型	图一，5	[19]

Aa型镫长条形柄，前端穿方孔，顶端出尖，镫环呈上小下大的椭圆形。Ab型镫柄呈长方形，中有扁孔，顶端不出尖，镫环较圆。B型镫环柄，镫环圆角方形。Aa型镫，与辽宁桓仁五女山城四期遗存（4～5世纪的高句丽时期）镫[20]形制近同，镫柄较细长，柄端均出尖。Aa型镫具有早期马镫的特点[21]，或是对高句丽镫的继承，有的学者甚至认为东清M1就是高句丽遗民的墓葬[22]。Ab型镫镫柄扁宽，镫端平齐，中穿长方形孔，是具有中原风格的唐代马镫，这种镫在东北地区还见于沈阳石台子高句丽晚期墓[23]、辽宁朝阳[24]等地。B型镫形制较为特殊，据称常见于南西伯利亚及外贝加尔地区8～9世纪的遗存[25]。中国境内此型镫更常见于辽金时期，如内蒙古红山区西水地辽墓[26]、宁城小塘土沟辽墓[27]、黑龙江阿城金初女真墓[28]等。马衔集中出土于永吉查里巴墓地（M10、M19、M21、85M2）[29]、永吉杨屯墓地（M26）[30]、杨屯大海猛遗址（图一，7、8）[31]，共10件，为2节或3节平列复孔式，此类平列复孔式衔流行于青铜时代，汉及汉以后很少见到[32]。安图东清M1出土的铁马衔（图一，6），以铁丝扭曲成绳索状链环，其形制与吉林集安禹山墓区高句丽墓出土者[33]极为相似。马镳5件，均出土于大海猛遗址（图一，9、10），“S”形，中部有两个孔眼。这种“S”形镳习见于唐代，如陪葬乾陵的永泰公主墓[34]、西安韦洞墓[35]等。

二、铜　　镜

目前渤海遗址出土的铜镜共11面（表二），形制明确者有圆形（3面）、菱花形（3面）委角方形（3面）及方形（1面）。

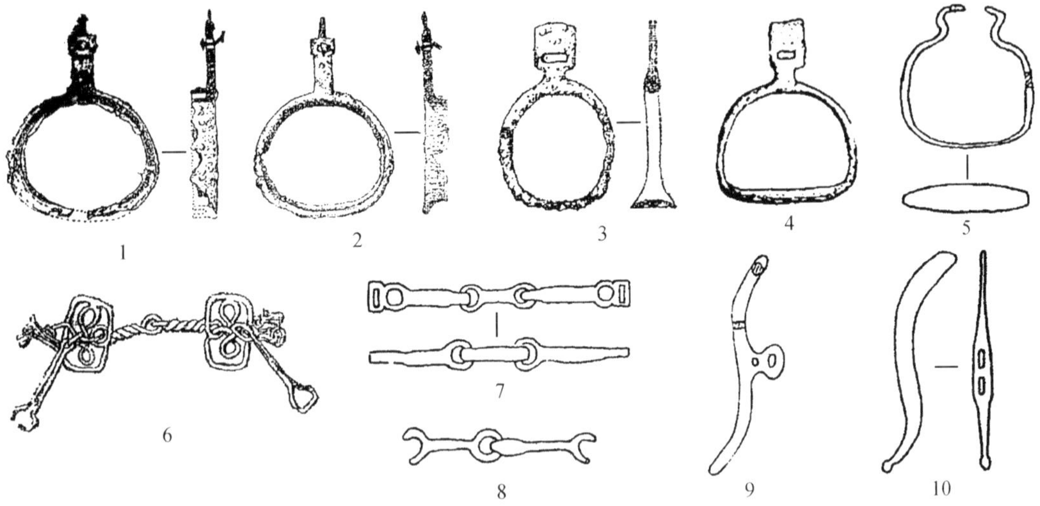

图一　渤海遗址出土马具

1～5. 马镫（1～3. 安图东清M1；4. 永吉査里巴M7；5. 永吉杨屯大海猛遗址）
6～8. 马衔（6. 安图东清M1；7、8. 杨屯大海猛遗址）　9、10. 马镳（杨屯大海猛遗址）

表二　渤海遗址出土铜镜一览表

序号	出土地点	尺寸（厘米）	形制	花纹
1	六顶山ⅠM73	9.5	圆形镜	瑞兽葡萄
2	上京城址	10	菱花镜	瑞兽鸾鸟
3	和龙龙海M13	20.1	菱花镜	瑞兽鸾鸟
4	和龙北大M10	9	菱花镜	瑞花
5	大城子城址	残，不详	圆形	瑞兽鸾鸟
6	上京城北9号佛寺	残片	不详	团花
7	上京城址内城	边长21.5	委角方形	摩羯
8	虹鳟鱼场M2239	边长15.3	委角方形	素面
9	集安上活龙M4	边长12.1	委角方形	素面
10	虹鳟鱼场M2241	边长11	方形	素面
11	虹鳟鱼场M2077	残存小块	圆形	不详

敦化六顶山ⅠM73铜镜[36]，圆形，残半，经过火烧扭曲变形。镜纽兽（蛙？）形，内区为蹲伏的四兽，外区为缠枝葡萄及飞鸟，内外区之间有明显的脊棱。镜缘饰云头形的小花，残存25朵（图二，1）。与此镜形制、纹饰布局及内容近同的唐镜，可举偃师杏园证圣元年（695年）宋思真墓（图三，1）[37]、西安郊区神功二年（698年）独孤思贞夫妇墓[38]以及洛阳龙门景龙三年（709年）安菩夫妇墓[39]出土者。这种镜子在武则天时期最为盛行，延续到玄宗开元时期。经过检测，六顶山ⅠM73青铜镜含锡量

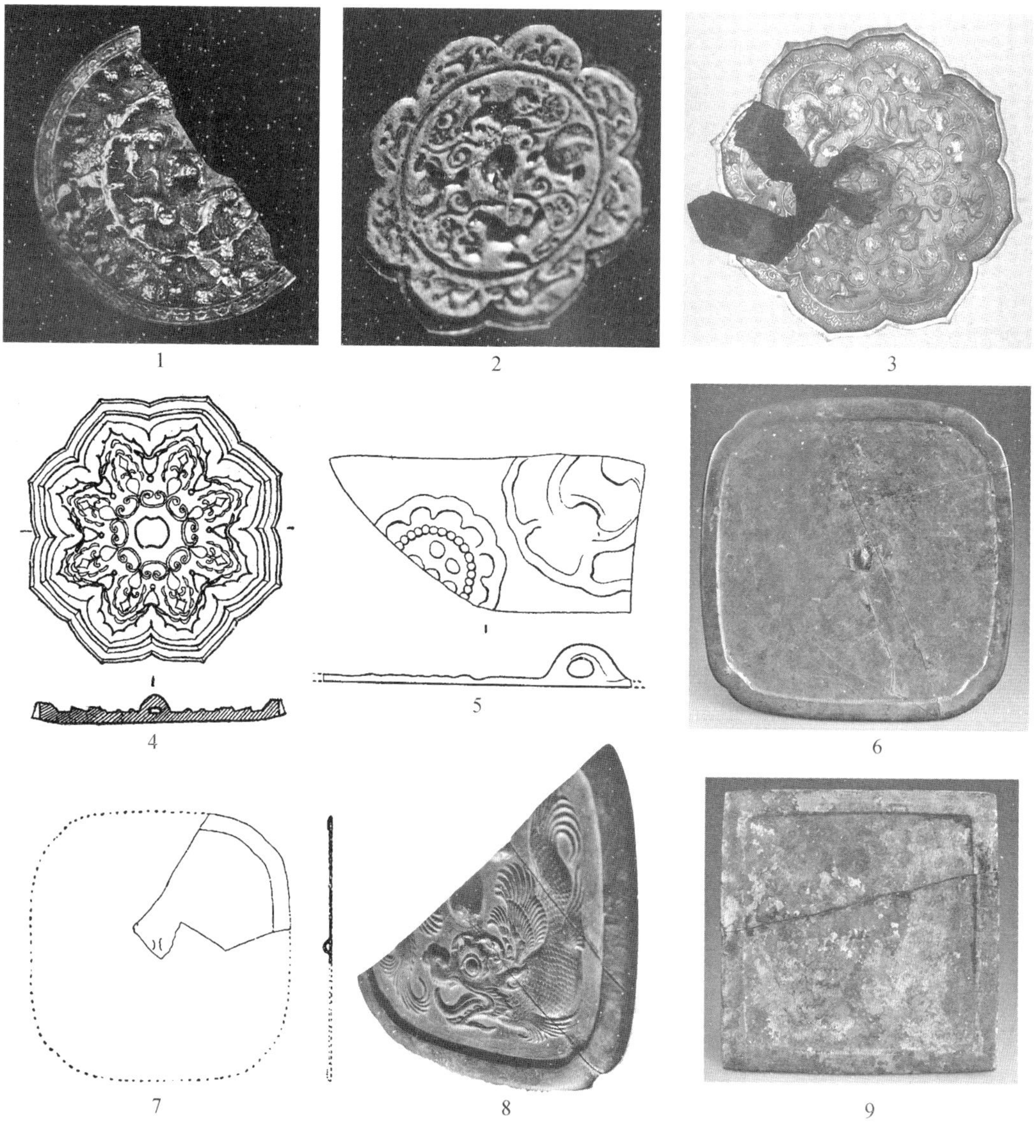

图二　渤海遗址出土铜镜

1. 六顶山ⅠM73　2. 上京内城　3. 和龙龙海M13　4. 和龙北大M10　5. 上京城北9号佛寺　6. 虹鳟鱼场M2239　7. 集安上活龙M4　8. 上京内城　9. 虹鳟鱼场M2241

平均在28%左右，铅含量较低，约为2.35%[40]。

渤海上京内城西侧耕地出土的铜镜[41]，八出菱花形，圆纽，内区主题纹饰为相间排列的鸾鸟瑞兽各一对，同向绕纽飞驰，鸟兽以折枝花间隔。外区纹饰为相间的蜂蝶和流云（图二，2）。此镜的形制、花纹布局与内容，均与偃师杏园神龙二年（706年）延州刺史宋祯墓（M1008）[42]、景龙三年（709年）宁州录事参军事李嗣本墓（图三，2）[43]（M1928）出土铜镜相同。这种鸾鸟瑞兽镜流行的时段集中于武则天长寿年间至玄宗开元年间。

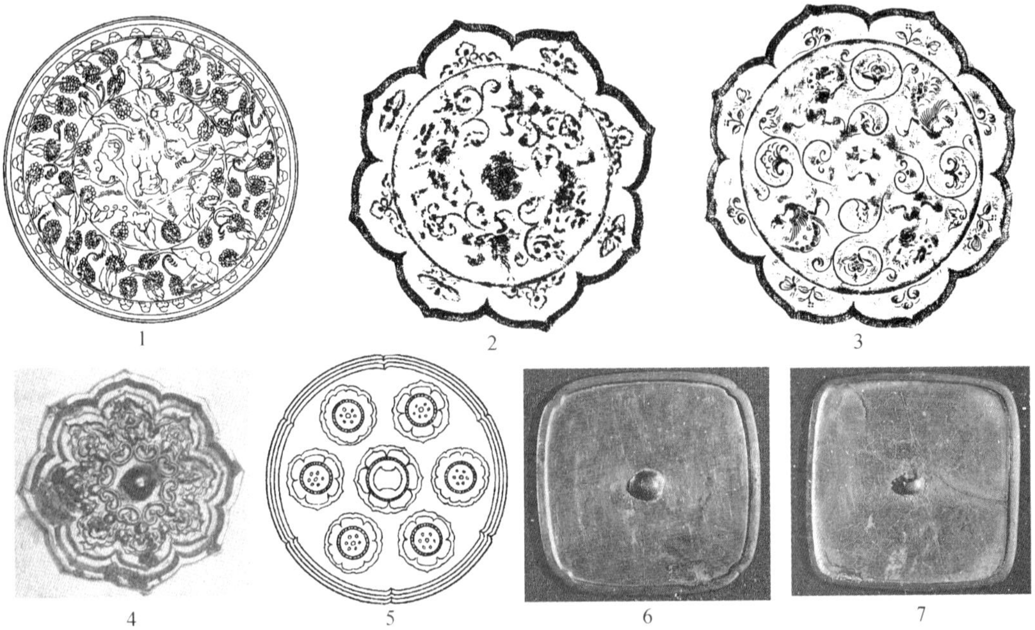

图三　渤海遗址出土铜镜对比材料

1. 偃师杏园宋思真墓（695年）　2. 杏园李嗣本墓（709年）　3. 杏园袁氏墓（729年）　4. 郑州上街区55号唐墓　5. 杏园郑洵夫妇合葬墓（778年）　6. 杏园郑夫人墓（842年）　7. 杏园韦友直墓（833年）

和龙龙海M13[44]出土的镜子整体呈八出菱花形，拱腰蟾蜍纽，中穿绶带。镜背镶嵌银片，银片上錾刻鱼子地纹及主题纹饰并鎏金。主题纹饰以镜纽为中心，雌雄凤鸟与雌雄狻猊彼此间隔对称，周围是缠枝花卉及鸾鸟（图二，3）。此镜纹饰布局及内容，与偃师杏园开元十七年（729年）袁氏墓（M1435）[45]出土镜（图三，3）非常接近。偃师杏园开元二十六年（738年）蒲州猗氏县令李景由墓（M2603）出土的菱花镜[46]，拱腰蟾蜍纽，纹饰与龙海M13镜近同而简化，但其嵌银鎏金的做法完全相同，只是它的最大径只有6.5厘米，尚不及龙海M13镜的1/3。鎏金银背的铜镜，是唐代特种工艺镜的一种[47]，流行于武则天至唐玄宗开元时期[48]。

和龙北大M10出土的铜镜[49]，八出菱花形，扁纽，镜背依镜缘的八曲，铸出八朵瑞花，纹饰布局紧凑，花枝繁密（图二，4）。郑州市上街区55号唐墓出土的铜镜（图三，4）[50]，与此镜在大小、质地、形制、纹饰上完全相同，应为同范镜。根据墓葬形制及共存遗物，上街区55号墓的时代为盛唐。

大城子采集的铜镜[51]，残为两半，其上分别残存一麒麟，一鸾鸟。调查者称此镜与沈从文《唐宋铜镜》[52]一书中收录的“八弧鸾啣绶带瑞兽瑞兽镜”风格一致。而与这种镜子纹饰最为相类的一例，出土于偃师大槐树至德元年（756年）窦承家墓[53]。其流行的时代约在玄宗天宝前后。

渤海上京城北9号佛寺址残铜镜[54]，背部花纹为团花（图二，5）。极为相近的例子见于偃师杏园大历十三年（778年）沅江县尉郑洵夫妇合葬墓（M5036）（图三，5）[55]、杏园会昌二年（842年）郑夫人墓（M5013）[56]，这些图案化的团花纹镜，盛行于中唐时期。

委角方形的铜镜共发现3面。虹鳟鱼场M2239（图二，6）[57]及集安上活龙M4（图二，7）[58]均为素面，它们与偃师杏园会昌二年（842年）郑夫人墓（M5013）铜镜（图三，6）[59]如出一手。这种形制的铜镜，流行于晚唐时期。上京城址内城出土的摩羯纹镜（图二，8）[60]，残缺一半，半球形纽，中间无孔，镜背两条龙首鱼身的摩羯头尾相连，纹饰饱满，遒劲有力，在唐代铜镜中尚不多见。

虹鳟鱼场M2241方形素面镜（图二，9）[61]，与杏园大和七年（833年）密州莒县主簿韦友直墓（M2019）铜镜（图三，7）[62]造型相同，时代应属晚唐。

渤海遗址出土铜镜虽然数量不多，但从如上分析可以看出，它们的时代跨盛唐、中唐、晚唐，且形制、纹饰与唐镜几无差别，有的甚至可能就是同范镜。至于龙海M13鎏金银背铜镜，在唐朝也是较为罕见的特种工艺镜，无疑和该墓属于渤海王室墓葬相关。虽然渤海具有铜的开采、冶炼能力[63]，其熟铜还是与唐帝国的贸易品[64]，但是目前还不能说渤海具有规模铸造铜镜的技术能力，渤海遗址出土的铜镜，多数还是从唐帝国输入的，不能作为渤海国手工业发展的证据。

三、玉　　璧

考古发现的靺鞨渤海玉器中，玉璧数量最多，有30余件（表三），是渤海玉器中最为典型的一种。《尔雅·释器》："肉倍好谓之璧，好倍肉谓之瑗，肉好若一谓之环。"夏鼐先生曾主张，环、瑗实际上是圆孔较大的璧，可以不加区分，三者可以总称为璧环类，或简称璧[65]。就表三的统计来看，多数靺鞨渤海的玉璧，实际上都是肉好相若的玉环。考古报告中虽然有的也将渤海的玉璧、玉环作了区分，但为行文的方便，本文统称为玉璧。这些玉璧外径2～11.7、内径1～5.5厘米，尺寸差别较大。厚度在0.3厘米上下，工艺水平不一，磨制的精细程度也不相同，但均光素无纹，有青玉、乳白色、灰白色3种，但目前尚无一例能够确定玉的矿物种类及其来源。

表三　渤海遗址出土玉璧一览表

序号	名称/数量	出土单位	尺寸（厘米）	备注	插图	出处
1	玉璧	榆树老河深上M8	直径4、孔径1.35	白玉	图四，1	[66]
2	玉璧2	榆树老河深上M4	直径2.6、孔径0.4	白玉		
3	玉璧	和龙惠章墓	不详			[67]
4	玉璧	敦化六顶山IM3	外径6、内径2.3	淡绿色	图四，2	[40]
5	玉璧	敦化六顶山IM8	外径3.6、内径1.1	淡绿色	图四，3	
6	玉璧	宁安虹鳟鱼场M2112	残甚，肉宽3.1	灰白色		[9]

续表

序号	名称/数量	出土单位	尺寸（厘米）	备注	插图	出处
7	玉璧	永吉查里巴M6	不详			［11］
8	玉璧	永吉查里巴M27	不详			
9	玉璧	永吉杨屯大海猛79M1	不详			［13］
10	玉璧	杨屯大海猛79M39	不详			
11	玉璧	海林北站墓地	外径5.3、内径2.1	青绿色		［68］
12	玉璧	永吉查里巴85M1	外径8、内径3.2	乳白色		［69］
13	玉璧	永吉查里巴M31	外径10.7、内径3.7	乳白色		［11］
14	玉璧3	永吉杨屯遗址	外径3.9、内径1.6	乳白色		［30］
15	玉璧	杨屯大海猛79M19	外径4.1、内径1.7	灰白色		［13］
16	玉璧	杨屯大海猛79M24	外径11.7、内径4.9	乳白色		
17	玉璧	虹鳟鱼场M2127	残甚，宽（肉）2.4	灰白色		［9］
18	玉璧	六顶山ⅠM3	外径6、内径2.3	青白色		［40］
19	玉璧	六顶山ⅠM4（1949/59）	外径11.5、内径4.7	青玉		［8］
20	玉璧	宁安大朱屯M1	残段，不详	乳白色		［54］
21	玉璧	虹鳟鱼场6号方坛	残段，肉宽3.5	浅灰色		［9］
22	玉璧	虹鳟渔场1号方坛	残段，肉宽3.3	浅灰色		
23	玉璧	契尔良基诺5号墓地	外径11.5、内径5.5	乳白色	图四，8	［70］
24	玉璧3	契尔良基诺5号墓地	外径5.9～9.5、内径3.15～3.5	青玉/乳白色	图四，7	
25	玉璧2	尼古拉耶夫斯科耶2号城址	外径2～3.6、内径1～1.6	乳白色		

玉璧多数发现在靺鞨及渤海早期的墓葬中，渤海晚期基本不见。吉林永吉是玉璧出土最为集中的地点。杨屯大海猛墓葬出土玉璧11件（图四，4～6）[71]，其中M24人骨头部右侧随葬半件玉璧，另一半发现于距离墓葬西南2米处的文化层内。虹鳟鱼场墓地的玉璧，均为残段，无一例完整器。这或许是靺鞨“毁器”葬俗的一种表现。渤海的玉璧，应为实用器，永吉杨屯大海猛墓地的3件玉璧，有2件以银片锔补，1件有清楚的锔孔。永吉查里巴M31玉璧，存有7个锔钉。契尔良基诺5号墓地出土玉璧均有用银片锔补过的现象。宁安西石岗墓地采集的玉璧[72]，两端亦有锔痕。如此多见的锔钉表明当时的人们对玉璧的珍视程度及其使用频率。海林细鳞河遗址[73]、虹鳟渔场M2205还出土过仿玉的石璧。尺寸较小的玉璧，或是随身的装饰物，类似于汉代杂佩中的组成部分。尺寸达11厘米的玉璧，目前也无法推知其为祭祀之瑞玉。

有人认为靺鞨渤海的玉璧，形制与中原唐王朝的风格接近[74]，甚至认为多数应来自唐王朝的赐赠和交流[75]，这都是罔顾材料的臆测。玉器发展到唐代，实用性明显增强，逐步走向世俗化、生活化[76]。考古发现的唐朝玉器，类型主要有带具、容器（多

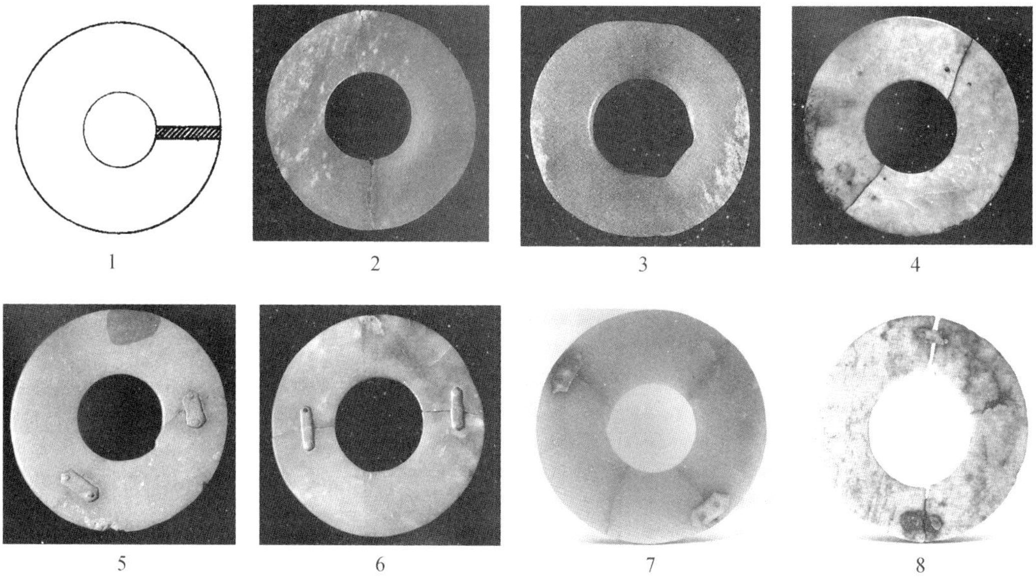

图四　渤海遗址出土玉璧

1. 榆树老河深上M8　2. 敦化六顶山ⅠM3　3. 敦化六顶山ⅠM8　4～6. 杨屯大海猛墓地　7、8. 契尔良基诺5号墓地

仿金银器）、各种玉饰件及小型雕塑等[77]。尽管唐朝皇家祭祀仪式，璧圭琮璋是标准的祭器，然迄今为止尚无考古出土的唐代玉璧资料，然考古出土及传世所见唐代玉璧寥寥无几[78]。靺鞨渤海的玉璧，可谓具有地方特色的玉器，是应该引起重视的渤海文物。

四、鱼　　符

渤海遗址中鱼符仅见1件，弥足珍贵，对于探究渤海历史与文化具有重要意义。此鱼符采集于俄罗斯滨海边疆区尼古拉耶夫斯科耶1号城址[79]，为青铜质地，长5.6厘米，腹部刻“同”及“左骁卫将军聂利计”字样（图五）。类似的鱼符见于《历代牌符图录》著录[80]，腹部刻“同”及“右领军卫道渠府第五”字样（图六）。济南市博物馆藏唐代鱼符，长亦为5.6厘米，文字与《历代牌符图录》著录者相同[81]。这3件鱼符可谓唐代鱼符的标准规制。

《新唐书》志第十四《车服志》记：“初，高祖入长安，罢隋竹使符，班银菟符，其后改为铜鱼符，以起军旅、易守长。”秦汉至隋，均用虎符，唐朝因避讳虎字，遂用鱼符[82]。左骁卫为唐代武职中十六卫之一，置“上将军各一人，大将军各一人，将军各二人。掌同左右卫（即掌宫禁宿卫）”[83]。靺鞨诸部人名中最后一个字为“计”者较多，如“铁利靺鞨可娄计”“越喜靺鞨勃施计”“渤海靺鞨菸夫须计”

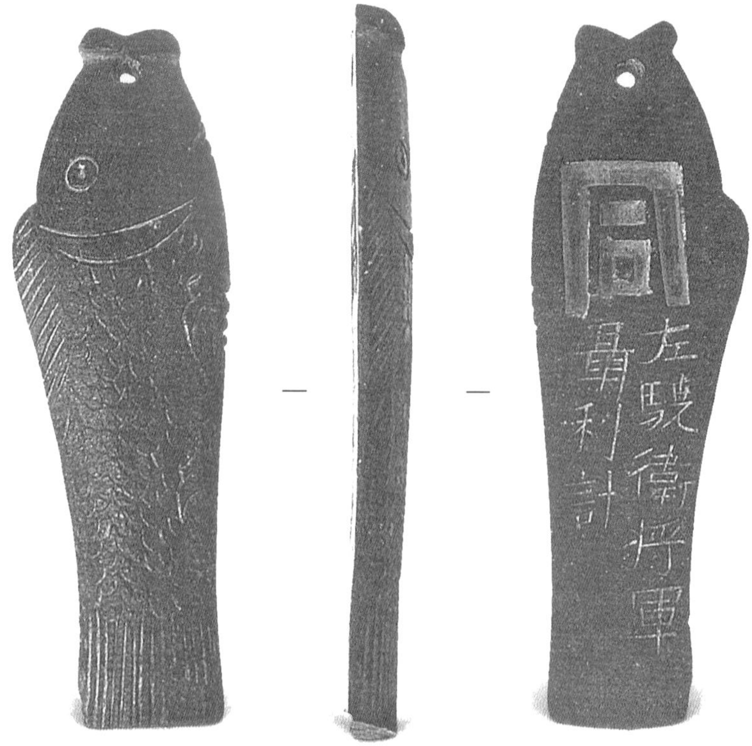

图五　尼古拉耶夫斯科耶1号城址出土铜鱼符

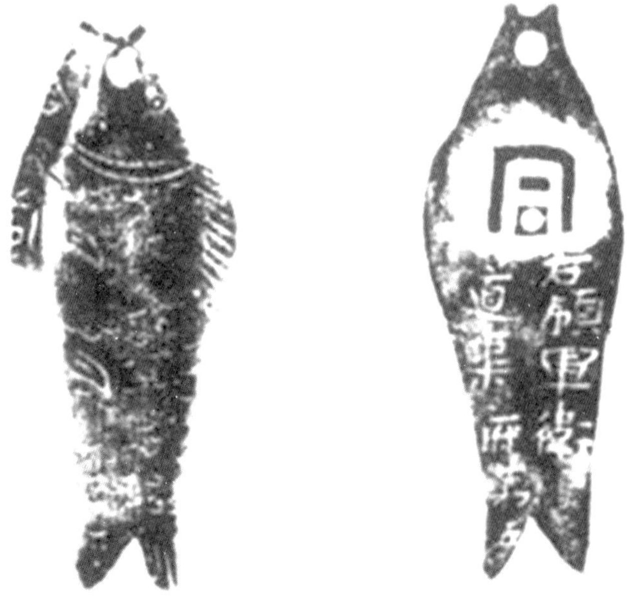

图六　《历代牌符图录》著录的鱼符

“靺鞨首领聿弃计”等[84]。《册府元龟》卷九七五《褒异二》记开元十年（722年）十一月辛未：“渤海遣使其大臣味勃计来朝，并献鹰，授大将军，赐锦袍、金鱼袋，放还蕃。”渤海来朝唐廷者被授“左武卫将军”“右武卫将军”“将军”者不乏其例。因此，尼古拉耶夫斯科耶1号城址青铜鱼符，应是唐廷赐给来朝的靺鞨人聂利计的[85]。

注　释

[1] 新唐书[M]卷二一九渤海传. 北京：中华书局，1975.

[2] 册府元龟[M]卷九一朝贡四. 北京：中华书局，2003.

[3] 契丹国志[M]卷一四东丹王传，贾敬颜，林荣贵点校本. 上海：上海古籍出版社，1985.

[4] 旧唐书[M]卷一二四李正己传. 北京：中华书局，1975.

[5] 辽史[M]卷一一二耶律辖底传：“遥辇痕德堇可汗（906年卒）时……（辖底）自立为夷离堇。与于越耶律释鲁同知国政。及释鲁遇害，辖底惧人图己，挈其二子迭里特、朔刮奔渤海，伪为失明。后因球马之会，与二子夺良马奔归国。”北京：中华书局，1975.

[6] 黑龙江省文物考古研究所，吉林大学考古学系. 河口与振兴——牡丹江莲花水库发掘报告（一）[R]. 北京：科学出版社，2001：48.

[7] 沙弗库诺夫（著），宋玉彬（译）. 渤海国及其俄罗斯远东部落[M]. 长春：东北师范大学出版社，1997：117.

[8] 王承礼. 敦化六顶山渤海墓清理发掘记[J]. 社会科学战线，1979（3）.

[9] 详见黑龙江省文物考古研究所. 宁安虹鳟鱼场——1992～1995年度渤海墓地发掘报告[R]. 北京：文物出版社，2009：“墓葬登记表”.

[10] 黑龙江省文物考古研究所. 黑龙江海林二道河子渤海墓葬[J]. 北方文物，1987（1）.

[11] 吉林省文物考古研究所. 吉林永吉查里巴靺鞨墓地[J]. 文物，1995（9）.

[12] 黑龙江省文物考古研究所. 黑龙江东宁县小地营遗址渤海房址[J]. 考古，2003（3）.

[13] 吉林市博物馆. 吉林永吉杨屯大海猛遗址[A]. 考古学集刊（第5辑）[C]. 北京：中国社会科学出版社，1987.

[14] 杨秀全. 林口县出土古代青铜骑马人物像[J]. 北方文物，1997（4）.

[15] 魏存成. 渤海考古[M]. 北京：文物出版社，2008：210.

[16] 姚凤. 黑龙江左岸女真人的文化遗存[J]. 辽海文物学刊，1990（1）.

[17] 郑永振，严长录. 东清渤海墓葬发掘报告[A]. 渤海墓葬研究[M]. 长春：吉林人民出版社，2000：282.

[18] 同[11].

[19] 同[13]，114.

[20] F42：7以及03采：47，见辽宁省文物考古研究所. 五女山城——1996～1999、2003年桓仁五女山城调查发掘报告[R]. 北京：文物出版社，2004：157，217.

[21] 齐东方. 中国早期马镫的有关问题[J]. 文物，1993（4）.

[22] 同[15]，264.

[23] M4，见沈阳市文物考古研究所．2004年度沈阳石台子山城高句丽墓葬发掘简报[J]．北方文物，2006(2).

[24] 万欣．朝阳发现唐代铁器的初步考察[A]．朝阳隋唐墓葬的发现与研究[C]．北京：科学出版社，2012：177.

[25] 冯恩学．辽代契丹马具探索[A]．考古学集刊(第14辑)[C]．北京：文物出版社，2004.

[26] 于海燕．赤峰市红山区西水地发现一座辽墓[J]．内蒙古文物考古，1992(1/2).

[27] 内蒙古文物考古研究所．宁城县小塘土沟辽墓[J]．内蒙古文物考古，1991(1).

[28] 阎景全．黑龙江阿城市双城村金墓群出土文物整理报告[J]．北方文物，1990(2).

[29] a. 同[11].
b. 尹郁山．吉林永吉查里巴村发现两座渤海墓葬[J]．考古，1990(6).

[30] 吉林省文物工作队等．吉林永吉杨屯遗址第三次发掘[A]．考古学集刊(第7辑)[C]．北京：科学出版社，1991.

[31] 同[19].

[32] 同[25].

[33] 吉林省文物考古研究所，集安市文物保管所．集安洞沟古墓群禹山墓区集锡公路墓葬发掘[A]．吉林集安高句丽墓葬报告集[C]．北京：科学出版社，2009：221，图二五之20.

[34] 陕西省文物管理委员会．唐永泰公主墓发掘简报[J]．文物，1964(1).

[35] 陕西省文物管理委员会．长安县南里王村唐韦泂墓发掘记[J]．文物，1959(8).

[36] 吉林省文物考古研究所等．六顶山渤海墓葬——2004～2009年清理发掘报告[R]．北京：文物出版社，2012.

[37] 中国社会科学院考古研究所．偃师杏园唐墓[R]．北京：科学出版社，2001：67.

[38] 中国社会科学院考古研究所．唐长安城郊隋唐墓[R]．北京：文物出版社，1980：图版六〇.

[39] 洛阳市文物工作队．洛阳龙门唐安菩夫妇墓[J]．中原文物，1982(3).

[40] 同[36]，附录三.

[41] 魏学臣．渤海瑞兽鸾鸟镜[J]．黑龙江文物丛刊，1982(2).

[42] 同[37]，69.

[43] 同[37]，70.

[44] 吉林省文物考古研究所等．吉林和龙市龙海渤海王室墓葬发掘简报[J]．考古，2009(6).

[45] 同[37]，71.

[46] 同[37]，139.

[47] 尚刚．唐代的特种工艺镜[J]．南方文物，2008(5).

[48] 徐殿魁．唐镜分期的考古学探讨[J]．考古学报，1994(3).

［49］ 延边朝鲜族自治州博物馆等．和龙北大渤海墓葬清理简报［A］．东北考古与历史（第1辑）［C］．北京：文物出版社，1982.

［50］ 河南省文化局文物工作队．郑州上街区唐墓发掘报告［J］．考古，1960（1）.

［51］ 张太湘．大城子古城调查记［A］．文物资料丛刊（第4集）［C］，北京：文物出版社，1981：224.

［52］ 中国古典艺术出版社，1958：图版37.

［53］ 同［37］，142.

［54］ 中国社会科学院考古研究所：六顶山与渤海镇——唐代渤海国的贵族墓地与都城遗址［R］．北京：中国大百科全书出版社，1997：109.

［55］ 同［37］，137.

［56］ 同［37］，214.

［57］ 黑龙江省文物考古研究所等．宁安虹鳟鱼场：1992～1995年度渤海墓地发掘报告［R］．北京：文物出版社，2009.

［58］ 集安县文物保管所．集安县上、下活龙村高句丽古墓清理简报［J］．文物，1984（1）.

［59］ 同［37］，图版37-3.

［60］ 张庆国．渤海上京城址博物馆馆藏的铜镜［J］．北方文物，2004（2）.

［61］ 同［57］.

［62］ 同［37］，图版36-6.

［63］ 临江市宝山——六道沟古铜矿遗址群［A］．中国考古学年鉴（2000年）［Z］．北京：文物出版社，2001：152.

［64］ 册府元龟［M］卷九九九：“开成元年六月淄青节度使奏新罗渤海将到熟铜请不禁断。”

［65］ a．夏鼐．汉代的玉器——汉代玉器中传统的延续和变化［J］．考古学报，1983（2）.
b．夏鼐．商代玉器的分类、定名和用途［J］．考古，1983（5）.

［66］ 吉林省文物考古研究所．榆树老河深［R］．北京：文物出版社，1987：105.

［67］ 吉林省文物志编辑委员会．和龙县文物志［Z］．1984.

［68］ 黑龙江省文物考古研究所．黑龙江海林北站渤海墓试掘［J］．北方文物，1987（1）.

［69］ 同［29］b.

［70］ 吉林省文物考古研究所，俄罗斯科学院远东分院远东民族历史考古民族研究所．俄罗斯滨海边疆区渤海文物集粹［M］．北京：文物出版社，2013.

［71］ 查里巴、大海猛出土的玉璧，发掘简报中均选择标本进行介绍，因此玉璧仅有几件有具体信息．其中的5件见古方．中国出土玉器全集（2）［M］．北京：科学出版社，2005：183-188.但也没有标出详细出土单位。

［72］ 黄林启．宁安县渤海镇西石岗古墓群出土文物简介［J］．北方文物，1990（4）.

［73］ 黑龙江省文物考古研究所．考古黑龙江［M］．北京：文物出版社，2011：192.

［74］ 古方．中国出土玉器全集（2）［M］．北京：科学出版社，2005：Ⅲ，“概述”.

［75］ 曲艳丽，刘景文．吉林省出土玉器概述［J］．北方文物，2014（2）．
［76］ 卢兆荫．略论唐代仿金银器的玉石器皿［J］．文物，2004（2）．
［77］ 尚刚．隋唐五代工艺美术史［M］．北京：人民美术出版社，2005：212–215.
［78］ 富平唐节愍太子墓出土过玉璧，见：
a．陕西省考古研究所，富平县文物管理委员会．唐节愍太子墓发掘报告［M］．北京：科学出版社，2004.
b．曲石．唐代玉器［J］．中原文物，1995（3）．
［79］ a．沙夫库诺夫（著），步平（译）．苏联尼古拉耶夫斯克遗址出土的鱼形青铜信符［J］．北方文物，1991（1）．
b．同［69］，278.
［80］ 罗振玉．历代牌符图录前编［M］．北京：中国书店，1998：47.
［81］ 李晓峰．济南文物珍藏［M］．济南：济南出版社，2010：63.
［82］ 孙机．中国古舆服论丛（增订本）［M］．上海：上海古籍出版社，2013：467.
［83］ 新唐书［M］卷四十九百官四上.
［84］ 册府元龟［M］卷九七四，卷九七五.
［85］ 姚玉成．俄罗斯尼古拉耶夫斯克遗址出土鱼形青铜信符考实［J］．北方文物，1993（3）．

Research Notes of Bohai Material Culture

PENG Shan-guo

Even though horse played a significant part in the Bohai social life, the archaeological discoveries of horse gears are very limited, among which only stirrups, gag bits and horse *biao* 马镳 (one type of horse decoration)were found. These horse gears, on one hand were influenced by the Koguryo harnesses, on the other, showed the elements of central plain culture during the Tang Dynasty. The shapes and decorations of Bohai bronze mirrors are almost identical to the Tang mirror. Therefore, they were probably imported from central plain. The jade *bi* 玉璧 (a round piece of jade with a hole in the center) had distinguish local feature and is assumed to be decoration. So far, only one piece of *yufu* 鱼符 (fish shaped tallies) was found in Bohai which is supposed to be a gift from Tang court to the Mohe 靺鞨 people who came to pay tribute.

辽宁昌图四面城辽、金时期建置考辨

王 雷[1] 赵少军[2]

（1.内蒙古民族大学政法与历史学院，通辽，028000；2.辽宁省文物局，沈阳，110032）

四面城城址位于辽宁省铁岭市昌图县四面城镇政府所在地，西距镇政府约200米，东南距昌图县城约26千米（图一），平面呈不规则菱形，主要遗迹有南北两城门及瓮门、城墙等，城墙皆为土筑（图二），总体面貌仍清晰可见（图三）。

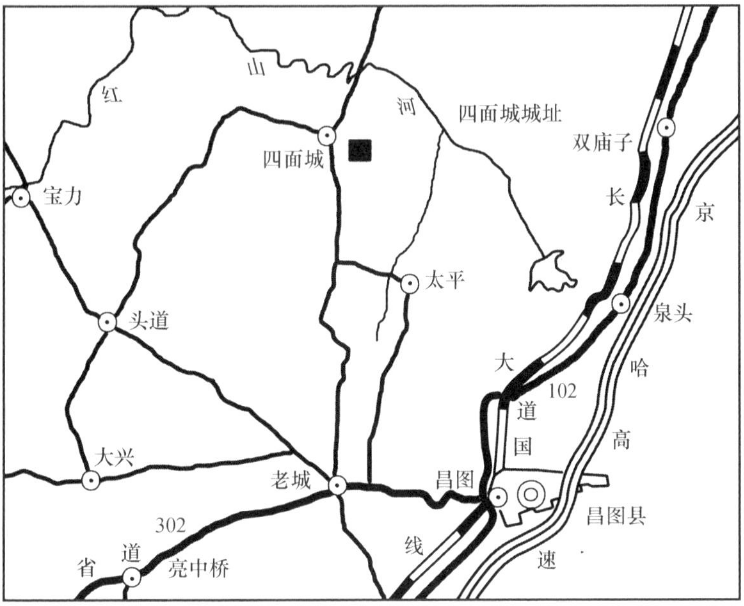

图一 四面城城址地理位置示意图

辽宁昌图四面城在辽、金时期的建置问题，学术界历来众说纷纭，相关记载散见于辽、金、元、明、清等朝代正史、使者行程录、志书之中。近、现代以来，一些知名学者对辽代四面城城址建置进行了考证，大抵形成三种看法：一为通州说。早期研究者[1]据《辽史》卷三八《地理志二》“通州”目下有“归仁”县[2]、《金史》卷二四《地理志上》载“归仁，辽旧隶通州安远军，本渤海强师县，辽更名，金因之”[3]，将此城定为辽代通州城，周向永[4]曾持此说；二为安州说。安州说依据《辽东行部志》[5]、《金虏图经》[6]、《大元一统志》[7]等文献，张博泉，王绵厚、李健才，

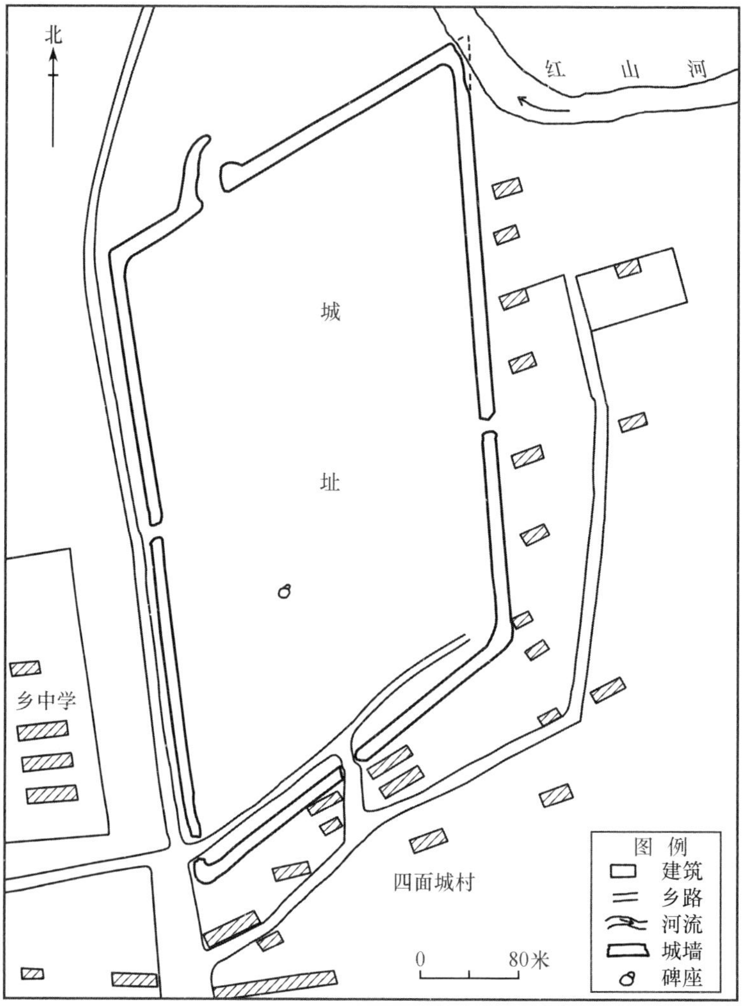

图二　四面城城址平面示意图

许志国，冯永谦等[8]均持此说，周向永[9]后来亦持此观点，此为目前学术界主流观点；三为通州即安州说。李文信持此说，并认为龙州亦为别名[10]。近年来，随着调查、考古发掘等工作的开展（图四），尤其是2000年残碑的发现[11]，2009年[12]、2010年[13]的考古发掘（图五），为四面城辽、金时期的建置研究又提供了新的材料。笔者不揣浅陋，以文献记载和学界研究成果为基础，对此问题再作分析（图六）*。

一、文献史料解读

近年四面城城址内曾出土残碑一通，残碑原文为：

* 文中图九、图一〇引自第七批全国重点文物保护单位四面城城址记录档案，并进行了处理，其余附照片及线图均由笔者提供，不再一一注明。

图三　四面城东城墙（自北向南拍摄）

图四　四面城北墙东段（自西向东拍摄）

> 辽东之地为州者五十有四，而安州即其一也……俗阜，视其地利，甲诸辽左，真一境之佳致也……并吞辽宋，一匡天下，封疆万里。夫以……取民之所归，惟归有仁之意……夸耀……。

通过碑面文字“并吞辽宋，一匡天下”的记载，可以确定是金代残碑，故碑中记载的辽东五十四州之一的安州，当指金代安州。检索《金史·地理志》，中都路有同名州“安州”[14]，在金太宗天会七年（1129年）由宋顺安军升成，为刺史州，天会七年拆河北为东、西路时属河北东路，之后改置高阳军，改置的时间在大定二十八年（1188年）徙治葛城之前，且徙治后，高阳军的州治在葛城县，后又将州治移于渥城。因此，

图五　四面城东墙墙体对接与夯筑

图六　四面城城墙东北角处断崖（自东向西拍摄）

此“安州”存在的时间是从天会七年开始，直到泰和八年（1208年）仍以安州相称。

金代在辽东置安州则未见于《金史》。那么，残碑中“安州”从何而来？查阅《金虏图经》，有安州南铺的记载[15]，《大元一统志》也记载：

> 归仁县故城在咸平府北，旧安州。金皇统三年改为县，后废，城址犹存。[16]

因此，金代辽东地区存在安州应属无疑，直到金皇统三年（1143年），才改为归仁县。《辽史·地理志二》东京道条载：

安州，刺史。兵事隶北女直兵马司。[17]

安州为刺史州，在《秦德昌墓志》中也得到了印证[18]。安州在军事上隶属于北面边防官北女直兵马司，置于东京辽州，为东北路诸司之一[19]，地处今辽宁北部，为沈阳以北之地，属沈阳、铁岭地区[20]。

安州的职官设置，依《辽史·百官志四》南面方州官条记载，有安州团练使[21]一职，圣宗统和二十八年（1010年）时的王八[22]、清宁初（1055年）的耶律何鲁扫古[23]都曾任过此职。另外，出土辽代墓志中还见有安州防御使[24]的官职，《蔡志顺墓志》记其“累加安州团练使，……（大安）三年（1087年），迁安州防御使，知庆州节度副使”[25]，“迁”字表明安州团练使和安州防御使同级，较庆州节度使低一个等级。《辽史·百官志四》记载：

辽东、西，燕、秦、汉、唐已置郡县，设官职矣。高丽、渤海因之。至辽，五京列峙，包括燕、代，悉为畿甸。二百余年，城郭相望，田野益辟。冠以节度，承以观察、防御、团练等使，分以刺史、县令，大略采用唐制。[26]

节度使为辽南面方州官中权力最高的主管官；观察、防御、团练等使，实际为“承吏”（亦曰丞吏），意为佐官、副职，可以由节度使兼任；刺史、县令，辽代则曰“分”，意为分职，分掌各自地方的事务[27]。辽虽依唐制，设置安州团练使或安州防御使一职，并不表明这一时期安州由刺史州上升为防御州。以辽道宗时官员茹雄文为例，“上旌其勋，改授安德州刺史，加防御使”[28]。而《辽史》明确记载，安德州为下等刺史州[29]，显然不是防御州的级别，但道宗为表彰茹雄文的功勋，虚授其官衔为防御使，故称之为“加”。以此来看，作为刺史州的安州，设置安州防御使、团练使等职位可能只是一种虚衔，而刺史州的级别不变。安州刺史虚授为高一级别的团练使或防御使，推测与辽代中期以后辽与女真和高丽的紧张局势有关，辽由于女真反叛，自统和二年（984年）二月[30]到重熙九年（1040年）十一月[31]多次征伐。而辽与高丽之间的关系，到圣宗时也曾发生了坏的变化[32]。统和十年（992年）十二月[33]到开泰八年（1019年）八月[34]，辽也多次征伐高丽。因此，辽通过提高边境州县官员级别的方式，以满足与高丽之间战争的需要，以及对抗来自东北方日益强大的女真人所带来的压力。

再者，安州置于东京道条下，表明安州是东京道治下的刺史州。《辽史》中“东京道：安州团练使”[35]的记载，也表明安州团练使是东京道设立的职官。

辽代安州，金时虽已非旧名，但仍有线索可循。金人王寂撰写的《辽东行部志》载：

辛酉，次归仁县，宿南城道院，归仁在辽时为安州，本朝改降为县。[36]

王寂明确提到归仁县在辽时为安州，金朝由州降为县，并追忆起四十年前海陵王天德辛未年（天德三年，1151年）赴会宁御试路过归仁县，友人高无忌时为归仁县主簿，四十年后的明昌年间，归仁县治依旧[37]，其位置，据《大元大一统志》载，“归仁县故城在咸平府北”。

咸平府在《金史》[38]和《元史·地理志二》[39]均有记载，咸平府即辽咸州，金初称咸州路，置都统司。天德二年（1150年）八月，升为咸平府，后为总管府。归仁县为咸平府所统八县之一。按《元史》所载，咸平府在金朝时由咸州安东军升成[40]，在至元二十三年（1286年）被割为散府[41]，咸平府领有归仁等六县，兵乱皆废。金代归仁县的情况，《金史·地理志上》有载：

归仁。辽旧隶通州安远军，本渤海强师县，辽更名，金因之。北有细河。[42]

这是目前争议最大的一则史料，早年通州说即源于此，认为归仁即辽通州。所谓归仁“辽旧隶通州安远军”，实际上已经表明了归仁和辽通州之间为隶属关系，而并非简单的“归仁=辽通州”，而且“旧隶”表明曾经的隶属关系，现在关系已非隶属关系。如此，则“辽通州说”不攻自破，金归仁县在辽时曾隶属于通州应非讹误，只是释读史料出现偏差而已。辽、金两史均提到“归仁县，本渤海强帅（应为师字之误）县，并新安县置”[43]，即原为渤海的强师县，系并新安县后而置，《金史》又提辽时更名为归仁县，即辽时归仁县已存在，金代沿用，仍称归仁县。通州的相关记载，在《辽史·地理志二》中有载：

通州，安远军，节度。本扶余国王城，渤海号扶余城。太祖改龙州，圣宗更今名。保宁七年，以黄龙府叛人燕颇余党千余户置，升节度。统县四：……。归仁县，本渤海强帅县，并新安县置。……。[44]

按《辽史》记载，通州置于保宁七年，并升为节度州，归仁为其辖下四县之一。辽通州治所，过去推定为今吉林省四平一面城[45]，周向永等新考为今昌图县黑城城址，可做一说。但其同时又认为，作为辽通州属县的归仁与辽安州、金归仁县之归仁除名称相同外，无一有瓜葛之处[46]，笔者于此则不敢苟同。我们再分析通州与龙州的关系，据《辽史·地理志二》载：

龙州，黄龙府。本渤海扶余府。太祖平渤海还，至此崩，有黄龙见，更名。保宁七年，军将燕颇叛，府废。开泰九年，迁城于东北，以宗州、檀州汉户一千复置。[47]

都兴智认为，景宗保宁七年（975年），黄龙府渤海人燕颇叛，辽朝出兵讨之，黄龙府因之而废。保宁七年，辽击溃燕颇后，因龙州残破，并未在黄龙府旧治所恢复府治，而是以燕颇余党千余户与通州城重设府治，当时仍名黄龙府。至圣宗开泰九年（1020年），将黄龙府治所又迁回原来的旧址，以宗州、檀州汉民一千户复置黄龙府，然后将西迁的黄龙府治所改称通州[48]。如都氏的推断不错，“太祖改龙州，圣宗更今名”的记载反映了通州初设是黄龙府侨置的治所，应称黄龙府，景宗开泰九年东迁后才改称通州。除此之外，我们注意到，在《辽史·地理志二》有辽阳府下辖九县的记载：

> 天显十三年，改南京为东京，府曰辽阳。户四万六百四。辖州、府、军、城八十七。统县九：辽阳县。……。仙乡县。……。鹤野县。……。析木县。……。紫蒙县。……。兴辽县。……。肃慎县。以渤海户置。归仁县。顺化县。[49]

于是，东京辽阳府辖下九县中和通州治下四县中均出现了归仁县，关于这一问题，学界多认为是史书记载有误，或做他解[50]。笔者认为，出现这种结果并非《辽史》之讹误。统辖归仁县的辽阳府，《辽史·地理志二》有载：

> 东京辽阳府，……。太祖建国，攻渤海，拔忽汗城，俘其王大諲譔，以为东丹王国，立太子图欲为人皇王以主之。神册四年，葺辽阳故城，以渤海、汉户建东平郡，为防御州。天显三年，迁东丹国民居之，升为南京。[51]

依《辽史》所载[52]，太祖攻灭渤海大氏后，于其地建东丹国，以耶律倍为东丹国国王人皇王。神册四年（919年），辽朝修葺辽阳故城，并作为东平郡治所，级别为防御州。天显三年（928年），辽朝将东丹国人户迁到东平郡居住，并升东平郡为辽南京。据冯永谦考证，辽阳府并非渤海旧地，渤海南界最多到开原一线，以此往南，不见渤海踪迹[53]。辽阳府辖下的归仁县，其条下无任何记载，看似与通州治下归仁县地望不合，故学界有学者认为两归仁县两不相干，辽阳府条下归仁县待考。笔者注意到，《辽史·兵卫志》所载辽阳府治下六县[54]，《辽史·地理志二》中俱载，而归仁县等三县则不见于《辽史·兵卫志》。

归仁县在《辽史·兵卫志》辽阳府条下之失载，却又被列入通州条下。通州治下归仁县，本为渤海强师县，太祖天显元年（926年）平渤海，并将渤海郡县改称，大约在这一时期，渤海强师县并新安县，改称归仁县。大约50年后的保宁七年，才于通州城设黄龙府治所。归仁县在保宁七年于通州城设治所之后［都兴智称之为黄龙府侨置的治所，或可称之为黄龙府（通州）］，划归到黄龙府（通州）治下。开泰九年后，黄龙府迁回原址，西迁之地改称通州，归仁县则改隶通州管辖。在划归通州之前归仁县的隶属关系，结合归仁县为辽阳府治下九县的记载和《辽史·兵卫志》失载的情况，笔者认为存在这样一种可能，在归仁县划归黄龙府（通州）隶属之前，原为辽阳府所统九县之一，与《辽史·兵卫志》失载的另外二县肃慎、顺化同属辽阳府直接管辖，通州城设黄龙府后，归仁县的隶属关系发生改变，从辽阳府治下直辖之县改为划归黄龙府（通州）管辖，列入通州条下。《辽史·兵卫志》辽阳府治下未载归仁县，恰恰反映了归仁县划归黄龙府（通州）之后辽阳府辖县的情况。其后，归仁县升格为州，改称安州，根据统和二十八年伐高丽，当年十一月，以“安州团练使王八为副留守”[55]的记载来看，改称一事当至迟在统和二十八年。其后，辽金易代，此安州一直存在，直到金皇统三年，才将安州改回辽时旧称之归仁县。因此，在天会七年到皇统三年间，在东京道的咸州路都统司治下和河北东路治下各有一安州存在，两同名州并存长达14年，直到咸州路安州改称归仁县为止。

《辽史》中归仁县与安州并存，是由于不同时期的名称与隶属关系不同所致。《辽史》修撰时相隔时间较长，兼又比较匆忙，讹误甚多，更遑论细究一州县之沿革。如归仁、安州这般同治一地但名称、隶属关系多次发生变化的情况，修史之人往往无暇细辨，只好全盘罗列，更致混淆不可辨究。

综上所述，笔者将辽、金时期四面城的建置沿革整理为表一。

表一　四面城辽、金时期建置沿革表

时期	名称	归属	变更时间
渤海	强师县	—	—
辽代	归仁县（强师县并新安县而成）	辽阳府*	天显元年平渤海之后
辽代	归仁县	黄龙府（通州）	保宁七年至开泰九年
辽代	归仁县	通州	开泰九年后
辽代	安州	辽阳府（兵事隶北女直兵马司）	统和二十八年之前
金代	安州	咸州路都统司	金初至皇统三年之前
金代	归仁县	咸州路都统司	皇统三年之后
金代	归仁县	咸平府	天德二年八月
金代	归仁县	咸平府（总管府）	天德二年之后
金代	兵乱废置	咸平府（总管府）	金末

注：*辽阳府尚为东平郡时，没有材料证明是否统辖归仁县，故不列入。

二、历史地理学考证

关于辽代安州、金代归仁县的位置，据《金虏图经》载：

> 咸州至宿州南铺四十里，宿州至安州南铺四十里，安州南铺至夹道店五十里。[56]

依据金刘元德墓志“窆于咸平紫霞先茔园旧麓”[57]的记载，冯永谦考证咸州的治所为开原老城镇古城址，即为金咸平府，辽之咸州[58]。宿州即肃州，学界考其为今昌图县马仲河古城[59]记作夹道站，据考为昌图此路树镇四合屯古城[60]，即今昌图四合镇[61]。夹道店，《金虏图经》[62]记为夹道店、《析津志》[63]记为贾道铺，《经世大典》所在地四合村。按上述记载，安州南铺至咸州八十里，安州南铺至宿州四十里，安州南铺至夹道店五十里。即安州南铺距今开原老城镇北八十里，距今昌图马仲河古城北四十里，北距昌图四合村五十里。而《松漠纪闻》中载：

> ……至夹道店，五十里至安州南铺，四十里至宿州北铺，四十里至咸州南铺。[64]

根据以上记载，安州南铺至三地的距离，至夹道店为五十里，至宿州北铺四十里，至咸州南铺八十里，与《金虏图经》所载里程相同。《奉天通志》一书中提出，

"凡辽里略小于今里，故辽里五十里为今四十里，八十里为今七十里。韩州南距通州八十里，正与今八面城距四面城七十里之数符合。"[65]金毓黻明确提出四面城为安州归仁县[66]。实测今昌图四面城距三地距离与文献记载基本相符，则四面城应为辽之安州无疑，并依前述之推断，为金之归仁县，亦属顺理成章。

事实上，其他相关记载也可佐证四面城为辽之安州、金之归仁县。《元史》记载有金末耶律留哥与蒲鲜万奴逆战于归仁县北河上的史实[67]，归仁县北有河当属无疑，《金史·地理志》明确记载了金代归仁县北有细河。《辽东志》载：

> 归仁县北有细河，细河（开原）城北八十里，源出自那木川西石岭山，西流循归仁县北入小创忽而河。[68]

进一步确认细河在开原城北八十里，发源于那木川西石岭山，西流，过归仁县北流入小创忽而河。《全辽志》中也有类似的记载：

> 细河，（开原）城北八十里，源出那木川西石岭山，西流循归仁县北入小创忽而河。

又载，

> 小创忽而河，（开原）城西北九十里，源出分水岭，西流入大创忽而河。[69]

《全辽志》除确认《辽东志》的记载外，还记载了小创忽儿河在开原城西北九十里，发源于分水岭，西流汇入大创忽儿河等信息。又载：

> 大创忽而河，（开原）城西北一百里，源出分水岭，西流入辽海。[70]

指明大创忽儿河在开原城西北一百里，发源于分水岭，西流入辽海。辽海为今辽河，已是学界之共识，无需再证。依上述记载，细河为小创忽儿河之支流，小创忽儿河为大创忽儿河之支流，大创忽儿河为辽河之支流。大创忽儿河、小创忽儿河的源头分水岭的位置，《奉天通志》解释如下：

> 吉林哈达岭之北有达扬阿岭，古年岭、钢义岭、金凤岭、太平岭、绵亘不断，为东丰与西丰、西安分界，总称为分水岭。[71]

分水岭为吉林哈达岭，进一步缩小了细河位置所在的范围。按《奉天通志》记载：

> 四面城河明时名为细河，源出吉林省伊通县西南境上石场山北，西北流三十七里至白塔水口，出柳条边入本县境，距昌图县治东北三十五里，西北流经泉眼头村中，又西北经三道林子村北，又西北流经四面城村北，村为辽金归仁县故址。今遗迹犹存。[72]

则小创忽儿河即二道河[73]，大创忽儿河即辽河之支流招苏台河[74]。二道河、招苏台河均发源于吉林哈达岭，都为西流之河，这与小创忽儿河、大创忽儿河发源于分水岭，俱西流的记载相符。实测开原城到四面城河（细河）、二道河、招苏台河的里数，均与记载相合。

细河源出那木川西石岭山，考其位置，"那木川"一名见于《辽东志》记载，威远堡有“那木川台”[75]，《全辽志》亦载，“威远堡下有那木川台”[76]。可知那木川当在明威远堡治下，即今开原威远堡镇左近，细河源头石岭山当在今昌图县与开原县交界的泉头镇护林村山岔。细河自源头西流，经泉头、循四面城入二道河，故李文信言“细河今泉头河，西流至西双山入二道河”[77]，以流经之地泉头相称，而《奉天通志》因四面城而称其四面城河，今则称之为红山河（也称小南河），盖与其上游有红山水库有关，实则俱为同一河流在不同时期之名称而已。以上分析进一步证实了细河为四面城河，细河旁的归仁县故城即四面城。

三、考古调查与发掘

四面城城址中发现了大量辽金时期陶片标本，器形有罐、盆、瓮、碗、甑等，以及兽面瓦当、卷云纹瓦当等建筑材料，出土了“政和”“皇宋”“元祐”等北宋铜钱，还有诸如瓦砚、砖雕、残碑、鼎员、铁镞、甲片、头盔、车輨[78]等各种遗物（图七）。根据四面城遗址的地层情况，结合出土遗物，综合推断该城址应为辽金时期城址[79]。

四面城城址的规模，据2010年测量数据，南墙308.2米、东墙432米、北墙313.3米、西墙413米，周长1466.5米。另外，东墙、北墙水毁墙体长度（依城墙墙体中线计算）分别为44.74米和10.48米（图八），故实际周长在1520米左右。归仁县升为安州，但城的规模未变，保持了县城的一般规模。为便于直观了解四面城在辽代城址中所处的位置，列举京、节度州（府）、奉陵邑、刺史州及投下州、边防州等几种辽代城址[80]的数据进行对比：

京类城址规模最大，周长在7000米上下，如辽上京城周长6398.63米[81]；节度州城址规模较大，周长4000～6000米，如节度州辽丰州城[82]周长4500～4700米[83]。农安古城，被认为是辽代黄龙府府治，周长3840米[84]；奉陵邑虽为节度州级别，但规模较小，如辽祖州城周长1750米[85]、辽怀州城周长2400米左右[86]，俱为上等节度州[87]。这个规模与边防州城址相似，城址周长俱在2000米上下，如边防州辽通化州城为节度州[88]，周长约2000米[89]，辽静州城由县升成，观察州[90]，周长1779米[91]；刺史州及投下州城址周长约在1500米以下，有的低至1000米。如辽松山州城[92]和辽降圣州城[93]，俱为下等刺史州[94]，周长分别为1300米左右和1000米左右。四面城周长1500米左右，是低级别的州县的一般规模。从规模上来讲，四面城规模太小，低于边防州城址规模，仅仅是下等刺史州，并不具备作为通州、龙州等节度州、府的条件，这也与四面城从县升为刺史州的历史记载相符。

四面城出土之残碑，可就其立碑的时间和目的原因做简要探讨（图九）。从碑的照片可知，残碑应为碑右侧边缘部分，上部碑名缺失，碑下端有残破文字，按照残碑记载的只有五行内容及一般的碑体宽度估算，左侧亦应缺失大量内容，按其“并吞辽宋，

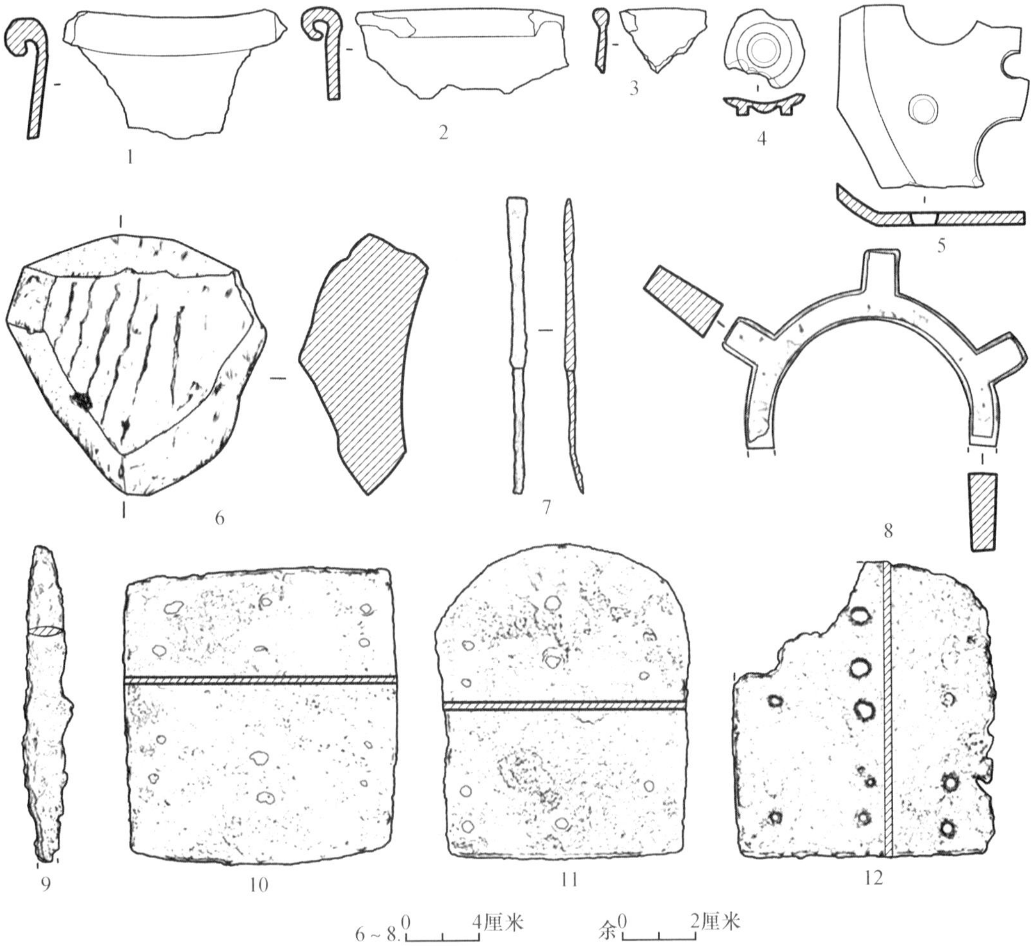

图七 四面城出土遗物

1～3. 口沿［（T2②：1、T4②：2、T1（南）②：3）］ 4、5. 器底（T4②：3、T4②：1）
6. 石臼［（T1（南）②：1）］ 7、9. 铁镞［T1（北）②：1、T1（北）②：2］ 8. 车軎［T1（北）②：3］
10～12. 铁甲片［T1（北）②：5、T1（北）②：6、T1（南）②：2］

一匡天下”，当在金灭辽、宋之后所立无疑。而“辽东之地为州者五十有四，而安州即其一也”这种追溯原称的做法，在太宗天会十一年（1133年）《襄垣县修城记》“襄垣县，古韩州也”[95]，以及大定十二年（1172年）《文登县庙学碑》“文登在汉为不夜县，后并其地为牟平”[96]的记载中可看到影子，两文都开宗明义，介绍了县治的历史沿革，也从侧面说明“归仁县”追溯旧称“安州”并非孤例。其“辽东之地为州者五十有四，而安州即其一也……俗阜，视其地利甲诸辽左，真一境之佳致也”的行文风格，与王寂《瑞萎堂记》“沃为河朔名郡，而临城其辅邑也。……。故溪山胜概，人物繁阜，视他邑不为下”[97]在行文结构上颇为相似，王寂为大定、明昌年间之文士，其作亦在此间。残碑之“并吞辽宋，一匡天下，封疆万里”，与大定十一年（1171年）

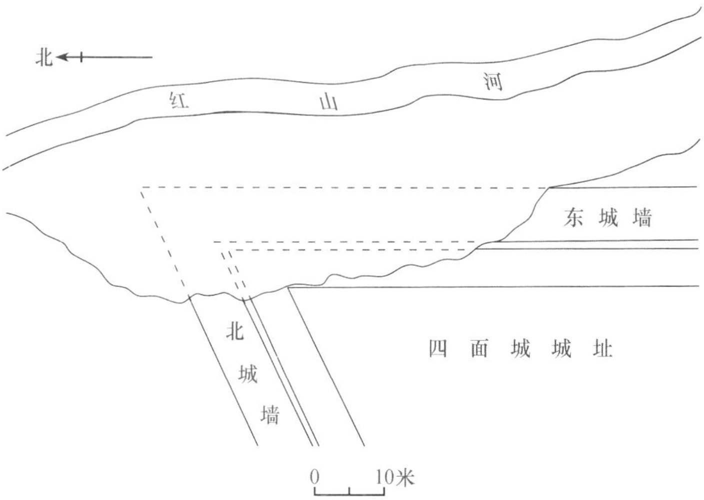

图八　四面城城址东北角平面图

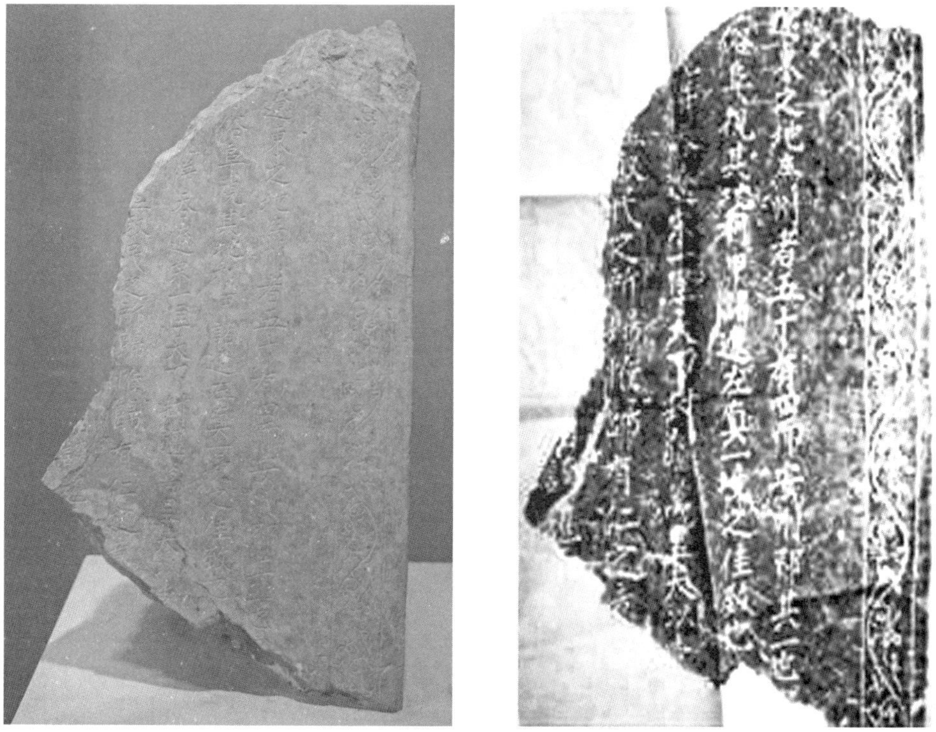

图九　四面城出土残碑

《创建宝坻县碑》"皇朝奄有天下，混一四海，天德间建议，令兹尽以辽、宋地合为一家"[98]和明昌二年（1191年）《曲阜重修至圣文宣王庙碑》"皇朝诞膺天命，累圣相继。平辽举宋，合天下为一家"[99]的说法可互为参照，按记载，在天德年间之后，才有"合为一家"或"一匡天下"的举措，且这种"吞辽并宋"的气度，也当是世宗、章宗这样的盛世王朝才有。安州在熙宗皇统三年改为归仁县，海陵到章宗朝之间出现"归仁"字眼，时间上也相符合。因此，综合判断四面城的残碑内容及记述风格，其时间早不到海陵天德年间，亦不会晚至章宗朝末年，约当世宗大定到章宗明昌年间为妥。

一般而言，中国古代立碑的目的不外乎记载人、事、物。金代的碑刻数量众多，除墓碑外，还有其他多种。如纪念修建的某一类建筑，如城、县衙等官署、文庙、庙学、庙宇、道观等，或记功勋、记德政等皆可立碑，凡此种种，不一一罗列。四面城立碑的原因，残碑中并未记载，由于仅存六十余字，考虑到其残留内容多与建置有关，与记载建置沿革的《创建宝坻县碑》等颇为相似，而行文风格又与部分纪念修建某一类建筑的碑刻相似，故残碑为以上两种碑刻的可能性均存在。

四面城的赑屃（图一〇），早年即见于记载，民国《续修昌图县志》中载：

> 四面城，属第八区即昔之平成社，在县正北，距县四十里，周围十里，四门，门内有石龟出土中，似具顾盼昂首之象焉。[100]

图一〇　四面城出土赑屃

《奉天通志》认为，"昌图县志谓四面城周围十里，四门内有龟趺，盖与八面城略同，其确为辽代古城无疑。"[101]四面城赑屃位于城中偏西南处，头部已不存，周向永提出其形制与黑龙江阿城发现的金代得胜陀颂碑下的赑屃相近，尾部的三角形反映了金代赑屃的雕塑特点，应为金代遗存[102]。赑屃与残碑同为金代遗物，两者之间有何关系，有待将来剩余残碑的发现，或可解决。

早期调查曾发现有镞、刀、头盔、甲片等铁器，2009年度于北城墙倒塌堆积中出土了镞、甲片和车马具等铁器，2010年的发掘，又出土有铁钉、铁镞（图一一）。依甲片的尺寸和形状判断，当为马甲，与头盔，作为兵器的铁镞，刀以及车辖等车马具，一致表明与战争有某种密切的联系。据《元史·耶律留哥传》载：

图一一　四面城出土甲片与车马具

众以辽东未定，癸酉三月，推留哥为王，立妻姚里氏为妃，……，国号辽。……。金主怒，复遣宣抚万奴领军四十余万攻之。留哥逆战于归仁县北河上，金兵大溃，万奴收散卒奔东京。……。于是尽有辽东州郡，遂都咸平，号为中京。[103]

这与《元史·地理志二》中“金升咸平府，领平郭、安东、新兴、庆云、清安、归仁六县，兵乱皆废”的记载相合，其中所言县北之河当为金代细河，今之红山河。近年有学者言河距四面城甚近，无法摆下万奴四十余万军队，实则未考虑细河古今河道异位之因素。历史上位于城址东北侧的红山河（小南河）不断南移，近十几年河道南移的趋势愈发显著，以致将城址东北角冲毁[104]。彼时细河之位置，应比现在距四面城更远，当在今四面城北侧今魏家河口至姚家河口一线，城外到河边的空间也更开阔（图一二）。而且，蒲鲜万奴号称四十万军队，实则远不足此数，这从《元史·耶律留哥传》中“金人遣胡沙帅军六十万，号百万，来攻留哥”[105]即可知，四十万只是虚数而已，真实的数字或在二十万左右，且按照军事常识，不可能一次性投入战斗，故参与这场大战的金朝军队数量与四十万相差甚远。再者，耶律留哥作为逆战一方，将主战场摆在细河上，四面城并非交战双方主战场，只做屯兵、防御用。《元史》记载以四面城北河上作为主战场，应当是可信的，近年来四面城城址北墙倒塌堆积中发现的兵器和车马具或许即是此次大战留下的遗物。

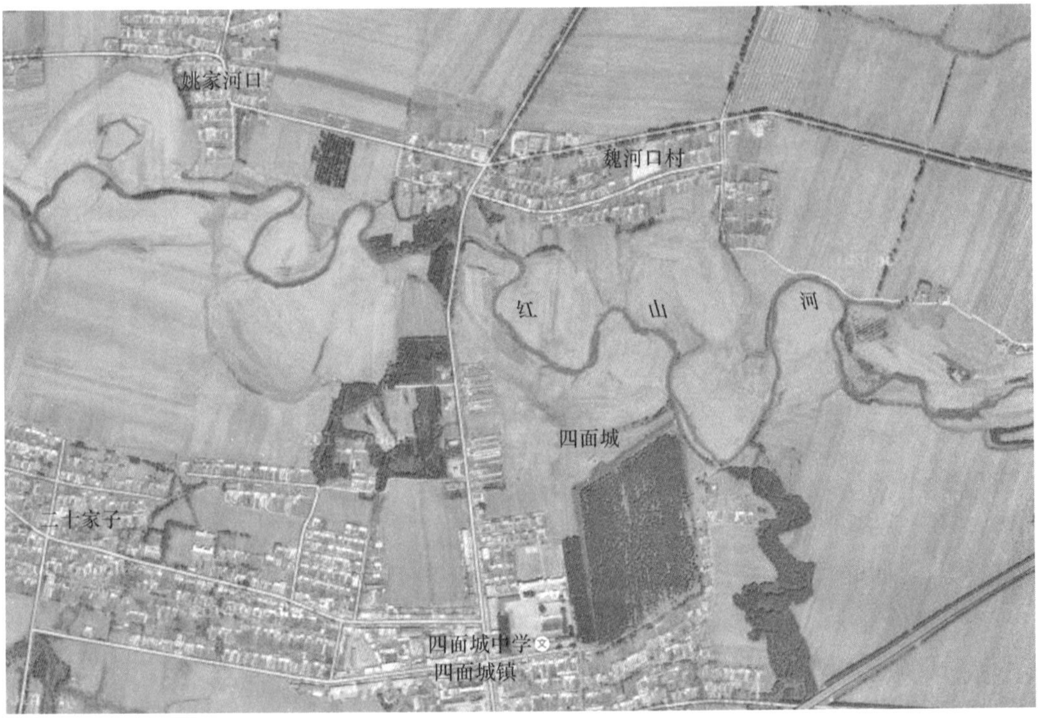

图一二 四面城城址与红山河卫星影像图

四、结　语

通过对四面城在辽、金时期建置问题进行的探讨，得到的主要认识如下：四面城在辽、金两代的归属是不断变化的，《辽史》中归仁县与安州并存，是由于不同时期的名称与隶属关系不同所致。辽太祖天显元年平渤海之后，渤海强师县并新安县，置归仁县于辽阳府下；保宁七年后，改隶于通州设立的黄龙府；开泰九年后，黄龙府回迁，又列于通州治下；归仁县在统和二十八年之前升为安州，隶属于辽阳府（兵事隶北女直兵马司）直至辽朝灭亡；金初至熙宗皇统三年之前，安州隶属咸州路都统司；皇统三年时，废安州置归仁县，仍隶咸州路都统司；天德二年八月，咸州路都统司改咸州府，归仁县改隶咸州府；天德二年之后，咸平府升为总管府，直至金末归仁县因兵乱废置，一直隶属咸平府（总管府）。历史地理学的分析表明，四面城到周边辽代州县的距离与辽、金使者的行程记载吻合，佐证了其为辽代安州州治。考古发掘的地层和出土遗物均表明，四面城为辽金城址证据确凿；四面城城址是一般刺史州、县治所的规模，也为排除其为节度州提供佐证；出土遗物进一步实证其辽、金时期的建置，并为金末发生于该处的战争及城址废置提供了新线索。

最后，仍需说明，四面城作为一个级别为刺史州的州（县），目前所见记载屈指可数，在借鉴学界前辈相关研究成果的基础上，仍需兼以推测，以弥补论证过程中若干环节的缺失，故谬误亦属难免，本文作为四面城辽金时期建置问题探讨的初步结论，不对之处，欢迎各位学界同仁批评指正。

注　释

[1] 据《奉天通志》卷五四《沿革志四》载："今四面城即辽通州"，此观点另见于《东北通史》一书中。参见：
a. 王树楠，吴廷燮，金毓黻等（纂）. 奉天通志［M］. 沈阳：东北文史丛书编辑委员会点校出版，1983：1148.
b. 金毓黻（撰）. 东北通史［M］. 北京：五十年代出版社，1981：355.

[2] （元）脱脱等（撰）. 辽史［M］. 北京：中华书局，1974：468.

[3] （元）脱脱等（撰）. 金史［M］. 北京：中华书局，1975：554.

[4] 周向永. 四面城城址［A］. 辽宁文物古迹大观［C］. 沈阳：辽宁大学出版社，1994：241-242.

[5] （金）王寂（撰）. 辽东行部志［M］. 辽海丛书（第66册）［C］. 沈阳：辽沈书社，1985.

[6] a. （宋）徐梦莘. 三朝北盟会编［M］. 上海：上海古籍出版社，1987：1757.
b. 李健才. 明代东北［M］. 沈阳：辽宁人民出版社，1986：115.

[7] 金毓黻等（辑录）. 大元大一统志［M］. 辽海丛书（第94册）［C］. 沈阳：辽沈书社，1985.

[8] a. 见《三朝北盟会编》卷二四四《金虏图经》。（金）王寂（著），张博泉（注释）. 辽东行部志注释［M］. 哈尔滨：黑龙江人民出版社，1994：56.
b. 王绵厚，李健才. 东北古代交通［M］. 沈阳：沈阳出版社，1990：238.
c. 许志国. 一块残碑纠正史料谬误［N］. 铁岭晚报，2009-1-15.
d. 许志国. 四面城残碑与辽代安州［N］. 铁岭日报，2010-6-19.
e. 冯永谦. 《辽史·地理志》东京道建置厘正［A］. 辽金历史与考古（国际学术研讨会论文集·上）［C］. 沈阳：辽宁教育出版社，2012：252.

[9] 周向永，许超. 铁岭的考古与历史［M］. 沈阳：辽海出版社，2010：160-162.

[10] 李文信. 辽东行部志批注［A］. 李文信考古文集［C］. 沈阳：辽宁人民出版社，1992：325.

[11] 同［8］c.

[12] 赵少军，王雷. 昌图四面城城址2009年度试掘简报［A］. 辽金历史与考古（第四辑）［C］. 沈阳：辽宁教育出版社，2013：24-33.

[13] 辽宁省文物考古研究所，铁岭市博物馆. 昌图四面城城址2010年度调查及城址东北角探沟发掘简报［A］. 辽金历史与考古（第三辑）［C］. 沈阳：辽宁教育出版社，2011：33-44.

[14] 同［3］，577-578.

[15] 同［6］a.

［16］ 同［7］.
［17］ 同［2］，476.
［18］ 据《辽代石刻文续编》之《秦德昌墓志》记载，“（秦德昌）重熙末始辍外官，历安、营、恩、榆等四郡刺史”，向南等注“安”为安州。参见向南，张国庆，李宇峰（辑注）. 辽代石刻文续编［M］. 沈阳：辽宁人民出版社，2010：167.
［19］ 见《辽史》卷四六《百官志二》。同［2］，742–750.
［20］ 同［8］e，249.
［21］ 同［2］，819.
［22］ 见《辽史》卷一五《圣宗纪六》。同［2］，168.
［23］ 见《辽史》卷九四《耶律何鲁扫古传》。同［2］，1384.
［24］ 《辽代石刻文续编》之《为先内翰夫人侍郎太夫人特建经幢记》和《朝阳石函记》都记载有“安州防御使”。参见：
a. 同［18］，617.
b. 同［18］，332.
［25］ 见《辽代石刻文续编》之《蔡志顺墓志》。同［18］，261.
［26］ 同［2］，812.
［27］ 何天明. 辽代政权机构史稿［M］. 呼和浩特：内蒙古大学出版社，2004：240–243.
［28］ 见《辽代石刻文续编》之《茹雄文墓志》。同［18］，184.
［29］ 见《辽史》卷三九《地理志三》。同［2］，487.
［30］ 见《辽史》卷一〇《圣宗纪一》。同［2］，113.
［31］ 见《辽史》卷一八《兴宗纪一》。同［2］，222.
［32］ 舒焚. 辽史稿［M］. 武汉：湖北人民出版社，1983：412.
［33］ 见《辽史》卷一三《圣宗纪四》。同［2］，143.
［34］ 见《辽史》卷一六《圣宗纪七》。同［2］，186.
［35］ 见《辽史》卷四八《百官志四》。同［2］，819.
［36］ 同［5］.
［37］ 同［5］.
［38］ 见《金史》卷二四《地理志上》。同［3］，554.
［39］ 见《元史》卷五九《地理志二》。（明）宋濂等（撰）. 元史［M］. 北京：中华书局，1976：1400.
［40］ 同［39］，1399.
［41］ 据《元史·地理志二》开元路条记载，“至元四年，更辽东路总管府。二十三年，改为开元路，领咸平府，后割咸平为散府，俱隶辽东道宣慰司。”同［39］，1400.
［42］ 同［3］，554.
［43］ 见《辽史》卷三八《地理志二》。同［2］，468.

［44］ 同［2］，468.
［45］《中国历史地图集》东北地区资料汇篇［C］．北京：中央民族学院，1980：139.
［46］ 周向永，史宇辉．辽代通州考［A］．辽金历史与考古（国际学术研讨会论文集·上）［C］．沈阳：辽宁教育出版社，2012：270–272.
［47］ 同［2］，470.
［48］ 都兴智．辽金史研究［M］．北京：人民出版社，2004：200.
［49］ 同［2］，457–458.
［50］ a．同［1］a，1155.
b．同［10］.
c．同［13］，44.
d．同［46］，270.
［51］ 同［2］，455–456.
［52］《辽史》卷二《太祖纪下》中也有类似记载。同［2］，15.
［53］ a．冯永谦．志书编写与考古资料的运用［J］．辽宁地方志通讯，1985（3）.
b．同［8］e，234.
［54］ 同［2］，421.
［55］ 见《辽史》卷一五《圣宗纪六》和卷一一五《高丽传》。参见：
a．同［2］，168.
b．同［2］，1520.
［56］ 同［6］a.
［57］ 见《辽代石刻文续编》之《刘元德墓志》。同［18］，373.
［58］ 冯永谦．金刘元德墓志考［J］．黑龙江文物丛刊，1983（1）.
［59］（元）元文宗敕编．经世大典［M］.
［60］ a．同［6］b.
b．同［8］b，285.
［61］ 冯永谦．辽宁地区辽代建置考述（下）［J］．辽海文物学刊，1987（1）.
［62］ 同［6］a.
［63］（元）熊梦祥（撰）．析津志［M］．北京：北京古籍出版社，1983.
［64］（宋）洪浩．松漠纪闻［M］．辽海丛书（第2册）［C］．沈阳：辽沈书社，1985.
［65］ 同［1］a，1148.
［66］ 同［1］b.
［67］ 见《元史》卷一四九《耶律留哥传》．同［39］，3511–3514.
［68］ 见《辽东志》卷一《地理志》。（明）任洛等（纂）．辽东志［M］．辽海丛书（第6册）［C］．沈阳：辽沈书社，1985.
［69］ 见《全辽志》卷一《山川志》。（明）李辅等（纂修）．全辽志［M］．辽海丛书（第10

册）［C］. 沈阳：辽沈书社，1985.
［70］ 同［69］.
［71］ 见《奉天通志》卷六十七《山川志一》。同［1］a，1475.
［72］ 见《奉天通志》卷七十《山川志四》。同［1］a，1550.
［73］ 见《奉天通志》卷七十《山川志四》。同［1］a，1550.
［74］《奉天通志》卷六十五《疆域志七》称之为昭苏太河。同［1］a，1406.
［75］ 见《辽东志》卷三《兵食志》。同［68］.
［76］ 见《全辽志》卷二《边防志》。同［69］.
［77］ 李文信. 全辽志批注［A］. 李文信考古文集［C］. 沈阳：辽宁人民出版社，1992：290.
［78］ 拙作《昌图四面城城址2009年度试掘简报》一文中误将车輨识为车辖（见本文附图图七，8），承蒙田立坤先生赐教，指正为车輨。
［79］ 同［8］c.
［80］ a. 邱靖嘉. 吉、黑二省辽金城址考察记［A］. 辽金历史与考古（第四辑）［C］. 沈阳：辽宁教育出版社，2013：69–83.
b. 魏孔. 内蒙古辽代城址研究［A］. 辽金历史与考古（第四辑）［C］. 沈阳：辽宁教育出版社，2013：48–68.
［81］ a. 辽宁省巴林左旗文化馆. 辽上京遗址［J］. 文物，1979（5）.
b. 内蒙古文物考古研究所. 辽上京城址勘察报告［A］. 内蒙古文物考古文集（一）［C］. 北京：中国大百科全书出版社，1994：510–536;
c. 张郁. 辽上京城址勘察琐议［A］. 内蒙古文物考古文集（二）［C］. 北京：中国大百科全书出版社，1997：525–530.
［82］ 见《辽史》卷四一《地理志五》。同［2］，508.
［83］ 李逸友. 辽代城郭营建制度初探［A］. 北方考古研究（一）［C］. 郑州：中州古籍出版社，1995：95.
［84］ 吉林省文物志编委会. 农安县文物志［Z］. 1987：105（内部资料）.
［85］ 项春松. 辽代历史与考古［M］. 呼和浩特：内蒙古人民出版社，1996：121–122.
［86］ 同［85］.
［87］ 见《辽史》卷三七《地理志一》。同［2］，442–443.
［88］《辽史》卷一七《圣宗纪八》记载有“通化州节度使”一职，《辽史》卷三七《地理志一》又载泰州为通化州居民东南移六百里而建，泰州为节度州，亦可佐证。参见：
a. 同［2］，200.
b. 同［2］，444.
［89］ 同［80］b，58.
［90］ 见《辽史》卷三七《地理志一》。同［2］，451.
［91］ 吉林省文物工作队. 科右前旗前公主岭一、二号古城调查记［A］. 东北历史与考古（丛刊

第1辑）［C］. 北京：文物出版社，1982：256.
［92］ 张松柏，任学军. 辽代松山州遗址调查［J］. 内蒙古文物考古，1986（4）.
［93］ 中国文物地图集·内蒙古自治区分册［M］. 西安：西安地图出版社，2003：453.
［94］ 见《辽史》卷三九《地理志三》和卷三七《地理志一》。
a. 同［2］，484.
b. 同［2］，447.
［95］ 见（金）杨舟撰《襄垣县修城记》。参见阎凤梧. 全辽金文（中）［M］. 太原：山西古籍出版社，2002：1244.
［96］ 见（金）郭长倩撰《文登县庙学碑》。同［95］，1335.
［97］ 见（金）王寂撰《瑞葵堂记》。同［95］，1443.
［98］ 见（金）刘晞颜撰《创建宝坻县碑》。同［95］，1619-1620.
［99］ 见（金）党怀英撰《曲阜重修至圣文宣王庙碑》。同［95］，1504.
［100］ 康济修，韩宗承（撰纂）. 续修昌图县志［M］. 昌图：昌图县贫民救济院铅印本，民国二十四年.
［101］ 见《奉天通志》卷五十三《沿革志》。同［1］a，1148.
［102］ 同［13］，42-43.
［103］ 同［67］，3512.
［104］ 同［13］，33.
［105］ 同［67］，3512.

Research on the establishment of Changtu Simian City in Liaoning Province during Liao and Jin Dynasties

WANG Lei　ZHAO Shao-jun

There are different views on the establishment of Changtu Simian City in Liaoning Province during Liao and Jin Dynasties. The article discusses it from the historical data, historical and geographical research and archaeological materials, then draws the conclusions as follows: the coexistence of Guiren County and Ann State in “Liao History” was due to the different establishing names and administrative relationships in distinct periods; the subordination of Simian City changed many times during Liao and Jin Dynasties. The historical and geographical research and archaeological materials provide the evidence and empirical support for the establishment of Simian City during Liao and Jin Dynasties.

北京地区蒙元墓葬研究*

宋　蓉[1]　罗　斌[2]

（1.北京联合大学考古学研究中心，北京，100101；2.广东省东莞市东莞蚝岗遗址博物馆，东莞，52307）

13世纪初，蒙古人的征服战争震撼了整个欧亚大陆，同时也带来了一场东西方文化交流与民族融合的风暴[1]。蒙元时期征服民族与被征服民族间的文化关系在史学研究中论著颇多，牵涉甚广。早在20世纪20年代，陈垣先生就已辑纂史料考察了元代色目人在儒学、佛学、文学、礼俗、美术等方面所受汉文化之影响[2]。近几十年间，更有诸多研究致力于探讨元代帝王的汉化问题[3]。囿于文献，此类研究对帝王、社会精英之外的其他阶层关注甚少。

元大都作为这场风暴的中心，成为了多元民族“因俗而治”、多元文化“诸制并举”的世界都会。此番盛世在中文典籍以及外国商人、旅行家的文字中留下诸多记述[4]。60余年来的考古发现也充分印证了文献记载的可靠性，从而为两者在研究蒙元问题上的结合奠定了可靠的基础。从20世纪50年代元大都遗址出土瓷器为学界关注至今，北京地区发现并发掘了10余处不同类型的建筑遗存、50余座元代墓葬以及数座瓷器窖藏、塔基。其中遍布各区县的蒙元墓葬中既有以精美壁画装饰、高品质瓷器随葬者，也有墓葬简陋、随葬品粗糙者；墓主人有前朝贵族后裔，有色目、蒙古官员，也有平民大众；埋葬年代涉及蒙元不同历史阶段。这些墓葬资料在一定程度上为了解帝王之外的其他阶层提供了考古学依据。本文拟通过对北京地区元代墓葬的综合考察及文化因素分析研究，建立北京地区蒙元墓葬的分期与分类框架，进而考察不同时期各类墓葬文化因素的构成及变化。最后，结合相关史学研究成果，进一步探讨北京地区元代考古学文化的特点及其在不同阶层中的演变。

一、墓葬形制与墓室壁画分析

北京地区蒙元墓葬的形制主要有竖穴土坑墓、土坑石（砖）椁墓以及砖室墓三种。

---

* 本文为北京市哲学社会科学规划项目“元大都出土瓷器与大都商业交通研究”（项目编号11LSC017）及天津市哲学社会科学研究规划项目“京津冀地区出土瓷器与宋辽金文化交流研究”（项目编号TJZL15-008）的中期研究成果。

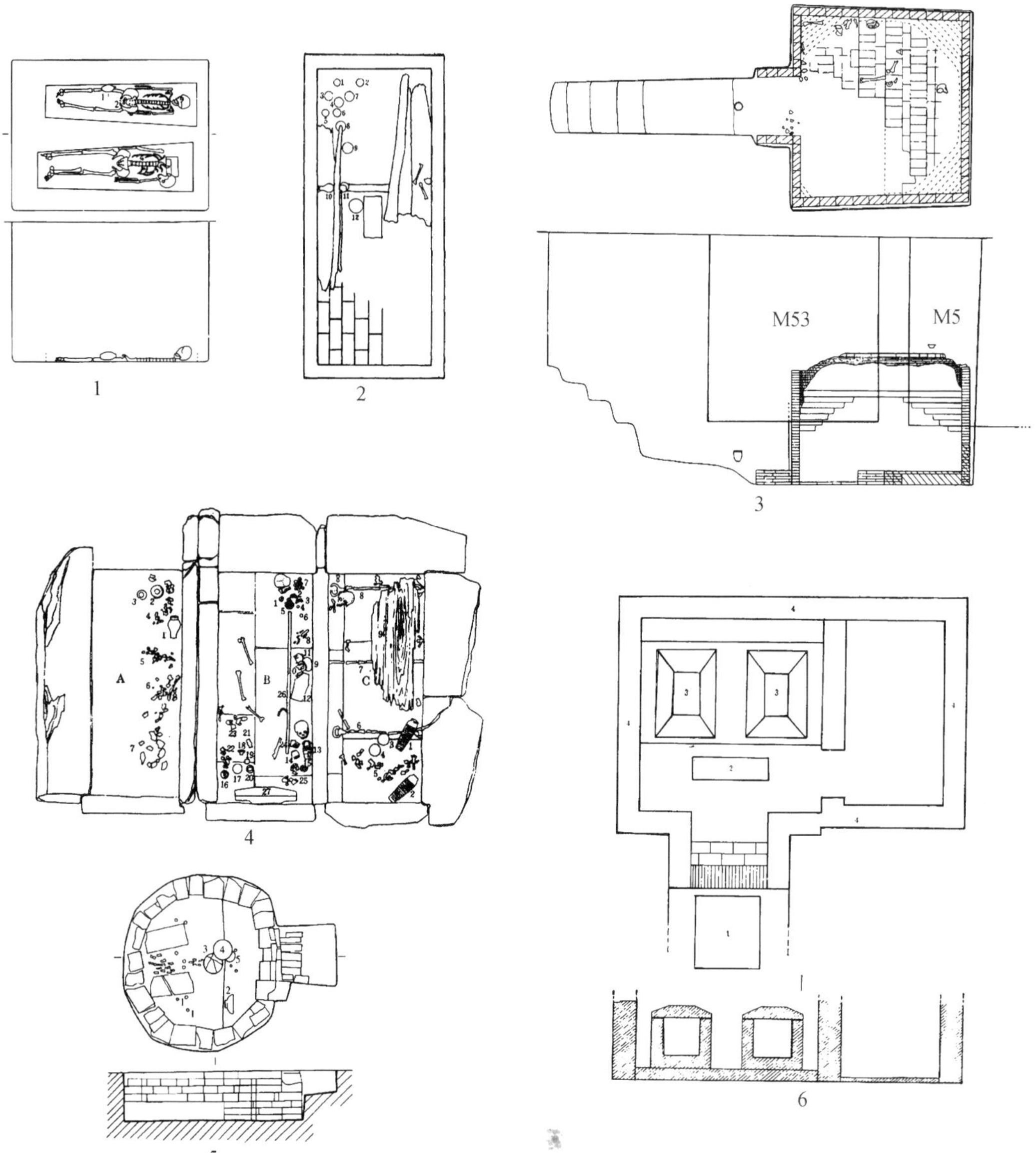

图一　北京地区蒙元墓葬的形制

1. 竖穴土坑墓（兴寿M190）　2. 长方形砖室墓（七棵树M12）　3. 方形砖室墓（射击场M68）
4. 土坑石椁墓（铁可M1）　5. 圆形砖室墓（河北村M3）　6. 长方形砖室墓（张弘纲墓）

竖穴土坑墓的结构最为简单，墓穴平面呈长方形，底部放置单棺或双棺，棺内随葬1～2件简单的陶、瓷器，如兴寿M190（图一，1）[5]。

土坑石（砖）椁墓的椁室为顶部封盖石板的匣形结构，由于椁室四壁的材料有砖、石之分，故相应有石椁墓、砖椁石顶墓等不同的称谓，但这两类材质的墓葬在结构上并无实质性的差异，本文将其作为同类墓葬，称为土坑石（砖）椁墓。这种形制的墓葬多为土葬墓，椁室内常以石板或砖墙分成双室或多室，内置木棺，随葬品置于墓穴北端棺椁之间，如铁可M1（图一，4）[6]。此外，这类墓葬中还有一类规模、结构均有所简化的石（砖）棺火葬墓，骨灰、随葬品均置于棺内。大多棺的构筑方式与石（砖）椁相同，仅尺寸略小，金顶街M17；也有少数以整石凿成石棺，如呼家楼M18[7]。

砖室墓的形制则较多样，规模也存在较大差异。其中以耶律铸夫妇合葬墓的结构最为复杂，规模亦最大，主墓室分为前、后两室，并均配有东、西侧室，墓室顶部均为穹隆顶，室内彩绘壁画[8]。其余砖室墓多为单室，墓室形状有方形、长方形、圆形三类。方形砖室墓多为穹隆顶，也有少数券顶结构，有的墓内带有彩绘壁画。方形砖室墓绝大多数为土葬墓，墓室北端设有棺床，随葬品多置于棺床东西两侧，如射击场M68（图一，3）[9]；方形砖室火葬墓的规模则很小，骨灰置于墓底北部，两侧放置随葬品，如大有庄M16。长方形砖室墓均为券顶结构，其中张弘纲墓带有东侧室，规模稍大，主室北部设有棺床，棺床正前方置青石供桌（图一，6）[10]；其余墓葬规模较小，墓室北壁常有壁龛，墓底设有腰坑，其上放置木棺，随葬品多置于北端，如七棵树M12（图一，2）。圆形砖室墓大多规模很小，大多在墓室北半部设有棺床，其上放置木棺或骨灰，随葬品多置于棺床前，如河北村M3（图一，5）[11]。

竖穴土坑墓是自新石器时代以来广为流行的一种墓葬形制，虽然西汉中期之后砖（石）室墓已广为流行，但墓穴狭小、葬具简单甚至没有葬具的小型土坑墓在贫民墓葬中依然习见。北京辽金墓葬中即有大量小型竖穴土坑墓，如海王村辽墓及亦庄金墓，其墓穴规模、葬具及随葬品的摆放方式等均与兴寿M190等蒙元墓葬完全相同[12]。由此可见，北京蒙元墓葬中的竖穴土坑墓应是当地一种传统墓葬形制的延续。

土坑石椁墓在北京地区辽墓已有发现，金代成为一种主流墓葬形制，并且墓主多为女真贵族[13]。砖椁石顶及石棺、砖棺火葬墓从结构上看，与土坑石椁墓完全相同，只是筑墓材料更加多样，墓葬规模因埋葬方式的不同有所差异。因此，除细节上略有改变外，土坑石（砖）椁墓亦可看作是对本地辽金墓葬传统的继承。

砖室墓中规模最大的耶律铸墓在结构与壁画风格方面均与金初的立爱墓和萧仲恭墓存在诸多相似之处，应是继承了契丹贵族墓制[14]。张弘纲墓的结构较之耶律铸墓有所简化，但规模也远远超过其他单室墓，墓室结构与土坑石椁墓相近，所不同的仅是顶部由石板封盖变为券顶。这类砖室墓在石家庄史氏墓地也有大量发现，墓主多是元朝的品官和王族成员[15]。此类墓的起源可追溯至蒙古时代后期，元代盛行于贵族墓葬之中[16]，故可将其看做是蒙元风格墓葬的代表。其余长方形、方形、圆形单砖室墓在北京地区辽金墓葬中已经出现，并且墓室中棺床的设置、随葬品的摆放也依然可见辽金作风[17]。长方形单砖室墓中琉璃河M11和七棵树M12均在墓底正中设腰坑。腰坑是新石器至商周时期广为流行的一种古老葬俗，秦汉之后在汉人墓葬中已很少见。唐辽金时期北京地区也曾出现设有腰坑的墓葬，墓主均为地位较高的北方民族，有研究将这种葬俗看作北方民族汉化程度加深的表现[18]。琉璃河M11和七棵树M12的墓主族属虽无法确定，但似乎也应源自于当地辽金时期的腰坑葬。

此外，北京地区蒙元墓葬中还有一定比例的火葬墓，墓葬形制常见土坑石（砖）椁墓、石（砖）棺墓及方形、圆形单砖室墓等土葬墓中常见形制。火葬习俗在辽金时期的北京地区已较为流行，墓主不仅有汉族平民、中小地主，还有大量契丹、女真贵族[19]。就辽金时期火葬盛行的原因，学界已有诸多讨论，有研究认为与佛教、道教的盛行相关，也有研究认为缘于契丹、女真的原始信仰[20]。蒙古统治者亦崇佛礼佛，这可能在一定程度上又进一步推动了火葬风俗在元代的发展。

北京元代壁画墓的数量很少，仅见耶律铸墓、斋堂元墓以及密云疃里、太子务墓四座[21]。除耶律铸墓为多室墓外，其余三座均为方形穹隆顶单室墓，墓室壁画布局皆以北壁屏风床帐为中心（三扇或双扇），东、西两壁亦配置屏风，题材多花卉山石之类，墓门两侧、正对北壁棺床位置对称配置两组手捧果盘、杯盏的侍女。此类以屏风为中心的壁画布局模式并非元代首创，而是继承自辽金墓室壁画，但壁画的局部细节发生了明显变异：如东西两壁图像多作山石、花鸟屏风而不再是伎乐、侍女备食、备饮的侍奉场景；正对棺床的墓门东西两侧也已不见门吏，取而代之的是对称的两组侍女。此外，通过表一与辽金墓室壁画的比较也可看出，以屏风为中心的布局模式在辽金时期虽已出现但并非主流，当时的主流应是以假门为中心、东壁绘一桌二椅或墓主座像。综合可见，蒙元墓葬中以屏风为中心的墓室壁画可看做是对辽金传统的改良。不过从设计意图考察，元代墓室所绘通壁屏风恰好环绕于棺床的正上部，二者虚实结合共同构成具有“三面床档”的围屏床榻形象，以象居室中的寝床，其所代表的似乎也还是墓主之位，与一桌二椅夫妇对坐的布局模式又有殊途同归之效[22]。

另外，在墓室空间的表现上，蒙元墓葬不再囿于前代的仿木构建筑形式，出现了模仿北方游牧民族毡帐的室内装饰，墓壁发券处饰一周装饰纹带，以象毡帐带箍，其下绘一周帷幕走水，墓室四隅再绘垂幕。斋堂壁画墓和耶律铸墓应都采取了这种形式，只是耶律铸墓悬挂了织物帷幕而非绘画。太子务墓则表现出了对两种建筑形式的融合，墓壁发券处凸出的牙砖及上绘的八组一斗三升继承了仿木构形式，牙砖下的帷幕走水及四隅的垂幕又仿自毡帐内部。这种墓室空间对游牧毡帐的模拟是蒙元壁画的首创，最早出现于长城以北地区，逐渐影响到北京、河北及山东等地[23]。

通观北京地区蒙元墓葬的形制及壁画装饰，可以看到两类迥然不同而又交错共存的文化面貌，一方面墓葬结构、埋葬形式以及壁画布局模式均表现出对辽金传统的继承或发展；另一方面，部分墓葬的结构及壁画内容的细节上，又体现出了鲜明的蒙古风格。

表一　北京地区辽金、蒙元墓室壁画布局

时代	墓葬名称	壁画内容					
		南壁西	西壁	北壁	东壁	南壁东	墓顶
辽金时期	青云店M1	侍女	砖砌棂窗，晾晒	假门	桌椅	燃灯	
	青云店M2	女子	砖砌棂窗，燃灯	假门	砖雕桌椅、墓主	男童	
	门头沟金墓	门吏	影作屋宇，男侍	影作房宇	墓主	门吏	砖雕莲花
	韩佚墓	门吏	侍奉、备饮食	三扇花鸟围屏	伎乐、燃灯、备饮食	门吏	莲花云鹤
蒙元时期	疃里元墓	侍女	山石屏风	山石屏风	山石屏风	侍女	
	太子务元墓	花卉	屏风，砖砌灯擎	梅花竹石屏风	侍奉屏风	花卉	牙砖一周，绘斗栱、帷幕走水、垂幕，题“乐安之堂”匾额
	斋堂元墓	侍女，墨书“安堂斋”	孝行图	山居屏风床帐	已毁	侍女，墨书“乐堂”	中心嵌铜镜，绘莲花、花纹边饰、帷幕
	耶律铸墓	后室北侧设棺床，四壁原应悬挂幔帐；后室东侧室四壁依稀可见云朵、花草、鸟兽等图案					后室中心悬铜镜

二、随葬器物分析

北京地区蒙元墓葬的随葬器物以陶瓷器为主，从器形尺寸看既有日常实用之器，也有“象生而小”的明器。实用器多为产自南北方窑场的瓷器，从功能上，可分为食器、酒具与供器三大类。其中碗、盘类食器最为常见，70%左右的墓葬均有随葬，同一组合中同类器的器形、釉彩往往也较为丰富。酒具有玉壶春瓶、马盂、杯与经瓶[24]。其中经瓶数量最多，在50%左右的墓葬中有随葬，并常同时随葬数件。各类经瓶几乎均为产自磁州窑或本地窑场的黑釉、白釉器，胎体厚重，釉质略显粗糙。玉壶春瓶、马盂及杯数量较少，只有不足20%的墓葬随葬。这三类酒具造型规整、胎釉工艺精良，均为景德镇窑、龙泉窑出产的青白釉、青釉器。供器有香炉、花瓶、灯等，器物釉彩丰富，质地精良，但数量较少，仅在不足20%的墓葬中有随葬，且大多仅出1件香炉。小明器为一组陶质罐、盆、钵、杯、鏊釜、瓶、灯，多泥质灰陶，质地坚硬，形体极小，约35%的墓葬随葬有此组明器。

上述随葬器物中碗、盘、罐等食器以及小型陶明器在北京地区的辽金墓葬中已较流行，如龙泉务墓地中70%的墓葬均随葬有这两组器物。但在瓷器的釉彩、器形以及陶明器的组合等方面又有变化：碗、盘已不再以定窑、龙泉务窑白釉器为主，釉彩更为多样，既有北方磁州窑白釉黑彩、钧窑钧釉，也有大量南方龙泉青釉、景德镇青白釉，并且器形也更加丰富（图二）；陶明器中已不见辽金时期常见的三足盆、三足釜、剪刀，鏊子仅在个别墓葬中出现，但同时又加入了杯、提梁罐等新器类，形成了罐、盆、钵、杯、提梁罐、鏊釜、瓶、灯的组合形式（图三）。酒器中的经瓶包括了通常所谓“鸡腿瓶”“梅瓶”与“四系瓶”。鸡腿瓶、梅瓶在辽金时期已常随葬，其中鸡腿瓶的器形、釉色均与蒙元墓葬所出近似（图四，1）；梅瓶也基本延续着金代风格，只是圈足形态挖足更深（图四，2）。四系瓶是元代出现的新器形，在磁州窑等北方窑场中十分常见[25]（图四，3）；玉壶春瓶与马盂从器形上看都并非元代的创造，但二者组合却是元代始见，在元墓壁画的进酒图中它们取代了宋代常见的盘盏与注碗。扬之水认为元

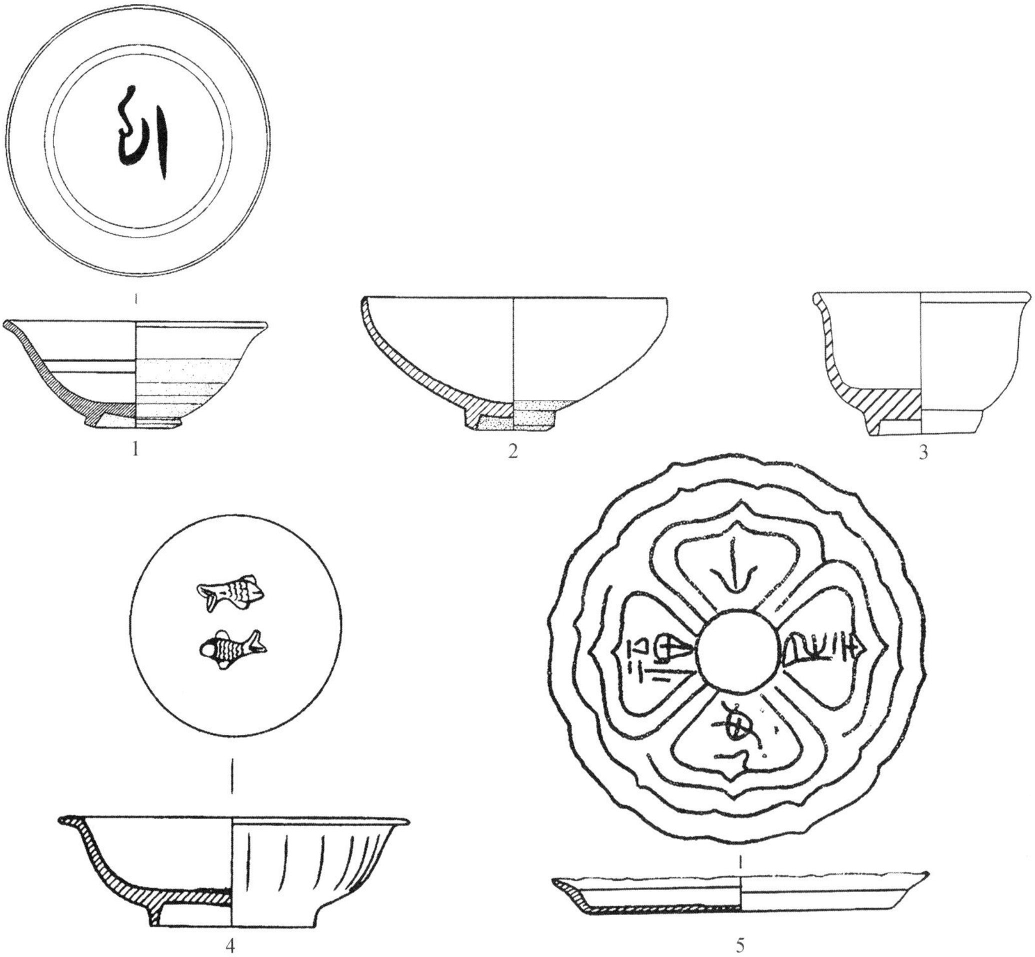

图二　北京地区蒙元墓葬出土食器

1. 白釉黑彩碗（河北村M2：4）　2. 钧釉碗（河北村M4：5）　3. 龙泉青釉碗（七棵树M12：12）
4. 龙泉青釉盘（射击场M68：1）　5. 青白釉盘（斡脱赤M2：2）

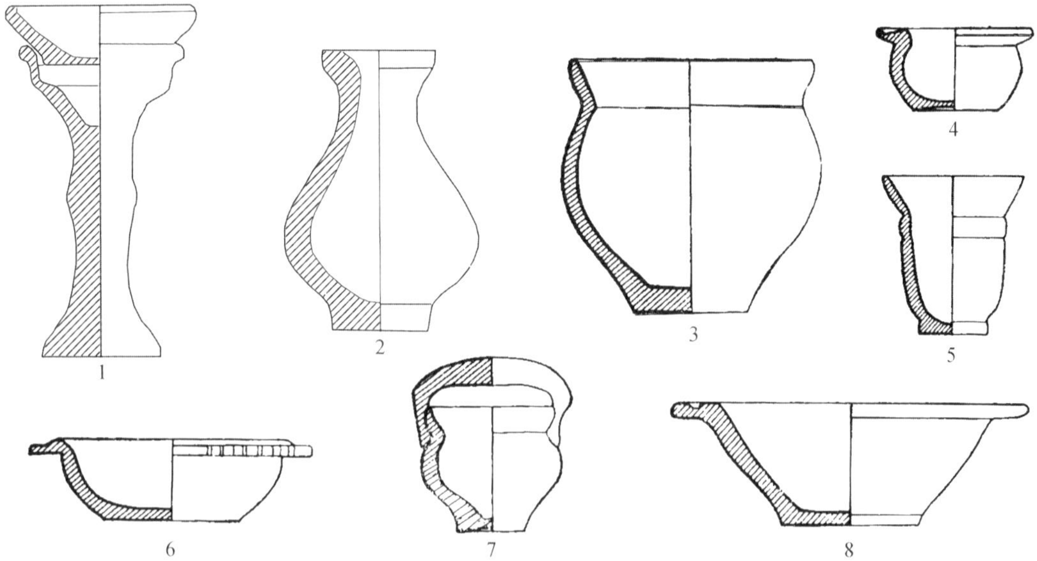

图三　北京地区蒙元墓葬出土小型陶明器

1. 灯（呼家楼M18：9）　2. 瓶（昌平城M7：5）　3. 罐（铁可M1中：14）　4. 钵（铁可M1中：20）

5. 杯（铁可M1西：5）　6. 鏊釜（铁可M1中：22）　7. 提梁罐（铁可M1中：15）　8. 盆（铁可M1中：17）

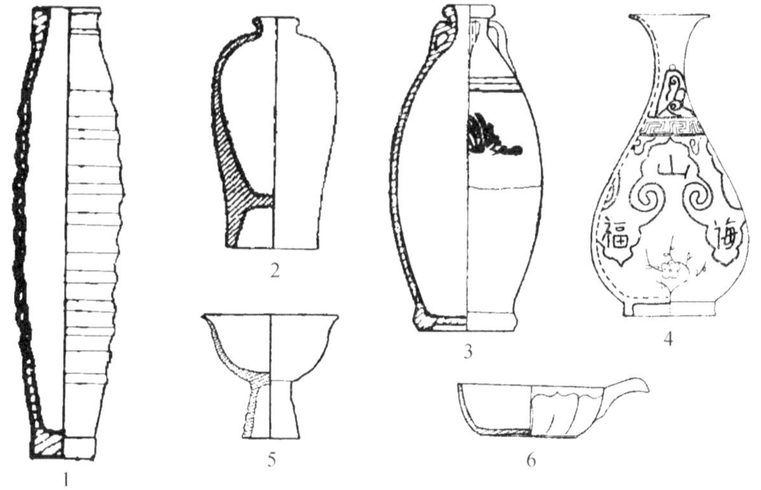

图四　北京地区蒙元墓葬出土酒具

1. 褐釉鸡腿瓶（铁可M1东：1）　2. 黑釉梅瓶（幸福大街M4西：14）　3. 白釉黑彩四系瓶（斡脱赤M2：6）

4. 青白釉玉壶春瓶（斡脱赤M2：3）　5. 青白釉高足杯（先农坛M3：18）　6. 青白釉马盂（斡脱赤M2：7）

代酒具的这一变化是因为酒的品种由黄酒变为了葡萄酒和白酒，由于酒不再需要加热饮用，因此注碗类的温酒器自然也便失掉了效用[26]（图四，4、6）。另外，也有发现表明元代鸡腿瓶的功用可能也是储存葡萄酒[27]。高足杯是元代广泛流行的饮酒器，高足便于在马上执握，是为适应蒙古人游牧生活而烧制的瓷器（图四，5）。由此可见，包括玉壶春瓶、马盂、经瓶、高足杯在内的一套瓷酒具应是随着饮酒风尚改变而出现的具有蒙元风格的器具。香炉、花瓶、灯等供器未见于辽金墓葬，是蒙元时期北方墓葬中的重要随葬品组合，在甘肃、陕西、河南及陕西等地的元墓中均能见到，特别是山西大同地区组合最为完整，一炉、二瓶、二烛台，表现了“五供”的完整形式。北京地区蒙元墓葬中的供器以香炉最为常见，此外灯似乎代替烛台，并简省为单个，花瓶亦常为单个，形式上比“五供”简化了许多。

综合以上随葬器物的分析亦可看到两种文化因素的交融：一方面，食器及小型陶明器承自当地辽金传统，在器形、釉彩、组合等细节上又有所演进；另一方面，广为流行的酒具以及形式有所简化的供器则表现出浓厚的蒙古特色与时代特征。此外，与北方其他地区比较，北京蒙元墓葬中未见注壶、盏托等茶器，而是着力突出酒具的地位，也体现出了较为鲜明的地域特征。

三、墓葬的分期与分类

（一）墓葬分期

北京地区发现的蒙元墓葬中纪年墓共有9座：1257年的海云和尚墓[28]、1285年的耶律铸墓、1295年之后的斡脱赤墓、1301年的张弘纲墓、1309年的疃里村墓、1313年的铁可墓、1314年的酒仙桥M15、1328年的东王化营M3[29]、1329年的耿完者秃墓以及1345年的鬼王庵M6[30]。以上纪年墓中，除海云和尚墓属蒙古时期，其余皆在元朝建立之后。耶律铸墓、斡脱赤墓、铁可墓及张弘纲墓等四座土葬墓，等级、规模大致相当，并且均随葬有丰富的器物，故可据此讨论北京蒙元墓葬的分期。

墓葬形制方面，以上四座墓各具特点，前文分析可知均符合墓主人生前的身份官秩。随葬品方面，四座墓表现出两种明显不同的倾向：耶律铸墓、斡脱赤墓和张弘纲墓均以青白釉瓷器为主，而铁可墓则不见青白瓷，代之以龙泉青瓷，并且伴出大量唐宋金元时期的铜钱。随葬唐宋铜钱是北京辽金墓葬中已存在的现象，究其原因可能是辽境允许唐宋钱币自由流通所致。然而蒙古人在大蒙古国时期就倡导银本位的货币制度，并曾一度禁用铜钱。这种状况到武宗朝才发生转变，至大二年（1309年）为应对通胀压力恢复了历代旧钱的流通。虽然此法很快被废止，但铜钱的流通在民间被隐匿了起来[31]。结合这一历史背景，铁可墓不同于其余三座墓葬出土大量前朝铜钱可能正是武宗朝币制变革的反映。同时，两组墓葬在随葬瓷器品种上也存在着显著差异。据此将北京蒙元墓葬分为前、后二期，通过随葬器物的比较，可将其余非纪年墓归入其中，此外磁州、龙泉等窑址的分期也可为各期年代的推断提供佐证。

第一期：蒙元前期（1215～1307年前后），大致相当于蒙古军队攻占金中都改置燕京路至元武宗时期。

属于这一时期的墓葬有海云和尚墓、耶律铸墓、斡脱赤墓、张弘纲墓、昌平城关M7、呼家楼M18、太子务墓、琉璃河M11、蒲黄榆M8。其中昌平城关M7、呼家楼M18、先农坛M3与斡脱赤墓较为近似，墓葬形制为土坑石椁墓，随葬器物多青白釉盘、碗、杯、匜、玉壶春瓶，同类器形态亦较为相近。并且昌平城关M7：8与观台窑第四期前段出土的X型黑釉双耳罐，形态、胎釉特征几乎完全相同，而观台窑第四期前段的年代正是在1220～1307年[32]。此外，蒲黄榆M8：1以及琉璃河M11：4、M11：5，也能够在观台窑第四期前段找到与之近乎一致的黑釉瓶与白釉黑彩碗。

这一期墓葬的形制主要有土坑石椁墓和砖室墓两类，数量上土坑石椁墓占有明显优势。绝大多数墓葬采取土葬的埋葬形式。随葬瓷器中青白瓷的种类最为丰富，多见盘、碗、瓶、杯等，此外，还有四系瓶、鸡腿瓶、罐等磁州窑黑釉、白釉、白釉黑彩瓷器，以及本地窑厂生产的缸胎粗瓷。

第二期：元代后期（1307年前后～1368年），大致相当于武宗朝至元顺帝退居漠北。

属于这一时期的墓葬有铁可墓，耿完者秃墓，七棵树M12，射击场M68，兴寿镇M53、M60、M190、M313，大有庄M16，河北村M1、M2、M3、M4、M8，金顶街M9、M17，幸福大街M4，酒仙桥M14、M15，东王化营M3，鬼王庵M6，疃里墓、斋堂墓。其中七棵树M12、射击场M68的随葬器物与铁可墓近似，都随葬有大量龙泉青瓷，盘、碗、玉壶春瓶等器，器形也颇为相近，同时共出的均有一套小型陶明器。其余墓葬与鬼王庵M6等纪年墓近似，随葬品简单，以磁州窑碗、盘、罐、四系瓶为主。金顶街M9：14、兴寿镇M60：3、河北村M4：8与鬼王庵M6出土黑釉双系罐在器形与胎釉工艺等方面完全相同。此外，将该期出土龙泉青瓷与窑址所出进行比较，可见其中大量器物均可在龙泉东区三期七段中找到同类器，如七棵树M12：2与三型碗、M12：13与六型碗、射击场M68：6与一型碗、M68：2与三型盘。龙泉东区三期七段的年代正处于元代晚期至末期[33]。河北村几座元墓中出土的白釉碗、盘则能在观台窑第四期后段找到同类器。由此也进一步印证了第二期的绝对年代。

第二期墓葬中土坑石椁墓依然是一种常见形制，但结构、功能均有所简化。火葬墓的数量增多，比例达37%左右。砖室墓数量大增，特别是结构简单的圆形或下方上圆单室墓成为主流。

（二）墓葬等级划分

上文述及的纪年墓中，海云和尚、耶律铸、斡脱赤、铁可、张弘纲、耿完者秃等六墓有明确的墓主身份信息。海云和尚为宗教领袖，其余五人既有中书丞相、宣政院判等文官也有昭武大将军等武将，在元代官秩中皆属三品以上。耶律铸、斡脱赤、铁可、张弘纲等四座土葬墓在随葬品方面表现出较多共性，据此将北京地区元代土葬墓暂分为甲类与乙类两个等级。

甲类墓，以上述四座品官墓为代表，此外第一期的昌平城关M7、呼家楼M18、琉璃河M11、先农坛M3，以及第二期的七棵树M12、射击场M68亦可归入其中。此类墓的随葬品以景德镇、龙泉等南方名窑出产瓷器为主，胎釉工艺精良、造型规整。器物组合有碗、盘等食器，玉壶春瓶、马盂、经瓶等酒具以及香炉、花瓶、灯等供器，并且大多共出有一套小型陶明器。墓葬形制多砖室墓与土坑石（砖）椁墓。

乙类墓，随葬器物与甲类墓完全不同。以磁州窑白釉、黑釉、白釉黑彩瓷器为主，胎体厚重、釉质略粗。器物组合为碗、盘等食器与酒具中的经瓶，并且大多共出有本地窑场生产的缸胎粗瓷器。可归入其中的墓葬有第一期的太子务墓，琉璃河M11，蒲黄榆M8，以及第二期的兴寿M53、M60、M190、M313，河北村M1、M2、M3，金顶街M9，幸福大街M14，酒仙桥M14，东王化营M3，鬼王庵M6，疃里墓，斋堂墓。乙类墓的形制较为多样，包括了竖穴土坑墓、土坑砖（石）椁墓以及砖室墓三大类，其中以小型的圆形砖室数量最多。

墓葬是古代礼俗的重要组成部分，受制于墓主身前的社会等级、经济能力以及民族、信仰等因素。甲类墓的墓主中已明确有汉人、色目、蒙古等不同族群的高级官吏。据碑刻资料可知，元代许多高层显宦之家都将茔地选在了大都附近的昌平、宛平、顺义等地。其中可能亦有归入甲类墓之列的。除官宦贵族外，蒙元时期鼓励商品贸易，商人地位较高，甲类墓中可能还有部分因经济实力而赢得社会地位的大商贾。乙类墓的随葬品均为最为普通的日用器具，数量少，制作粗糙，一定程度上折射出了墓主生前的经济能力以及与之相应的社会地位。但乙类墓中也有绘画着侍女侍奉、屏风床帐等场景的壁画墓，此类生活场景似乎又并非平民阶层所拥有。因此推断，乙类墓的墓主成分可能较为复杂，除平民阶层外，似乎还有部分薄葬的低级官吏或中小地主。

除此之外的蒙元时代火葬墓，大多规模、随葬器物极其简省，如耿完者秃这样的品官墓也仅随葬一套小型陶明器。因此很难从中再区分等级。不过，从随葬器物组合以及瓷器品种看，火葬墓与乙类墓较为接近，几乎均为磁州窑碗、盘、经瓶等，且数量极少，大多仅有1、2件。

（三）甲、乙两类墓葬文化因素构成的变迁

结合前文对墓葬形制与随葬器物的分析可知，北京蒙元墓葬具有辽金传统与蒙元风格相交融的特点。墓葬形制中大多是对辽金传统因素的继承，如竖穴土坑墓、土坑石椁墓、方形、长方形、圆形单砖室墓等。壁画中的围屏床榻、仿毡帐等描绘以及随葬品中的玉壶春瓶、马盂、四系瓶、高足杯等酒具集中展现了蒙古风格。此外，砖椁石顶墓、火葬以及碗、盘、鸡腿瓶、陶明器等虽在表象上与辽金时期略有不同，但其所蕴含

的葬俗本质与辽金时期并无太大改变，故本文仍将其作为辽金传统因素处理。以下将这两类文化因素在甲、乙两类墓中的表现列表分析，以探讨不同层次的文化在蒙元前后两阶段中的发展变迁。

从表二中可以看出，甲类墓在前、后两期的变化表现为蒙元风格的逐渐弱化。墓葬形制方面，具有蒙元风格的长方形多室砖墓与壁画墓到后期均已不见；随葬器物方面，蒙元前期处于核心地位的为新兴酒具、供器，在器物组合中占绝大多数，工艺精湛，制作精美。元代后期，玉壶春、马盂、四系瓶等新兴酒具的比例明显降低，而鸡腿瓶、梅瓶以及食器等传统器物的比例则有所上升。乙类墓的变化不如甲类墓显著，前后两阶段差异不大，随葬品方面后期蒙元风格略有凸显。主要表现为酒具的改变，传统的鸡腿瓶比例锐降，出现了一定比例的四系瓶。此外，从前后两期各项因素所占的比例，还可看出甲、乙两类墓葬的差距随着时间推移逐渐缩小，两类墓葬的文化因素构成逐渐趋同。

表二　甲、乙两类墓葬文化因素构成变化　（单位：%）

项目 / 等级	期别	墓葬形制						随葬器物					
		传统因素				蒙元风格		传统因素			蒙元风格		
		竖穴土坑	单砖室	石椁	砖椁	墓室壁画	长方形多室砖墓	食器	鸡腿瓶、梅瓶	陶明器	玉壶春、马盂	四系瓶	供器
甲类	前期			40	20	20	20	80		100	80	40	40
	后期		67	33				100	33	33	33		67
乙类	前期		33		33	33		67	100				
	后期	21	43	14	7	14		79	21	14		14	

综上所述，北京地区蒙元墓葬的阶段性及等级性特征可概括为以下三点：①墓葬可以武宗朝为界分为前后两期，前期墓葬形制多土坑石椁墓，随葬器物多青白釉、白釉黑彩瓷器及小型陶明器；后期墓葬形制多圆形单室墓，随葬器物多青釉、钧釉及缸胎瓷器，常伴出大量唐宋金元时期铜钱。②墓葬可分为甲、乙两个等级，甲类墓中多有南方名窑瓷器，类型丰富；乙类墓多北方瓷窑产品，类型简单，工艺粗陋。③蒙元前、后两阶段，甲、乙两类墓的文化因素构成逐渐趋同，但发展脉络各具特点，甲类墓表现为蒙元风格的逐渐弱化，乙类墓则是在平稳发展基础上逐渐强化了时代特色。

四、余　论

北京地区自古以来就是北方草原与中原地区的交通要冲，也是传统的生态过渡地带。8世纪后半叶起，从唐之范阳到辽之副都、金之中都，北京逐渐成为了北方的中心，军事征服带来了北方征服民族的汉化，也孕育出了北京多元化的地域文化。随着忽必烈立国中原，北京更是成为了四方民族、商品物资辐辏而至的欧亚中心，元廷多语兼用、诸教并崇，治下族群各从本俗。史学研究中有学者认为蒙元文化是征服民族与被征服民族文化之间双向影响的“涵化”现象[34]。北京蒙元墓葬在墓葬形制和随葬器物方面表现出的本地传统与蒙古风格相交融，似乎正是这种文化涵化现象在丧葬中的表现。然而，葬俗不仅受制于一个民族的文化、伦理与社会规则，亦受到居住环境的影响[35]。碑刻资料中不乏蒙古人、色目人依汉俗树神道碑、刻墓志铭的例证。在元代典籍中也可找到力排众议坚持依汉俗举行丁忧之制的蒙古、色目官员。甲类墓主中的契丹贵族后裔、汉军将领、色目官员也皆是从汉俗埋葬。官方政治领域推行的“族群等级制”与“各从本俗”的葬制似乎并未真正在帝王之外的阶层中严格践行。受汉地环境影响，长期徙居的蒙古、色目人对北京地区辽金以来的传统文化及汉人葬俗逐渐认同。1314年，元仁宗恢复科举制度更是成为了汉俗复兴的催化剂，虽然此举的初衷实为强化统治，结果却使得汉学在蒙古、色目人中日益成风，无形中又增强了他们对汉文化的认同。甲类墓文化因素构成的前后变化正与这一历史进程基本同步。乙类墓相对平稳的发展以及逐渐显现出的时代特征在一定程度上反映了普通民众对政治变迁的态度，在北京这样一个具有多元文化传统的地区，对于新兴统治阶层的文化既没有强硬抵制，也没有全盘接纳，而是随着时间的推移逐渐将其融入当地本土文化之中。

元朝作为蒙古帝国之宗主，抛开政治层面其对大汗实际统治权限的争论，元大都在经济、文化层面的核心地位毋庸置疑，也最能表现蒙元文化特征及其演进历程。以此为中心向帝国各地铺展开的水、陆交通及驿传网络带来了东、西方世界前所未有的共通。墓葬面貌虽然不能代表社会文化的全部，但毕竟代表了社会文化一相当重要的面相，在文献典籍记载之外，北京地区蒙元墓葬的丰富面貌具体展示了帝王之外阶层的葬俗变化，并具体阐释了蒙元时代多元文化的涵化过程。

注　释

[1] 雷纳·格鲁塞（著），龚钺（译）. 蒙古帝国史［M］. 北京：商务印书馆，2009：278.

[2] 陈垣. 元西域人华化考［M］. 上海：上海古籍出版社，2000.

[3] a. 韩志远. 关于元代社会风尚的几个问题［M］. 社会学研究，1991（3）.
b. Buell, P. D. Pleasing the palate of the Qan: changing food-ways of the imperial Mongols［J］. *Mongolian Studies*, 1990 (13): 57–81.

[4] 冯承均译，沙海昂注. 马可波罗行记［M］. 北京：商务印书馆，2012：215.

[5] 北京市文物研究所. 北京昌平兴寿镇元代墓葬发掘简报［J］. 文物春秋，2012（3）.

[6] 北京市文物研究所. 元铁可父子墓和张弘纲墓［J］. 考古学报，1986（1）.

[7] 黄秀纯等. 北京地区发现的元代墓葬［A］. 北京文物与考古（二）［C］. 北京：北京燕山出版社，1991：219–248. 此篇简报中包括1968～1983年发现的20余座墓葬，本文中未标注出处的墓葬均出自此篇。

［8］ 程利．耶律铸夫妇合葬墓简况［J］．北京文博，1998（4）．

［9］ 北京市文物研究所．北京射击场工程考古发掘报告［A］．北京奥运场馆考古发掘报告［C］．北京：科学出版社，2007：482–488.

［10］ 同［6］．

［11］ 北京市文物研究所．北京市平谷河北村元墓发掘简报［J］．文物，2012（7）．

［12］ a．北京市文物管理处．近年来北京发现的几座辽代墓葬［J］．考古，1972（3）．

b．北京市文物研究所．北京亦庄考古发掘报告［R］．北京：科学出版社，2009.

［13］ 秦大树．宋元明考古［M］．北京：文物出版社，2004：184，209–210.

［14］ 同［13］，232.

［15］ 河北省文物研究所．石家庄后太保村史氏家族墓发掘报告［A］．河北省考古文集（一）［C］．北京：东方出版社，1998：344–369.

［16］ 同［13］，234.

［17］ 北京市文物研究所．北京龙泉务辽金墓葬发掘报告［M］．北京：科学出版社，2009.

［18］ 吴敬．从金陵考古发现看金代女真人的汉化问题［A］．边疆考古（第9辑）［C］．北京：科学出版社，2010：225–226.

［19］ 李伟敏．北京地区的火葬墓及相关问题研究［J］．考古，2012（5）．

［20］ a．徐苹芳．宋元时代的火葬［J］．文物参考资料，1956（9）．

b．景爱．辽金时代的火葬墓［A］．东北考古与历史（第1辑）［C］．北京：文物出版社，1982：108.

［21］ a．祁庆国．密云元代壁画墓［J］．北京考古信息，1991（1）．

b．北京市文物事业管理局等．北京市斋堂辽壁画墓发掘简报［J］．文物，1980（7）．

［22］ a．袁泉．物与象：元墓壁画装饰与随葬品共同营造的墓室空间［J］．故宫博物院院刊，2013（2）．

b．冯恩学．北京斋堂壁画墓的时代［J］．北方文物，1997（4）．

［23］ 袁泉．政治动因下的“蒙古衣冠”：赤峰周边蒙元壁画墓的再思［A］．边疆考古研究（第12辑）［C］．北京：科学出版社，2013：346–347.

［24］ 马盂器型与先秦礼器“匜”相同，但用途已变为注酒器；经瓶是一种小颈、环口、修腹的容酒器。参见：

a．杨哲峰．从蒲城元墓壁画看元代匜的用途［J］．中原文物，1999（4）．

b．扬之水．元代金银酒器中的马盂和马杓［J］．中国历史文物，2008（3）．

c．秦大树．宋元时期磁州窑瓶类器物的发展及其使用功能探讨［J］．南方文物，2000（4）．

［25］ 同［24］c.

［26］ 同［24］b.

［27］ 内蒙古察右前旗出土的鸡腿瓶肩部刻有“葡萄酒瓶”。国家文物局中国文物精华大辞典

［M］. 上海：上海辞书出版社，1985：瓷器图版525.
［28］ 张宁等. 大庆寿寺及其出土文物［A］. 北京考古集成（金元卷）［C］. 北京：北京出版社，2000：561-566.
［29］ 北京市文物研究所. 延庆县东王化营窑址、墓葬发掘报告［A］. 北京考古（第二辑）［C］. 北京：北京燕山出版社，2008：130.
［30］ 北京市文物研究所. 北京地区发现两座元代墓葬［A］. 北京文物与考古（第三辑）［C］. 北京：北京燕山出版社，1992.
［31］ 彭信威. 中国货币史［M］. 上海：上海人民出版社，1958：378-392，399-405.
［32］ 北京大学考古学系，河北省文物研究所，邯郸地区文物保管所. 观台磁州窑址［R］. 北京：文物出版社，1997：470-501.
［33］ 浙江省文物考古研究所. 龙泉东区窑址发掘报告［R］. 北京：文物出版社，2005：398-401.
［34］ 萧启庆. 论元代蒙古人之汉化［A］. 内北国而外中国：蒙元史研究［C］. 北京：中华书局，2010：670-705.
［35］ 黄时鉴. 元代的礼俗［A］. 元史及北方民族史研究集刊（11）［C］. 南京：南京大学历史系元史研究室，1987：19-28.

Research on Tombs of Yuan Dynasty in Beijing

SONG Rong   LUO Bin

In the early 13th century, with the rise of Mongolia, when Kublai Khan founded Yuan Dynasty, Beijing became the center of Eurasia. Since 1950s, Yuan Dynasty's porcelain reliefs in Khanbalik have taken attention in academia; many of Yuan remains have been excavated in Beijing area. The occupants of graves were nobles, as well as the common. The ages of burials were throughout the whole history of Yuan. The rich archaeological resources provide very important raw materials for the study of archaeological culture of Yuan Dynasty in Beijing. With the integrated study of archaeological materials, the periodization and hierarchy of Yuan graves in Beijing was established. And then this paper discussed the constitution and evolution of culture factor in different historical periods of Yuan Dynasty. Finally, combined with the research results and relative ancient documents, it is pointed out that the local tradition combined with Mongolian style was the characteristic of Yuan tombs in Beijing. And each social class has different cultural evolution process. In addition, through lots of porcelain reliefs prove the prosperity of commodity economy of Beijing in Yuan Dynasty, and it related to the development of the Grand Canal.

明鸦鹘关考*

陈　山[1]　刘　明[2]

（1. 辽宁大学历史学院考古学系，沈阳，110136；2. 沈阳市文物考古研究所，沈阳，110032）

鸦鹘关是明辽东镇长城防御体系中的重要关隘，是从辽东都司城——辽阳通往建州女真的重要通道之一[1]。在明朝经略辽东和建州女真崛起的历史进程中，一些关键的历史事件都在此发生，成化三年（1467年）东征建州女真，明军“右掖”兵马从鸦鹘关出塞[2]。万历四十六年（1618年），后金克鸦鹘关，拔清河堡[3]；万历四十七年（1619年），明金萨尔浒之战中李如柏所部从鸦鹘关出塞[4]。此外，鸦鹘关作为长城线上的一座关隘，对其地望的考订成为解决今抚顺市南部地区明长城走向的关节点，对其变迁的考证又成为解决明长城在辽东山地段的历史沿革问题的关键点。

在《辽宁省明长城资源调查报告》中，我们对以往学界认定的“旧鸦鹘关”，即苇子峪三道关遗址，提出质疑[5]，并否定了以往认定的新鸦鹘关，即金斗峪西南的高台建筑址。确定了金斗峪西南的高台建筑址是一处烽火台遗址，而不是所谓的“新鸦鹘关”遗址，其性质是长城线联系清河堡的腹里烽火台或路台[6]，命名为金斗峪烽火台[7]。但鸦鹘关作为明辽东长城后续研究的重要课题之一并未解决[8]。笔者通过参与辽宁省长城资源调查工作，在实地调查的基础上，参阅相关文献记载，对鸦鹘关的名称、兴废时间、变迁和地望等问题作一考证。

一、鸦鹘关释名

鸦鹘，在《辞源》里是分开解释的。鸦，一指乌鸦，二借指黑色。鹘，多音字，一音gǔ，鹘鸼，鸟名，似山鹊而小，短尾，青黑色，多声；另音hú，即鸷鸟，一说鹘即隼[9]。鸦鹘两字组词后，鸦若解释为乌鸦，则不通，故当解释为黑色如乌鸦之羽毛；鹘，取gǔ音时义为鹘鸼，取hú音时则义为鸷鸟或隼。《朝鲜李朝实录》在记载成化三年明朝东征建州事时，将“鸦鹘关”记为“牙笏关”[10]，其所指当为鸦鹘关无疑。据此，可见鸦鹘两字组词后，鹘当取hú音，其义当释为可训练成猎鹰的鸷鸟或隼。

《北齐书》中有“尔击贼如鹘入鸦群”[11]；唐代宫廷有雕、鹘、鹞、鹰、狗

* 本文系2015年度辽宁经济社会发展立项课题“辽宁境内明代堡城调查与研究”的系列成果之一。

五坊，“以供时狩”[12]；元曲《题章宗出猎》载“白海青。皂笼鹰。鸦鹘兔鹘相间行”[13]。《客座赘语》亦载“畋猎则有黄鹰，有鸦鹘，有鹞子……”[14]。均为狩猎用的猎鹰。

明代志书记载，辽东出产的禽类有鸦鹘[15]。《朝鲜李朝实录》记载，朝鲜设有进鹰使，向明朝进献鸦鹘[16]。可见鸦鹘当为当时的一种黑色猎鹰。刘谦先生在调查新宾满族自治县苇子峪三道关遗址时，得知当地尚有此鸟，进而怀疑鸦鹘关因此而得名[17]。

通观明辽东长城的重要关隘，有冠以地名的，如连山关、分水岭关、白土厂关、魏家岭关等，有冠以威慑、抚绥“夷虏”寓意的，如抚顺关、广顺关、镇北关、新安关、镇朔关等[18]。鸦鹘关之名称当是冠以地名。推测由于当地多有鸦鹘聚集、栖息，故作地名，在此建立关隘后，取名鸦鹘关。

二、鸦鹘关的兴废时间

《建州私志》记载：“宪庙时，韩斌为东协，开阳明台、木闸岭等屯垦，复于清河地方设立城堡，置守御兵六百余员，又建鸦鹘关限奴出入，去奴寨八九十里，地界稍宽，夷夏之防比前愈密……”[19]。

据《明宪宗实录》记载，成化四年（1468年）十二月甲午，副总兵官韩斌从分守开原任上奉调分守辽阳[20]。从成化五年（1469年）起，韩斌主持修筑东州、马根单、清河、碱场、叆阳等堡城[21]，并主持修建了从抚顺至鸭绿江段的长城墙体及其沿线的烽燧[22]。鸦鹘关作为长城线上的关隘，是由清河堡出塞的必经之路，“鸦鹘关口、代子河通贼道路”[23]。

参考这些史料记载，似乎可以证明，鸦鹘关是和清河堡及其治下的长城墙体同期修建的，即在成化五年由韩斌主持修建的。刘谦先生认可并沿用了《建州私志》的记载[24]。

然而，史料上出现鸦鹘关记载的时间，最早可至成化三年（1467年）。《明显宗实录》记载，成化三年二月“己亥……总督辽东军务左都御史李秉等奏：‘海西、建州等虏入鸦鹘关，抄掠佛僧洞等处……’”[25]；九月，明军东征之“右掖”兵马出鸦鹘关[26]；十一月，李秉和赵辅向朝廷奏报辽东镇东面的防御方略，提出辽阳迤东的凤凰山、鸦鹘关、抚顺所、奉集堡等处皆为通虏大路，建议相地远近，筑立城堡，增置驿道、墩台以便往来、通边报[27]。此后至成化五年清河堡及其治下的长城修筑之前，鸦鹘关仍见于文献记载。因此，鸦鹘关的兴建时间当早于成化三年二月，具体是哪一年，文献无征。

成化三年二月，韩斌尚在分守延绥等处参将任上，直到同年六月，才奉调入辽东[28]。另外，无论《明实录》《辽东志》《全辽志》《明故镇国将军辽东副总兵韩公墓志铭》等明朝方面的文献，还是《朝鲜李朝实录》等属国朝鲜方面的文献，均不见韩斌于成化五年主持修建鸦鹘关的明确记载。可能是由于韩斌于成化五年（1469年）主持修筑了抚顺关至鸭绿江间的长城和城堡，而其长城墙体又连接了旧有之鸦鹘关，后人便误认为鸦鹘关也是韩斌于成化五年主持修建的。

万历四十六年（1618年）四月，后金攻克抚顺千户所城和东州、马根单二堡[29]；七月，破鸦鹘关，拔清河堡，毁一堵墙、碱场二堡，叆阳、宽奠闻风溃散[30]。万历四十七年二月（1619年），明朝号称四十七万的挞伐之师，被后金各个击破，三路败绩，一路退回，从此明金攻守易位[31]。六月，后金又破广顺关，陷辽东北路重镇开原城[32]。至此，明朝辽东镇东部长城防线从南到北全线崩溃，鸦鹘关作为长城上的一座关隘也随之废弃。

三、明长城辽东山地段“旧边”和“新边”和旧、新鸦鹘关

所谓的明长城辽东山地段“旧边”和“新边”是指明朝在不同时期修建的、位置和走向有所不同的两条长城线。建于“旧边”长城线上的为“旧鸦鹘关”，建于“新边”长城线上的为“新鸦鹘关”。

有关明长城辽东山地段“旧边”和“新边”及其所属的“旧鸦鹘关”和“新鸦鹘关”见于略熊廷弼的奏疏，涉及的长城指的是抚顺关迤南至鸭绿江段。依其所奏，自抚顺关起至东州堡，迤东清河堡至叆阳堡，为成化中副总兵韩斌所修之“旧边”；自孤山堡迤东新奠、宽奠、大奠、永奠至长奠五堡为万历二年（1574年）巡抚张学颜、总兵李成梁所展之“新边”，即熊廷弼所提及的“今边”。

“旧边”上清河堡所属之鸦鹘关、松树口、东安、靖安、靖虏、靖虏空、向化、靖夷，一堵墙之盘岭墩一连九座，长六十六里，于嘉靖年间失守，仅有盘岭、松树口二处为边民耕种，后被李成梁定为逃民，尽数驱进孤山堡。至此，清河堡和一堵墙堡所守“旧边”，墩台一连九座，沿边相连六十六里被弃守。“旧边”原有鸦鹘关，即“旧鸦鹘关”，距离清河堡七十里，抚夷厅基址见存，经常有“夜不收”（明军哨探）往来。“今边”之鸦鹘关，即“新鸦鹘关”，距离清河堡三十里，为“志书”所载的小鸦鹘关山台。换言之，“今边”缩守内地四十里，鸦鹘关位置因而内移三十里，才有旧、新之分[33]。

要了解明辽东长城抚顺关迤南至鸭绿江段历史沿革和变迁，就需要了解辽东镇长城辽东山地段（北迄镇北关，南至鸭绿江）的修筑和修缮历史。据笔者考证，成化四年（1468年），韩斌主持修筑了从开原（镇北关）至柴河堡间的长城，成化五年（1469年），周俊接替韩斌主持修筑了从柴河堡到蒲河界，南界抚顺关的长城，是为辽东山地段长城北段。从成化五年起，韩斌主持修筑了从抚顺关到鸭绿江间的长城[34]。此后，在嘉靖二十五年（1546年）于东州堡和汤站堡之间的散羊谷（散羊峪）、一堵墙、

孤山、险山、江沿台等堡增置墩台[35]。万历元年（1573年）八月，开拓障塞，移孤山堡于张其哈喇佃子，移险山、宁东、江沿台、大佃子、新安五堡于宽佃子、长佃子、双塔儿、长岭散等处[36]；四年（1576年），移建宽奠六堡工成[37]；三十四年（1606年），李成梁、赵楫、蹇达将宽奠等处六城堡居民撤入“故土”，放弃宽奠“新疆”[38]。

从明辽东长城的修建和修缮历史可以看出，辽东山地段长城有过位置变动的段落是孤山新堡迤东新、宽、大、永、长奠五堡之地，北起孤山新堡（张其哈喇佃子）向南，经叆阳堡东转向东南，经新奠至宽奠东北，再转向南，过永奠至长奠。这一区域位于“韩斌旧边”之外，“为万历二年巡抚张学颜、总兵李成梁所展之新界”，即熊廷弼奏疏中提及的“今边”。关于拓展“宽奠新疆”的史实，《明神宗实录》等文献有明确记载，现存于本溪满族自治县东营房乡新城子村孤山新堡旧址的“创筑孤山新堡记”碑[39]和现存于宽甸满族自治县永甸镇坦甸村大奠堡旧址的“创筑大奠堡记”碑[40]的碑文也有详细的记载。辽宁省长城资源调查结果也与史料记载相吻合[41]。

自抚顺东州堡起，经马根单、散羊峪、清河、一堵墙、碱场五堡，南至叆阳堡之间的长城线，虽然有过后期的修缮，但不见有位置变动的记载。熊廷弼的奏疏亦称自抚顺关起至东州堡，迤东清河堡至叆阳堡，为成化中副总兵韩斌所修之“旧边”。辽宁省长城资源调查结果与此不尽相同。调查工作者在碱场堡以北，一堵墙堡以南，太子河支流双河东西两岸发现两条南北向并行的长城线，西线长城位于本溪满族自治县境内，东线长城位于新宾满族自治县境内[42]。

笔者倾向于东线长城，即今新宾满族自治县境内的小夹河、下夹河、荒碑子、岗东等长城段落。首先，东线长城南北贯通，南接本溪市本溪满族自治县境内的桦皮峪长城，北接抚顺市抚顺县境内的千河岭长城[43]，而西线长城南北两端无从相连[44]；其次，东线长城及其内侧分布着密集的、时代明确的明长城烽燧，而这些烽燧均位于西线长城以外[45]；第三，东线长城沿线的一些烽燧附近的地名，如小夹河、松树口等，与《辽东志》和《全辽志》记载的长城边台名称相合。《辽东志》碱场堡下辖的边台有“夹河山城墩”“夹河墩”，清河堡下有“松树口墩”；《全辽志》清河堡下有“松树口墩”，一堵墙堡下有“小夹河墩”“夹河山城墩”[46]；第四，从发现的东西两线长城墙体的材质类型、构筑方式来看，尽管东线长城线上存在着大段的山险（即利用自然山体为屏障），但在东西向的山谷间分布有土石混筑、毛石干垒和山险墙等人工墙体，山谷两侧的制高点有构筑于长城墙体上敌台，沿长城线相邻的敌台之间，或与长城线内侧烽火台之间，都可相互瞭望。特别是位于太子河河谷间的荒碑子长城及其两端的荒碑子长城敌台和岗东长城1号敌台控扼太子河谷，拱卫其内侧的清河堡和一堵墙堡[47]，而西线长城并无此特点。因此，笔者认为新宾满族自治县境内的东线长城才是长城主线。

熊廷弼在奏疏中提到清河堡之鸦鹘关、松树口、东安、靖安、靖虏、靖虏空、向化、靖夷，一堵墙之盘岭墩一连九座，长六十六里，于嘉靖年间失守，“今边”缩守内地四十里，而七十里之“旧边”[48]。此段长城退守四十里之说仅见于熊廷弼之奏疏，乃一家之言，尚需考证。这九座墩台全部记录于《全辽志》中，《全辽志》成书于嘉靖四十四年[49]，证明此时这些墩台尚在明朝的控制之下，并未失守。《明宪宗实录》自始至终未见弃守清河堡和一堵墙堡沿线墩台的记载，却有于嘉靖二十五年增置散羊峪、一堵墙、孤山、险山、江沿台等堡墩台的记载[50]。另外，熊廷弼本人也认为“自抚顺关起至东州堡迤东，清河所属以至叆阳一带，为成化中副总兵韩斌所定之旧界内”，既守成化间“旧界”，何来万历间“缩守内地四十里”？此又其自相矛盾之处。长城资源调查期间，笔者在清河堡和一堵墙堡以东的区域进行细致的调查，除发现已经确认长城线外，未见任何长城墙体及其附属的烽燧等遗迹。再以常理揣度之，对明朝而言，封疆失守，兹事体大，辽东抚镇等边吏不可能不奏闻朝廷，御史言官不可能不究劾，朝廷亦不可能置若罔闻，为何史料上不见任何记载?

综上，熊廷弼所谓清河堡一线“今边”缩守内地四十里之说，既不能得到文献记载的佐证，又不能得到考古调查结果的支持，孤证单行，难以取信。因此，辽东山地段明长城的“新边”和“旧边”仅指北起孤山新堡南至长奠的“宽奠新疆”的展拓和放弃，而清河堡和一堵墙堡所守之长城，不存在新旧之分。换言之，万历三十七年熊廷弼勘察和整修的“今边”和成化间韩斌所立之“旧边”，就是一条长城线，只存在早期始建和后期修缮的时间早晚之分，并无位置和走向变动。

虽然熊廷弼在其奏疏中严词弹劾李成梁和赵楫“弃地啗虏”，但又不得不承认既成之现状，当努尔哈赤提出要退还张其哈喇佃子时，熊廷弼以“奴酋以我不能有之地愚我”，且“不敢以一峡了弃地之局，外欺于虏而内欺主上”为由，上疏建议朝廷拒绝之[51]。因此，万历三十七年，熊廷弼主持整修辽东长城东州堡至鸭绿江段，只是对“韩斌旧边”的修缮，未能恢复李成梁等弃守的“宽奠新疆”。

鸦鹘关为清河堡所守长城上的关隘，既然清河堡所守的长城不存在位置和走向变动，那么，构筑于长城线上的鸦鹘关就只能有一处，即熊廷弼所谓“韩斌旧边”上距离清河堡七十里的鸦鹘关。至于所谓距离清河堡四十里的“今边”上的“鸦鹘关”，乃是一处墩台，即“小鸦鹘关山台”。此墩台见于成书于嘉靖四十四年（1565年）的《全辽志》，不见于重修于嘉靖十六年（1537年）的《辽东志》，可见其修筑时间在嘉靖十六年和四十四年之间，推测其修建于嘉靖二十五年（1546年）增置散羊峪、一堵墙、孤山、险山、江沿台等堡城之时。

四、对苇子峪三道关遗址和金斗峪高台建筑址的再认识

有学者认为新宾满族自治县苇子峪镇三道关村的三道关遗址是明代“旧鸦鹘关”遗址，抚顺县马圈子乡金斗峪村西南的明代高台建筑是“新鸦鹘关”遗址[52]。

通过对苇子峪三道关遗址的实地调查和复查，笔者在《辽宁省明长城资源调查报告》中对该遗址作为“旧鸦鹘关”提出了疑问，苇子峪三道关遗址不在长城线上，其两端未与长城墙体相连，孤悬边外，在其周围和附近的制高点上不见与之联系的烽燧，是一座孤立的遗址；在遗址周围不见关城、居住址等遗迹，亦不见明代遗物；从遗址所在处的地形上看，其外侧（赫图阿拉方向）的河谷较之内侧（清河堡方向）更为开阔，换言之，其地形更利于建州女真的防守，而不利于明朝；该遗址的材质类型、平面结构和构筑方式与新宾满族自治县马尔墩岭东西两侧，苏子河沿线后金所建的北三道关遗址相同[53]。

《盛京通志》记载，头道关，即牙儿哈山，在兴京城（即后金之赫图阿拉城，在今新宾满族自治县永陵镇）西四十里；二道关，即大民关，在兴京城西四十一里；三道关，即扎喀山，在兴京城西六十三里；古关，二处，一在兴京城南六十里，一在兴京城南一百里[54]。

从地理方位上看，头、二、三道关在兴京城西，当是扼守浑河–苏子河古道的三道关隘。据记载，在民国时期，头、二、三道关“土垒可稽”，头道关在青龙山以东、水手堡以西，二道关和三道关在青龙山及其西麓，青龙山即今马尔墩岭[55]。西三道关遗址位于今新宾满族自治县木奇镇水手村西北，马尔墩岭之东。2009年，调查了西三道关遗址，地表可见一道土石混筑的墙体。结合文献志书记载，可以确定西三道关遗址就是建州女真所建“头道关”，即牙儿哈关。二道关和三道关也见于文献记载，明神宗万历二十一年（1593年），建州女真在扎喀关，即三道关，阻击叶赫等九部联军[56]。万历四十七年（1519年），明军杜松所部在二道关，即大民关，被后金击溃[57]。

苇子峪三道关遗址位于新宾满族自治县苇子峪镇三道关村南500米，现存一道土石混筑的墙体，横亘于太子河支流之山谷间，墙体中段偏东被太子河支流和省道沈通线（S104）切断[58]。从该遗址沿沈通线公路向东北，距离赫图阿拉约35千米。该遗址所在的山谷，是从苏子河通往太子河的交通要冲，该遗址明显具有控扼交通要冲之战略意义。苏子河–浑河古道是建州女真与明朝辽东交往西线通道，沿此道向西经抚顺关，可到抚顺所城和沈阳中卫城，故建州女真在此路设置三道关隘以控扼交通。太子河古道是建州女真与明朝辽东交往南线通道，沿此道向东南经鸦鹘关，可达清河堡和辽阳城，故建州女真有必要在此设立关隘以据险自固。

除了笔者在《辽宁省长城资源调查报告》中提及的对苇子峪三道关遗址作为“旧鸦鹘关”的质疑外，再从苇子峪三道关遗址的结构和布局看，其关隘设施纵深布局、梯次配置的特点不同于明朝辽东长城沿线的关隘。从辽宁省长城资源调查的成果看，现存的辽东长城关隘，均为高台建筑与长城墙体相结合的结构，关隘设施都配置在长城防御的前沿，两端与长城墙体相连，长城墙体以内的纵深区域不见二道关，更不见三道关，仅配置有屯兵城堡作为防御后盾。例如抚顺关的高台建筑尚存[59]，关内有抚顺所城；广顺关南北两处建筑址尚存[60]，关内有靖安堡；新安关守关敌台和敌楼基址尚存，关内有庆云堡[61]。而苇子峪三道关遗址的结构和布局却与建州女真在苏子河沿线设置北三道关完全一致。

因此，笔者倾向于苇子峪三道关是建州女真设置的关隘，可能是《盛京通志》所载兴京城南六十里之“古关”。

金斗峪高台建筑位于抚顺县马圈子乡金斗峪村西南1.3千米，县道抚（顺）金（斗峪）线公路东侧，太子河支流湾柳河右岸台地上[62]。经过实地调查，该遗址不在长城线上，不见长城墙体与之相连接。通过笔者实地调查和专家的现场考察，认定其是一处明代烽火台，其性质是长城线联系清河堡的腹里烽火台或路台，而不是一处关隘，命名为金斗峪烽火台[63]。通过实地勘察和分析，金斗峪东北山、金斗峪、万历后山、前央烽火台可连成一条东西向的烽燧线，西迄清河堡城，东至东沟段长城。

五、鸦鹘关的地望

文献中关于鸦鹘关地望的记载较少，其地望多以辽东都司城辽阳为参照。

《辽东志》等文献记载鸦鹘关在辽阳城东三百三十里[64]。《读史方舆纪要》记载清河堡在都司辽阳城东南三百里，东接鸦鹘关往来[65]，它“北控宽奠，南枕辽阳，左近沈阳，右近叆阳”[66]，“四山环抱，止有正东一路通鸦鹘关”[67]。《辽东志》和《全辽志》清河堡条记载：“鸦鹘关口、代子河（即太子河）通贼道路。”[68]

《明显宗实录》记载，成化三年二月“己亥……总督辽东军务左都御史李秉等奏：‘海西、建州等虏入鸦鹘关，抄掠佛僧洞等处……’”[69]佛僧洞，是明朝辽东的一处地名，在辽阳城东二百五十里，洞内有石佛、石罗汉[70]。有学者认为佛僧洞即今本溪水洞[71]。其位置在鸦鹘关以内，清河堡之西。《朝鲜李朝实录》记载，牙笏关（即鸦鹘关）在通远堡（位于今凤城市通远堡镇所在地）和抚顺所之间[72]。

参阅文献记载可将鸦鹘关的地望定位在抚顺以南，通远堡以北，清河堡以东的太子河谷间。在抚顺关至鸭绿江之间的长城和清河堡修建以前，即成化五年（1469年）以前，鸦鹘关作为独立的关隘，是佛僧洞乃至辽阳东部的屏障；成化五年以后，韩斌主持修筑了清河堡和抚顺关至鸭绿江之间的长城，长城墙体与鸦鹘关相连，鸦鹘关便成为清河堡沿太子河东出长城的唯一通道。因此，鸦鹘关的位置当在清河堡以东，太子河谷和长城线的交汇点上。即今新宾满族自治县下夹河乡大背村三道河子自然村西太子河转弯处就是鸦鹘关所在，即《辽宁省长城资源调查报告》中岗东长城1号敌台[73]、荒碑子长城敌台及其间的荒碑子长城墙体[74]就是鸦鹘关遗址。

清河堡是辽阳东面的重要防御屏障，其南临的太子河又是“通贼道路”，明朝有必要在此据险设关，以控扼交通。通观明长城辽东山地段上的关隘，无不在设置于大河河谷间的交通要冲上。镇北关置于寇河支流叶赫河谷，此路是开原城与海西女真叶赫部的交通要道[75]；广顺关置于清河河谷，此路是开原城与海西女真哈达部的交通要道[76]；抚顺关置于浑河河谷，此路是沈阳中卫城与女真建州部的交通要道[77]；镇朔关置于叆河支流旧帽山河河谷，此路是叆阳堡与女真建州部的交通要道[78]；连山关置于太子河支流细河河谷，此路是辽阳城与明朝属国朝鲜的贡道[79]。

笔者认定的鸦鹘关，为东西南北交通冲要，沿太子河距离清河堡约30千米，其西侧今下夹河乡所在的开阔盆地，从此盆地沿双河（太子河支流）向南可达碱场堡，沿太子河向西可达一堵墙堡和清河堡。

从地形上看，此处是清河堡以东太子河谷最窄处，水流湍急。右岸是岗东长城1号（以下简称为西台）东面的山坡峭壁，左岸是荒碑子长城敌台（以下简称为东台）所在的荒碑子村（又名荒迫子村）西山东面的陡坡，东西两台之间是从西南向东北横贯太子河谷的荒碑子长城墙体。东台向东俯瞰，荒迫子、大背村所在的太子河谷地尽收眼底，视线可远及路家村西南的太子河转弯处，可作为西台的预警前哨。西台向东可俯瞰太子河谷及其间的长城墙体，向南可远及太子城山城和太子城北山烽火台。

从遗址结构和布局看，符合辽东镇长城关隘的设置特点。如前文所述，辽东镇长城沿线的关隘，均为高台建筑与长城墙体相结合的结构，关隘设施与长城墙体相连作为防御前沿，浅纵深地域配置屯兵城堡作为防御后盾。此遗址亦是台墙结合，两端与长城墙体相连。河谷间筑有墙体可据险隘，高山上有南北两台居高临下可察远近，内有清河堡和一堵墙堡作为纵深防御支撑。

从文献记载看，明神宗万历四十六年，后金攻打清河堡之前，辽东经略杨镐曾与清河堡守将邹储贤制定了依托鸦鹘关防守的预警方略，“如遇虏至，设火器于径路之间，伏奇兵于两山之侧，俟其阵乱一鼓歼之，慎无拥兵城内，束手自缚。”[80]其所言之地形与此处相合。

综上，笔者认为《辽宁省长城资源调查报告》中岗东长城1号敌台和荒碑子长城敌台及其间的荒碑子长城就是明辽东长城鸦鹘关遗址。

注　释

[1] a. 熊廷弼. 勘覆地界疏［A］. 万历三十七年二月十三日. 按辽疏稿卷之二［M］. 明刻本. 四库禁燬书丛刊编纂委员会. 四库禁燬书丛刊史部第九册［C］. 北京：北京出版社，1998：397-411.

b. 熊廷弼. 抚镇弃地啗虏疏［A］. 筹辽硕画卷之一［C］. 丛书集成续编第二四二册［C］. 台北：新文丰出版公司，1989：85-93.

[2] a. 明宪宗实录卷之四十二［M］. 北平图书馆红格钞本，中央研究院历史语言研究所校印，865.

b. 谈迁. 国榷卷三十五［M］. 北京：中华书局，1958：2240.

c. 任洛等. 辽东志卷七·艺文志·武靖侯赵辅征讨建州诸夷纪略［M］. 辽海丛书（第1册）［C］. 沈阳：辽沈书社，1985.

d．李辅等．全辽志卷六·艺文志下·平夷赋［M］．辽海丛书（第1册）［C］．沈阳：辽沈书社，1985.

e．吴晗．朝鲜李朝实录中的中国史料［C］．北京：中华书局，1980：579–582.

［3］ a．明神宗实录卷之五百七十二［M］．北平图书馆红格钞本，中央研究院历史语言研究所校印，10808.

b．陈王庭．建贼攻克清河疏［A］．筹辽硕画卷之九，丛书集成续编第二四二册［C］．台北：新文丰出版公司．1989：351–353.

c．谈迁．国榷卷八十三［M］．北京：中华书局，1958：5122.

d．同［2］e，3003.

e．王在晋．三朝辽事实录卷之一［M］．江苏省立国学图书馆藏本影印，辛未十一月.

f．中国第一历史档案馆中国社会科学院历史研究所．满文老档第二函·第七册［M］．北京：中华书局，1990：65.

g．清实录·满洲实录卷五［M］．北京：中华书局，1987：216.

［4］ a．明神宗实录卷之五百七十九［M］．北平图书馆红格钞本，中央研究院历史语言研究所校印，10962–10966.

b．杨镐．恭报师期疏［A］．筹辽硕画卷之十六，丛书集成续编第二四二册［C］．台北：新文丰出版公司，1989：528–533.

c．谈迁．国榷卷八十三［M］．北京：中华书局，1958：5131.

d．同［2］e，3016–3030.

e．同［3］e.

f．中国第一历史档案馆中国社会科学院历史研究所．满文老档第二函·第八册［M］．北京：中华书局，1990：72–82.

g．同［3］g，225–253.

h．满洲实录卷五［M］．据旧钞本重印．国学文库第九编［C］．1934：107–119.

［5］ 辽宁省文物局．辽宁省明长城资源调查报告［R］．北京：文物出版社，2011：460–461.

［6］ 同［5］，463.

［7］ 同［5］，326.

［8］ 同［5］.

［9］ 广东、广西、湖南、河南辞源修订组，商务印书馆编辑部．辞源（修订本）［Z］．北京：中华书局，1974：3528–3529+3545.

［10］ 同［2］e，585.

［11］ 李百药．北齐书卷十四·列传第六·王思好［M］．北京：中华书局，1972：185.

［12］ 欧阳修，宋祁．新唐书卷四十七·志第三十七·百官二·殿中省［M］．北京：中华书局，1975：1218.

［13］ 无名氏．题章宗出猎［A］．全元散曲［C］．北京：中华书局，1964：1736.

［14］ 顾起元．笼养［A］．客座赘语卷一［M］．元明史料笔记丛刊［C］．北京：中华书局，1987：21.

［15］ a．任洛等．辽东志卷一地理志・物产・禽［M］．辽海丛书（第1册）［C］．沈阳：辽沈书社，1985.

b．李辅等．全辽志卷四・方物志・禽类［M］．辽海丛书（第1册）［C］．沈阳：辽沈书社，1985.

［16］ 同［2］e，331，342.

［17］ 刘谦．辽东镇长城及防御考［M］．北京：文物出版社，1989：153.

［18］ a．任洛等．辽东志卷二建置志・关梁［M］．辽海丛书（第1册）［C］．沈阳：辽沈书社，1985.

b．李辅等．全辽志卷一・山川志・关梁［M］．辽海丛书（第1册）［C］．沈阳：辽沈书社，1985.

［19］ 海滨野史．建州私志上卷［M］．明清史料丛书八种第六册［C］．北京：北京图书馆出版社，2005：129–130.

［20］ 明宪宗实录卷之六十一［M］．北平图书馆红格钞本，中央研究院历史语言研究所校印，1237–1238.

［21］ a．韩斌．辽东防守规画［A］．辽东志卷七・艺文志［M］．辽海丛书（第1册）［C］．沈阳：辽沈书社，1985.

b．李辅等．全辽志卷四・人物志［M］．辽海丛书（第1册）［C］．沈阳：辽沈书社，1985.

c．贺钦．医闾集卷四・明故镇国将军辽东副总兵韩公墓志铭［M］．辽海丛书（第2册）［C］．沈阳：辽沈书社，1985.

［22］ 同［2］e，596–600.

［23］ a．任洛等．辽东志卷三兵食志・武备・边墩［M］．辽海丛书（第1册）［C］．沈阳：辽沈书社，1985.

b．李辅等．全辽志卷二・边防志・墩台［M］．辽海丛书（第1册）［C］．沈阳：辽沈书社，1985.

［24］ 同［17］，123.

［25］ 明宪宗实录卷之六十一［M］．北平图书馆红格钞本，中央研究院历史语言研究所校印，774.

［26］ 同［2］.

［27］ a．明宪宗实录卷之四十八［M］．北平图书馆红格钞本，中央研究院历史语言研究所校印，985–986.

b．明宪宗宝训卷之三・饬边务［M］．中央研究院历史语言研究所校印，211–212.

［28］ a．明宪宗实录卷之四十三［M］．北平图书馆红格钞本，中央研究院历史语言研究所校印，

875.

b. 李秉. 上边议三事疏［A］. 李襄敏公奏疏［M］. 皇明经世文编卷之四十三［C］. 四库禁燬书丛刊集部第二二册［C］. 北京：北京出版社，1998：449-450.

［29］ a. 明神宗实录卷之五百七十九［M］. 北平图书馆红格钞本，中央研究院历史语言研究所校印，10685-10687.

b. 李维翰. 黠虏计陷孤城疏［A］. 筹辽硕画卷之三［C］. 丛书集成续编第二四二册［C］. 台北：新文丰出版公司，1989：116-119.

c. 薛三才. 奴酋计杀官兵疏［A］. 筹辽硕画卷之三［C］. 丛书集成续编第二四二册［C］. 台北：新文丰出版公司，1989：125-126.

d. 谈迁. 国榷卷八十三［M］. 北京：中华书局，1958：5115.

e. 同［3］e.

f. 同［2］e，2940.

g. 中国第一历史档案馆中国社会科学院历史研究所. 满文老档第二函·第六册［M］. 北京：中华书局，1990：55-59.

h. 清实录·满洲实录卷四［M］. 北京：中华书局，1987：198-202.

i. 满洲实录卷四［M］. 据旧钞本重印. 国学文库第九编［C］. 1934：93-98.

［30］ a. 同［3］a.

b. 同［3］b.

c. 杨镐. 权变移民以绝贼望疏［A］. 筹辽硕画卷之十［C］. 丛书集成续编第二四二册［C］. 台北：新文丰出版公司，1989：364-365.

d. 谈迁. 国榷卷八十三［M］. 北京：中华书局，1958：5122.

e. 同［2］e，3003.

f. 同［3］e.

g. 中国第一历史档案馆中国社会科学院历史研究所. 满文老档第二函·第七册［M］. 北京：中华书局，1990：65.

h. 清实录·满洲实录卷五［M］. 北京：中华书局，1987：216.

i. 满洲实录卷五［M］. 据旧钞本重印. 国学文库第九编［C］，1934：102.

［31］ 同［4］.

［32］ a. 明神宗实录卷之五百八十三［M］. 北平图书馆红格钞本，中央研究院历史语言研究所校印，10962-11101.

b. 张延登. 罪己用人疏［A］. 筹辽硕画卷之二十二［C］. 丛书集成续编第二四二册［C］. 台北：新文丰出版公司，1989：732-734.

c. 冯嘉会. 辽警迫近神京疏［A］. 筹辽硕画卷之二十二［C］. 丛书集成续编第二四二册［C］. 台北：新文丰出版公司，1989：735-736.

d. 谈迁. 国榷卷八十三［M］. 北京：中华书局，1958：5139.

e．同［2］e，3046.

f．同［3］e.

g．中国第一历史档案馆中国社会科学院历史研究所．满文老档第二函·第十册［M］．北京：中华书局，1990：93-94.

h．清实录·满洲实录卷五［M］．北京：中华书局，1987：259-261.

i．满洲实录卷五［M］．据旧钞本重印．国学文库第九编［C］．1934：122-124.

［33］a．明神宗实录卷之四百五十五［M］．北平图书馆红格钞本，中央研究院历史语言研究所校印，8591-8593.

b．同［1］.

［34］刘明，陈山，熊增珑．铁岭市东北部明辽东长城研究——兼论明辽东长城的始建时间［A］．边疆考古研究（第11辑）［C］．北京：科学出版社，2012：291-312.

［35］明世宗实录卷之三百十三［M］．北平图书馆红格钞本，中央研究院历史语言研究所校印，5868.

［36］a．明神宗实录卷之十六［M］．北平图书馆红格钞本，中央研究院历史语言研究所校印，481-482.

b．吴晗．朝鲜李朝实录中的中国史料［C］．北京：中华书局，1980：1509.

［37］明神宗实录卷之五十三［M］．北平图书馆红格钞本，中央研究院历史语言研究所校印，1247.

［38］明神宗实录卷之四百二十四［M］．北平图书馆红格钞本，中央研究院历史语言研究所校印，8014.

［39］王晶辰．辽宁碑志［M］．沈阳：辽宁人民版社，2002：164-165.

［40］同［39］，445-446.

［41］同［5］，23-31，271-278.

［42］同［5］，31-44.

［43］同［5］，38-41.

［44］同［5］，36-37.

［45］同［5］，41-44，325-326.

［46］同［23］.

［47］同［5］，38-44，325-326.

［48］同［1］，［33］a.

［49］同［23］b.

［50］同［35］.

［51］熊廷弼．东夷归疆起贡疏［A］．筹辽硕画卷之一［C］．丛书集成续编第二四二册［C］．台北：新文丰出版公司，1989：64-67.

［52］同［17］，152-153.

[53] 同[5].

[54] 董秉忠等. 盛京通志卷之第十一·关梁志·兴京[M]. 阳明文库图书.

[55] a. 沈国冕. 兴京县志(据民国十四年铅印本影印)[M]. 中国方志丛书东北地方第九号[C]. 台北:成文出版社有限公司,1974:327.

b. 王树楠,吴廷燮,金毓黻. 奉天通志卷七十五·山川九·各县山水三·辽河流域三·兴京县[M]. 沈阳:沈阳古旧书店,1983:1671.

[56] a. 清实录·满洲实录卷二[M]. 北京:中华书局,1987:87-99.

b. 满洲实录卷二[M]. 据旧钞本重印. 国学文库第九编[C]. 1934:41-45.

[57] 明神宗实录卷之五百八十[M]. 北平图书馆红格钞本,中央研究院历史语言研究所校印,10970-10971,10976-10979,10980-10983.

[58] 同[5],413.

[59] 同[5],281.

[60] 同[5],283-284.

[61] 同[5],286-287.

[62] 同[7].

[63] 同[6].

[64] 同[18].

[65] 顾祖禹. 读史方舆纪要卷三十七·山东八[M]. 北京:中华书局,2005:1707.

[66] 同[3]e.

[67] 杨镐. 并陈沿边措置略节疏[A]. 筹辽硕画卷之十[C]. 丛书集成续编第二四二册[C]. 台北:新文丰出版公司,1989:371-374.

[68] 同[23].

[69] 同[25].

[70] a. 任洛等. 辽东志卷一地理志·山川[M]. 辽海丛书(第1册)[C]. 沈阳:辽沈书社,1985.

b. 李辅等. 全辽志卷一·山川志[M]. 辽海丛书(第1册)[C]. 沈阳:辽沈书社,1985.

[71] 梁志龙. 明代本溪水洞的名称[N]. 本溪日报,2014-6-24(8).

[72] 同[10].

[73] 同[5],44-45.

[74] 同[5],40-45.

[75] a. 同[18].

b. 明兵部. 九边图说·辽东总图[M]. 明隆庆三年刊本. 玄览堂丛书[C]. 台北:中央图书馆,1981:12.

c. 冯瑗. 开原图说卷上·开原控制外夷图[M]. 明万历间刊本. 玄览堂丛书[C]. 台

北：中央图书馆，1981：324.

d. 同［65］，1744–1745.

［76］ 同［75］.

［77］ a. 同［18］.

b. 同［75］b.

c. 顾祖禹. 读史方舆纪要卷三十七・山东八［M］. 北京：中华书局，2005：1739.

［78］ 同［18］b.

［79］ a. 陈循. 寰宇通志卷之七十七辽东都指挥使司・关隘［M］. 明初刊本. 玄览堂丛书续集［C］. 台北：中央图书馆，1947.

b. 李贤等. 大明一统志卷之二十五・辽东都指挥使司・关梁［M］. 明英宗序本.

c. 同［75］b.

d. 同［18］.

e. 程百二等. 方舆胜略卷之十六［M］. 万历三十八年刻本. 四库禁燬书丛刊编纂委员会. 四库禁燬书丛刊史部第二一册［C］. 北京：北京出版社，1998：334.

f. 同［65］，1706.

［80］ 同［67］.

On the Research to “Yahu Pass” of Ming Dynasty

CHEN Shan　LIU Ming

The article verified the origin of the name of “Yahu Pass” and the dates of the birth and death of the pass. Based upon field research, with reference of the recording of relevant documents, it has been verified that there has been no diversion of the course of Liaodong Great Wall of Ming Dynasty which is located in the South of Fushun City. Therefore, there is no evidence for such saying of “new part” and “old part” of the Wall, thereby proving that the Wall has, all the way through the history, been the only and identical one. This verification challenges the old view of the whereabouts of the relic site. Further research has also been conducted along Taizi River Valley to the west of the sub-village of Sandaohezi, Dabei Village, Xiajiahexiang, the present Xinbin Manchu Autonomous County. The layout spread in sight was that the body of the Wall commands the course the River Valley, along with watch towers, giving warnings for precautions, which had been established on high grounds on both sides of the Valley.

考古与科技

俄罗斯布里亚特共和国德日进地区恩赫尔墓地匈奴人骨研究

索明杰

（吉林大学边疆考古研究中心，长春，130012）

一、资料来源及研究意义

2013年12月初，笔者到俄罗斯布里亚特共和国蒙、藏、佛学研究院考察学习，有幸结识该研究院考古部体质人类学研究室主任A・I・布拉耶夫教授，并到体质人类学实验室参观近两年布里亚特地区所发掘的人骨材料，同时将已发表材料与数据全部相赠，希望能够合作研究。这为本文提供了非常珍贵的研究数据和人骨资料。

在俄罗斯关于匈奴考古的体质人类学研究起步较早，19世纪末达里克・格林采维奇最早开展的。之后，20世纪中后期，由俄罗斯科学院的G・捷别茨、H・H・马默诺夫和N・N・格赫曼等，对大量考古出土的匈奴人骨进行测量和比较研究，认为匈奴人群组成结构是复杂多样的共同体。俄罗斯布里亚特共和国德日进地区恩赫尔墓地的考古发掘更加证明了这一点。该墓地由俄罗斯著名的匈奴考古学家科诺瓦洛夫主持发掘，共40余座墓葬，人骨保存较好，基本能够测量的30具个体。其中4座墓葬个体为欧罗巴人种（因本文需要，其资料未统计在内），其余的属于匈奴墓葬，即蒙古利亚人种。值得注意的是，在蒙古人种的人的墓葬之中也埋葬欧罗巴人种的人，并且其埋葬方式相同。证明以蒙古人种为主体的匈奴人之中不仅有欧罗巴人种的血统混入，而且还存在从体质特征以及形态上属于“纯粹的”欧罗巴人种。但从目前材料来看，还不能确定该欧罗巴人种墓葬个体的来源归属[1]。由此可见，俄罗斯学者只是对该墓地进行测量，统计出数据资料，并对其进行小范围的比较研究，没有详细讨论，更没有将这批墓葬材料放在更大的地域范围内，同一时期内的墓葬材料进行对比研究，尤其是没有与中国北方地区同时期的材料进行对比研究，而且只是讨论两大人种之间的关系，没有具体的讨论什么类型。本文以该墓地匈奴人骨测量平均值数据为根据，在俄罗斯学者前期研究的基础上，将该墓地出土人骨研究的对比组范围扩大，并与中国出土同一时代的墓葬人骨或确定为匈奴的墓葬人骨以及近代人群对比组加以比较研究，深入讨论该墓地的人种归属以及类型，这对研究匈奴人的体质特征、演变，人种构成演进和人种类型以及历史演变规律都具有重要的学术意义。

二、材料与方法

表一　匈奴组颅骨测量值

项目	个数	本文组	项目	个数	本文组
1 颅骨最大长g-op	23	186.60	32 额侧角I∠n-m and FH	20	77.30
5 颅基底长n-enba	17	101.00	72 总面角∠n-pr and FH	19	84.20
8 颅骨最大宽eu-eu	23	144.40	77 鼻颧角∠fmo-n-fmo	23	147.40
9 额骨最小宽ft-ft	26	93.80	8：1 颅指数	22	77.50
17 颅高b-ba	18	132.20	17：1 颅长高指数	18	70.85
40 面底长pr-enba	16	101.20	17：8 颅宽高指数	18	91.55
45 面宽/颧点间宽zy-zy	22	140.70	45：48 上面指数	20	54.60
48 上面高n-sd	24	76.70	52：51 眶指数R	22	82.40
51 眶宽mf-ek R	22	42.90	54：55 鼻指数	22	48.00
52 眶高R	22	35.30	48：17 垂直颅面指数	17	57.90
54 鼻宽	26	26.60	40：5 面部突度指数	16	100.20
55 鼻高n-ns	22	52.90			

根据表一所示数据可知，该墓地古代男性居民具体表现为以中颅型为主的颅长宽指数，以正颅型为主的颅长高指数，以及阔颅型的颅宽高指数；另外，该墓地的男性居民还具有较大的面宽绝对值（140.7毫米）和鼻颧角（147.4°）。

为进一步探寻该墓地古代居民颅面部形态特征所蕴含的人种学意义，本文将该墓地男性居民的颅骨测量数据与已发表的我国境内、外各古代人群男性颅骨标本进行欧氏距离系数进行计算，再将其与我国北方近代对比人群以及现代亚洲各蒙古人种进行对比分析，最终确定其所属的种族类型，并完成根据颅面型特征反映出的该墓地古代居民人种学源流问题的初步探讨。

本文主要根据各古代对比组原始数据的报道情况，酌情选用了颅长、颅宽、颅高、最小额宽、颧宽、上面高（sd）、眶宽、眶高、鼻宽、鼻高、总面角、鼻颧角等测量值，以及颅指数、颅长高指数、颅宽高指数、上面指数、垂直颅面指数（sd）、眶指数（右）、鼻指数、额宽指数等指数值进行计算。

三、结果与分析

1. 与我国境内各古代人群的比较

本文首先将该墓地男性居民的颅骨测量值与我国境内出土的各古代对比人群进行相关计算分析，各对比人群介绍如下。

仰韶合并组：该组系由同属于仰韶文化的半坡、宝鸡、华县和横阵等四个颅骨组合而得的平均值[2]。仰韶文化居民在种属特征上与现代南亚和东亚蒙古人种比较接近，尤其与南亚类型之间的关系更为密切一些[3]。

庙底沟组：该组采集自河南陕县庙底沟新石器时代遗址，这批人骨属于庙底沟二期文化墓葬，而这一文化可能是“龙山早期或由仰韶到龙山的一种过渡性质的文化”。该组的体质特征与现代的远东人种较为接近。它和仰韶文化和大汶口文化各组人骨之间在体质上显然存在更为密切的关系[4]。

庙子沟组：该组出自内蒙古自治区乌兰察布市察右前旗境内黄旗海南岸的庙子沟新石器时代遗址，共采集70余例人类骨骼标本。经研究，庙子沟新石器时代居民具有中颅型、高颅型和狭颅型相结合的颅部形态特征，以及中等偏狭的面形、偏低的眶形和较阔的鼻形。此外，该批居民还普遍具有较大的鼻颧角，说明他们的面部颇为扁平。在与现代亚洲蒙古人种各区域性类型的比较中，他们的多数特征接近于现代东亚蒙古人种，但在面部扁平度上却明显区别于后者，而与现代北亚蒙古人种比较相似[5]。

姜家梁组：材料取自河北省阳原县姜家梁遗址，遗址属新石器时代，观察颅骨标本共计87例。研究认为，姜家梁组居民的体质特征可概括为以中型颅为主，少量长颅型和圆颅型，伴以高颅型和狭颅型，中等程度的上面高和面宽，中等偏狭的面型，中等偏阔的鼻型，低眶型和偏低的中眶型，相对较大的面部扁平度。在与古代组的对比中，姜家梁新石器时代居民与庙子沟新石器时代居民、夏家店上层文化居民在体质特征上表现出较强的一致性，姜家梁新石器时代居民应属于先秦时期的“古华北类型”[6]。

菜园组：出土于宁夏回族自治区海原县菜园村。根据研究者意见，该组原始居民在体质特征上与现代亚洲蒙古人种的东亚类型接近。在近代对比组中则接近于华北组。根据与邻近地区古代人类学材料比较的结果，它与甘青地区青铜时代乃至新石器时代居民之间表现出一般的接近关系，尤其与甘肃的古代居民之间存在更密切的形态学联系[7]。

柳湾合并组：材料采集自青海省乐都县境内的柳湾墓地，由该墓地收集到的古代颅骨资料包含有三种不同文化类型的材料：半山文化、马厂文化和齐家文化，时代跨度从新石器时代到早期青铜时代。据研究者意见，柳湾的三组颅骨在形态学上没有本质的差别，属于相同的体质类型，故将其合并为一组。柳湾合并组的体质特征与现代东亚蒙古人种最为接近，尤其是与近代华北组的相似性最为明显。在古代对比组中，其与步达生的甘肃史前组和新石器组的关系最为密切，此外，与殷墟中小墓①组也呈现比较接近的趋势[8]。

庙后山组：材料出自辽宁省本溪市庙后山墓地，其碳十四测年结果为距今3600～3300年。魏海波先生、张振标先生对其研究认为，庙后山组居民在种族类型上与现代亚洲蒙古人种中的东亚类型最为接近，同时也含有某些接近北亚人种的因素[9]。

代海组：材料出土辽宁省阜新市代海墓地，可供以测量学手段提取颅骨完整形态数据的个体共13例（男性6例，女性7例），从颅骨测量数据分析，该批人群的形态特征与时代相近的周边地区古代人群既有相似，也有不同，具有自身特点。与已发表人类学数据的东北地区古代人群相比，代海墓地古代居民高颅的特征与“古东北类型”的周边人群近似，但在面型上却与该类型古代居民阔面的典型特征不甚相符[10]。

甑皮岩组：出土于广西桂林甑皮岩新石器时代遗址。张银运先生等对其研究后认为，该组居民在体质特征上与现代亚洲蒙古人种中的南亚类型最为接近，但与现代南亚种族还有一定程度的差别，较现代南亚种族有更长的颅型、较大的面宽和更大的鼻宽[11]。

昙石山组：材料出自福建闽侯县昙石山新石器时代遗址。韩康信先生等对其研究认为，该组居民与现代亚洲蒙古人种中的东亚类型及南亚类型都有一定程度的接近，在面部特征上更接近于南亚类型[12]。

井沟子组：出土于内蒙古自治区林西县双井店乡井沟子自然村北约400米处的井沟子遗址，其年代初步判断为春秋晚期至战国早期前后，从文化性质上分析该批墓葬代表了赤峰地区一种新的考古学文化类型——井沟子类型。朱泓先生的研究认为，井沟子组的主要体质特征可以概括为圆颅型、偏低的正颅型和阔颅型，面部高、宽，具有颇大的面部扁平度。井沟子组颅骨的基本体质特征与北亚蒙古人种最为接近[13]。

新店子组：材料出自内蒙古和林格尔县新店子乡东周时期墓地。经研究，认为该组居民在体质特征上与现代亚洲蒙古人种的北亚类型具有较多的一致性，与代表北亚蒙古人种类型的布里亚特组关系最为接近。张全超先生在综合对比研究的基础上，将这种先秦时期接近北亚蒙古人种的群体命名为“古蒙古高原类型”[14]。

根据表三所示的计算结果，该墓地古代居民与井沟子组有着最小的距离值（13.808），而与其他各组之间的欧氏距离皆相对疏远，其中与代海组之间的欧氏距离值最大，高达29.198。为了更加清晰的展示该墓地古代居民与各古代人群之间的颅面型特征的相似程度，本文还根据其欧氏距离的亲疏关系绘制了聚类树状图（图一）。

表二　本文组与所选十二组我国境内古代对比组的对比数据　　（长度：毫米；角度：度；指数：%）

项目↓组别→	本文组	仰韶合并组	庙底沟组	庙子沟组	姜家梁组	菜园组	柳湾合并组	庙后山组	代海组	昙石山组	甑皮岩组	井沟子组	新店子组
颅长	186.60	180.70	179.43	177.63	178.27	179.60	185.93	192.80	181.07	189.70	193.30	184.43	173.80
颅宽	144.40	142.56	143.75	137.03	134.20	135.60	136.41	144.00	131.89	139.20	143.20	147.88	153.27
颅高	132.20	142.53	143.17	140.93	138.10	140.10	139.38	143.50	140.57	141.30	140.90	131.50	129.18
颧宽	140.70	136.37	140.83	136.64	135.63	131.20	137.24	145.30	129.00	135.60	138.00	143.67	142.08
上面高（sd）	76.70	73.38	73.48	73.50	75.53	71.90	78.19	75.50	77.52	71.10	69.70	76.00	73.91
眶宽 R	42.90	43.41	41.75	43.93	44.41	40.50	43.87	44.60	43.65	42.20	42.60	43.34	33.12
眶高 R	35.30	33.48	32.42	32.93	33.39	33.30	34.27	32.60	35.53	33.80	34.40	32.84	44.38
鼻宽	26.60	27.56	27.31	26.23	27.04	25.80	27.26	25.90	22.44	29.50	28.30	27.66	27.12
鼻高	52.90	53.36	53.99	52.63	55.58	51.00	55.77	54.10	55.70	51.90	53.10	57.72	56.52
总面角（sd）	84.20	81.39	85.75	82.33	82.59	93.30	89.21	85.00	82.75	81.00	84.00	89.80	88.00
鼻颧角	147.40	146.37	147.56	149.81	146.76	145.80	146.49	151.00	140.71	143.80	144.80	153.57	148.77
颅指数	77.50	79.10	80.31	77.22	75.76	75.20	73.92	74.80	72.87	73.40	73.20	80.39	88.13
颅长高指数	70.85	78.62	77.64	79.57	78.74	78.40	74.74	74.50	76.83	73.80	70.50	71.76	72.80
颅宽高指数	91.55	99.41	99.47	102.95	102.33	103.80	100.96	99.65	107.38	99.50	97.90	89.51	84.57
垂直颅面指数（sd）	57.90	51.60	54.06	52.05	52.22	52.30	56.57	51.10	54.38	48.10	49.47	56.89	57.29
上面指数（sd）	54.60	54.58	51.86	53.68	55.71	54.90	57.60	51.96	62.46	52.50	50.40	51.93	51.93
眶指数 R	82.40	77.18	77.71	74.94	77.39	82.20	78.46	74.94	81.46	80.00	80.40	75.88	74.71
鼻指数	48.00	52.08	50.15	49.90	49.00	50.70	49.09	48.02	49.54	57.00	53.30	47.99	48.06

表三　本文组与各古代对比组欧氏距离系数表

	1	2	3	4	5	6	7	8	9	10	11	12	13
1	0.000												
2	19.916	0.000											
3	19.023	8.246	0.000										
4	23.544	9.273	11.672	0.000									
5	22.197	11.802	14.848	7.410	0.000								
6	25.547	17.494	17.972	15.843	14.941	0.000							
7	17.624	15.987	16.191	15.879	12.838	15.391	0.000						
8	20.241	18.378	16.934	20.628	22.497	26.335	17.827	0.000					
9	29.198	21.430	25.450	19.943	15.321	17.948	17.266	30.534	0.000				
10	22.093	14.774	19.007	19.053	18.908	20.498	18.500	19.021	23.732	0.000			
11	19.201	18.064	19.534	22.780	23.013	23.247	19.153	15.245	28.220	9.158	0.000		
12	13.808	23.795	20.291	26.258	26.687	30.039	22.820	21.342	37.051	28.796	25.015	0.000	
13	26.482	32.481	29.676	35.777	36.629	38.717	36.391	37.458	45.438	39.702	37.642	22.514	0.000

注：1.本文组；2.仰韶合并组；3.庙底沟组；4.庙子沟组；5.姜家梁组；6.菜园组；7.柳湾合并组；8.庙后山组；9.代海组；10.昙石山组；11.甑皮岩组；12.井沟子组；13.新店子组。

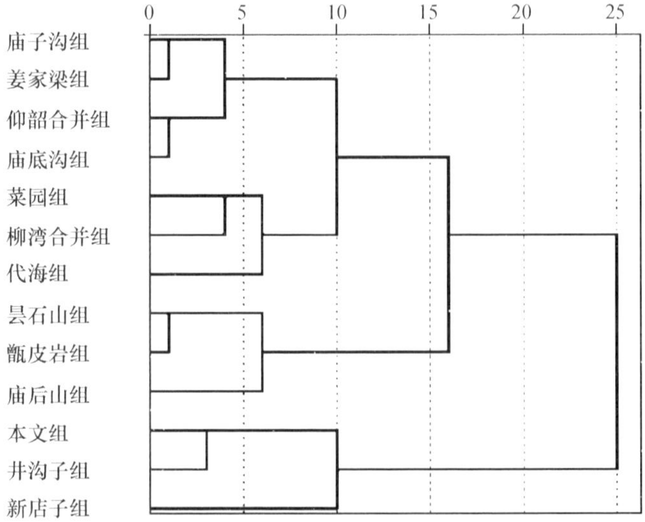

图一　本文组与各古代对比组的聚类树状图

根据图一所示内容，本文组与井沟子组在小于5的位置完成聚类，再与新店子组在小于10的位置聚合。而其他对比人群分别在小于10的位置进行一次聚类后，最后与本文组所在的聚类群在25的位置结束此次聚类。

2. 与相关匈奴人群的比较

本文又将该墓地男性居民的颅骨测量值与我国境内外已发表的各匈奴对比人群进行相关计算分析，各对比人群介绍如下。

察吾呼三号墓组：人骨标本采集自新疆和静县哈尔莫敦乡的察吾呼沟口，共采集人骨标本11例（男性9例，女性2例），墓葬形制为洞室墓，年代大约相当于汉代。察吾呼三号墓地组颅骨的基本种系特征表明，他们是一个混血的人群。该组头骨一方面有些特征接近于欧洲人种，另一方面有些特征又接近于亚洲人种或介于两者之间。与周邻地区古代人骨相对比，该组的最主要特点是欧洲人种特点有些弱化。总的来说，察吾呼三号墓地组居民的基本体质特征与吉尔吉斯塔拉斯河流域肯科尔匈奴墓以及中亚地区的天山-阿莱匈奴墓葬的人类学资料比较接近。察吾呼三号墓地也被有些学者认为属北匈奴的遗存[15]。

大保当组：大保当组人骨资料出自陕西神木大保当墓地，墓葬年代相当于汉代，其性质推测与活动在陕北地区的南匈奴有关。大保当组颅骨的形态特征可以概括为短颅、正颅、中等，阔颅型和狭额型相结合，并有中等偏狭的上面型、中等的眶型和鼻型，与现代亚洲蒙古人种的北亚类型接近，与东亚类型存在较为明显的距离[16]。

外贝加尔湖组：出土于苏联外贝加尔地区的匈奴墓，年代为公元前1世纪前后，据苏联人类学家杰别茨研究，该组颅骨属蒙古人种的古西伯利亚类型[17]。

伊沃尔加组：出自俄罗斯外贝加尔地区布里亚特自治共和国乌兰乌德市西南16千米的伊沃尔加城内，颅型偏短，属圆颅型、偏低的高颅型配合阔颅型，面特宽且低，并且面部水平方向显得颇为扁平，属偏高的中眶型结合阔鼻型。其特征与西伯利亚类型蒙古人种存在较多的相似性[18]。

肯科尔组：苏联境内吉尔吉斯肯科尔卡达孔巴古墓地，采集人骨24例（男性13例、女性9例），该批人骨存在大量颅骨人工变形现象，经研究认为，该组墓地古代居民面部特征比较接近从新疆来到中亚的突厥人，但颅型比后者更短，这组中的欧洲人种颅骨与短颅的欧洲人种类型有关[17]。

天山匈奴组、吉尔吉斯组：资料来源于吉尔吉斯斯坦中部、西南部的葱岭–阿莱地区，以及伊塞克湖北岸的基尔钦墓葬中，他们也属于北匈奴的遗存。时代约在公元前1～公元4世纪。这批匈奴头骨也存在明显的环状畸形颅。他们属于欧洲人种短颅类型，同时还混有某些蒙古人种的特点[17]。

图瓦各组（中部、东部）：俄罗斯人类学家以阿列克谢耶夫、格赫曼、杜门为代表的苏联体质人类学者系统地对中央亚细亚，包括图瓦等地区出土的人骨标本进行梳理，认为该地区古代人群是以蒙古人种因素为主体、混入少量欧罗巴人种成分的混合群体[17]。

根据表五所示的计算结果，该墓地古代居民与外贝加尔匈奴组有着最小的距离值（2.501），而与其他各组之间的欧氏距离皆相对疏远，其中与伊沃尔加组之间的欧氏距离值最大，高达31.284。

为了更加清晰的展示该墓地古代居民与其他匈奴人群之间的颅面型特征的相似程度，本文还根据其欧氏距离的亲疏关系绘制了聚类树状图（图二）。

根据图二所示内容：本文组与外贝加尔匈奴组在小于5的位置完成聚类；大保当组、肯科尔组和东部图瓦组共同在5的位置聚类形成一支聚类群，并与中部图瓦组在小于10的位置聚合形成第一聚类群群；天山匈奴组和吉利吉斯组所组成的聚类群在小于10的位，最后再与伊沃尔加组在25的位置结束此次聚类。

为了进一步探寻各古代组之间的关系，根据表二中的20个计测项目进行因子分析，计算出各线性值、角度值和指数值的因子得分，并提取前四个因子，其累积贡献率为92.081%，基本代表了所有20个项目的总体特征（表六）。

表六中的各个项目在三个因子中载荷量有所不同：第一因子中的方差贡献率为46.596%，最大载荷量的原变量主要有上面高、颅指数、上面指数、眶指数、额顶指数，基本代表了颅、面部主要形态特征，四个因子中，虽然部分因子信息重叠，但不影响因子的解释，故不需旋转。

表四　本文组与所选用的九组匈奴对比组的对比数据　（长度：毫米；角度：度；指数：%）

项目	本文组	察吾呼三号墓组	大保当组	外贝加尔湖组	伊沃尔加组	肯科尔组	天山匈奴组	吉尔吉斯组	中部图瓦组	东部图瓦组
颅骨最大长	186.60	180.50	183.10	186.60	176.00	185.00	178.10	177.90	186.80	184.70
颅骨最大宽	144.40	138.70	148.10	144.40	149.00	145.30	147.00	142.20	144.00	147.30
额骨最小宽	93.80	94.20	94.40	93.80	89.00	95.80	98.00	96.10	95.50	92.00
颅高	132.20	142.10	137.50	132.20	133.00	135.30	137.60	136.00	138.10	135.00
面宽	140.70	134.20	138.30	140.70	143.00	139.50	138.30	136.70	139.80	145.00
上面高（sd）	76.70	74.70	75.40	76.70	64.00	75.40	73.70	73.30	77.50	73.70
眶宽 R	42.90	42.50	43.20	42.90	42.50	43.10	40.60	42.50	42.20	44.70
眶高 R	35.30	34.70	34.90	35.30	36.00	34.30	34.60	34.40	34.90	33.50
鼻宽	26.60	25.90	26.70	26.60	27.00	25.40	26.60	25.50	25.70	25.70
鼻高	52.90	54.10	55.90	55.40	48.00	54.20	54.20	52.80	56.00	56.70
总面角（sd）	84.20	91.40	85.90	84.20	97.00	86.00	84.90	85.90	87.70	86.00
鼻颧角	147.40	139.20	148.90	147.40	156.70	143.30	139.40	140.50	142.00	145.70
颅指数	77.50	76.80	80.90	77.50	85.10	79.10	82.60	79.80	77.10	79.80
颅长高指数	70.85	79.10	75.20	70.80	75.50	73.10	77.40	76.40	73.90	73.10
颅宽高指数	91.55	102.30	92.80	91.60	89.20	93.10	93.80	95.60	95.90	91.60
上面指数（sd）	54.60	55.60	54.50	54.60	44.70	54.40	53.30	53.60	55.40	50.80
眶指数 R	82.40	80.50	80.20	82.40	84.70	74.50	85.20	85.90	82.30	75.00
鼻指数	48.00	47.90	47.80	48.00	56.30	46.80	49.20	48.30	46.00	46.10
垂直颅面指数（sd）	57.90	52.80	54.80	57.90	48.10	55.10	53.70	54.20	56.10	54.60
额顶宽指数	64.96	67.00	63.30	65.00	59.80	65.90	66.60	67.60	66.30	62.50

表五　本文组与匈奴各组欧氏距离系数表

	1	2	3	4	5	6	7	8	9	10
1	0.0000									
2	23.5490	0.0000								
3	11.0280	20.6660	0.0000							
4	2.5010	23.5460	10.6440	0.0000						
5	31.2840	36.6090	27.3170	31.7890	0.0000					
6	11.2680	18.9480	9.7250	11.2570	32.6310	0.0000				
7	17.8270	17.6740	14.1910	17.8290	30.8200	15.6300	0.0000			
8	16.3400	14.0980	15.0990	16.5440	31.0080	15.4020	7.4650	0.0000		
9	11.3970	15.3730	12.2090	10.9740	34.8710	10.1270	14.3180	13.0770	0.0000	
10	13.3630	24.2590	10.6880	12.8930	29.0630	9.7630	19.1300	19.7890	14.8830	0.0000

注：1.本文组；2.察吾呼三号墓组；3.大保当组；4.外贝加尔湖组；5.伊沃尔加组；6.肯科尔组；7.天山匈奴组；8.吉尔吉斯组；9.中部图瓦组；10.东部图瓦组。

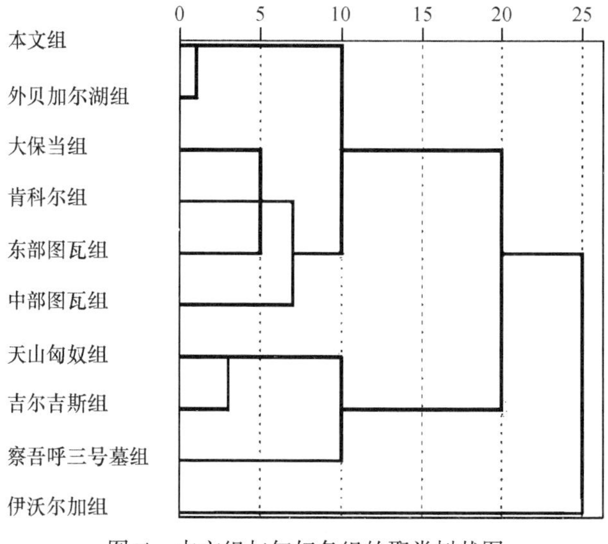

图二　本文组与匈奴各组的聚类树状图

3. 与北方地区相关近代各人群的比较

在与近代颅骨组的比较中，本文除仍然选用B・Ⅱ・阿列克谢耶夫在其论文的表五中所列入的乌尔奇、那乃和埃文基3组资料外，还选择了华北、抚顺、朝鲜、蒙古、通古斯、爱斯基摩和布里亚特等7个近代组作为对照（表七）[19]。

表六　前四个因子的方差累计贡献率

因子	1	2	3	4
合计	9.319	5.174	2.38	1.543
方差贡献率 %	46.596	25.87	11.9	7.715
累积贡献率 %	46.596	72.466	84.366	92.081

前三个因子的载荷矩阵

变量	第一因子	第二因子	第三因子	第四因子
颅长	0.536	−0.752	0.099	0.264
颅宽	−0.65	−0.445	0.017	−0.546
颅高	0.757	0.289	0.302	−0.471
最小额宽	0.472	0.691	−0.374	0.02
颧宽	−0.513	−0.742	−0.163	−0.147
上面高（sd）	0.919	−0.296	0.222	0.051
总面角	−0.006	−0.691	−0.592	0.264
鼻颧角	−0.575	0.13	0.628	0.451
眶宽R	−0.638	−0.046	0.55	0.025
眶高R	0.777	−0.372	−0.164	−0.203
鼻宽	−0.692	0.447	−0.326	0.398
鼻高	−0.849	−0.424	0.072	0.222
颅指数	−0.823	0.203	−0.055	−0.519
颅长高指数	−0.02	0.931	−0.297	−0.132
颅宽高指数	0.629	0.664	−0.225	0.312
上面指数（sd）	0.947	0.006	0.237	0.094
垂直颅面指数（sd）	−0.276	0.536	0.67	−0.007
眶指数R	−0.924	0.319	0.153	0.086
鼻指数	0.731	−0.544	0.395	0.054
额顶宽指数	0.853	0.402	0.227	−0.058

表七　本文组与近代对比组组间差异均方根及欧氏距离计算结果　（长度：毫米；角度：度；指数：%）

项目	本文组	华北组	抚顺组	朝鲜组	蒙古组	乌尔奇组	通古斯组	爱斯基摩组*	布里亚特组	那乃组（赫哲）	埃文基组（鄂温克）
颅骨最大长	186.6	178.5	180.8	175	182.2	183.3	185.5	181.8	181.9	184.6	185.5
颅骨最大宽	144.4	138.2	139.7	142.4	149	142.3	145.7	140.7	154.6	142.3	145.7
颅高	132.2	137.2	139.2	140	131.4	134.4	126.3	135	131.9	137.8	126.3
额骨最小宽	93.8	89.4	90.8	92.4	94.3	92.5	90.6	94.9	95.6	91.4	90.6
面宽	140.7	132.7	134.3	134.7	141.8	139.9	141.6	137.5	143.5	139.7	141.6
上面高（sd）	76.7	75.3	76.2	73.9	78	77.6	75.4	77.5	77.2	78.3	75.4
总面角（sd）	84.2	83.39	83.6	83.7	87.5	86	86.6	83.8	87.7	85.9	86.6
颅指数	77.5	77.56	77.3	81.5	82	78.3	78.7	77.6	85.1	77.1	78.7
颅长高指数	70.85	77.02	77.1	80.1	72.12	73.32	68.09	74.26	72.5	74.65	68.09
颅宽高指数	91.55	99.53	100	98.5	88.19	94.45	86.68	95.95	85.3	96.84	86.68
垂直颅面指数（sd）	57.9	54.2	54.74	52.79	59.36	57.8	59.7	57.4	58.8	57.1	60
上面指数（sd）	54.6	56.8	56.8	54.86	55.01	55.3	53.25	56.07	53.8	56	53.2
眶指数 R	82.4	80.66	83	80.8	82.9	82.2	81.5	83	86	81.4	81.5
鼻指数	48	45.23	46.9	48.2	48.6	48.2	49.4	44.8	48	49.1	49.4

*爱斯基摩系由原文直译而来，并无种族歧视或其他特殊含义。

表八 本文组与近代各组欧氏距离系数表

	1	2	3	4	5	6	7	8	9	10	11
1	0.000										
2	18.601	0.000									
3	16.799	5.076	0.000								
4	20.594	9.667	9.622	0.000							
5	9.553	22.660	21.214	21.740	0.000						
6	6.500	13.700	11.750	15.689	11.038	0.000					
7	9.840	24.943	24.367	26.728	10.213	13.833	0.000				
8	10.041	10.823	9.219	14.004	14.777	6.174	17.994	0.000			
9	16.241	28.844	27.125	26.190	8.174	18.262	15.564	21.301	0.000		
10	9.969	12.662	9.593	14.835	14.863	5.133	17.917	7.920	21.490	0.000	
11	9.906	25.018	24.437	26.810	10.237	13.884	0.304	18.043	15.586	17.971	0.000

注：1.本文组；2.华北组；3.抚顺组；4.朝鲜组；5.蒙古组；6.乌尔奇组；7.通古斯组；8.爱斯基摩组；9.布里亚特组；10.那乃组；11.埃文基组。

根据表八所示的计算结果，该墓地古代居民与乌尔奇组有着最小的距离值（6.5），并与蒙古组、通古斯组、那乃组、埃文基组之间有着较近的欧氏距离。却与朝鲜组之间的欧氏距离值最大，高达20.594。

为了更加清晰的展示该墓地古代居民与近代各对比人群之间的颅面型特征的相似程度，本文还根据其欧氏距离的亲疏关系绘制了聚类树状图（图三）。

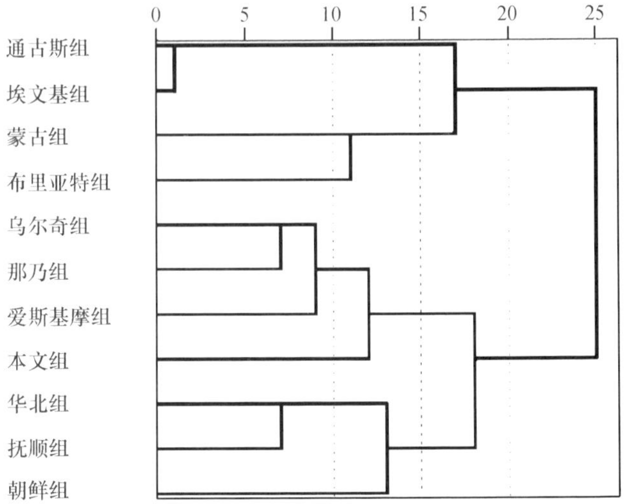

图三 本文组与各近代组的聚类树状图

根据图三所示内容，本文组与爱斯基摩组、那乃组和乌尔奇组共同组成的聚类集团在10～15之间的位置完成聚类；再与华北组、朝鲜组和抚顺组共同组成的聚类集团在15～20之间完成聚合，最后再与通古斯等组组成的聚类群在25的位置结束此次聚类。

4. 与现代亚洲蒙古人种的比较

本文还将该墓地古代居民与现代亚洲蒙古人种所包含各区域性类型的主要体质特征变异范围，本文将其与该墓地出土的男性颅骨标本平均值进行比较（表九），以确定该墓地与现代亚洲蒙古人种的哪些区域类型之间存在近似继承性的关系，从而缩小对该墓地古代居民体质特征流向问题的讨论范围。

表九　与现代亚洲蒙古人种的比较　（长度：毫米；角度：度；指数：%）

项目组别	本文组	亚洲蒙古人种				
		北亚类型	东北亚类型	东亚类型	南亚类型	变异范围
颅长	186.60	174.9～192.7	180.7～192.4	175.0～182.2	169.9～181 .3	169.9～192.7
颅宽	144.40	144.4～151.5	134.3～142.6	137.6～143.9	137.9～143.9	134.3～151.5
颅高	132.20	127.1～132.4	132.9～141.1	135.3～140.2	134.4～137.8	127.1～141.1
最小额宽	93.80	90.6～95.8	94.2～96.6	89.0～93.7	89.7～95.4	89.0～96.6
颧宽	140.70	138.2～144.0	137.9～144.8	131.3～136.0	131.5～136.3	131.3～144.8
上面高	76.70	72.1～77.6	74.0～79.4	70.2～76.6	66.1～71.5	66.1～79.4
颅指数	77.50	75.4～85.9	69.8～79.0	76.9～81.5	76.9～83.3	69.8～85.9
颅长高指数	70.85	67.4～73.5	72.6～75.2	74.3～80.1	76.5～79.5	67.4～80.1
颅宽高指数	91.55	85.2～91.7	93.3～102.8	94.4～100.3	95.0～101.3	85.2～102.8
垂直颅面指数	57.90	55.8～59.2	53.0～58.4	52.0～54.9	48.0～52.2	48.0～59.2
上面指数	54.60	51.4～55.0	51.3～56.6	51.7～56.8	49.9～53.3	49.9～56.8
眶指数（右）	82.40	79.3～85.7	81.4～84.9	80.7～85.0	78.2～81.0	78.2～85.7
鼻指数	48.00	45.0～50.7	42.6～47.6	45.2～50.2	50.3～55.5	42.6～55.5

根据表九可知，在16项颅骨测量值及指数值中，该墓地古代居民全部符合北亚蒙古人种类型的变异范围，同时，还有6项符合东北亚蒙古人种类型的变异范围、4项符合东亚蒙古人种类型的变异范围；2项符合南亚蒙古人种类型的变异范围，但需要说明的是，符合其他三支蒙古人种类型变异范围的所有值也符合北亚蒙古人种类型的变异程度；另外，本文组还有6项值不在现代亚洲蒙古人种类型的变异范围内。

四、小　　结

根据综上比较研究，俄罗斯布里亚特共和国德日进地区恩赫尔匈奴墓地人骨测量平均值与我国各古代人群比较，与内蒙古林西井沟子组有着最小的距离值，其次是与青海柳湾合并组距离值相近，而与其他各组之间的欧氏距离皆相对疏远，其中与代海组之间的欧氏距离值最大。该墓地古代居民与包括我国在内的相关同一时期已发表的匈奴墓地古代人群相比较研究，与外贝加尔匈奴组有着最小的距离值，其次是与陕西神木大保当组、苏联境内吉尔吉斯肯科尔组和中部图瓦组最为接近，而与其他各组之间的欧氏距离皆相对疏远，其中与伊沃尔加组之间的欧氏距离值最大。该墓地古代居民与包括我国在内的北方地区相关近代各人群相比较研究，与乌尔奇组有着最小的距离值，其次，与蒙古组、通古斯组、那乃组、埃文基组之间有着较近的欧氏距离，却与朝鲜组之间的欧氏距离值为最大。该墓地古代居民与现代亚洲蒙古人种进行比较研究，其颅骨测量指数全部符合北亚蒙古人种类型的变异范围。

注　释

［1］ A. I. 布拉耶夫. 贝加尔周围以及后贝加尔地区古代人类学研究（远古—中世纪）［M］. 乌兰乌德，2006：56. 关于本文匈奴人骨测量资料也发表于该著作之中。

［2］ 仰韶合并组数据转引自潘其风，韩康信. 柳湾墓地的人骨研究［A］. 青海柳湾［R］. 北京：文物出版社，1984.

［3］ 韩康信，潘其风. 古代中国人种成分研究［J］. 考古学报，1984（2）.

［4］ 潘其风，韩康信. 庙底沟二期文化人骨的研究［J］. 考古学报，1979（2）.

［5］ 朱泓. 内蒙古察右前旗庙子沟新石器时代颅骨的人类学特征［J］. 人类学学报，1994（2）.

［6］ 李法军. 河北阳原姜家梁新石器时代人骨研究［D］. 吉林大学博士学位论文，2004.

［7］ 韩康信. 宁夏海原菜园村新石器时代墓地人骨的性别年龄鉴定与体质类型［A］. 中国考古学论丛［C］. 北京：科学出版社，1993.

［8］ 潘其风，韩康信. 柳湾墓地的人骨研究［A］. 青海柳湾［R］. 北京：文物出版社，1984.

［9］ 魏海波，张振标. 辽宁本溪青铜时代人骨［J］. 人类学学报，1989（4）：320-328.

［10］ 魏东，赵永生，徐韶钢. 阜新代海墓地出土颅骨测量性状研究［A］. 边疆考古研究（第13辑）［C］. 北京：科学出版社，2013：315-325.

［11］ 张银运，王令红，董兴仁. 广西桂林甑皮岩新石器时代遗址的人类头骨［J］. 古脊椎动物与古人类，1977（1）：4-13.

［12］ 韩康信，张振标，曾凡. 闽侯昙石山遗址的人骨［J］. 考古学报，1976（1）：121-129.

［13］ 朱泓. 内蒙古林西县井沟子遗址西区墓葬出土人骨的人类学研究［A］. 林西井沟子——晚期青铜时代墓地的发掘与综合研究［C］. 北京：科学出版社，2010：297-298.

［14］ 张全超. 内蒙古和林格尔县新店子墓地人骨研究［M］. 北京：科学出版社，2010.

［15］ 韩康信，张君等. 察吾乎三号、四号墓地人骨的体质人类学研究［A］. 新疆察吾乎——大型氏族墓地发掘报告［R］. 北京：东方出版社，1999.

［16］ 王昉. 陕西神木大保当汉代墓葬人骨再分析［D］. 吉林大学硕士学位论文，2014：24-35.

［17］　潘其风．从颅骨资料看匈奴族的人种［A］．中国考古学研究——夏鼐先生考古五十年纪念论文集（二）［C］．北京：科学出版社，1986.

［18］　陈靓．匈奴、鲜卑和契丹的人种学考察［D］．吉林大学博士学位论文，2003.

［19］　朱泓．靺鞨人种研究［A］．青果集——吉林大学考古专业成立二十周年论文集［C］．北京：知识出版社，1993.

The Study of Human Skeleton Remains from Huns Period from Engel Cemetery in Respublika Buryatiya

SUO Ming-jie

The Huns people established the first empire in grassland during the nomads in Mongolia plateau, having the deep influence to the Xianbei, Rouran Khaganate, Khitan, Turks, Mongolia and other nomadic empires. Therefore, the study on the Huns is helpful to the study of the history and culture of the nomadic peoples, as well as the development and evolution, which is concerned by the academic community. Among them, the physical anthropology of the Huns, such as the ethnic composition of the alliance of the Hun Empire at that time, the physical characteristics and the evolution of the people, even ethnic origin and gene flow are greatly significant. This paper intends to explore the human bones unearthed from Engel cemetery in Respublika Buryatiya, in order to publish ethnographic analysis of data, and at the same time the ethnographic research materials, unearthed from other regions of Chinese and Mongolia plateau, were analyzed, using the method of physical anthropology to preliminary discuss the physical characteristics of Huns people living in Mongolia plateau, and the evolution of ethnic composition.

广元千佛崖石窟调查、保护与研究综述*

王乐乐[1] 李志敏[2] 王金华[1]
（1. 中国文化遗产研究院，北京，100029；2. 北京科技大学，北京，100083）

川渝石窟保护与利用重大工程是国家文物局为统筹全国文物事业发展做出的重要部署。《国家文物事业发展“十三五”规划》中提出，“实施四川、重庆、甘肃等地石窟寺及石刻保护，重点完成石窟稳定性评估、本体及载体加固治理、窟檐保护性设施建设等工程，形成西南地区和西北地区两条石窟展示廊道”。川渝地区现有石窟及石刻8032处，数量庞大、内涵丰富，蕴涵着社会和谐、文明互鉴等中华民族传统核心价值观，是当今社会主义精神文明建设、文化建设以及旅游发展的重要资源。“川渝石窟保护与展示利用工程”重大专项的实施，将系统梳理川渝地区石窟文物考古成果、相关研究等基础资料并开展相关专题研究。本文以文物价值较高、工作基础较好的川北广元千佛崖为例，充分梳理整合已有资料和成果，总结分析近年考古及保护利用实践工作成果及经验，为川渝石窟文物保护、展示利用及研究工作提供借鉴和支撑。

一、考古调查简史

四川广元受北方石窟艺术影响，于北魏晚期始开窟造像，是川渝地区最早开窟造像的地区。广元千佛崖的考古调查工作始自20世纪初，截至目前，相关工作仍在持续开展并取得诸多成果。

20世纪初，外国探险家开始进入中国开展千佛崖考察活动。1902年9～12月，伊东忠太随日本考察团考察千佛崖，并拍摄了千佛崖珍贵的图像资料，其考察成果收录于《支那文化史记》。德国人恩斯特·柏石曼于1908年拍摄了千佛崖中段和莲花洞照片。1914、1917年，法国人色伽兰、瓦占、拉狄格三人考察了陕西、四川、南京等地古迹，关于千佛崖的调查情况记录在《中国考古图录》和《中国西部考古记》中[1]。1939年8月，梁思成、刘敦桢等人考察千佛崖并拍摄了许多龛窟照片，张大千于1939、1940、1943年三次考察千佛崖，并发现数处六朝造像[2]。

---

* 基金项目：中国文化遗产研究院2016年“财政部中央级公益性科研院所基本科研业务费专项资金”课题“川渝石窟文物价值预研究——以广元千佛崖、巴中南龛石窟为中心”。

新中国成立以后，许多专家学者对千佛崖石窟进行了专门的考古调查研究。史岩[3]（1961年）对千佛崖造像风格样式和历史地理进行考究，解决了千佛崖开创时代的问题，第一次指出大佛窟和三圣堂两窟开凿于南北朝时期。随后，温廷宽[4]（1961年）对千佛崖进行了考察，进一步论证千佛崖开创于南北朝时期，并对其中大云洞、弯庐形洞窟、大云寺、卢舍那佛龛、阿弥陀佛龛、牟尼阁和睡佛龛进行了详细介绍。1962年，阎文儒[5]调查千佛崖和皇泽寺石窟，并对千佛崖与皇泽寺石窟的命名和历史分期等开展初步研究。1989年，丁明夷等[6]对千佛崖进行了较为系统的调查，对千佛崖石窟相关问题进行了探讨。马彦等[7]（1990年）对千佛崖北朝后期、隋、唐时期的重要窟龛进行详细调查，对窟龛题材、题记、艺术特征等进行详细介绍。罗世平[8]（1990年）对千佛崖利州毕公及菩提瑞像窟、弥勒窟、大日如来像造像年代进行了考证。邢军[9]（1990年）对千佛崖初唐密教莲花洞右壁龛像和菩提瑞像窟主尊进行分析，并对关于大日如来、四川密教的传入与显、密结合现象相关问题进行了讨论。20世纪80年代中期，胡文和对广元和巴中等川北石窟进行全面调查，其中广元千佛崖石窟的调查成果发表在《四川道教佛教石窟艺术》[10]（1994年）一书中。2000年始，广元市文物管理所、北京大学考古文博学院、成都文物考古研究所联合对广元石窟开展全面调查，对广元石窟所有龛窟逐一编号、记录、测量、照相。在此基础上，成都市文物考古研究所和广元千佛崖石刻艺术博物馆于2012～2013年开展补充调查，完成了《广元石窟内容总录（千佛崖卷）》[11]。

二、保护与展示的历史与现状

1961年3月，广元千佛崖被公布为第一批全国重点文物保护单位。各级政府非常重视，组织专业人员进行研究勘察、规划设计，并多次拨款维修保护，尤其从20世纪80年代开始，相关保护工作有序开展，并取得了一系列成果。

1981年9月，四川省文化局拨款，广元县文管所组织实施千佛崖栈道栏杆及危岩处理工程。1988年6月22日，美籍华人苟寿生为千佛崖捐款，同年10月在千佛崖景区修建牌坊。

2000年，广元市文管所委托中国文物研究所、四川省文物考古研究所、中国地质大学共同承担千佛崖石窟前期勘察和保护方案编制工作。同年9月，《广元千佛崖抢险加固工程方案》完成并获批准。2003年7月1日，千佛崖抢险加固工程开始实施，对千佛崖6个块体的造像龛窟等进行了加固处理，并为4个大窟和数十个小龛安置了防护栏。

2004年12月，千佛崖造像区安装电子监控系统，分布于造像区内，在柏堂寺设立监控室。

2005年，针对千佛崖风剥雨蚀病害进行了抢救性封护加固，采用注射化学黏结材料方式加固起鼓或脱缝的块体，利用环氧树脂胶泥封堵石刻岩体裂缝，防止水进入裂缝加剧裂隙的风化破坏。

2006年，陕西省古建设计研究所、西安交通大学古迹与古建筑研究所共同编制了《四川省广元市千佛崖文物保护规划》，2009年通过国家文物局批准实施。同时，四川大学历史旅游学院石应平教授编制了《千佛崖景区旅游规划》，以该规划为蓝本，台湾筑景集团编制了《千佛崖修建性详规》。

2008年汶川地震后，对千佛崖进行地震灾害评估，并编制《广元千佛崖石窟造像地震灾害评估及主要石窟的保护修复方案》，提出对区内所有危岩体，包括菱形块状岩石、楔形块石、悬岩等采用不锈钢锚杆从隐蔽处锚入进行永久性加固；采用微型石炭纤维锚杆对文物本体病害部位进行加固；采用微型碳纤维锚杆加层内注浆对岩质边坡鼓胀、离层剥离病害处进行加固维修；对所有裂缝进行清理，缝内注浆充填固结，缝口嵌补，用以提高岩体整体性和强度，杜绝沿缝渗水和沿缝风化破坏。增修截排水沟和排水孔，降减岩内、墙后水压，消除地表径流对文物的危害。

2009年10月，千佛崖摩崖造像环境整治工程实施，历时两年，于2012年1月竣工。

2010年，千佛崖考古清理工作取得新进展，古蜀道各种文化遗迹全面揭示。3月底，千佛崖北段、中段尽现石板路。4月底，全面完成了石板路面、栈道、桥面清理工作。这一成果使千佛崖历史形象更加完整丰满，也为千佛崖展示利用提供了丰富素材[12]。

2011年10月，千佛崖石窟灾害治理及重点龛窟保护修复工程开始实施，历经3年，完成了修建于20世纪80年代的临时性保护建筑和混凝土栈道的拆除工作、崖面杂草及污染物清理工作、裂隙嵌补注浆、龛窟修复、危岩体加固、排水沟建筑工作，并对12个重点窟龛进行了三维立体扫描、高清照相工作，开展了重点龛窟彩绘及石质文物病害调研工作。此外，在重点龛窟及典型位置安装了环境监测装置，对千佛崖环境进行不间断监测。

2012年，清华大学建筑设计研究院文化遗产保护研究所按照国家文物局要求，在千佛崖建立小型气象站，在崖体周围和部分洞窟中安装检测设备，监测区域内的风力及温湿度，完成崖体的三维扫描、建模风洞试验，完成《四川省广元千佛崖摩崖造像保护建筑设计方案》，并通过国家文物局审批。同时，广元千佛崖摩崖造像文物环境监测系统工程通过立项。

2013年1月，《广元千佛崖摩崖造像保护建筑试验段深化设计费方案》通过四川省文物局审批，建议试验段选择规模较小、相对独立的龛窟，先行设计和施工。

2014年，千佛崖摩崖造像保护建筑试验段工程开始实施。《广元千佛崖大云古洞摩崖造像信息数字化系统建设》和《千佛崖造像壁画数字化勘察记录工程设计方案》报送国家文物局审批。

2015年，完成千佛崖保护建筑试验段工程，包括基础孔桩的开挖和浇注及建筑主体结构。该项目是全国摩崖造像石质文物中唯一一处使用全钢架构及新型材料的保护建筑，对全国不可移动石质文物保护起到了示范作用。

随着各项文物保护工作的实施，诸多研究成果也陆续刊布。曾中懋[13]（1990年）采用锚杆加固和呋喃–环氧树脂灌浆技术对千佛崖千佛洞窟顶危岩体进行加固，并利用MsG-8风化岩石雕刻品封护加固材料及喷涂的方法加固表面风化的石刻，此次保护处理为千佛崖其余龛窟的维修加固提供了借鉴。宗静婷[14]（2001年）通过大量地质和环境室外调查及室内实验模拟，提出千佛崖文物的毁损机理表现为内外两个因素综合作用，基于引起因素的不同，提出了不同的解决方案。阎敏等[15]（2011年）开展了“5・12”汶川大地震对千佛崖石窟造成的震损评估工作，科学认知千佛崖石窟的地震损坏状况，介绍了因地震导致的石窟显性“震损”、隐性“震损”及其他潜在隐患的特点、表现形式及调查方法，并进行了基于岩土治理工程基础上的地震灾害或危险性分级评估。宗静婷等[16]（2011年）对千佛崖石窟造像表面及周围环境进行了监测，对石窟造像岩石特征进行了分析。罗凯等[17]（2014年）分析了千佛崖石窟形成的大数据信息，并通过大数据探索千佛崖石窟开发的多样化模式，力图使我国丰富的石窟艺术资源在文化产业的新方向上有所拓展。安程等[18]（2014年）通过环境监测与分析，对千佛崖石窟所处空气微环境进行分析，并提出石窟表面与外部环境间的微元模型，为千佛崖保护工程设计实施提供参考，也为同类型文物的病害防控、环境分析提供新思路。李蔓等[19]（2014年）对千佛崖绿色颜料分析，结果表明千佛崖采用的绿色颜料主要为人工合成的氯铜矿和石绿，还有少量的巴黎绿，且处于颜料最外层，应为近代重修。罗凯等[20]（2014年）以千佛崖为例，从发掘石窟文化题材，促进石窟动漫化开发；展现石窟艺术特色，建立互联网数字化推广平台；以石窟艺术趣味性、互动性促进石窟艺术游戏开发三个方面论述了数字媒体在石窟文物中的开发与应用。雷炀[21]（2015年）采用二维图像的三维重建技术对千佛崖多处佛龛进行虚拟实验性保护，成功再现千佛崖石窟数字三维效果，并在此基础之上结合虚拟影像技术制作完成《梦回千佛崖》遨游短片。

三、千佛崖石窟研究综述

对千佛崖造像及其相关问题的研究主要集中于石窟绘画图像、内容题材、文化艺术，兼及佛教、道教等方面。

绘画图像的解读和深入研究是千佛崖石窟研究的重点。罗世平[22]（1991年）从图像学角度对千佛崖菩提瑞像窟（旧称伎乐天人窟）进行研究，指出菩提瑞像窟坛像主尊与现存洛阳龙门石窟习称的大日如来造像样式十分相似，佛顶尊像与毗卢遮那原为一身而二名。密像主尊毗卢遮那尊形起于摩伽陀国摩诃菩提树释迦降魔成道像，在中国的绘造是在唐高宗时期。中印度沙门阿地瞿多永徽年间（650～665年），建坛翻密，已是系统密像经轨传入之始，而宋法智、王玄策麟德（664～665年）塑像则是开元胎藏、金刚两界密像主尊的祖型。温玉成[23]（2003年）考证千佛崖石窟群中的“藏佛洞”（编号223号）造像是西藏三世章嘉呼图克图若必多吉之像，认为四世章嘉呼图克图伊希丹毕坚赞（1787～1846年），生于甘肃江宗的北方，八岁（1794年）入京，十四岁时入藏学习佛法六年，二十岁受大戒后回京。道光二年六月二日（1822年），十世达赖喇嘛楚臣嘉措（1816～1837年）在布达拉宫坐床，四世章嘉呼图克图伊希丹毕坚赞奉命入藏照料。道光十四年（1834年）受大国师金印。道光二十二年四月十六日（1842年），十一世达赖喇嘛凯珠嘉措（1838～1855年）在布达拉宫坐床，四世章嘉呼图克图伊希丹毕坚赞代表朝廷主持了坐床典礼。是年秋抵广元，为三世章嘉呼图克图开窟造像。雷玉华等[24]（2004年）研究认为广元千佛崖藏佛（编号223号）造像表现章嘉活佛一系祖师形象，为第一、二、三世章嘉活佛的可能性都有，但因三世活佛学问高，弘法效果好，因此千佛崖所镌像，表现的极有可能是三世章嘉活佛，此像形象最终确认还需进一步研究。陈悦新[25]（2007年）对川北石窟中的天龙八部群像进行考察研究，指出千佛崖86窟中龙众与阿修罗众的地位较其他部众突出，排列在主尊左右两侧，744窟仅浮雕此二众，806窟主尊为两身，阿修罗众较特殊，位于两佛中间。王剑平等[26]（2009年）对四川唐代摩崖造像除菩提瑞像和阿弥陀佛与五十二菩萨之外的瑞像进行辨识，指出千佛崖251号龛内中尊佛像为“拟吠舍厘国巡城行化像”，左侧佛像为“凉州番禾县瑞像”。王剑平等[27]（2010年）还指出千佛崖初唐和盛唐之交的582号龛为一龛典型的指日月瑞像。

此外，许多学者对千佛崖造像的艺术风格也进行了深入研究。盛伟[28]（1986年）认为千佛崖早期造像与麦积山造像风格基本相似。丁明夷[29]认为千佛崖与皇泽寺两处早期洞窟，与中原北魏晚期窟接近，以佛殿窟为主，塔庙窟不多，广元六世纪的窟龛造像，应属于北方中原系统。李裕群[30]（2003年）指出千佛崖和皇泽寺是四川最早的石窟，早期石窟造像主要来源于长安及附近地区的石窟造像样式，故当属于北朝石窟造像系统。王剑平等[31]（2010年）研究6世纪末至7世纪初四川造像时指出千佛崖744号龛是四川石窟中颇具地方特征的座像，和密教无太多关系。雷玉华[32]（2014年）在对四川石窟分期分区研究中指出，千佛崖造像最兴盛的时期为7世纪末至8世纪前期（相当于武周至开元十年左右），此时造像多有题记，是广元石窟造像水平最高、技艺最成熟的时期，各种窟龛型制变化最多，代表窟龛有千佛崖第535、493、366、365、400、512、689、805、806、513、169、213、214、211、86、116号等窟，主要窟型有方形平顶窟；平面呈横长方形，穹隆顶，三壁造像的大窟；背屏式佛坛平顶方形窟，平面呈横长方形，中央设横长方形佛坛，坛上造像，像后背屏直通窟顶；带前室的方形平顶中心柱窟，前室呈横长方形；敞口圆拱形窟，平面呈马蹄形，圆弧形顶等。姜宝莲[33]（2015年）对千佛崖大云洞石刻造像的形制、时代、艺术特点等进行研究，详细阐述洞窟结构、窟龛造像位置与布局、造像特点、始凿年代与分期及对后世的影响。

四、余　　论

川渝两地是西部大开发、“一带一路”建设、长江经济带建设的重要战略发展区域。“十三五”开局之年国务院常务会议审批通过了《成渝城市群发展规划》，规划既体现了区域技术、人才、资源等创新要素协同一体化的必然要求，也为有效整合区域文物资源、促进文物管理经验交流和互通提供了契机与政策保障。在贯彻落实国家“一带一路”建设战略过程中，川渝两地既是中心又是源头，川渝石窟作为重要的文化资源，其保存展示与利用尚不充分，在实施有效保护的前提下，迫切需要统筹川渝石窟文物资源，发挥文物资源在建设区域文化、丰富城乡文化内涵、彰显地域文化特色、优化社区人文环境中的作用。将相对繁杂与分散的资料进行搜集、整理和体系化梳理尤显迫切，这是做好川渝石窟文物工作的重要基础。本文以广元千佛崖为例，通过研究总结，形成各种基础资料或信息的体系化梳理模式，以期为川渝地区石窟研究提供范例，为川渝地区石窟价值研究，保护展示和利用奠定基础。

川渝石窟保护与利用重大工程作为《国家文物事业发展“十三五”规划》的重要部署，通过其实施，将川渝地区星罗棋布的石窟文物资源整合起来，通过深入系统挖掘石窟文物资源的文化内涵，突出其艺术特色。通过保护技术创新和实施，更好地保护这批珍贵的文化遗产，使之流传久远，为后来者保护好现存的文化资源。同时，利用现代媒体技术（三维呈现、音视频、虚拟现实、增强现实、虚拟漫游等技术）充分展示其内涵的文物和文化故事，展示石窟的构建技术、雕塑技术、彩绘技术等。以积极健康的文化理念为导向，增加益智性、趣味性、科学性、技术性和互动性，打造西南石窟保护与艺术展示长廊，形成点、线、面相结合的保护和利用体系，落实习近平总书记“让陈列在广阔大地上的遗产活起来”重要指示，使民众充分享受文化遗产保护与研究之成果，使文化遗产保护成果真正成为促进社会和谐发展的积极因素。

附记：本文资料收集工作得到广元千佛崖博物馆王剑平、王洪燕、张宁同志的帮助，在此表示感谢！

注　　释

［1］ 王洪燕．近代外国人考察广元千佛崖摩崖造像研究［J］．青年文学家，2013（18）：188-189.

［2］ 四川省文物管理局，成都文物考古研究所，北京大学中国考古学研究中心，广元千佛崖石刻艺术博物馆．广元石窟内容总录（千佛崖卷）［M］．四川：巴蜀书社，2014：24.

［3］ 史岩．关于广元千佛崖造象的创始时代问题［J］．文物，1961（2）：24-26.

［4］ 温廷宽．广元千佛崖简介［J］．文物，1961（12）：31-37.

[5] 阎文儒. 四川广元千佛崖与皇泽寺［J］. 江汉考古，1990（3）：85–91.
[6] 丁明夷. 川北石窟札记［J］. 文物，1990（6）：42–52.
[7] 马彦，丁明夷. 广元千佛崖石窟调查记［J］. 文物，1990（6）：1–23.
[8] 罗世平. 千佛崖利州毕公及造像年代考［J］. 文物，1990（6）：34–36.
[9] 邢军. 广元千佛崖初唐密教造像析［J］. 文物，1990（6）：37–40.
[10] 胡文和. 四川道教佛教石窟艺术［M］. 成都：四川人民出版社，1994.
[11] 同［2］.
[12] 周萱. 千佛崖保护的脚步一刻也没停歇［N］. 广元日报，2010-7-22（B01）.
[13] 曾中懋. 广元千佛岩千佛洞的加固和风化碑刻的处理［J］. 四川文物，1990（3）：79–80.
[14] 宗静婷. 广元千佛崖摩崖石质文物保护的环境地质问题研究［D］. 西北大学博士学位论文，2001.
[15] 阎敏，柏柯，纪娟. 广元千佛崖石窟5·12特大地震"震损"调查及地质病害危险性评估［J］. 文博，2011（6）：74–79.
[16] 宗静婷，王淑丽，张忠永. 四川广元千佛崖石窟造像表面风化的环境地质问题分析［J］. 地球科学与环境学报，2011，33（2）：185–190.
[17] 罗凯，高登明. 基于大数据模式下的广元千佛崖石窟开发初探［J］. 戏曲之家，2014（15）：159–160.
[18] 安程，李玉敏. 四川广元千佛崖造像表面微元模型与空气环境因素探讨［J］. 江汉考古，2014（6）：90–102.
[19] 李蔓，夏寅，于群力，党小娟，王伟锋，付倩丽，黄建华. 四川广元千佛崖石窟绿色颜料分析研究［J］. 文物保护与考古科学，2014，26（2）：22–27.
[20] 罗凯，高登明. 谈数字媒体介入广元千佛崖石窟的开发与运用［J］. 美术大观园，2014（6）：76.
[21] 雷炀. 广元千佛崖石窟的数字艺术再现研究［D］. 重庆师范大学硕士学位论文，2015.
[22] 罗世平. 广元千佛崖菩提瑞像考［J］. 美术研究，1991（1）：51–57.
[23] 温玉成. 广元千佛崖"藏佛洞"考察［J］. 四川文物，2003（3）：90–93.
[24] 雷玉华，王剑平. 广元千佛崖藏佛洞［J］. 西藏研究，2004（4）：12.
[25] 陈悦新. 川北石窟中的天龙八部群像［J］. 华夏考古，2007（4）：146–150.
[26] 王剑平，雷玉华. 四川唐代摩崖造像中部分瑞像的辨识［J］. 敦煌学辑刊，2009（1）：81–93.
[27] 王剑平，张建荣，雷玉华. 中国内地舍卫城大神变造像遗存探索［J］. 石窟寺研究，2010（1）：152–160.
[28] 盛伟. 广元千佛崖摩崖造像［J］. 四川文物，1986（1）：26–28.
[29] 丁明夷. 四川石窟杂识［J］. 文物，1988（8）：47–55.
[30] 李裕群. 中国古代石窟［M］. 北京：文物出版社，2003.

［31］ 王剑平，雷玉华. 6世纪末至7世纪初的四川造像［A］. 成都考古研究（二）［C］. 北京：科学出版社，2013.

［32］ 雷玉华. 四川石窟分区与分期初论［J］. 南方民族考古，2014（10）：193–219.

［33］ 姜宝莲. 广元千佛崖大云洞石刻佛像的调查研究［J］. 文博，2015（4）：29–35.

The Review of Archaeological Investigation, Conservation and Studies on Guangyuan Thousand-Buddha Grotto

WANG Le-le　LI Zhi-min　WANG Jin-hua

Guangyuan Thousand-Buddha Grotto is highly valuable for archaeology, art and technology studies and exhibition. This paper summarizes the current archaeological investigation, conservation, restoration and study research results on the grotto. Further, the review can provide reference and support for grotto relics protection and exhibition projects in Sichuan and Chongqing.

天津北辰张湾明代沉船出土人骨鉴定与初步分析

李法军[1]　盛立双[2]　朱　泓[3]

（1. 中山大学社会学与人类学学院人类学系，广州，510275；2. 天津市文化遗产保护中心，天津，300170；3. 吉林大学边疆考古研究中心，长春，130012）

2012年4月，天津市北辰区张湾村附近北运河河道转弯处发现了明代沉船遗址，天津市文化遗产保护中心的考古人员对该处沉船遗址进行了考古勘探和抢救性发掘。考古人员共发现了3艘明代沉船遗迹，其中2号沉船倒扣在北运河的河道内，保存相对较好。鉴于明代沉船的重要考古及文化遗产研究价值，2号沉船连同船舱内包含物被整体制作吊箱并翻转180°，舱口朝上，被运至元明清天妃宫遗址博物馆进行室内二次发掘。在2号沉船的室内二次发掘过程中，考古人员在沉船内部的堆积中发现了人类遗骸和其他动物遗骸。同年7月，笔者应天津市文化遗产保护中心邀请和委托，到室内发掘现场对所发现的人类遗骸进行了确认、提取、清理和初步分析。随后，人类遗骸被运送至中山大学社会学与人类学学院体质人类学实验室，使得笔者能够对沉船内出土的人类遗骸进行更为细致的研究。

张湾2号沉船及船舱内头骨的发现，在国内尚属首次，具有重要的考古研究价值。我们希望通过本次研究，细致地分析这些人类遗骸以及遗骸个体之间所反映的生物考古学信息，从而为相关的考古学研究提供有益的支撑和参考。

一、个体的确认

室内考古发掘在临时搭建的彩钢房内进行。发掘方法为在沉船吊箱沿中轴线两侧布设小探方，对顶角探方同时发掘，这样既有利于发掘，又能准确掌握和控制船舱内层位堆积情况。考古人员在沉船吊箱内布设的T0102、T0104、T0203和T0207这四个探方中发现了人类遗骸（图一）。其中，在T0104中发现了一个较为完整的成年个体的颅骨和一个缺失了面颅的未成年个体的颅骨；在T0102中发现了一根相对完整的右侧成年个体的胫骨、一块成年个体的第十二腰椎和一根肋骨。此外，在上T0203和T0207中各发现了一根成年人类肋骨。

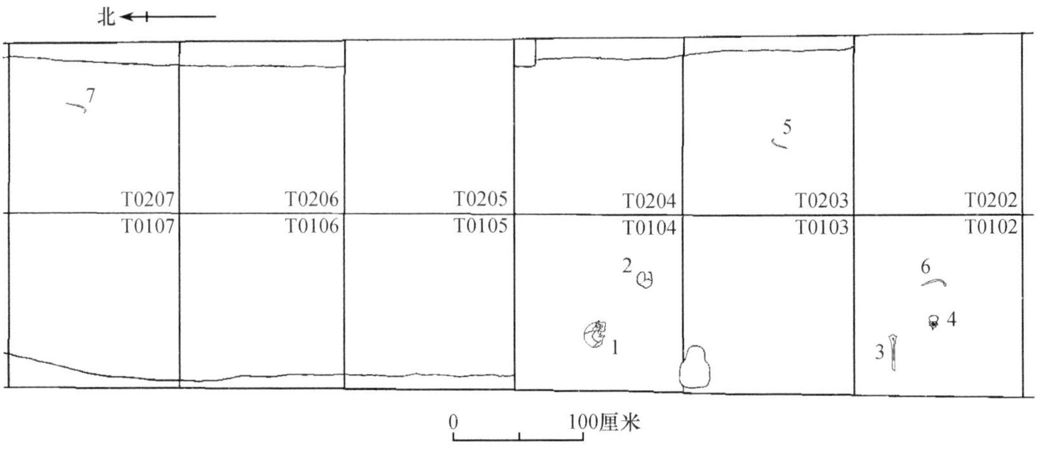

图一　人类遗骸出土位置示意图

1. 成年个体颅骨（2012TBZT0104①-1）　2. 未成年个体颅骨（2012TBZT0104①-2）　3. 成年个体胫骨（2012TBZT0102②-3）　4. 成年个体胸椎（2012TBZT0102③-4）　5. 成年个体肋骨（2012TBZT0203②-5）　6. 成年个体肋骨（2012TBZT0102②-6）　7. 成年个体肋骨（2012TBZT0207②-7）

目前，在进行DNA检测之前，仅依据骨骼形态还无法确认成年个体的颅骨、成年个体的胫骨、成年个体的胸椎以及成年个体的肋骨是否属于同一个体。因此，本次分析采用了分别记录和研究的方法，对所发现的人类遗骸分别进行考察，也就是说，将每一块骨骼当做一个独立个体进行考察。同时，笔者也尝试对成年人颅骨和未成年人颅骨进行头骨测量学的对比和分析[1]，以考察二者在颅骨测量学形态特征上是否存在亲缘性。

在本次报告中，笔者将成年人颅骨编为1号个体（记为2012TBZT0104①-1），未成年人颅骨编为2号个体（记为2012TBZT0104①-2），成年人胫骨编为3号个体（记为2012TBZT0102②-3），成年人第十二腰椎编为4号个体（记为2012TBZT0102③-4）。三块人类肋骨顺次的编号为2012TBZT0203②-5（5号个体）、2012TBZT0102②-6（6号个体）和2012TBZT0207②-7（7号个体）。因此，笔者主观地将沉船中多发现的人类骨骼按照个数分为7个个体。但实际上，真实的个体数可能小于7个。

（一）2012TBZT0104①-1

1. 埋藏学描述

该颅骨属于一个成年个体，脑颅呈浅棕色，面颅大部分呈深棕色（图二），盖因其颅面部长久浸埋于沙泥中的缘故。除双侧筛骨眶板稍有破损以及左侧茎突缺失外，其他部分的颅骨保存较为完好（图三）。保存了左上颌第二臼齿、右上颌第一臼齿和右上颌第二臼齿，左上颌第一臼齿舌侧齿根尚残留于齿槽内（图四）；根据保存的齿槽形态，可判断双侧上颌第三臼齿未萌出，其他上颌牙齿则因死后脱落而无存。

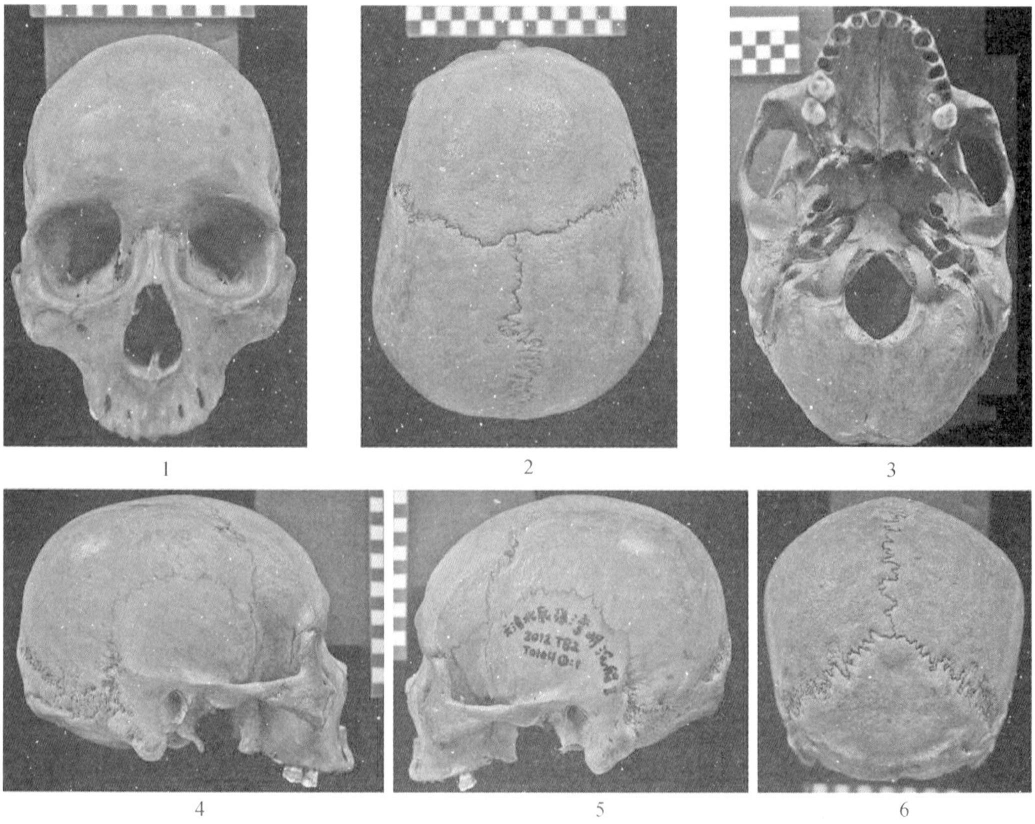

图二 2012TBZ T0104①-1颅骨照片

1. 正面观 2. 顶面观 3. 底面观 4. 右侧面观 5. 左侧面观 6. 后面观

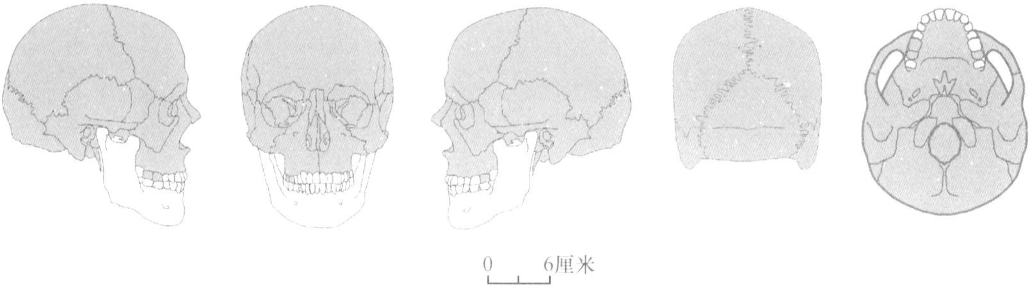

图三 2012TBZT0104①-1成年人颅骨的保存情况

（灰色部分表示保存的骨骼和牙齿）

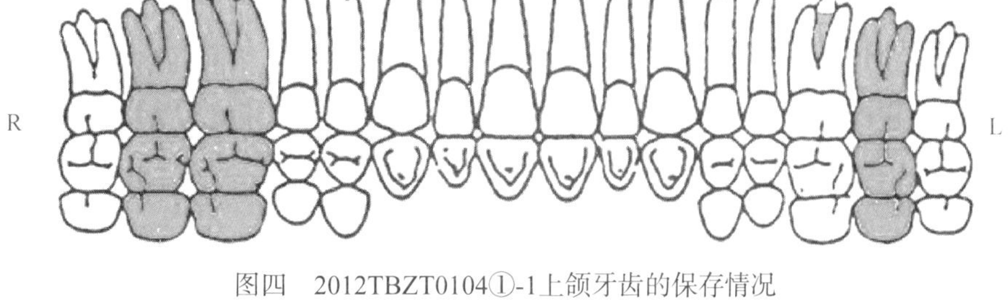

图四 2012TBZT0104①-1上颌牙齿的保存情况

2. 性别和年龄判定

该颅骨光洁而厚重，颅骨的尺寸较大，额部倾斜明显，眶上缘圆钝，乳突大，枕外隆凸非常发育，应为成年男性颅骨。虽然没有更充分的骨骼信息作为年龄判定依据，但依据臼齿磨耗标准和骨缝愈合情况[2, 3]，判定该个体的年龄为30～40岁。

3. 颅骨的测量学特征

（1）形态观察

该颅骨上面观呈卵圆形，眉弓较为发育，前额倾斜明显。冠状缝前囟点区发育简单，颞线处发育较为复杂；矢状缝发育简单；人字缝特别是星点区发育非常复杂（图五）。双侧乳突外侧面有明显的骨质凹陷。双侧顶结节区域顶骨不对称发育，左侧顶结节稍偏后。枕外隆突非常发育。眶型为斜方形。梨状孔呈狭长的梨形，梨状孔下缘左右侧发育不一致。犬齿窝发育较弱。腭形为椭圆形。

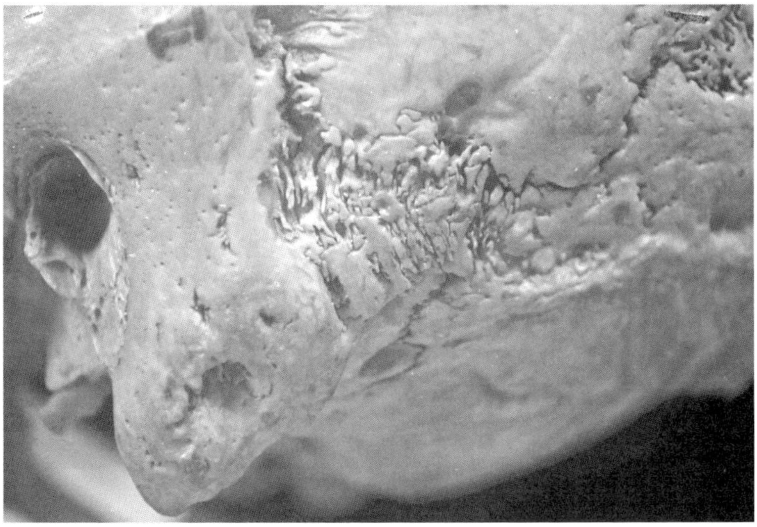

图五　2012TBZT0104①-1左侧星点区及乳突形态

表一　2012TBZT0104①-1颅骨的非测量形态特征

	观察特征 Non-metric Trait	左侧 Left	右侧 Right
1	额中缝Metopic suture 0=absent; 1=present; 2 trace only; 3=persists on glabella; 4=horizontal ridge; 5=other; 6=horizontal + vertical (Except in young infants, record even when nearly obliterated)	0	
2	额沟Frontal groove 0=absent; 1=single; 2=multiple	0	0

续表

	观察特征 Non-metric Trait	左侧 Left	右侧 Right
3	眶上区Supraorbital structure 0=absence; 1=single foramen; 2=double foramen; 3=single notch; 4=double notch; 5=notch + foramen; 6=medial spurred notch; 7=lateral spurred notch; 8=medial + lateral spurred notch	5	3
4	滑车棘Spina trochlea 0=absent; 1=present	0	0
5	眶下孔Infraorbital foramen 0=absent; 1=single; 2=double (two); 3=divided	1	1
6	颧面孔Zygo-facial foramen 0=absent; 1=single; 2=double; 3=three or more	1	1
7	眶下缝Infraorbital suture 0=absent; 1=present	1	0
8	筛骨多孔Multiple ethmoidal foramina 0=absent; 1=present	0	0
9	筛前孔异位Anterior etnmoid foramina exsutural 0=absent; 1=present	0	0
10	筛后孔异位Posterior etnmoid foramina exsutural 0=absent; 1=present	0	0
11	额鼻缝Nasal frontal suture 1=round; 2=angled; 3=flattened; 4=omega; 5=irregular	1	1
12	鼻骨形态Nasal bone shape 1=rectangle; 2=triangle; 3=hour-glass; 4=irregular	3	3
13	鼻缝偏转Nasal suture deflection 0=none; 1=right; 2=left; 3=irregular	1	
14	梨状孔下缘Subnasal 1=sharp; 2=blurred; 3=groove; 4=sulcus	1	2
15	颧骨缘结节Marginal tubercle 0=none; 1=slight; 2=moderate; 3=marked	2	2
16	腭圆枕Palatine torus 0=none; 1=straight mound; 2=medium mound; 3=marked mound; 4=long, narrow ridge; 5=lump (irregular); 6=cleft palate	1	1
17	二分颧骨Os japonicum 0=none; 1=present; 2=trace anterior; 3=trace posterior; 4=trace anterior and posterior; 5=internal only	0	0
18	颧横缝痕迹Trace of transverse zygomatic suture 0=none; 1=present	0	1
19	上颌圆枕Maxillary torus 0=none; 1=lingual; 2=buccal; 3=lingual + buccal	0	0
20	翼棘孔桥Pterygo-spinous bridge 0=none; 1=basal ridge; 2=basal + foramen; 3=spinous bridge; 4=spinous + foramen; 5=basal +spinous bridge; 6=spino-basal bridge	0	0
21	卵圆孔不全Ovale-spinosum 1=normal; 2=spinosum open; 3=ovale spinosum confluence; 4=ovale enlarged; 5=divided ovale; 6=ovale open; 7=ovale and spinosum open	1	1
22	床突间骨桥Clinoid bridging 0=none; 1=right; 2=left; 3=R and L	0	0
23	维萨里孔Vesalius foramen 0=none; 1=right; 2=left; 3=R and L	0	0
24	舌下神经管Hypoglossal canal 1=single; 2=divided; 3=spurred; 4=double; 5=divided + spurred；6=closed	0	0
25	髁管Posterior condylar canal 1=single; 2=divided; 3=spurred; 4=double; 5=divided + spurred；6=closed	0	6

续表

	观察特征 Non-metric Trait	左侧 Left	右侧 Right
26	髁前结构Precondylar 0=absent; 1=facet medial; 2=slight tubercle bilateral; 3=moderate tubercle bilateral; 4=R+L-; 5=R-L+; 6=R+; 7=L+; 8=R-; 9=L-	0	0
27	髁旁突Pharyngeal process 0=none; 1=present; 2=>mm in height	0	2
28	髁旁窝Pharyngeal fossa 0=none; 1=present; 2=>mm in depth	0	0
29	颈静脉孔不对称Jugular foramen asymmetry 0=R=L; 1=R>L; 2=R<L	2	
30	齿突尖韧带骨化Ossified apical ligament0=absent; 1=slight; 2=medium; 3=marked	0	0
31	旁乳突Paramastoid 0=absent; 1=slight; 2=medium; 3=marked	0	0
32	乳突缝Mastoid suture 0=absent; 1=present	0	0
33	乳突缝异位Mastoid suture exsutural 1=temporal bone; 2=occipito-mastoid suture; 3=occipital bone; 4=suture + temporal (2 foramina); 5=suture and occipital	0	0
34	眶板筛孔Cribra orbitalia 0=absent; 1=present; 2=trace	0	0
35	顶孔Parietal foramen 0=absent; 1=single; 2=double; 3=triple; 4=4 or more; 5=on suture; 6=single + suture; 7=double + suture; 8=triple + suture; 9=single but enlarged	1	0
36	冠状缝小骨Coronal wormian 0=none; 1=single; 2=two; 3=three; 4=four; 5=five; 6=six or more	0	0
37	前囟骨Bregmatic bone 0=none; 1=bone; 2=bulge; 3=small wormian	0	
38	矢状缝小骨Sagittal wormian 0=none; 1=single; 2=two; 3=three; 4=four; 5=five; 6=six or more	0	
39	人字缝小骨Lamboidal wormian 0=none; 1=single; 2=two; 3=three; 4=four; 5=five; 6=six or more	1	0
40	人字点骨Lambdic bone 0=absent; 1=wormian bone; 2=bone; 3=os inca; 4=half os inca; 5=tripartite os inca; 6=os inca + bone; 7=bipartite os inca; 8=trace; 9=1/3 os inca	0	
41	穹隆顶Vault form 1=haus form; 2=hayrick; 3=round; 4=triangular	3	
42	枕外隆凸区导孔Emissary foramina of external inion 0=absent; 1=present	1	
43	矢状嵴Sagittal keeling 0=none; 1=slight; 2=medium; 3=marked; 4=slight groove; 5=medium groove; 6=marked groove; 7=anterior ridge and posterior depression	1	
44	枕骨形态Occipital form 1=mound; 2=ridge; 3=inion; 4=mound + ridge; 5=mound + inion; 6=ridge + inion; 7=mound + ridge +inion; 8=bilateral ridge	6	
45	矢状–前囟偏转Sagittal-bregma deflection 0=none; 1=right; 2=left; 3=irregular	2	
46	翼区Pterion 1=H-form; 2=I-form; 3=X-form; 4=epipteric bone; 5=K-form; 6=multiple epipteric bones; 7=K + epipteric; 8=narrow H-form	1	1
47	顶切迹Parietal notch 0=none; 1=present; 2=bone	1	1
48	星点小骨Asterionic bone 0=absent; 1=present	0	0

续表

	观察特征 Non-metric Trait	左侧 Left	右侧 Right
49	鼓板增厚Tympanic thickening 0=absent; 1=present	0	0
50	鼓板裂Tympanic dehiscence 0=absent; 1=present	0	0
51	鼓板边缘孔Tympanic marginal foramen 0=absent; 1=present	1	1
52	左横窦优势Left side dominance of transverse sinus 0=absent; 1=present	1	
53	外耳道骨肿Auditory exostoses 0=absent; 1=present	0	0

（2）测量特征

2012TBZT0104①-1的颅骨测量学结果详见表二，依据2012TBZT0104①-1颅骨的测量学结果计算的颅骨相关指数详见表三。

表二　2012TBZT0104①-1的颅骨测量学结果　（长度：毫米；角度：度）

马丁号 Martin's	豪厄尔斯号 Howells'	测量值 Metrical value	测量特征 Trait	定义 Definition
1	GOL	186.20	颅骨最大长	Glabello-occipital length (g-op)
1d	NOL	184.20	鼻枕长	Naso-occipital length (n-op)
2		176.20	眉枕长	Glabello-inion length (g-i)
5	BNL	76.20	颅底长（一）	Basion-nasion length (ba-n)
		78.20	颅底长（二）	Endobasion-nasion length (enba-n)
17	BBH	136.20	颅高	Basion-bregma height (b-ba)
18		138.60	颅底点至颅顶点高	Vertex-basion line (ba-v)
21		114.50	耳上颅高	Auricular height (→ po-po)
8	XCB	145.00	颅骨最大宽	Maximum cranial breadth (eu-eu)
9		96.16	最小额宽	Minimum frontal breadth (ft-ft)
10	XFB	116.83	最大额宽	Maximum frontal breadth (co-co)
45	ZYB	139.55	颧宽	Bizygomatic breadth (zy-zy)
11	AUB	133.25	耳点间宽	Biauricular breadth (au-au)
14	WCB	96.59	颅骨最小宽	Minimum cranial breadth (it-it)
12	ASB	104.24	星点间宽	Biasterionic breadth (ast-ast)
		113.90	蝶点间宽	Bisphenion breadth (sph-sph)
40	BPL	96.78	面底长（一）	Basion-prosthion length (ba-pr)
		100.84	面底长（二）	Endobasion-prosthion length (enba-pr)
43		105.86	上面宽	Upper facial breadth (fmt-fmt)
43（1）		96.48	两眶内宽	Internal biorbital breadth (fmo-fmo)

续表

马丁号 Martin's	豪厄尔斯号 Howells'	测量值 Metrical value		测量特征 Trait	定义 Definition
47		—		全面高	Morphological facial height (n-gn)
48	NPH	75.30		上面高（一）	Nasion-prosthion height (n-pr)
		78.69		上面高（二）	Upper facial height (n-sd)
55	NLH	55.98		鼻高	Nasal height (n-ns)
45（1）	JUB	115.63		颧骨点间宽	Bijugal breadth (ju-ju)
54	NLB	22.63		鼻宽	Nasal breadth
60		58.36		上颌齿槽弓长	Maxillo-alvelar length (pr-alv)
61		42.47		上颌齿槽弓宽	Maxillo-alvelar breadth (ecm-ecm)
62		47.80		腭长	Palate length (ol-sta)
63	MAB	42.69		腭宽	Palate breadth, external (enm-enm)
64		8.20		腭深	Palate height
	MDH	39.87		乳突高	Mastoid height
	MDB	40.17		乳突宽	Mastoid breadth
52	OBH	L35.97	R35.75	眶高	Orbital height
51	OBB	L40.74	R39.78	眶宽	Orbital breadth (d-ek)
51a		L42.97	R42.60	眶宽	Orbital breadth (mf-ek)
49a	DKB	19.73		眶间宽	Interorbital breadth (d-d)
50	IOW	16.95		前眶间宽	Anterior interorbital breadth (mf-mf)
	NDS	4.50		鼻–眶内缘点矢高	Naso-dacryal subtense (→ mf-mf)
	MOW	67.93		中眶间宽	Middle orbital breadth (or-or)
57	WNB	4.93		鼻骨最小宽	Simotic cord, SC
	SIS	1.50		鼻骨最小宽高	Simotic subtense (→ SC)
46		102.95		中面宽	Middle facial breadth (zm-zm)
46b	ZMB	101.65		上颌点间宽	Bimaxillary breadth (zm：a-zm：a)
	SSS	29.00		两上颌之矢高	Zygomaxillary subtense (ss→ zm：a-zm：a)
	FMB	101.89		额间宽	Bifrontal breadth (fm：a-fm：a)
	NAS	14.00		鼻额矢高	Nasio-frontal subtense (n→ m：a-fm：a)
	EKB	97.52		两眶宽	Biorbital breadth (ek-ek)
	DKS	9.60		眶内缘点至两眶宽之矢高	Dacryon subtense (d→ ek-ek)
	IML	33.72		颧长	Malar length inferior, left (zo-zm)
	XML	44.41		最大颧长（颧骨高）	Malar length, maximum (fmo-zm)
	MLS	4.42		颧骨矢高	Malar subtense, left
48d	WMH	24.26		面颊高	Cheek height, left

续表

马丁号 Martin's	豪厄尔斯号 Howells'	测量值 Metrical value	测量特征 Trait	定义 Definition
	SOS	7.20	眶上缘中点突度	Supraorbital projection, left
	GLS	2.20	眉间突度	Glabella projection (n-on)
	STB	109.49	冠颞点间宽	Bistephanic breadth (st-st)
23		525.00	颅周长	Horizontal circumference (g-op-g)
24		310.00	颅横弧	Cranial transeverse arc (po-b-po)
29	FRC	112.75	额骨矢状弦	Frontal chord
	FRS	25.00	额骨曲高	Frontal subtense (→ n-b)
	FRF	60.20	鼻根点–矢高段	Nasion-subtense fraction
30	PAC	126.16	顶骨矢状弦	Parietal chord
	PAS	26.80	顶骨曲高	Parietal subtense (→ b-l)
	PAF	55.97	前囟点–矢高段	Bregma-subtense fraction
31	OCC	98.07	枕骨矢状弦	Occipital chord
	OCS	28.80	枕骨曲高	Occipital subtense (→ o-l)
	OCF	52.35	人字点–矢高段	Lambada-subtense fraction
7	FOL	36.46	枕骨大孔长（一）	Foramen magnum length (ba-o)
		39.44	枕骨大孔长（二）	Foramen magnum length (enba-o)
16		30.07	枕骨大孔宽	Foramen magnum breadth
	NAR	96.76	鼻根点半径	Nasion redius (n→ IIIb)
	SSR	108.99	鼻棘下点半径	Subspinale radius (ss→ IIIb)
	PRR	114.36	上齿槽前点半径	Prosthion radius (pr→ IIIb)
	DKR	95.56	眶内缘点半径	Dacryon radius, left (d→ IIIb)
	ZOR	94.49	颧眶半径	Zygoorbitale radius (zo→ IIIb)
	FMR	79.67	额颧半径	Frontomalare radius (fm：a→ IIIb)
	EKR	75.25	眶外缘点半径	Ectoconchion radius (ek→ IIIb)
	ZMR	70.85	颧颌点半径	Zygomaxillare radius (zm：a→ IIIb)
	AVR	71.34	臼齿齿槽半径	Molar alveolus radius (M1→ IIIb)
	BRR	118.49	前囟点半径	Bregma redius (b→ IIIb)
	VRR	114.30	颅顶点半径	Vertex radius (→ IIIb)
	LAR	101.48	人字点半径	Lambda redius (l→ IIIb)
	OSR	43.48	枕骨大孔后缘点半径	Opisthion radius (o→ IIIb)
	BAR	22.22	颅底点半径	Basion radius (ba→ IIIb)
	NAA	68.50	鼻根点角（一）	Nasion angle (basion-prosthion) (ba-n-pr)
	PRA	63.50	上齿槽前点角	Prosthion angle (basion-nasion) (ba-pr-n)

续表

马丁号 Martin's	豪厄尔斯号 Howells'	测量值 Metrical value	测量特征 Trait	定义 Definition
	BAA	48.00	颅底点角（一）	Basion angle (nasion-prosthion) (n-ba-pr)
	NBA	80.00	鼻根点角（二）	Nasion angle (basion-bregma) (ba-n-b)
	BBA	55.00	颅底点角（二）	Basion angle (nasion-bregma) (n-ba-b)
	BRA	45.00	前囟点角	Bregma angle (nasion- basion) (n-b-ba)
	SSA	55.50	颧上颌角	Zygomaxillary angle (∠zm：a-ss-zm：a)
72		77.00	总面角	Facial profile angle (∠n-pr →FH)
73		80.00	中面角	Middle facial profile angle (∠n-ns →FH)
74		68.50	齿槽面角	Alveolar profile angle (∠ns-pr →FH)
75		59.00	鼻梁侧角	Nasion-rhinion profile angle (∠n-rhi →FH)
77		145.00	鼻颧角	Nasion-malar angle (fmo-n-fmo)
77a	NFA	106.00	鼻额角	Nasion-frontal angle (mf-n-mf)
	DKA	224.00	眶内缘点角	Dacryal angle(∠d→mf-ek), left+right
	NDA	80.00	鼻–眶内缘角	Naso-dacryal angle(∠→d-d)
	SIA	106.00	鼻骨角	Simotic angle(∠→SC)
32		79.50	额侧角 Ⅰ	Frontal profile angle (∠m-n →FH)
32a		74.00	额侧角 Ⅱ	Frontal profile angle (∠m-g →FH)
32（1）		41.00	额骨倾角	Frontal Inclination angle (∠b-n-i)
32（1a）		48.50	前囟角 Ⅰ	Bregmatic angle (∠b-n →FH)
32（2）		42.50	前囟角 Ⅱ	Bregmatic angle (∠b-g →FH)
32（5）	FRA	133.50	额角	Frontal angle
33e	PAA	134.80	顶角	Parietal angle
33d	OCA	120.00	枕角	Occipital angle

表三　依据2012TBZT0104①-1颅骨的测量学结果计算的颅骨相关指数

马丁号 Martin's	测量项目 Trait	测量值 Index	形态分类 Morphological type
8：1	颅长宽指数	77.87	中颅型
17：1	颅长高指数	73.15	正颅型
21：1	颅长耳高指数	61.49	正颅型
17：8	颅宽高指数	93.93	中颅型
9：8	额宽指数	66.31	中额型
40：5	面突指数	127.00	突颌型

续表

马丁号 Martin's	测量项目 Trait	测量值 Index	形态分类 Morphological type
48：45	上面指数sd	53.96	狭上面型
54：55	鼻指数	40.43	狭鼻型
52：51a	眶指数I（左）L	83.71	中眶型
52：51a	眶指数I（右）R	83.92	中眶型
63：62	腭指数	89.31	阔腭型

（3）体质特征考察

为了考察2012TBZT0104①-1颅骨与现代人区域类型和不同地区人群在测量学特征上的亲缘关系，笔者选取了15组人群（表四、表五）与之进行对比分析。对包括2012TBZT0104①-1在内的16组近现代人群进行了因子分析，考察这些人群在测量学特征方面的亲缘性。因子分析结果详见表六，因子分析的散点图详见图六和图七。

表四　2012TBZT0104①-1与亚洲现代区域类型的比较　（长度：毫米）

马丁号 Martin's	测量项目 Trait	2012TBZT0104①-1	华北组	华南组	蒙古组	因纽特组	通古斯组*	桃花园
1	颅长	178.27	178.50	179.90	182.20	182.30	185.50	181.22
8	颅宽	134.20	138.20	140.90	149.90	141.20	145.70	140.95
17	颅高	138.10	137.20	137.80	131.40	135.20	126.30	139.14
45	面宽	135.63	132.70	136.60	141.80	138.40	141.60	134.53
48	上面高n-sd	75.53	75.30	73.82	78.00	77.60	75.40	72.42
51	眶宽mf-ek, R	42.60	44.00	42.10	43.20	43.40	43.00L	43.60
52	眶高	35.75	35.50	34.60	35.80	36.70	35.00	35.63
54	鼻宽	22.63	25.00	25.25	27.40	24.40	27.10	24.73
55	鼻高n-ns	55.98	55.30	52.60	56.50	54.60	55.30	55.49
8：1	颅指数	75.76	77.60	78.75	82.00	77.40	78.70	77.85
17：1	颅长高指数	78.74	[76.82]	[76.60]	[72.12]	[74.16]	[68.09]	76.94
17：8	颅宽高指数	102.33	99.55	97.80	88.19	95.75	[86.68]	98.92
48：45	上面指数	55.71	56.80	55.70	55.01	56.07	53.25	56.33
52：51a	眶指数	83.92	80.66	84.90	82.90	83.00	81.50L	81.85
54：55	鼻指数	40.43	45.23	47.40	48.60	44.70	49.40	44.74

说明：方括号内的数值是根据平均值计算所得近似值。*引自张敬雷等[4]，其余引自李法军[5]。

表五　2012TBZT0104①-1与中国不同地区人群的比较　（长度：毫米）

马丁号 Martin's	抚顺	长春	北京	太原	湖南	香港	顺德	福建东岛	广西壮族
1	179.94	178.40	178.30	175.51	176.28	179.31	179.90	180.00	178.28
8	139.70	141.10	139.50	137.73	137.95	139.58	140.14	142.80	140.58
17	139.20	135.15	137.30	135.15	135.49	140.19	136.98	139.80	136.61
45	134.30	134.12	132.20	131.99	132.94	133.36	130.07	133.20	135.48
48	76.24	75.38	74.10	75.82	72.64	72.85	74.15	73.30	69.38
51	42.80	44.86	44.00	42.46	39.82	43.84	38.28	41.10	43.03
52	35.60	36.02	35.50	35.99	34.77	33.78	33.72	34.40	33.90
54	25.70	26.99	25.00	24.52	25.04	26.18	25.34	25.30	26.23
55	57.90	55.06	54.70	54.16	51.02	53.26	53.55	53.70	51.77
8 : 1	76.80	79.09	78.24	78.47	78.26	77.84	77.94	79.40	79.06
17 : 1	75.80	75.76	77.01	77.00	76.86	78.18	76.19	77.90	76.57
17 : 8	98.80	95.78	98.42	98.13	98.22	100.44	97.96	98.10	94.82
48 : 45	55.52	56.20	56.05	57.44	54.64	54.63	57.13	54.40	51.31
52 : 51a	83.26	80.29	80.68	84.76	87.32	77.05	88.10	84.00	79.01
54 : 55	47.56	49.02	45.70	45.27	49.08	49.16	47.45	47.20	53.82

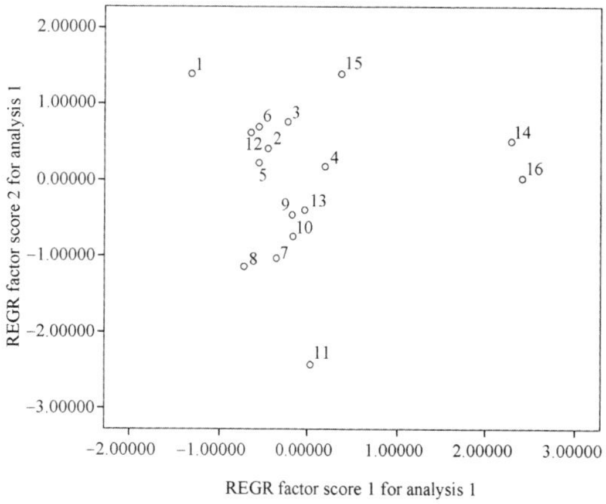

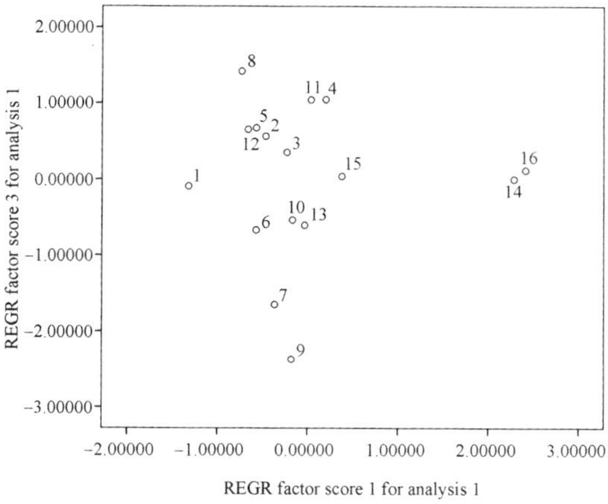

图六　16组不同地区人群测量学特征的因子分析二维散点图

1. T0104①-1　2. 桃花园组　3. 抚顺组　4. 长春组　5. 北京组　6. 太原组　7. 湖南组　8. 香港组　9. 顺德组　10. 福建东岛组　11. 广西壮族组　12. 华北组　13. 华南组　14. 蒙古组　15. 因纽特组　16. 通古斯组

表六 2012TBZT0104①-1颅骨测量值的主成分分析结果

因子	1	2	3
特征值	6.111	40.741	40.741
贡献率 %	3.635	24.231	64.972
累计贡献率	2.178	14.518	79.490
因子负载荷矩阵			
颅长	0.741	0.184	0.123
颅宽	0.907	−0.095	0.074
颅高	−0.847	−0.125	0.092
面宽	0.809	0.203	0.230
上面高	0.362	0.842	−0.088
眶宽	0.084	0.287	0.926
眶高	0.101	0.849	0.206
鼻宽	0.735	−0.407	0.265
鼻高	0.205	0.758	0.309
颅指数	0.684	−0.323	−0.006
颅长宽指数	−0.936	−0.149	−0.002
颅长高指数	−0.983	0.066	−0.036
上面指数	−0.366	0.676	−0.292
眶指数	−0.041	0.181	−0.957
鼻指数	0.436	−0.813	0.143

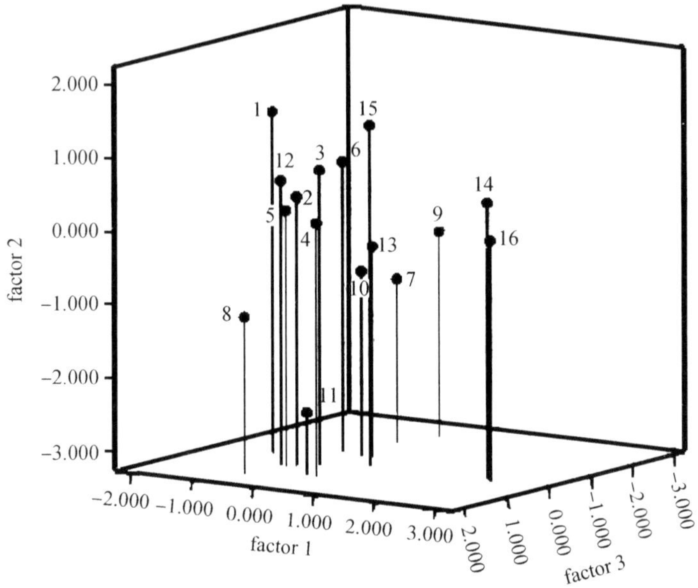

图七 16组不同地区人群测量学特征的因子分析三维散点图

1. T0104①-1 2. 桃花园组 3. 抚顺组 4. 长春组 5. 北京组 6. 太原组 7. 湖南组 8. 香港组 9. 顺德组 10. 福建东岛组 11. 广西壮族组 12. 华北组 13. 华南组 14. 蒙古组 15. 因纽特组 16. 通古斯组

依据图五和图六可以看出，2012TBZT0104①-1与中国北方人群（桃花园组、抚顺组、长春组、北京组、太原组和华北组）最为接近，与华南各组及北亚各组相对疏远。因此，笔者判定2012TBZT0104①-1在测量学特征上属于中国的北方类型。

（4）牙齿的形态特征及颅骨发育状况

依据Turner等的标准进行牙齿非测量特征的观察[6]。结果显示，该个体的上颌臼齿尺寸都较小，均为三根，四尖型结构，未见第三臼齿萌出（图二）。该个体颅骨未见发育异常。

（二）2012TBZT0104①-2

1. 埋藏学描述

该颅骨属于一个未成年个体，面颅缺失，脑颅大部分保存完好。颅骨表面光洁平滑，呈浅棕色（图八、图九）。

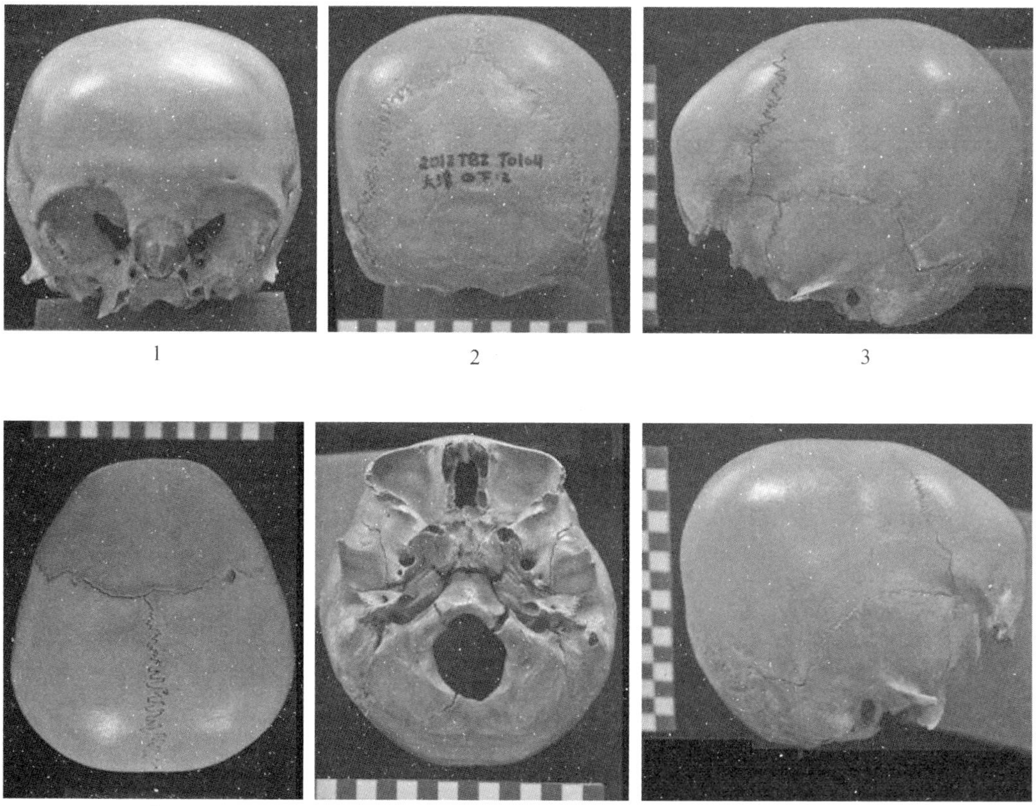

1　2　3　4　5　6

图八　2012TBZ T0104①-2颅骨照片

1. 正面观　2. 后面观　3. 左侧面观　4. 顶面观　5. 底面观　6. 右侧面观

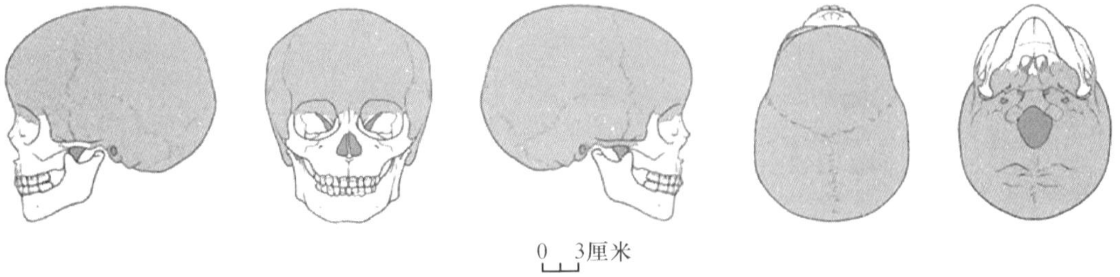

图九 2012TBZT0104①-2未成年人颅骨的保存情况

（灰色部分表示保存的骨骼）

2. 性别和年龄判定

根据骨骼形态，初步判定2012TBZT0104①-2属于一个幼儿个体，性别较难以确认。为了进一步确定其年龄，笔者对其骨骼形态、骨缝的愈合状况（图一〇）及骨骼尺寸等方面进行了考察。年龄判定方法主要依据朱泓等[7]和Schaefer等[8]的相关标准。

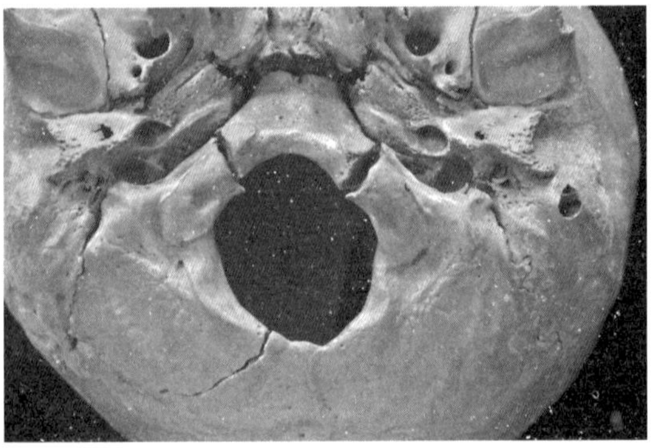

图一〇 颅底骨骺愈合情况

为了更准确地判定该个体年龄，笔者还参照Schaefer等[9]对幼儿枕骨基底部及枕骨大孔外侧部骨骼的测量方法，对2012TBZT0104①-2的相关骨骼进行了测量（结果详见表七），并将之与Schaefer等所得的其他幼儿的测量结果（图一一）进行了比对。虽然存在种族与个体方面的差异，但依据现有的测量结果进行的比对研究仍具有一定的参考意义。此外，笔者还将之与中山大学社会学与人类学学院体质人类学实验室所藏的一个当代3岁儿童头骨（图一二）进行了形态学比较，以便考察2012TBZT0104①-2的骨骼发育水平。

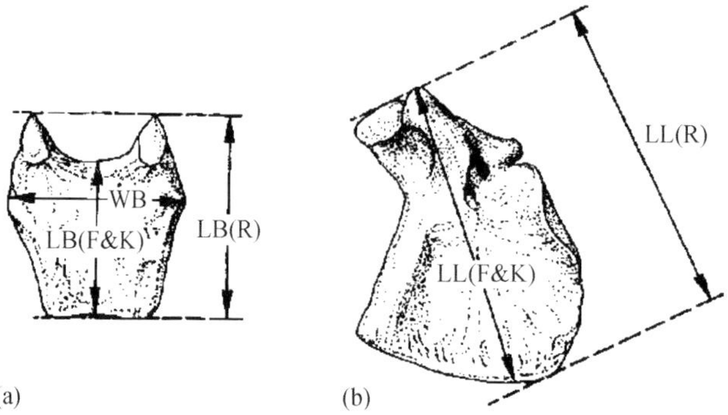

图一一　枕骨基底部及枕骨大孔外侧部测量图示（Scheur等[10]）

LB（R）：Redfield之枕骨基底部最大长

LB（F&K）：Fazekas和Kósa之枕骨基底部正中矢径

WB：枕骨基底部最大宽

LL（R）：Redfield之枕骨大孔外侧部最大长

LL（F&K）：Fazekas和Kósa之枕骨大孔外侧部最大长

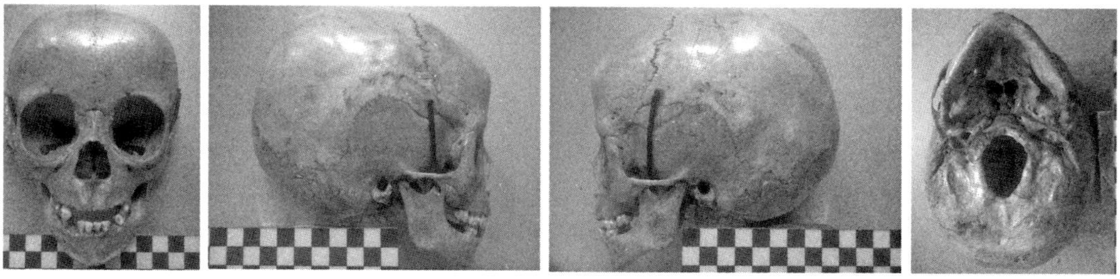

图一二　中山大学体质人类学实验室所藏的当代3岁儿童头骨

表七　2012TBZT0104①：2枕骨基底部及枕骨大孔外侧部特征测量值

测量特征 Trait	测量值（毫米）Metrical value（In millimeters）	
	2012TBZT0104①：2	现代3.2～4.7岁儿童（平均值）*
LB (R)	29.44	22.70～24.80
LB (F&K)	22.79	15.30～18.10
WB	29.81	23.20～27.80
LL (R)	43.95	—
LL (F&K)	47.22	—

*数据引自Scheur等[11]。

根据以往的研究结论，2～4岁时，舌下神经管发育为正常的结构；3～5岁时，枕骨大孔外侧部与枕骨鳞部融合；5～7岁时，枕骨基底部与枕骨大孔外侧部融合[12]。通过对2012TBZT0104①-2骨骼形态、尺寸、骨骺愈合情况以及枕骨基底部的测量值的分析，并考虑到时代、个体发育水平以及种族差异，笔者推断该个体年龄在4～5岁。

3. 颅骨的测量学特征

笔者对2012TBZT0104①-2颅骨的部分测量学特征进行了测量，目的是为今后相关的未成年个体研究积累一份资料，测量结果详见表八。

表八　2012TBZT0104①-2颅骨测量特征值　　　（长度：毫米）

马丁号 Martin's	豪厄尔斯号 Howells'	测量值（毫米） Metrical value	特征 Trait	定义 Definition
1	GOL	156.50	颅骨最大长	Glabello-occipital length (g-op)
1d	NOL	147.00	鼻枕长	Naso-occipital length (n-op)
2		140.81	眉枕长	Glabello-inion length (g-i)
5	BNL	79.59	颅底长（一）	Basion-nasion length (ba-n)
		81.50	颅底长（二）	Endobasion-nasion length (enba-n)
17	BBH	129.48	颅高	Basion-bregma height (b-ba)
18		132.00	颅底点至颅顶点高	Vertex-basion line (ba-v)
21		119.41	耳上颅高	Auricular height (→ po-po)
8	XCB	145.50	颅骨最大宽	Maximum cranial breadth (eu-eu)
9		88.69	最小额宽	Minimum frontal breadth (ft-ft)
10	XFB	113.62	最大额宽	Maximum frontal breadth (co-co)
11	AUB	114.43	耳点间宽	Biauricular breadth (au-au)
14	WCB	89.28	颅骨最小宽	Minimum cranial breadth (it-it)
12	ASB	101.86	星点间宽	Biasterionic breadth (ast-ast)
		99.92	蝶点间宽	Bisphenion breadth (sph-sph)
43		89.76	上面宽	Upper facial breadth (fmt-fmt)
43（1）		84.68	两眶内宽	Internal biorbital breadth (fmo-fmo)
	MDH	24.61	乳突高	Mastoid height
	MDB	28.50	乳突宽	Mastoid breadth
50	IOW	17.19	前眶间宽	Anterior interorbital breadth (mf-mf)
	FMB	90.21	额间宽	Bifrontal breadth (fm：a-fm：a)
23		473.00	颅周长	Horizontal circumference (g-op-g)
24		312.00	颅横弧	Cranial transeverse arc (po-b-po)
29	FRC	102.44	额骨矢状弦	Frontal chord
30	PAC	100.42	顶骨矢状弦	Parietal chord
31	OCC	97.95	枕骨矢状弦	Occipital chord
7	FOL	31.752	枕骨大孔长（一）	Foramen magnum length (ba-o)
16		29.15	枕骨大孔宽	Foramen magnum breadth

（三）2012TBZT0102②-3

保存了一根相对完整的成年个体之右侧胫骨（图一三）。笔者测量了该胫骨的相关矢量值（详见表九），用以性别和身高的推算以及骨骼发育的考察。

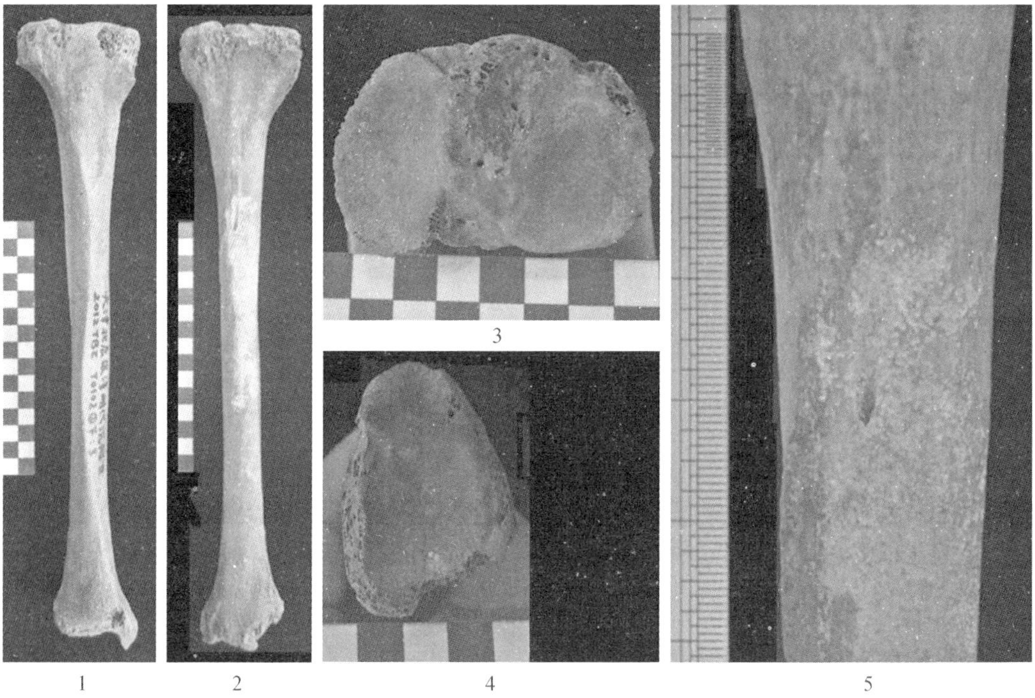

图一三　2012TBZ T0104①-3右侧胫骨

1. 正面观　2. 后面观　3. 近中端　4. 远中端　5. 胫骨后面骨干滋养孔段

1. 年龄和性别的判定

仅能判断其属于成年个体。应用胫骨的性别判别公式进行性别推算[13]。胫骨的性别判别公式为：上端宽+1.0396×下端宽−1.1744×滋养孔处矢径+1.2931×滋养孔处干周长−0.8423×骨干最小周。判别的临界值为133.60，若结果大于临界值即为男性，反之为女性。判别率为84.40%。

计算结果为2012TBZT0102②-3的判别值为139.42，显示其有84.40%可能性为男性。

2. 身高的推算

依据性别鉴定的结果和所用骨骼，采用有关男性身高推算的一元回归方程[14]计算其身高。选取31～40岁年龄组作为男性身高推算公式。

表九 2012TBZT0104①-3胫骨测量值 （长度：毫米；角度：度）

特征 Trait	测量值 Metrical value	特征 Trait	测量值 Metrical value
胫骨最大长	348.00	胫骨中部最大径	30.60
胫骨全长	337.00	胫骨中部横径	21.90
胫骨骨干最小周	70.00	胫骨骨干中部周	98.30
胫骨生理长	326.50	滋养孔处横径	23.60
胫骨上端宽	72.50	滋养孔处矢径	33.90
胫骨上内侧关节面宽	26.90	滋养孔处干周长	93.00
胫骨上外侧关节面宽	31.10	胫骨下端宽	43.70
胫骨上内侧关节面矢状径	44.00	胫骨下端矢径	36.30
胫骨上外侧关节面矢状径	45.80	胫骨骨干弦长	156.20
胫骨粗隆处最大矢径	42.20	胫骨扭转角	39.00

男性身高推算公式：身高=右侧胫骨最大长×2.49+759.27毫米±38.02毫米，计算结果1625.79毫米±38.02毫米。比照原海兵等有关天津蓟县桃花园明清时期墓地人骨身高的研究结果[15]，2012TBZT0104①-2个体的身高较矮。

3. 胫骨发育水平分析

笔者通过计算该胫骨的胫骨指数来考察其发育的扁平程度，通过观察比目鱼肌线和测量其滋养孔外孔来考察其相关肌嵴发育和腿部运动情况。

（1）胫骨指数

胫骨指数=滋养孔处横径×100/滋养孔处矢径，计算结果为69.62，依据邵象清相关文献提供的分级标准[16]，该胫骨可被定为中胫型，接近宽胫型，不具有扁型特征。根据以往的研究，扁胫型通常由后胫肌（Tibialis posterior）过度发达而导致的，此种活动脚部必须固定于地面，且胫骨的近心端固定，当膝盖屈曲时，胫骨便支持身体的重量。此现象大都出现于居住在崎岖地区的族群以及打猎的族群之中[17]。因此，可以看出该个体并没有长期从事类似活动的迹象。

（2）比目鱼肌线的发育

比目鱼肌线可划分为粗涩线型、沟型和嵴型等三种类型[18]，2012TBZT0104①-2胫骨比目鱼肌线为嵴型和沟型。长期站立或从事下肢运动的人，由于比目鱼肌的长期牵拉，比目鱼肌线的隆起度相对地较高，甚至出现骨质增生性变化，出现一连串的小赘生物，单个或多个结节或局部出现宽底性高骨嵴等[19]。2012TBZT0104①-2比目鱼肌的形态以及较为发育的滋养孔可能与该个体经常性的下肢过度承重活动有关。

（3）滋养孔外孔的发育

依据李法军等制定的标准[20]，对2012TBZT0104①-2胫骨滋养孔外孔进行测量和分析。结果显示，其滋养孔外孔最大长为30.00毫米，最大宽为3.50毫米，较现代人胫骨的滋养孔最大长和最大宽而言[21]，2012TBZT0104①-2胫骨滋养孔的发育较为明显。

（四）2012TBZT0102③-4

根据相关文献[22]的比对，代表该个体的是一块成年人的第十二胸椎（图一四）。保存相对完好。该胸椎发育正常，椎体无楔形改变，边缘平滑，无骨赘。推断该个体应属于青壮年，性别未知。

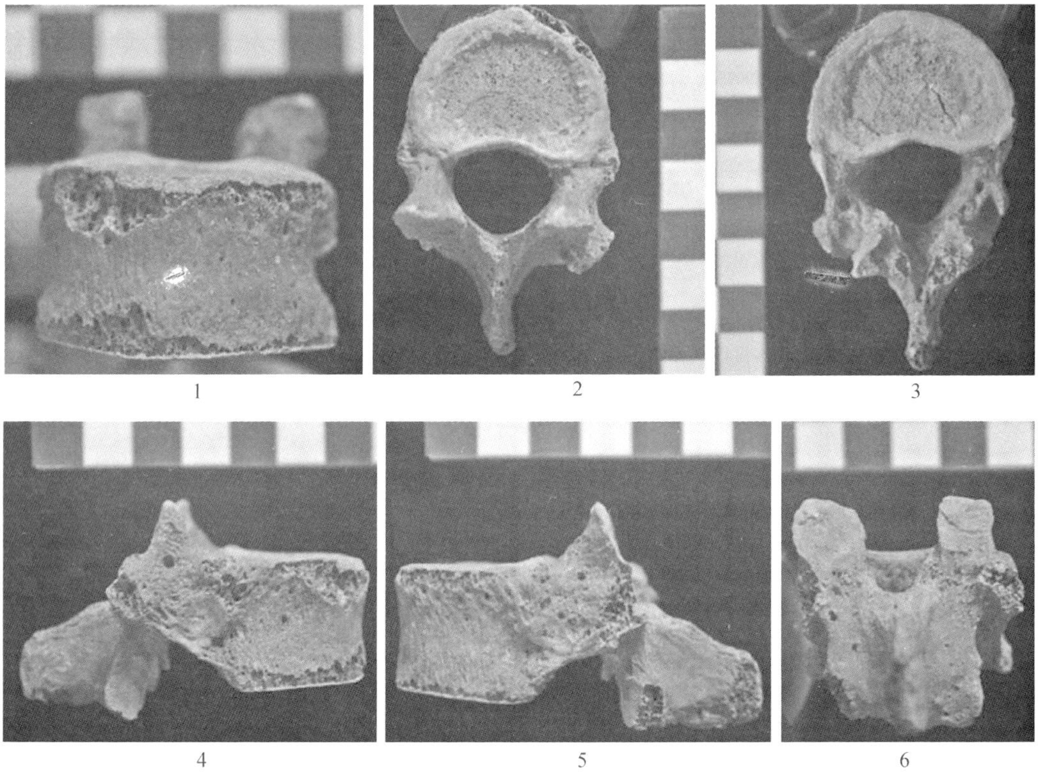

图一四　2012TBZT0102③-4第十二胸椎

1. 正面观　2. 上面观　3. 底面观　4. 右侧面观　5. 左侧面观　6. 后面观

（五）2012TBZT0203②-5，2012TBZT0102②-6和2012TBZT0207②-7

根据White和Folkens的标准[23]，判断三块肋骨分别为成年个体的左侧第7肋骨，右侧第6肋骨和右侧第6或第7肋骨（图一五～一七）。尚无法判断2012TBZT0203②-5和2012TBZT0102②-6是否属于同一个体。这三块肋骨均发育正常，无骨折或其他病理现象。

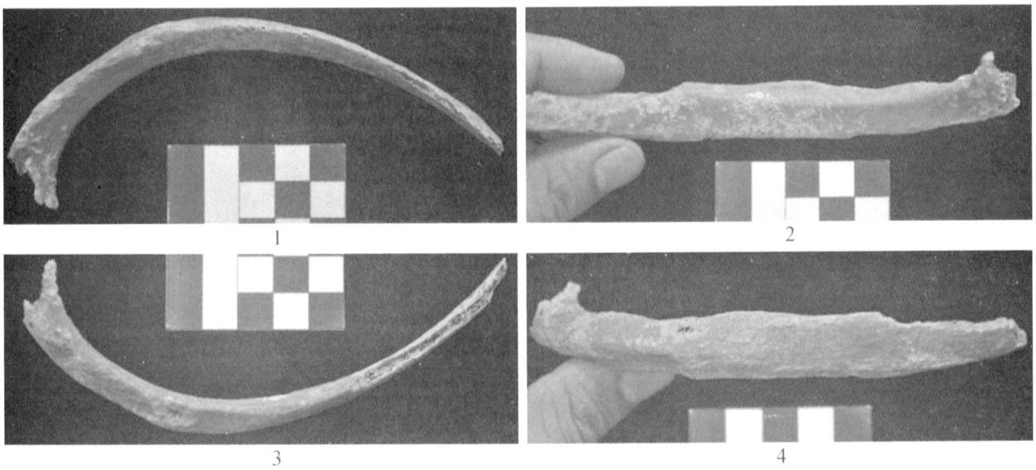

图一五　2012TBZ T0203②-5之肋骨

1. 上面观　2. 内面观　3. 底面观　4. 外面观

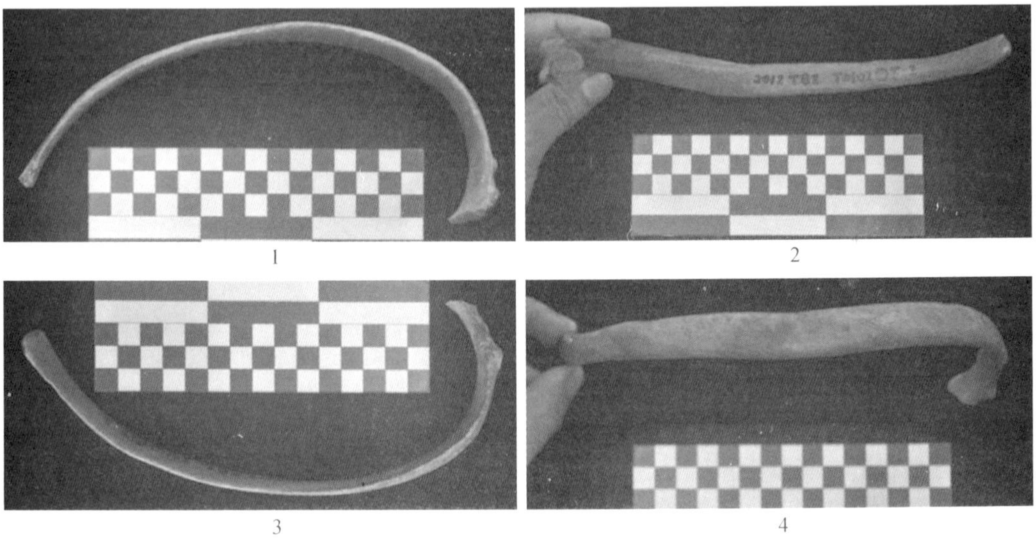

图一六　2012TBZ T0203②-6之肋骨

1. 上面观　2. 底面观　3. 内面观　4. 外面观

（六）2012TBZT0104①-1和2012TBZT0104①-2关系的讨论

由于这两个颅骨出自沉船中相互临近的位置（图一），又是一大一小两个个体，因此自然需要考虑二者是否具有遗传学上的亲缘关系。由于目前还无法进行DNA方面的检测，因此本报告仅从二者颅骨上的非测量特征上对二者的亲缘性加以考察。

成年个体（2012TBZT0104①-1）颅底枕骨枕髁后面的左侧髁管开放，右侧髁管闭锁。枕骨大孔后缘呈斜面状（图一八）。这三项特征在未成年个体

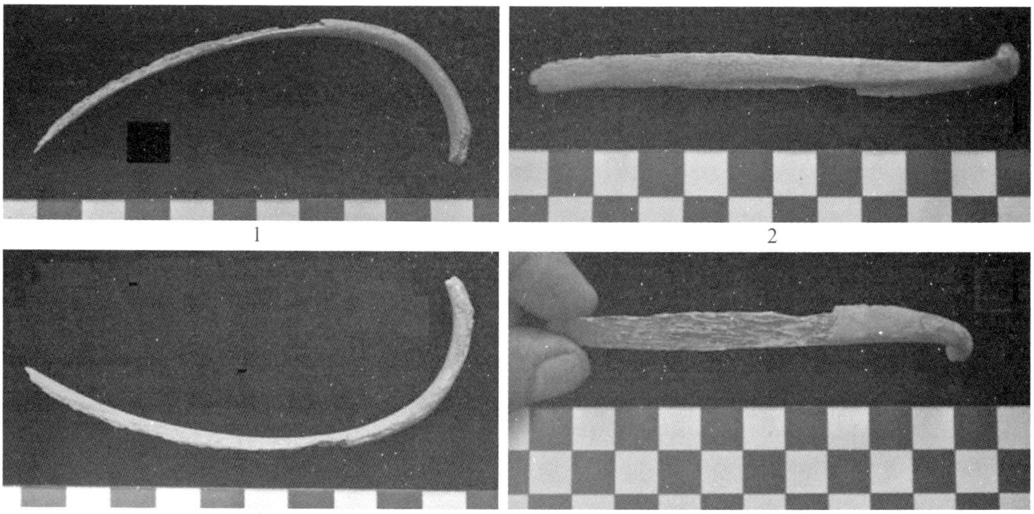

1　　2

3　　4

图一七　2012TBZ T0203②-7之肋骨

1. 上面观　2. 底面观　3. 内面观　4. 外面观

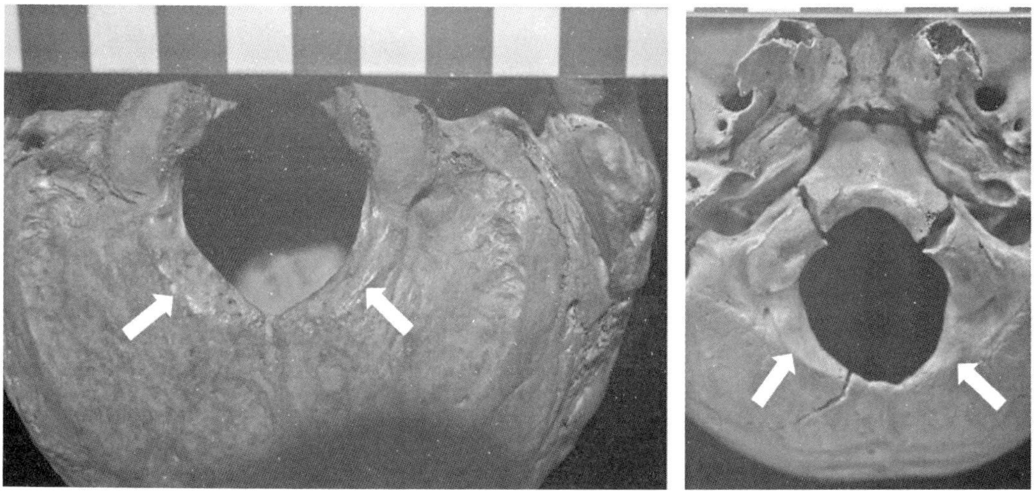

图一八　两个体颅底部相似特征图示

（2012TBZT0104①-2）颅骨上同样存在，表现形式也与成年个体所表现的完全一致。除此以外，本次观察尚未发现二者在颅骨非测量特征上的其他相似特征。

虽然所获得的遗传学比对特征较少，而且未成年人颅骨的发育尚未完成，但这两种特征的组合在这两个颅骨上同时存在，此种情况的出现不能完全出于偶然性。我们认为，这两个个体具有遗传学上的亲缘关系的可能性是存在的。

二、结　论

（1）在本次研究中，笔者将成年人颅骨编为1号个体（记为2012TBZT0104①-1），未成年人颅骨编为2号个体（记为2012TBZT0104①-2），成年人胫骨编为3号个体（记为2012TBZT0102②-3），成年人第十二腰椎编为4号个体（记为2012TBZT0102③-4）。三块人类肋骨顺次的编号为2012TBZT0203②-5（5号个体），2012TBZT0102②-6（6号个体）和2012TBZT0207②-7（7号个体）。

（2）2012TBZT0104①-1属于一个男性个体的颅骨，该个体的年龄为30～40岁。其在测量学特征上属于中国的北方类型。该个体的上颌臼齿尺寸都较小，均为三根，四尖型结构，未见第三臼齿萌出。该个体颅骨未见发育异常。

（3）2012TBZT0104①-2属于一个年龄在4～5岁的幼儿个体，性别未知。

（4）2012TBZT0102②-3属于一个成年男性个体。身高为1625.79毫米±38.02毫米，在北方人群中属于较矮者。胫骨指数表明该胫骨属于中胫型，接近宽胫型，不具有扁型特征。可判定该个体没有从事类似在崎岖山路经常行走或打猎等活动。但其比目鱼肌的形态以及较为发育的滋养孔可能与该个体经常性的下肢过度承重活动有关。

（5）2012TBZT0102③-4属于一个青壮年个体的第十二胸椎，性别未知。保存相对完好。该胸椎发育正常，椎体无楔形改变，边缘平滑，无骨赘。

（6）2012TBZT0203②-5、2012TBZT0102②-6和2012TBZT0207②-7可能分别属于成年个体的左侧第7肋骨，右侧第6肋骨和右侧第6肋骨。尚无法判断2012TBZT0203②-5和2012TBZT0102②-6是否属于同一个体。这三块肋骨均发育正常，无骨折或其他病理现象。

（7）虽然所获得的遗传学比对特征较少，而且未成年人颅骨的发育尚未完成，但左侧髁管开放、右侧髁管闭锁以及枕骨大孔后缘倾斜面这三项特征的组合在2012TBZT0104①-1和2012TBZT0104①-2两个颅骨上同时存在，此种情况不完全出于偶然性，这两个个体存在具有遗传学上亲缘关系的可能性。

注　释

［1］ 李法军等．鲤鱼墩：一个华南新石器时代遗址的生物考古学研究［M］．广州：中山大学出版社，2013.

［2］ 吴汝康，吴新智，张振标．人体骨骼测量手册［M］．北京：科学出版社，1984.

［3］ 朱泓．体质人类学［M］．北京：高等教育出版社，2004.

［4］ 张敬雷，李法军，盛立双，朱泓．天津市蓟县桃花园墓地人骨研究［J］．文物春秋，2008（2）：34-38.

［5］ 李法军．河北阳原姜家梁新石器时代人骨研究［M］．北京：科学出版社，2008.

[6] Turner, C. G. II, R. N. Christian, G. R. Scott. Scoring procedures for key morphological traits of the permanent dentition: The Arizona State University Dental Anthropology System [A]. *Advances in Dental Anthropology* [M]. Wiley-Liss, Inc., 1991(24): 13–31.

[7] 同[3].

[8] Scheur, L., S. Black, A. Christie. *Developmental Juvenile Osteology* [M]. London: Elsevier Academic Press, 2000.

[9] Schaefer, M., S. Black, L. Scheuer. *Juvenile Osteology: A Laboratory and Field Manual* [M]. London: Elsevier Academic Press, 2009.

[10] 同[8].

[11] 同[8].

[12] 同[8].

[13] 张继宗. 法医人类学基础[M]. 北京：科学出版社，2007.

[14] 陈世贤. 法医人类学[M]. 北京：人民卫生出版社，1998.

[15] 原海兵，李法军，张敬雷，盛立双，朱泓. 天津蓟县桃花园明清家族墓地人骨的身高推算（Ⅰ）[J]. 人类学学报，2008，27（4）：318–324.

[16] 邵象清. 人体测量手册[M]. 上海：上海辞书出版社，1985.

[17] 叶惠媛. 从体质形态学研究探讨台南石桥遗址茑松文化之社会性别分工及其相关问题[D]. 台湾大学文学院人类学研究所硕士学位论文，2010.

[18] 郑靖中，马茂林. 比目鱼肌线的类型[J]. 解剖学杂志，1988（3）：208–209.

[19] 王之一，陈长发，杜光祖，张乃保. 比目鱼肌线的解剖观测及其临床意义[J]. 广东解剖学通报，1993，15（2）：114–115.

[20] 同[1].

[21] 同[1].

[22] 张继宗等. 中国体质人类学研究[M]. 北京：科学出版社，2010.

[23] White, T. D., P. A. Folkens. *The Human Bone Manual* [M]. London: Elsevier Academic Press, 2005.

Preliminary Analysis of Human Bones Collected from Shipwreck of Ming Dynasty in Tianjin

LI Fa-jun　SHENG Li-shuang　ZHU Hong

The authors studied the human bones found in the by the Physical Anthropological methods.

The human bones were identified artificially into 7 individuals, in which there were two crania that stand for a 30–40 years old male and a 4–5 years old infant respectively. The cranial non-metrical traits show their possible genetic relationship. The male's cranium developed healthily and belongs to the northern Chinese group. His upper teeth show the small size, three roots, four dental tips; the third molars were not erupted. A right tibia stands for a male with low stature. Its cnemic index shows it is mesocnemic type, close to eurycnemic type instead of platycnemic type. This trait shows that this male didn't walk or hunt frequently in the rugged mountains. However its soleus traits and developed nutrient foramen show that his lower limbs maybe were frequently overly burdened. In addition, a twelfth vertebra thoracalis and three ribs were examined.

高科技成像技术RTI在文物博物馆及考古发掘中的应用*

冯　楠

（吉林大学边疆考古研究中心，长春，130012）

一、介　　绍

RTI[1]又称为反射转换摄影，以下统称RTI。RTI是计算摄影家族中一个分支，计算摄影[2]是正在迅速发展中的计算机绘图摄影术的总称，与传统的摄影不同，传统摄影师所见即所得，就是拍摄出来物体的像与我们看到的是相同的，计算摄影则是利用编码孔径和波前编码等技术进行成像，所拍摄的影像很多时候看不出是什么目标，要借助于计算机对编码的过程进行解码，还原成原先图像的信息，这样可以获得传统编码成像没有的信息，计算摄影突破了传统数码摄影技术难以解决的种种难题，在维度、尺度与分辨率上实现了质的突破，从而观测到传统成像系统“看不清”与“看不见”的场景信息[3~6]。RTI是由Tom Malzbender在惠普实验室设计发明的[3]，2001年首次有相关的文章发表并引起大家的关注[7]。现今这门技术已经被引入西方博物馆、文物保护及考古学研究中并取得了很多成功的案例[8~14]。这门技术主要靠美国非盈利性组织文化遗产图像CHI[15]进行推广，从2010年开始，CHI已经成功与各大博物馆及研究所合作完成了很多项目，并且与美国纽约大学艺术文物保护中心、加州大学洛杉矶分校/盖帝文物保护中心等主要的文物保护培训项目合作开设了关于RTI的培训班[16]。这门技术也同时作为一种记录文物信息的有效手段被人们所重视，全方位的数字影像记录将博物馆文物当前保存状态、文物保护操作前后、考古发掘出土时的原始图像详细的记录下来并保存电子文档，文物的风化是无时无刻不在进行着的，各种物理、化学及生物风化会使得文物表面发生细节消失、颜色改变等外观上的变化，而电子文物信息档案则使得文物信息得以完好保存，不用担心文物风化病害产生而使文物本身历史信息丢失而影响进一

* 本文得到吉林大学基本科研业务费（项目批准号2012BS008）、吉林省博士后科研项目启动经费资助（课题编号801130050413）、吉林大学青年师生学科交叉培育项目（项目批准号JCKY-SYJC08）、吉林省科技厅科技发展计划项目（项目批准号201201120）、浙江省文物保护科技项目（实验室考古技术流程研究及示范应用）的资助。

步的研究工作；考古中有些历史的信息和现象，当风化病害发生后再也回不到原本的保存状态，例如转瞬即逝的彩绘、漆器和纺织品等发掘品，如果当场做出了错误的判断，造成的损失可能是永远无法改正的[17]。

值得指出的是，RTI所需投入成本极低，操作起来也极其简单，对设备和拍摄场地的要求极低，可以在考古发掘现场完成，图像摄取不与文物直接接触，且不需要依赖专业的技术人员，通过简单的培训即可以利用单位已经配备的普通摄影设备及免费下载的软件进行操作。RTI最后形成的文件非常小，这也使数据处理和分享变得非常容易。

RTI可以获取文物表面轮廓、纹理及色彩信息，并且把文物表面的轮廓和颜色属性进行精确地加强，RTI图像是由固定的相机摄取的多张图像所产生。每张图像中，灯光会从固定的不同方向投射到文物表面，这个过程产生了一系列不同强光及阴影组合而成的图像。灯光信息会合成起来产生文物表面信息数学模型图像，使得我们可以用RTI的查看器用强光或弱光不停转换观察文物表面信息。每次拍摄产生的是单一的、二维的摄影图像，但跟传统摄影不同，RTI最后形成的文件是文物表面三维的信息并经过编码留存在RTI图像中，当使用查看软件来审查图像时，不停改变的强光和阴影可以揭露更多文物表面的三维信息[9]。RTI也有一些不足之处，超过1.5米长的文物样品会对存储空间和灯光光源的要求比较高，较为难以摄取图像；另外，图像处理RTI原片时需要一些训练，但是如果掌握了基本的考古文物摄影的基础知识，加上CHI[15]网站上论坛的咨询版块提供的问题解答，这些不足并不能成为阻碍[18]。

二、RTI图像是如何摄取的?

摄取RTI图像数据有两种方式，第一种是在光穹内拍摄，内部的光源已经机械地安装好，使用编辑好的软件即可，如图一的1[18]；或利用可移动的光源进行拍摄，如图一的2、3[19]这样RTI文件拍摄完毕，就可以通过镜面反射功能，如图一的4[19]来改变灯光强度来查看所拍摄物体细节。

三、RTI拍摄所需要的仪器设备及软件

对于基本都配备了摄影器材的文物单位来说，RTI拍摄所需设备装置非常简单，数码相机（大部分单反都可以用来采集RTI的图像）[20]、电脑、三脚架、闪光灯（图二，1）、高速闪光灯无线引闪器（图二，2）、水平尺、镜面反射球[21]、线或细绳、比例尺，其中很多都可以通过CHI网站购买[21]（图二，3）；RTI所需的图像生成器[22]和查看器[23]都是可以在CHI网站上免费下载的软件。

1

2

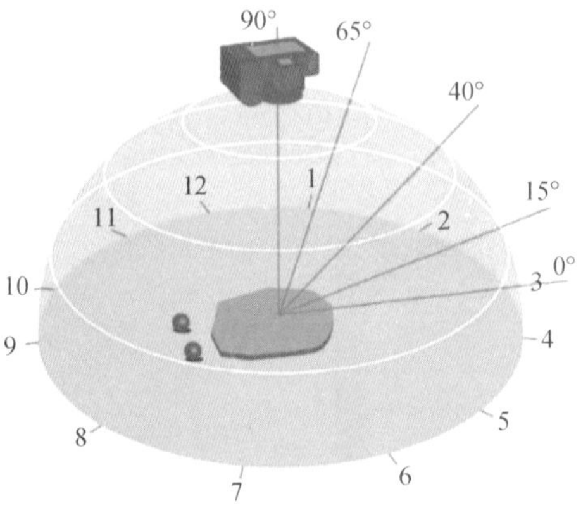

3

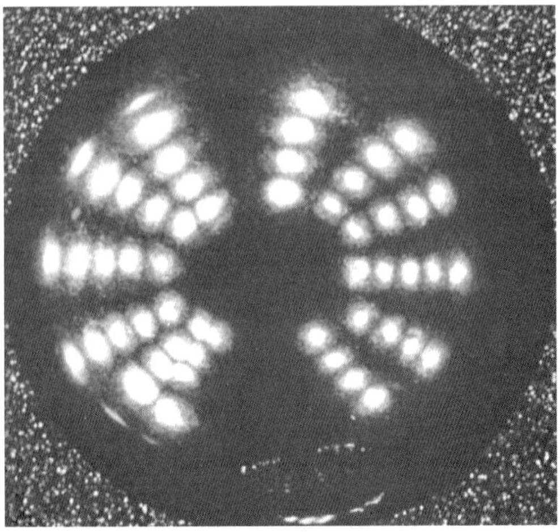
4

图一

1. RTI拍摄特制光穹　2. 移动光源采集RTI影像设置示例　3. 虚拟的光穹和时间刻度演示移动光源拍摄过程：白色演示了沿着刻度摄取12个图像（按时间刻度大约每个小时拍摄一张）　4. 镜面反射球记录的不同的拍摄角度

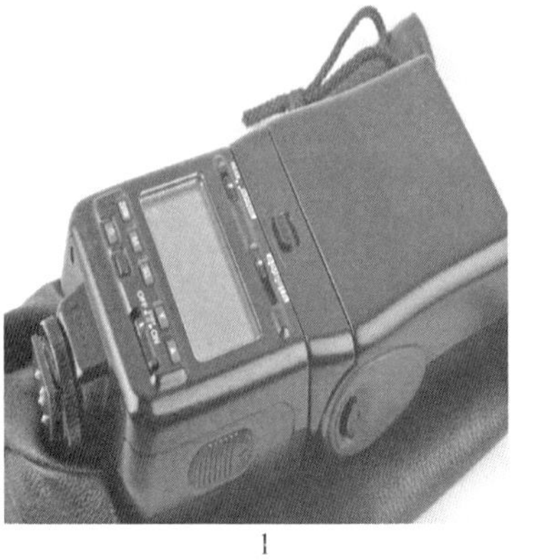
1

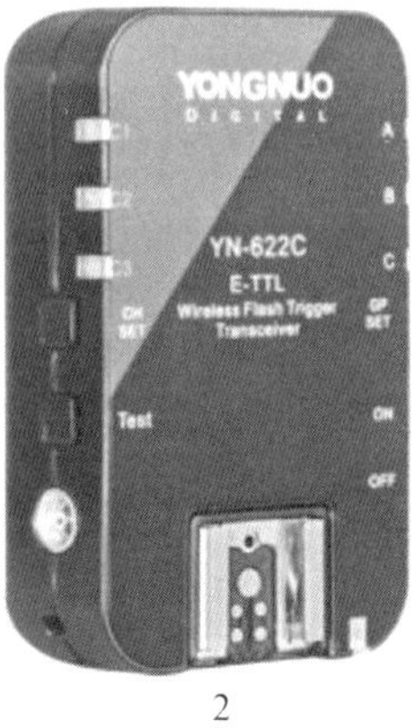

2

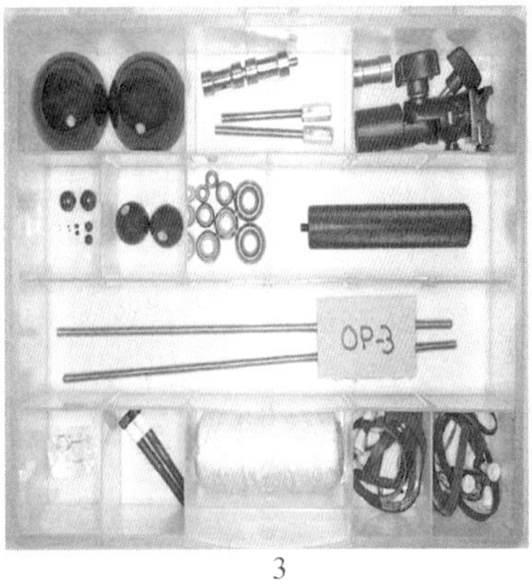

3

图二

1. 闪光灯　2. 高速闪光灯无线引闪器　3. CHI提供的RTI图像采集配套设备盒[21]

四、RTI的应用案例

1. 分析岩画、碑刻和铭文的雕刻细节以及雕刻方式[24]

可追溯到400年前的拥有大量碑铭的“罗塞塔石碑”是考古学家首次在美国早期殖民地遗址发现的石碑，石碑两面刻有文字、符号、数字及其主人或其他使用者可能在新大陆遇到的人、植物、鸟类等图案，字迹类型存在差异，这或许意味着不止一人在石碑上乱写乱画，可能是用于大概记录文件草稿。石碑上的图像很难用肉眼识别，因为它们与石碑一样，颜色呈暗灰色，有些还部分重叠在一起，并且还掺杂了很多白色的划痕，现今石碑上覆盖着一层又一层的内容。为帮助研究人员破译碑铭内容，美国史密森学会下属博物馆保护研究所的管理人员利用RTI令石碑上的图像和文字更加清晰，技术人员采用多角度灯光拍摄了数百张石碑的高清数码照片，扩大石碑表面凹槽外形，RTI给出了非常易于辨认的雕刻痕迹的图像，基于对图像的初步分析，历史专家重新发现了石碑上使用的16世纪书写形式，辨别出新的符号（图三）。

图三　经过RTI所辨别出的罗塞塔石碑上的碑刻铭文

2. 文物风化及病害定量化评估

通常来说，文物风化及病害定量化评估都是依靠微镜观察以及文物保护专家主观上的判断进行的。RTI作为一种无损、精确、迅速地提供文物表面量化的几何学、形态学信息的技术，可精确测量经过人工老化后/自然风化后的病害信息，测量精确度可以达到0.3毫米，而这种精确度是肉眼和普通的摄影方式无法企及的。尤其适合文物外展借还或保护前后的鉴定分析。图四就是为了验证RTI作为此手段的可行性的人工老化实验，RTI检测出的油画病害区（图四，3、4）与人为设计的病害区域（图四，2）完全一致[25]。

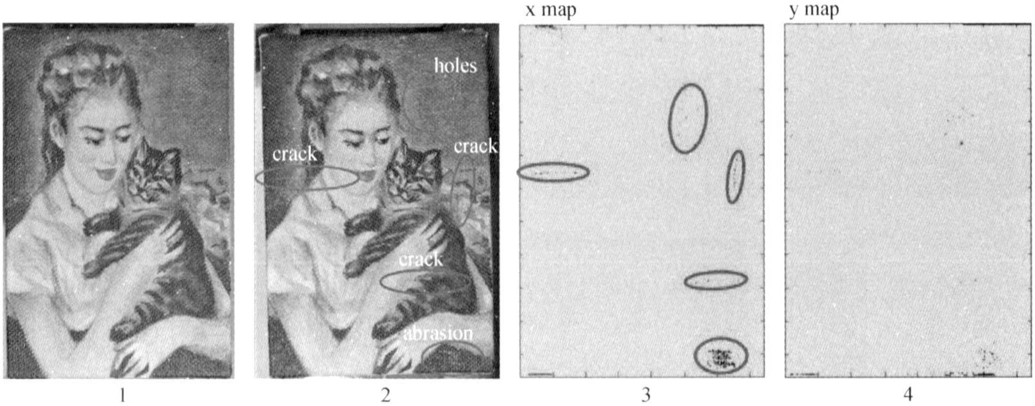

图四

1. 经过人工老化之前的油画　2. 经过人工老化后人为产生的5处病害类型（裂隙、空洞、磨损等）
3、4. RTI给出人工老化前后具有像素数值差的区域（圈内的点）的直角坐标

3. 记录转瞬即逝或裸眼难以观察的考古发掘文物

考古发掘面对的是埋藏在地下的谜一样的静态实物，要揭示其中的秘密全凭发掘者的观察和理解，而且发掘工作犹如解剖，一个遗址一旦发掘完毕，就无法完全恢复。对于考古发掘的文物信息记录，一般都是选择普通的摄影方式记录表面信息（图五，1）[26]是普通摄影方式拍摄的考古发掘陶瓷器表面的纺织品痕迹，因普通摄影方式的局限性，颜色和表面细节纹理都并不是非常清晰，而利用RTI中镜面反射增强的功能可以清晰地增加文物表面外观尺寸的可读性，如编织方法，边缘结构及保存现状以及颜色等，最为显著的是可以注意到阳光照射时观察不到的文物表面的深度（图五，2～5）[26]，RTI作为记录考古发掘的发掘品表面信息的有力工具，将影像数据作为电子文档保存下来，同时还能保存下来常规摄影无法揭示的表面信息，特别适合保存状态不稳定、风化速度极快的考古发掘品，如彩绘品、皮革、漆器等，尤其是纺织品文物。

五、RTI的发展前景

越来越多的RTI应用的成功案例预示了其在文物与博物馆及考古发掘领域的应用前景。RTI所需成本极低、所有软件都可以免费下载，特别基本适用于已经配备了摄影设备的文物博物馆等研究单位，除了可以作为记录文物艺术品、考古发掘品表面信息的有力工具，摄取结果可作为数字影像数据保存下来并可以达到全球资源共享，最终可以建立文物博物馆及考古发掘品的电子档案数据库。并且它给博物馆学家、考古学家和历史

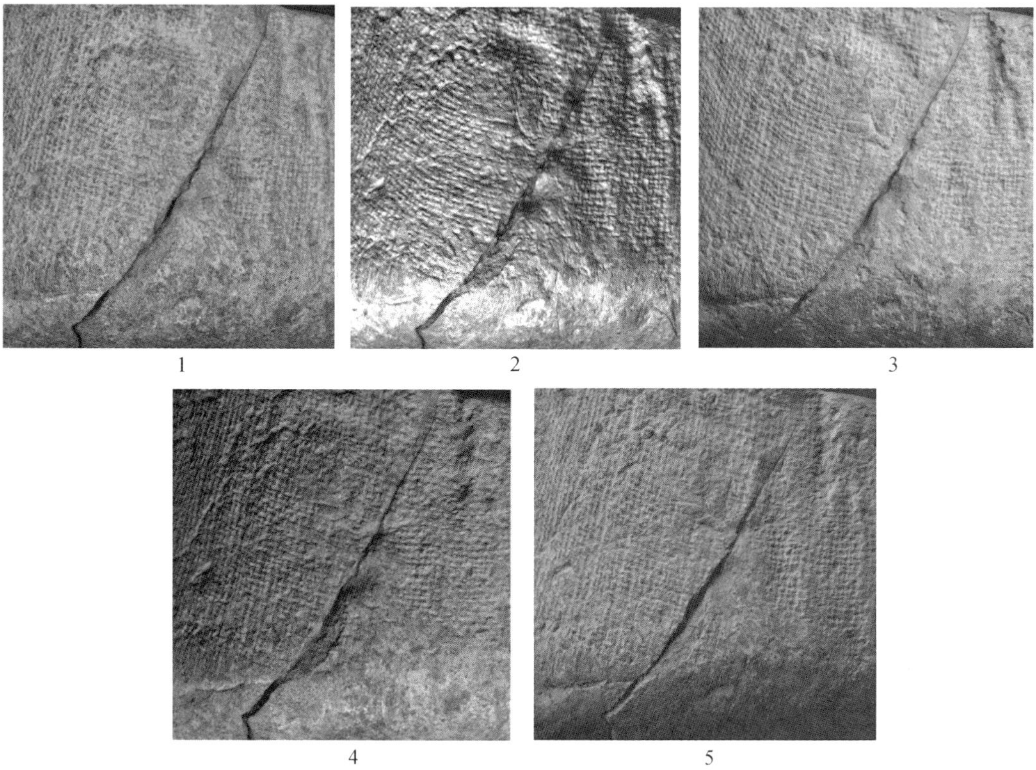

图五
1. 普通光源所拍摄的　2. 镜面反射效果　3～5. 通过不同角度方向光束所获得的影像[26]

学家提供了一个了解文物的新角度，RTI可以得到的文物表面三维的纹理细节，是通过肉眼观察和普通的摄影手法没办法实现的，为文物完整信息的保存、研究与展示提供先进技术支撑，也为文物保护单位和文物研究所的文物研究、展示、及辅助修复提供数据和技术支持。

注　释

［1］ RTI: Reflectance transformation imaging.

［2］ 摄影算法：Computational Photography.

［3］ 徐树奎，涂丹．计算摄影综述［J］．计算机应用研究，2010（11）．

［4］ Wikipedia. Computational photography. http://en.wikipedia.org/wiki/Computational_photography. 2009.

［5］ Computational photography: the future has just begun. http://www.dimagemaker.com/article.php-articleID=1468. 2009.

［6］ Suo Jinli, Ji Xiangyang, Dai Qionghai. An overview of computational photography［J］. *Science China* (Information Sciences), 2012 (6).

[7] Malzbender, T., D. Gelb, H. Wolters. Polynomial texture maps. In Computer Graphics: Siggraph' 01: The 28th International Conference on Computer Graphics and Interactive Techniques [pp. 519–428] . New York: ACM. Retrieved December 31, 2011, from www.Hpl.hp.com/personal/Tom_Malzbender/papers/PTM.pdf.

[8] Silvia, N., Manrique Tamayo, Juan, Valcarcel Andres, Julia Osca Pons. Applications of reflectance transformation imaging for documentation and surface analysis in conservation [J] . *International Journal Conservation Science*, special issue, 2013 (4): 535–548.

[9] Carla Schroer. Advanced Imaging Tools for Museum and Library Conservation and Research. Bulletin of the American Society for Information Science and Technology-February/March 2012-Volume 38, Number 3.

[10] Malzbender, T., Gelb, D., Wolters, H., Zuckerman, B. Enhancement of Shape Perception by Surface reflectance Transformation. Available online: http://www.hpl.hp.com/techreports/2000/HPL-2000-38R1.pdf (accessed on 9 July 2014).

[11] Klausmeyer, P., Albertson, R., Cushman, M., Artal-Isbrand, P. Applications of Reflectance Transformation Imaging (RTI) in a Fine Arts Museum: Examination, Documentation, and Beyond. Available online: http://ncptt.nps.gov/wp-content/uploads/klausmeyer.pdf (accessed on 13 June 2014).

[12] CHI's 2011 blog about this project, "An Evaluation of Decorative Techniques on a Red-Figure Attic Vase from the Worcester Art Museum".

[13] CHI's 2014 follow-up blog about this project, "Greek red-figure vases, two surface examination methods and fabricated mock-ups".

[14] Worcester Art Museum publication (PDF): An Evaluation of Decorative Techniques on a Red-Figure Attic Vase from the Worcester Art Museum Using Reflectance Transformation Imaging (RTI) and Confocal Microscopy with a Special Focus on the "Relief Line".

[15] CHI: Cultural Heritage Imaging. http://culturalheritageimaging.org/Technologies/RTI/

[16] RTI training: http://culturalheritageimaging.org/What_We_Offer/Training/training/index.html

[17] 田红．从学科特点看考古与文化人类学的互补［J］．青海民族研究，2008，19（4）．

[18] Payne, E. Imaging techniques in conservation [J] . *Journal of Conservation and Museum Studies*, 2012, 10 (2): 17–29.

[19] Malesevic, B., Obradovic, R., Banjac, B., Jovovic, I. and Makragic, M. Application of Polynomial Texture Mapping in Process of Digitalization of Cultural Heritage. Retrieved on 20 March 2014 from www.researchgate.net/publication/259478072_Application_of_polynomial_texure_mapping_in_process_of_digitalization_of_cultural_heritage

[20] Andersson, E., Frei, K., Gleba, M., Mannering, U., Nosch, M. and Skals, I. Old textiles-new approaches [J] . *European Journal of Archaeology*, 2010, 13(2): 149–173.

[21] http://culturalheritageimaging.org/What_We_Offer/Downloads/rti_kits.html

[22] RTI builder图像生成器：http://culturalheritageimaging.org/What_We_Offer/Downloads/index.html

[23] RTI viewer图像查看器：http://culturalheritageimaging.org/What_We_Offer/Downloads/View/index.html

[24] http://news.nationalgeographic.com/news/2010/01/100113-jamestown-tablet-slate-american-rosetta-stone/

[25] Marcello Manfredi, Greg Bearman, Greg Williamson, Dale Kronkright, Eric Doehne, Megan Jacobs, Emilio Marengo. A new quantitative method for the non-invasive documentation of morphological damage in paintings using RTI surface normals [J]. *Sensors*, 2014 (14): 12271–12284.

[26] Emily, Frank. Documenting archaeological textiles with reflectance transformation imaging (RTI) [J]. *Archaeological Textiles Review*, 2014 (56).

Application of Reflectance Transformation Imaging for Museum and Archaeology Conservation and Research

FENG Nan

RTI (Reflectance transformation imaging) is part of the emerging field of computational photography, extracting data from a sequence of digital photographs and synthesizing a new representation holding previously unrecognized information, while protecting the original resource, which combines information from a sequence of digital photographs to create a new representation that contains information not recognized previously on the original source, this photographic method not only provides detailed documentation of objects, and also provides detailed images of an object’s three-dimensional (3D) shape, color attributes and surface texture along with illumination from different angles, showing details that are often unavailable with the naked eye. Beyond revealing brushstroke details and surface impressions, broadening its utility for museum professionals, archaeologists and historians. Helping to assess many subtle changes before and after conservation. Associated software records the series of images as a digital lab notebook. The aim of this paper is to explore some of the RTI benefits and potential applications, through examples we set out to demonstrate the advantages of using RTI to register and analyze surface features that can help identify manufacturing techniques, surface condition, and assess textural changes produced by conservation treatments.

学术动态

人类骨骼考古大有可为*

——人类骨骼考古专业委员会成果综述

王明辉[1, 2]

（1. 吉林大学边疆考古中心，长春，130012；2. 中国社会科学院考古研究所，北京，100710）

一

2016年1月16日至17日，中国考古学会人类骨骼考古专业委员会在吉林省长春市召开。此次年会由人类骨骼考古专业委员会主办，中国社会科学院考古研究所科技考古研究中心和吉林大学边疆考古中心承办，来自中国科学院古脊椎动物与古人类学研究所、中国社会科学院考古研究所、中国科学院大学、北京大学、中国人民大学、中国科学技术大学、中央民族大学、吉林大学、山东大学、西北大学、四川大学、内蒙古师范大学、南京博物院等全国10余所高校和科研院所的20余位人类骨骼考古研究方面的专家学者以及吉林大学边疆考古研究中心的部分研究生参加了此次年会。

会议由中国社会科学院考古研究所科技考古研究中心王明辉副主任主持，中国考古学会人类骨骼考古专业委员会主任、吉林大学边疆考古研究中心主任朱泓教授首先致辞欢迎，他介绍了此次年会召开的缘由，向与会学者传达了2016年中国考古学会大会的相关工作安排。

王明辉副主任向与会学者简单介绍了人类骨骼考古专业委员会成立过程和成立目的。同时，他还介绍了专业委员会的入会条件和现有人员构成情况。

朱泓教授简单介绍了专业委员会自2014年夏成立以来，人类骨骼考古取得的科研

* 本文系中国社会科学院考古研究所创新项目“古DNA技术的应用与人骨的综合研究”成果。

成果情况。他强调了举办学术活动的重要性，鼓励在2016年各成员所在单位能够组织不同层次、不同规模的学术活动，并提出了2016年工作要点、学科建设思路以及为配合中国考古学会大会的相关事宜。

来自中国科学院古脊椎动物与古人类研究所的赵凌霞研究员、中国社会科学院考古研究所科技考古研究中心张蕾副研究员和南京博物院的朱晓汀副研究员等分别简单介绍了一下自己最近的研究成果。与会专家还对人类骨骼材料的考古价值、多学科合作、加强横向学术交流、注重对青年学者的培养、强化媒体宣传力度，加强国际合作交流、提高人类骨骼考古学术影响力等问题进行了座谈。

最后，朱泓教授进行了总结，他感谢大家在寒冷的冬季到吉林大学参加会议，针对大家提出的意见和建议，专业委员会将会以适当的形式给予回复；并决定将在年内举办相关主题的学术研讨会，建议通过各种形式的讨论会加强学术交流，并提出了具体要求。

会后，专业委员会组织大家参观了东北师范大学的东北民族民俗博物馆。

本次年会是专业委员会成立以来的第一次年会，它为从事人类骨骼考古研究的专家学者提供一个相互交流和学习的平台，有利于促进骨骼人骨研究方面科研、教学工作的开展与完善。

二

人类骨骼考古（Human Osteoarchaeology）是指以人类的生物遗存——骨骼和牙齿为主要研究对象，采用各种手段来研究古代人类社会历史文化的分支学科。人类骨骼考古的定位属于考古学的研究范畴，是考古学的一个重要分支[1]。专业委员会于2014年初申请成立，2014年8月在吉林大学正式成立。专业委员会成立的目的是整合我国人类骨骼考古各个相关方向的研究资源，协调各单位的学术力量，加强交叉学科的互相渗透，开展国内外学术交流，进一步提高我国人类骨骼考古研究的水平，加强人类骨骼考古的专业研究力量，促进我国人类骨骼考古研究事业全面、协调、可持续发展。目前该专业委员会有主任1名，副主任3名，秘书1名，委员30余人，目前委员会机构设在吉林大学边疆考古中心。

专业委员会成立以来，人类骨骼考古各个领域都取得了长足的发展。在古人类学领域有两项重大发现。一是以中国科学院古脊椎动物与古人类研究所刘武研究员为首的团队在安徽东至华龙洞遗址获得重大发现。该遗址大约距今8万～10万年，出土了1件直立人头骨化石，被命名“东至人”。这是继周口店、蓝田、和县、南京之后，在中国发现的又一处重要的直立人化石地点，标志着中国古人类学研究取得一项重大成果。它的发现进一步证实安徽是我国古人类演化、扩散的重要地区，对于探讨中国直立人的分布、演化、变异具有重要的价值，为研究东亚现代人类起源提供了直接证据。吴新智院士认为，该头骨的发现为中国古人类连续进化和地区间形态差异提供新证，即为中国古人类网状连续进化增添新的物证[2]。二是中国台湾考古有重大发现。中国台湾科学自然博物馆研究团队在澎湖水道海域，发现“澎湖原人”人骨化石，研究证实是旧石器时代最早期的人类“直立人”。“澎湖原人”具有粗壮的下颚骨，发达膨大的第二臼齿，和爪哇人以及北京人很可能有不同的演化起源与路径。这使台湾发现古人类化石的纪录，大幅往前推到“更新世”中期。当然，这些认识还需要深入研究，但不失为一个重要发现[3]。

在理论研究方面，古人类学研究领域也取得了重大突破。刘武、吴秀杰等在《自然》杂志上发表研究，通过对湖南省道县福岩洞发现的47枚约8万～12万年前的古人类牙齿化石的研究，认为早期现代人至少10万年前在华南地区已经出现。这是目前已知最早的具有完全现代形态的人类。同时，他们还认为，这次发现的价值在于认识到了东亚最早的现代人出现在华南地区，比欧洲至少要早3.5万～7.5万年。这一发现对探讨现代人在欧亚地区的出现和扩散具有重要意义，对东亚现代人起源和演化提供了新的线索，在一定程度上向现代人非洲起源说提出了质疑[4]。云南省文物考古研究所与澳大利亚新南威尔士大学的合作研究云南蒙自马鹿洞人类股骨，结果显示，虽然其年代距今1万4千年左右，但其特征却与最古老的人类极其相似，股骨特征比头骨更为原始，这些股骨化石体现出“高度独特”的、混合了现代人和古老型人类的特性，且可能与早期现代人共存在同一区域。这些发现揭示出中国西南地区在现代人兴起的时代仍然生存着相对比较原始、比较隔绝的原始种群，这使得学界对人类演化的多样性有了新的认识[5]。中国科学院古脊椎动物与古人类研究所付巧妹博士通过对罗马尼亚早期现代人核DNA分析，发现约4万年前的欧洲现代人含有4.8%～11.3%的尼安德特人的基因，超出了目前已知的早期现代人和现存欧亚大陆人群基因组含有的尼安德特人的含量（1%～4%）[6]。

专业委员会成立一年多来，数名委员出版了多部专著。席焕久、刘武先生的《21世纪中国人类学发展》，回顾了我国21世纪人类学的发展[7]；潘其风先生的《潘其风考古人类学文选》总结了自己大半生的学术成果[8]；朱泓教授的《中国古代居民体质人类学研究》概括了自己的研究生涯和学术成果[9]。

同时，专家学者对几十处考古遗址出土的人骨材料进行了传统的形态学研究，完成了重要遗址出土人骨的形态学研究报告和论文30余篇（部）。主要包括潘其风对陶寺墓地出土人骨的研究[10]、张君对新疆拜城多岗墓地出土人骨的研究[11]、王明辉对垣曲商城[12]和贾湖遗址2001年发掘出土人骨材料的研究[13]、吴秀杰对福建漳平奇和洞出土头骨的研究[14]、魏东等对郑州西山遗址出土人骨的研究[15]、张全超对吉林省白城市双塔遗址东周时期人骨[16]、黑龙江尼尔基库区清代达斡尔人骨[17]和蒙古国后杭爱省胡拉哈山谷2006、2007年度发掘墓葬人骨的研究[18]、赵永生和曾雯对磨沟遗址[19]和云南纱帽山遗址[20]出土人骨的研究、周亚威对哈民忙哈遗址[21]和内蒙古孤家子遗址出土人骨[22]的研究、孙蕾对郑州地区汉唐宋墓葬人骨的研究[23]、张旭对和林格尔大堡山东周墓葬出土人骨的研究[24]、肖晓鸣对吉林大安后套木嘎遗址出土人骨的研究[25]、王一如对河南淅川沟湾遗址出土人骨的研究[26]、李志丹对新疆吐鲁番胜金店墓地出土人骨的研究[27]、李墨岑对青海平安大槽子东汉墓地出土人骨的研究[28]以及郭林对翼城大河口墓地出土人骨的研究[29]等。朱泓等还对中国新石器时代北方地区居民人种类型的分布与演变进行了系统的分析和讨论[30]。

在传统的头骨形态学研究之外，部分学者还进行了多个方面的专题研究，完成研究报告和论文30余篇（部）。部分学者对相关人类化石的年代提出了新的意见，吴新智等先生对澎湖Ⅰ号下颌骨化石意义与年代进行了讨论[31]；高星对“元谋人”的年龄及相关的年代问题进行了研究[32]；何嘉宁对军都山古游牧人群股骨功能状况及流动性做深入分析[33]。牙齿人类学一直是体质人类学的研究重点，很多学者关注古代人群牙齿和口腔的研究。刘武等研究了中国直立人牙齿特征变异及其演化意义[34]；王翠斌、赵凌霞观察和研究了禄丰古猿带状牙釉质发育不全现象、釉面横纹与牙冠形成时间等[35]；胡荣、赵凌霞研究了广西化石猩猩牙齿釉质厚度[36]；邢松等通过亚洲与非洲现代人群上颌第一臼齿齿尖相对面积的对比分析了现代中国人群形成与分化[37]；李海军、戴成萍研究了河北姜家梁人群下颌臼齿磨耗[38]；张旭等研究了新疆于田流水墓地青铜时代人类牙齿非测量性状[39]；赵永生、曾雯研究了甘肃临潭磨沟墓地人骨的牙齿健康状况[40]。部分学者对肢骨形态与功能进行了研究，张旭和孙蕾完成对和林格尔大堡山墓地和郑州地区汉唐宋成年居民肢骨和身高的研究[41]；魏偏偏对周口店田园洞古人类股骨形态功能进行了分析[42]；何嘉宁研究了军都山古代人群运动模式及生活方式的时序性变化[43]。部分学者针对现代人的骨骼特征进行了尝试性分析，张银运等分析了华北和云南现代人类头骨的欧亚人种特征[44]；潘雷等分析了现代人颅骨头面部表面积的纬度分布特点及其与温度的关系[45]；李海军等分析了青海撒拉族、土族和藏族侧面部几何形态特征和现代人下颌特征以及与化石人类的比较[46]等。部分学者介绍了新发现的人类化石材料，曹波等介绍了贵州兴义猫猫洞出土的人类化石[47]；杜抱朴等介绍了山西襄汾石沟砂场发现人类枕骨化石[48]；宫希成介绍了安徽东至华龙洞出土的人类化石[49]。还有一些其他方面的研究，主要包括崔娅铭尝试通过枕骨大孔测量值推断化石人类身高[50]；方圆博士等研究了福建漳平奇和洞新石器时代早期人类身体大小[51]；张亚盟等推算甘肃晚更新世破碎古人类头骨–泾川人颅容量[52]；吉学平等对广西隆林古人类颞骨内耳迷路进行了3D复原及形态特征研究[53]；张建军尝试从北京猿人到南京猿人的面貌复原[54]等。还有一些学者利用过去的成果进行了综合研究，主要包括张银运对中国古代人群头骨的若干赤道人种特征检测[55]；王明辉对中原地区古代居民的健康状况和商族起源进行的研究[56]以及贺乐天对新疆吐鲁番加依墓地古代居民生存压力的研究[57]等。

食性分析和骨骼同位素研究取得了多项成果，主要对北方和中原地区的10余处遗址代表的古代人群的食物结构进行了分析。主要包括张雪莲等对甘肃张掖西城驿遗址、新疆拜城多岗墓地等出土人骨的碳氮稳定同位素分析[58]；赵春燕对山西陶寺遗址、河南禹州瓦店遗址等出土人骨和牙釉质的锶同位素比值分析[59]；张国文对浙江塔县遗址人和动物骨骼进行了碳氮稳定同位素分析[60]；张全超等对内蒙古赤峰市大山前遗址夏家店上层文化“祭祀坑”出土人骨进行了稳定同位素分析[61]；陈相龙对陕西神木木柱柱梁遗址先民食谱进行了研究[62]；张全超对蒙古国后杭爱省浩腾特苏木胡拉哈山谷匈奴墓出土人骨进行了稳定同位素分析[63]等。部分学者利用这些材料进行了综合研究，主要包括赵春燕对先秦时期中原地区都城遗址人口迁移进行了研究[64]；王宁等探讨了古骨胶原的氧同位素分析及其在先民迁徙研究中的应用[65]等。

分子生物学研究也取得了多项成果。主要包括吉林大学古DNA实验室利用新一代全基因组测序技术对新疆下坂地墓地青铜时期的古代个体的线粒体基因组和核基因组进行了测定，同时开始开展红山文化古人个体全基因组分析工作，用以推测红山文化古人类的来源以及流向；中国社会科学院考古研究所古DNA实验室对中原地区、新疆地区、西藏、内蒙古、福建、广西等边疆地区开展的古代人群遗传信息的研究工作等。主要成果包括蔡大伟等对蒙古国胡拉哈山谷M21号匈奴墓主的线粒体DNA分析[66]和陕西临潼零口遗址M21墓主的古DNA研究[67]以及赵欣对河北磁县东魏皇族元祜墓的线粒体DNA分析以及新疆拜城多岗墓地出土人骨的线粒体DNA分析[68]等。

整合研究是各个学科必然的发展趋势，人类骨骼考古开始尝试整合各方面研究力量，针对某一特定材料进行多方面综合研究，研究成果得到了考古学家和相关学者的认可。主要包括中国社会科学院考古研究所科技考古中心有关人类骨骼考古各方面学者对二里头遗址[69]、陶寺遗址、新疆拜城多岗墓地等出土的人骨材料进行了多方面整合研究；中国科学技术大学科技史与科技考古系相关学者对贾湖遗址2001年发掘的人骨材料的综合研究[70]等。

随着科学的进步和学科的发展，对学科本身的理论思考也在不断提高。有学者针对人类骨骼考古研究的现状和发展趋势，提出了“人骨考古学”的概念。笔者认为“人骨考古学”，是以考古遗址出土的人类骨骼遗存（包括牙齿）为研究对象，采用形态学、解剖学、功能学、病理学、创伤学、生物学、物理学、化学、遗传学等分析手段，探索研究一系列的考古学问题，包括人类的起源与进化、古代人类的体质特征、生长发育、生活方式、健康状况、饮食结构、社会经济、人口结构、迁徙行为、社会冲突以及人群亲缘关系和遗传结构等。人体骨骼考古学包括人类骨骼形态学、古病理学、古人口学、骨化学和古代DNA等分支学科。它与过去的体质人类学概念有很大的重合，但也有一些差异，简单说来主要体现在以下几点：①人骨考古学的研究对象是考古遗址中发掘出土的人类骨骼或其他组织，不包括体质人类学研究的第四纪动物、灵长类动物，也基本不包括体质人类学研究的皮纹学、耵聍学和血型学等；②人骨考古学的目标是利用人骨材料解决考古学问题，它属于考古学范畴，更加注重人骨材料与社会和文化之间的关系问题，如人群迁徙、文化融合、体质变迁、社会冲突、生业模式、基因混杂等，而不是利用人骨材料解决其他学科的问题，如遗传学本身的问题等。因此，学者认为人骨考古学的概念更能适合目前的考古学学科发展需要[71]。

在过去的两年里，学术界也组织召开了与古代人类骨骼考古相关的学术会议，主要有2014年6月底在浙江大学召开了“中国史前先民生活方式研讨会”；2014年底在中山大学召开了中国科技考古研讨会，十余名人类骨骼考古专业的学者参加了会议，并组织了学术讨论；2015年7月，吉林大学边疆考古中心召开了“蒙古族源问题的体质人类学与分子考古学研究”学术研讨会等。

学科建设方面，人类骨骼考古方向招收和毕业博士数名、硕士10余名。这些毕业生充实到全国高校和科研院所，增强了学科科研力量。多名学者到加拿大、英国、法国、日本、南非等做访问学者或参加会议；数名中国学生到英国、加拿大、美国等国的高校学习人类骨骼的相关研究课程或攻读学位；同时，一些英国、加拿大、日本、美国等学者到中国访学、参加会议或学术交流以及寻求学术合作；有的国外学生到中国实验室或人骨研究机构寻求合作，或学习中国古代人骨研究相关课程。中外学术合作交流更加频繁和深入。

在公共考古方面，专业委员会也开展了多项工作。2015年夏，吉林大学边疆考古中心成功举办“第三届吉林大学–西蒙菲莎大学‘人类骨骼考古’暑期学校”。暑期学校通过全英文课堂授课、邀请国内外知名学者进行学术报告、开展田野现场教学等方式为全国各高校考古专业的学生提供一个学习与交流的平台，加强了国内外师生在人类骨骼考古领域上的交流与合作，为人类骨骼考古研究培育了后备人才，推进了我国人类骨骼考古研究事业的进一步发展。值得一提的是西北大学文化遗产学院考古学系陈靓副教授在2015年数次赴缅甸密支那搜寻、挖掘和鉴定抗战远征军将士遗骸，她用专业知识为社会服务的精神，是我们提倡和学习的[72]。

总之，在中国考古学会人类骨骼考古专业委员会成立以来，不同领域的专家学者研究成果丰硕，人类骨骼考古取得了巨大的进步。当然，目前人类骨骼考古领域与国际学术前沿之间还存在一定的距离，各领域发展也不平衡，制约人类骨骼考古发展的瓶颈依然存在，部分考古学者对人类骨骼考古的认识仍然不足，以及人类骨骼考古学者之间的学术交流仍需加强等。但是，通过人类骨骼考古专业委员会一年多的发展，我们相信通过相关领域专家学者不断努力，人类骨骼考古大有可为，相信人类骨骼考古必将成为中国考古学研究的重要领域和学术增长点。

注 释

［1］ White, T. D., M. T. Black, P. A. Folkens. *Human Osteology*［M］. Elsevier Academic Press, 2012.

［2］ 宫希成，郑龙亭，邢松，吴秀杰，同号文，刘武. 安徽东至华龙洞出土的人类化石［J］. 人类学学报，2014，33（4）：427–436.

［3］ Chang, Chun-Hsiang, Yousuke Kaifu, Masanaru Takai, et al. The first archaic *Homo* from Taiwan［J］. *Nature Communications*, 2015 (1): 1–10.

［4］ Liu, Wu, María Martinón-Torres, Yan-jun Cai, et al. The earliest unequivocally modern humans in southern China［J］. *Nature*, 2015 (526): 696–699.

［5］ Darren, C., X. P. Ji, W. Liu, et al. A hominin femur with archaic affinities from the Late Pleistocene of Southwest China［J］. *PLoS ONE*, 2015 (10): 1–16.

［6］ 闫勇. 人类学家在罗马尼亚发现现代人祖先和尼安德特人混血的直接证据［N］. 中国社会科学报，2015-6-27.

［7］ 席焕久，刘武，陈昭. 21世纪中国人类学的发展［C］. 北京：知识产权出版社，2015.

［8］ 潘其风. 潘其风考古人类学文选［C］. 北京：科学出版社，2015.

［9］ 朱泓. 中国古代居民体质人类学研究［C］. 北京：科学出版社，2014.

［10］ 潘其风. 陶寺墓地出土人骨的观察研究［A］. 襄汾陶寺——1978～1985年发掘报告［R］. 北京：文物出版社，2015：1166–1227.

［11］ 张君. 多岗墓地人骨的研究［A］. 拜城多岗墓地［R］. 北京：文物出版社，2014：241–275.

［12］ 王明辉. 垣曲古城出土人骨的鉴定［A］. 垣曲商城（二）［R］. 北京：科学出版社，2014：721–723.

［13］ 王明辉. 人类学研究［A］. 贾湖遗址（二）［R］. 北京：科学出版社，2015：246–297.

［14］ 吴秀杰，范雪春，李史明，高星，张亚盟，方园，邹阿强，陈军. 福建漳平奇和洞发现的新石器时代早期人类头骨［J］. 人类学学报，2014，33（4）：448–459.

［15］ 魏东，张桦，朱泓. 郑州西山遗址出土人类遗骸研究［J］. 中原文物，2015（2）：111–119.

［16］ 张全超，王伟，李墨岑，张群，王立新，段天璟，朱泓. 吉林省白城市双塔遗址东周时期人骨研究［J］. 人类学学报，2015，34（1）：75–86.

［17］ 张全超，孙志超，张群，赵永军，朱泓. 黑龙江省尼尔基库区的清代达斡尔人骨［J］. 人类学学报，2015，34（3）：367–376.

［18］ 张全超，朱泓. 蒙古国后杭爱省胡拉哈山谷2006、2007年度发掘墓葬人骨研究［A］. 蒙古国后杭爱省浩腾特苏木胡拉哈一号墓园发掘报告（下）［R］. 北京：文物出版社，2015：145–151.

［19］ 赵永生，毛瑞林，朱泓. 从磨沟组看甘青地区古代居民体质特征的演变［A］. 东方考古（第11辑）［C］. 北京：科学出版社，2014：284–301.

［20］ 曾雯，潘其风，赵永生，朱泓. 纱帽山滇文化墓地颅骨的人类学特征［J］. 人类学学报，2014，33（2）：187-197.

［21］ 周亚威，朱泓. 内蒙古哈民忙哈遗址新石器时代居民的人种学研究［J］. 内蒙古社会科学（汉文版），2015，36（4）：68-73.

［22］ 周亚威. 内蒙古孤家子遗址高台山文化居民的体质人类学研究［J］. 华夏考古，2015（4）：29-37.

［23］ 孙蕾，朱泓，楚小龙，樊温泉. 郑州地区汉唐宋墓葬人骨种系研究——以荥阳薛村遗址和新郑多处遗址为例［J］. 华夏考古，2015（3）：105-115.

［24］ 张旭. 内蒙古和林格尔县大堡山墓地人骨研究［D］. 吉林大学博士学位论文，2015：27-98.

［25］ 肖晓鸣. 吉林大安后套木嘎遗址人骨研究［D］. 吉林大学博士学位论文，2014：9-212.

［26］ 王一如. 沟湾遗址新石器时代人骨研究［D］. 吉林大学硕士学位论文，2015：11-16.

［27］ 李志丹. 新疆吐鲁番胜金店墓地人骨研究［D］. 吉林大学硕士学位论文，2015：16-44.

［28］ 李墨岑. 青海平安大槽子东汉墓地人骨研究［D］. 吉林大学硕士学位论文，2015：10-42.

［29］ 郭林. 翼城大河口墓地出土人骨的初步研究（2009～2011）［D］. 吉林大学硕士学位论文，2015：13-51.

［30］ 朱泓，赵东月. 中国新石器时代北方地区居民人种类型的分布与演变［A］. 边疆考古研究（第18辑）［C］. 北京：科学出版社，2015：331-349.

［31］ 吴新智，同号文. 关于澎湖人类下颌骨化石意义和年代的讨论［J］. 人类学学报，2015，34（3）：281-287.

［32］ 高星. “元谋人”的年龄及相关的年代问题讨论［J］. 人类学学报，2015，34（4）：442-450.

［33］ 何嘉宁，唐小佳. 军都山古游牧人群股骨功能状况及流动性分析［J］. 科学通报，2015，60（17）：1612-1620.

［34］ 刘武，邢松，张银运. 中国直立人牙齿特征变异及其演化意义［J］. 人类学学报，2015，34（4）：425-441.

［35］ 王翠斌，赵凌霞. 禄丰古猿带状牙釉质发育不全的再观察［J］. 人类学学报，2015，34（4）：544-552.

［36］ 胡荣，赵凌霞. 广西化石猩猩牙齿釉质厚度研究［J］. 人类学学报，2015，34（3）：404-416.

［37］ 邢松，周蜜，刘武. 现代中国人群形成与分化的形态证据——亚洲与非洲现代人群上颌第一臼齿齿尖相对面积的对比分析［J］. 人类学学报，2014，33（4）：471-482.

［38］ 戴成萍，李海军. 7000年前河北姜家梁人群下颌臼齿磨耗研究［J］. 华夏考古，2014（3）：44-47.

［39］ 张旭，朱泓，王明辉，巫新华. 新疆于田流水墓地青铜时代人类牙齿非测量性状［J］. 人类学学报，2014，33（4）：460-470.

[40] 赵永生，曾雯，毛瑞林，朱泓．甘肃临潭磨沟墓地人骨的牙齿健康状况［J］．人类学学报，2014，33（4）：483–496.

[41] a．张旭，李婧，朱泓．内蒙古和林格尔县大堡山墓地古代居民的肢骨研究［J］．人类学学报，2015，34（2）：216–224.

b．孙蕾，朱泓．郑州地区汉唐宋成年居民的身高研究［J］．人类学学报，2015，34（3）：377–389.

[42] 魏偏偏，Ian J．Wallace, Tea Jashashvili，刘武．周口店田园洞古人类股骨形态功能分析［A］．中国古生物学会第28届学术年会论文摘要集［C］．2015：195.

[43] 何嘉宁．军都山古代人群运动模式及生活方式的时序性变化［J］．人类学学报，2016，35（2）：238–245.

[44] 张银运，吴秀杰，刘武．华北和云南现代人类头骨的欧亚人种特征［J］．人类学学报，2014，33（3）：401–404.

[45] 潘雷，魏东，吴秀杰．现代人颅骨头面部表面积的纬度分布特点及其与温度的关系［J］．中国科学：地球科学，2014，44（8）：1844–1453.

[46] a．李海军，李劲松，张秉洁．青海撒拉族侧面部几何形态测量分析［J］．人类学学报，2015，34（4）：528–536.

b．李海军，徐晓娜．青海土族和藏族侧面部轮廓形状及其变异：基于标志点的几何形态测量分析［J］．科学通报，2014，59（16）：1516–1524.

[47] 曹波，贺乐天，张璞．贵州兴义猫猫洞出土的人类化石［J］．人类学学报，2015，34（4）：451–460.

[48] 杜抱朴，周易，孙金慧，张立召，夏宏茹，王益人，赵凌霞．山西襄汾石沟砂场发现人类枕骨化石［J］．人类学学报，2014，33（4）：437–447.

[49] 宫希成，郑龙亭，邢松，吴秀杰，同号文，刘武．安徽东至华龙洞出土的人类化石［J］．人类学学报，2014，33（4）：427–436.

[50] 崔娅铭．通过枕骨大孔测量值对若干化石人类身高的估计［J］．人类学学报，2015，34（1）：68–74.

[51] 方园，范雪春，李史明．福建漳平奇和洞新石器时代早期人类身体大小［J］．人类学学报，2015，34（2）：202–215.

[52] 张亚盟，吴秀杰．甘肃晚更新世破碎古人类头骨——泾川人颅容量的推算［A］．中国古生物学会第28届学术年会论文摘要集［C］．2015：197.

[53] 吉学平，吴秀杰，吴沄，刘武．广西隆林古人类颞骨内耳迷路的3D复原及形态特征［J］．科学通报，2014，59（35）：3517–3525.

[54] 张建军．从北京猿人到南京猿人的面貌复原［J］．化石，2015（2）：66–69.

[55] 张银运，吴秀杰，刘武．中国古代人群头骨的若干赤道人种特征检测［J］．人类学学报，2016，35（1）：36–42.

［56］ 王明辉. 商族起源的人骨考古学探索［J］. 华夏考古，2015（4）：51–59.

［57］ 贺乐天. 新疆吐鲁番加依墓地古代居民生存压力研究［D］. 吉林大学硕士学位论文，2015：29–66.

［58］ a. 张雪莲，张君，李志鹏，张良仁，陈国科，王鹏，王辉. 甘肃张掖市西城驿遗址先民食物状况的初步分析［J］. 考古，2015（7）：110–120.

b. 张雪莲，仇士华，张君. 多岗墓地出土人骨的碳氮稳定同位素分析［A］. 拜城多岗墓地［R］. 北京：文物出版社，2014：281–302.

［59］ a. 赵春燕，何驽. 陶寺遗址中晚期出土部分人类牙釉质的锶同位素比值分析［A］. 科技考古（第四辑）［C］. 北京：科学出版社，2015：92–102.

b. 赵春燕，方燕明. 禹州瓦店遗址出土部分人类牙釉质的锶同位素比值分析［J］. 华夏考古，2014（3）：123–127.

［60］ 张国文，蒋乐平，胡耀武，司艺，吕鹏，宋国定，王昌燧，M. P. Richard，郭怡. 浙江塔山遗址人和动物骨的C、N稳定同位素分析［J］. 华夏考古，2015（2）：138–146.

［61］ 张全超，张群，彭善国，王立新，朱延平，郭治中. 内蒙古赤峰市大山前遗址夏家店上层文化“祭祀坑”出土人骨稳定同位素分析［J］. 考古与文物，2015（4）：107–110.

［62］ 陈相龙，郭小宁，胡耀武，王炜林，王昌燧. 陕西神木木柱柱梁遗址先民的食谱分析［J］. 考古与文物，2015（5）：112–117.

［63］ 张全超. 蒙古国杭爱省浩腾特苏木胡拉哈山谷匈奴墓出土人骨的稳定同位素分析［A］. 蒙古国后杭爱省浩腾特苏木胡拉哈一号墓园发掘报告（下）［R］. 北京：文物出版社，2015：135–139.

［64］ 赵春燕. 先秦时期中原地区都城遗址人口迁移的初步研究——以陶寺遗址与二里头遗址为例［A］. 中华之源与嵩山文明研究（第2辑）［C］. 北京：科学出版社，2015：233–239.

［65］ 王宁，李素婷，李宏飞，胡耀武，宋国定. 古骨胶原的氧同位素分析及其在先民迁徙研究中的应用［J］. 科学通报，2015，60（9）：838–846.

［66］ 蔡大伟，陈曦，赵欣，朱泓，周慧. 蒙古国胡拉哈山谷M21匈奴墓主的线粒体DNA分析［A］. 蒙古国后杭爱省浩腾特苏木胡拉哈一号墓园发掘报告（下）［R］. 北京：文物出版社，2015：140–144.

［67］ 蔡大伟，赵欣，陈靓，周慧，朱泓. 陕西临潼零口遗址M21墓主的古DNA研究［A］. 边疆考古研究（第15辑）［C］. 北京：科学出版社，2014：307–313.

［68］ 赵欣，张君，杨东亚. 多岗墓地出土人骨线粒体DNA分析［A］. 拜城多岗墓地［R］. 北京：文物出版社，2014：275–281.

［69］ 王明辉，王巍，曾祥龙，刘武，张雪莲，赵春燕等. 人骨研究［A］. 二里头（1999～2006）［R］. 北京：文物出版社，2014：1278–1294.

［70］ 王明辉，尹若春，方方，周晓娟，陈昌富. 人类学研究［A］. 贾湖遗址（二）［R］. 北京：科学出版社，2015：246–332.

［71］ 王明辉．商族起源的人骨考古学探索［J］．华夏考古，2015（4）：51–52.
［72］ 陈靓．英灵回家——赴密支那搜寻远征军将士遗骸纪事［N］．中国文物报，2015-8-14（5）.

A Review of the Research Achievements of Human Osteology

WANG Ming-hui

The human osteological professional committee of China Archaeological Society (SAC) established in August 2014. Since the establishment of the committee, the study of human bone has made great achievements. A great discovery in the field of Paleoanthropology, Dongzhi Homo erectus is most important. In the field of theoretical research, paleoanthropological study has made a great breakthrough. The study of ancient human tooth fossils, which early modern people in the Southern China area have emerged at least 100 thousand years ago. Nuclear DNA analysis found that about 40 thousand years ago the European modern people with 4.8%–11.3% Neanderthal genes.

Professional committee was founded for more than a year, several members published several monographs. At the same time, experts and scholars for several dozens of bone material has carried on the traditional morphology research, completed the morphological study of bone unearthed from important sites and more than 30 papers (department). In addition, some scholars have carried out a number of topics of research; complete the research report and papers more than 30 articles. Diet analysis and skeletal isotope studies have yielded a number of results; mainly on the northern and Central Plains region of the 10 sites represent the ancient population of food structure was analyzed. Molecular biology research has also achieved a number of results. Human osteology began to attempt to integrate all aspects of research strength, for a particular material to carry out a comprehensive study of various aspects. The theoretical thinking of the discipline itself is constantly improving; some scholars have put forward the concept of “Human Osteoarchaeology”. Discipline construction, human osteoarchaeology fields to recruit and graduate doctoral students, master more than 10, to enrich the groups of professional research. In the field of public archaeology, the professional committee has also carried out a number of works.

In short, since the establishment of the professional committee, experts and scholars from different fields have been fruitful, and the human osteoarchaeology has made great progress.

征稿启事

《边疆考古研究》是由教育部人文社会科学重点研究基地吉林大学边疆考古研究中心主办的学术刊物，自2002年创办以来，至今已连续出版19辑，在国内外学术界形成了一定影响，并连续入选CSSCI（中文社会科学引文索引）来源集刊。

为及时刊发田野考古新材料，反映考古学研究新成果，2012年起，《边疆考古研究》由原来每年一辑增加为每年两辑，在侧重边疆考古的同时，欢迎其他各个方面的考古发现与研究稿件。目前设置的栏目包括：①考古新发现；②研究与探索；③考古新视野；④考古与科技；⑤书评，等等。

稿件具体要求：①论文不超过12000字，考古发掘报告字数可适度增加；②来稿请附中、英文摘要（300字左右）、关键词（3~6个）及作者简介；③统一采用尾注，注释格式请参考近期出版的《边疆考古研究》；④译文需取得原作者的授权，以免发生版权纠纷。

本刊实行双向匿名审稿制度。审稿周期一般为3个月。3个月内未收到刊用意见，作者可自行处理来稿。本刊不收取任何版面费，一经刊用，即奉样刊5册及抽印本10份。

本刊仅接受电子投稿。投稿邮箱为pengsg@jlu.edu.cn或524544323@qq.com（用于邮件超过20M者）。请勿委托他人转投稿件。

联系人：彭善国

编辑部地址：长春市前进大街2699号 吉林大学边疆考古研究中心（前卫校区匡亚明楼）

邮编：130012

图版一

1. 粉彩瓷碗（2002NTM1：2）

2. 青釉瓷杯（2002NTM1：3）

3. 青花瓷盘（2002NTM1：1）

4. 青花瓷碟（2002NTM1：4）

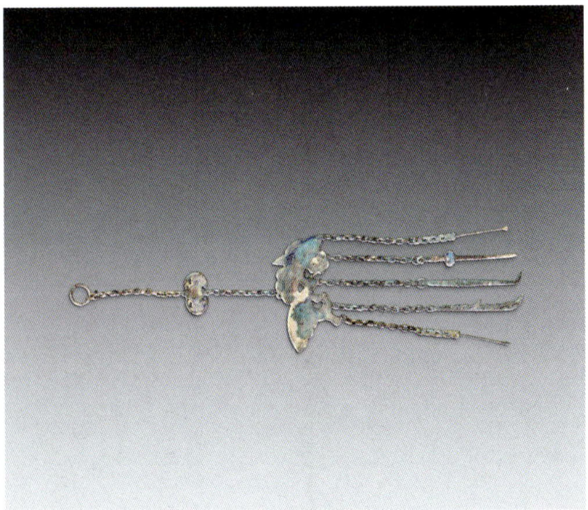

5. 银牌饰（2002NTM1：7）

6. 鱼形玉佩（2002NTM1：6）

黑龙江省讷河市团结屯清代墓葬出土遗物

图版二

1. 青花瓷碗（2002NTM2：1）

2. 青花瓷碗（2002NTM2：2）

3. 青花瓷杯（2002NTM2：3）

4. 青花瓷碟（2002NTM2：5）

5. 粉彩瓷盘（2002NTM2：4）

6. 鼻烟壶（2002NTM2：8）

黑龙江省讷河市团结屯清代墓葬出土遗物

图版三

1. 顶戴（2002NQM2：2）

2. 铜簪（2002NQM1：1）

3. 火镰袋（2002NQM2：3）

4. 火镰袋（2002NQM3：6）

5. 铜烟袋锅（2002NQM1：3）

6. 铜锅（2002NQM3：4）

黑龙江省讷河市全发屯清代墓葬出土遗物

图版四

1. 青花瓷碗（2002NQM3：2）

2. 青花瓷碗（2002NQM4：2）

3. 白瓷碟（2002NQM3：3）

4. 青瓷杯（2002NQM4：3）

5. 青瓷盘（2002NQM3：1）

6. 青花瓷盘（2002NQM4：1）

黑龙江省讷河市全发屯清代墓葬出土遗物